Süleyman Gögercin, Anton Hochenbleicher-Schwarz (Hrsg.)
40 Jahre Duales Studium – Festschrift

Süleyman Gögercin,
Anton Hochenbleicher-Schwarz (Hrsg.)

40 Jahre Duales Studium Festschrift

Band 2: Beiträge aus der Fakultät Sozialwesen

ISBN 978-3-11-041606-0
e-ISBN (PDF) 978-3-11-041616-9
e-ISBN (EPUB) 978-3-11-041627-5

Library of Congress Cataloging-in-Publication Data
A CIP catalogue record for this book has been applied for at the Library of Congress.

Bibliografische Information der Deutschen Nationalbibliothek
Die Deutsche Nationalbibliothek verzeichnet diese Publikation in der Deutschen National-
bibliografie; detaillierte bibliografische Daten sind im Internet über http://dnb.dnb.de abrufbar.

© 2015 Walter de Gruyter GmbH, Berlin/Boston
Coverabbildung: DHBW VS
Druck und Bindung: CPI books GmbH, Leck
♾ Gedruckt auf säurefreiem Papier
Printed in Germany

www.degruyter.com

Inhaltsübersicht

Vorwort —— XVII

Beate Blank
1   Lehrbuch Empowerment —— 1

Matthias Brungs und Simon Reuter
2   Jugendliche in Online-Communities —— 17

Elvira Demuth-Rösch und Andreas Sauter
3   Hochschuldidaktische Integration und Umsetzung des Theorie-Praxis-Transfers —— 33

Simon Goebel und Karin E. Sauer
4   Musik als Identifikationsmotiv —— 49

Süleyman Gögercin
5   Netzwerkarbeit in der Prävention von Wohnungslosigkeit —— 73

Rahel Gugel
6   Arbeitsfeld Prostitution: Gewöhnliches Marktgeschehen oder strukturelle Diskriminierung? —— 115

Anton Hochenbleicher-Schwarz
7   Das duale Prinzip im Studium der Sozialen Arbeit —— 137

Katharina Kemmer und Brigitte Reinbold
8   Crossmentoring als Genderstrategie zur Förderung der Karriereplanung weiblicher Studierender —— 157

Jan Ilhan Kizilhan
9   Migration und Stereotypisierung —— 175

Sebastian Klus
10 Wer bleiben will, soll bleiben! Gentrification, Gemeinwesenarbeit und Wohnungspolitik —— 191

Angelika Köhnlein-Welte und Christiana Nolte
11 Einführung von E-Portfolios im dualen Studium, didaktische Umsetzung und Beispiele —— 207

Andreas Polutta
12 Das Studium Sozialer Arbeit als Beziehungsarbeit —— 225

Karin E. Sauer
13 Mapping Musical Scapes of Inclusion —— 245

Barbara Schramkowski
14 Geschlechtergerechtigkeit in Führungspositionen? —— 259

Bernd Sommer
15 Das Modell der didaktischen W-Fragen als Orientierungshilfe für (sozial-) pädagogisches Handeln —— 277

Bernd Sommer
16 Didaktische Überlegungen zu Einführungsveranstaltungen in das Wissenschaftliche Arbeiten für Erstsemester im Studiengang Sozialwirtschaft —— 293

Anja Teubert
17 Soziale Arbeit mit Menschen mit Behinderung —— 327

Martina Wanner
18 Soziale Arbeit im Gesundheitswesen – Aufgaben und Kompetenzen —— 357

Verzeichnis der Autorinnen und Autoren —— 373

Redaktion —— 377

Inhaltsverzeichnis

Vorwort —— XVII

Beate Blank
1 Lehrbuch Empowerment —— 1
1   Einleitung —— 1
2   Empowerment-Begriff —— 3
2.1   Die historische Dimension —— 4
2.2   Die menschenrechtliche Dimension —— 7
3   Sozialarbeitswissenschaftliche Grundlagen —— 8
4   Zusammenfassung —— 13

Matthias Brungs und Simon Reuter
2 Jugendliche in Online-Communities —— 17
1   Einleitung —— 17
2   Die Entwicklung von Online-Communities —— 18
3   Medienpädagogische und sozialpsychologische Aspekte der Internetnutzung —— 20
4   Forschungsmethodik —— 21
5   Ergebnisse —— 23
5.1   Nutzungsintensität —— 23
5.2   Online-Bekanntschaften —— 25
5.3   Motive zur Nutzung von Facebook —— 26
5.4   Auswirkungen auf soziale Beziehungen und Sozialverhalten —— 27
6   Zusammenfassung und Ausblick —— 30

Elvira Demuth-Rösch und Andreas Sauter
3 Hochschuldidaktische Integration und Umsetzung des Theorie-Praxis-Transfers —— 33
1   Einleitung —— 33
2   Das Theorie-Praxis-Modell —— 33
3   Curriculare Einbindung generalistischer Transferleistungen —— 35
4   Didaktische und methodische Umsetzung —— 37
4.1   Formulierung der Fragestellungen —— 37
4.2   Betreuung und Beratung während des Schreibprozesses —— 37
4.3   Verfassen der Transferleistung (Praxisphase) —— 38
4.4   Bewertung der Transferleistungen —— 38
4.5   Besprechung und Auswertung der Transferleistungen —— 39
4.6   Evaluation und Dokumentation der Ergebnisse —— 40

5	Inhaltliche Umsetzung anhand eines Beispiels —— 42
5.1	Entwicklung der Fragestellungen —— 42
5.2	Besprechung und Auswertung —— 44
5.3	Evaluation —— 45
6	Schlussbemerkung —— 47

Simon Goebel und Karin E. Sauer
4 Musik als Identifikationsmotiv —— 49

1	„Wir sind Hip Hop" – Eine Einleitung —— 49
2	Theoretische Kontextualisierung von Kultur, Identität, Mediendiskurs und Musik —— 50
2.1	„Der *anormale* Migrant" – Ein Mediendiskurs in Deutschland —— 50
2.2	„Unsere Kultur. Eure Kultur." – (K)ein Begriff zum Verzweifeln —— 51
2.3	„I don't give a…" – Cultural Studies und die Medienrezeption —— 53
3	Empirischer Teil —— 55
3.1	Gemeinsamkeiten und Unterschiede verschiedener Klientelgruppen beim Musizieren *(subjektive Begründungen)* —— 57
3.2	Musikalische und soziale Kommunikationsformen im gemeinsamen Musizieren *(soziokulturell vermittelte Bedeutungen)* —— 61
3.3	Verknüpfungsmöglichkeiten musiktherapeutischer Projekte mit institutionellen und sozialräumlichen Kontexten *(gesellschaftlich-strukturelle Bedingungen)* —— 65
4	Neue Räume – Zusammenfassung und Ausblick —— 68

Süleyman Gögercin
5 Netzwerkarbeit in der Prävention von Wohnungslosigkeit —— 73

1	Einführung —— 73
2	Ausgangssituation der Wohnungssicherungsarbeit —— 74
2.1	Begriffsklärung —— 74
2.1.1	„Wohnungsnotfall" – Zielgruppen —— 74
2.1.2	Prävention —— 75
2.2	Gesetzliche Grundlagen für die Wohnungssicherung —— 76
2.2.1	Hilfen nach § 22 Abs. 8, 9 SGB II und § 36 SGB XII – Unterkunftssicherung —— 77
2.2.2	Hilfen nach §§ 67 ff. SGB XII – Überwindung besonderer Schwierigkeiten —— 77
2.2.3	Außerordentliche fristlose Kündigung nach Mietrecht – §§ 543, 569 BGB —— 77
3	Netzwerkarbeit —— 80
3.1	Forderungen nach und Notwendigkeit der Vernetzung und Kooperationen in der Wohnungssicherungsarbeit —— 80

3.2	Theoretische Grundlagen der Netzwerkarbeit —— 80	
3.2.1	Geschichte der Netzwerkarbeit —— 81	
3.2.2	Der Netzwerkbegriff —— 82	
3.2.3	Netzwerkarbeit —— 86	
3.2.4	Der Vernetzungsprozess —— 91	
4	Umsetzung der Netzwerkarbeit in der Wohnungssicherung —— 96	
4.1	Unterstützungsleistungen in der Wohnungssicherung —— 96	
4.1.1	Information und Beratung; persönliche Hilfen und Unterstützung —— 97	
4.1.2	Finanzielle Leistungen —— 97	
4.1.3	Wohnraumhilfen —— 98	
4.1.4	Weitergehende und nachgehende psychosoziale Hilfen —— 98	
4.2	Zuständigkeiten und Organisation der Hilfen in der Wohnungssicherungsarbeit – Die Rolle der Fachstellen —— 99	
4.3	Fachstellen und Akteure in der Wohnungssicherungsarbeit —— 100	
4.4	Vernetzungen und Kooperationen der Fachstellen —— 102	
4.4.1	Fachstelle und Jobcenter —— 102	
4.4.2	Fachstellen und freie Träger der Wohnungslosenhilfe —— 103	
4.4.3	Kooperation mit weiteren sozialen Diensten und Einrichtungen —— 103	
4.4.4	Kooperation mit der Wohnungswirtschaft —— 104	
4.4.5	Kooperation und Vernetzung im ländlichen Raum —— 104	
4.5	Fallbezogene Netzwerkarbeit in der Wohnungssicherung —— 104	
4.6	Fallübergreifende und interinstitutionelle Wohnungssicherung —— 108	
4.7	Beispiele für die Umsetzung der Netzwerkarbeit —— 109	
5	Schlussbemerkung —— 110	

Rahel Gugel

6 Arbeitsfeld Prostitution: Gewöhnliches Marktgeschehen oder strukturelle Diskriminierung? —— 115

1	Einführung —— 115
2	Der regulatorische Ansatz seit 2002 und seine Evaluation im Jahr 2007 —— 115
3	Die sozialen Tatbestände des Arbeitsfelds Prostitution —— 118
4	Prostitution als strukturelle geschlechtsspezifische Diskriminierung —— 123
5	Die Prämisse des regulatorischen Ansatzes in Form des ProstG —— 124
6	Das Gleichberechtigungsgebot aus Art. 3 Abs. 2 Grundgesetz —— 125
7	Das ProstG im Spannungsverhältnis zu Art. 3 Abs. 2 GG —— 127
8	Resümee und Ausblick —— 129

Anton Hochenbleicher-Schwarz
7 Das duale Prinzip im Studium der Sozialen Arbeit —— 137
1 Einleitung —— 137
2 Die Wechselbeziehung zwischen Theorie und Praxis —— 138
2.1 Die pragmatische Perspektive —— 138
2.2 Hermeneutik und Fallverstehen —— 140
2.3 Wissenschaftliches Wissen und Professionswissen —— 142
3 Das duale Konzept des Studiums —— 144
3.1 Das Strukturmodell der Lernfelder —— 144
3.2 Theorie-Praxis-Integration auf Modulebene —— 148
4 Der Theorie-Praxis-Transfer —— 149
4.1 Kompetenzen und Gliederung des Studiums —— 149
4.2 Transferleistungen als konstitutive Elemente —— 153
4.3 Hochschuldidaktische Überlegungen —— 154
5 Zusammenfassung und Ausblick —— 155

Katharina Kemmer und Brigitte Reinbold
8 Crossmentoring als Genderstrategie zur Förderung der Karriereplanung weiblicher Studierender —— 157
1 Zur Bedeutung von Mentoring in Unternehmen und Hochschulen oder: von der Notwendigkeit der Überwindung von Genderbarrieren —— 157
2 Genderorientiertes Mentoring an der DHBW: Crossmentoring an der Nahtstelle zwischen Hochschule und Unternehmen —— 160
3 Das Projekt „CroMe" – Crossmentoring-Programm für weibliche Studierende an der DHBW —— 162
3.1 Konzeptioneller und organisatorischer Rahmen —— 162
3.2 Ausgewählte quantitative und qualitative Ergebnisse zu den CroMe-Mentees —— 163
3.3 Ausgewählte quantitative und qualitative Ergebnisse zur Gruppe der Mentorinnen und Mentoren —— 166
3.4 Matchings zwischen Studentin und Mentorin bzw. Mentor —— 167
3.5 Zentrale Elemente der begleitenden Prozessgestaltung —— 168
3.6 Herausforderungen in der Projektgestaltung durch die besondere Struktur der DHBW —— 169
4 Weiterentwicklung der Angebote von Crossmentoring an der DHBW —— 171

Jan Ilhan Kizilhan
9 Migration und Stereotypisierung —— 175
1 Einleitung —— 175
2 Interaktion von Vorurteilen und Persönlichkeit —— 176
3 Kontakt, Gruppeninteressen und Vorurteile —— 178

4	Mechanismen der Stereotypenbildung —— **181**	
4.1	Reduktion und Verzerrung von Informationen —— **181**	
4.2	Psychosoziale Funktionen von Stereotypen —— **183**	
4.3	Stereotypisierung aus Sicht der Genetik —— **185**	
5	Fazit —— **187**	

Sebastian Klus
10 Wer bleiben will, soll bleiben! Gentrification, Gemeinwesenarbeit und Wohnungspolitik —— 191

1	Die Rückkehr der Wohnungsfrage —— **191**
2	Wohnen ist Menschenrecht —— **192**
3	Gemeinwesenarbeit und Wohnen —— **194**
4	Gentrification —— **196**
4.1	Begriffsklärung —— **196**
4.2	Wie ein Quartier verändert wird —— **197**
5	Perspektiven der Gemeinwesenarbeit —— **200**
5.1	Gemeinschaftliche Problembewältigung —— **200**
5.2	Gentrification als soziales Problem durchsetzen —— **202**
6	Ausblick —— **203**

Angelika Köhnlein-Welte und Christiana Nolte
11 Einführung von E-Portfolios im dualen Studium, didaktische Umsetzung und Beispiele —— 207

1	Einleitung —— **207**
2	Ausgangslage und Vision —— **208**
2.1	Ausgangslage —— **208**
2.2	Vision —— **209**
3	E-Portfolio —— **209**
3.1	Einstellungen der Plattform —— **210**
3.2	Lernerzentrierter Ansatz —— **210**
3.3	Strukturelle Vorgaben —— **211**
3.4	Werkzeuge zur Ergänzung —— **212**
4	Transferportfolio als didaktisches Muster —— **212**
4.1	Umfeld —— **213**
4.2	Problem —— **213**
4.3	Ziele —— **214**
4.4	Spannungsfeld —— **214**
4.5	Lösung —— **215**
4.6	Details —— **215**
4.7	Stolpersteine —— **217**
4.8	Vorteile —— **217**

4.9 Nachteile —— 218
4.10 Beispiele —— 219
5 Zusammenfassung und Ausblick —— 222

Andreas Polutta
12 Das Studium Sozialer Arbeit als Beziehungsarbeit —— 225
1 Einleitung —— 225
2 Szene eins: Wenn aus unhinterfragter Routine aufgeklärter Alltag werden kann —— 226
3 Szene zwei: Wo Anerkennung und Beziehung verstanden, erkämpft und gelebt werden müssen —— 228
4 Szene drei: Wie Methoden- und Theoriewissen Sozialer Arbeit pädagogisches Denken und Handeln erweitert —— 230
5 Szene vier: Wenn der Perspektivwechsel auf eine schwierige Beziehung geübt und studiert wird —— 233
6 Szene fünf: Wenn Armut nicht nur ein soziales Phänomen ist, sondern eine fachliche Haltung einfordert —— 236
7 Szene sechs: Wo Gender auch etwas mit ‚mir' zu tun hat —— 238
8 Szene sieben: Wenn ein eigener forschender Blick eingeübt werden kann —— 239
9 Schluss —— 240

Karin E. Sauer
13 Mapping Musical Scapes of Inclusion —— 245
1 Mapping Musical Scapes of Inclusion. Governance in music projects of young people with different learning abilities and heterogeneous backgrounds —— 245
1.1 Introduction —— 245
1.2 Institutional framework —— 246
2 Analytical framework – re-creational spheres of action —— 247
3 Therapeutic and educational views on music as a means of inclusion —— 247
4 A "mainstream" understanding of music as a means of inclusion —— 249
5 Young performers' (re-)enacting external perceptions —— 249
6 Young performers' perspectives on inclusion —— 251
7 Best Friends Forever – an exemplary inclusive band project —— 251
7.1 Interview Best Friends Forever —— 252
7.2 Interview guest musicians —— 253
8 Evaluation of inclusive music projects by young performers —— 253
8.1 Results —— 254
8.2 Conclusions —— 255

Barbara Schramkowski
14 Geschlechtergerechtigkeit in Führungspositionen? —— 259
1 Entscheidet das Geschlecht immer noch über Karrierechancen – auch in der Sozialen Arbeit? —— 259
2 Empirisches Vorgehen: Triangulation durch leitfadengestützte Interviews und Fragebogen —— 261
3 Erfolgsfaktoren und Herausforderungen auf dem Weg zu mehr Geschlechtergerechtigkeit in Führungspositionen —— 262
3.1 Stereotype Vorstellungen von Führung reflektieren und Rollenvorbilder sichtbar machen —— 263
3.2 Bewertung ‚weiblicher' Biographien: Anerkennung familiärer und ehrenamtlicher Tätigkeiten —— 264
3.3 Aufstiegskompetenzen fördern —— 265
3.4 Flexibilisierung von Arbeits(zeit)modellen und Erleichterung von Vereinbarkeit von Privat- und Arbeitsleben – für Männer und Frauen —— 266
3.5 Haushalt und Erziehung – weiterhin vor allem in Frauenhänden. Noch halten wenige Männer ihren Frauen ‚den Rücken frei' —— 267
3.6 Reflexion von Geschlechterstereotypen und hiermit verbundenen Rollenmustern —— 269
3.7 Positive Auswirkungen von Geschlechtermischung auf Führungs- und Teamkultur: Die Mischung macht's —— 271
4 Handlungsempfehlungen —— 272

Bernd Sommer
15 Das Modell der didaktischen W-Fragen als Orientierungshilfe für (sozial-) pädagogisches Handeln —— 277
1 Einleitung —— 277
2 Grundzüge des erweiterten didaktischen W-Fragen-Modells —— 278
2.1 Einführung —— 278
2.2 Analyse der Ausgangssituation – Situationsanalyse – Bedingungsanalyse —— 280
2.3 Zur Formulierung von Zielen —— 281
2.4 Planungsphase —— 282
2.5 Handlungsphase —— 283
2.6 Die Phase von Reflexion und Auswertung —— 283
2.7 Zwischenfazit —— 284
3 *Didaktik* und sozialpädagogisches Denken – Zwei Welten begegnen sich. Oder: Zwei Seiten einer Medaille? —— 285

Bernd Sommer
16 Didaktische Überlegungen zu Einführungsveranstaltungen in das Wissenschaftliche Arbeiten für Erstsemester im Studiengang Sozialwirtschaft —— 293
1 Einleitung —— 293
2 Zu Konzeption, Durchführung und Auswertung von Einführungsveranstaltungen *Wissenschaftliches Arbeiten* —— 297
2.1 Das *didaktische W-Fragen-Modell* als praktische Planungs- und Orientierungshilfe —— 297
2.2 Inhaltliche Schwerpunkte und Arbeitsmaterialien —— 303
2.2.1 Die erste Sitzung —— 303
2.2.2 Die zweite Sitzung —— 305
2.2.3 Die dritte und vierte Sitzung —— 307
2.2.4 Die fünfte Sitzung —— 309
2.2.5 Die sechste Sitzung —— 310
2.3 Zur Auswertung der Einführungsveranstaltungen *Wissenschaftliches Arbeiten* —— 318
3 Didaktische Grundsatzüberlegungen und *Wissenschaftliches Arbeiten* —— 319
3.1 Zusammenfassung und Diskussion der Ergebnisse —— 319
3.2 Hochschuldidaktische Konsequenzen —— 321
3.3 Ausblick —— 324

Anja Teubert
17 Soziale Arbeit mit Menschen mit Behinderung —— 327
1 Einleitung —— 327
2 Soziale Arbeit mit Menschen mit Behinderung —— 329
2.1 Inklusion und Soziale Arbeit Menschen mit Behinderung —— 330
2.2 Organisationen für Menschen mit Behinderung —— 332
3 Unterstützung des Inklusionsprozesses durch die Umsetzung des Fachkonzepts Sozialraumorientierung —— 333
3.1 Die Methodische Ebene —— 335
3.1.1 Handlungsleitende Prinzipien sozialraumorientierter Sozialer Arbeit —— 340
3.2 Die Finanzierungstechnische Ebene —— 345
3.3 Die Geografische Ebene —— 347
3.4 Die Steuerungsebene —— 348
4 Grundlagen für eine nachhaltige Soziale Arbeit mit Menschen mit Behinderung —— 351
4.1 Organisationsnetzwerk „Kommunale Behindertenhilfe" —— 352

Martina Wanner
18 Soziale Arbeit im Gesundheitswesen – Aufgaben und Kompetenzen —— 357
1 Einleitung —— 357
2 Vier Thesen zur Begründung Sozialer Arbeit im Gesundheitswesen —— 358
3 Aufgaben und Kompetenzen Sozialer Arbeit im Gesundheitswesen am Beispiel Beratung —— 362
3.1 Sozialarbeiterische Beratung im Gesundheitswesen —— 363
3.2 „Unser bis dahin normal laufendes Leben geriet von einer Minute zur anderen aus den Fugen" – Fallbeispiel: Simon, 9 Jahre, akute lymphatische Leukämie (ALL) —— 363
3.3 Zwischen individuellen und strukturellen Problemen: Ein sozialarbeiterisches Beratungsmodell —— 364
3.4 Sozialarbeiterische Beratung am Beispiel von Simon und seiner Familie —— 365
4 Die Stärken sozialarbeiterischer Beratung im Gesundheitswesen —— 368
5 Resümee: Der wichtige Beitrag der Sozialen Arbeit im Gesundheitswesen Oder: Sozialarbeiterische Identität im Gesundheitswesen —— 369

Verzeichnis der Autorinnen und Autoren —— 373

Redaktion —— 377

Vorwort

Die Duale Hochschule Baden Württemberg (DHBW) Villingen-Schwenningen feiert in diesem Jahr „40 Jahre Duales Studium" und blickt damit auf einen erstaunlichen und von Erfolg geprägten Weg zurück. Am 1. Oktober 1975 als Berufsakademie mit 14 BWL-Studierenden gestartet, zählt die DHBW Villingen-Schwenningen heute in den Fakultäten Sozialwesen und Wirtschaft insgesamt 2.450 Studierende. 17 Bachelorstudiengänge werden in Villingen-Schwenningen angeboten und am Center for Advanced Studies ist die DHBW Villingen-Schwenningen an zahlreichen Masterstudiengängen beteiligt.

Als erste damalige Berufsakademie im ländlichen Raum gegründet, war man in Villingen-Schwenningen stets bestrebt, durch hervorragende Qualität und stetige Innovationen nicht nur regional, sondern auch überregional als kompetenter Partner für die Ausbildung junger Menschen wahrgenommen zu werden. Zahlreiche innovative Studiengänge wie BWL-Controlling & Consulting, BWL-Mittelständische Wirtschaft, BWL-Technical Management, RSW-Wirtschaftsprüfung sowie Sozialwirtschaft und Netzwerk- und Sozialraumarbeit wurden in Villingen-Schwenningen entwickelt und sind teilweise bis heute einzigartig in der Vielzahl der Studienangebote der Dualen Hochschule Baden-Württemberg. Der Erfolg dieser Innovationen beruht nicht zuletzt auch auf der Tatsache, dass die Zusammenarbeit mit den Dualen Partnern in Villingen-Schwenningen einen hohen Stellenwert einnimmt und alle neuen Studiengänge in Kooperation und Abstimmung mit den Dualen Partnern entwickelt wurden und so ideal auf deren Bedürfnisse in der Praxis zugeschnitten werden konnten.

Die Zahl der Dualen Partner ist in den vergangenen 40 Jahren konstant auf mittlerweile 950 gestiegen. Sowohl klein- und mittelständische Unternehmen als auch weltweit agierende Großkonzerne bilden mit der DHBW Villingen-Schwenningen aus. Auch in der Fakultät Sozialwesen reicht die Spanne von der kleinen sozialen Einrichtung bis zu großen Stiftungen und Krankenkassen. Unser Anspruch als Hochschule ist es hierbei, unseren Unternehmen und sozialen Einrichtungen als exzellenter und kompetenter Partner in der Ausbildung ihrer künftigen Fach- und Führungskräfte zur Seite zu stehen. Die Erfolgsgeschichten unserer Absolventinnen und Absolventen zeigen, dass wir diesem Anspruch in den letzten 40 Jahren gerecht geworden sind.

Mit dem Zusammenschluss der Berufsakademien in Baden-Württemberg im Jahre 2009 zur Dualen Hochschule Baden-Württemberg ist der im Landeshochschulgesetz verankerte Auftrag zur Forschung noch weiter in den Fokus gerückt. Entsprechend unseres dualen Modells ist auch der Forschungsansatz, den die Duale Hochschule Baden-Württemberg verfolgt, kooperativ ausgestaltet. So stehen wir als DHBW Villingen-Schwenningen unseren Dualen Partnern nicht nur im Rahmen der Ausbildung, sondern auch mit Blick auf die wissenschaftliche Bearbeitung praxisrelevanter Fragen und Problemstellungen als kompetenter Partner zur Seite.

Die vorliegende Festschrift zu unserem 40jährigen Jubiläum ist entsprechend unserer beiden Fakultäten Sozialwesen und Wirtschaft in zwei Einzelbände unterteilt.

An jedem davon haben eine Vielzahl von Professorinnen und Professoren, Mitarbeitende und Studierende durch Beiträge zu den unterschiedlichsten Themen mitgewirkt. Wenn man die jeweiligen Inhaltsverzeichnisse überfliegt, wird man bereits die Bandbreite der Themen, die an unserer Hochschule in Lehre und Forschung bearbeitet werden, erahnen können. An dieser Stelle möchte ich mich ganz herzlich bei allen Autorinnen und Autoren für ihre Beiträge und ihr Engagement bei der Erstellung der Festschrift bedanken. Ein besonderer Dank gilt dem Verlag für die großzügige Unterstützung, den Mitgliedern der Arbeitsgruppe Festschrift Prof. Dr. Bleich, Prof. Dr. Gögercin, Prof. Dr. Heinrich, Prof. Dr. Paul und Prof. Dr. Wildmann sowie insbesondere Frau Diplom-Betriebswirtin (DH), MBA, Anita Peter, die die Festschrift von Anfang an engagiert begleitet hat.

Villingen-Schwenningen im Juni 2015

Prof. Jürgen Werner
Rektor

Beate Blank
1 Lehrbuch Empowerment
Eine Einführung in die sozialarbeitswissenschaftlichen Grundlagen des Curriculums

Abstract

Textbook Empowerment
An Introduction to Social Work Scientific Basis of the Curriculum

As part of the current social debates about inclusion, integration and participation empowerment wins as a plan of action in importance. This applies not only to national, but equally to the international discourse about the development of social, health and educational system, human rights, access to education and social participation.

The textbook empowerment is located in the broad social context. It draws on the diverse and controversial empowerment discourse, and leads the reader to link back to its social work academic foundation on.

Special attention is devoted to the work of Barbara Bryant Solomon. The US Professor of Social Work has published the term empowerment for the first time and social work scientifically justified.

In addition to the link back to the roots of the concept of empowerment and the formulation of action-theoretical foundations, suggestions and guidance for implementation in the practice of social work are presented in the textbook.

The textbook is intended for students and social workers. It is designed to provide theoretical and practical orientation. At the same time it wants to invite to the further development of the concept of empowerment in social work.

1 Einleitung

Im Zuge der aktuellen gesellschaftlichen Debatten um Inklusion, Integration und Teilhabe gewinnt Empowerment, zu Deutsch *Bemächtigung, (Selbst-)Ermächtigung,* als Handlungskonzept an Bedeutung. Dies gilt nicht nur für die nationalen, sondern gleichermaßen für die internationalen Diskurse um die Weiterentwicklung des Sozial-, Gesundheits- und Erziehungswesens, von Menschenrechten, Zugang zu Bildung und gesellschaftlicher Teilhabe.

Das *Lehrbuch Empowerment* wird in diesem breiten gesellschaftlichen Rahmen verortet. Es greift den vielfältigen und kontrovers geführten Empowerment-Diskurs auf und führt ihn in Rückbindung an seine sozialarbeitswissenschaftliche Fundierung fort.

Besondere Aufmerksamkeit wird dem Werk von Barbara Bryant Solomon gewidmet. Die US-amerikanische Psychologin und Professorin für Soziale Arbeit hat zum ersten Mal den Begriff Empowerment veröffentlicht und sozialarbeitswissenschaftlich begründet. Ihr Buch *Black Empowerment. Social Work in Oppressed Communities* ist 1976 erschienen. Solomon hat ihren Ermächtigungsbegriff an die Bürgerrechtsbewegung der afro-amerikanischen Bevölkerung angeschlossen, ohne ihn in Bezug auf eine Zielgruppe exklusiv zu verengen. Ungeachtet dessen wird Solomon als Pionierin und Theoretikerin des Empowerment-Konzepts von der Fachöffentlichkeit kaum wahrgenommen. Dies hat nachhaltige Folgen für den Diskurs, der von *theoretischer Diffusion* geprägt sei, so die Analyse von David Vossebrecher und Karin Jeschke (2009).

Neben der Rückbindung an die Wurzeln des Empowerment-Begriffs und der Formulierung von handlungstheoretischen Grundlagen werden Anregungen und Handlungsanleitungen für die Umsetzung in die Praxis Sozialer Arbeit aufgezeigt.

Das Lehrbuch wendet sich an Studierende und Sozialarbeitende. Es soll theoretische und praktische Orientierung bieten. An der Stelle möchte ich den Studierenden meiner Lehrveranstaltungen der Jahrgänge 2011 bis 2013 für die engagierten Diskussionen und kritischen Fragen danken. Ihr großes Interesse am Empowerment der Adressatinnen und Adressaten Sozialer Arbeit hat mich letztlich dazu veranlasst, neben den Anforderungen eines Volldeputats das Forschungs- und Schreibprojekt Lehrbuch nicht aufzugeben. Der Erscheinungstermin ist für 2016 im Juventa Verlag geplant.

Der Artikel wird im Folgenden eine Einführung in die sozialarbeitswissenschaftlichen Grundlagen des Curriculums geben. Ausgehend von den historischen und menschenrechtlichen Rahmungen des Empowerment-Begriffs sowie der begründeten, grundsätzlichen Kritik am Empowerment-Konzept, werden weiterführende Fragen gestellt. Sie führen zu einer Neuverortung aus sozialarbeitswissenschaftlicher Perspektive. Die didaktische Aufbereitung der Inhalte kann im Rahmen der Jubiläumsfestschrift nicht dargestellt werden. Vielmehr geht es hier um einen Einblick in die Grundlegungen der Zugänge und Argumentationslinien des Lehrbuchs im Sinne einer handlungstheoretischen Fundierung eines Empowerment-Konzepts für die Soziale Arbeit.

2 Empowerment-Begriff

Der Begriff Empowerment wird inzwischen in nahezu allen gesellschaftlichen Bereichen genutzt und mit ganz unterschiedlichen Bedeutungen aufgeladen. Irgendwie scheinen sich alle mit den Verheißungen der „Power", die in em*power*ment drinsteckt, identifizieren zu können. Von Selbstverwirklichung und Teilhabe lassen Werbekampagnen träumen. Carsharing wird als die ultimative Vision des ökologisch bewussten und sozialen Miteinanders verkauft. Ein bekannter Notebook Hersteller wirbt mit dem Slogan: „We empower people!" Das Internet hat die Menschheit für die Vermarktung des eigenen Selbst, fürs „Teilen" und „Liken", digital gleichgeschaltet. Empowerment, bei gleichzeitiger Kontrolle, fordert auch die Bundesagentur für Arbeit von ihrer langzeitarbeitslosen Kundschaft ein.

Empowerment scheint zu einem Symbolbegriff der Postmoderne geworden zu sein. Das Ideal der Menschenstärken durchtränkt von den Verheißungen eines individualisierenden, neoliberalen Verständnisses der Bemächtigung? Die Risikogesellschaft (Beck 1986) funktioniert in der Logik der Selbstoptimierung. Sie lebt von der Selbstausbeutung der „Ich-AG". Ein Begriff der Anfang des 21. Jahrhunderts als Existenzgründungsmaßnahmen für Arbeitslose bekannt wurde und seither für die Individualisierung von Lebensrisiken steht. Gleichzeitig kann die Hinwendung zu sich selbst zur Freisetzung von eigenen Potentialen und Möglichkeiten, zur Befreiung aus Zwängen und Abhängigkeiten führen.

Empowerment versprechen auch zivilgesellschaftlich initiierte und sozialstaatlich-programmatisch gewollte Möglichkeiten des Mitgestaltens unserer Lebensräume. Ob Bürgerinitiativen, Menschenketten, Kunst und Theater oder „Soziale Stadt"-Programme für vernachlässigte Quartiere; sie alle setzen auf die Mitgestaltung in Vielfalt und größtmöglicher Autonomie.

Die Dichotomie im Selbstermächtigungsbegriff (engl. *self-empowerment*) trägt sowohl zu seiner Vieldeutigkeit als auch überwiegend individual- und sozialpsychologisch geprägten Diskurslinien bei. Die Betonung des „Selbst" bezieht sich auf die Wirkweisen unseres Geistes, auf Erkenntnis- und Entscheidungsprozesse. Bewusstsein (Kognition) und Selbstbewusstsein (Emotion) über Eigenmacht sind – in Verbindung mit Aushandlungsprozessen und Teilhabe – Ausgangspunkt, Motor und Katalysator für personales und gesellschaftliches Empowerment. Voraussetzungen sind die Rückgewinnung von Definitionsmacht und Kontrollbewusstsein des Individuums.

Dies berührt die von Judith Gruber und Edison J. Trickett (1987) aufgeworfene Frage: *Can we empower Others?* Weder Fachexpert_innen noch irgendeine andere Person haben die Macht jemand anderen „zu empowern". Diese Macht und Kraft liegt allein im Subjekt selbst und im Zugang zu seinen inneren und äußeren Ressourcen. Zugang *zu* und Teilhabe *an* ressourcenhaltigen Räumen und Aneignungsinstrumenten hingegen sind Empowerment ermöglichende Strategien, Strukturen und Bedingungen.

Eine „empowernde" Wirkung haben Zusammenschlüsse von Gleichbetroffenen (engl. *peers*). Deren Eigenkräfte freisetzende, solidarisch unterstützende Aneignung von Machtquellen, von Personen- und Umweltressourcen, von Rechten und gesellschaftlicher Teilhabe wird von der Sozialen Arbeit noch zu wenig wahrgenommen.

Unsere Gesellschaft hat von den bemächtigenden Erfahrungen der sozial-ökologischen Bewegungen des ausgehenden 20. Jahrhunderts und der friedlichen Revolution in der DDR profitiert, sich erneuert und demokratisch weiterentwickelt. Bis weit in die Zivilgesellschaft hinein glauben viele an eine mitgestaltende, transformierende politische Kraft und richten ihre Angebote danach aus. Das Berliner Festival „Foreign Affairs 2014" zum Beispiel hat für sein Programm den Titel „Empowerment" gewählt. Die Teilnehmenden sollen, durch Kunstschaffende angeleitet, zu Ko-Produzent_innen ihrer Ermächtigung werden und gleichzeitig demokratische Transformation miterschaffen.

Die Betrachtungsweise des gleichsam angeleiteten Empowement ist an den sozialarbeitswissenschaftlichen Diskurs der Ko-Produzentin, des Ko-Produzenten Sozialer Arbeit anschlussfähig. Somit scheint sich ein Kreis der gesellschaftlich gewollten Ermächtigung aller Bürger_innen zu schließen. Doch stimmt das Ideal mit der Wirklichkeit divergierender Interessen überein? Können wirklich alle, auch die Personen und Gruppen mit schwacher Ressourcenausstattung, teilhaben? Wären notwendige Voraussetzungen nicht die Thematisierung der ungleichen Verteilung von Zugang zu Ressourcen und Macht? Tatsächlich herrschen sowohl in der Gesellschaft als auch im Hilfesystem Machtasymmetrien vor, die es zu analysieren und handlungstheoretisch zu begründen gilt. Von dieser Basis ausgehend sind Theorien sozialer Ungleichheit und intersektionale Verschränkungen unterschiedlicher Kategorien sozialer Differenzen, Konstruktionen von (Nicht-)Zugehörigkeit und Ausgrenzung sowie von Abhängigkeits- und Diskriminierungsverhältnissen wichtige Grundlagen eines Empowerment-Konzepts Sozialer Arbeit.

2.1 Die historische Dimension

Die Ursprünge des heutigen Verständnisses von Empowerment liegen in der US-amerikanischen Bürgerrechtsbewegung in der Mitte des letzten Jahrhunderts (Herriger 2014). Solomon hat die Strukturen und Wirkweisen von Diskriminierung und Rassismus differenziert untersucht und die inneramerikanischen Diskurse für Soziale Arbeit zugänglich gemacht. Hierauf gründet ihr handlungstheoretisch begründetes Konzept zur Selbstermächtigung der Familien in den Ghettos. Sie analysiert den alltäglichen Rassismus, auch in den Strukturen und Professionellen des Hilfesystems. Wir alle, gleich welcher Hautfarbe und Herkunft, sind durch Bilder und Konstruktionen ethnischer Diskriminierung beeinflusst, die selbst in Mustern eines sogenannten positiven Rassismus wirksam sind. Die afroamerikanischen Feministinnen haben früh auf diese Barrieren zwischen weißen und schwarzen Aktivistinnen hingewiesen und die Black Women Empowerment-Bewegung ausgerufen.

Für die Soziale Arbeit hat Solomon Charakteristika von nichtrassistischen Sozialarbeitenden als Empowement-Strategie entwickelt. Solomons *characteristics of nonracist* practitioner (1976, S. 299–313) können für die Reflexion der Arbeit mit allen diskriminierten Personen und Gruppen hilfreich sein, beispielsweise für die Arbeit mit obdachlosen Menschen oder Menschen mit Behinderungen.

Eine der großen Empowerment-Bewegungen des ausgehenden 20. Jahrhunderts ist die Peoples First Bewegung, die 1974 in den USA begann. Ihr Pendant Mensch zuerst e. V. wurde 1997 in Deutschland gegründet (Theunissen 2009, Theunissen/Plaute 2002).

Die Ermächtigung von marginalisierten Personen und Gruppen ist seit dem 19. Jahrhundert Teil der Professionalisierungsgeschichte Sozialer Arbeit. Wegbereitend waren die amerikanische und europäische Frauen- und Arbeiterbewegung mit ihren Selbstorganisationen. Aus ihnen gingen neue Formen der Selbsthilfe, Solidarität und Bildung hervor. Die Settlement Houses Bewegung in London und Chicago hat die individuelle Hilfe mit nachbarschaftlich organisierten Netzwerken verknüpft und damit die systemische Interdependenz von Empowermentprozessen umgesetzt. Des Hull House in Chicago, ein Nachbarschafts-, Erwachsenenbildungs- und Forschungszentrum, könnte auch heute noch als innovativ gelten. Jane Addams, Gründerin des Hull House und Friedensnobelpreisträgerin, befasste sich als Sozialarbeiterin und Soziologin mit der Entwicklung eines systemischen Ansatzes. Für Staub-Bernasconi (2007) ist sie *die Systemtheoretikerin der ersten Stunde*. Auch Mary E. Richmond (1917), die Direktorin der Baltimor Carity Organisation Society, hat das Einzelhilfeprogramm des Friendly Visitors mit dem Gemeinwesenansatz verbunden und auf dieser Basis die erste universitäre Ausbildung für Sozialarbeitende in den USA begründet. Im deutschsprachigen Raum haben dann zu Beginn des 20. Jahrhunderts Ilse Arlt und Alice Salomon die ersten Ausbildungsstätten eingerichtet.

Die Bedeutung von Selbstorganisationen für personale, rechtliche und politische Ermächtigungsprozesse führte der amerikanische Bürgerrechtler Saul Alinsky ab 1939 in den Slums Chicagos konsequent mit den Community Action Programs fort. Alinskys Philosophie und Konzept des Community-Organizing hat weltweit Verbreitung gefunden. Auch in Deutschland findet in der Gemeinwesenarbeit sein Ansatz der „Bürger-Organisation" und politischen Basisarbeit wieder mehr Aufmerksamkeit.

Ein weiteres wichtiges Fundament des Empowerment-Paradigmas ist die dialogische Bildungsarbeit und politische Bewusstseinsbildung, welche auf den brasilianischen Pädagogen Paolo Freiere zurückgehen. Freires Erwachsenenbildungsprogramm war ab Mitte des 20. Jahrhunderts, gemeinsam mit der Befreiungstheologie des Dom Hélder Câmara, Teil der lateinamerikanischen Befreiungsbewegungen und Alphabetisierungskampagnen.

Der Wunsch nach Befreiung aus Abhängigkeit sowie nach einer selbstbestimmten Definition eines guten, sinnvollen Lebens ist grundlegend für unser Menschsein.

Anthropologisch und ethisch betrachtet machen diese Bedürfnisse unser Wesen und unsere Würde aus. Mit Blick auf die Geschichte der Menschheit und ihrer Kämpfe um Ressourcen, Status und Anerkennung hat es schon immer Befreiungs- und Ermächtigungsbestrebungen von Einzelnen und Gruppen gegeben.

Historisch und etymologisch betrachtet korrespondieren die Begriffe Ermächtigung und Befreiung. Die Geschichte der Menschheit ist eine Geschichte der *Befreiung aus dem Zustand der Abhängigkeit*, also von Emanzipation. Die Dudenübersetzung des lateinischen *emancipatio* führt das Pons Onlinewörterbuch weiter aus:

Entlassung des Sohnes aus der väterlichen Gewalt oder auch *die Freilassung eines Sklaven aus väterlicher Macht*.

Die auf den ersten Blick antiquiert erscheinende Übersetzung widerspiegelt die historische Entwicklung patriarchaler Macht bis in die Gegenwart. Im antiken Athen hatten die Sklaven, aber auch die Frauen aller Stände, keinen Status als Bürgerin und Bürger. Sie waren somit von der Polis ausgeschlossen. Noch zur Zeit der Französischen Revolution hat die Frauenrechtlerin und Philosophin Olympe de Gouges mit ihrer *Déclaration des droits de la Femme et de la Citoyenne* (1791) vergeblich den Bürgerinnenstatus in der Nationalversammlung gefordert.

Bis heute ist die patriarchale Ordnung, gleichsam als väterliche Macht, weltweit vorherrschend. Die seit der Neuzeit erkämpften Frauenrechte, beziehungsweise Menschenrechte der Frau, sind fragil. An vielen Orten der Welt werden sie gewaltsam unterdrückt und Arbeitssklaven beiderlei Geschlechts sind nach wie vor ihrer elementaren Menschenrechte und Würde beraubt.

Was ursprünglich von den Protestbewegungen betroffener Menschen ausging, wird inzwischen als Top-down Strategie konzeptionell und methodisch unter dem Stichwort Inklusion eingefordert. Der *Nationale Aktionsplan der Bundesregierung zur Umsetzung der UN-Behindertenrechtskonvention – Unser Weg in eine inklusive Gesellschaft* (2011) ist hierfür eine Handlungsleitlinie. In einigen Arbeitsfeldern des Bildungs-, Sozial- und Gesundheitswesen ist Empowerment als offener, normativer Begriff qua Programm vorgeschrieben und in direktem Bezug zum Hilfesystem umzusetzen. Die Behindertenhilfe nimmt in seiner verbindlichen Ausgestaltung zur Ermöglichung von Teilhabe eine Vorreiterrolle ein. Ihre Arbeit strahlt auf alle anderen Arbeitsfelder aus. Der nicht selten von den Fachpersonen mit dem Argument der Überforderung verneinte Partizipationsanspruch der Klient_innen wird so zum Partizipationsauftrag an die Profession.

Die Geschichte der Menschenrechte ist eng verknüpft mit der Geschichte der Ermächtigung von abhängigen, macht- und rechtlosen Personen und Gruppen. Konkret sichtbar und erfahrbar wird derzeit die Weiterentwicklung des menschenrechtlichen Empowerment an dem Übereinkommen der Vereinten Nationen über die Rechte von Menschen mit Behinderungen (UN-Behindertenrechtskonvention, kurz UN-BRK). Dieses Übereinkommen ist mit Status vom 12.06.2014 in 147 Staaten rechtskräftig. In Deutschland ist die Konvention am 26. März 2009 in Kraft getreten. An der UN-BRK kann abgelesen werden, wie wichtig Rechte als Machtquelle und Ressourcen sind.

Erst die verbrieften Rechte haben den notwendigen Druck für Teilhabekonzepte und Wahlmöglichkeiten zur Lebensgestaltung erzeugt.

2.2 Die menschenrechtliche Dimension

Wesentlichen Anteil am Bewusstsein eines menschenrechtlichen Empowerment haben die Menschenrechtsaktivist_innen in vielen Ländern der Erde. Heiner Bielefeldt, ehemals Direktor des Deutschen Instituts für Menschenrechte, bezeichnet die UN-Behindertenrechtskonvention als wichtiges Innovationspotential für die Weiterentwicklung des Menschenrechtsschutzes. Davon könnten in Zukunft das Empowerment der Flüchtlinge, der Arbeitsmigrant_innen und das der Kinder dieser Welt profitieren. An vielen Orten sind Mädchen und Jungen Arbeitssklaven und vom Zugang zu Bildung ausgeschlossen. Ihre existentielle Abhängigkeit von Erwachsenen und deren Erziehungsgewalt, macht Kinder extrem verletzlich und ausbeutbar.

Die Stimme der Kinderrechtsaktivist_innen wird immer hörbarer. Aufsehen erregen der selbstorganisierte Zusammenschluss und das öffentliche Auftreten von Kindern und Jugendlichen. Zum Beispiel die Kindergewerkschaften in Bolivien oder Malala Yousafzai, die jüngste Friedensnobelpreisträgerin aller Zeiten. Gemeinsam mit dem indischen Kinderrechtsaktivisten, Kailash Satyrathi, erhielt sie 2014 als Siebzehnjährige für ihr mutiges Eintreten für das Recht auf Bildung der Mädchen den Friedensnobelpreis. Dies könnte einen Wandel in der Wahrnehmung von Kindern und von Kinderrechten im 21. Jahrhundert andeuten, auch wenn der ansonsten den Rechtlosen und Schwachen zugewandte Papst Franziskus diese Hoffnung mit seinen jüngsten Äußerungen zur „würdevollen" Züchtigung von Kindern konterkariert hat.

Menschenrechte sind für alle gleich gültig, unabhängig von Alter, Geschlecht, sozialer Schicht oder Klasse, kultureller Herkunft, Ethnie, Religion und Weltanschauung, sexueller Orientierung, körperlichen Merkmalen und Behinderung.

> Alle Menschen sind frei und gleich an Würde und Rechten geboren,

so steht es in der Charta der Menschenrechte der Vereinten Nationen. Dieses gemeinsame Ideal wurde von allen Mitgliedsstaaten unterzeichnet. Jede und jeder einzelne und die Organe der Gesellschaft sollen sich bemühen, durch Bildung und Erziehung die Achtung vor diesen Rechten und Freiheiten zu fördern und Maßnahmen zu ergreifen, damit diese allgemeine Anerkennung und Verwirklichung finden können.

Seit der Aufklärung gelten in der westlichen Welt die Menschenrechte als universal und doch gab und gibt es seit der Antike bis heute Einschränkungen und Ausschlussbegründungen, bspw. für Frauen, Flüchtlinge und Arbeitswandernde. Letztere müssen aufgrund ihres rechtlosen Status als moderne SklavInnen bezeichnet werden. Solche und andere Ausschlusskonstrukte gibt es bis heute. Deutschland hat zum Beispiel immer noch nicht die UN-Wanderarbeiterkonvention ratifiziert. Etwa eine Million Menschen sind in die Illegalität gezwungen. Pass und Aufenthaltstitel bestimmen den Status ihrer Menschenwürde und Menschenrechte. In ihrem Buch, „Die Rechte der Anderen", plädiert die Philosophin Seyla Benhabib (2008) für ein grundsätzliches Menschenrecht auf Zugehörigkeit. Asyl, Zuzug und das Betreten des Territoriums fremder Staaten erscheinen bei ihr nicht als Geschenke, die den Fremden aus Gnade gewährt werden können, sondern umgekehrt als Konsequenz aus ihren Menschenrechten.

Mit dem Begriff des menschenrechtlichen Empowerment wird der Kern eines jeden individuellen und kollektiven Ermächtigungsgeschehens deutlich: die Wahrung der Würde des Menschen und seiner unveräußerbaren Rechte. In diesem Verständnis wird Empowerment zu einem normativ-emanzipatorischen Projekt, das die Politiken aller Gesellschaften beeinflusst. Diese wiederum delegieren die Umsetzung des Rechts auf ein menschenwürdiges und selbstbestimmtes Leben an die zuständigen ExpertInnen und Akteursgruppen. Für Soziale Arbeit bedeutet dies, dass sie explizit einen menschenrechtlich begründeten Auftrag erhalten hat, den sie theoretisch und praktisch einlösen muss. Ihre Identität als Menschenrechtsprofession bekommt damit eine neue Betonung und sozialarbeitswissenschaftliche Rahmung, an die der Empowerment-Ansatz anschlussfähig ist.

3 Sozialarbeitswissenschaftliche Grundlagen

Die philosophischen und wissenschaftlichen Grundlagen des Empowerment (*empowerment paradigm*) hat Solomon (1976, S. 11–136) anhand der negativen Zuschreibungen und Mythen über die afro-amerikanische Bevölkerung aufgezeigt. Ihre Analyse der Ursachen von Diskriminierung und Rassismus ist angesichts der gesellschaftlichen Auseinandersetzungen um die Integration von Flüchtlingen, AsylbewerberInnen, und von MigrantInnen aus anderen Kulturen hochaktuell. Sie definiert gesellschaftliche Macht und die Überwindung von Machtlosigkeit von diskriminierten Personen und Gruppen sowie die Überwindung von stigmatisierenden Wertungen als zentrale Indikatoren für ein Empowerment-Konzept Sozialer Arbeit.

> Empowerment is defined as a process whereby the social worker or other helping professional engages in a set of activities with the client aimed at reducing the powerlessness stemming from the experience of discrimination because the client belongs to a stigmatized collective. These activities are specifically aimed at counteracting such negative valuations (ebd. S. 29).

Für Solomon ist Erfolg oder Misserfolg des Empowerment-Ansatzes direkt damit verbunden, inwieweit das Hilfesystem selbst ein Empowerment verhinderndes *(obstacle course)* oder ermöglichendes System *(opportunity system)* ist.

> The success or failure of empowerment is directly related to the degree to which the service delivery system itself is an obstacle course or an opportunity system (ebd. S. 29).

Mit Blick auf die umstrittene theoretische Fundierung des Empowerment-Konzepts schließt der macht- und systemtheoretische Ansatz Solomons genau an die Lücke an, die die Kritikübenden anmahnen und die der Soziologe Ulrich Bröckling (2007) als dessen *Wunde* bezeichnet. Aus seiner Sicht interessierten sich die Empowerment-AutorInnen weniger für die Ursachen von Machtasymmetrien als vielmehr für ihre individual- wie sozialpsychologischen Effekte. Mit der pauschalen Zuschreibung von Eigenmacht würden die Ursachen von Notlagen individualisiert und damit letztlich die Machtlosigkeit der Adressatinnen und Adressaten der Hilfe verstärkt.

> Die Wunde, die Empowerment zu heilen verspricht, schlägt es im gleichen Maße stets neu (ed. 19).

Silvia Staub-Bernasconi (2007) legt aus sozialarbeitswissenschaftlicher Perspektive den Finger in die gleiche Wunde. In ihren *Kritischen Anfragen – Wo bleibt die Macht?* (ed. S. 249 ff.) resümiert sie ihre Analyse folgendermaßen:

> So wird damit den Adressat(inn)en der Sozialen Arbeit die Aufklärung, das heißt das Wissen darüber vorenthalten, was Macht ist. Und es wird ihnen Macht versprochen, ohne den Anspruch handlungstheoretisch einlösen zu können. Es erstaunt deshalb nicht, dass die Empowerment-Vorstellung problemlos von der konservativen Bush-Regierung (senior und junior) sowie von der Betriebswirtschaftslehre übernommen werden konnte (ed. 251).

Das Resümee der großen Theoretikerin Sozialer Arbeit fällt einerseits vernichtend und andererseits pragmatisch aus.

> Es geht bei dieser Kritik nicht darum, das Konzept als völlig untauglich zu bezeichnen, sondern vielmehr darum, eine weniger irreführende, bescheidenere Bezeichnung dafür zu finden, so zum Beispiel „individuelle wie gemeinwesenbezogene Ressourcenerschließung dank partizipativer Lern- und Kooperationsprozesse" (ed. 252).

Kritik an einer naiven, individualisierenden Stärkenperspektive kommt auch aus der Kritischen Psychologie. Die Gefahr der doppelten Ausgrenzung von sowieso schon marginalisierten Personen und Gruppen werde von den Empowerment-Befürwortenden nicht genügend erkannt und beantwortet. Es mangele an gesellschaftstheoretischer Fundierung und damit einhergehend an einer klaren Vorstellung von *emanzipatorischer ‚Sozialveränderung'*, so Vossebrecher & Jeschke (2009). Sie fordern eine kritische Auseinandersetzung mit dem Empowerment- Ansatz,

> als ein Versuch, den Vermittlungszusammenhang zwischen Individuum und Gesellschaft entgegen Individualisierungs- und Psychologisierungstendenzen zu berücksichtigen (ed. 53).

Zusammenfassend muss konstatiert werden, dass mit der Wahrnehmung Solomons machtkritischer und diskriminierungssensiblen Fundierung des Empowerment-Konzepts die viel beklagte theoretische Beliebigkeit des Empowerment-Begriffs wohl nicht möglich geworden wäre. Auch eine neoliberale Vereinnahmung durch die Regierungen von Bush sen. und jun., Toni Blair und anderen oder die Operationalisierung als betriebswirtschaftliche Strategie mit dem Ziel der marktfähigen Optimierung menschlicher Ressourcen als Human Kapital[1], wäre mit diesem Wissen kaum denkbar.

Das Lehrbuch greift die machttheoretische Lücke im Empowerment-Konzept auf und schließt an die von Solomon formulierten Indikatoren an, um schließlich danach zu fragen, ob diese an den aktuellen (deutschsprachigen) Diskurs handlungstheoretisch anschlussfähig sind.

Die Frage nach dem Wie des Sich-selbst-Ermächtigens, des Sich-Aneignens von Eigenmacht, um sich aus Abhängigkeiten befreien, um teilhaben und Teilhabe einfordern zu können, wird zunehmend zu einer zentralen Frage an die Profession. Können sich Sozialarbeitende auf eine Beschreibung und wissenschaftliche Begründung dessen, was sie tun, stützen? Was sind Bedingungen von mehr Beteiligung der Adressatinnen und Adressaten? Wie können Empowermentprozesse ermöglicht und wie strukturelle Behinderungen erkannt werden? Welche Planungen und Entscheidungen sind notwendig, damit Teilhabe von Anfang an und in allen Bereichen des Lebens, damit Inklusion, Schritt für Schritt gelingen kann? Das sind komplexe Fragestellungen, die ein hohes Maß an Professionalität verlangen. Hierfür kann ein handlungstheoretisch durchdachtes Empowerment-Konzept Sozialer Arbeit Hilfestellung leisten.

Staub-Bernasconi liefert uns mit ihrer kritischen Analyse gleichsam eine Metafolie für ein handlungstheoretisch fundiertes Empowerment-Konzept.

Vom transdisziplinären wissenschaftlichen Bezugswissen zum professionellen Handlungswissen am Beispiel der Empowerment-Diskussion (2007, S. 245–270) lautet der Titel ihrer Analyse.

Sie kann zur wissenschaftlichen Fundierung der Ausgangssituation beziehungsweise der Problemlagen dienlich sein, bevor Empowerment-Strategien zum Einsatz kommen.

Staub-Bernasconis *transformativer Dreischritt* verbindet wissenschaftlich begründetes Wissen mit empirisch gesicherten Erkenntnissen der Lebenslagen der AdressatInnen und daran anschließend mit der ethisch-menschenrechtlichen Fundierung der Profession. Interdisziplinäres Wissen über Ursachen von gesellschaftlichen Problemen wie soziale Ungleichheit, Diskriminierung und Rassismus wird mit Wissen aus empirischer Forschung zur Lebenswirklichkeit marginalisierter Personen und Gruppen und mit den berufsethischen Prinzipien verbunden. So sozialarbeits-

---

[1] Wurde von SprachwissenschaftlerInnen zum „Unwort des Jahres" 2004 erklärt.

wissenschaftlich verortet kann das Empowerment-Konzept im *transitiven Verständnis* Herrigers (2014) seinen disziplinären Beitrag entfalten.

So wichtig Staub-Bernasconis Kritik und methodologische Rahmung für den Empowerment-Diskurs ist, so sehr muss aus Empowerment-Perspektive die Beteiligung der AdressatInnen vermisst werden. Warum sollten sie nicht am ExpertInnenwissen Sozialer Arbeit teilhaben können? Ihre Partizipation ist zuallererst ein Bildungsauftrag an Soziale Arbeit. Der vierte transformative Schritt könnte der Verbindung des spezifischen Wissens von Empowerment- TheoretikerInnen und Empowerment-ExpertInnen – von Professionellen *und* AdressatInnen – gelten. Auf der Ebene des Wissens geht es um die Planung, Organisation und Assistenz von Ermächtigung ermöglichenden Räumen, Strukturen und Systemen sowie um die gemeinsame Gestaltung von Bildungs- und Bewusstseinsbildungsprozessen. Hieraus geht ein spezifisches Empowerment-Wissen hervor. Diese Empowerment-Strategien werden im Lehrbuch beschrieben und mit praktischen Beispielen unterfüttert werden.

Ein Assistenzverständnis in Empowermentprozessen ist in vielen Fällen die Voraussetzung für die rechtlich verbriefte Teilhabe der AdressatInnen der Hilfe. Das Machtgefälle zwischen den Fachpersonen und ihrem Klientel gehört ebenso zur Aufklärung wie das Wissen um ihre Ressourcenabhängigkeit.

Innerhalb des Empowerment-Diskurses werden Ressourcen im Kontext von Förderung eines Bewusstseins über eigene Stärken und Potentiale (Solomon 1976, S. 28; Rappaport et al. 1984, S. 6; Stark 1996, S. 42 ff.; Herriger 1997, S. 91 ff.; Lenz/Stark 2002, S. 13 ff.; Schaurhofer/Peschl 2005; Theunissen 2009, S. 117 ff.), als Leitprinzip benannt. Nach Wolfgang Stark lässt sich Empowerment als ein

> bewusster und andauernder Prozess bezeichnen, durch den Personen, die [...] keinen ausreichenden Anteil an für sie wichtigen Ressourcen haben, einen besseren Zugang zu diesen Ressourcen erreichen und deren Nutzung selbst bestimmen können (1996, S. 156).

Ressourcenerschließung ist die *älteste Aufgabe Sozialer Arbeit*, so Staub-Bernasconi (2001). Die Interdependenz von Ressourcenförderung und Empowerment (Blank 2012) ist in Theorie und Praxis Sozialer Arbeit verortet, ohne dass das Label Empowerment hierfür notwendigerweise gebraucht würde. Vielmehr sind systemische, lebensweltliche und ressourcentheoretische Zugänge Grundlagen des Empowerment-Konzepts. Von der Resilienzforschung bis zur Hilfeplanung setzen Soziale Arbeit und ihre Bezugsdisziplinen auf die Macht und Kraft der Ressourcen der AdressatInnen. Dieses Wissen ist Grundlage des Empowerment-Konzepts. Darauf aufbauend kommen – als vierter Schritt – spezifische Empowerment-Strategien hinzu. Die Methoden der ressourcenorientierten Sozialen Arbeit allein, wie von Staub-Bernasconi vorgeschlagen, reichen für eine aktive und selbstbestimmte Teilhabe der AdressatInnen nicht aus.

Eine Empowerment-Strategie ist die Identifizierung von personalen Ressourcen als Bildungs- und Bewusstseinsprozess. Das Ergebnis ist ein *autonomer Ressourcenbegriff* (Blank 2012). In ihm konstituieren sich Wert, Nutzen und Sinn. In der eigensinnigen Deutung transformieren sich Personen- und Umweltressourcen zum personalen Kapital. Selbstermächtigung beginnt mit der Definitions- und Verfügungsmacht über die eigenen Ressourcen und seien sie (zunächst) aus Sicht der Mehrheitsgesellschaft noch so gering, unbedeutend und wertlos oder verwirrend und überraschend. In ihrer sich selbst bewusst werdenden Kraft zeigen sie Veränderungspotentiale des Individuums und von Gruppen Gleichbetroffener an. Sie sind Indikatoren für Bedürfnisse und Potentiale, für Erneuerung und Bereicherung, für Problemlösungen und gesellschaftliche Entwicklung.

Empowermentprozesse gehen vom Subjekt aus und führen über alle Handlungs- und Wirkungsebenen in zirkulären und vernetzten Prozessen wieder zum Individuum zurück. Das systemische Ermächtigungsgeschehen ist komplex; es wird auf sechs Ebenen wirksam:
- der Ebene der Person
- der Ebene der sozialen Gruppen
- der Ebene der Selbstorganisation
- der Ebene der Organisationen des Hilfesystems
- der Ebene der Nachbarschaften im Sozialraum
- der Ebene der Gesellschaft.

Zugang zu Machtquellen, zu Ressourcen und (Bewusstseins-)Bildung, findet auf allen Ebenen statt. Dies wird deutlich am Wissen um Menschen- und Bürgerrechte, Benachteiligung und Diskriminierung oder am Wissen um Ursachen und Wirkungszusammenhänge von (eigenen) Problemen und Notlagen.

Im Zentrum von Ermächtigungsprozessen steht die Bestärkung durch Gleichbetroffene. Jedwede Form von Zusammenschluss bis hin zur Gründung von Selbstorganisationen birgt in sich die Dynamik und Kraft, die Machtasymmetrien in eine Pendelbewegung bringen und Veränderungen anstoßen können.

Martin Schaurhofer hat für das Wissens- und Selbstmanagement von Gleichbetroffenen das Instrument *Empowerment Kompass* entwickelt. In Emanzipations- oder Empowermentprozessen *werden Brücken überschritten*, so Martin Schaurhofer und Markus Peschl (2005),

> von der Resignation zum Selbstvertrauen in die Steuerungsfähigkeit (persönliche, kognitive Veränderung), vom alleine sein zum Zusammenschluss mit anderen (soziale Veränderung) und vom Schweigen zur Interessensartikulation (politische Veränderung), (ed.3).

Menschen in Ermächtigungsprozessen lernen ihre Fähigkeiten und Ressourcen zu aktivieren und in ihre eigene Steuerungsfähigkeit zu vertrauen.

> Dieses Lernen in Empowermentprozessen passiert durch soziale, kognitive und politische Veränderungen. Lernen ist dabei kein linearer Prozess von Resignation zu Veränderungsbereitschaft und vom Schweigen zur Interessensartikulation, sondern ist ein Prozess zwischen diesen Polaritäten (ed. 3).

Der lerntheoretische, konstruktivistisch-wissensorientierte Zugang unterstreicht das Ermöglichungsparadigma. Erkennbar und erfahrbar wird es in der Generierung von Wissen, das mit anderen gemeinsam zur Sprache gebracht werden kann und Grundlage für Aushandlungsprozesse ist. Übertragen auf ein Assistenzverständnis in Empowermentprozessen kann Soziale Arbeit sowohl ExpertInnenwissen in verständlicher Sprache teilen, als auch unmittelbar vom generierten Empowerment-Wissen profitieren. Im Anlehnung und Fortführung Staub-Bernasconis transformativem Dreischritt wird in Zukunft die Einlösung des vierten Schritts der Teilhabe unverzichtbar. Eine so konzipierte Handlungstheorie Sozialer Arbeit kann die Grundlagen für den Teilhabe- und Partizipationsauftrag der Profession bilden.

4 Zusammenfassung

Wenn Kinder und Jugendliche, Familien und Alleinstehende, Alt und Jung gleich welchen Geschlechts, sexueller Orientierung, Herkunft und Kultur mehr, vielfältiger und verbindlich am Auftrag und Angebot Sozialer Arbeit partizipieren können und darüber hinaus ihr Zusammenschluss mit Gleichbetroffenen unterstützt wird, dann sind wichtige strukturelle Voraussetzungen für individuelle, soziale und gesellschaftliche Ermächtigungsprozesse ermöglicht worden. Gesellschaftliche Teilhabe und die größtmögliche Selbstbestimmung über alle Belange des Lebens korrespondieren unmittelbar mit der Menschenwürde und Durchsetzung von Menschenrechten. Davon profitiert nicht nur jede einzelne Person, sondern die Gesellschaft und ihr demokratische Entwicklung insgesamt.

In Anbetracht des gesellschaftlichen Spektrums, in dem der Empowerment-Begriff wirksam wird, kann eine Rückbindung an die Soziale Arbeit als eine unzulässige Verkürzung und die Übertragung in ein didaktisch aufbereitetes Lehrbuch als ein zu komplexes Vorhaben erscheinen. Die Vielschichtigkeit der Verschränkung von Meta- und Mikroebene, von Theorie und Praxis, verstärken die Schwierigkeiten des Vorhabens. Aber vor dem Problem der Komplexität stehen die Studierenden auch. Sie werden in Zukunft die Fragen des Zuschnitts von Ermächtigungs- und Partizipationsprozessen für ihr Arbeitsgebiet beantworten, den Empowerment-Ansatz begründen und weiterentwickeln.

Stärke und Schwäche des Empowerment-Konzepts zugleich ist seine hohe Abstraktionsebene, die im Sinne methodischer Handlungsweisen eine Konkretisierung für alle Handlungs- und Wirkungsebenen finden muss. Die Herausforderung anzunehmen lohnt sich, denn es ist ein zukunftsweisendes Modell zur Bewältigung der immer komplexer werdenden Aufgaben Sozialer Arbeit.

Das *Lehrbuch Empowerment* möchte hierfür einen Beitrag leisten. Es ist nicht als ein fertiges Ergebnis zu verstehen, sondern als Einladung an die Leserinnen und

Leser das Empowerment-Konzept zu konkretisieren, empirisch zu untersuchen und für die Soziale Arbeit weiterzuentwickeln.

Literaturverzeichnis

Alinsky, S. (1984): Anleitung zum Mächtigsein. Ausgewählte Schriften, Bornheim-Merten 1984.
Antonovsky, A./Franke, A. (1997): Salutogenese. Zur Entmystifizierung der Gesundheit, Tübingen 1997.
Beck, U. (1986): Die Risikogesellschaft. Auf dem Weg in eine andere Moderne, Frankfurt a. M. 1986.
Benhabib, S. (2008): Die Rechte der Anderen, Frankfurt a. M. 2008.
Benhabib, S. (2000): Kulturelle Vielfalt und demokratische Gleichheit. Politische Partizipation im Zeitalter der Globalisierung, Frankfurt a. M. 2000.
Blank, B. (2012): Die Interdependenz von Empowement, Teilhabe und Ressourcenförderung. Der Ressourcenbegriff der Adressatinnen und Adressaten, Opladen/New York/Toronto. 2012.
Blank, B. (2010): „Dass man mich nach meiner Meinung fragt, das bringt mir was!" Die Interdependenz von Empowement, Teilhabe und Ressourcenförderung. In: BAG Wohnungslosenhilfe (Hg.): Partizipation und Selbstorganisation wohnungsloser Menschen, Zeitschrift wohnungslos 2/2010, Bielefeld. S. 44–48.
Blank, B. (2008): Empowerment-Instrumente – In der Hand der NutzerInnen. Empowerment und Didaktik/Methodik Sozialer Arbeit. In: Deutscher Berufsverband für Soziale Arbeit (Hg.): Empowerment. Stärken erkennen und entwickeln, FORUMsozial 1/2008, Essen. S. 11–15.
Blank, B. (2006): Neue interaktive Technologien in der Sozialen Arbeit. Ressourcenmanagement zwischen Empowerment und Profiling. In: Hochschule für Angewandte Wissenschaft Hamburg (Hg.): Case Management. Eine kritische Bilanz. STANDPUNKT:SOZIAL Hamburger Forum für Soziale Arbeit, Ausgabe 2/2006, Hamburg. S. 19–25.
Blank, B./Falk, H./Rath, M. (1993): Sozialhilfe. Ein Ratgeber, Lese- und Bilderbuch: Warum reicht die Sozialhilfe nicht zum Leben? Rechtsansprüche und Tips. Sozialpolitik für die Menschenwürde. Hg.: Arbeiterinnen- und Arbeiterselbsthilfe e. V., vollständig überarbeitete 3. Auflage, Selbstverlag, Stuttgart 1993.
Blank, B. (1990): Die Meerjungfrau lernt fliegen. Interviews mit wohnungs- und obdachlosen Frauen, München 1990.
Behindertenrechtsallianz (2014): Status der UN-Behindertenrechtskonvention vom 12.06.2014: http://www.brk-allianz.de/index.php/m-newsletter.html., Zugriff: 21.02.15.
Bordieu, P. (1989): Ökonomisches Kapital, kulturelles Kapital, soziales Kapital. In: Kreckel, Reinhard (Hg.): Soziale Ungleichheiten. Soziale Welt Sonderband 2, Göttingen. S. 183–198.
Bourdieu, P. (1992): Die verborgenen Mechanismen der Macht. Schriften zu Politik und Kultur, Hamburg 1992.
Bröckling, U. (2007a): Das unternehmerische Selbst. Soziologie einer Subjektivierungsform, Frankfurt a. M. 2007.
Bröckling, U. (2007b): Fallstricke der Bemächtigung. In: Zukünfte. Zeitschrift für Zukunftsgestaltung & vernetztes Denken, Band 18/2007, Berlin, S. 16–20.
Bundesministerium für Arbeit und Soziales (2011): Unser Weg in eine inklusive Gesellschaft. Der Nationaler Aktionsplan der Bundesregierung zur Umsetzung der UN-Behindertenrechtskonvention, Berlin 2011.
Butterwegge, C. (2015): Hartz IV und die Folgen. Auf dem Weg in eine andere Republik? Weinheim 2015.

Burmeister, K.-H. (2003): Olympe de Gouges. Die Rechte der Frau 1791, Göttingen 2003.
Eberhart, C. (1995): Jane Addams (1860–1935): Sozialarbeit. Sozialpädagogik und Reformpolitik, Rheinfelden 1995.
Freire, P. (1981): Der Lehrer ist Politiker und Künstler. Neue Texte zu befreiender Bildungsarbeit, Hamburg 1981.
Freire, P. (1980): Dialog als Prinzip. Erwachsenenalphabetisierung in Guinea Bissau, Wuppertal 1980.
Gruber, S. (2007): Intermediäre Organisationen in der Stadtentwicklung. Möglichkeitsräume für kollektives Lernen und Demokratieentwicklung, München 2007.
Gruber, J./Trickett, E. J. (1987): Can We Empower Others? The Paradox of Empowerment in the Governing of an Alternative Public School. In: American Journal of Cummunity Psychologie, Vol 15, No. 3, New York, S. 353–371.
Herringer, N. (2014): Empowerment in der Sozialen Arbeit. Eine Einführung. 5. erw. u. akt. Auflage, Stuttgart 2014.
Hobfoll, S. E. (1989): The Ecology of Stress, Washington D.C. 1989.
Hobfoll, S. E. (1988): The Conservation of Resources, A New Stress 1988.
Kuhlmann, C. (2008a): Geschichte Sozialer Arbeit I – Studienbuch. In: Kuhlmann, Carola (Hg.): Grundlagen Sozialer Arbeit, Schwalbach 2008.
Kuhlmann, C. (2008b): Geschichte Sozialer Arbeit II – Textbuch. In: Kuhlmann, Carola (Hg.): Grundlagen Sozialer Arbeit, Schwalbach 2008.
Lenz, A. (2002): Empowerment und Ressourcenaktivierung – Perspektiven für die psychosoziale Praxis. In Lenz, Albert/Stark, Wolfgang (Hg.): Empowerment. Neue Perspektiven für psychosoziale Praxis und Organisation. Fortschritte der Gemeindepsychologie und Gesundheitsförderung, Band 10, Tübingen, S. 13–53.
Lenz, A./Stark, W. (Hg.) (2002): Empowerment. Neue Perspektiven für psychosoziale Praxis und Organisation. Fortschritte der Gemeindepsychologie und Gesundheitsförderung, Band 10, Tübingen 2002.
Lob-Hüdepohl, A./Lesch, W. (Hg.) (2007): Ethik Sozialer Arbeit – Ein Handbuch. Paderborn 2007
Miller, T./Pankhofer, S. (Hg.) (2000): Empowement konkret! Handlungsentwürfe und Reflexionen aus der psychosozialen Praxis, Stuttgart 2000.
Nestmann, F. (2004): Ressourcenorientierte Beratung. In: Frank Nestmann et al. (Hg.): Das Handbuch der Beratung, Band 2. Ansätze, Methoden und Felder, Tübingen 2004.
Nestmann, F./Sickendiek, U. (2002): Macht und Beratung – Fragen an eine Empowermentorientierung. In: Frank Nestmann und Frank Engel (Hg.): Die Zukunft der Beratung, Tübingen 2002.
Pons (2015): Übersetzung/latein-deutsch/Emanzipation, unter: http://de.pons.com/%C3%BCbersetzung/lateineutsch/Emanzipation. Entlassung „aus der Hand", aus der väterlichen Gewalt nannten die Römer den Beginn der Volljährigkeit eines jungen Römers – mit einem umständlichen juristischen Vorgang! Ähnlich wurde auch die Freilassung eines Sklaven – gleichsam aus väterl. Macht – verstanden. Emanzipation heißt daher in der Neuzeit die Gleichstellung von Gruppen, besonders der Weg der Selbständigkeit der Frau. Zugriff: 21.02.15.
Rappaport, J. (1985a): The Power of Empowerment Language. In: Social policy. Published by Social Policy Corporation, Pacifica 1985.
Rappaport, J. 1985b: Ein Plädoyer für die Widersprüchlichkeit. Ein sozialpolitisches Konzept des „empowerment" anstelle präventiver Ansätze. In: Verhaltenstherapie und psychosoziale Praxis, Jg. 17, S. 257–278.
Rappaport, J./Swift, Carolyn/Hess, Robert (1984): Studies in Empowerment, Steps Toward Unterstanding and Action, New York 1984.
Rappaport, Julian 1981: In Praise of Paradox: a Social Policy of Empowerment over Prevention. In: American Journal of Community Psychology, 9/1, New York, S. 1–25.

Richmond, M. E. (1917): Social Diagnosis, New York 1917.
Schaurhofer, M./Peschl M. F. (2005a): Lernen und Wissensmanagement in Empowermentprozessen. Internetveröffentlichung: http://212.12.126.151/cms/index2.php?option=com_content&do_pdf=1&id=105.
Schaurhofer, M./Peschl, Markus F. (2005b): Autonomy: Starting Point and Goal of Personal and Social Change. A Constructivist Perspektive on Knowledge Management in Empowerment Processes. In: Kybernetes. The international journal of cybernetics, systems and management siences. Volume: 34, Issue: 1/2 2005, S. 261–277.
Solomon, B. Bryant (1976): Black Empowerment. Social Work in Oppressed Communities, New York 1976.
Sommer, G./Stellmacher, J. (2009): Menschenrechte und Menschenrechtsbildung. Eine psychologische Bestandsaufnahme, Berheim 2009.
Stark, W. (2004): Beratung und Empowerment – empowermentorientierte Beratung? In: Frank Nestmann et al. (Hg.): Das Handbuch der Beratung. Band 1, Disziplinen und Zugänge, Tübingen, S. 535–546.
Stark, W. (1996): Empowerment. Neue Handlungskompetenzen in der psychosozialen Praxis, Freiburg i. B. 1996.
Stark, W./Bobzien, M. (1991): Empowerment als Konzept psychosozialer Arbeit und Förderung von Selbstorganisation. In: Klaus Balke und Wolfgang Thiel (Hg.): Jenseits des Helfens. Professionelle unterstützen Selbsthilfegruppen, Freiburg i. B. 1991.
Staub-Bernasconi, S. (2007a): Soziale Arbeit als Handlungswissenschaft. Systemische Grundlagen und professionelle Praxis – Ein Lehrbuch, Bern/Stuttgart/Wien 2007.
Staub-Bernasconi, S. (2007b): Vom transdisziplinären wissenschaftlichen Bezugswissen zum professionellen Handlungswissen am Beispiel der Empowerment-Diskussion, In: Soziale Arbeit als Handlungswissenschaft. Systemische Grundlagen und professionelle Praxis – Ein Lehrbuch, Bern/Stuttgart/Wien, 2007, S. 245–270.
Staub-Bernasconi, S. (2001): Ressourcenerschließung. In: Hans-Uwe Otto und Hans Thiersch (Hg.): Handbuch Sozialarbeit/Sozialpädagogik, Neuwied, 2001, S. 1507–1515.
Theunissen, G. (2009): Empowerment und Inklusion behinderter Menschen. Eine Einführung in Heilpädagogik und Soziale Arbeit, Freiburg i. B. 2009.
Theunissen, G./Plaute, Wolfgang (2002): Handbuch Empowerment und Heilpädagogik, Freiburg i. B. 2002.
Thiersch, H. (2000): Lebensweltorientierte Soziale Arbeit. Aufgaben der Praxis im sozialen Wandel, Weinheim 2000.
Thiersch, H. (1993): Lebenswelt und Moral. Beiträge zur moralischen Orientierung Sozialer Arbeit, Weinheim 1993.
Vossebrecher, D./Jeschke, K. (2009): Empowerment zwischen Vision für die Praxis und theoretischer Diffusion. In: Forum Kritische Psychologie, Heft 51, Hamburg, 2009, S. 53–66.
Yousafzai, M. (2013): Ich bin Malala. Das Mädchen, das die Taliban erschießen wollten, weil es für das Recht auf Bildung kämpft, München 2013.

Matthias Brungs und Simon Reuter
2 Jugendliche in Online-Communities
Eine explorative Studie zu den Einflüssen von Facebook auf soziale Beziehungen

1 Einleitung

Das Bedürfnis der Menschheit, eine soziale Gemeinschaft zu bilden und sich mit anderen zu vernetzen, existiert nicht erst seit dem 20. Jahrhundert, sondern ist ein elementares Streben menschlicher Existenz. Bereits 400 vor Christus beschrieb Aristoteles den Menschen als ‚Zoon Politicon', als gemeinschafts- und staatenbildendes Wesen. Infolge des technischen Wandels, der digitalen Kommunikationsmedien und im Zuge der Globalisierung ergeben sich in der Neuzeit neue Möglichkeiten und Notwendigkeiten zur Bildung von sozialen Gemeinschaften. Die Rede ist von so genannten Online-Communities, die seit einigen Jahren in unterschiedlicher Art und Struktur gerade unter Jugendlichen und Heranwachsenden auf enormes Interesse stoßen. Dabei handelt es sich um interessenszentrierte Foren (z. B. Computerbase), um freie Online-Enzyklopädien (z. B. Wikipedia), um Verkaufsshops (z. B. Amazon) oder um Treffpunkte für jedermann in Form von Social Networks. Gerade die Letztgenannten dienen vielen jungen Menschen zur sozialen Interaktion mit Freunden, Bekannten oder auch Unbekannten. Deren stetig wachsende Popularität wirft die Frage auf, inwieweit sie reale soziale Netzwerke beeinflussen und ob sie dazu beitragen, soziale Beziehungen zu verändern.

Die nachfolgend vorgestellte explorative Studie steht in diesem thematischen Kontext. Sie richtet ihr Augenmerk auf jugendliche Interaktionen im Online- sowie im Offline-Modus. Sie beschäftigt sich mit der Frage, wie junge Menschen in sozialen Online-Netzwerken agieren und welche Einflüsse sich infolge dieser digitalen Kommunikation auf das reale Sozialverhalten ergeben. Da eine Berücksichtigung aller vorhandenen sozialen Netzwerke weder möglich, noch aufgrund ihrer Unterschiedlichkeit sinnvoll ist, liegt der Fokus auf dem vermeintlich populärsten Netzwerk dieser Art, dem Facebook. Zunächst werden nach einer Skizzierung der Geschichte des Internets und der Online-Communities einige Daten zur Verbreitung von Online-Medien unter Jugendlichen sowie sozialpsychologische Aspekte von Online-Kontakten berichtet. Anschließend werden Ergebnisse der oben erwähnten Studie dargestellt und interpretiert.

2 Die Entwicklung von Online-Communities

Online-Communities haben zurückblickend eine über 50-jährige Entwicklungsgeschichte. Bereits in den 60er Jahren des vergangenen Jahrhunderts erprobten amerikanische Wissenschaftler ein für militärische Zwecke entwickeltes Überwachungsnetzwerk, das ohne zentral angelegtes Steuerungselement funktionierte (Schilliger 2010, S. 11). Informationstechnologische Errungenschaften während der späten 60er und frühen 70er Jahre forcierten in der Folge die Verbreitung von digitalen Kommunikationsmöglichkeiten, welche der gesamten Öffentlichkeit zur Verfügung standen und strukturell mit modernen Online-Foren vergleichbar sind. Die Entwicklung des Transmission Control Protocol/Internet Protocol (TCP/IP) um die 80er Jahre und dessen Erweiterung in Form des Internet Relay Chat (IRC) ermöglichte eine digitale Kommunikation, in der Akteure gleichzeitig interagieren (Schilliger 2010, S. 11). Auf dieser technischen Grundlage entstanden zahlreiche Onlineplattformen, Webblogs sowie andere Online-Communities und das Internet entwickelte sich zunehmend zu einer Plattform, auf der soziale Interaktion und Kommunikation im Fokus stehen.

Ein wichtiger Meilenstein für die Verbreitung von Social Networks ist der erstmals im Jahr 2003 unter dem Terminus Web 2.0 beschriebene Wandel der Internetgemeinschaft. Gemeint ist damit das veränderte Verhalten der Internetnutzenden von reinen Konsument_innen hin zu aktiven Produzent_innen. Webinhalte werden seitdem von den Usern mitgestaltet, hinzugefügt oder selbst verfasst, sei es in freien Online-Enzyklopädien, in Video- oder Musikportalen, in Tauschbörsen oder Blogs, vor allem aber in den inzwischen unzähligen sozialen Online-Netzwerken, die gegenwärtig einen essenziellen Bestandteil der Web 2.0 Anwendungen bilden (Michelis/Schildhauer 2012). Obwohl diese in der Fachliteratur unterschiedlich bezeichnet werden, wie z. B. Social Networks, Online Communities, Virtual Communities etc., besteht über deren grundsätzliche Charakteristik weitgehende Übereinstimmung. Demnach handelt es sich um „... web based services that allow individuals to construct a public or semi-public profile within a bounded system, articulate a list of other users with whom they share a connection and view and traverse their list of connections and those made by others within the system." (Heidemann 2010, S. 3). Für die Anwendenden übernehmen sie unterschiedliche Funktionen. Soziale Online Communities können
- durch die Möglichkeit der Selbstdarstellung dem Identitätsmanagement dienen,
- zur (Experten-)Suche und Wissenserweiterung beitragen,
- dabei unterstützen, Vertrauen zu anderen aufzubauen und einen gemeinsamen sozialen Kontext herzustellen (Kontextawareness),
- genutzt werden, um soziale Kontakte innerhalb des Netzwerks zu pflegen oder aufzubauen (Kontaktmanagement),
- den eigenen Informationsgrad über die Aktivitäten im Netzwerk erhöhen bzw. absichern (Netzwerkawareness) oder
- einen gemeinsamen Austausch ermöglichen. (Kneidinger 2010, S. 51).

In Abhängigkeit der nutzerspezifischen Gestaltungsaktivität und Kommunikationsform sind nach Kneidinger mehrere Typen im Gebrauch des Internet und der Teilnahme an Online-Communities zu unterscheiden (Kneidinger 2010). Diese sind in Abb. 1 grafisch dargestellt.

```
                        Gestaltend

                Produzent_innen
                                    Profilierte Nutzer_innen

                        Selbstdarsteller_innen

Individuelle        Spezifisch Interessierte        Öffentliche
Kommunikation                                       Kommunikation
                            Netzwerker_innen

                        Kommunikator_innen

            Infosucher_innen

            Unterhaltungssucher_innen

                        Betrachtend
```

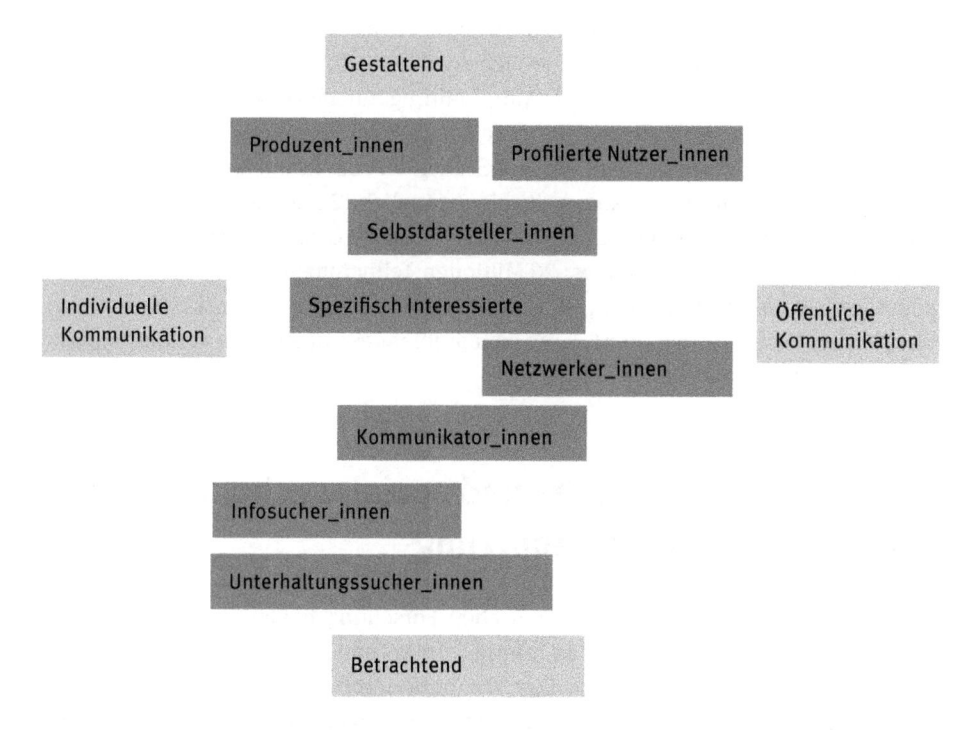

Abb. 1: Nutzertypologie von Web 2.0 Anwendungen
Quelle: In Anlehnung an Schilliger 2010, S. 21.

Von der Autorin so benannte „Produzenten" nutzen die Communities vorwiegend um Inhalte wie z. B. Musik, Fotografien etc. zu verbreiten. Die Netzgemeinschaft als solches und der Aufbau oder die Erhaltung von sozialen Beziehungen sind ihnen eher unwichtig. Ähnlich verhält es sich bei den „Selbstdarstellern". Diese weisen allerdings die Besonderheit auf, dass sie mit ihren Online-Aktivitäten auch ihre eigene Person öffentlich machen wollen. „Spezifisch Interessierte" haben generell wenig Interesse an der Publikation von Inhalten oder der eigenen Person, stattdessen nutzen sie Online-Communities, um gezielt Informationen über spezielle Sachverhalte oder Auskünfte zu bestimmten Fragestellungen zu erhalten. Dagegen steht für „Netzwerker" der Austausch mit anderen Akteuren im Vordergrund. Sie sind auf der Suche nach Kontakten und beabsichtigen, ihren Freundeskreis zu pflegen und zu erweitern. Auch den „Profilierten Nutzern" geht es um soziale Aspekte. Neben der Kommunikation mit anderen sind ihnen aber auch die aktive Mitgestaltung durch eigene Beiträge und generell die Partizipation an den Internetangeboten wichtig. Die von der Autorin als „Kommunikatoren" bezeichneten User sind vorwiegend an Sachinhalten interessiert, indem sie beispielsweise andere Beiträge kommentieren. Der Kontakt zu Personen oder der soziale Austausch ist für sie eher nebensächlich. „Infosucher" nehmen nur passiv am digitalen Geschehen teil. Sie nutzen das Medium ausschließlich, um Information zu bestimmten Themen zu erhalten, ebenso wie „Unterhaltungssucher", denen es um den Konsum von Online-Videos oder Musik geht, ohne dabei die Möglichkeiten einer Kommunikation oder Mitgestaltung nutzen zu wollen.

Facebook ist das wohl derzeit am weitesten verbreitete digitale Online-Netzwerk. Es wurde Anfang 2004 von einem Harvard Studenten entwickelt. Zunächst war es nur regional, ab dem Jahr 2006 dann weltweit zugänglich. Gegenwärtig ist Facebook in über 70 Sprachen verfügbar und hat über 1.115 Millionen User (Schwind 2012, S. 21). In Deutschland ist Facebook mit etwa 26 Millionen Teilnehmenden das wichtigste und populärste soziale Online-Netzwerk (http://de.statista.com/themen/138/facebook/). Wer sich auf Facebook registriert, kann sich problemlos mit anderen verknüpfen und Informationen austauschen.

3 Medienpädagogische und sozialpsychologische Aspekte der Internetnutzung

Nach Ergebnissen der medienpädagogischen Forschung haben 88 % der Jugendlichen einen eigenen Zugriff auf das Internet, insgesamt 72 % besitzen ein internetfähiges Smartphone und vier von fünf der heranwachsenden Menschen verfügen über einen eigenen Computer oder Laptop (Medienpädagogischer Forschungsverbund 2013, S. 1). Drei Viertel der Jugendlichen (73 %) sind regelmäßig im Internet aktiv und für 89 % wird die Nutzung von diesem als die wichtigste Medientätigkeit in ihrer Freizeit eingestuft (Medienpädagogischer Forschungsverbund 2013, S. 27). An einem Wochentag sind jene im Durchschnitt 179 Minuten online (Medienpädagogischer Forschungsverbund, S. 27 ff). Sowohl im Hinblick auf den Besitz eines eigenen Computers, Laptops oder Smartphones als auch was die Möglichkeit zur Internetnutzung und die durchschnittliche Nutzungszeit betrifft, ist seit einigen Jahren eine kontinuierliche Zunahme festzustellen. Im Zuge dieser Entwicklung gewinnen Fragen nach Auswirkungen dieser Mediennutzung auf das Sozial- und Beziehungsverhalten Jugendlicher wachsende Bedeutung.

Die computervermittelte Interaktion weist im Vergleich zur Offline-Kommunikation einige sozialpsychologische Besonderheiten auf. So ist sie mit Ausnahme der Chatrooms durch Asynchronität geprägt und der für die menschliche Interaktion wichtige nonverbale Signalbereich fehlt oder ist zumindest erheblich eingeschränkt. Infolgedessen wird die Anzahl und inhaltliche Breite der Deutungsmöglichkeiten von Kommunikationsinhalten vergrößert und die Chronemik der Interaktionen erhält ein besonderes Gewicht. So kann z. B. das Ausbleiben einer erwarteten Nachricht als negative Beziehungsbotschaft gedeutet werden, gerade weil der Aufwand zum Versenden einer Nachricht gering ist. Bisweilen kompensieren die User ihre eingeschränkte Möglichkeit, nonverbale Botschaften zu versenden, indem sie von den in der Netzwerkgemeinschaft definierten Abkürzungen, Emoticons oder Aktionsbeschreibungen Gebrauch machen.

Des Weiteren können die Akteure nicht auf Kontextinformationen wie z. B. Geschlecht, Herkunft, Alter etc. ihres Gegenüber zurückgreifen, wodurch der soziale Austausch weniger von einem eventuellen Statusunterschied oder damit zusammenhängenden Faktoren gehemmt wird als das bei face-to-face Kontakten der Fall ist (Heidbring/Lück/Schmidtmann 2009, S. 116). Schließlich kann in Online-Interaktionen Anonymität gewahrt werden und durch die Nutzung des Internet ist die Kommunikation unabhängig vom Aufenthaltsort der Teilnehmenden.

Ergebnisse der Netzwerkforschung zeigen, dass Online-Kontakte hauptsächlich zur Verdichtung bestehender sozialer Netzwerke dienen (Döring 2003). Die durchgehende Erreichbarkeit durch Online-Medien kann die Kontakthäufigkeit erhöhen und damit die Bindung zweier Akteure stärken. Wie sehr eine soziale Beziehung „virtualisiert" wird, hängt von der Häufigkeit und der Dauer der computervermittelten sozialen Kommunikation ab. Die Verfügbarkeit eines kostengünstigen und eines leicht erreichbaren Netzzugangs oder die Erschwernis einer face-to-face Kommunikation wegen einer großen geografischen Distanz zwischen den Interaktionspartner_innen fördern eine digitalisierte Kommunikation.

Neben diesen eher äußerlichen Besonderheiten computervermittelter Interaktionen ist auch deren Qualität von Interesse. Diese hängt in entscheidendem Ausmaß davon ab, wie gut sich die Akteure auf die Kommunikationsaufgabe und die Merkmale der medialen Umgebung einstellen. So können Online-Kontakte gerade in der Aufbauphase einer Offline-Beziehung dazu führen, dass sich neben einer erhöhten Kontaktdichte auch ein Abbau der Selbstdarstellungsunsicherheit einstellt (Döring 2003, S. 428 ff). In der Bestandsphase einer sozialen Beziehung kann die räumliche Distanz eine größere Kommunikationsoffenheit fördern. Aufgrund des Fehlens der nonverbalen Signale sind allerdings nicht alle Themen für einen digitalen Austausch geeignet, da geschriebene Nachrichten häufig sachlich und distanziert wirken.

4 Forschungsmethodik

Um möglichst viele Jugendliche und Heranwachsende zu erreichen, wurde das methodische Vorgehen einer Online-Befragung gewählt. Im Zentrum der Befragung standen die Motivation, Facebook als soziales Netzwerk zu nutzen, und dessen Einflüsse auf die sozialen Beziehungen der Probandinnen und Probanden. Das Erhebungsinstrument wurde eigens für diese Arbeit entwickelt, in einigen Aspekten orientiert es sich an einer der wenigen publizierten einschlägigen Analysen (Kneidinger 2010). Neben soziodemografischen Fragen und Einschätzungen zur Nutzungsintensität und -motivation von Facebook enthält es Selbstbeurteilungen zur Funktion dieses Online-Netzwerks sowie Fragen zu sozialen Interaktionsformen der Befragten.

Der Fragebogen wurde im Frühjahr 2014 auf Facebook während eines Zeitfensters von vier Wochen aktiviert. Um die Teilnahmequote zu steigern, wurde nach Ablauf von drei Wochen ein erneuter Hinweis auf die Befragung in Facebook gepostet. Vor seiner digitalen Einstellung wurde auf den entsprechenden Link in verschiedenen Gruppen im Facebook-Netzwerk sowie in gängigen virtuellen Computer- und Jugendforen hingewiesen.

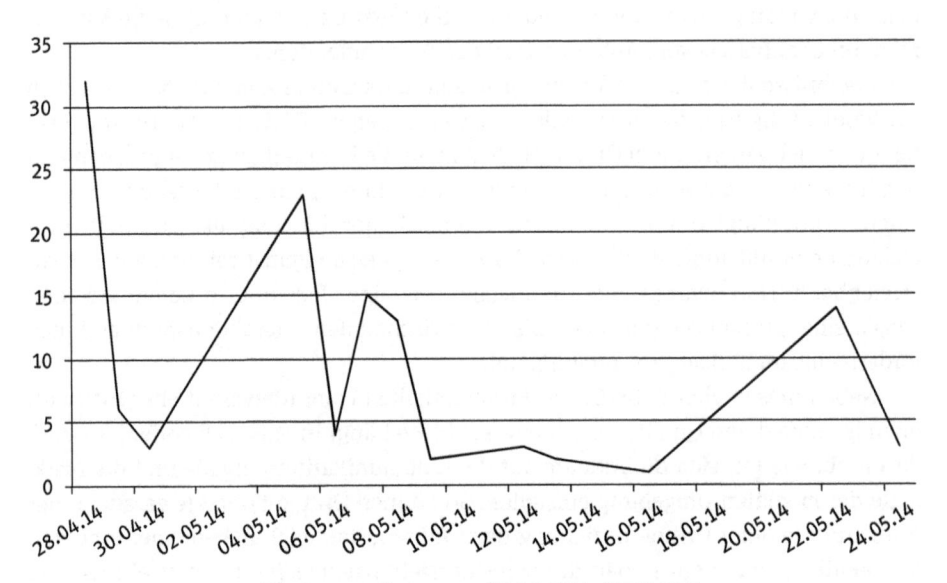

Erhebungszeitraum vom 28.04.2014–25.05.2014

Abb. 2: Verlauf der Fragebogenbearbeitungen
Quelle: Eigene Darstellung.

Insgesamt antworteten N = 163 Personen, wobei 27 % der Fragebögen nicht vollständig bearbeitet wurden. Die unvollständig bearbeiteten Bögen fanden bei der Datenanalyse keine Berücksichtigung. Die nachfolgend berichteten Ergebnisse basieren somit auf einer Datenbasis von N = 121.

Das Durchschnittsalter der Befragten liegt bei knapp 22 Jahren, mit einem Range von 13 Jahren. Mehr als die Hälfte ist zwischen 21 und 27 Jahren alt. Über 66 % der Antwortenden sind weiblich, was grob dem durch vorausgehende Analysen bekannten geschlechtsspezifischen Nutzungsanteil von Facebook entspricht.[1] Die Mehrheit verfügt über die Hochschulreife oder strebt diese an (63 %); auf dem Weg zu einem mittleren Bildungsabschluss über die Realschule sind 20 % und 15 % besuchen die Hauptschule. Nur eine Minderheit (2 %) befindet sich in einer Schule mit sonderpädagogischem Schwerpunkt oder hat diese abgeschlossen. Mit 15 % der Befragten haben vergleichsweise nur wenige Studienteilnehmende einen Migrationshintergrund.

5 Ergebnisse

Im Folgenden werden Befunde zur sozialen Bedeutung von Facebook sowie dessen Auswirkungen auf soziale Interaktionen berichtet. Ausgangspunkt hierfür sind die Angaben der jugendlichen Studienteilnehmenden über deren durchschnittliche Nutzungszeit und über die Regelmäßigkeit ihrer Online-Aktivitäten. In Zusammenhang dieser quantitativen Ergebnisse werden anschließend die Qualität von Online-Bekanntschaften beleuchtet und Auswirkungen einer Facebook-Mitgliedschaft auf mehrere Aspekte des Interaktions- und Sozialverhaltens der jugendlichen Befragten beschrieben.

5.1 Nutzungsintensität

Von Interesse für die im Fokus stehenden Fragestellungen sind zunächst Selbsteinschätzungen der Befragten über den Stellenwert, den Facebook in ihrem Lebensalltag einnimmt. Mit großer Wahrscheinlichkeit hat diese subjektive Einschätzung auch Einfluss darauf, ob das digitale Netzwerk Auswirkungen auf die realen sozialen Interaktionen und Beziehungen der Betroffenen hat oder nicht. Als Indikator für die individuelle Bedeutung von Facebook wurden in der vorliegenden Untersuchung neben dem rein quantitativen Maß der durchschnittlichen Nutzungszeit pro Tag auch die Anzahl und die Qualität der Online-Bekanntschaften gewertet.

Die Einzelbefunde verdeutlichen, dass die Mehrheit der befragten jungen Menschen Facebook täglich bis maximal eine Stunde nutzt (66 %). Lediglich 7 % der Befragten sind länger als drei Stunden pro Tag auf Facebook online (Tab. 1).

Diese prozentualen Anteile lassen allerdings alleine noch keine weiteren Rückschlüsse zu, sondern sie müssen in Relation zu der allgemeinen Internetnutzung der Betroffenen betrachtet werden. Ganz offensichtlich ist diese im Verhältnis um ein Vielfaches höher. So sind etwa ein Drittel der Probandinnen und Probanden pro Tag durchschnittlich mehr als ein bis zwei Stunden (29 %), ebenso viele zwei bis drei

---

[1] Global nehmen 57 % Nutzerinnen im Vergleich zu 43 % Nutzern an Facebook teil (http://staticfloat.com/facebook-zahlen-und-fakten-2012).

Stunden und 30 % mehr als drei Stunden online. Nur etwa jeder Zehnte der jungen Menschen verbringt täglich eine halbe bis eine Stunde und nur 2 % noch weniger Zeit im Internet.

Tab. 1: Durchschnittliche Nutzung von Internet und Facebook pro Tag in % (N = 121)

	Internet	Facebook
weniger als 1/2 Stunde	2	30
1/2 Stunde – 1 Stunde	11	36
1–2 Stunden	29	16
2–3 Stunden	29	12
mehr als 3 Stunden	30	7

Quelle: Eigene Darstellung.

Wie Abb. 3 verdeutlicht, ergeben sich weitergehende Einsichten, wenn beide Wertigkeiten in eine direkte Relation gebracht werden. Demnach verbringt jeder User im Schnitt ein Drittel der Zeit, während er online ist, auf Facebook, und diejenigen, die bis zu zwei Stunden im Internet surfen sogar die Hälfte dieser Zeit. Im Hinblick auf das Alter und das Geschlecht ergeben sich dabei keine signifikanten Unterschiede.

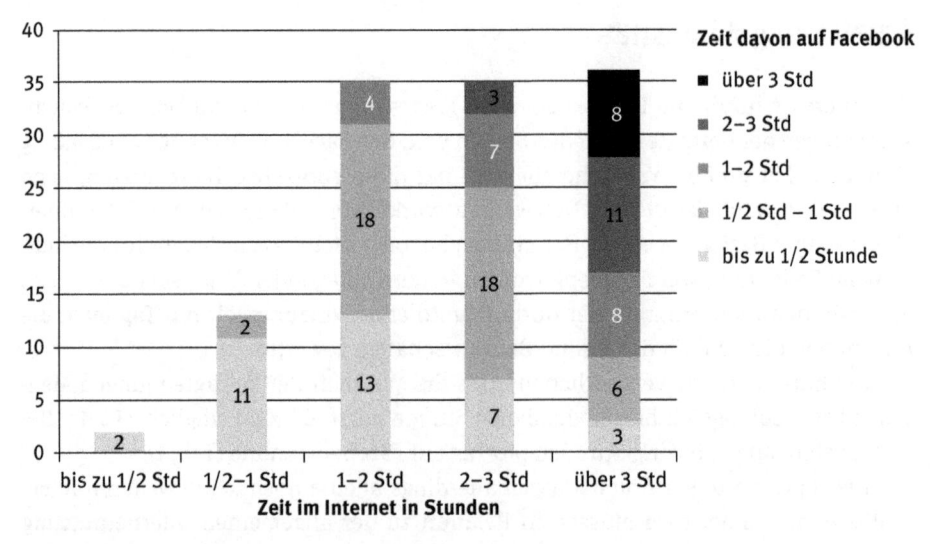

Abb. 3: Facebook- und Internetnutzung in Relation (N = 121)
Quelle: Eigene Darstellung.

Die berichteten Befunde zur Nutzungsintensität aus rein quantitativer Sicht lassen den Schluss zu, dass das Online-Netzwerk Facebook gerade auch im Verhältnis zu der Zeit, die im Internet als solches verbracht wird, für die Mehrheit eine erhebliche

Rolle spielt. Zwischen einem Drittel und der Hälfte der täglich online verbrachten Zeitspanne wird für eine Facebook-Teilnahme aufgewandt.

5.2 Online-Bekanntschaften

Neben der Nutzungszeit ist die Anzahl und vor allem die Intensität von Online-Beziehungen ein Indikator für die soziale Bedeutsamkeit, die Facebook für die Untersuchungsteilnehmenden einnimmt. Neben der Anzahl sowie Relation von Online- und face-to-face-Freunden spielt hier auch die Frage eine Rolle, in welchem Setting die Befragten primär neue soziale Kontakte knüpfen.

Zwei Drittel der Probandinnen und Probanden (66 %) geben an, dass sie von allen ihren Facebook-Freunden lediglich 10 % ausschließlich online kennen, zu den anderen besteht auch eine reale Beziehung. Der Anteil der Studienteilnehmenden geht mit steigender Anzahl von rein virtuellen Bekanntschaften auf der Freundesliste in Facebook deutlich zurück. Mit 11–30 % ihrer Facebook-Freunde haben nur noch 16 % einen ausschließlich virtuellen Kontakt, mit 31 %–50 % und mit mehr als 50 % sind es nur noch 8 % bzw. 10 %. Damit decken sich die hier gewonnenen Ergebnisse mit den Befunden einer vergleichbaren Studie aus dem Jahr 2010 (Kneidinger 2010), auch wenn dort der hier vorgefundene Trend etwas weniger stark ausgeprägt ist. In jedem Fall wird deutlich, dass Facebook eher auf Kontakterhaltung oder Pflege bereits im realen Leben bestehender sozialer Beziehungen ausgerichtet ist und den Usern weniger zum Aufbau neuer Kontakte oder Freundschaften dient.

Dies findet auch Bestätigung, wenn nur die so genannten engen Freunde auf Facebook analysiert werden. Der durchschnittliche Studienteilnehmende gibt hier im Schnitt sechs enge Facebook-Freunde an, bei einer verhältnismäßig großen Streuung der Antworten (2 bis 20 enge Freunde). Von diesen engen Online-Freundschaften wurden nach Angaben der Befragten im Schnitt nur knapp zwei, d. h. weniger als ein Drittel, online geschlossen (Range 0–15). Facebook hat also eine nur untergeordnete Bedeutung für den Aufbau von sozialen Freundschaftsbeziehungen. Die bemerkenswert große Streuung der Antworten hat vermutlich in dem wenig klaren und unterschiedlich interpretierbaren Terminus „enge Freundschaft" ihren Grund.

Schließlich wird das hier beschriebene Ergebnis auch erhärtet, wenn die jeweils von den Befragten favorisierten Orte oder Wege analysiert werden, wo bzw. mit deren Hilfe sie am häufigsten neue soziale Kontakte herstellen. Sie plädieren hier eindeutig für reale Settings, nämlich Partys oder ähnliche Veranstaltungen, gefolgt von der Schule. Das Facebook-Netzwerk nimmt dagegen ebenso wie eine Vereinszugehörigkeit eine nur untergeordnete Rolle ein (Abb. 4). Mehr als die Hälfte der jungen Menschen (53 %) lehnt explizit den digitalen Weg als eine Option zum Aufbau von neuen Kontakten ab.

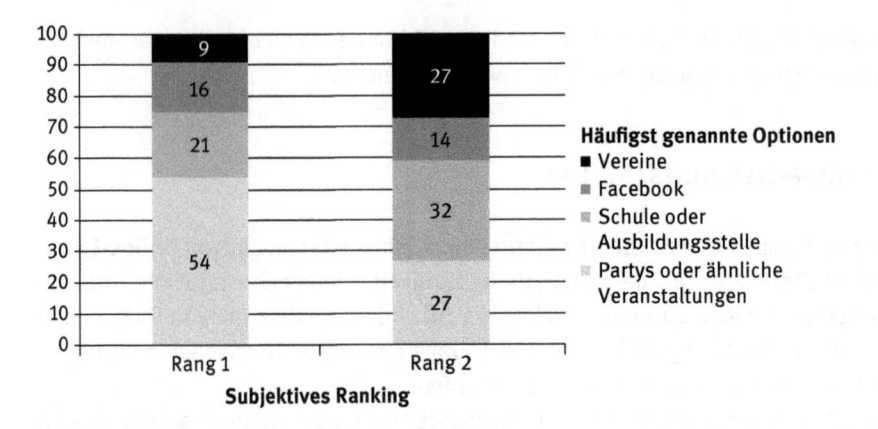

Abb. 4: Favorisierte Settings zum Aubau sozialer Kontakte (in %, N = 121)
Quelle: Eigene Darstellung.

5.3 Motive zur Nutzung von Facebook

Der soziale Stellenwert, den Facebook einnimmt, lässt sich schließlich auch daran erkennen, von welchen Motiven die jungen Menschen zur Nutzung dieser Online-Community geleitet werden. Dabei interessiert zuerst die allgemeine Frage, ob Facebook den Befragten eher zur Kommunikation oder eher zur Selbstdarstellung dient. Anschließend sind dann konkrete Motivdimensionen und deren Bedeutung zu analysieren.

Das gesamte Facebooktool lässt sich im Hinblick auf seine einzelnen Funktionen grob in zwei Gruppen einteilen. Eine Gruppe zielt überwiegend auf eine direkte oder indirekte Kommunikation mit anderen Usern (z. B. Postfach, Chat, Kommentarfunktion, Pinnwand), eine andere dient eher der eigenen Selbstdarstellung (z. B. Fotoalbum, Statusmeldung, Gruppenfunktion). Ganz eindeutig übernimmt Facebook nach den Ergebnissen der hier vorliegenden Daten für die überwiegende Mehrheit eine Kommunikationsfunktion. So gibt rund die Hälfte der Probandinnen und Probanden an, dass diese sehr häufig oder häufig das Postfach nutzen (53 %), sich in einem Chat befinden (59 %) oder die Kommentarfunktion bedienen (44 %). Immerhin jeder fünfte der Befragten (19 %) berichtet, dass er Anmerkungen zu den digitalen Aussagen anderer anfügt. Die entsprechenden Angaben zu den Selbstdarstellungstools sind dagegen erheblich geringer (Fotoalbum 13 %, Statusmeldungen 23 %, Gruppenfunktionen 33 %).

Auch die Urteile der Befragten zur subjektiven Wichtigkeit dieser Tools zeigen einen Trend in diese Richtung. Der Chat hat für die Mehrheit generell die höchste Priorität (65 %), gefolgt von dem Postfach (58 %). Gegenüber diesen Häufigkeitsanteilen fällt die Priorität der Selbstdarstellungsfunktionen bei den Studienteilnehmenden deutlich ab (z. B.: Statusmeldung 16 %, Fotoalben 10 %, Gruppenfunktion 19 %). So kann festgehalten werden, dass Facebook seinen Usern vor allem zur Kommunikation und dem sozialen Austausch dient.

Um diesen Befund weiter zu konkretisieren, wurde auf vier konkrete Motivdimensionen zurückgegriffen, die sich in einer Faktorenanalyse mit Varimax-Rotation und einem mit 0,727 statistisch akzeptablen Kaiser-Meyer-Olkin Wert in der bereits oben schon erwähnten Studie herauskristallisiert hatten (Kneidinger 2010). Es handelt sich dabei um folgende Motive:

1. Allgemeines Informationsmotiv (operationalisiert durch die Items: „... um bei Trends, Musik oder Ähnlichem auf dem neuesten Stand zu sein"; „... um nützliche Informationen zu erhalten über Veranstaltungsorte, Geburtstage oder Ähnliches")
2. Soziales Informationsmotiv (operationalisiert durch die Items: „... um mich über Personen aus meinem Umfeld zu informieren"; „... um mich über aktuelle Geschehnisse in meinem Umfeld oder meinen Bekannten zu informieren")
3. Motiv des Zeitvertreibs (operationalisiert durch die Items: „... um mir eine Pause von anderen Verpflichtungen zu gönnen"; „... wenn mir langweilig ist")
4. Motiv zur sozialen Kontaktpflege (operationalisiert durch die Items: „... um den Kontakt zu alten Freunden zu halten oder wiederherzustellen"; „... zur Unterhaltung mit Freunden")

Die Analyse der Angaben steht eindeutig in Einklang mit dem oben beschriebenen Trend. Deren Kumulation zu prozentualen Antwort-Häufigkeiten zeigt, dass die Probandinnen und Probanden vorwiegend Facebook als Mittel zur Kontaktpflege nutzen. Daneben hat es für viele auch einen Unterhaltungswert in dem Sinne, als es zum Zeitvertreib oder als Ablenkung von anderen Aktivitäten dient. Weit weniger fungiert es für die User als Informationsplattform.

5.4 Auswirkungen auf soziale Beziehungen und Sozialverhalten

Generell verneint die Mehrheit einen Effekt auf die Qualität ihrer Kontakte zu engen Freunden, seitdem es die Möglichkeit gibt, über Facebook oder andere Online Communities zu interagieren (87 %). Allerdings stellt immerhin jeder dritte Studienteilnehmende fest (32 %), dass die Beziehungen zu seinem weiter gefassten Bekanntenkreis infolge dieser neuen digitalen Medien enger geworden sind. Die Analyse von einschlägigen Itemgruppen der hier durchgeführten Online-Befragung konkretisieren diese allgemeinen Statements. Dabei wurden mehrere Indikatoren als abhängige Variablen überprüft: die Häufigkeit von realen Verabredungen, das Engagement oder die Mitgliedschaft in Vereinen, Freizeitaktivitäten bzw. die nicht-digitale Kontaktpflege zu Bekannten und Freunden sowie die Nutzung von anderen Kommunikationsmedien wie z. B. Telefon oder Kurzmitteilungen (SMS).

Im Hinblick auf die Anzahl von face-to-face Verabredungen zeigt sich deutlich, dass Facebook keinen Einfluss auf deren Häufigkeit hat. Nur knapp jeder Zehnte der Befragten trifft sich nach eigenen Aussagen seltener mit Freunden oder Bekannten seit er an Facebook teilnimmt. Die überwiegende Mehrheit stellt dagegen keine Auswirkung auf die Frequenz ihrer realen Kontakte fest (81 %). Dieses Ergebnis erscheint insoweit empirisch belastbar, als es unabhängig von der Nutzungsintensität der Befragten ist. So ergeben sich weder bemerkenswerte Korrelationen mit der Nutzungszeit pro Tag noch signifikante Zusammenhänge mit der Anzahl der auf Facebook vermerkten Bekannten und (engen) Freunde. Infolgedessen kann an dieser Stelle festgehalten werden, dass unabhängig davon, ob das Online-Netzwerk von den Jugendlichen intensiv oder nur gelegentlich genutzt wird, ob aus dem realen Freundes- und Bekanntenkreis ein sehr großer oder nur ein sehr kleiner Teil ebenfalls in dem Netzwerk vertreten ist, reale Sozialkontakte davon unbeeinflusst bleiben. Persönliche Begegnungen oder Verabredungen werden durch eine Facebookmitgliedschaft nicht eingeschränkt, sondern allenfalls ergänzt. Dies ist nach der vorliegenden Datenlage allerdings nicht reversibel. Vielmehr ergeben sich Hinweise darauf, dass die soziale Eingebundenheit von Jugendlichen ihrerseits Einfluss auf die Nutzung von Facebook hat. So ist diejenige Teilgruppe der Befragten, die sich in Vereinen oder in ähnlichen realen sozialen Netzwerken regelmäßig engagiert, im Vergleich zu der anderen Befragtengruppe durchschnittlich eine kürzere Zeit pro Tag auf Facebook online.

Wenn nun die Mitgliedschaft in Facebook keinen Einfluss auf die Anzahl der persönlichen Kontakte hat und allenfalls dazu genutzt wird, bestehende Sozialkontakte aufrechtzuerhalten bzw. zu pflegen, stellt sich ergänzend die Frage, mit Hilfe welcher Medien diese Kontakte gepflegt werden, d. h. welchen Stellenwert bei bereits bestehenden Sozialkontakten neben den persönlichen Treffen und neben der digitalen Kommunikation andere Medien im Vergleich einnehmen. Da bei dieser Fragestellung vermutlich die Qualität der Beziehungen einen moderierenden Einfluss ausübt, wurde zwischen „engen Freunden" und „weitergehenden Bekannten" unterschieden.

Die Datenanalyse zeigt hier einen bemerkenswerten Trend. Die Kontaktpflege von Bekannten, also mit Personen aus dem weiter gefassten sozialen Umfeld, geschieht nach dem Urteil der Probandinnen und Probanden zu großen Anteilen mithilfe von Facebook, WhatsApp oder anderen Online-Communities (57 %). Nur eine Minderheit gibt an, dass sie mit diesem Personenkreis überwiegend persönliche Verbindung hält (12 %). Dagegen wird der Kontakt mit engen Freunden nach dem Urteil der Mehrheit der Befragten vor allem durch persönliche Kontakte, also face-to-face Treffen, aufrechterhalten (36 %), auch wenn in diesem Fall Facebook und andere digitale soziale Netzwerke eine nicht unerhebliche ergänzende Rolle einnehmen (25 %).

Als Zwischenfazit lässt sich somit festhalten, dass zwar bei der Kontakterhaltung mit engen Freunden persönliche Verabredungen durch Facebook oder andere Online-Communities nicht verdrängt werden konnten, aber insgesamt diese im sozialen Alltag junger Menschen nicht mehr wegzudenken sind. Dagegen scheinen konventionelle Kommunikationskanäle wie Telefon oder Kurzmitteilungen (SMS) weder bei der

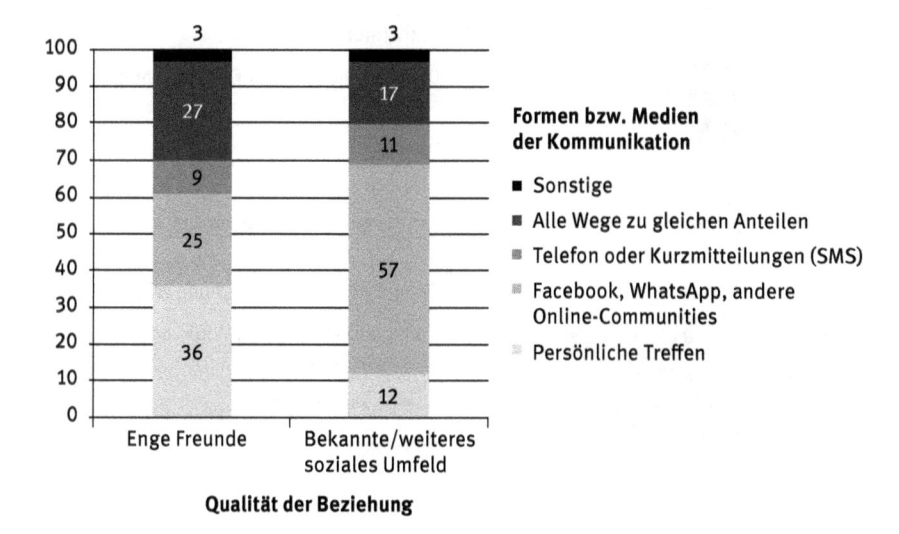

Abb. 5: Formen und Medien zur Kommunikation mit Freunden und Bekannten (in %, N = 121)
Quelle: Eigene Darstellung.

Interaktion mit dem engeren noch im weiter gefassten sozialen Umfeld der Befragten eine bedeutsame Rolle zu spielen. So antworten zusätzlich auch auf einer mehrstufigen Skala knapp 40 % der jugendlichen Befragten, dass sie Telefonate seit der Verfügbarkeit von Facebook seltener nutzen und etwa ebenso viele (44 %) bestätigen dies für Kurzmitteilungen (SMS).

Facebook hat schließlich nach den vorliegenden Daten auch Auswirkungen auf das Freizeitverhalten. Die Befragten sollten mehrere Gruppen von Freizeitaktivitäten, unter denen sich auch das digitale Kommunizieren via Facebook befand, nach ihrer Bedeutung in einer Rangreihe ordnen. Ergänzend erhielten sie die Instruktion, dass sich ihre Urteile auf den Zeitraum nach Ihrer Mitgliedschaft in Online-Communities beziehen sollten. Über die kumulierten Einschätzungen gibt Abb. 6 einen Überblick.

Gemeinsame Unternehmungen mit Freunden oder Bekannten werden von einem Viertel der jugendlichen Studienteilnehmenden als wichtigste Aktivität eingestuft (25 %), gefolgt von Hobbies (16 %) und ganz allgemein von Aktivitäten im Freien (15 %). Die soziale Kommunikation über das Internet nimmt mit nur geringem Abstand den vierten Rang ein (12 %). Ganz offensichtlich sind für die Befragten Facebook oder andere Online-Communities ein wichtiges Medium, mit dem sie einen beachtlichen Teil ihrer Freizeit verbringen, auch wenn Aktivitäten, die mit einer direkten sozialen Kommunikation verbunden sind, jenen nach wie vor deutlich wichtiger sind. Des Weiteren bestätigt sich der oben schon berichtete Trend, dass Facebook anderen, älteren Kommunikationsmedien wie Telefon und Kurzmitteilungen (6 %) den Rang abgelaufen hat.

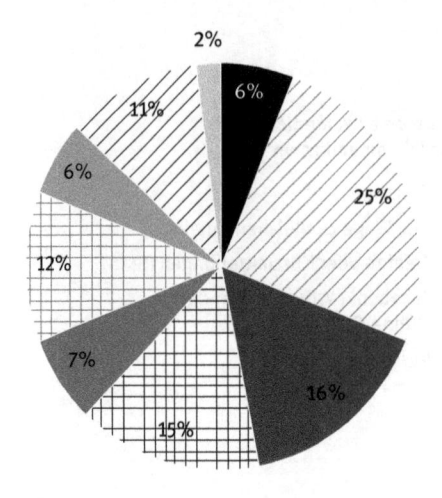

Abb.6: Freizeitaktivitäten (in %, N = 121)
Quelle: Eigene Darstellung.

- Aktivitäten in Vereinen
- Unternehmungen mit Freunden oder Bekannten
- Hobbys
- Aktivitäten im Freien
- Fernsehen oder Spielekonsolen
- Kommunikation über das Internet (Social Communities, z.B. Facebook, WhatsApp)
- Kommunikation über Telefon oder Kurzmitteilungen (SMS)
- Alleine sein, nichts tun
- Sonstiges

6 Zusammenfassung und Ausblick

Online Communities sind unter Jugendlichen sehr verbreitet und insbesondere Facebook stellt für jene eine beliebte Plattform dar, auf der sie regelmäßig einen Großteil ihrer freien Zeit verbringen. Die hier vorgestellte Studie zum Einfluss von Facebook auf die sozialen Interaktionen junger Menschen zeigt, dass jene dieses digitale Netzwerk vor allem nutzen, um bereits bestehende soziale Kontakte zu pflegen oder aufrechtzuerhalten. Dagegen geschieht der Aufbau neuer sozialer Beziehungen nach wie vor überwiegend in nicht digitaler Form. Damit ergänzt Facebook eher den face-to-face Austausch der Heranwachsenden, als dass es jenen ersetzt. In Einklang mit diesen Befunden wird des Weiteren deutlich, dass der kommunikative Austausch seitens der User im Vordergrund steht, während die Vor- oder Selbstdarstellung der eigenen Person, welche generell für neue Beziehungen typisch sind, eher weniger genutzt werden.

Die Motivation zur Teilnahme an Facebook betrifft vor allem soziale Aspekte. Die User wollen sich mit Hilfe dieses Mediums über ihnen bekannte Personen und über aktuelle Geschehnisse ihres sozialen Umfelds informieren oder den Kontakt zu alten Freunden halten bzw. wiederherstellen. Aus einer rein quantitativen Betrachtungsweise ist dieses Medium auch hierzu geeignet, da nach Angaben der Studienteilnehmenden nahezu jede Person aus dem Freundes- oder Bekanntenkreis in diesem Online-Netzwerk angemeldet ist. Somit ist Facebook für Jugendliche und Heranwachsende ein wichtiges Kommunikations- und Austauschforum.

Entgegen aller Laienbefürchtungen hat Facebook keine negativen Auswirkungen auf reale soziale Beziehungen und eine Teilnahme mündet auch nicht in die soziale

Isolation. Vielmehr scheint es sich nach den hier gewonnenen Ergebnissen eher den jeweils gelebten individuellen sozialen Realitäten anzupassen. Das heißt, dass die Kontakte zu engen Freunden weiterhin überwiegend im face-to-face Setting betrieben und die Beziehungen zu Personen im weiteren sozialen Umfeld vergleichsweise häufiger im Online-Modus gestaltet werden. Für die User hat dies den Mehrwert, dass sich mit Hilfe des digitalen Netzwerks Beziehungen zu weitergehenden Bekannten mit einem vergleichsweise geringen Aufwand intensivieren lassen.

Die vorliegende Studie hat einen rein explorativen Charakter und deren Ergebnisse beanspruchen keine Repräsentativität. Das Ziel bestand darin, Hinweise zu einem bis dato wenig systematisch beforschten Gebiet zu erhalten. Anschlussuntersuchungen mit größeren Probandenkohorten und weiterführenden Fragestellungen sind notwendig. Neben quantitativen Untersuchungsdesigns sind ergänzend qualitative Forschungszugänge wünschenswert, die beispielsweise die Themeninhalte der miteinander interagierenden User analysieren und auf dem Hintergrund der Frage nach den Auswirkungen von Online-Netzwerken auf reale soziale Beziehungen interpretieren.

Literaturverzeichnis

Döring, N. (2003): Sozialpsychologie des Internet. Die Bedeutung des Internet für Kommunikationsprozesse, Identitäten, soziale Beziehungen und Gruppen. Freie Univ., Dissertation Berlin, 1998. 2., vollständig überarbeitete. und erweiterte Auflage. Göttingen: Hogrefe (Internet und Psychologie, 2).

Eberle, A. (2003): Kommunikation im Cyberspace. Eine empirische Studie über die Motive beim Chatten im Internet. Stuttgart 2003, Ed. 451.

Heidbrink, H./Lück, H./Schmidtmann, H. (2009): Psychologie sozialer Beziehungen, Stuttgart, Kohlhammer (Sozial-, Persönlichkeits-, Arbeits- und Organisationspsychologie) 2009.

Heidemann J. (2010): Online Social Networks – Ein sozialer und technischer Überblick. Online verfügbar unter http://www.gffz.de/data/downloads/107176/social_networks.pdf, Zugriff: 04.06.2014.

Holzapfel, F./Holzapfel, K. (2011): Facebook – Marketing unter Freunden. Dialog statt plumpe Werbung. 3. Auflage, Göttingen 2011.

Huber, M. (2010): Kommunikation im Web 2.0. Twitter, Facebook & Co. 2., überarbeitete Auflage. Konstanz 2010, PR-Praxis, 13.

Kneidinger, B. (2010): Facebook und Co. Eine soziologische Analyse von Interaktionsformen in Online Social Networks. Univ., Diplomarbeit. Wien, 2010. Wiesbaden 2010.

Medienpädagogischer Forschungsverbund Südwest (2013): Jim 2013. Jugend, Information, (Multi-)Media. Basisstudie zum Medienumgang 12- bis 19-Jähriger in Deutschland. Online verfügbar unter: http://www.mpfs.de/fileadmin/JIM-pdf13/JIMStudie2013.pdf, Zugriff: 13.01.2015.

Michelis, D./Schildhauer, T. (2012): Social Media Handbuch. Theorien, Methoden, Modelle und Praxis. 2. aktualisierte und erweiterte Auflage, Baden-Baden 2012.

Schilliger, R. (2010): Faszination Facebook. So fern und doch so nah. Psychosoziale Motivatoren für die aktive Partizipation bei Social Networking Sites. s. l. Hamburg 2010.

Schwindt, A. (2012): Das Facebook-Buch. Köln. 3. Auflage s. l.: O'Reilly Verlag, 2012.

Statista (2015): http://de.statista.com/themen/138/facebook/, Zugriff: 13.01.2015.
Staticlfoat (2015): http://staticfloat.com/facebook/facebook-zahlen-und-fakten-2012/, Zugriff: 14.01.2015.
Wanhoff, T. (2011): Wa(h)re Freunde. Wie sich unsere Beziehungen in sozialen Online-Netzwerken verändern, Heidelberg 2011.
Zurawski, N./Schmidt, J.-H./Stegbauer, C./Schönberger, K. (2014): Editorial. In: Zurawski, N./Schmidt, J.-H./Stegbauer, C./Schönberger, K. (Hrsg.): Vom Modem zu Facebook – Wissenschaft nach 20 Jahren World Wide Web. Sonderausgabe von kommunikation@gesellschaft, Jg. 15, Beitrag 1. Online-Publikation: http://nbn-resolving.de/urn:nbn:de:0168-ssoar-378457.

Elvira Demuth-Rösch und Andreas Sauter
3 Hochschuldidaktische Integration und Umsetzung des Theorie-Praxis-Transfers

1 Einleitung

Soziale Arbeit versteht sich nach der International Federation of Social Work (IFSW) als „praxisorientierte Profession und wissenschaftliche Disziplin" (IFSW 2014, S. 1).

Die Verbindung und Verzahnung von Theorie und Praxis während des Studiums ist ein wesentliches Element. Die curriculare Umsetzung und didaktische Gestaltung ist hierbei eine zentrale Herausforderung. Die Fakultät Sozialwesen der ehemaligen Berufsakademie Villingen-Schwenningen entwickelte im Rahmen des Übergangs von den Diplom- zu den Bachelorstudiengängen ein Konzept, welches die Verbindung von Theorie und Praxis auf Ebene der generalistischen Module mittels Transferleistungen vorsah. Aus diesem Konzept heraus hat sich eine eigenständige Organisationseinheit des „Theorie-Praxis-Transfers" für die generalistischen Module entwickelt. Zwischenzeitlich sind hier wissenschaftliche Mitarbeiter_innen mit einem Studienabschluss in Sozialer Arbeit und mehrjähriger Berufserfahrung in unterschiedlichen Arbeitsfeldern der Sozialen Arbeit tätig, welche für die konkrete didaktische und methodische Umsetzung verantwortlich sind. (Hochenbleicher-Schwarz 2015)

Dieser Beitrag möchte die didaktische und inhaltliche Umsetzung des Theorie-Praxis-Transfers in den generalistischen Modulen nachzeichnen und dadurch auch verdeutlichen wie der Lern- und Reflexionsprozess durch Transferleistungen didaktisch angeregt und unterstützt werden kann.

Nachfolgend widmen sich die Kapitel 2 und 3 einer kurzen theoretischen und curricularen Verortung.[1] Kapitel 4 geht ausführlich auf die didaktische und methodische Umsetzung ein. Das sich anschließende Kapitel 5 verdeutlicht die inhaltliche Umsetzung an einem Beispiel und stellt erste Projektergebnisse zur Qualitätssicherung im Theorie-Praxis-Transfer dar.

2 Das Theorie-Praxis-Modell

Ziel des dualen Studiums ist, Studierende zu professionellem Handeln in den jeweiligen Arbeitsfeldern zu qualifizieren und zu befähigen. Dies beinhaltet auch die

---

[1] An dieser Stelle sei auf den entsprechenden, separaten Beitrag von Prof. Dr. Hochenbleicher-Schwarz in dieser Publikation verwiesen, welcher ausführlich die Wechselbeziehung zwischen Theorie und Praxis als Grundlage für das duale Prinzip im Studium der Sozialen Arbeit, das Theorie-Praxis-Modell und die Gesamtumsetzung des dualen Prinzips im Studienkonzept thematisiert.

Befähigung der Studierenden dazu, das generalisierte theoretische und methodische Wissen unter Berücksichtigung von berufsethischen Prinzipien auf die konkrete Situation und den konkreten Fall zu übertragen. Von Fachkräften der Sozialen Arbeit wird die Fähigkeit gefordert, „wissenschaftliches Wissen so zu relativieren, dass es fallbezogen ausgewählt und fallspezifisch ergänzt und präzisiert werden kann" (Heiner 2007, S. 163).

Das dem Studienkonzept zu Grunde gelegte Modell des Theorie-Praxis-Verhältnisses lässt sich modellhaft in nachfolgender Abbildung darstellen. Die Befähigung zu professionellem Handeln als Ziel des Studiums wird nach diesem Modell durch die Verbindung aus den vier Lernbereichen „Theoretisches Wissen", „Fall im Kontext", „Methodik" und „Biografie des/der Professionellen" angestrebt.

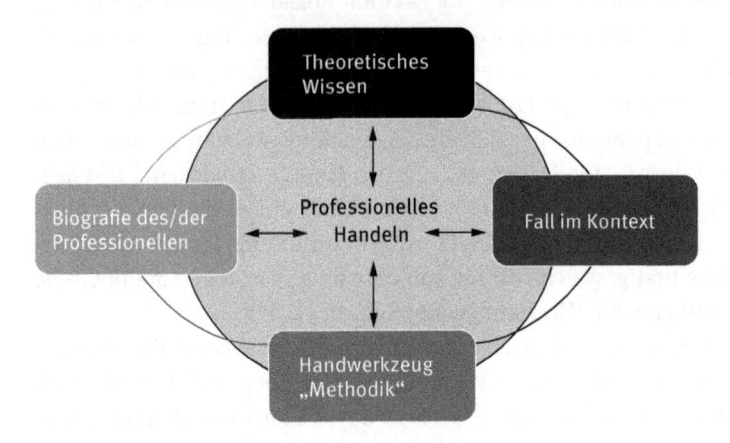

Abb. 1: Theorie-Praxis-Modell
Quelle: Eigene Darstellung.

Heiner (2010, S. 9) stellt fest, dass „das Verhältnis von Theorie und Praxis [...] kein hierarchisches Verhältnis der bloßen Anwendung [ist]. Wissenschaftliches Wissen kann für praktische Zwecke immer nur selektiv genutzt werden und muss dabei transformiert werden. Eine unmittelbar handlungsanleitende Theorie mit eindeutigen Auswahl- und Anwendungsregeln, wie sie oft von Studierenden und Berufsanfängern gewünscht wird, kann es nicht geben. Die notwendigerweise allgemeineren Aussagen der Wissenschaft können so speziell, so einzelfallbezogen, so situationsspezifisch nicht sein."

Durch die inhaltliche und curriculare Verzahnung von Theorie und Praxis im modularisierten Studienkonzept bieten Transferleistungen in den generalistischen Modulen *eine* geeignete Lern- und Prüfungsform, um entsprechende berufsrelevante Kompetenzen von Fachkräften der Sozialen Arbeit zu erwerben, aufzubauen und zu erweitern.

Transferleistungen regen einen reflexiven Lernprozess an, der Studierende dazu auffordert und anhält, ihr jeweiliges konkretes Arbeits- und Tätigkeitsfeld aus der Perspektive wissenschaftlichem Theoriewissens zu erfassen, um daraus theoretisch Gelerntes in den jeweiligen Situationen und Fällen ihrer Praxis zu überprüfen.

3 Curriculare Einbindung generalistischer Transferleistungen

Transferleistungen sind integrativer Bestandteil in den generalistischen und arbeitsfeldspezifischen Modulen. Unter Transfer als Studienleistung ist zu verstehen, dass Studierende die modulrelevanten Themen selbständig bearbeiten, Zusammenhänge zwischen Theorie und Praxis erkennen, herstellen und reflektieren.

Transferleistungen in den generalistischen Modulen werden formal mit „bestanden" oder „nicht bestanden" bewertet. In den Modulprüfungen werden die Transferaufgaben entsprechend berücksichtigt. Ein Modul ist erst dann erfolgreich abgeschlossen, wenn auch die Transferaufgabe bestanden wurde.

Nachfolgende Tabelle zeigt die Module, die sich über zwei Semester erstrecken und in denen Transferleistungen zu erbringen sind.

Tab. 1: Übersicht der Transferleistungen in den generalistischen Modulen

Semester	Modul	Modultitel
1. Semester	Modul 2	Sozialarbeitswissenschaften
1. Semester	Modul 5	Erziehung, Bildung, Sozialisation
1. Semester	Modul 7	Psychologische Grundlagen Sozialer Arbeit
2. Semester	Modul 8	Gesundheitswissenschaftliche Grundlagen Sozialer Arbeit
2. Semester	Modul 10	Soziale Einzelhilfe
2. Semester	Modul 11	Soziale Gruppenarbeit
3. Semester	Modul 14	Recht der sozialen Sicherung
3. Semester	Modul 16/17	Sozialarbeitsforschung/Soziale Arbeit und Politik
4./5. Semester	Modul 19	Ökonomie und Management der Sozialen Arbeit
4./5. Semester	Modul 20	Inklusion und Exklusion/Migration
6. Semester	Modul 22	Gemeinwesenarbeit und Sozialraumorientierung
6. Semester	Modul 24	Administration/Verwaltungs- und Arbeitsrecht

Quelle: Eigene Darstellung.

Die hier aufgeführten Module sind praxisintegriert konzipiert. Der in diesen Modulen zu erarbeitende Transfer ist hierbei mit dem konkreten Arbeitsfeld und der Fallarbeit zu erarbeiten. Dabei soll eine reflektierte Verbindung zwischen Theorie und Praxis sowie zwischen Praxis und Theorie stattfinden. Dadurch wird eine Verbindung des theoretisch erworbenen Wissens mit den Erfahrungen aus dem Praxisstudium ermöglicht.

Aus diesen Überlegungen ergibt sich für jede zu erbringende Transferleistung ein spezifischer Ablauf (vgl. Abb. 2).

Einführung der Transferaufgaben in der jeweiligen Theoriephase

Erarbeitung der Transferarbeit in der Praxisphase

Rückmeldung, Bewertung, Besprechung in der sich anschließenden Theoriephase

Abb. 2: Prozessablauf einer Transferleistung
Quelle: Eigene Darstellung.

Die Transferaufgaben werden von den zuständigen wissenschaftlichen Mitarbeiter_innen der Dualen Hochschule in der jeweiligen Theoriephase eingeführt und in der sich anschließenden Praxisphase durch die Studierenden unter Anleitung bearbeitet. In der darauf folgenden Theoriephase erfolgen die entsprechend formale Bewertung sowie die Rückmeldung zur Transferleistung.

Die Rückmeldung für die Studierenden orientiert sich dabei an den qualitativen Punkten „Theorie", „Theorie-Praxis-Transfer", „Reflexion" und „wissenschaftliches Arbeiten".

Theorie-Praxis-Transfer
- Formulierung der Fragestellungen
- Beratung und Betreuung der Studierenden während des Schreibprozesses
- Verfassen der Transferleistungen
- Bewertung der Transferleistungen
- Besprechung und Auswertung der Transferleistung
- Evaluation und Dokumentation der Ergebnisse

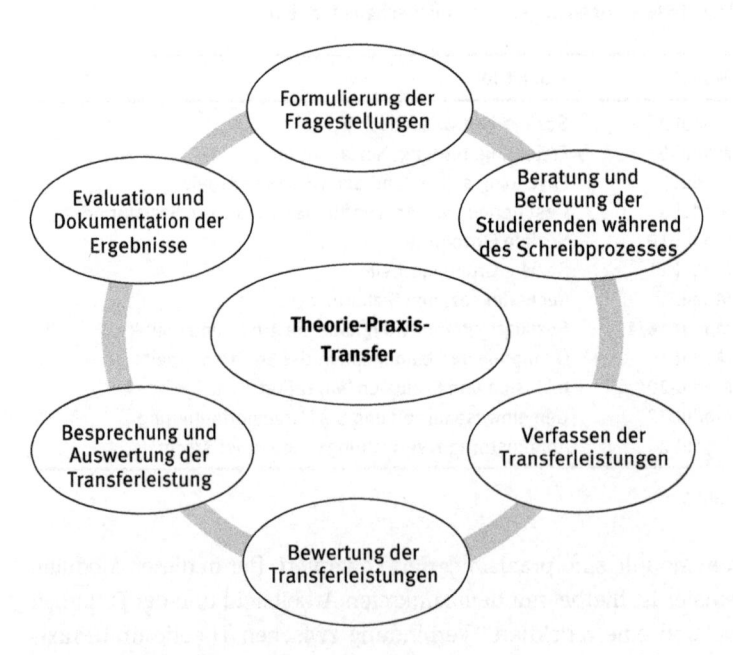

Abb. 3: Didaktische Elemente des Theorie-Praxis-Transfers
Quelle: Eigene Darstellung.

4 Didaktische und methodische Umsetzung

Die Umsetzung der Theorie-Praxis-Transferleistungen kann in sechs grundlegende Elemente differenziert werden, an welchen sich die didaktische und methodische Umsetzung darstellen lässt (vgl. Abb. 3). Aus diesen Elementen können die spezifischen Aufgaben der wissenschaftlichen Mitarbeiter_innen und die didaktische Umsetzung abgeleitet werden. Nachfolgend werden diese Elemente inhaltlich erläutert.

4.1 Formulierung der Fragestellungen

Die Themen der Fragestellungen orientieren sich an den Lehrinhalten des vorangegangenen Theoriesemesters im jeweiligen Modul. Sie werden von den wissenschaftlichen Mitarbeiter_innen des Theorie-Praxis-Transfers in Zusammenarbeit mit den modulverantwortlichen Professoren_innen und den im jeweiligen Modul lehrenden Dozenten_innen entwickelt. Eine enge Kooperation und ein kontinuierlicher Austausch mit allen Beteiligten sind deshalb unabdingbar. Hierzu wird in der Regel die Plattform der jährlich stattfindenden Modulkonferenzen genutzt.

Die Fragen werden von den wissenschaftlichen Mitarbeiter_innen in den entsprechenden Lehrveranstaltungen den Studierenden vorgestellt und inhaltlich eingeführt. Die Studierenden haben so die Gelegenheit, sich noch in der Theoriephase Gedanken zu den Themen zu machen, entsprechende Literatur zu sichten und auftretende Fragen mit den Dozenten_innen bzw. wissenschaftlichen Mitarbeiter_innen zu klären.

Die Fragestellungen sind auf der E-Learning-Plattform der Dualen Hochschule Villingen-Schwenningen für die Studierenden eingestellt und dort abrufbar.

4.2 Betreuung und Beratung während des Schreibprozesses

Die Studierenden können entweder persönlich, telefonisch oder per E-Mail in der Zeit, in der sie die Arbeit erstellen (Praxisphase) das Betreuungs- und Beratungsangebot durch die wissenschaftlichen Mitarbeiter_innen in Anspruch nehmen.

Über die E-Learning-Plattform besteht zudem die Möglichkeit, sich untereinander über einen Chat auszutauschen. Der Chat wird von den wissenschaftlichen Mitarbeiter_innen betreut.

Auf der Plattform sind zudem modul- bzw. fragebezogene Literaturempfehlungen eingestellt, so dass die Studierenden während ihres Schreibprozesses jederzeit auf wissenschaftliche Quellen zugreifen können, falls es ihnen nicht möglich ist, in der Praxisphase an geeignete Literatur zu gelangen. Trotzdem sind die Studierenden zu eigener Literaturrecherche angehalten, da dies ein wichtiger Lernprozess zur Erlangung der entsprechenden Kompetenzen im Bereich des wissenschaftlichen Arbeitens darstellt.

4.3 Verfassen der Transferleistung (Praxisphase)

Die Studierenden wählen eine für ihre aktuelle Praxisphase relevante Fragestellung aus und bearbeiten diese in einem Seitenumfang von drei bis sechs Seiten während der Praxisphase. Die Qualitätskriterien einer wissenschaftlichen Arbeit müssen hierbei angewandt und umgesetzt werden.

Modulabhängig können die Transferarbeiten Einzel- bzw. Teamarbeiten (zu zweit) oder aber auch Gruppenarbeiten sein. Außerdem besteht in einigen Modulen auch die Möglichkeit, die Arbeit nicht in Form einer schriftlichen Arbeit abzugeben, sondern diese über eine Portfolio-Plattform „Mahara" zu erstellen.[2]

Nach Fertigstellung der Arbeiten (spätestens zum festgelegten Abgabetermin → erste Woche der nächsten Theoriephase) müssen diese über die E-Learning-Plattform eingestellt werden. Dort können sie von wissenschaftlichen Mitarbeiter_innen eingesehen und bewertet werden.

4.4 Bewertung der Transferleistungen

Jede Arbeit wird von den wissenschaftlichen Mitarbeiter_innen gelesen und entsprechend nach folgenden standardisierten Qualitätskriterien bewertet:
- Theorie: Die in der gewählten Fragestellung wichtigsten Theorieteile sind erkannt und unter Einbezug entsprechender Fachliteratur nachvollziehbar dargestellt sowie auf das Wesentliche zusammengefasst.
- Transfer: Die gewählte Theorie kann auf Fallbeispiele bzw. konkrete Sachverhalte in der Praxis übertragen werden.
- kritische Sichtweise: Ein kritischer Blick auf gesellschaftliche und im Arbeitsfeld liegende Gegebenheiten ist erkennbar.
- Reflexion: Die Reflexionsfähigkeit bezüglich des eigenen sozialpädagogischen Handelns ist erkennbar, der Erkenntnisgewinn in Bezug auf den Nutzen der Theorie für die Praxis wird ersichtlich.
- wissenschaftliches Arbeiten: Die Grundlagen wissenschaftlichen Arbeitens werden angewandt.

Die Studierenden erhalten für ihre Transferarbeiten eine entsprechende schriftliche Rückmeldung über die Qualität der erbrachten Leistung zu jedem der o. g. Quali-

---

[2] Ausführlich wird diese Form in dem Beitrag von Frau Köhnlein-Welte und Frau Nolte in dieser Publikation dargestellt.

tätskriterien. Dies ermöglicht den Studierenden zu erkennen, in welchen Punkten eventuell noch Verbesserungsbedarf besteht, und der Hochschule, ob die Theorie so vermittelt wurde, dass die Studierende diese verstanden und auch konsequent in die Praxis umsetzen können.

4.5 Besprechung und Auswertung der Transferleistungen

Die Studierenden haben die Möglichkeit nach Erhalt der Rückmeldung ihre Arbeit persönlich mit den wissenschaftlichen Mitarbeiter_innen zu besprechen.

Ist die Arbeit mit „nicht bestanden" bewertet, wird diese gemeinsam mit dem oder der zuständigen wissenschaftlichen Mitarbeiter_in besprochen und muss entweder gesamthaft oder in einzelnen Punkten nachgearbeitet werden.

Nach der ersten Transferarbeit (im zweiten Theoriesemester) nimmt zudem jede/r Studierende an einer Besprechung (entweder Einzel- oder Gruppenbesprechung) der Transferarbeiten verpflichtend teil. So kann auf offene Fragen und auf Unsicherheiten in der Bearbeitung einzelner Punkte gezielt eingegangen werden. Diese Besprechungsform ist zeitlich sehr aufwendig. Deshalb werden in den weiteren Semestern schwerpunktmäßig Einzelgespräche auf freiwilliger Basis oder nach Bedarf angeboten, da diese in ihrem Nutzen von den Studierenden ebenfalls als sehr positiv bewertet wurden. Dies bestätigen nachfolgende Evaluationsergebnisse (Demuth-Rösch 2015).

Die Besprechung war hilfreich...

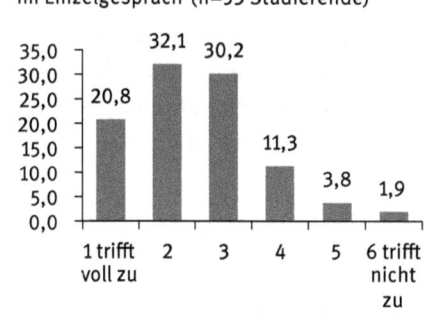

im Einzelgespräch (n=53 Studierende)

1 trifft voll zu	2	3	4	5	6 trifft nicht zu
20,8	32,1	30,2	11,3	3,8	1,9

in der Kleingruppe (n=131 Studierende)

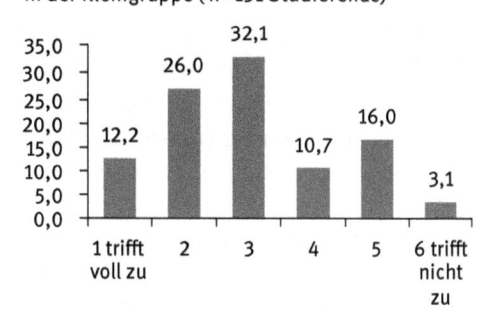

1 trifft voll zu	2	3	4	5	6 trifft nicht zu
12,2	26,0	32,1	10,7	16,0	3,1

Anmerkung: „n" ist die Anzahl der abgegebenen gültigen Antworten. Die Gesamtzahl der Studierenden beträgt im Jahrgang 231. Die Angaben sind % Werte.

Abb. 4: Evaluation der Besprechungen der Transferleistungen
Quelle: Demuth-Rösch 2015.

4.6 Evaluation und Dokumentation der Ergebnisse

Die Evaluation und Dokumentation erfolgt auf zwei Ebenen. Sie erfolgt zum einen modulspezfisch, zum anderen modulübergreifend.

Modulspezifisch: Nach Abschluss des Lese-, Bewertungs- und Rückmeldeprozesses erstellt die/der modulverantwortliche wissenschaftliche Mitarbeiter_in eine Dokumentation über die Ergebnisse der Transferleistungen in diesem Modul. Da die Transferleistungen, wie bereits erwähnt, keine benoteten Prüfungsleistungen sind, ist eine quantitative Evaluation der Qualitätskriterien nur möglich, wenn eine zahlenmäßige Skalierung der Kriterien eingesetzt wird. Hierzu werden die Gesamtarbeit sowie die einzelnen Qualitätskriterien unter Berücksichtigung einer Skala von 1 (sehr gut), 2 (gut), 3 (den Anforderungen entsprechend) bewertet. Dies erfolgt unter der Prämisse, ein zu kleingliedriges System (z. B. Schulnoten) zu vermeiden, auch um das Instrument für den Alltag der wissenschaftlichen Mitarbeiter_innen handhabbar zu machen. Ziel dieser Form der Differenzierung ist es, eine entsprechende Aussagekraft über die qualitative Entwicklung der Transferarbeiten und den damit verbundenen Lernprozess zu erhalten. Aus ihrer schriftlichen Rückmeldung können die Studierenden erkennen, wie die einzelnen Inhalte bewertet wurden.

Die Ergebnisse werden zur Dokumentation und Evaluation nach oben angeführten Qualitätskriterien (vgl. 4.4) erfasst, ausgewertet und dargestellt. Ausgewertet wird dabei hinsichtlich des Gesamtjahrgangs, der einzelnen Kurse und der Studienschwerpunkte, sowie der gewählten Fragestellung.[3] Aus diesen Ergebnissen lassen sich Rückschlüsse auf die Qualität der Fragestellung, der Lehre aber auch des zusätzlichen Bedarfs der Studierenden ableiten.

Modulübergreifend: Pro Studienjahr findet eine jährliche Evaluation[4] der Qualität des Theorie-Praxis-Transfers bei den Studierenden statt. Hier wird sowohl die Qualität der Betreuung und Begleitung durch die wissenschaftlichen Mitarbeiter_innen, als auch der Nutzen der Transferarbeiten im Hinblick auf die Verbindung von Theorie und Praxis für die Studierenden ermittelt.

Beispielhaft werden nachfolgend einige Ergebnisse aus der Evaluation des ersten Studienjahres beim Studienjahrgang 2013 vorgestellt (Demuth-Rösch 2015).

Bei diesen Auswertungsergebnissen ist zu berücksichtigen, dass es sich um die Ergebnisse der Evaluation des ersten Studienjahres nach Erstellung der ersten Transferleistungen handelt.

---

[3] Beispiel für die Auswertung nach Qualitätskriterien und Fragestellung siehe Abb. 8/9
[4] Das entsprechende Evaluationsinstrument wird im Rahmen eines Strukturpool-Projekts seit 2013 entwickelt und bis 2016 in einer Testphase erprobt.

Durch die Bearbeitung der Transferaufgabe habe ich die Theorie besser verstanden (n=196 Studierende)

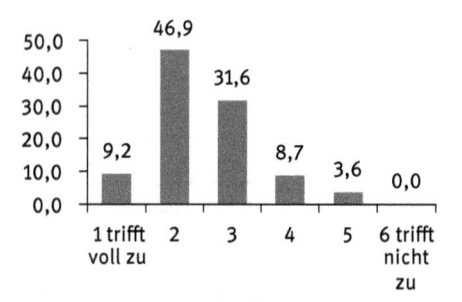

1 trifft voll zu	2	3	4	5	6 trifft nicht zu
9,2	46,9	31,6	8,7	3,6	0,0

Durch die Bearbeitung der Transferaufgabe konnte ich die gelernte Theorie in der Praxis besser reflektieren (n=196 Studierende)

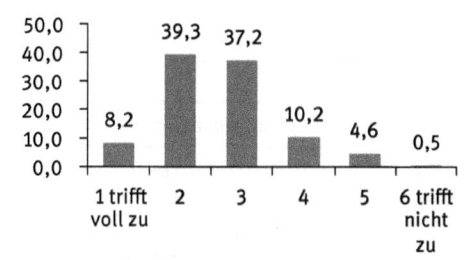

1 trifft voll zu	2	3	4	5	6 trifft nicht zu
8,2	39,3	37,2	10,2	4,6	0,5

Anmerkung: „n" ist die Anzahl der abgegebenen gültigen Antworten. Die Gesamtzahl der Studierenden beträgt im Jahrgang 231. Die Angaben sind % Werte.

Abb. 5: Ergebnisse der Evaluation beim Studienjahrgang 2013 – Beispiele
Quelle: Demuth-Rösch 2015.

Durch die Bearbeitung der Transferaufgabe bekam ich mehr Handlungssicherheit in der praktischen Arbeit (n=196 Studierende)

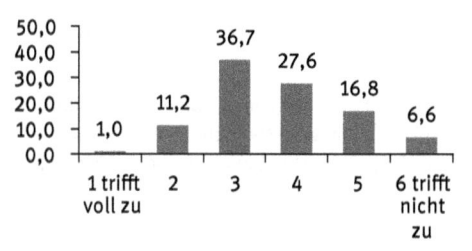

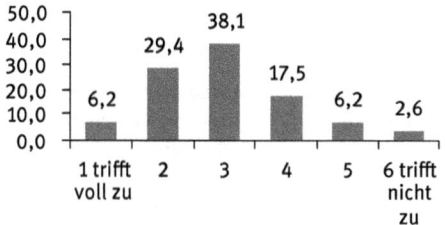

1 trifft voll zu	2	3	4	5	6 trifft nicht zu
1,0	11,2	36,7	27,6	16,8	6,6

Durch die Bearbeitung der Transferarbeiten wurde mein Blick in Bezug auf die Theorie und Praxis kritischer (n=194 Studierende)

1 trifft voll zu	2	3	4	5	6 trifft nicht zu
6,2	29,4	38,1	17,5	6,2	2,6

Anmerkung: „n" ist die Anzahl der abgegebenen gültigen Antworten. Die Gesamtzahl der Studierenden beträgt im Jahrgang 231. Die Angaben sind % Werte.

Abb. 6: Ergebnisse der Evaluation beim Studienjahrgang 2013 – Beispiele
Quelle: Demuth-Rösch 2015.

Die Handlungskompetenz, die von Cassée (2007, S. 35) differenziert wird in Selbstkompetenz, Fachkompetenz und Sozialkompetenz, ist anfangs noch stark abhängig von den zu Beginn des Studiums sehr individuell und unterschiedlich stark ausgeprägten Fähigkeiten und Wissensständen des Einzelnen, die sich im Laufe des Studiums bzw. durch die gewonnenen Praxiserfahrungen aber immer mehr nivellieren oder annähern. Dies spiegelt sich insbesondere in den Rückmeldungen der Studierenden zur Handlungssicherheit und kritischer Reflexion wieder.

Auch die Fähigkeit zur Reflexion, die sich nach Heiner (2010, S. 33) auf die grundlegenden Werte und Ziele der Profession ebenso wie auf das tägliche Handeln des Einzelnen stützen, wird mit zunehmendem Wissenserwerb und zunehmender Professionalisierung vertieft.

Tab. 2: Qualifikationsziele und Kompetenzen Modul 7

Qualifikationsziele und Kompetenzen	
Wissenskompetenz:	– Die Studierenden kennen paradigmatische Theorien der Psychologie des Menschen zur Erklärung von menschlichem Erleben und Verhalten und zur Entstehung psychischer Störungen. – Die Studierenden kennen die psychologischen und psychosozialen Grundlagen von sozialen Problemen sowie deren Folgen. – Die Studierenden kennen die Überschneidungen und Abgrenzungen zu benachbarten Berufsgruppen (Ärzt_innen, Psycholog_innen etc.). – Die Studierenden kennen die wichtigsten psychologischen Forschungsmethoden.
Handlungskompetenz:	– Die Studierenden können psychologische Kenntnisse auf das Verhalten ihrer KlientInnen beziehen und in ihrem Praxisfeld anwenden. – Die Studierenden können bei der Planung und Durchführung eigener Interventionen psychologische Aspekte und Hintergründe einbeziehen und können spezifische Hilfen ableiten. – Die Studierenden können beobachtbare Verhaltensweisen als psychische Auffälligkeiten bzw. Störungen erkennen. – Die Studierenden können spezifisch psychologische Problemstellungen aus komplexen Fallzusammenhängen isolieren.
Sozial-ethische Kompetenz:	– Die Studierenden achten ihre KlientInnen, nehmen deren Probleme ernst und können ihren KlientInnen gegenüber eine empathische Haltung entwickeln. – Die Studierenden können sich in die Lage ihrer KlientInnen versetzen (Perspektive-Übernahme). – Die Studierenden sind sich in ihrer beruflichen Funktion und ihrer Verantwortung bewusst und sie hinterfragen ethische Bedingungen von Betreuung, Beratung und Vertretung.
Selbstkompetenz:	– Die Studierenden können sich mit der wechselseitigen Abhängigkeit zwischen psychosozialen Zustand ihrer KlientInnen und ihren eigenen Reaktionen auseinandersetzen (Fähigkeit zur Reflexion). – Die Studierenden können eine professionelle Distanz gegenüber ihren KlientInnen einnehmen. – Die Studierenden können selbständig und ihrer Kompetenzen bewusst in ihrer beruflichen Funktion agieren. – Die Studierenden haben ein berufsspezifisches Rollenverständnis entwickelt und sind fähig, mit anderen Berufsgruppen zu kooperieren.

Quelle: DHBW-VS Modulhandbuch 2011.

5 Inhaltliche Umsetzung anhand eines Beispiels

Als Verdeutlichung der didaktischen Umsetzung wurde exemplarisch eine Transferleistung, die in dem Modul 7 „Psychologische Grundlagen Sozialer Arbeit" von den Studierenden im ersten Praxissemester erbracht wird, ausgewählt und beispielhaft an den Elementen „Formulierung der Fragestellungen", „Besprechung und Auswertung" sowie „Evaluation" dargestellt.

5.1 Entwicklung der Fragestellungen

Wie vorangehend erläutert, werden bei der Erarbeitung der Fragestellungen die Theorieinhalte der Vorlesungen, die im Modulhandbuch festgeschrieben sind sowie die darin ebenfalls definierten Qualifikationsziele und Kompetenzen als Grundlage mit einbezogen (DHBW-VS Modulhandbuch 2011/vgl. Tab. 2).

Die Lehrveranstaltungen in Modul 7 sind inhaltlich differenziert in die Bereiche Entwicklungspsychologie und Sozialpsychologie. Deshalb wurden die Inhalte der Fragestellungen so ausgewählt, dass aus beiden Theorievorlesungen je drei Fragen zur Auswahl stehen.

Die Studierenden sind in der Praxis in unterschiedlichen Arbeitsfeldern der Sozialen Arbeit tätig, deshalb wird bei der Themenauswahl ebenfalls darauf geachtet, dass diese auf die unterschiedlichen Praxisschwerpunkte der Studierenden übertragbar sind, bzw. dass für jeden Studiengang mindestens ein Thema auf die jeweilige Praxis übertragbar ist.

Nachfolgend soll auszugsweise anhand von drei beispielhaften Fragestellungen der Transferleistungen verdeutlicht werden, wie diese inhaltlich und formal aufgebaut sind.

Die unterschiedlichen Teile dieser Fragestellungen decken dabei die entsprechenden Anforderungen eines Theorie-Praxis-Transfers ab. Im ersten Teil der jeweiligen Fragestellung (Teil a) soll die der Frage zugrunde liegende Theorie bzw. ausgewählte Teile einer Theorie dargestellt und erläutert werden. Hierzu sind die Studierenden angehalten, sich mit der entsprechenden Literatur auseinander zu setzen bzw. ihr theoretisches Wissen zu vertiefen und dieses in Form eines wissenschaftlichen Textes darzustellen (Erlangen von Wissenskompetenz durch die Verbindung von Alltagswissen, wissenschaftlichem Wissen und Fachwissen). Im zweiten Teil der Fragestellung (Teil b) geht es dann darum, dieses Wissen auf einen konkreten Fall oder auf spezifische Praxiskontexte zu übertragen. Ziel dabei ist, für die Studierenden erfahrbar zu machen, dass ein fundiertes theoretisches Wissen eine wichtige Grundlage für ihr praktisches Handeln darstellt, ihnen Handlungssicherheit vermittelt, ihre Handlungskompetenzen in der Praxis erweitert und Voraussetzung für eine qualifizierte Reflexion des eigenen Handelns sowie der institutionellen, gesellschaftlichen und politischen Gegebenheiten ist. Auf diesen Punkt zielt dann der dritte und vierte Frageteil (Teil c/d) ab.

Tab. 3: Transferfragen Modul 7 „Psychologische Grundlagen Sozialer Arbeit" Jg. 2013

---

1. Soziale Wahrnehmung

---

a) Erläutern Sie den Begriff der Sozialen Wahrnehmung. Geben Sie jeweils die Quellen an, die Sie Ihren Ausführungen zugrunde legen.
b) Beschreiben Sie aus Ihrer Praxis zwei Klienten die a) einen positiven und b) einen negativen Eindruck bei Ihnen hervorgerufen haben.
c) Welche Faktoren der Sozialen Wahrnehmung waren dabei beeinflussend. Diskutieren Sie (miteinander) hierbei auch, inwiefern Ihre eigene Sozialisation/Ihre eigenen persönlichen Anteile dabei eine Rolle spielen.

---

3. Soziale Einstellungen

---

a) Wie entstehen Soziale Einstellungen und welche Bedeutung haben diese für die sozialpädagogische Arbeit? Geben Sie jeweils die Quellen an, die Sie Ihren Ausführungen zugrunde legen.
b) Erläutern Sie anhand eines konkreten Beispiels aus der Praxis, wie sich Ihre soziale Einstellung emotional, kognitiv und bezügliche Ihres Verhaltens auf den Umgang mit dem/der Klientin auswirkte.
c) Aufgrund welcher Erfahrungen änderte sich bzw. bestätigte sich Ihre soziale Einstellung? Reflektieren und begründen Sie dies!

---

6. Aggressive Verhaltensweisen

---

a) Erläutern Sie den Begriff „aggressive Verhaltensweisen". Welche Theorie(n) können als Erklärungsansätze mit einbezogen werden? Geben Sie jeweils die Quellen an, die Sie Ihren Ausführungen zugrunde legen.
b) Beschreiben Sie anhand eines Fallbeispiels, welche Ursachen und Einflussfaktoren für die Aggression eine Rolle spielen.
c) Welche Interventionsmaßnahmen haben Sie bzw. andere Betreuer in diesem Fallbeispiel durchgeführt, um die aggressiven Verhaltensweisen zu vermindern bzw. adäquat damit umzugehen?
d) Begründen Sie, warum aus Ihrer Sicht diese Maßnahmen ausreichend bzw. angemessen sind, oder entwickeln Sie eigene Ideen, welche Maßnahmen Sie für sinnvoll halten würden.

Quelle: Auszug aus den Fragestellungen der Transferleistungen „Psychologische Grundlagen Sozialer Arbeit" Studienjahrgang 2013.

5.2 Besprechung und Auswertung

Die Transferleistungen in diesem Modul werden im gesamten Jahrgang in der nachfolgenden zweiten Theoriephase in Kleingruppen (max. 8 Teilnehmer/-innen) entsprechend der gewählten Fragestellung besprochen. Hierbei wird dann schwerpunktmäßig nochmals auf die jeweilige Theorie eingegangen, die gewählten Praxisbeispiele werden in Verbindung zur Theorie von den Studierenden dargestellt und gemeinsam besprochen. Konkrete Schwierigkeiten inhaltlicher oder formaler Art, die bei der Erstellung der Transferleistung aufgetreten sind, werden thematisiert. Ein wichtiger

Punkt ist hierbei auch das wissenschaftliche Schreiben, das vielen Studierenden bei der Erstellung der ersten schriftlichen Arbeiten noch Schwierigkeiten bereitet. Diese können in diesem Rahmen ebenfalls nochmals geklärt werden.

Die Rückmeldung der Studierenden zum Nutzen der Besprechung und zur schriftlichen Rückmeldung ihrer Transferarbeit veranschaulichen nachfolgende Schaubilder (Demuth-Rösch 2015):

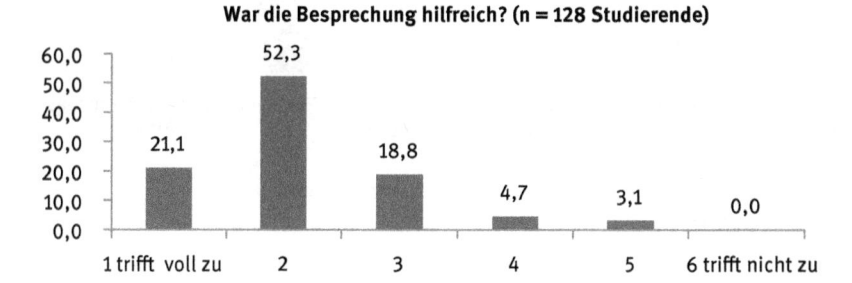

War die Besprechung hilfreich? (n = 128 Studierende)

1 trifft voll zu	2	3	4	5	6 trifft nicht zu
21,1	52,3	18,8	4,7	3,1	0,0

War die schriftliche Rückmeldung hilfreich? (n = 130 Studierende)

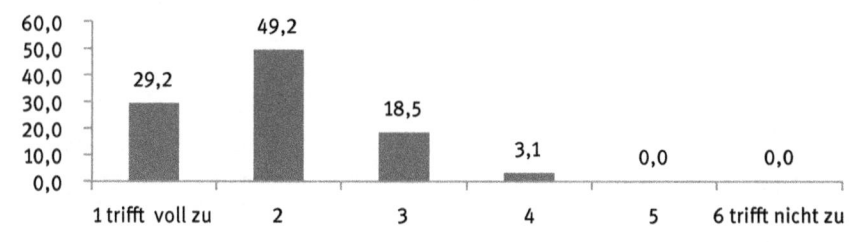

1 trifft voll zu	2	3	4	5	6 trifft nicht zu
29,2	49,2	18,5	3,1	0,0	0,0

Anmerkung: „n" ist die Anzahl der abgegebenen gültigen Antworten. Die Gesamtzahl der Studierenden beträgt im Jahrgang 231. Die Angaben sind % Werte.

Abb. 7: Evaluation der Besprechungen und Rückmeldung der Transferleistungen
Quelle: Demuth-Rösch 2015.

An beiden Ergebnissen wird sehr gut deutlich, dass die Studierenden den Austausch und die Rückmeldung zu ihren Arbeiten als sehr nützlich empfinden und auch einen Lernwert daraus ableiten können.

5.3 Evaluation

Wie unter 4.6. erläutert, wird jedes Modul nach Abschluss ausgewertet und eine Dokumentation der Ergebnisse erstellt. Beispielhaft zeigen nachfolgende Abbildungen die Auswertung des Moduls „Psychologische Grundlagen der Sozialen Arbeit" entsprechend den Qualitätskriterien sowie der gewählten Fragestellungen beim Studienjahrgang 2013 (Demuth-Rösch 2015).

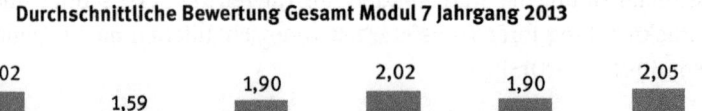

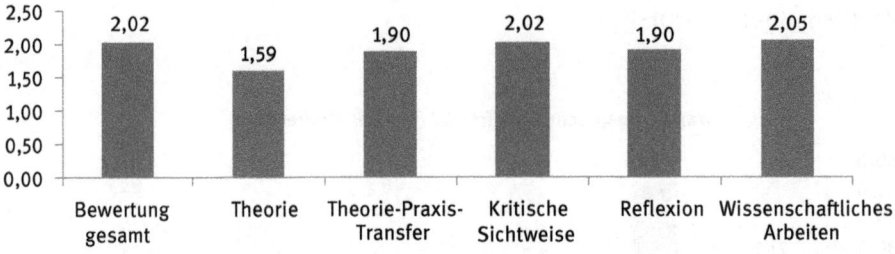

Durchschnittliche Bewertung Gesamt Modul 7 Jahrgang 2013

- Bewertung gesamt: 2,02
- Theorie: 1,59
- Theorie-Praxis-Transfer: 1,90
- Kritische Sichtweise: 2,02
- Reflexion: 1,90
- Wissenschaftliches Arbeiten: 2,05

Abb. 8: Evaluation der durchschnittlichen Bewertung Modul 7 Jahrgang 2013
Quelle: Demuth-Rösch 2015.

Gewählte Fragestellung Modul 7 Jahrgang 2013 (n = 225)

- Frage 1: 32,0
- Frage 2: 1,3
- Frage 3: 18,2
- Frage 4: 12,4
- Frage 5: 12,9
- Frage 6: 23,1

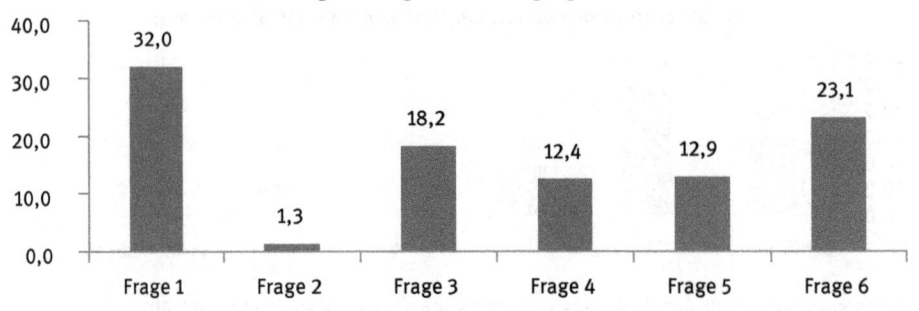

Anmerkung: „n" ist die Anzahl der abgegebenen gültigen Antworten. Die Gesamtzahl der Studierenden beträgt im Jahrgang 231. Die Angaben sind % Werte.

Abb. 9: Evaluation der gewählten Fragestellungen Modul 7 Jahrgang 2013
Quelle: Demuth-Rösch 2015.

Diese Ergebnisse stellen wie erwähnt nur einen Ausschnitt der modulspezifischen Auswertungen der Transferleistungen dar. Die Gesamtdokumentation dient als Grundlage für Änderungs- bzw. Verbesserungsvorschläge in der Modulkonferenz. So werden z. B. bisherige Fragestellungen verändert, ersetzt oder aber auch beibehalten, wenn sich diese bewährt haben. Sind Schwierigkeiten beim Theorieverständnis bzw. Theorie-Praxis-Transfer in den Arbeiten erkennbar, so kann hier im Bedarfsfall eine direkte Rückkopplung an die Lehre oder Praxis erfolgen.

6 Schlussbemerkung

Der eigenständige Theorie-Praxis-Bereich an der Dualen Hochschule Villingen-Schwenningen hat sich in den acht Jahren seit seinem Bestehen kontinuierlich weiter entwickelt und als zusätzliches Qualitätselement sowohl für die Studierenden als auch für das Studium etabliert.

In der kontinuierlichen Betreuung und Begleitung durch die im Theorie-Praxis-Transfer tätigen wissenschaftlichen Mitarbeiter_innen haben die Studierenden verlässliche Ansprechpartner_innen, die sie zusätzlich zu ihren Studiengangsleiter_innen bei fachlichen Frage- und Problemstellungen beraten und über die gesamte Studienlaufzeit begleiten.

Die differenzierte Rückmeldung und individuellen Beratungsgespräche bezogen auf ihre Transferleistungen ermöglichen den Studierenden zudem eine zusätzliche fachliche und kritische Auseinandersetzung und Diskussion mit Fachkräften, die einen institutsunabhängigen Blick auf ihre Praxis mit einbringen.

Berücksichtigt man, dass es sich bei den Transferleistungen um kurze und thematisch begrenzte Arbeiten handelt, stellen diese trotzdem ein wichtiges Bindeglied zwischen dem theoretischen Wissenserwerb im Studium und den Anforderungen an das professionelle Handeln in der Praxis dar. Sie bieten den Studierenden eine geeignete Übungsplattform zur Erweiterung und Erprobung unterschiedlicher Kompetenzen (z. B. Fallkompetenz, Methodenkompetenz, Selbstkompetenz, Reflexionskompetenz) und erfordern immer wieder eine kritische Auseinandersetzung mit ihrem Fachwissen, ihrem beruflichen Handeln und den institutionellen, gesellschaftlichen und politischen Rahmenbedingungen in denen sie tätig sind. Sie sind zudem *ein* wichtiges Herausstellungsmerkmal der Dualen Hochschule im Vergleich zu anderen Hochschulformen, da hier die Verzahnung zwischen Theorie und Praxis über die gesamte Studienlaufzeit gelungen umgesetzt wird.

Literaturverzeichnis

Duale Hochschule Villingen-Schwenningen Soziale Arbeit (2011): Modulhandbuch 2011 Studienbereich Sozialwesen Duale Hochschule Baden-Württemberg, Villingen-Schwenningen 10/2011.
Demuth-Rösch, E. (2015): 3. Bericht Strukturpoolprojekt Qualitätssicherung im Theorie-Praxis-Transfer. Duale Hochschule Baden Württemberg Villingen Schwenningen Studienbereich Sozialwesen: unveröffentlicht 2015.
International Federation of Social Work (IFSW) (2014): Definition der Sozialen Arbeit Neufassung an der Generalversammlung des IFSW Juli 2014 in Melbourne; http://www.dbsh.de/fileadmin/downloads/%C3%9Cbersetzung_der_Definiton_Sozialer_Arbeit_deutsch.pdf , Zugriff: 05.02.2014.
Heiner, M. (2010): Kompetent handeln in der Sozialen Arbeit, München 2010.
Heiner, M. (2007): Soziale Arbeit als Beruf. Fälle – Felder – Fähigkeiten, München 2007.

Hochenbleicher-Schwarz, A. (2015): Das duale Prinzip im Studium der Sozialen Arbeit. In diesem Sammelband, S. 137 ff.
Kitty, C. (2007): Kompetenzorientierung. Eine Methodik für die Kinder- und Jugendhilfe, Bern Stuttgart Wien 2007.
Köhnlein-Weilte, A./Nolte, Ch. (2015): Einführung von E-Portfolios im dualen Studium, didaktische Umsetzung und Beispiele. In diesem Sammelband, S. 207 ff.

Simon Goebel und Karin E. Sauer
4 Musik als Identifikationsmotiv

Potentiale der Dekonstruktion von kulturellen Zuschreibungen im Kontext von Musikrezeption, Musikpädagogik und Musiktherapie

1 „Wir sind Hip Hop" – Eine Einleitung

> Songs werden zum Schlüssel zu eigenen lebensgeschichtlichen Themen und Gefühlen und ‚zum Motto von aktuellen Situationen, Stimmungen oder Vorstellungen' – und sie vermitteln darüber hinaus das Gefühl, nicht allein auf der Welt zu sein, sondern sich als Teil einer Gemeinschaft fühlen zu können. (Mikos 2014, S. 335 f.)

Dieses Zitat von Lothar Mikos verweist auf die Bedeutung von Musik in Identitätsbildungsprozessen, wie sie insbesondere bei Heranwachsenden vonstattengehen. Musik transportiert also nicht nur Bedeutungen und Emotionen, sondern bildet darüber hinaus Gruppen, die in der Rezeption des Gleichen distinktive Erfahrungs- und Handlungsräume schaffen. (Mikos 2014, S. 334 f.) Aus diesem performativen Einfluss auf den Alltag der Rezipient_innen popkultureller Medien ergeben sich in der Folge spezifische kommunikative, mitunter ästhetische Praxen. So stellt Tanz beispielsweise eine geläufige expressive Ergänzung zu musikalischem Erleben dar. Ein weiteres Beispiel sind Bands, die sich in der Regel einem Genre zuordnen lassen und damit eine bestimmte präsentative Symbolform aktiv und innovativ reproduzieren, und um die sich wieder Gruppen (Fans) bilden.

Kulturindustrielle Produkte, so Mikos, haben demnach einen gemeinschaftsbildenden Charakter (Mikos 2014, S. 336). Daher muss Musik nicht nur als Kulturprodukt im Sinne eines ästhetischen Werks gesehen werden, sondern auch als alltagskulturelles Medium der Bedeutungsproduktion. Bezeichnenderweise beginnt das „Fragment über Musik und Sprache" von Theodor W. Adorno mit den Worten „Musik ist sprachähnlich" (Adorno 1963, S. 9). Zwar kommt er daraufhin auf die Differenzen von Musik und Sprache zu sprechen, doch zeigt der Anknüpfungspunkt, mit dem Adorno an diesen Text herangeht, dass durchaus Ähnlichkeiten gegeben sind. „Sprache reicht vom Ganzen, dem organisierten Zusammenhang bedeutender Laute, bis hinab zum einzelnen Laut, dem Ton als Schwelle zum bloßen Dasein, dem reinen Ausdrucksträger." (ebd.) Musik also besteht wie Sprache, wie Medien, aus Ausdrucksträgern, die als Zeichen lautmalerisch oder auch visuell (als Noten) und durch ihre ästhetische und grammatikalische Verknüpfung Bedeutungen hervorrufen. Im Gegensatz zu Sprache, so Mikos, zielen präsentative Symbole, wie sie in Bildern, Film, Musik und Tanz hervorgebracht werden, „nicht auf semantische Eindeutigkeit […], sondern auf eine sinnlich-symbolische Praxis, in der sich eher Emotionen denn Kognitionen ausdrücken" (Mikos 2014, S. 333). Damit kann sich Musik einer sprachlichen Fixierung widersetzen, weshalb Mikos Musik als geeignet erachtet, um „als popkulturelle Praxis zur subjektiven Bedeutungskonstruktion im Feld der sozialen Auseinandersetzungen des Alltags" zu fungieren (ebd).

Wir möchten in dieser Arbeit zeigen, dass sich Musik in diesem präsentativen, kreativen und produktiven Sinn gängigen Vorstellungen von Identitäten widersetzen kann. Im Sinne der Cultural Studies (Winter 2006, S. 24 f) konnotieren wir diesen Einfluss der Musik auf Identitätsbildungsprozesse positiv, da so mitunter konfliktträchtige Identitätskonstruktionen, die im öffentlichen medialen Diskurs dominant sind, untergraben werden können. Wir argumentieren, dass Musik alltagskulturelle Produktionen und Rezeptionen befördern kann, die widerständig sind und subjektive Sinnproduktionen außerhalb hegemonialer Diskurse zulassen können. Nachdem wir dominante Identitätskonstruktionen gegenwärtiger Mediendiskurse darstellen, verweisen wir auf einen bedeutungsorientierten Kulturbegriff der u. E. einem holistisch-ethnischen Kulturbegriff vorzuziehen ist. Mit den Cultural Studies zeigen wir die Möglichkeit einer von den intendierten Medieninhalten divergenten Rezeption. Anhand empirischen Materials bzgl. pädagogischer und therapeutischer Arbeit mit Jugendlichen beobachten wir subjektive Identitätskonstruktionen und können so unsere theoretischen Vorüberlegungen an der Praxis überprüfen.

2 Theoretische Kontextualisierung von Kultur, Identität, Mediendiskurs und Musik

2.1 „Der *anormale* Migrant" – Ein Mediendiskurs in Deutschland

Inzwischen gibt es beinahe unzählige Studien, die die medialen Darstellungen von Migrant_innen untersucht haben (Sultan 2011, S. 64 f; Treibel 2011, S. 61 f; Hormel/Scherr 2010, S. 7 f; Müller 2005, S. 112; Thiele 2005, S. 9–11; Jäger/Jäger 1993, S. 54). Der Tenor ist deutlich: Weiterhin werden Migrant_innen als das Andere, als das Fremde konstruiert. Im Sinne eines nationalstaatlichen Paradigmas (Hess/Moser 2009, S. 13; Geertz 2007, S. 31) werden Migrationsbewegungen als Nicht-Normalität gekennzeichnet und entsprechend muss sich durch Integration das Nicht-Normale dem Normalen anpassen, zumindest annähern. In sämtlichen öffentlichen Debatten zu Migration (bspw. Kopftuchstreit, Leitkultur-Debatte, Sarrazin-Debatte) werden Assimilationsleistungen von Seiten der Migrant_innen gefordert. Indem eine nationale Kultur als gegeben betrachtet wird, werden andere, ebenfalls holistisch aufgefasste Kulturen, als nur schwer vereinbar mit „unserer" Kultur problematisiert (Hess/Moser 2009, S. 13). Dabei zeigen sich durchaus Hierarchien des Anderen (Rommelspacher 1995, S. 26; Pichler/Schmidtke, S. 55 f), die je nach Diskursereignis mehr oder weniger in der Öffentlichkeit zur Sprache kommen. Werden beispielsweise europäische Migrant_innen eher noch als hinnehmbar (und nützlich für den deutschen Arbeitsmarkt) beschrieben, zeigen sich gegenüber türkisch- oder arabischstämmigen Migrant_innen weit größere Vorbehalte. Dabei wird Religion als dominante Abgrenzungskategorie assoziiert. Asylbewerber_innen, insbesondere wenn sie von Mitgliedern der Mehrheitsgesellschaft in neokolonialer Manier afrikanischen Staaten zugeordnet werden, rangieren in dieser Rangfolge am unteren Ende (Jäger 2008, S. 329), nur noch gefolgt von so genannten Roma und Sinti (Antidiskriminierungsstelle des Bundes 2014). Zusammenfassen lässt sich der Migrationsdiskurs in bundesdeutschen Medien wie folgt:

> Der öffentliche Diskurs über Migranten und ihre Familien ist durch ‚extreme Vereinfachung geprägt'. Viele Darstellungen folgen dem Grundmuster einer ‚Rhetorik, die die Unterschiede akzentuiert, ihr Augenmerk auf das Ungewöhnliche und Exotische richtet.' Damit erzeugen sie eine ‚Folklore des Halbwissens', die sich immer wieder fortschreibt und selbst bestätigt. (Beck-Gernsheim 2006, S. 140)

Beck-Gernsheim zitiert diese Feststellungen aus dem Sechsten Familienbericht der Bundesregierung. Dabei werden kulturalisierende Perspektiven im öffentlichen Diskurs problematisiert, das heißt in einem Diskurs, der von einer professionellen Öffentlichkeit, den Journalist_innen, tagtäglich reproduziert wird.

2.2 „Unsere Kultur. Eure Kultur." – (K)ein Begriff zum Verzweifeln

Kultur wird also häufig holistisch verwendet als Kategorie zur Differenzierung von Lebensrealitäten. Kulturanthropologische Disziplinen haben daran in gewisser Weise mitgewirkt. Noch bis in die 1990er Jahre wurde Kultur durchaus noch als eben diese durch bestimmte Eigenschaften von anderen Kulturen differenzierbare Entität verstanden. Heftige Auseinandersetzungen innerhalb kulturanthropologischer und ethnologischer Disziplinen haben dazu geführt, dass sich neue, sinnvollere Bedeutungen von Kultur etabliert haben – aber eben bisher lediglich im wissenschaftlichen Kontext (Schmidt-Lauber 2013).

Dekonstruktivistische Theoretiker_innen widerlegten die Vorstellungen von Homogenität innerhalb einer Kultur einerseits, sowie von räumlich fixierter Heterogenität verschiedener Kulturen andererseits und beschrieben die Unsinnigkeit und potentielle Gefahr, die von diesen Vorstellungen ausgeht (Çağlar 1990; Abu-Lughod 1991). Unsinnig, da individuelle Sozialisationswege innerhalb so genannter Kulturen keine allgemeingültigen Gemeinsamkeiten hervorbringen – auch nicht in Zeiten, als von Globalisierung noch keine Rede war. Und gefährlich, weil die Rede von kulturellen Unterschieden Abgrenzungsmechanismen forcieren kann, die nicht zuletzt in kriegerischen Auseinandersetzungen weltweit immer wieder eine verheerende Mobilisierungskraft aufweisen. In ethnisch, nationalistisch und religiös motivierten Konflikten sind im 20. Jahrhundert mindestens 21.000.000, vielleicht auch bis zu 30.000.000

Menschenleben getötet worden (Conesa 2003, S. 86). Doch soweit muss gar nicht gegangen werden. Die Präsenz alltäglicher Diskriminierungen lässt sich täglich in Nachrichtenmedien verfolgen. Die Abgrenzung von angeblich kulturell *Fremdem* innerhalb von differenzierten Gesellschaften führt immer wieder zu sozialen Konflikten, die sich beispielsweise zwischen der Mehrheitsgesellschaft und Angehörigen des Islam (Terkessidis 2010), so genannter Roma, Sinti (Mappes-Niediek 2014), Schwarzer/POCs oder Geflüchteten (Sow 2008) zutragen. Dabei kommt es bei weitem nicht nur zu kulturalisierenden Tendenzen von Seiten der Mehrheitsgesellschaft. Doch auf Grund ihrer hegemonialen Position, die nicht zuletzt durch die professionelle Öffentlichkeit vertreten wird (die überwiegende Mehrheit der Medienschaffenden in Deutschland sind Bio-Deutsche (Koch 2006, S. 99)), kommt es zu strukturellen Ungleichbehandlungen, Diskriminierungen und Konflikten.

Dekonstruktivist_innen fordern daher auch die Abschaffung des Kulturbegriffs. Das wiederum stieß auf Unbehagen, da kulturelle Unterschiede durchaus existieren, in Form von unterschiedlichen Lebenspraxen, unterschiedlichen normativen Konzepten, unterschiedlichen politischen Systemen und Rechtsordnungen, sowie unterschiedlichen ökonomischen Bedingungen etc. Vielmehr müssen diese in Aushandlungs- und komplexen Deutungs- und Transformationsprozessen entstehenden kulturellen Ausdrucksweisen relativiert werden. Denn zum einen machen kulturelle Eigenschaften nicht an territorialen Grenzen halt – seien es Dörfer, seien es Nationalstaaten, seien es Kontinente –, zum anderen sind kulturelle Eigenschaften durch Raum und Zeit mobil. Kulturen fließen in dem Sinne, in dem Menschen sich verändern, migrieren, nachdenken, entdecken, lesen, sehen, konsumieren, sich bilden, usw.

Somit benötigt das Konzept Kultur eine subjektorientierte Verankerung, um Gültigkeit beanspruchen zu können. Die Beschreibung einer Kultur im holistisch-ethnischen Sinne kann es sinnvoller Weise nicht mehr geben. Stattdessen können aber kulturelle Dynamiken und kulturelle Eigenschaften durchaus beobachtet werden, so zum Beispiel wie sich aus bestimmten Alltagspraxen Normativität oder Ideologie herausbildet und wie sich in der Identifikation von Einzelnen mit einer Ideologie eine Gruppe formt, die beständig sein kann und dennoch ständig fluktuiert (sei es die Bevölkerung eines Nationalstaates, die Szene der Punks oder christliche Fundamentalisten in Europa). Aus diesen Überlegungen ergibt sich ein Modell von Kultur, das wir in Ablehnung und Erweiterung zum so genannten „Eisbergmodell" mit seinen klaren Grenzziehungen (Treichel 2011b: 230f.), als „Wolkenmodell" bezeichnen (Goebel 2015). Diese Metapher erscheint deshalb sinnvoll, weil sie mit einem Blick sehr viel aussagt: Wolken sind ständig in Bewegung, sie vermischen sich, sie trennen sich, sie verschwinden, sie entstehen. Wolken bestehen aus kleinen Wassertropfen und nur weil die ihren Aggregatszustand verändern, verändern sich die Wolken. Nur weil sich Menschen verändern, verändern sich kulturelle Bedeutungskomplexe. Kulturelle Praxen sind individuelle und intersubjektive Konstruktionen von Sinn, von Bedeutungen und von Alltagspraxen.

Auch Musik kann demnach als ein kultureller Aushandlungsprozess verstanden werden – nicht also nur als ästhetischer Ausdruck, sondern auch als sinngebende und bedeutungstragende Materialität und Alltagspraxis. Dorothee Barth (2008), die eine sinnvolle interkulturelle Musikpädagogik für die schulische Praxis erarbeitet hat, plädiert für einen bedeutungsorientierten Kulturbegriff (Barth 2008, S. 199 f.), über den „Jugendliche mit Migrationshintergrund ohne ethnische Zuschreibungen oder rassistische Vorurteile als Mitglieder ‚jugendkultureller Szenen' beschrieben werden" können (ebd., S. 208). Sie setzt damit ebenfalls auf einen Kulturbegriff wie ihn kulturanthropologische Disziplinen und die Cultural Studies diskutieren (Schmidt-Lauber 2013; Kumoll 2011; Lüddemann 2010; Eggmann 2009). Demnach ist nahezu jede Lebensäußerung eine kulturelle Äußerung. In diesen Äußerungen bzw. Handlungen werden Bedeutungen intendiert, transportiert und rezipiert. Sie befinden sich in einem Kontext der Sinnproduktion und -reproduktion eines kulturellen Zusammenhangs. So teilt sich eine Jugendkultur beispielsweise eine spezifische Vorstellung von der Welt. Diese Inhalte – und Barth verweist darauf, dass in Jugendkulturen ästhetische Ausdrucksformen, insbesondere Musik, häufig einen besonders hohen Stellenwert haben – schaffen Orientierung und fördern Identitätsbildungsprozesse (Barth 2008, S. 174–176).

> Der bedeutungsorientierte Kulturbegriff [...] ist unverzichtbar für eine interkulturelle Pädagogik, weil er sich für das Phänomen der Bedeutungsgenerierung interessiert, weil er die Akteure selbst in den Blick nimmt und befragt, weil er die Prozesshaftigkeit, Veränderbarkeit, Standortabhängigkeit, Kontextualität und die Relativität von Deutungen und Bedeutungszuweisungen – auch in musikalisch-ästhetischen Praxen – in besonderer Weise wahrnimmt – [...] und nicht beispielsweise einfordert, dass deutsche Kinder und Jugendliche ihre eigene Musikkultur in den Kunstwerken der westeuropäischen Kunstmusik repräsentiert sehen sollen. (Barth 2008, S. 199 f., H. i. O.)

Barth beschränkt sich jedoch auf die rezeptiven Formen musikalisch-performativer Auseinandersetzungen, was wohl an ihrem Fokus auf den schulischen Kontext liegt, in dem die praktische und aktive Anwendung von Musik, das Musizieren, per se wenig Raum einnimmt. Umso interessanter scheint es, den außerschulischen Kontext in den Blick zu nehmen, um die Ausformungen kultureller Bedeutungsmuster von Jugendlichen in ihrer musikalischen Praxis beobachten und Aussagen darüber treffen zu können, welche psychosozialen Veränderungen sich dadurch ergeben.

2.3 „I don't give a…" – Cultural Studies und die Medienrezeption

Kulturen sind also fluide Orientierungsrahmen, produziert und verändert durch individuelle Aushandlungsprozesse. Kultur ist eine gesamte Lebensweise einer Person, wodurch sämtliche menschlichen Erzeugnisse als Kulturgüter betrachtet werden können. War lange Zeit die Unterscheidung zwischen Hochkultur und niederer Kultur bzw. „Kultur der Massen" gang und gäbe und war allein erstere dabei als Forschungsobjekt von Interesse, so beschäftigen sich die Kulturwissenschaften gegenwärtig auch und vermehrt mit populärer Kultur, also mit dem Gewöhnlichen und Alltäglichen, wozu insbesondere auch die Massenmedien zählen. Dies liegt mitunter an dem hohen und weiterhin steigenden Konsum von Massenmedien, die im Sinne einer Sozialisationsinstanz eine gewisse Prägekraft erwarten lassen. Bereits die Kritische Theorie beschäftigte sich mit den Massenmedien und zeigte sich besorgt und kritisch ob der immensen Manipulationskraft, die die Kulturindustrie auszuüben schien (Horkheimer/Adorno 1969). Vor dem Hintergrund nationalsozialistischer Propaganda und Bevölkerungen, die medial aufeinandergehetzt wurden, schien der Ansatz der Kritischen Theorie durchaus gerechtfertigt. Dieses Kommunikationsmodell im Sinne des Stimulus-Response-Ansatzes vernachlässigt jedoch die Rezipient_innen. Darauf wiesen die Cultural Studies hin. Stuart Hall formulierte mit seinem Encoding-/Decoding-Modell, dass die intendierte Bedeutung einer Nachricht sich auf vielfältige Weise von der rezipierten Bedeutung unterscheiden kann (Hall 2008). Indem also der Rezeption eine eigene Wirkmächtigkeit zuerkannt wird, eröffnet sich eine neue Perspektive auf Kommunikation. Beispielsweise können aus konventionellen und systemstabilisierenden Intentionen unkonventionelle und widerständige Interpretationen die Folge sein. Das damit freigesetzte kritische Potential bedeutet im Sinne der Cultural Studies die Möglichkeit, hegemoniale Ideologien, wie die bürgerlich-kapitalistische, subversiv zu hintergehen (Winter 2010, S. 114; Machart 2008, S. 135). „Allerdings müssen die mobilisierten Gefühle und ausgehandelten Bedeutungen nicht zwangsläufig im Sinne von ‚empowerment' organisiert sein." (Winter 2006, S. 28) Dennoch hat diese Möglichkeit kreativer Aneignungsprozesse eine immense Aufwertung von Populärkultur zur Folge gehabt – auch in Abgrenzung zur sogenannten Hochkultur. Und so tragen die populären Medien „zur ästhetischen, kulturellen und sozialen Bildung bei, auch wenn sie das moralische Empfinden der an einer Hochkultur orientierten bürgerlichen Elite verletzen." (Mikos 2014, S. 338)

Werden Migrant_innen in ihrem Alltag häufig mit rassistischen oder diskriminierenden Aussagen konfrontiert, so bieten sich beispielsweise auch über die Populärkultur Möglichkeiten des Widerstands dagegen. Ein eindrückliches Beispiel sind die medialen Erzeugnisse der Anfang der 2000er Jahre aktiven Vereinigung Kanak Attak (Kanak Attak). Darin werden in Interviewsituationen Irritationen bei Mitgliedern der Mehrheitsgesellschaft evoziert, indem gängige Sprechakte gegenüber Migrant_innen „Deutschen" gegenüber artikuliert werden. Beispiel: „Wie lebt es sich denn hier in diesem weißen Ghetto?" Die damit verbundene humorvolle Komponente soll nicht darüber hinweg täuschen, dass hierbei soziale Ungleichheiten, Konflikte und psychosoziales Leid kritisiert und konterkariert werden. Als weiteres Beispiel können musikalische Erzeugnisse herangezogen werden, über die sich beispielsweise als türkisch oder deutsch-türkisch bezeichnete Migrant_innen definieren und darin Sinnhaftigkeit entdecken, da die Beschreibung von Lebenssituationen möglicherweise der ihrigen ähnelt.

> Wenn Jugendliche türkischer Herkunft zum Beispiel türkische religiöse Musik hören, kann dies nicht mit ihrer Herkunft, ihren Traditionen oder der Suche nach ihren kulturellen Wurzeln erklärt werden. Sinnvoll ist allein die Frage, welche Bedeutung sie dieser Musik in ihrem Leben in Deutschland zuweisen, mit welcher Symbolik sie für sie besetzt ist und mit wem sie diese Bedeutungen und Symbole auf Grund eines gemeinsamen Wissens teilen wollen. (Barth 2008, S. 177)

Dasselbe Erzeugnis wird von anderen Rezipient_innen anders aufgenommen, vielleicht nicht verstanden, vielleicht abgelehnt, vielleicht nie gehört. (Pop-)Musik zeigt sich damit als Medium, das mit seiner auditiven Zeichen- und Symbolhaftigkeit einer differenzierten Rezeption unterliegt, und somit vielfältige Emotionen wecken und praktische Erfahrungen zeitigen kann – von Empowerment bis Wut, von Bestätigung bis Unverständnis.

> Der amerikanische Kulturwissenschaftler Lawrence Grossberg hat am Beispiel der Rockmusik gezeigt, wie das affektiv sinnliche Erleben von Musik das Gefühl vermitteln kann, eine gewisse Kontrolle über das eigene Leben zu haben und somit zur affektiven Ermächtigung der Menschen beitragen kann. (Mikos 2014, S. 338)

Welche praktischen Erfahrungen, welche Sinn- und Bedeutungskonstruktionen nicht nur in der Rezeption, sondern in der kreativen (Re-)Produktion von Musik resultieren, wird nun in einem empirischen Teil anhand der musikpädagogischen und -therapeutischen Arbeit mit Jugendlichen dargestellt. Diese subjektorientierte Perspektive ermöglicht es, Aussagen darüber zu treffen, inwieweit tatsächlich widerständige oder zumindest non-konforme kulturelle Ausdrucksformen in der Praxis stattfinden. Damit zeigt sich erneut die Interessensüberschneidung mit den Cultural Studies, deren „pädagogisches Interesse [...] primär den Bedeutungen und Vergnügen [gilt], die Personen und Gruppen helfen können, ihre Interessen zu artikulieren, Freiräume zu entfalten, Fluchtlinien zu finden und ihre Handlungsmächtigkeit zu erweitern" (Winter 2006, S. 30).

3 Empirischer Teil

Die Konstellation aus Musik, Therapie und Sozialer Arbeit wird in den nachfolgend zusammengestellten Interviews thematisiert. Die Interviewees sind jeweils Fachpersonen aus dem beschriebenen Schnittfeld professioneller Kontexte und beschäftigen sich mit Jugendlichen mit und ohne Migrationshintergrund, psychischen oder physischen Behinderungen. Es handelt sich um

- die Chefärztin einer Abteilung für Kinder- und Jugendpsychiatrie, u. a. mit den Tätigkeitsschwerpunkten interkulturelle Kinder- und Jugendpsychiatrie, integrative Psychotherapie mit Kindern und Jugendlichen[1],
- einen dort angestellten Musiktherapeuten und Jugend- und Heimerzieher, der außerhalb der Klinik noch weitere sozialpädagogische Aufgaben mit unterschiedlicher Klientel wahrnimmt[2],
- eine Musiktherapeutin (Psychotherapeutin, Diplom-Sozialarbeiterin, Musikerin) mit den Arbeitsbereichen ambulante Musiktherapie, integrative Musikarbeit mit Migrant_innen, entwicklungspolitische Bildung über Musik für Kinder, Jugendliche und Familien, etc[3].

Methodisch wurden die Interviews als *Experteninterviews* geführt (z. B. Gläser & Laudel 2006, Bogner u. a. 2005) und mittels qualitativer Inhaltsanalyse ausgewertet (z. B. Mayring 2010)[4].

Inhaltlich stellen die Interviews den Bezug zu verschiedenen Ebenen gesellschaftlicher Teilhabemöglichkeiten her, die in diesem Kapitel in ihrer Bedeutung für musikpädagogische und -therapeutische Überlegungen aufgegriffen werden. Leitend waren Frage-Cluster zu:

a) verschiedenen Klientelgruppen und allenfalls auftretenden Unterschieden im Rahmen musikalischer Aktivitäten (vgl. *subjektive Begründungen*)
b) möglichen Kommunikationsformen, die sich musikalisch und sozial in Situationen gemeinsamen Musizierens ausbilden (vgl. *soziokulturell vermittelte Bedeutungen*)
c) Möglichkeiten der Verknüpfung musiktherapeutisch orientierter Projekte mit dem jeweiligen institutionellen Kontext (z. B. Psychiatrie, Tagesklinik, Stadt), sowie dem sozialräumlichen, lebensweltlichen Kontext (vgl. *gesellschaftlich-strukturelle Bedingungen*)

Insgesamt wurde in den Interviews deutlich, dass die Befragten prinzipiell einen bedeutungsorientierten Kulturbegriff teilen (s. Kap. 1). Wenn sie jedoch auf in musikalischen Zusammenhängen direkt wahrnehmbare Unterschiede zwischen Klientelgruppen eingehen, fließen auch holistisch-ethnische Sichtweisen ein, welche je nach Kontext relativiert werden. Dazu zählt, dass „kulturelle Unterschiede", die für ihre Zielgruppen relevant sein könnten, als eher zweitrangig für deren jeweilige Identitätsentwicklung gesehen werden. Dies wird auf die geringe Bedeutung zurückgeführt,

---

1 Im Folgenden mit Verweis auf Interview 1 (I 1).
2 Im Folgenden mit Verweis auf Interview 2 (I 2).
3 Im Folgenden mit Verweis auf Interview 3 (I 3).
4 „Die qualitative Inhaltsanalyse ermöglicht eine systematische Extraktion relevanter Informationen aus den Interviews und ist zugleich offen für nicht erwartete Befunde" (Gläser & Laudel 2006: Klappentext).

die die Klientelgruppen i. E. selbst ihrer „kulturellen Zugehörigkeit" beimessen. Die Hintergründe dieser Kernaussagen werden entlang der Frage-Cluster im Folgenden zusammengeführt.

3.1 Gemeinsamkeiten und Unterschiede verschiedener Klientelgruppen beim Musizieren *(subjektive Begründungen)*

In Bezug auf das Unterscheidungsmerkmal *Migrationshintergrund* reflektierten die Befragten jeweils aktuelle Fälle aus ihrer Praxis, bei denen ein Migrationshintergrund bekannt war. Gemeinsamkeiten mit anderen Klientelgruppen ohne Migrationshintergrund wurden darin gesehen, dass der Musikgeschmack der Jugendlichen sehr ähnlich sei und sich tendenziell am popkulturellen Mainstream orientierte, auch wenn demgegenüber eine individuelle (teilweise eigenkreative, teilweise distanzierte) Position eingenommen wurde. Interessant ist, dass in den folgenden Aussagen einerseits die subjektiven Begründungen der Jugendlichen enthalten sind, die sie „auf der Vorderbühne" des therapeutischen Settings äußern. Gleichzeitig wird aber die „Hinterbühne" anderer sozialer Zusammenhänge erkennbar, in denen unterschiedliche sozial vermittelte Bedeutungen zum Tragen kommen, die darauf schließen lassen, dass die Jugendlichen sich noch mit weiteren Rollen als der präsentierten auseinandersetzen (Goffman 2010). Aus Sicht des jugendpsychiatrischen Musiktherapeuten wurden zwei türkische Mädchen beschrieben,

> die wollten unbedingt singen (...) aber überhaupt nicht türkisch sondern die wollten nur Poplieder singen, die sie auch auf Youtube hören, die sie gern mögen (...). Also da war jetzt ganz wenig zu spüren, dass das was anderes ist als mit meinen, sag ich mal, anderen deutschen Jugendlichen (I 2: 241–245).

Auch wenn sie in anderen Zusammenhängen die Pluralität ihrer musikalischen Vorlieben zum Ausdruck bringen, entsprechen die türkischen Mädchen in der Musiktherapiegruppe eher der mehrheitsgesellschaftlichen Ausrichtung:

> Ich mache es manchmal auch so, dass die Lieblingslieder mitbringen dürfen, in der Gruppe vor allem. Ich habe es auch noch nie erlebt, dass die ein türkisches Lied mitgebracht haben[5]. Wobei, die eine hat schon gesagt, dass sie auch gern so türkischen Pop hört. Ich glaube das traut sie sich dann drüben auf der Station schon, das ihren Mit-Mädels dort vorzuspielen. Ich habe auch den Eindruck, dass da jetzt untereinander, dass das leicht zusammenfließt. Dass es da nicht so kulturelle Barrieren gibt, also wenig auf jeden Fall (I 2: 347–353).

---

5 Ergänzend dazu I 2: 362–367.

Aus seiner Arbeit in einer Tagesstätte, in der er als pädagogische Fachkraft für tagesstrukturierende Maßnahmen angestellt ist, schildert er Ähnliches über einen türkischen Besucher, der E-Gitarre spielt:

> Der ist mir jetzt halt gerade noch eingefallen, dass das ja schon ein türkischer Mann ist, aber... Ja, der mag jetzt auch Jimi Hendrix und hat jetzt noch nie irgendwie – und schwärmt von Nirvana (...), also da gibt es ganz viel, und Bands, die seine persönliche Entwicklung beeinflusst haben, und wo er so emotional auch mitschwingen kann (...). Aber da ist jetzt auch ganz wenig Türkisches dabei (...). Wobei er ist schon so sozialisiert, sagt er auch. Also er hat strenge muslimische Eltern, aber, er selber... Merkst du gar nichts [mehr] davon, bei ihm jetzt (I 2: 700–708).

In allen Aussagen klingt an, dass die „einheitlichen" musikalischen Vorlieben einerseits eine Identifikation mit sozialen Zusammenhängen der Mehrheitsgesellschaft enthalten könnten (die „deutsche" Peergroup hat den selben Geschmack). Andererseits könnten sie auch auf eine Ablehnung der durch die Familie vermittelten kulturellen Werte hindeuten, falls diese als belastend oder einschränkend erlebt wurden, wie im letzten Beispiel.

Die Musiktherapeutin, die in zwei sozialen Brennpunktvierteln in Begegnungszentren offene Musikgruppen anbietet, in denen mehrheitlich Kinder mit Migrationshintergrund teilnehmen, berichtet Vergleichbares. Dabei macht sie auf eine mögliche Diskrepanz zwischen verbalisierten und nicht verbalen, musikalischen Ausdrucksformen aufmerksam, die auf – oft exkludierende – diskursive Praxen bezüglich kultureller Minderheiten seitens der Mehrheitsgesellschaft verweist:

> Anfangs dachte ich (...), ich könnte viel offensichtlicher ansetzen (...). Ich habe dann Elterngespräche geführt und habe dann die Eltern gefragt, welche Kinderlieder es aus ihrer Kultur gibt. Aber ich hatte eben so gemerkt, da ist so Vieles, die wollten das gar nicht. Die wollten eigentlich eher (...) deutsch sein, als jetzt als Migranten dazustehen. Und erst dadurch, dass ich lange mit den Familien gearbeitet habe, und Vertrauen entstanden ist (...) – oder Vieles kommt auch erst (...) beim Musikmachen, so nach und nach – wird [es] irgendwie hörbar (...). Zum Beispiel manchmal macht sich das bemerkbar durch die Art und Weise, wie Jugendliche oder Kinder das Instrument spielen. Wo dann einfach das Kulturelle oder der kulturelle Hintergrund aus ihrer Herkunftsfamilie zum Vorschein kommt. Was aber sprachlich so nicht möglich wäre (I 3: 795–806).

Dies wird in der Beschreibung einer psychiatrischen Musiktherapiegruppe besonders deutlich, in der sich die Dynamiken zwischen Zuhören und Sich-Gehör-Verschaffen über das musiktherapeutische Setting hinaus ausweiten konnten:

> Ich hatte einen türkischen Patienten, der sich sehr gut über die Trommel ausdrücken konnte, und da auch viel positives Feedback bekommen [hat] von den Mitpatienten darüber. Und die Musik dann eben auch Möglichkeiten bietet (...), angenommen zu werden. (I 3: 1096–1101).

Da ist von den anderen, von den Mitpatienten auch eine gewisse Offenheit da. Es ist ein Entwicklungsprozess, da eben Integration nicht nur einseitig ist; da entsteht gemeinsam etwas Neues (I 3: 1104–1106).

Im Gegensatz zum *Kommunikationsmedium Sprache*, welches „kulturelle" Merkmale tendenziell als Kriterium des Ausschlusses von der Mehrheitsgesellschaft instrumentalisiert (vgl. Mecheril 2004), ermöglicht das *Kommunikationsmedium Musik* die positive Umdeutung der selben Merkmale, die Prozesse sozialer Anerkennung in der Mehrheitsgesellschaft anstoßen kann – ausgehend von einem Teilbereich der Gesellschaft, in dem eine gemeinsame, nicht verbale Ausdrucksebene kultiviert wird (Weyand 2010).

Auch die Abteilungsleiterin der Kinder- und Jugendpsychiatrie ist von Musiktherapie insbesondere bei schwer zugänglichen Patient_innen mit verschiedenen Krankheitsbildern überzeugt, da die präverbalen Momente musikalischen Ausdrucks eine aufschließende, therapieanbahnende Funktion entwickeln können, die bei anderen Therapiemöglichkeiten (Bewegung, Kunst, etc.) nicht in dieser Form gegeben ist (I 1: 9–20).

Allerdings sieht sie in der musiktherapeutischen Arbeit mit Menschen mit Migrationshintergrund auch kritisches Potenzial, das auf die Unterschiede zwischen den kulturellen Hintergründen in der therapeutischen Beziehung zurückzuführen ist. In Bezug auf das Setting zwischen autochthonen Therapeut_innen und allochthonen Patient_innen thematisiert sie implizit ein strukturelles Machtgefälle:

> Ich habe ein bisschen Erfahrung mit afrikanischen Patienten, die einfach schon von der Rhythmik her ganz anders drauf sind, und wo ich nicht weiß, ob wir das treffen können (I 1: 43–45).

> Aber ich habe noch keinen Musiktherapeuten beschäftigt, der einen eigenen Migrationshintergrund gehabt hätte; ja solche Leute bräuchte man, um eigentlich dieses Thema anzugehen. Mit dieser eigenen Erfahrung, wie ich im Wechsel der Kulturen mit musikalischen Mitteln arbeite und wo die Unterschiede sind (I 1: 51–55).

Auch die innerhalb bestimmter kultureller Bezugssysteme gegebenen Erfahrungshintergründe bergen Konfliktpotenzial: Zwar kann der Bezug zu den kulturellen Wurzeln als affirmatives Element von Identität und Selbstbewusstsein eine Rolle spielen; gleichzeitig kann gerade dies unter Umständen auch ein bislang unverarbeitetes, belastendes Element der jeweiligen Biographie darstellen:

> Was es natürlich gibt ist, Musik wird ein bisschen anders gespeichert (...), im Gehirn und, so in meiner Arbeit mit afrikanischen Müttern (...), da hab ich schon versucht, rauszukriegen, kennen die noch Kinderlieder aus ihrer Zeit. Können die da mit ihren Babys mit diesen eigenen erinnerten Kinderliedern ein bisschen anders umgehen zum Beispiel. Und, ist das nicht sehr beruhigend. Ja? Eben so banale, auch alte Dinge da mobilisieren kann. Und, darüber kann ich mir vorstellen, kriegt man einen Zugang zu Familien eventuell. Aber – es sind ja auch viele Sachen, die da nicht mehr gepflegt werden, weil sie nicht so toll sind, ja. So toll angesehen werden in der aktuellen Situation (I 1: 61–69).

Die Aussagen der Psychiaterin zu afrikanischstämmigen Patient_innen lassen sich auf zwei Ebenen der Bedeutungskonstruktion analysieren. Zum einen auf der Ebene des medizinisch-psychiatrischen Diskurses, der sich in der Regel an einem holistisch-ethnischen Verständnis von Kultur orientiert (i. S. v. Afrikanerinnen nutzen andere Gehirnareale). Dies mag der naturwissenschaftlichen Tradition geschuldet sein, in der die Medizin disziplinär verortet ist. Klinische Untersuchungen mit statistischen Kontrollgruppen z. B. von Patient_innen aus den Mittelmeerstaaten, der Türkei, Ost- und Südeuropa, den GUS-Staaten, bestimmen den Diskurs der sogenannten Ethno-Medizin (Machleidt/Heinz 2011), die von einer Dichotomie zwischen Eigenem und Fremdem ausgeht (Machleidt 2013). Auch in qualitativen Studien zu Hintergründen, Haltungen und Methodenansätzen kultursensibler Psychotherapie dominiert eine ethnisch geprägte Sichtweise (Kızılhan 2013).

Zum Anderen lässt sich in der Darstellung der Psychiaterin eine Öffnung zu einem bedeutungsorientierten Kulturbegriff feststellen, da Dynamiken benannt werden, unter deren Einfluss ethnisierende Zuschreibungen an Bedeutung verlieren: In der aktuellen Situation der beschriebenen Frauen können auch Dimensionen von Identitätsbildung Einfluss gewinnen, die sich beispielsweise durch die Solidarität mit Mitpatientinnen oder anderen Müttern mit unterschiedlichen Hintergründen ergeben. Ebenso kann die individuelle Zugehörigkeit neben der „ethno-kulturellen" diverse weitere Ankerpunkte finden, so auch im – musikalischen – Mainstream der „Mehrheitskultur".

Neben der auf den ersten Blick häufiger stattfindenden Anpassung an die „Mehrheitskultur" weist die Psychiaterin auf kulturelle Überformungen musikalischer Ausdrucksmöglichkeiten im jugend- und subkulturellen Bereich hin, von „Russendisco bis zu Sazrock (...) wo auch grad bei Jugendlichen kreative Umgangsweisen mit herkömmlichen alten und neuen Dingen passieren" (I 1: 72–77). Diese kreativen Potenziale sprechen ihrer Meinung nach für einen verhältnismäßig „gesunden" Umgang mit individuellen Entwicklungsaufgaben, die im Rahmen der Kinder- und Jugendpsychiatrie neu bzw. wieder entdeckt werden könnten (I 1: 80–83).

Mit Goffman (2010) könnte man hier von einer offiziellen Hauptbühne der mehrheitskulturellen Darstellung sprechen, der ein weiterer Spielplatz als Nebenbühne eingeräumt wird, auf dem die Übernahme zusätzlicher Rollen erlaubt ist, die durch Interaktionen auf der Hinterbühne inspiriert sein können. Die Schilderungen der drei Fachpersonen gehen in der Bühnenmetapher auf: Musik und insbesondere musiktherapeutische Settings stellen einen von vielen Handlungsspielräumen dar, den die Klientel nutzen kann. Parallel zu ihrem aktuellen Betreuungs- oder Behandlungsbedarf gehören die Individuen einer Vielzahl an weiteren lebensweltlichen Zusammenhängen an. Einiges aus diesen Zusammenhängen wird in der musikalischen Interaktion erfahrbar, anderes bleibt bewusst außen vor. Manches lässt sich mithilfe der klanglichen Erfahrungen verbalisieren, manches bleibt ungesagt:

> Es ist praktisch dieser Bruch zwischen Kontakt über Musik und Kontakt über Sprache, der bestimmte Möglichkeiten bietet – sich anders zu erleben, neu zu erleben, in Bewegung zu kommen. Entwicklungen anzustoßen, die vielleicht auf andere Art und Weise noch nicht hörbar werden konnten (I 3: 1092–1095).

Gleich auf welche Weise Jugendliche in Kommunikation treten, fällt bei der Ausgestaltung der gegebenen Kommunikationsmöglichkeiten der Migrationshintergrund zunächst weniger ins Gewicht als ihre jeweilige soziale Situation, die geprägt sein kann durch die aktuelle psychische Befindlichkeit (s. Psychiatrie)[6] und die soziale Zugehörigkeit (s. Brennpunktstadtteil)[7]. Das Interviewmaterial lässt auch für Jugendliche mit *Behinderungen* ähnliche Schlüsse zu, da die Art und Schwere der Behinderung die zur Disposition stehenden Kommunikationsmöglichkeiten wesentlich beeinflusst. Welchen Stellenwert die kulturelle Verortung von jungen Menschen mit Behinderung *und* Migrationshintergrund individuell einnimmt, kann jedoch nicht durch die vorliegenden Interviewaussagen erfasst werden.

3.2 Musikalische und soziale Kommunikationsformen im gemeinsamen Musizieren *(soziokulturell vermittelte Bedeutungen)*

Den bisherigen Interviewpassagen lag implizit die therapeutische Sichtweise zugrunde, dass Jugendliche durch Musik und damit kombinierte Medien wie z. B. Texte und Videos eine Möglichkeit erhalten, eigene Entwicklungsaufgaben zu symbolisieren und dadurch zu verarbeiten (I 1: 188–197). Der Einstieg in die Musikarbeit kann also über von den Jugendlichen mitgebrachte Medien und Vorlieben erfolgen (I 2: 314–331). Diese können dann in eine einerseits musikalische bzw. nonverbale, andererseits verbale Kommunikation münden, bei der Beziehungsarbeit einen zentralen Bestandteil ausmacht (I 2: 613–620). Auch wird von einer grundsätzlichen Kreativität von Jugendlichen ausgegangen, die es pädagogisch und therapeutisch zu nutzen gilt, auch im präventiven Bereich. So stellt die Musiktherapeutin die Arbeit mit Kindern in Brennpunktstadtteilen folgendermaßen dar:

> Es geht jetzt nicht darum, dass die Kinder – vorrangig – ein Musikinstrument lernen (…). Es gibt natürlich auch lernbezogene Momente oder Inhalte. Es sind Kinder, und da geht's natürlich auch darum, dass sie gefördert und gefordert werden. Aber die Musik (…) bietet viele andere Elemente (…). Also im sozialen Bereich und in Bezug auf die persönliche Entwicklung, in Bezug auf das soziale Zusammensein. Und natürlich auch in Bezug auf die (…) Gemeinschaft, also eine bestimmte Außenwirkung, die die Musik hat und dadurch, dass Kinder darüber eben auch Selbstbewusstsein stärken und positives Feedback bekommen (I 3: 750–759).

---

[6] Vgl. I 2: 379–391.
[7] Vgl. I 3: 771f.

Mit einbezogen werden sollten daher bestenfalls auch Alltagssituationen und weitere Akteure außerhalb des therapeutischen Rahmens. Ähnlich wie Vygotskij (2002), der eine gesellschaftliche Aufgabe darin sieht, Heranwachsende zur Zone ihrer nächsten Entwicklung zu begleiten, ist die Jugendpsychiaterin der Meinung:

> Es gibt einiges an Kultur, mit dem Alltag zu improvisieren und etwas zu erfinden. Was (...) sich noch weiterentwickeln könnte, wären so Kulturen, miteinander Dinge zu gestalten auch in Teams, ja. Mit Patienten und so. Auch da (...) zu musikalischen Mitteln zu greifen (I 1: 201–205).

Als positive Beispiele nennt sie, „dass dann eine (...) Musiktherapeutin auf einer Station dann so Redeweisen der Kinder aufgegriffen hat, und zum Beispiel daraus Lieder gemacht hat, und die vorgeführt hat. Und man auch so manche Vorlieben der Kinder aufgegriffen hat. Also, und das finde ich ist dann so ein sehr altersnaher und sehr viel eingängigerer Zugang zur Musiktherapie, der dann auch bei den Therapeuten mehr auslöst, als: man schickt die halt zur Musiktherapie und (...) dann sind sie weg, und man weiß nicht genau, was da passiert" (I 1: 115–122).

Dabei soll das gemeinsame kreative musikalische Gestalten in alltagsnahen Lebenszusammenhängen (d. h. hier im Stationsalltag, der sich zwischen Betreuungspersonal und jugendlichen Klient_innen abspielt) im Vordergrund stehen. Dies kann dann auch zu Entwicklungen führen, die auf eine Präsentation der gemeinsam erschlossenen Inklusionsräume zulaufen:

> Was wir auch im Suchtbereich sehr viel haben (...), dass die eigene Texte rappen, dass die sich sehr ausdrücken können in diesem Medium. Dass die zum Teil in unseren Reha-Einrichtungen, die wir hatten, da haben die sich eine eigene Musikanlage gebastelt (...). Haben Texte gefeilt, zum Teil sehr biographisch, sehr dichte Texte gemacht; haben die dann vertont, und durch das Rappen sehr viel abgearbeitet. Und haben das dann wiederum auch öffentlich aufgeführt, als wir (...) so Einweihungsfeier und irgend so was hatten, als wir Gesellschafterbesuch hatten und so (...). Und das fand ich sehr beeindruckend (I 1: 125–138).

Sie stellt heraus, dass diese Aufführungen nicht allein das Ergebnis musiktherapeutischer Sitzungen waren, sondern dass die darin vermittelten Ausdrucksformen auch auf andere Zusammenhänge des Klinikalltags übertragbar waren, in denen die Jugendlichen auch mit nicht musiktherapeutisch geschulten Mitarbeitenden die Musikarbeit fortsetzen konnten. Dabei schätzt sie besonders das Wechselspiel zwischen Jugendlichen, Jugendkultur und Erziehungspersonal, das in der Lage ist, die Ideen aufzugreifen und auch der Leitung vorzustellen, um eine entsprechende Förderung der Projekte zu gewährleisten (I 1: 143–167, unterstützend dazu I 3: 957–964). Die Musiktherapeutin verortet solche Entwicklungen im Rahmen der Community Music Therapy:

> Das ist der Ansatz der Community Music Therapy, und da haben schon viele Musiktherapeuten die Erfahrung gemacht, dass Musik eben auch Grenzen sprengt sozusagen, also den Therapie-

raum aufbricht, und soziale Versöhnung ermöglicht, zwischen Patienten und Nicht-Patienten, zwischen den Kulturen.[8]

> Das ist zum Beispiel die Tagesklinik, dass die Patienten die Musikinstrumente mit in die Tagesklinik nehmen, und dann hat jemand Geburtstag und dann wird ein bisschen Musik für den gemacht so. Ausgehend von der Erfahrung, die sie im Therapiesetting gemacht haben, das dann irgendwie raustragen sozusagen. – Und das ist genau, ich denke das ist ganz wichtig, dass die Patienten, wenn wir jetzt im therapeutischen Setting sind, auch gesunde Elemente erleben können (...). Bevor man irgendwie in der Lage ist, seine Probleme zu bearbeiten, erstmal überhaupt (...): stärken (I 3: 970–985).

Diese idealtypischen Verläufe müssen allerdings ergänzt werden um eine potenziell risikobehaftete Entwicklung, die in der musiktherapeutischen Arbeit ihren Ursprung haben kann. Die Musiktherapeutin macht darauf aufmerksam, dass insbesondere in der Psychiatrie Vorsicht geboten ist, wenn über die Indikation von Musiktherapie entschieden wird. Sie sieht Musik mehr als andere künstlerische oder therapeutische Medien als sehr intensivierendes Medium, was das Erleben betrifft. Bei entsprechend disponierten Personen könnte dies zu einer durch Musik ausgelösten Reizüberflutung führen, die für sie später schwer zu integrieren ist (I 3: 1019–1022). Dies steht in Zusammenhang mit der Tatsache, dass Musik zwar Kontakt ermöglicht, aber gleichzeitig auch Kontakt erschweren kann, da sie Dinge hörbar macht, die zu einem Aufbrechen von Konflikten führen können (I 3: 986–990). Es wird dafür plädiert, solche individuellen Voraussetzungen auch im Interesse der Klient_innen zu berücksichtigen und ihnen entweder andere therapeutische Medien zur Verfügung zu stellen (I 1: 177–180)[9] oder Möglichkeiten einzubeziehen, das aufkommende Konfliktpotenzial zu reflektieren und zu bearbeiten (I 3: 197–199).

Dieses Argument erhält gerade im Zusammenhang mit Projekten besonderes Gewicht, die eine gewisse Öffentlichkeitswirksamkeit erreichen. Zunächst erscheinen die geschilderten gemeinsamen Musikprojekte in sich stimmig, und auch die Entwicklung hin zum Wunsch nach einer öffentlichen Aufführungsmöglichkeit wirkt organisch, da er aus der selbstbestimmten Entscheidung der Akteure heraus entstanden ist und dies zudem für einen gelingenden Verlauf von Empowerment-Prozessen spricht. Die Jugendpsychiaterin hebt dies eigens hervor:

> Es ist kein Vorführeffekt, wir haben niemand genötigt, aufzutreten, aber die fanden das dann schon auch: Ab irgendeinem gewissen Punkt will man dann auch auftreten (I 1: 168–170).

---

8 Das „Sprengen" kultureller Grenzen wird von Fabian Kessl (2009) in innovativer und praxisnaher Weise für die Soziale Arbeit diskutiert.
9 „Man muss alles, was geht, ja von tiergestützter Therapie bis zu Erlebnistherapie und Hochseilgarten und Klettern und Raften und Musik und Kunst, muss man alle Ausdrucksformen, die Menschen können, sollte man benutzen in der Psychiatrie" (I 1: 177–180).

Ihre Beurteilung solcher Projekte als „ganz klasse" oder „beeindruckend" spricht für eine Deutung im Sinne des flexiblen Normalismus, die die Bereitschaft zu einer Öffnung mehrheitsgesellschaftlicher Wertmaßstäbe voraussetzt (Dederich 2012). Dies kann aber nicht allgemein und vor allem nicht von „Außenstehenden" erwartet werden. Eine eher ernüchternde Erfahrung schildert die Musiktherapeutin aus ihrer Arbeit im Brennpunktstadtteil:

> Dann hatte ich am Anfang ganz oft die Erwartung, dass wenn wir eine Aufführung machen, dass dann die Eltern kommen und die Kinder darüber unheimlich tolles positives Feedback bekommen, und war dann am Anfang selber sehr enttäuscht als ich merkte, das war erstmal nicht so (I 3: 836–839).

Da die Erwartung eines Feedbacks nicht nur auf Seiten der Gruppenleitung sondern auch der Kinder bestehen kann, wäre es nachlässig auszublenden, dass öffentliche Auftritte mit Leistungsdruck, Stress, Lampenfieber, Angst vor Blackout etc. in Verbindung stehen können. Diese Faktoren beeinflussen auch Jugendliche vor Auftrittssituationen, die keine psychischen oder physischen Beeinträchtigungen haben oder aufgrund anderer Merkmale als „besonders" angesehen werden von einem Publikum, das sich meist zum größeren Teil aus Angehörigen der Mehrheitskultur zusammensetzt. Von daher raten insbesondere sozialpädagogische Fachkräfte, die Projektteilnehmende im Alltag begleiten aber nicht direkt in die Musikproduktionen involviert sind, dazu, die anstehende Situation rechtzeitig zu thematisieren. Das Bewusstsein dafür, dass die Teilnehmenden aus ihrem ursprünglich beschützten Raum (etwa der Einrichtung bzw. der Therapiesituation) an die Öffentlichkeit treten und sich dadurch auch potenziell angreifbar machen, sollte gemeinsam hergestellt werden[10]. Die Reflexion der unterschiedlichen diskursiven Interpretationsmöglichkeiten einer für Darstellende und Publikum ungewohnten öffentlichen Situation dient auch dem Identitätsmanagement der Beteiligten (Goffman: 1994).

Es sei hier auf die von Medienschaffenden mit Behinderungen erstellte Homepage „Leidmedien" verwiesen. Nach deren Analysen gängiger Medienrepräsentationen könnten die beeinträchtigten Teilnehmenden einer „integrativen" Band auf zweierlei Weise dargestellt werden: Das eine Extrem wäre, dass berichtet würde, die Band würde trotz der Zusammensetzung aus behinderten und nicht behinderten Menschen (gut) spielen. Das andere Extrem würde auf die (starken) Beeinträchtigungen der Bandmitglieder abheben, die auch das Bandspiel in Mitleidenschaft ziehen, so dass dieses nicht mit „normalen" ästhetischen Maßstäben gemessen werden kann. Dass diese protonormalistische Sichtweise (Dederich 2012) nicht abwegig ist, deutet sich auch in einer Veröffentlichung des bereits zitierten Musiktherapeuten Kapteina

---

10 Notizen eines Kolloquiums im Studiengang „Soziale Arbeit mit Menschen mit Behinderung" an der DHBW VS am 02.08.13.

(2005) an, mit dem Titel *Wie kann man diesen Krach den ganzen Tag aushalten. Improvisation als ästhetische und gesellschaftliche Zumutung in der Musiktherapie.*

Zusammenfassend können die durch Musikarbeit entstehenden Kommunikationsprozesse als Herausforderung für alle Teilnehmenden gesehen werden. Sie vollziehen sich

a) auf je individueller Ebene (zwischen Angehörigen einer gesellschaftlichen Mehrheit oder Minderheit, in einer bestimmten Entwicklungs- oder Krankheitsphase) als auch
b) auf diskursiver Ebene (im Kontext von Zuschreibungsprozessen, die soziale Ungleichbehandlung nach sich ziehen).

Den Hintergrund dieser Kommunikationsebenen stellen die gesellschaftlich-strukturellen Bedingungen dar. Sie sind einerseits vorgegeben (insbesondere institutionell), andererseits unter bestimmten Voraussetzungen aber dennoch gestaltbar. Dies wird im Folgenden aus Expertensicht ausgelotet.

3.3 Verknüpfungsmöglichkeiten musiktherapeutischer Projekte mit institutionellen und sozialräumlichen Kontexten *(gesellschaftlich-strukturelle Bedingungen)*

Einige wichtige Momente struktureller Gestaltbarkeit von sozio-kulturellen Inklusionsräumen liegen in den kommunikativen Austauschprozessen begründet, die durch Musikprojekte angestoßen werden können (s. voriger Abschnitt). In den oben angeführten Beispielen wurde erkennbar, wie sich auf den verschiedenen sozialen Ebenen Neu-Vermessungen von Inklusionsräumen vollziehen, wenn Maßstäbe auf „Normalität" angelegt werden, die bislang vertraute Perspektiven erweitern, bzw. zu kritischen Betrachtungen des Bekannten führen (medizinisches Fachpersonal und Pflegepersonal begegnet Musiktherapie auch durch deren Weiterführung im Stationsalltag und kann sich daran beteiligen; Gesellschafter der Einrichtung lernen kreative Ausdrucksformen von Jugendlichen kennen, von denen ihnen zuvor evtl. nur die Diagnosen bekannt waren, etc.).

Sollen solche diskursiven Dynamiken jedoch nachhaltig zu einer strukturellen Neuordnung gesellschaftlicher Verhältnisse führen, muss auch an den Strukturen selbst gearbeitet werden. Im Folgenden werden die bestehenden gesellschaftlichen Rahmenbedingungen für musiktherapeutisch orientierte Inklusionsräume von den Expert_innen auf ihre Erweiterungspotenziale geprüft.

Ihnen geht es zunächst um das Bekanntmachen von Musiktherapie und deren Elementen, die auch außerhalb des therapeutischen Settings weiter wirken können. Sowohl die Musiktherapeutin als auch der Musiktherapeut berichten aus ihren verschiedenen Arbeitsfeldern (wie Gemeindepsychiatrisches Zentrum, Tagesklinik, Begegnungszentrum), dass dort zu Beginn häufig noch kein fundiertes Verständnis der

Möglichkeiten (und Grenzen) dieser Therapieform vorhanden war. Erst durch den sichtbaren „Erfolg" der musikalischen Angebote in Form von Aufführungen erreicht (zunächst häufig als einmaliges Projekt geplante) Musikarbeit interdisziplinäre und öffentliche Anerkennung und wirkt als „Aushängeschild" (I 3: 170), denn als „Einrichtung, kann man sich damit ja ein bisschen schmücken" (I 2: 717f). Davon ausgehend können kontinuierlichere und vernetztere Formen von Musikarbeit entstehen, die eine größere Planbarkeit aufweisen und auch langfristiger finanziert werden können (I 2: 716–724, I 3: 167–170).

Die Vernetzung wird sowohl professionell als auch (inter-)disziplinär von Seiten derjenigen vorangetrieben, die von der Bedeutung dieser Kommunikationsform insbesondere für Jugendliche überzeugt sind. Zum einen wird der kollegiale Austausch untereinander gesucht, wenn mehrere Musiktherapeut_innen in einer Einrichtung arbeiten (I 3: 1002–1010), ebenso besteht ein einrichtungsinterner Austausch zwischen verschiedenen Fachtherapeut_innen, der durch die Teilnahme der Musiktherapeut_innen bereichert wird (I 1: 88–90). Ebenfalls werden die positiven und weitreichenden Impulse von Musiktherapie auf der Leitungsebene von therapeutischen Einrichtungen kommuniziert, wobei die befragte Leiterin der Jugendpsychiatrie zu bedenken gibt:

> es sollten eben nicht nur Chefärzte Musiktherapie gut finden, die selber ein Instrument spielen, selber Musik betreiben, dann ist das wieder so eine In-Group. Ja und es ist einfach eine wichtige Methode aus unserem ganzen Repertoire (I 1: 182–185).

Es wird also auf verschiedenen professionellen Ebenen auf eine größere Transparenz der Inhalte und Einsatzmöglichkeiten von Musiktherapie hingearbeitet, die sich im günstigen Fall auch denjenigen erschließen soll, die selbst keine Affinität zu Musik haben. Zwar ist dies voraussetzungsreich, bzw. in den Worten der Musiktherapeutin „es ist schlecht jemand zu erklären, wie das Wasser ist, wenn er am Beckenrand steht" (I 3: 1025f.).

Gerade im medizinischen Bereich könnte diesem Dilemma jedoch durch evidenzbasierte Forschung zu Musiktherapie begegnet werden. Allerdings besteht hier nach Meinung der Psychiaterin noch großer Handlungsbedarf, und sie benennt im Interview lediglich eine aktuelle Studie, die unter der Leitung einer Kinder- und Jugendpsychiatrie erstellt wurde (I 1: 33–35).

Die angesprochene Studie enthält in ihrer aktuell verfügbaren Fassung (Ellerkamp u. a. 2009) ein Manual, das inhaltlich auf eine interdisziplinäre Vernetzung verschiedener Beteiligter verweist, die auch die befragten Expert_innen propagieren. Vorausgesetzt, dass eine entsprechende Finanzierung gegeben ist, eröffnen sich folgende Perspektiven der Kooperation:

a) im klinisch-therapeutischen Kontext

> Wir machen ja eigentlich stationär sehr viel mehr als klassisch psychotherapeutische Settings. Wir haben Milieutherapie, wir haben viel Pädagogik, wir haben viel Alltag, wir haben Schule, die eine besondere Schule für Kranke ist. Wir laden Eltern auf die Station ein zur Hospitation, und wir machen viel Erlebnistherapie, und wir haben neben der Musiktherapie eben auch noch Bewegungstherapie, Ergotherapie, Gestaltung (...). Also wir haben eine ganz große Bandbreite an Verfahren. Wir beschäftigen auch eine Kunsttherapeutin stundenweise. Also vor diesem Hintergrund ist das alles zu sehen (I 1: 1–9).

b) in der präventiven Musikarbeit im Stadtteil

> In den Projekten in den sozialen Brennpunktvierteln, wenn wir mal ein besseres Projekt hatten, das ein bisschen besser finanziert war, dann haben wir immer auch Netzwerkarbeit mit drin gehabt. Und dann zum Beispiel auch Kontakt aufgenommen mit den anderen sozialen Trägern, die auch mit der Klientel, mit Menschen mit Migrationshintergrund und ähnlichen Zielgruppen arbeiten und haben dann mal ein Treffen einberufen, haben dann unsere Arbeit dargestellt (...), also über die Musik. Oder haben Kontakt aufgenommen zur Musikschule (I 3: 995–1001).

> Das ist präventive Soziale Arbeit. Und Integration, die eben auch nicht nur eingleisig ist. Es geht auch darum, dass die Kinder sich da irgendwie wohl fühlen, zuhause fühlen und ihre Sachen ausdrücken können; also es geht auch um Identität (I 3: 1055–1058).

Musik soll als einer von verschiedenen therapeutischen Zugängen möglichst viele weitere Inklusionsräume jugendlicher Lebenswelten erreichen. Die gleichzeitige Offenheit und Verbundenheit verschiedener sozialer Orte, die für die Jugendlichen bedeutsam sind, bietet nach Meinung der Expert_innen die größtmöglichen Gestaltungsspielräume. Die Jugendlichen sollen in Auseinandersetzung mit den verschiedenen Facetten ihrer Lebenswelt unter möglichst sicheren Bedingungen der Suche nach einer individuellen und auch jugendkulturellen Identität nachgehen können. Dem Konzept der Community Music Therapy in Verbindung mit dem der Enabling Community könnte dabei eine Schlüsselfunktion zukommen.

Zum Aspekt der strukturellen Bedingungen von Inklusionsräumen, die Musikarbeit als Medium zur Förderung von gesellschaftlichen Inklusionsprozessen anbieten, kann zusammenfassend Folgendes festgehalten werden: Die Sicherheit und Verlässlichkeit solcher Inklusionsräume muss einerseits durch eine finanzielle Absicherung gewährleistet sein, andererseits durch eine pädagogisch-therapeutische Offenheit. Die Gestaltung entsprechender sozialer Orte weist weit über klassische (musik-)pädagogische und therapeutische Settings hinaus, welche eher abgeschlossen von alltäglichen Kontexten ihrer Beteiligten konstruiert sind. Eher sollten offenere Handlungsspielräume und Experimentierfelder entstehen können, die sich nicht als Orte gesellschaftlicher Reproduktion verstehen, sondern als Orte gesellschaftlicher Transformation, als Modell für Demokratie (Scherr/Sturzenhecker 2013, und grundsätzlich

Dewey 2011, auch in Zusammenhang mit seinem Engagement für ein Angebot von Cultural Studies im Unterricht, Lissak 1989).

Soweit erscheinen die Überlegungen aus pädagogischer Sicht schlüssig. Die Frage, die sich anschließt, ist, wie Jugendliche selbst Inklusionsräume bewerten, die in der dargestellten Weise für sie eingerichtet werden (vgl. dazu Sauer in diesem Band und Sauer 2014).

4 Neue Räume – Zusammenfassung und Ausblick

Die Aussagen der drei Interviewees bestätigen weitgehend die im theoretischen Teil explizierte Idee von Kultur als subjektorientierte Bedeutungsproduktionen. Es wurde gezeigt, dass in musiktherapeutischen Kontexten Identitätsfindungsprozesse außerhalb normativ aufgeladener, ethnisch-holistischer Kultur-Konzepte stattfinden können. Gleichwohl sind die interviewten Musiktherapeut_innen nicht gänzlich frei von kulturalisierenden Zuschreibungen, wie bspw. die Aussage der Chefärztin über die „afrikanischen Mütter" zeigt, in deren Gehirn Kinderlieder anders gespeichert würden. Gleichzeitig spricht eine Musiktherapeutin davon, dass Musiktherapie auch kulturelle Grenzen sprengt. So scheinen sich die Interviewees selbst in einem Aushandlungsprozess bzgl. der Bedeutungen von Kultur zu befinden, in dem sie *noch* an kulturalisierenden Vorstellungen anknüpfen, gleichzeitig aber *schon* die Potentiale der Vernachlässigung kultureller Merkmale im Identitätsbildungsprozess feststellen. Somit ist nicht allein die Klientel musiktherapeutischer Sozialer Arbeit „betroffen" von der hier vorgestellten Idee der Bedeutungsverschiebung von Kultur, sondern auch die Musiktherapeut_innen selbst.

Der Nutzen einer solchen Bedeutungsverschiebung wird indes deutlich sichtbar, indem die Interviewees darauf hinweisen, dass die Musiktherapie Räume schafft, die Jugendlichen neue Identitätsmerkmale anbietet und die von ihnen angeeignet werden. Im Sinne der Cultural Studies geht es hier „um alltägliche Veränderungen in Bedeutungen, Einstellungen und Wertorientierungen, um die Entfaltung des produktiven und kreativen Potentials der Lebenswelt, um die Kritik an Machtverhältnissen, um Momente der Selbstermächtigung, die vielleicht schnell vergehen, aber trotzdem prägend und einflussreich sein können". (Winter 2006, S. 44)

Dieses Potential richtet sich auch gegen dominante mediale Diskurse. Zweifelhaft bleibt, inwieweit Jugendliche, die in den Genuss musiktherapeutischer Projekte kommen, diesen medialen Diskursen entgehen können bzw. inwiefern sich hier widerstreitende Identitätskonstruktionen gegenseitig verhindern.

So bleibt schließlich zu hoffen, dass die stetige Weiterentwicklung und Nutzbarmachung eines subjektorientierten Kulturbegriffs auch – und natürlich nicht nur – in der Alltagspraxis Sozialer Arbeit konstitutiv wird und sich darüber vielleicht auch mediale Diskurse allmählich verändern.

Literaturverzeichnis

Abu-Lughod, L. (1991): Writing Against Culture, in: Fox, Richard G. (Hrsg.): Recapturing Anthropology. Working in the Present, School of American Research Press, Santa Fe, New Mexico 1991, S. 137–162.
Adorno, T. W. (1963): Quasi und Fantasia. Musikalische Schriften II, Suhrkamp, Frankfurt a. M. 1963.
Antidiskriminierungsstelle des Bundes (2014): Zwischen Gleichgültigkeit und Ablehnung. Bevölkerungseinstellungen gegenüber Sinti und Roma, Berlin 2014.
Barth, D. (2008): Ethnie, Bildung oder Bedeutung? Zum Kulturbegriff in der interkulturell orientierten Musikpädagogik, Wißner-Verlag, Augsburg 2008.
Beck-Gernsheim, E. (2006): Die deutschen Medien und die Unterdrückung der türkischen Frau, in: Bendel, Petra/Hildebrandt, Mathias (Hrsg.): Integration von Muslimen, München 2006.
Çağlar, Ayşe S. (1990): The Prison House of Culture in the Studies of Turks in Germany. Sozialanthropologische Arbeitspapiere, Band 31, Das Arabische Buch, Berlin 1990.
Conesa, P. (2003): Identitätspolitik und Rassismus, in: Le Monde diplomatique: Atlas der Globalisierung, Taz, Berlin 2003, S. 86–87.
Dederich, M. (2012): Körper, Kultur und Behinderung. Eine Einführung in die Disability Studies, Transcript, Bielefeld 2012.
Dewey, J. (2011 [1916]): Demokratie und Erziehung. Eine Einleitung in die philosophische Pädagogik, 5. Auflage, Beltz, Weinheim, Basel 2011.
Ellerkamp, T., u. a. (2009): Musiktherapeutisches Training für ängstliche und unsichere Kinder, Uniklinik Ulm, Ulm 2009, Download unter http://www.uniklinik-ulm.de/fileadmin/Kliniken/Kinder_Jugendpsychiatrie/Forschung/MT_Manual.pdf (Zugriff: 06.12.14)
Eggmann, S. (2009): „Kultur"-Konstruktionen. Die gegenwärtige Gesellschaft im Spiegel volkskundlich-kulturwissenschaftlichen Wissens, Transcript, Bielefeld 2009.
Geertz, C.(2007): Welt in Stücken. Kultur und Politik am Ende des 20. Jahrhunderts, Passagen-Verlag, Wien 2007 [1996].
Gerndt, H. (2002): Kulturwissenschaft im Zeitalter der Globalisierung. Volkskundliche Markierungen, Waxmann, Münster/New York/München/Berlin 2002.
Goebel, S. (2015): „Der Deutsche ist pünktlich und trinkt Bier." Über eine ethnologische Intervention in den Kulturbegriff in der Lehre Sozialer Arbeit, in: Treiber, Magnus/Grießmeier, Nicolas/Heider, Christian (Hrsg.): Ethnologie und Soziale Arbeit. Fremde Disziplinen, gemeinsame Fragen? Budrich Unipress, Opladen/Berlin/Toronto 2015, S. 133–157.
Goffman, E. (2010 [1959]): Wir alle spielen Theater. Die Selbstdarstellung im Alltag, 8. Auflage, Piper, München 2010.
Goffman, E. (1994 [1963]): Stigma. Über Techniken der Bewältigung beschädigter Identität. Suhrkamp, 11. Auflage, Frankfurt a. M. 1994.
Hall, S. (2007): Encoding, Decoding, in: During, Simon (Hrsg.): The Cultural Studies Reader, 3. Auflage, Routledge, London u. a. 2007 [1993], S. 477–487.
Hess, S./Binder, J./Moser, J. (Hrsg.) (2009): No integration?! Kulturwissenschaftliche Beiträge zur Integrationsdebatte in Europa, Transcript, Bielefeld 2009.
Horkheimer, M./Adorno, T. W. (1969): Dialektik der Aufklärung. Philosophische Fragmente, Fischer, Frankfurt am Main 1969 [1947].
Hormel, U./Scherr, A. (2010): Einleitung: Diskriminierung als gesellschaftliches Phänomen, in: Hormel, Ulrike/Scherr, Albert (Hrsg.): Diskriminierung. Grundlagen und Forschungsergebnisse, VS Verlag für Sozialwissenschaften, Wiesbaden 2010.
Jäger, M./Jäger, S. (1993): Verstrickungen – Der rassistische Diskurs und seine Bedeutung für den politischen Gesamtdiskurs in der Bundesrepublik Deutschland, in: Jäger, Siegfried/Link, Jürgen: Die vierte Gewalt. Rassismus und die Medien, DISS, Duisburg 1993, S. 49–79.

Jäger, S. (2008): Zwischen den Kulturen: Diskursanalytische Grenzgänge, in: Hepp, Andreas/Winter, Rainer: Kultur – Medien – Macht. Cultural Studies und Medienanalyse, 4. Auflage, VS Verlag für Sozialwissenschaften, Wiesbaden 2008 [1997], S. 327–351.

Kanak Attak, online unter http://www.kanak-attak.de (Stand: 25.08.2014).

Kapteina, H. (2005): Wie kann man diesen Krach den ganzen Tag aushalten. Improvisation als ästhetische und gesellschaftliche Zumutung in der Musiktherapie, in: Haase, Ulrike/Stolz, Antje (Hrsg.): Improvisation – Therapie – Leben, Akademie für angewandte Musiktherapie Crossen, Crossen 2005, S. 64–76.

Kessl, F.: Soziale Arbeit als Grenzbearbeiterin. Einige grenzanalytische Vergewisserungen, in: Neumann, Sascha/Sandermann, Philipp (Hrsg.): Kultur und Bildung. Neue Fluchtpunkte für die sozialpädagogische Forschung? Wiesbaden 2009, S. 43–62.

Kızılhan, J. I. (2013): Kultursensible Psychotherapie. Hintergründe, Haltungen und Methodenansätze, VWB, Berlin 2013.

Koch, R. (2006): Medien, „Minderheiten" und Rassismus. Erfahrungen und Beobachtungen von Journalisten, in: Arndt, Susan (Hrsg.): AfrikaBilder. Studien zu Rassismus in Deutschland, UNRAST, Münster 2006, S. 95–108.

Kumoll, K. (2011): Clifford Geertz: Die Ambivalenz kultureller Formen, in: Moebius, Stefan/Quadflieg, Dirk (Hrsg.): Kultur. Theorien der Gegenwart, VS Verlag für Sozialwissenschaften, Wiesbaden 2011, S. 168–177.

Lissak, R. S. (1989): Pluralism and Progressives. Hull House and the New Immigrants, 1890–1919, The University of Chicago Press, Chicago 1989.

Lüddemann, S. (2010): Kultur. Eine Einführung, Wiesbaden 2010.

Machart, O. (2008): Cultural Studies, UTB, Konstanz 2008.

Machleidt, W., (2013): Migration, Kultur und psychische Gesundheit. Dem Fremden begegnen, Kohlhammer, Stuttgart 2013.

Machleidt, W./Heinz, A. (Hrsg.) (2011). Praxis der interkulturellen Psychiatrie und Psychotherapie. Migration und psychische Gesundheit, Elsevier/Urban & Fischer, München 2011.

Mappes-Niediek, N. (2014): Arme Roma, böse Zigeuner. Was an den Vorurteilen über die Zuwanderer stimmt, Bundeszentrale für politische Bildung, Bonn 2014.

Mayring, P. (2010): Qualitative Inhaltsanalyse. Grundlagen und Techniken. 11. Auflage, Beltz, Weinheim, Basel 2010.

Mikos, L. (2014): Learning by Feeling. Medienkultur und Lernen mit Pop, in: Breitenborn, Uwe/Düllo, Thomas/Birke, Sören (Hrsg.): Gravitationsfeld Pop. Was kann Pop? Was will Popkulturwissenschaft? Konstellationen in Berlin und anderswo, Transcript, Bielefeld 2014, S. 325–338.

Müller, D. (2005): Die Darstellung ethnischer Minderheiten in deutschen Medien, in: Geißler, Rainer/Pöttker, Horst (Hrsg.): Massenmedien und die Integration ethnischer Minderheiten in Deutschland. Problemaufriss – Forschungsstand – Bibliographie, Transcript, Bielefeld 2005, S. 83–126.

Pichler, E./Schmidtke, O. (2004): Migranten im Spiegel des deutschen Mediendiskurses: „Bereicherung" oder „Belastung"? In: Eder, Klaus/Rauer, Valentin/Schmidtke, Oliver: Die Einhegung des Anderen. Türkische, polnische und russlanddeutsche Einwanderer in Deutschland, Wiesbaden 2004, S. 49–76.

Rommelspacher, B. (1995): Dominanzkultur. Texte zu Fremdheit und Macht, Orlanda-Frauenverlag, Berlin 1995.

Sauer, K. E. (2014): Inklusion aus jugendkultureller Perspektive. Wege der Kommunikation in Musikprojekten Jugendlicher mit unterschiedlichen Lernvoraussetzungen und verschiedener Herkunft, Centaurus, Freiburg 2014.

Scherr, A./Sturzenhecker, B. (2013): Selbstbestimmte Lebensführung und Demokratiebildung, in: Spatscheck, Christian/Wagenblass, Sabine (Hrsg.): Bildung, Teilhabe und Gerechtigkeit.

Gesellschaftliche Herausforderungen und Zugänge Sozialer Arbeit, Beltz Juventa, Weinheim, Basel 2013, S. 54–76.
Schmidt-Lauber, B. (2013): Zum Kulturbegriff in der ethnologischen Migrationsforschung, in: Johler, Reinhard/Marchetti, Christian/Tschofen, Bernhard/Weith, Carmen (Hrsg.): Kultur_Kultur. Denken. Forschen. Darstellen. 38. Kongress der Deutschen Gesellschaft für Volkskunde in Tübingen vom 21. bis 24. September 2011, Waxmann, Münster/New York/München/Berlin 2013, S. 175–185.
Sow, N. (2008): Deutschland Schwarz Weiß. Der alltägliche Rassismus, C. Bertelsmann, München 2008.
Sultan, Ma. M. (2011): Migration, Vielfalt und öffentlich-rechtlicher Rundfunk, Königshausen & Neumann, Würzburg 2011.
Terkessidis, M. (2010): Interkultur, Suhrkamp, Berlin 2010.
Thiele, M. (2005): Flucht, Asyl und Einwanderung im Fernsehen, UVK, Konstanz 2005.
Treibel, A. (2011): Migration in modernen Gesellschaften. Soziale Folgen von Einwanderung, Gastarbeit und Flucht, 5. Auflage, Juventa, München 2011.
Treichel, D. (2011): Methoden der Kulturanalyse, in: Treichel, Dietmar/Meyer, Claude-Hélène (Hrsg.): Lehrbuch Kultur. Lehr- und Lernmaterialien zur Vermittlung kultureller Kompetenzen, Waxmann, Münster/New York/München/Berlin 2011, S. 228–255.
Vygotskij, L. S. (2002 [1934]): Denken und Sprechen. Psychologische Untersuchungen, Beltz, Weinheim, Basel 2002.
Weyand, M. (2010): Musik – Integration – Entwicklung, Reichert Verlag, Wiesbaden 2010.
Winter, R. (2010): Der produktive Zuschauer. Medienaneignung als kultureller und ästhetischer Prozess, Halem, Köln 2010.
Winter, R. (2006): Kultur, Reflexivität und das Projekt einer kritischen Pädagogik, in: Mecheril, Paul/Witsch, Monika (Hrsg.): Cultural Studies und Pädagogik. Kritische Artikulationen, Transkript, Bielefeld 2006.

Süleyman Gögercin

5 Netzwerkarbeit in der Prävention von Wohnungslosigkeit

„Eine Wohnung ist nicht alles, aber ohne Wohnung ist alles nichts."

1 Einführung

Geht man von einer dem EU-Standard entsprechenden Armutsgefährdungsschwelle (bei 60 % des Medians der Äquivalenzeinkommen der Bevölkerung in Privathaushalten) aus, so lag der Durchschnitt der armutsgefährdeten Personen in Deutschland laut Angaben des Statistischen Bundesamtes in den letzten Jahren konstant sehr hoch (2010: 14,5 %, 2011: 15,1 %, 2012 16,1 %). „Knapp jede/r Fünfte (19,6 %) in Deutschland – das sind etwa 16 Millionen Menschen – war 2012 von Armut oder sozialer Ausgrenzung betroffen." (www.destatis.de 2014)

Entsprechend hat auch die Zahl der von Wohnungslosigkeit bedrohten Menschen in Deutschland in den letzten Jahren zugenommen: Waren im Jahr 2008 103.000 von Wohnungsverlust bedroht, stieg deren Zahl im Jahr 2012 auf ca. 130.000 Menschen. (BAG Wohnungslosenhilfe e. V. 2013)

Diese beschriebenen Trends werden sich im Hinblick auf die sozialen und politischen Rahmenbedingungen auch in den nächsten Jahren fortsetzen, so dass mit einem weiteren Anstieg in den kommenden Jahren zu rechnen ist. (ebd.)

Nicht nur weil die Versorgung mit Wohnraum ein elementares Grundbedürfnis ist und einen zentralen Zugang zu einem menschenwürdigen Leben darstellt, sondern auch angesichts der hohen Folgekosten wird die Vermeidung von Wohnungslosigkeit immer wichtiger.

Präventionsmaßnahmen sowie bedarfsgerechte Hilfen und Strukturen in den Kommunen, die dazu beitragen, Wohnungsverluste mit ihren sozialen und wirtschaftlichen Folgen im Vorfeld zu vermeiden, bestehende Wohnverhältnisse zu sichern und die Handlungsfähigkeit von Menschen in Wohnungsnotfällen zu stärken, gewinnen an Bedeutung.

In diesem Zusammenhang wird immer wieder auch gefordert, dass die Akteure stärker vernetzt und vernetzend arbeiten sollen.

Es fehlt jedoch eine theoretische Auseinandersetzung mit vernetzter und vernetzender Arbeit im Kontext der Wohnungssicherungsbemühungen. Im vorliegenden Beitrag werden einige Überlegungen hierzu angestellt und wird der Frage nachgegangen, ob Netzwerkarbeit eine geeignete sozialarbeiterische Handlung darstellen kann, um Wohnungsverluste zu verhindern. Nach der Klärung der Begriffe und gesetzlichen Grundlagen der Wohnungssicherung werden die theoretischen Grundlagen der Netzwerkarbeit erläutert und diskutiert. Berücksichtigt werden hierbei die Geschichte der

Netzwerkarbeit, die Funktionen und Typen der Netzwerke, Rahmenbedingungen, Möglichkeiten und Grenzen der Netzwerkarbeit sowie der Vernetzungsprozess. Im abschließenden Teil erfolgen Ausführungen zur Umsetzung der Netzwerkarbeit in der Wohnungssicherungsarbeit.

2 Ausgangssituation der Wohnungssicherungsarbeit

Drohende Wohnungsverluste kommen am häufigsten bei Haushalten mit Mietschulden und einer bereits anhängigen Räumungsklage vor. Der Schwerpunkt der Wohnungssicherungsarbeit besteht entsprechend in der Beschäftigung mit den Wohnungsnotfällen allgemein und in der Verhinderung von solchen drohenden Wohnungsverlusten und Zwangsräumungen speziell. Der Erhalt einer angemessenen Wohnung verursacht in der Regel geringere Kosten als eine Zwangsräumung und Unterbringung (Busch-Geertsema 1997). Der Wohnungserhalt verhindert zudem, dass der Bestand an städtischen Unterbringungsmöglichkeiten erhöht werden muss. Zudem erzeugt Wohnungslosigkeit ein hohes Maß an sozialer Ausgrenzung, die einem menschenwürdigen Leben entgegensteht. Da Wohnen ein Menschenrecht ist, ist Wohnungssicherung Aufgabe des Sozialstaates, der in dem Zusammenhang darauf hinzielt, Obdachlosigkeit zu vermeiden. Zu den politischen Zielen zählen ferner die Reduktion von ordnungsrechtlichen Einweisungen, die Reduktion von öffentlichen Geldern, Erhaltung von preiswertem Wohnraum und Prävention vor Reintegration. Wohnungssicherungsarbeit verfolgt ihrerseits folgende Ziele: Vermeidung von Räumungen und nachfolgender Wohnungslosigkeit, Vermeidung negativer sozialer Karrieren, sozialer Ausgrenzung, persönlichem Leid sowie Hilfe zur Selbsthilfe.

Was versteht man nun unter Wohnungsnotfällen und Prävention, die einen Ausgangspunkt für die Wohnungssicherungsarbeit darstellen? Nachfolgend werden zunächst diese Begriffe geklärt. Anschließend erfolgt die Erläuterung gesetzlicher Grundlagen der Wohnungssicherung als deren weiterer wesentlicher Ausgangspunkt.

2.1 Begriffsklärung

2.1.1 „Wohnungsnotfall" – Zielgruppen

Die Bundesarbeitsgemeinschaft Wohnungslosenhilfe e. V. verwendet diesen Begriff als einen ihrer Grundbegriffe zur Beschreibung der Lebenslage von Wohnungsnotfällen und versteht darunter „Haushalte und Personen mit einem Wohnungsbedarf von hoher Dringlichkeit, die aufgrund besonderer Zugangsprobleme (finanzieller und/oder nicht-finanzieller Art) zum Wohnungsmarkt der besonderen institutionellen Unterstützung zur Erlangung und zum Erhalt von angemessenem Wohnraum bedürfen. Zu den Wohnungsnotfällen zählen Haushalte und Personen, die A. aktuell von Wohnungslosigkeit betroffen sind, [...] B. unmittelbar von Wohnungslosigkeit bedroht sind, [...] C. in unzumutbaren Wohnverhältnissen leben, [...] D. als Zuwanderinnen und Zuwanderer in gesonderten Unterkünften von Wohnungslosigkeit aktuell betroffen sind, [...] E. ehemals von Wohnungslosigkeit betroffen oder bedroht waren, mit Normalwohnraum versorgt wurden und auf Unterstützung zur Prävention von erneutem Wohnungsverlust angewiesen sind." (BAG Wohnungslosenhilfe e. V. 2010)

Aus dieser Definition wird deutlich, dass allen genannten Personengruppen in Wohnungsnotfällen gemeinsam ist, dass sie materieller und/oder persönlicher Unterstützung durch Dritte bedürfen, um ihre individuelle Wohnungsnot zu beseitigen. Während die unter A und D genannten Personengruppen eine originäre Zielgruppe der Wohnungslosenhilfe bildet, sind die Zielgruppen der präventiven Wohnungssicherungsarbeit in erster Linie die unter B, C und E genannten Personengruppen. Mit anderen Worten sind dies konkret Mieter_innen, die bereits eine Räumungsklage erhalten haben, Mieter_innen, die bereits einen Zwangsräumungstermin haben sowie Mieter_innen, die akut oder perspektivisch von Wohnungslosigkeit bedroht sind, und zwar unabhängig welche Gründe für drohenden Wohnungsverlust vorliegen.

Als unmittelbaren Anlass für drohende Wohnungsverluste zählen Mietschulden mit einem sehr hohen Anteil. Neben der unzureichenden Mietzahlungsfähigkeit sind weitere Gründe der Ausschluss aus der Energieversorgung sowie mietwidriges Verhalten, Entlassung aus institutioneller Unterbringung, eskalierende soziale Probleme, Trennung von Partner_in und gewaltgeprägte Lebensumstände. (Busch-Geertsema 2014, S. 54 f.) Die Gründe für die Mietrückstände sind wiederum sehr vielfältig und decken sich weitgehend mit denen für die Obdachlosigkeit: Arbeitslosigkeit, Erwerbsarmut, Schulden, fehlender Zugang zu Ressourcen, hohe Miete, Krankheit, persönliche Schicksale, langes Warten auf Transferleistungen sowie Überforderung beim Umgang mit Behörden. (statista.com 2015)

2.1.2 Prävention

Prävention bezeichnet Maßnahmen zur Abwendung von unerwünschten Ereignissen oder Zuständen, die mit einer gewissen Wahrscheinlichkeit eintreffen könnten, falls keine Maßnahmen ergriffen werden. Prävention setzt voraus, dass Maßnahmen zur Verfügung stehen, die geeignet sind, den Eintritt dieser Ereignisse zu beeinflussen.

Landläufig wird unterschieden zwischen Verhaltensprävention und Verhältnisprävention. Während Erstere gezielt auf das Handeln einzelner Personen ausgerichtet ist, wird Verhältnisprävention auf das Umfeld und die Lebensumstände ausgerichtet.

Des Weiteren wird Prävention auch auf Zielgruppen bezogen unterschieden: Universelle Prävention richtet sich an die gesamte Bevölkerung, selektive Prävention an besonders gefährdete Personen und indizierte Prävention an bereits Betroffene.

Bezüglich des zeitlichen Verlaufs wird Prävention wiederum in Primär-, Sekundär- und Tertiärprävention unterteilt. Dabei richtet sich Primärprävention ungezielt und noch vor Eintritt einer konkreten Gefährdung an alle potentiell betroffenen Personen und bedeutet das Handeln, das frühzeitig einsetzt, langfristig und kontinuierlich angelegt ist und sich zum Ziel setzt, Menschen zu befähigen, mit möglichen Gefährdungen und Risiken in angemessener Weise umzugehen. Es geht der Primärprävention um die Förderung von Fähigkeiten und Fertigkeiten, die die Basis für eine gesunde Entwicklung im ganzheitlichen Sinn bilden (hierzu zählen alle Formen des Erwerbs von Kompetenzen, Beziehungs-, Konflikt-, Kritikfähigkeit, psychosoziale Stabilität, Kreativität, Phantasie, Eigeninitiative, Verantwortungsbereitschaft).

Sekundärprävention bezeichnet speziell auf bereits als gefährdet angesehene Personengruppen ausgerichtete Programme und bedeutet in der Wohnungssicherungsarbeit das gezielte Handeln zur Unterstützung von Menschen, die von Wohnungslosigkeit bedroht sind. Zur Überwindung dieses Risikos benötigen sie in der Regel über primärpräventive Angebote hinaus auch Einzelfallhilfen, die gezielt auf die Gefährdungspotenziale eingehen und durch eine Betreuung konstruktive Handlungsalternativen eröffnen bzw. einüben.

Tertiärprävention bezieht sich auf Intervention nach Eintritt des Ereignisses, die einer weiteren Verschlechterung des jeweiligen Zustandes entgegenwirken soll. Sie setzt bei den bereits von Wohnungslosigkeit Betroffenen ein und bietet in der Regel im Rahmen der Wohnungslosenhilfe weiteren Gefährdungen vorbeugende, bedarfsgerechte, pädagogische, therapeutische und/oder nachsorgende Hilfeleistungen.

Tab. 1: Stufen der Prävention von Wohnungslosigkeit nach Zielgruppen und Inhalten

Präventionsstufen	Primärprävention	Sekundärprävention	Tertiärprävention
Zielgruppen	alle	von Wohnungslosigkeit Bedrohte	manifest von Wohnungslosigkeit Betroffene
Inhalte	überwiegend gefährdungsunspezifisch	gefährdungsunspezifisch/-spezifisch	überwiegend gefährdungsspezifisch

2.2 Gesetzliche Grundlagen für die Wohnungssicherung

Die gesetzlichen Grundlagen für die Wohnungssicherung sind in den Sozialgesetzbüchern § 22 Abs. 8 und 9 SGB II, § 36 und §§ 67 ff. SGB XII sowie im Mietrecht – BGB (§§ 543, 569) verankert.

2.2.1 Hilfen nach § 22 Abs. 8, 9 SGB II und § 36 SGB XII – Unterkunftssicherung

Die Mietschulden sollen übernommen werden, um die Rechtswirksamkeit einer außerordentlichen Kündigung durch den/die Vermieter_in und damit eine drohende existenzielle Notlage durch die Hilfe abzuwenden und so die Unterkunft zu sichern. Die Hilfe soll als Beihilfe gewährt werden, wenn die Hilfe „gerechtfertigt und notwendig ist und sonst Wohnungslosigkeit einzutreten droht" (§ 36 Abs. 1 SGB XII) sowie der tatsächlichen Sicherung der Wohnung dient. Die Gerichte sind verpflichtet, den zuständigen Sozialhilfeträger oder die von ihm beauftragte Stelle im Falle einer Räumungsklage aufgrund eines Mietzahlungsverzugs nach § 543 BGB zu informieren (§ 36 Abs. 2 SGB XII). Bei Eingang einer Mitteilung muss die zuständige Stelle – unter Mitwirkung des/der Betroffenen – prüfen, ob die fristlose Kündigung durch eine Mietschuldenübernahme abgewendet werden kann.

Eine vergleichbare Regelung enthält das SGB II für Hilfebedürftige, die Anspruch auf SGB II-Leistungen für Unterkunft und Heizung haben. Geldleistungen sollen im Regelfall als Darlehen gewährt werden (§ 22 Abs. 8 SGB II). Die Regelung über die Mitteilungspflicht der Gerichte ist inhaltsgleich mit der Norm im SGB XII (§ 22 Abs. 9 SGB II).

2.2.2 Hilfen nach §§ 67 ff. SGB XII – Überwindung besonderer Schwierigkeiten

Nach § 67 SGB XII haben Personen, die sich in besonderen Lebensverhältnissen mit sozialen Schwierigkeiten befinden, bei Erfüllung der Anspruchsvoraussetzungen einen individuellen Rechtsanspruch auf Leistungen zur Überwindung dieser Schwierigkeiten, wenn sie aus eigener Kraft hierzu nicht fähig sind und deren Problemlagen mit anderen Leistungen der Sozialhilfe nicht überwunden werden können (gesetzlicher Nachrang). Als Maßnahmen zur Erhaltung oder Beschaffung einer Wohnung sind vornehmlich persönliche Beratung und Unterstützung vorgesehen (§ 5 DVO zu § 69 SGB XII). Werden die Hilfen bei einem drohenden Wohnungsverlust erbracht, bilden sie einen Bestandteil der Maßnahmen zur Prävention von Wohnungslosigkeit. In einem präventiven Hilfesystem greifen die Hilfen nach §§ 67 ff. SGB XII, wenn eine Mietschuldenübernahme nach den unter 2.2.1 genannten Paragraphen aufgrund „sozialer Schwierigkeiten" des Hilfesuchenden (unzureichender Bewältigungskompetenzen) nicht ausreicht, um einen Wohnungsnotfall zu überwinden.

2.2.3 Außerordentliche fristlose Kündigung nach Mietrecht – §§ 543, 569 BGB

Im Mietrecht sind die Gründe für eine außerordentliche fristlose Kündigung durch den/die Vermieter_in sowie die Fristen geregelt. Demnach wird eine Kündigung wegen Zahlungsverzugs durch Begleichung der Mietschulden unwirksam. Der/die

Vermieter_in hat ein außerordentliches Kündigungsrecht, wenn der/die Mieter_in für zwei aufeinander folgende Termine mit der Entrichtung der Miete oder eines nicht unerheblichen Teils der Miete in Verzug ist (§ 543 Abs. 2 Satz 1 Nr. 3 a BGB) oder in einem sich über mehr als zwei Termine erstreckenden Zeitraum mit der Entrichtung der Miete in Höhe eines Betrages in Verzug ist, der die Miete für zwei Monate erreicht (§ 543 Abs. 2 Satz 1 Nr. 3 b BGB). Die Kündigung ist ausgeschlossen, wenn der/die Vermieter_in vor der Kündigung zufrieden gestellt wird (§ 543 Abs. 2 Satz 2 BGB). Unwirksam wird die Kündigung auch dann, wenn der/die Vermieter_in spätestens bis zum Ablauf von zwei Monaten nach Eintritt der Rechtshängigkeit des Räumungsanspruchs in Bezug auf die zu zahlende Miete und die fällige Entschädigung nach § 546 a Abs. 1 befriedigt wird oder nach § 569 Abs. 3 Nr. 2 Satz 1 BGB eine öffentliche Stelle sich zur Befriedigung verpflichtet. Dies gilt nach demselben Paragraphen Satz 2 BGB nicht, wenn der Kündigung vor nicht länger als zwei Jahren bereits eine nach Satz 1 unwirksam gewordene Kündigung vorausgegangen ist. Sind bei einem Mietverhältnis Mietschulden entstanden und ist ordentlich oder aufgrund eines mietwidrigen Verhaltens gekündigt worden, kann das Mietverhältnis durch eine Begleichung der Mietschulden nur dann gesichert werden, wenn der/die Vermieter_in dessen Fortbestand ausdrücklich zustimmt.

Die Zivilprozessordnung lässt das schriftliche Vorverfahren auch bei Räumungsklagen zu. Bestimmt der/die Richter_in ein solches schriftliches Vorverfahren, gilt die Schonfrist von zwei Monaten nur, wenn der/die Mietschuldner_in innerhalb von zwei Wochen nach Zustellung der Klageschrift seine/ihre Verteidigungsbereitschaft dem Gericht schriftlich anzeigt und innerhalb von zwei weiteren Wochen die Klage erwidert (§ 276 ZPO).

Die Bedingungen, unter denen eine fristlose Kündigung wegen Zahlungsverzugs unwirksam gemacht werden kann, wurden mit dem zum 1. Mai 2013 in Kraft getretenen Mietrechtsänderungsgesetz zulasten des/der Mietschuldner_in verändert. Nach der neuen Rechtslage können die Gerichte mit Beginn eines gerichtlichen Verfahrens wegen Zahlungsverzugs anordnen, dass der/die Mieter_in eine Sicherheit (z. B. Bürgschaft, Hinterlegung von Geld) leistet (§ 283a ZPO). Kommt der/die Mieter_in dieser Sicherungsanordnung nicht nach, kann das Gericht die Räumung nun auch durch einstweilige Verfügung vor einer Entscheidung in der Hauptsache anordnen (§ 940 a Abs. 3 ZPO). (Deutscher Verein 2013)

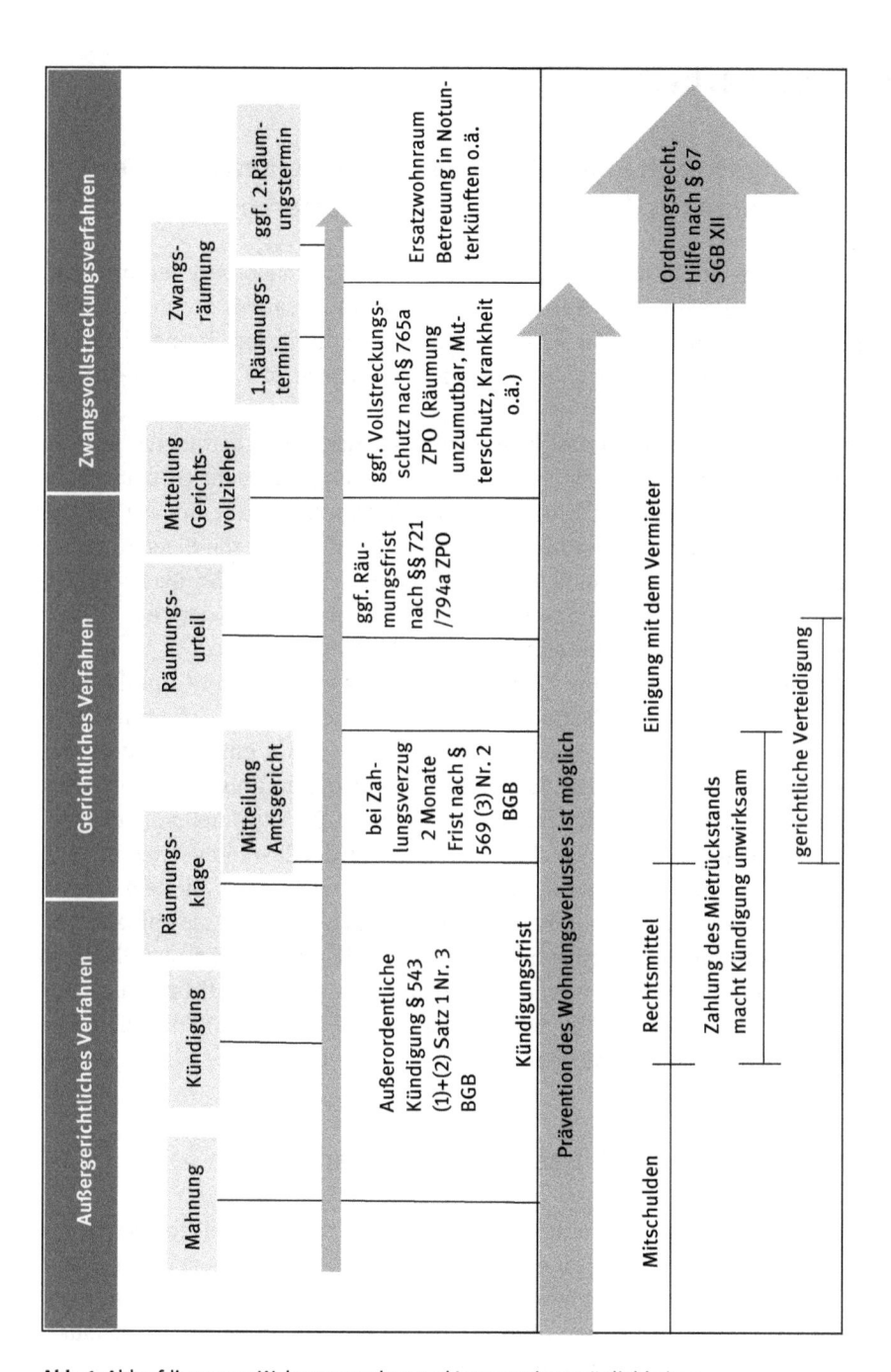

Abb. 1: Ablaufdiagramm Wohnungsverlust und Interventionsmöglichkeiten
Quelle: GISS Bremen, in: Busch-Geertsema u. a. 2014, S. 28; überarbeitete Version davon in: Stefan Heinz 2014.

3 Netzwerkarbeit

3.1 Forderungen nach und Notwendigkeit der Vernetzung und Kooperationen in der Wohnungssicherungsarbeit

In den Diskussionen über die Wohnungssicherung wird vielmals gefordert und festgehalten, dass eine gelingende Netzwerk- und Kooperationsarbeit auf der kommunalen Ebene für den Erfolg in der Prävention von Wohnungslosigkeit unentbehrlich ist. (BAG Wohnungslosenhilfe e. V. 2014; Deutscher Verein 2013, S. 10 ff. sowie Busch-Geertsema u. a. 2014)

Netzwerke werden im Kern positiv und daher als notwendig betrachtet, weil sie für die stärkere Durchsetzung von sozialer Unterstützung, für mehr Gemeinschaftlichkeit und Menschlichkeit, für Kreativität und Gleichberechtigung, für die Verbesserung der Versorgungstrukturen im Interesse der Klienten, für die Steigerung der Synergiepotentiale durch Zusammenarbeit verschiedenster Einrichtungen, für ein Instrument von Selbstorganisation sowie für die Effektivität und Effizienz der Organisationen und Versorgungssysteme stehen. (Straus 2004, S. 15).

Zudem ist im Hinblick auf die Wohnungssicherung auch auf der Grundlage der oben erläuterten gesetzlichen Bestimmungen hervorzuheben, dass präventive Maßnahmen in der Wohnungsnotfallhilfe nur dann weitreichend entwickelt und umgesetzt werden können, wenn die zuständigen Instanzen aufgrund der doppelten Rechtsgrundlage wichtiger Regelungen im SGB XII und SGB II eng miteinander kooperieren. In Abhängigkeit von der örtlichen Ausgestaltung der Zuständigkeiten müssen sich Freie Träger nicht nur mit dem Sozialhilfeträger, sondern auch mit dem Jobcenter vernetzen und eng zusammenarbeiten. Eine derartige vernetzte Zusammenarbeit ist insbesondere in solchen kritischen Fällen unabdingbar, in denen es um die Frage geht, ob eine Mietschuldenübernahme für Bezieher_innen von SGB II-Leistungen als Darlehen oder als Beihilfe gewährt werden soll, um die gesteckten Eingliederungsziele ohne Erschwernisse zu erreichen.

3.2 Theoretische Grundlagen der Netzwerkarbeit

Vernetzung und Kooperation sind in den letzten Jahren zu Schlüsselbegriffen in der Sozialen Arbeit geworden. Zum einen zeigen sich darin Lernprozesse der Anbieter sozialer Dienstleistungen. Einzelne Träger und Hilfeangebote sind kaum mehr in der Lage, für die komplexer werdenden Problemlagen ihrer Klient_innen ein angemessenes Spektrum sozialer Dienstleistungsangebote aus einer Hand anzubieten. Sie reagieren darauf mit Kooperations- und Vernetzungsstrategien.

Zum anderen ist es der Gesetzgeber, der in verschiedenen Gesetzen den öffentlichen und freien Trägern sozialer Dienstleistungen Verpflichtungen zur Vernetzung und Kooperation auferlegt (z. B. im SGB VIII die §§ 1, 4, 5, 36, 50, 78, 80). Das Ziel dabei ist es, „versäulte Strukturen, in denen Hilfeangebote für einzelne Zielgruppen parallel gedacht werden, aufzubrechen und in vernetzte Handlungsformen zu überführen." (Groß/Holz/Boeckh 2005, S. 76)

Im Folgenden wird zunächst die Geschichte der Netzwerkarbeit skizziert, bevor Netzwerke in Bezug auf ihre Funktionen und Typen thematisiert und die Rahmenbedingungen, Möglichkeiten und Grenzen der Netzwerkarbeit sowie der Vernetzungsprozess skizziert werden.

3.2.1 Geschichte der Netzwerkarbeit

Wenn man vom „Urvater" des Netzwerkkonzepts, dem Soziologen G. Simmel absieht, der bereits im Jahr 1902 eine Gesellschaftstheorie entwarf, in der er die Entwicklung der Industriegesellschaften als aus dem Zusammenwirken der Grundsätze Individualisierung und Funktionalisierung erklärbar beschrieb[1], wurde die Netzwerkarbeit in der Sozialen Arbeit unter anderem über die Arbeiten von Kähler (1983), Keupp/Röhrle (1987) und Bullinger/Nowak (1998) bekannt.

Die Netzwerk-Metapher wurde im Sozialwesen ursprünglich im Jahr 1954 von dem Sozialethnologen J. Barnes bei einer Untersuchung der Sozialstrukturen auf einer norwegischen Insel eingeführt. Er untersuchte die innere soziale Struktur des norwegischen Kirchsprengels Bremmes und stellte eine bisher nicht beschriebene Organisationsform fest (Barnes 1969, in: Keupp/Röhrle 1987, S. 143): nämlich das Netzwerk als ein vorgefundenes Muster von Organisation, deren Kategorien nicht mit den herkömmlichen zu beschreiben waren: Im Unterschied zu den traditionellen Organisationsstrukturen verfügen Netzwerke nicht über klare, einheitliche bzw. eindeutige und damit leicht zugängliche Strukturen. Allerdings haben sie mit anderen Modellen gemein, dass zwischen einer Vielzahl von Akteuren (Personen, Gruppen, Organisationen) Verbindungen bestehen, die erfolgreiches gemeinsames Handeln zur Erreichung eines vereinbarten Zieles anstreben. Der Typ bzw. die Form des Netzwerks kann dabei in Bezug auf Anzahl, Dichte und Intensität sehr unterschiedlich sein.

Nicht nur Menschen im Sozialwesen, sondern auch Gruppen von Aktivist_innen, soziale Bewegungen, Gewerkschaften, Berufsverbände vernetzen sich zunehmend bewusster, weil sie sich dadurch einen Macht- und Einflusszuwachs erhoffen.

---

1 Demnach zergliedert die gesellschaftliche Arbeitsteilung Lebenszusammenhänge und segmentiert das soziale Leben zeitlich und räumlich. Das führt dazu, dass der moderne Mensch je nach konkretem Handlungsziel unterschiedlichen „Kreisen" (Simmel, gemeint sind Gruppen) zugehört. Die jeweilige Schnittmenge von sozialen Beziehungen wird zum unverwechselbaren Merkmal einer Person. Diese sozialen Kreise lassen sich in der gegenwärtigen Terminologie als partialisierte Netzwerke bezeichnen. Simmel hat mit seiner „Geometrie sozialer Beziehungen" die Grundpfeiler der Netzwerkforschung gelegt.

In der Sozialen Arbeit ist die Netzwerkarbeit inzwischen zu einem Schlüsselbegriff geworden. Dazu trugen nicht zuletzt die vielfältigen Untersuchungen und Publikationen der letzten Jahre bei (auswahlweise: Fischer/Kosellek 2013; Quelling u. a. 2013; Hennig/Stegbauer 2012).

3.2.2 Der Netzwerkbegriff

Der Begriff „(Soziale) Netzwerke" wird zum einen inflationär und zum anderen unpräzise verwendet, da es häufig zu einer Vermischung des technischen und des sozialen Netzwerkvokabulars kommt. (Erlacher/Lesjak 2012; Fischer/Kosellek 2013) Daher wird in der aktuellen Fachliteratur eine Konkretisierung des Netzwerkbegriffs eingefordert, da durch seine zunehmende Popularität die uneinheitliche Begriffsverwendung eher noch zunimmt. (Erlacher/Lesjak 2012; Hollstein 2006; Holzer 2006; Laireiter 2009)

Der Duden definiert (soziale) Netzwerke – im übertragenen Sinn – als „eine Gruppe von Menschen, die durch gemeinsame Ansichten, Interessen o. Ä. miteinander verbunden sind." (Duden online 2015)

Netzwerk wird verstanden als eine Metapher für die Beziehungen von Personen. (Barth 1998, S. 3) Das „Eingebundensein der Menschen in soziale Beziehungen und Bindungen wird bildhaft repräsentiert durch Netze, bei denen einzelne Personen die Knotenpunkte und ihre Beziehungen untereinander die Verbindungslinien zwischen den Knotenpunkten darstellen. Entscheidend ist nun, dass diese Verbindungslinien als ‚Gleisanlagen' beziehungsweise ‚Förderbänder' gedacht werden können, auf denen die vielfaltigsten [..] Austauschprozesse zwischen den Individuen ablaufen." (Heinze u.a 1988, zit. nach Galuske 2006, S. 286)

In der Vielfalt der sozialen Netzwerke bündelt sich „das ganze aktuelle gesellschaftliche Panorama wie in einem Brennglas. Sie zeigen, wie sich Menschen sozial verorten und beheimaten, sie erweisen ihre gesundheitsförderliche und krisenbewältigende Qualität, sie sind eine wichtige Ressource der alltäglichen Identitätsarbeit, [...] sie zeigen, wie sich soziale Ungleichheit auch auf die Beziehungsebene auswirkt und sie repräsentieren Bedingungen von Macht und Ohnmacht, Inklusion und Exklusion." (Keupp 2008)

Funktionen von Netzwerken
Neben den Schutz-, Bewältigungs-, Identitäts-, Entlastungs-, Puffer-, Unterstützungs- und Kommunikationsfunktionen (Galuske 2006, S. 288) machen besonders folgende Funktionen Netzwerke als Organisationsform interessant:
– Ressourcentausch
– Informationsaustausch
– Mobilisierung von Hilfe und Unterstützung

- Bildung von Koalitionen
- Koordination von Aktivitäten
- Aufbau von Vertrauen
- Vermittlung von Gefühlen

Der Aufwand, sich diese Funktionen zu beschaffen, ist im Netzwerk besonders gering. Daher verbessert jeder Netzwerksakteur seine Position. Allerdings erfolgt dies nicht in einem einzigen Typ von Netzwerk. Es gibt vielmehr extrem unterschiedliche Typen des Netzwerks, die sich aus unterschiedlichen Beziehungsformen ergeben. Nachfolgend werden diese skizziert.

Typen Sozialer Netzwerke

In den Sozialwissenschaften wird landläufig einerseits zwischen Struktur-, Funktions- und Zielebenen unterschieden. Auf der Strukturebene sind es die virtuellen und realen, lokalen und globalen, dichten und losen Netzwerke. Netzwerke auf der Funktionsebene beziehen sich auf Wissen/Information, soziale Unterstützung, Beratung, gemeinsame Aktionen oder Geselligkeit, während es auf der Zielebene um gerichtete/ungerichtete, strategische/operative u. ä. Netzwerke geht.

Andererseits werden Netzwerke auf der Makro-, Meso- und Mikroebene (Bullinger/Nowak 1998, S. 70 ff.; Galuske 2006, S. 287 f.) betrachtet (vgl. Abb. 2). Außerdem wird zwischen „natürlichen" und „künstlichen" Netzwerken unterschieden (Bauer/Otto 2005, S. 80; Quilling u. a. 2013, S. 14 ff.). Diesen letzten zwei übergeordneten Kategorien werden wiederum die folgenden drei Hauptnetzwerktypen zugeordnet: Primäre, sekundäre und tertiäre Netzwerke.

Natürliche Netzwerke bündeln soziale Ressourcen und erfüllen für den Einzelnen die bereits oben genannten Schutz-, Bewältigungs-, Identitäts-, Entlastungs-, Puffer-, Unterstützungs- und Kommunikationsfunktionen. (Galuske 2006, S. 288)

Zu den „natürlichen" Netzwerken zählen die primären persönlichen Beziehungen mit dem ersten und (zumeist) engsten und dichtesten Netzwerk; die Beziehungen sind hier nicht organisiert und weisen einen informellen Charakter auf wie z. B. die Familie, der Freundeskreis oder vertraute Kollegen. Diese Beziehungsgeflechte dienen in der Regel der Vermittlung von Gefühlen, dem Aufbau von Vertrauen oder der Mobilisierung von Hilfe und Unterstützung und verlangen, zumindest mit gewisser Kontinuität, nach direkten, unmittelbaren persönlichen Kontakten. (Quilling u. a. 2013, S. 15)

Zu der Kategorie der „natürlichen" Netzwerke werden ebenso die sekundären, gering oder stark organisierten Netzwerke gezählt. Zu den gering organisierten (informellen) sekundären Netzwerken gehören z. B. Nachbarschaftsnetze oder besondere Interessengruppen. Zu den eher stark organisierten (formellen) sekundären Netzwerken zählen z. B. Vereine und andere Organisationen. (ebd.)

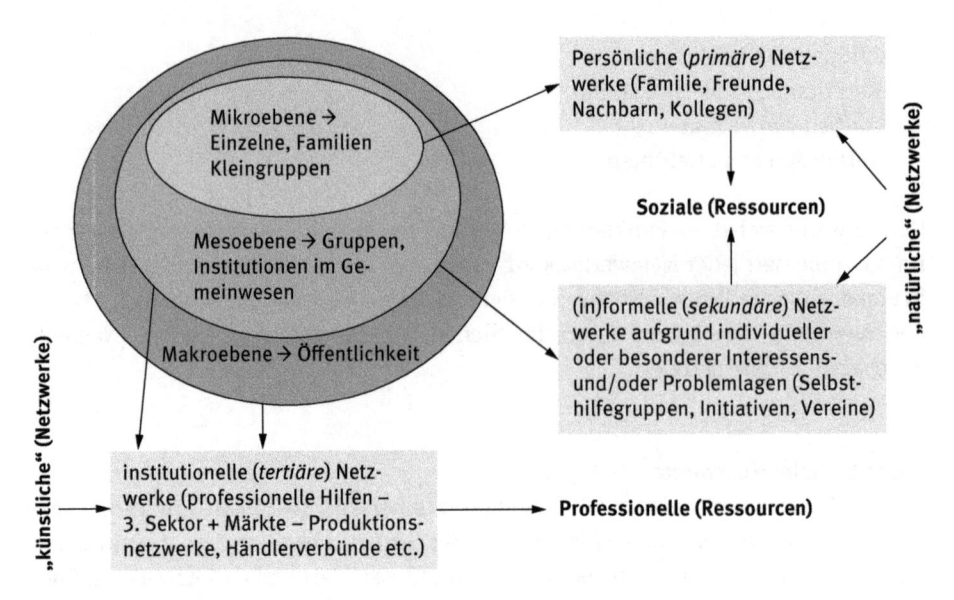

Abb. 2: Soziale Netzwerke – Ebenen und Typen
Quelle: Eigene Darstellung.

Demgegenüber stehen die „künstlichen" Netzwerke, die professionelle Ressourcen zur Bildung von Koalitionen und zur Koordination von Aktivitäten bündeln. Denen werden die sog. Tertiären Netzwerke zugeordnet. Dazu zählt einerseits der „Dritte Sektor", also der Dienstleistungssektor, in dem v. a. eine Vernetzung von öffentlichen, sozialwissenschaftlichen und zivilgesellschaftlichen Akteuren im Non-Profit-Sektor im Fokus steht. Andererseits finden sich hier auch die Märkte wieder wie z. B. Händlerverbünde oder Produktionsnetzwerke. (ebd.)

Primäre und sekundäre Netzwerke stellen das „zivilgesellschaftliche Sozialkapital im Sozialraum und in der Gemeinde" dar (Keupp, 2008; zum Sozialkapital siehe Bourdieu 1983) und sind zugleich auch zumeist Unterstützungsnetzwerke. Sie bilden „das Herz des sozialen Kapitals und sind deshalb von zentraler Bedeutung für die soziale Verortung von Menschen." (ebd.)

Innovative Vernetzung begegnet uns in vielfältigen Varianten von sozialräumlichen und anderen Vernetzungsformen lokal, landes- oder bundesweit z. B. als (alphabetisch)
- angeleitete Selbsthilfeinitiativen zur Stärkung der Familien,
- Antwort auf eine individualisierte Gesellschaft in Form z. B. von Mehrgenerationenhäusern,
- Bündnisse zur Förderung der Altenhilfe und der Familie,
- Frühe Hilfen zur Gesundheitsförderung,
- Hilfenetze für Menschen mit psychischen Problemen,
- Hilfenetze für Menschen mit Behinderung,

- Hilfenetze für von Wohnungslosigkeit bedrohte und wohnungslose Menschen oder
- Netzwerke des Freiwilligenengagements und Ähnliches im Zusammenhang der Ressourcenpotentiale der Zivilgesellschaft.

So sollen die Klientel des Sozial- und Gesundheitswesens im Sozialraum mit Freiwilligen, also Nichtprofessionellen vernetzt werden. Behinderte, Betagte und Kranke werden durch freundliche Nachbarinnen versorgt. Aus der Psychiatrie Entlassene, jugendliche oder erwachsene Strafentlassene, Drogenabhängige werden auf diese Weise sozial reintegriert. Bewohner_innen eines Stadtteils richten Tauschbörsen ein, besprechen ihre Probleme miteinander. Großeltern erteilen eigenen oder fremden Kindern Hausaufgabehilfe und stellen einen Ort bereit, wo sie nach der Schule hingehen können. Durch familiäre Gewalt betroffene Frauen und Kinder erhalten dank dem Schutz von Netzwerken eine Möglichkeit, in ihrem Stadtteil zu bleiben. Netzwerke von demokratischen Bürger_innen stellen sich der Gewalt von rechtsextremen Cliquen entgegen. Organisationen vernetzen sich, koordinieren sich arbeitsteilig besser untereinander usw. (Staub-Bernasconi 2007).

Solchen positiven Aspekten von Netzwerken stehen mehrere Kritiken entgegen: So wird ihnen vorgehalten, dass sie vielfach an den Betroffenen vorbei agierten, dass sie marktförmige Sparinstrumente darstellten, aber auch negative Anteile hätten in Form von Kontrolle, fehlender Anerkennung und Informationsausschluss. Nicht zuletzt seien sie „Zeitfresser" und damit nicht effektiv und effizient. (Straus 2004, S. 16)

Unterstützungsnetzwerke bzw. Soziale Unterstützung in Netzwerken

Einer begrifflichen und inhaltlichen Abgrenzung vom Netzwerkbegriff bedarf es hinsichtlich der "Sozialen Unterstützung", da tatsächlich ein theoretischer Zusammenhang zwischen beiden Begriffen besteht und diese oft synonym und dadurch missverständlich verwendet werden. (Laireiter 1983; Hass/Petzold 1999)

Soziale Unterstützung und Soziale Netzwerke sind zwei unterschiedliche theoretische Entwürfe, die aber in einer gewissen Abhängigkeit zueinander stehen und sich gegenseitig beeinflussen können. Soziale Netzwerke sind jedoch mehr als Soziale Unterstützung; sie enthalten auch Verbindungselemente, die Sozialer Unterstützung entgegenstehen wie beispielsweise Belastungen.

Es gibt viele Ansätze, die versuchen, Soziale Unterstützung zu kategorisieren und zu dimensionieren. Die heute gängigen vier Dimensionen sind die folgenden (Hass/Petzold 1999; Nestmann 2010; Moewes 2013):

Emotional support (emotionale Unterstützung) ist die Bandbreite an konkreten zwischenmenschlichen Interaktionen, die einer Person ein Gefühl des Geliebtwerdens vermitteln und dadurch eine emotionale Stabilität sichern. Die emotionale Unterstützung wird oft als der Kern Sozialer Unterstützung betrachtet und als die bedeutsamste Form eingeschätzt.

Informational support (Unterstützung durch Informationen und Ratschläge) umfasst sämtliche Formen an Kommunikation, die dem Informationsaustausch, der Beratung oder der Vermittlung dienen.

Practical und **material support** (praktische und materielle/finanzielle Unterstützung) beinhaltet den Austausch und die Bereitstellung von Dienstleistungen oder Gütern sowie finanzielle und praktische Hilfen im Alltag.

Appraisal support (Bewertungs- und Interpretationsunterstützung) meint den reziproken (wechselseitigen) Ausdruck von Anerkennung, Bestätigung und Wertschätzung in sozialen Beziehungen, der selbstwertsteigernde Effekte bewirkt.

Für eine soziale Netzwerkperspektive sind neben dem (beobachtbaren) Unterstützungsverhalten besonders die wahrgenommene Unterstützung und die Unterstützungsnetzwerke relevant.

Unterstützungsnetzwerke (*social network*) oder -ressourcen (*support ressources*) meinen die sozialen Beziehungen einer Person, die emotionale und instrumentelle Unterstützung geben oder offenkundig in Belastungssituationen bereits gegeben haben. Diese Unterstützungspersonen sind zumeist nahestehende Angehörige und Bezugspersonen wie Lebensgefährt_in, Familie oder enge Freunde. Verwandte leisten vielmehr instrumentelle Unterstützung und sind die zuverlässigste Anlaufstelle in Krisensituationen und der Pflege. Enge Freunde und Bekannte bieten vorrangig kognitive Hilfen und Informationen durch private und vertrauensvolle Gespräche. Instrumentelle Unterstützung lässt sich darüber hinaus auch bei entfernteren Netzwerkverbindungen wie Arbeitskollegen und im weiteren Bekanntenkreis finden. (Hass/Petzold 1999; Laireiter 2009; Nestmann 2010; Röhrle/Laireiter 2009)

Kognitive Prozesse und affektive Reaktionen in der persönlichen Beziehung fließen ebenso in den Unterstützungsprozess mit ein. Auch der kulturelle Hintergrund eines Menschen spielt eine bedeutende Rolle, da die Kultur die Verpflichtungs- und Zuständigkeitshierarchien für Soziale Unterstützung vordefiniert. (Laireiter 2009; Nestmann 2010; Röhrle/Laireiter 2009)

3.2.3 Netzwerkarbeit

Die Bedeutung von Netzwerkarbeit in der Sozialen Arbeit hat in den letzten Jahren kontinuierlich zugenommen. Wie beim Begriff Netzwerk zeigt sich auch bei Netzwerkarbeit eine inflationäre Verwendung der Begrifflichkeit, vor allem auch in der Abgrenzung zu dem häufig synonym verwendeten Begriff der Kooperation.

Während eine Gruppe von Autoren die Netzwerkarbeit als notwendige Vorbedingung von Kooperation versteht (Santen/Seckinger 2003, S. 25 ff.), werden Kooperation und Zusammenarbeit von anderen eher als Voraussetzung oder Bestandteil von Netzwerkarbeit verstanden.

Die Netzwerkarbeit geht in jedem Falle über die Kooperation hinaus. Sie ist mehr als Einzelfallarbeit. Für die Netzwerkarbeit ist ein Zusammenwirken möglichst aller relevanten Akteurinnen und Akteure erforderlich, um das gemeinsame Ziel zu erreichen und nachhaltige und innovative Veränderungen zu bewirken. Netzwerkarbeit ist eine kooperativ ausgelegte Methode und ein Steuerungsinstrument zugleich zur Umsetzung definierter Zielvorstellungen. (Groß/Holz/Boeckh 2005, S. 14) Damit soll ausgedrückt werden, dass es hierbei um Handlungsstrategien bzw. Methoden Sozialer Arbeit geht, die im Sozialraum das gleichzeitige und/oder jeweils unabhängig voneinander stattfindende Zusammenwirken von Individuen und Institutionen ermöglichen, je nachdem, welches Handlungsfeld zu betrachten ist. (ebd., S. 77) Netzwerkarbeit greift auf die personellen wie institutionellen Ressourcen von Zielgruppen bzw. Sozialräumen zurück, mobilisiert diese Ressourcen und steuert die Zusammenarbeit und Ressourcenauslastung verschiedener Akteure, Institutionen, Gruppen und Sozialräume.

Es gibt mehrere Konzepte der Sozialen Netzwerkarbeit: Netzwerkorientierte Beratung, Selbsthilfeunterstützung, Empowerment, Vernetzung sozialer Dienste, Gestaltung institutioneller Settings und netzwerkorientierte Gemeinwesenarbeit. (Bullinger und Nowak 1998) Andererseits kann im Sozialwesen zwischen personen- bzw. fallbezogener und fallübergreifender[2] bzw. institutioneller Netzwerkarbeit unterschieden werden.

Aus der sozialarbeiterischen Perspektive geht es allgemein um vorhandene oder herstellbare Beziehungen des Austausches, der Kooperation, des Vertrauens, der Solidarität zwischen Nachbarn, Bewohnern, Fachkräften und Organisationen der Sozialen Arbeit genauso wie um Beziehungen zu den Sektoren Wirtschaft und Industrie. (Budde/Früchtel/Hinte 2006, S. 79 ff.)

In der Regel bedient sich ein/e Netzwerkarbeiter_in bereits aufgebauter regionaler oder sozialräumlicher fallübergreifender, institutioneller Netzwerke und nutzt noch vorhandene oder wiederherstellbare informelle Netzwerkkontakte des Klienten bzw. baut solche neu auf. Informelle und institutionelle Netzwerke werden zu einem personen- bzw. fallbezogenen (Unterstützungs-)Netzwerk verknüpft, das ganz auf den spezifischen individuellen Unterstützungsbedarf des jeweiligen Klienten ausgerichtet ist.

---

2 Hier erfolgt die Begriffswahl in Anlehnung an die Anregung Wolfgang Hintes, zwischen fallspezifischer Arbeit, fallübergreifender und fallunabhängiger (fallunspezifischer) Arbeit zu unterscheiden. Dabei meint fallübergreifende Arbeit die Nutzung der Ressourcen des Sozialraumes mit Blick auf den Fall, fallunabhängige Arbeit dagegen Kontakte und Arbeit im Sozialraum ohne konkreten Fallbezug. (Hinte 1999, S. 99f.)

Fallbezogene Netzwerkarbeit
Nach Galuske ist fallbezogene Netzwerkarbeit „ein sozialpädagogisches Handlungsmodell, das auf Methoden und Befunde der sozialen Netzwerkforschung durch die Analyse, Nutzung, Gestaltung und Ausweitung des Beziehungsgeflechtes der Klienten zu Personen, Gruppen und Institutionen auf eine Optimierung ihrer Unterstützungsnetzwerke und damit auf die Stärkung ihrer Selbsthilfepotenziale abzielt und sich zu diesem Zweck unterschiedlicher Techniken der Analyse von und Einflussnahme auf Klientennetzwerke bedient." (2006, S. 288)

Hierbei rückt also das Individuum in das Zentrum des netzwerkorientierten Handelns. Fall- bzw. personenbezogene Netzwerkarbeit stellt eine Form von Beratungsarbeit dar, bei der der Focus auf der Stärkung vorhandener Ressourcen, der Schaffung neuer sozialer Kontakte, wechselseitige Unterstützung sowie der Entwicklung unterstützender Gemeinschaften liegt, um den Klienten adäquat unterstützen zu können. Bei der fallbezogenen Netzwerkarbeit zielen Netzwerkarbeitende darauf ab, vorhandene Netzwerke zu stärken, Empowermentprozesse zu fördern, neue Netzwerke zu schaffen, Netzwerke durch Gewinnung neuer Akteure quantitativ zu erweitern, Netzwerke zu „sanieren", was in der Regel radikale Veränderung der Netzwerkbeziehungen bedeutet z. B. durch notwendigen Kontaktabbruch, oder mitzuhelfen, fragwürdige Netzwerkstrukturen aufzulösen. Nicht selten helfen Netzwerkarbeitende auch mit, Sozialräume neu zu gestalten und das Umfeld des sozialen Netzwerkes zu stärken. Nicht zuletzt initiieren sie gezielt Netzwerke zur Lösung von sozialen Problemen ihrer Klientinnen und Klienten, in der Regel unter Rückgriff auf die bestehenden primären und sekundären Netzwerke der Betroffenen, z. B. in Form von Fall-Management, Einberufung eines Familienrats oder Sozialraumteams.

Netzwerkarbeitende fungieren hierbei vor allem als Casemanager_innen, Kümmerer_innen und/oder Interessenvertreter_innen für ihre Klient_innen.

Fallübergreifende und interinstitutionelle Netzwerkarbeit
Fallübergreifende und interinstitutionelle Netzwerkarbeit wird als Handlungsziel deklariert und hat dabei „die Aufgabe, Wissen und andere Ressourcen der verschiedenen Akteure zusammenzutragen, in einen neuen übergreifenden Kontext unterschiedlicher Problemwahrnehmungen und Interessen einzubringen [...] und über Sektorgrenzen hinweg neue Lösungsansätze zu entwickeln." (Brocke 2003, S. 14)

Quelling u. a. definieren diese Art von Netzwerkarbeit als „eine hilfreiche Methode, Arbeit und finanzielle Ressourcen effizienter zu nutzen und die Effektivität von Maßnahmen zu erhöhen. Das erfordert zunächst jedoch, Zeit und Arbeitsressourcen zu investieren, um ein funktionierendes Netzwerk aufbauen und nachhaltig implementieren zu können." (2013, S. 10)

Eine andere Definition liefert der AWO Bundesverband, wonach die fallübergreifende und interinstitutionelle Netzwerkarbeit auch als eine Methode verstanden wird, „mittels derer die Zusammenarbeit und Ressourcenauslastung verschiedener Akteure gesteuert wird." Grundlegend ist hierbei der Aushandlungsprozess zwischen den lokalen Akteuren, in dem diese ihre Strategien abstimmen, ihre Ressourcen bündeln, ihre Planungen koordinieren und Förderketten aufbauen: Entscheidend sind hierbei aber auch „der u. a. von Respekt für die unterschiedlichen Kompetenzen, das Verständnis gegenseitiger Abhängigkeit und die Entwicklung von gemeinsamen Zielvorstellungen." (AWO Bundesverband 2004, S. 19, zit. nach: Groß/Holz/Boeckh 2005, S. 78)

Wesentliche Merkmale der fallübergreifenden Netzwerkarbeit sind demnach: „Sie
- wird fallunabhängig, an den Bedarfen und Ressourcen der Betroffenen und des Sozialraumes orientiert geplant
- ist eine langfristige, gemeinsame Vorbereitung und Planung mit einer gemeinsamen Zielsetzung unterschiedlicher lokaler Akteure
- ist die stärker institutionalisierte, strategisch angeleitete Zusammenarbeit verschiedener Partner_innen." (ebd.)

Bei der fallübergreifenden und interinstitutionellen Netzwerkarbeit geht es auch und v. a. um Entdeckung, Mobilisierung und Steuerung von Ressourcenpotentialen im Rahmen der organisierten sekundären und Dritt-Sektor-Netzwerken. Diese Form der Netzwerkarbeit richtet sich an intra- oder interorganisatorische Netzwerke.

Der Schwerpunkt liegt hierbei auf der geplanten Gestaltung von unterstützenden Strukturen, die eine gelingende Kooperation ermöglichen, und auf der Vernetzung von Organisationen. Das führt für alle Beteiligten zu verbesserten Ergebnissen und Synergieeffekten.

Dabei müssen eine Reihe von Problemen bewältigt werden. Mitwirkende Organisationen können nicht nur völlig unterschiedliche rechtliche Einbindungen haben, sondern auch sehr unterschiedliche Organisationskulturen. Konkurrenz um Ressourcen, Teilnehmende und Prestige können die Zusammenarbeit stark behindern.

Netzwerkarbeitende treten hierbei je nach dem Zusammenhang vor allem als Moderator_innen, Kümmerer_innen und/oder (Quartiers-)Manager_innen auf.

Voraussetzungen und Grenzen der Netzwerkarbeit
Netzwerke haben nicht aus sich heraus eine positive Qualität, alles hängt von deren Strukturen, ihren jeweiligen Zwecksetzungen und mitwirkenden Personen ab. Zunächst muss hervorgehoben werden, dass Netzwerke nicht immer gut sind; es gibt auch kriminelle Netzwerke. Netzwerke können auch einschränken bzw. Unterstützung entziehen anstatt sie zu geben. Sie sind nicht für alle Ziele besser geeignet; für manche Ziele und für bestimmte Aufgaben sind marktförmige Organisationen die bessere Form. (Keupp 2008)

Netzwerkarbeit kann zudem nur dann gut gelingen, wenn bestimmte Voraussetzungen erfüllt und relevante Erfolgsfaktoren berücksichtigt werden.

Bei der Netzwerkarbeit treffen viele Interessen und Meinungen aufeinander, die nicht immer übereinstimmen. Netzwerke mit vielen starken Partnern haben zudem das Problem, dass diese Partner neben dem Netzwerkziel, Partikularinteressen vertreten. Sie verfolgen somit einerseits eigene Zielsetzungen und vertreten andererseits das gemeinsame Interesse des Netzwerks, was in großen Netzwerken nicht selten zu Konflikten führt.

Wo nachfolgend ohne Unterscheidung zwischen fallbezogener und fallübergreifender Netzwerkarbeit skizzierte relevante Voraussetzungen fehlen, da stößt die Netzwerkarbeit an ihre Grenzen. (Quilling u. a. 2013, S. 13)

- Die Zielformulierung ist essenzieller Bestandteil zu Beginn der Initiierung eines Netzwerks. Die Grundlage der Zusammenarbeit im Netzwerk bilden gemeinsam erarbeitete Ziele und Visionen, die informell, in einer Satzung oder vertraglich festgehalten werden und mit denen sich im Idealfall alle Netzwerkmitglieder identifizieren können.
- Im Gegensatz zu konkurrenten Arbeitsstrategien ist Netzwerkarbeit auf gegenseitiges Vertrauen der Netzwerkakteur_innen angewiesen. Auch wenn dies sich kaum objektiv messen lässt, sondern stark von der subjektiven Einschätzung der Netzwerkpartner abhängig ist, ist es für den Erfolg der Netzwerkarbeit von entscheidender Bedeutung.
- Regelmäßige Kontaktpflege ist ein notwendiger Aspekt der Netzwerkarbeit in organisierten sekundären und Dritt-Sektor-Netzwerken, um verlässliche Beziehungen aufzubauen.
- Erfolgreiche Netzwerkarbeit erfordert adäquate Rahmenbedingungen. Die Bereitstellung zeitlicher, finanzieller und sozialer Ressourcen ist ebenso einer der existenziellen Grundlagen der Netzwerkarbeit wie das Vorhandensein von Begegnungsräumen ermöglichenden Strukturen, damit z. B. Selbsthilfe gestaltet und freiwilliges, zivilgesellschaftliches Engagement gefördert werden können.
- Die Netzwerkarbeit in organisierten sekundären, gemeinnützigen Netzwerken erfordert flache Hierarchien und transparente Kommunikationswege und -strukturen. Die Kommunikation in den Netzwerken sollte auf Augenhöhe geführt werden und zeigen, dass man sein Gegenüber und seine Anliegen ernst nimmt und die gleiche Sprache spricht. Sie sollte einerseits geprägt sein von Klarheit, Aufrichtigkeit, Geradlinigkeit und Offenheit und andererseits zielgerichtet und ergebnisbezogen sein.
- Ebenfalls von zentraler Bedeutung für erfolgreiche Arbeit in den genannten Netzwerken ist die gelungene externe Kommunikation, v. a. in Form von Öffentlichkeitsarbeit.
- Ohne eine kontinuierliche Verständigung und Konsensbildung in einem Aushandlungsprozess zwischen den mitwirkenden Akteur_innen ist eine erfolgreiche Netzwerkarbeit in der Regel gefährdet.
- Zugleich hängt der Erfolg auch davon ab, welche Einstellungen die Netzwerkakteur_innen zum Netzwerk haben und wie sie ihre Zugehörigkeit zum Netzwerk

verstehen und mit Leben füllen. Identifizieren sie sich nicht damit und wollen keine Verantwortung übernehmen, so stößt die Netzwerkarbeit schnell an ihre Grenzen.

Eng damit zusammenhängend ist auch die Frage danach, wie Netzwerkakteur_innen die Balance von Geben und Nehmen wahrnehmen. Denn nur dann, wenn sie das Gefühl haben, dass das Gleichgewicht zwischen Geben und Nehmen stimmt, werden sie auf längere Dauer bereit sein, sich einzubringen, sich für die Ziele des Netzwerks einzusetzen. Dies zeigt sich in der Regel in der aktiven Mitarbeit innerhalb eines Netzwerks und dem Einbringen von Ideen und Ressourcen sowie ihrem fachlichen Knowhow.

3.2.4 Der Vernetzungsprozess

Der Vernetzungsprozess im Rahmen der fall- bzw. personenbezogenen Netzwerkarbeit
Fall- bzw. personenbezogene Netzwerkarbeit besteht aus einer Reihe von Schritten bzw. Phasen. Abgesehen von spezifischen Handlungsmöglichkeiten wie Familienrat (Gögercin 2012a, b) kann in Anlehnung an verschiedene Phasenmodelle für den Ablauf des Vernetzungsprozesses allgemein in fünf Arbeitsphasen wie unten abgebildet gegliedert und erläutert werden. (Gögercin 1999; 2000)

1) Kontaktaufnahme und Einschätzung der Lage (Assessment)
Eine gründliche und umfassende Einschätzung der Situation steht am Anfang einer Hilfestellung. Dazu gehört zunächst ein qualifizierter Erstkontakt, der wesentlich über das Gelingen der weiteren Fallarbeit entscheidet. Hier muss der/die Sozialpädagog_in Hemmschwellen ab- und Vertrauen bei dem Klienten aufbauen.

Sofern der Klient beim persönlichen Kontakt zum/r Sozialpädagog_in nach ersten Informationen auf sein Unterstützungsangebot eingeht und es zu einer ersten Unterstützungsvereinbarung kommt, wird der/die Sozialpädagog_in damit beginnen, sich ein umfassendes Bild seiner Situation zu machen. Ziel seiner Datensammlung ist es, die Gesamtsituation des Klienten zu erfassen und zu analysieren (einschließlich seines aktuellen Hilfebedarfs). Hierbei werden besonders berücksichtigt
– der Wille des Klienten,
– seine Selbsthilfekräfte mit seinen beruflichen und finanziellen Voraussetzungen sowie seinen alltagspraktischen und anderen Kompetenzen,
– seine familiären Verhältnisse und die Ressourcen seines sozialen Umfelds.

Fall- bzw. personenbezogener Vernetzungsprozess

1. Kontaktaufnahme und Einschätzung
- Kontaktaufnahme/Erstgespräch
- Klärungshilfe / Informationen
- Situations-/Problemanalyse
- Ressourcenanalyse
- Einschätzung aller Beteiligter
- Festlegen von Bedarf und Zielen

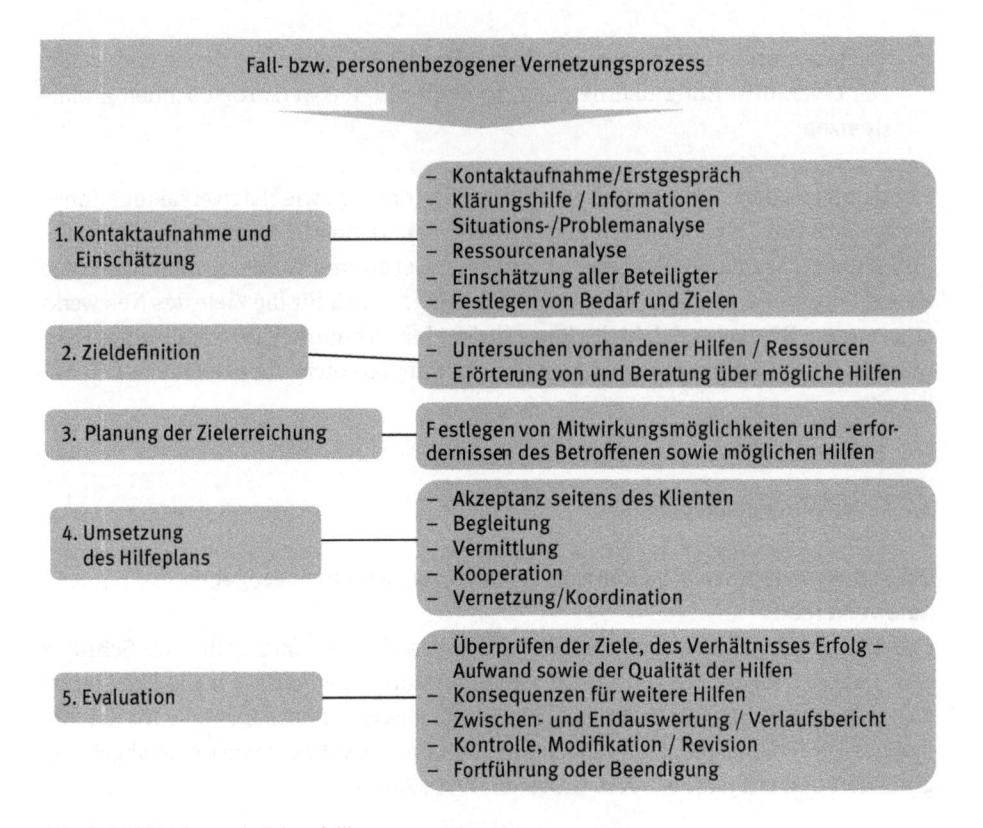

2. Zieldefinition
- Untersuchen vorhandener Hilfen / Ressourcen
- Erörterung von und Beratung über mögliche Hilfen

3. Planung der Zielerreichung
- Festlegen von Mitwirkungsmöglichkeiten und -erfordernissen des Betroffenen sowie möglichen Hilfen

4. Umsetzung des Hilfeplans
- Akzeptanz seitens des Klienten
- Begleitung
- Vermittlung
- Kooperation
- Vernetzung/Koordination

5. Evaluation
- Überprüfen der Ziele, des Verhältnisses Erfolg – Aufwand sowie der Qualität der Hilfen
- Konsequenzen für weitere Hilfen
- Zwischen- und Endauswertung / Verlaufsbericht
- Kontrolle, Modifikation / Revision
- Fortführung oder Beendigung

Abb. 3: Arbeitsphasen bei dem fallbezogenen Vernetzungsprozess
Quelle: Eigene Darstellung.

Der/die Netzwerker_in ist auf jeden Fall gehalten, sich ein realistisches Bild von der Motivation des Klienten zur Mitarbeit am weiteren Hilfeprozess zu machen. Er/sie muss sowohl Kompetenzen des/der Klienten_in erkennen als auch mögliche Blockaden einschätzen können. Um seine/ihre Schlüsse zu ziehen, wird er/sie „objektive" und „subjektive" Informationen wechselseitig auswerten und interpretieren.

Gegebenenfalls wird der/die Netzwerker_in „Fallkonferenzen" organisieren, in deren Rahmen unterschiedliche Perspektiven und Einschätzungen „zusammengeführt" werden.

2) Zieldefinition

Am Ende des ersten Arbeitsschrittes steht die Entscheidung, ob und unter welchen Voraussetzungen eine erfolgreiche Hilfestellung möglich ist. Darüber hinaus werden in enger Zusammenarbeit mit dem Klienten, der Klientin erste kurz-, mittel- und langfristige Ziele der Hilfen festgelegt. Diese Ziele müssen „realistisch" sein, so dass sie innerhalb eines abgesteckten Zeitraums auch erreicht werden können. Und sie müssen „konkret" und überprüfbar sein. Sie bilden den roten Faden durch die weitere fallbezogene Netzwerkarbeit und Hilfestellungen.

3) Erarbeitung eines Hilfeplans

Mit Blick auf die Ergebnisse der Situationsanalyse und einvernehmlich festgesetzten Hilfeziele wird der Förderbedarf ermittelt und ein Förderplan erarbeitet. Es wird also ein entsprechendes gegebenenfalls umfassendes Förderungsnetz konzipiert, in das Leistungen professioneller Dienste ebenso eingewoben sind wie Leistungen des familiären oder nachbarschaftlichen Umfeldes.

Auf jeden Fall erfolgt die Erstellung eines solchen Förderplans in enger Zusammenarbeit mit dem/der Klienten_in mit anderen relevanten Personen aus seinem/ihrem Umfeld (Angehörige und Freunde/Kollegen_innen) sowie im weiteren Verlauf mit professionellen Helfern.

Am Ende dieser Phase muss mit dem/der Klienten_in geklärt sein, ob es tatsächlich auch seine/ihre Ziele sind, die erreicht werden sollen. Akzeptiert er/sie den Plan oder lehnt er/sie manche Maßnahmen ab? Und vor allem: Ist er/sie willens, an der Zielerreichung aktiv mitzuarbeiten?

4) Umsetzung des Hilfeplans

In dieser Phase wird der Hilfeplan umgesetzt. Der/die Netzwerker_in strukturiert und steuert diesen fortwährenden Hilfeprozess, indem er/sie sämtliche Hilfen/Ressourcen und Dienstleistungen in einer Art „Netz-Plan" in Beziehung zueinander setzt.

Zur praktischen Umsetzung trägt er/sie in dreifacher Weise bei (Lowy 1988, S. 36): Er/sie arbeitet mit dem Klienten und seinem natürlichen Netzwerk direkt, indem er/sie beispielsweise dem Klienten ermöglicht, an die Dienste wie Schuldnerberatung heranzukommen und sie seinen Bedürfnissen entsprechend zu nutzen. Er/sie arbeitet mit den Anbietern sozialer Dienstleistungen zusammen, wo seine/ihre Funktion in der Steuerung der zu erbringenden Leistung besteht. Und er/sie arbeitet mit den Einrichtungen wie Arbeitsagentur, indem er/sie gefordert ist, ständig in Kontakt zu bleiben, Informationen zu geben, Barrieren abzubauen, Prozeduren zu klären, Rat zu erteilen und weiterzugeben.

Er/sie beobachtet, koordiniert und kontrolliert das fachliche und zeitliche Zusammenspiel der einzelnen Hilfsmaßnahmen.

Nicht selten wird es notwendig, die Beteiligten zu einer gemeinsamen Konferenz einzuladen. Dies ist etwa dann der Fall, wenn Konflikte zu lösen sind oder neue Absprachen getroffen werden müssen.

Der/die Netzwerker_in übernimmt in diesem Prozess viele verschiedene Rollen, zum Beispiel die Rolle des/der Schlichters_in in Konfliktfällen, die Rolle des/der Beraters_in, die Rolle des/der Vertreters_in bzw. des/der Fürsprechers_in für den/die Klienten_in usw. Oftmals muss er/sie die Rolle des/der Vermittlers_in zwischen ganz unterschiedlichen kulturellen Welten ausfüllen, etwa wenn er/sie „Übersetzungsarbeit" leistet und zwischen den verschiedenen Sichtweisen und Berufssprachen der Gerichte oder Arbeits- bzw. der Sozialverwaltung vermittelt.

5) Bewertung der Maßnahmen/Evaluation

Eine wesentliche Rolle in der fallbezogenen Netzwerkarbeit spielen der Gedanke der (Selbst-)Evaluation (Heiner 1988, 1994) sowie die regelmäßige Überprüfung des Hilfeprozesses: Veränderungen werden erfasst und im Hinblick auf die Handlungsziele hinterfragt und beurteilt; Zwischenauswertungen werden durchgeführt, gegebenenfalls Modifikationen vorgenommen und Verlaufsberichte verfasst. Es geht dabei um Fragen wie: Wurden die gesetzten Ziele erreicht? Wenn ja, wie und mit welchem Aufwand? Wenn nein, warum nicht? Welche Wirkungen hatten die Handlungen auf die Zielgruppe? Gab es gewünschte oder nicht beabsichtigte Nebenwirkungen der Handlungen? Wie waren die beteiligten Personengruppen in die Handlungen eingebunden? Wie schätzen diese die Nützlichkeit/Qualität der Handlungen ein?

Der Vernetzungsprozess im Rahmen der fallübergreifenden und interinstitutionellen Netzwerkarbeit

Fallübergreifende und interinstitutionelle Netzwerkarbeit kann zwei Ausgangsbedingungen haben: Erstens: eine Netzwerkstruktur soll neu aufgebaut werden oder zweitens: ein bestehendes Netzwerk soll erweitert werden. Unabhängig von diesen Startbedingungen lassen sich die Prozesse der Netzwerkarbeit allgemein in verschiedenen Phasen beschreiben (Groß/Holz/Boeckh 2005, S. 82 ff.; Böhm/Janßen/Legewie 1999, S. 15 ff.), da der Aufbau und die Erweiterung eines Netzwerks immer bestimmten Gesetzmäßigkeiten folgt, wenn auch in unterschiedlichen Ausprägungen.

1. Vorbereitungs- und Initiierungs- bzw. Gründungsphase

In dieser Phase geht es zunächst um den Aufbau, die Gestaltung sowie die Pflege von internen Arbeits- und Kommunikationsstrukturen. Es ist notwendig, die Eigenmotivation zu klären. Denn der eigene Träger und die Mitarbeiter_innen müssen von Auftrag und Ziel der Netzwerkarbeit überzeugt sein, damit die Netzwerkarbeit gelingt. Es sollte ferner geprüft werden, ob und inwieweit für den vorgesehenen Bereich Netzwerkarbeit sicher zielführend sein kann und welche Vor- und Nachteile die Netzwerkarbeit im Themenzusammenhang bietet.

Zudem gehören zu dieser Phase die Analyse der Ist-Situation und die Analyse dessen, wer als Netzwerkpartner hierfür in Frage kommt. Diese müssen dann angesprochen, für die Mitarbeit am Netzwerk motiviert bzw. aktiviert werden. Dafür ist von besonderer Relevanz, dass Netzwerkarbeit für alle Beteiligten nur dann Sinn macht. Die Netzwerkpartner müssen zur Erreichung des Handlungsziels einen wesentlichen

Beitrag leisten, damit auf diese Weise alle Beteiligten und Betroffenen einen Nutzen erzielen können. Daher müssen in dieser Phase klare Zielsetzungen formuliert werden, die von den Netzwerkpartnern gemeinsam erarbeitet und dann als allgemeinverbindlich zur Herstellung einer „Corporate Identity" des Netzwerkes akzeptiert werden.

2. Planung der Zielerreichung

In Netzwerken sind gründliche und umfassende Kommunikations- und Abstimmungsprozesse erforderlich. Deshalb müssen in dieser Phase die vorhandenen Ressourcen im Netzwerk geklärt, mögliche Kooperationsformen erörtert und beraten sowie Rollen und Aufgaben festgelegt und verteilt werden, um Zielkonflikte und Konkurrenzen in der Zusammenarbeit zu vermeiden und den Kooperationsgedanken in den Mittelpunkt zu stellen.

Fallübergreifender und interinstitutioneller Vernetzungsprozesse

Phase	Inhalte
1. Vorbereitungs- und Initiierungsphase	– Eigenmotivation und die Notwendigkeit zur Netzwerkarbeit klären – Ist-Situation und Netzwerkpartner analysieren – Netzwerkpartner aktivieren – Netzwerkziele festlegen
2. Planung der Zielerreichung	– mögliche Kooperationsformen erörtern, beraten – Rollen- und Aufgaben festlegen und verteilen
3. Umsetzung / Steuerung des Netzwerks	– das Netzwerk positionieren und strategisch entwickeln – eine Netzwerksteuerungsgruppe einrichten, die die Durchführung der konkreten Arbeit im Netzwerk koordiniert, steuert und kontrolliert – Vernetzung/Koordination
4. Evaluation	– Zielerreichung, Verhältnis Erfolg – Aufwand, Qualität der Netzwerkarbeit überprüfen und bewerten – Konsequenzen für weitere Netzwerkarbeitentwickeln – Fortführung oder Beendigung beschließen

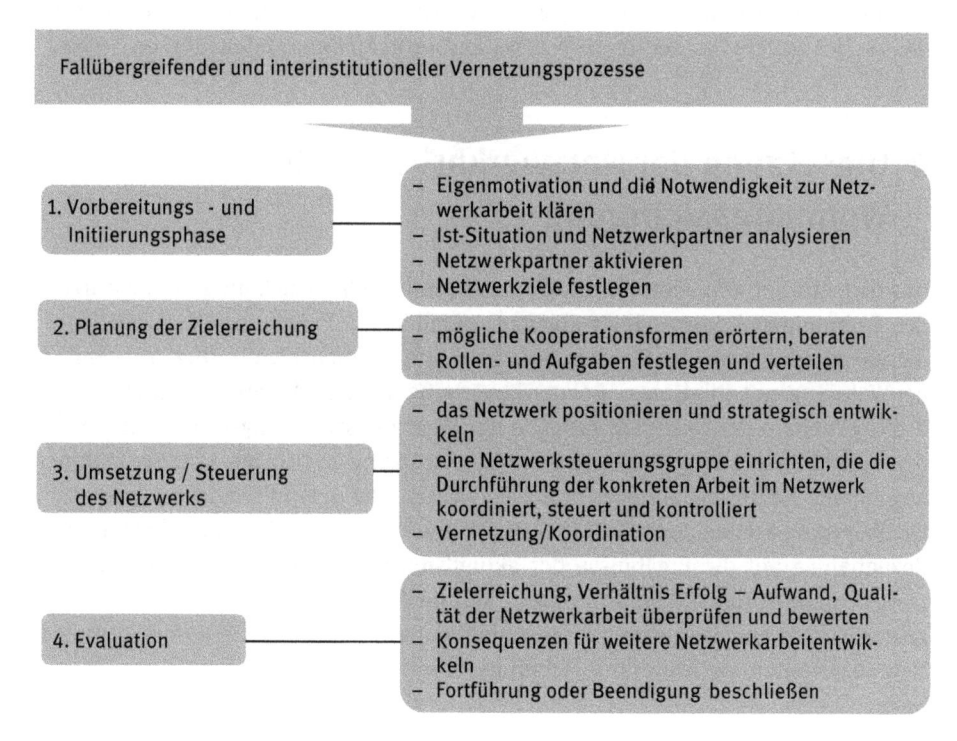

Abb. 4: Arbeitsphasen bei dem fallübergreifenden/interinstitutionellen Vernetzungsprozess
Quelle: Eigene Darstellung.

3. Umsetzungsphase

Im Rahmen der Umsetzungsphase geht es um die Steuerung des Netzwerkes. Hier findet zunächst die Positionierung und strategische Entwicklung des Netzwerks statt. In den meisten Fällen wird es erforderlich sein, dass eine Netzwerksteuerungsgruppe gebildet wird, die die Durchführung der konkreten Arbeit im Netzwerk koordiniert, steuert und kontrolliert.

Wichtig ist bei der Vernetzung und Koordination, „darauf zu achten, dass Arbeitstreffen nicht zu ‚Kaffeekränzchen' herabgewürdigt, sondern Teilerfolge gemeinsam anerkannt werden." (Quilling u. a. 2013, S. 19)

4. Evaluationsphase

In der Evaluations- bzw. Qualitätssicherungsphase „stehen die Überprüfung der Zielerreichung und ihre Bewertung im Mittelpunkt der Netzwerkarbeit. In dieser Phase werden die Weichen gestellt für die Zukunft des Netzwerks. Dabei werden Fragen diskutiert, ob die Netzwerkarbeit fortgeführt werden soll, eine Neuausrichtung notwendig ist oder weitere Partner für die Netzwerkarbeit gefunden werden müssen." (ebd.)

4 Umsetzung der Netzwerkarbeit in der Wohnungssicherung

Aus dem Ziel der Vermeidung von Wohnungslosigkeit lässt sich die zentrale Aufgabe der Wohnungssicherungsarbeit ableiten, nämlich die Prävention, der Erhalt oder die Wiedererlangung von Privatwohnraum durch möglichst frühzeitige Intervention bei Wohnungsnotsituationen. Bei der Erreichung des Ziels Wohnungssicherung und der Übernahme der zentralen Aufgabe der Wohnungssicherungsarbeit werden von den zuständigen Stellen vielschichtige Unterstützungsleistungen und Maßnahmen angeboten, die unten als Erstes umrissen werden. Bei deren Erbringung spielen die Fachberatungsstellen nach §§ 67 ff. SGB XII eine entscheidende Rolle, weshalb unter Bezugnahme auf die Ergebnisse der aktuellsten Studie zur Prävention von Wohnungslosigkeit (Busch-Geertsema u. a. 2014) nachfolgend auf die Rolle der Fachberatungsstellen eingegangen wird. Anschließend erfolgt die konkrete Umsetzung der Netzwerkarbeit in der Wohnungssicherungsarbeit.

4.1 Unterstützungsleistungen in der Wohnungssicherung

Hilfen in Wohnungsnotfällen sind grundsätzlich sekundärpräventiv (siehe hierzu unter 2.1.2) angelegt und setzen bereits bei unmittelbar bedrohten oder unzumutbaren Wohnverhältnissen ein.

Mit Prävention von Wohnungslosigkeit sind alle erforderlichen und geeigneten Hilfeformen und Maßnahmen zu verstehen, die auf die Abwendung eines drohenden Wohnungsverlustes und die Sicherung dauerhafter Wohnverhältnisse bei Menschen in Wohnungsnotfällen zielen. Diese müssen grundsätzlich bereits bei unmittelbar bedrohten oder unzumutbaren Wohnverhältnissen einsetzen.

In der Wohnungssicherung werden insbesondere folgende Unterstützungsleistungen und Maßnahmen erbracht, die dem Erhalt und der Wiedererlangung von Privatwohnraum durch frühzeitige Intervention bei individuellen Wohnungsnotfällen dienen.

4.1.1 Information und Beratung; persönliche Hilfen und Unterstützung

Zum umfassenden Tätigkeitsspektrum in diesem Bereich gehören die Prüfung davon, ob die Betroffenen für die infrage kommenden Transferleistungen und weitere Ansprüche bezugsberechtigt sind, und die Unterstützung bei deren Realisierung. Darüber hinaus geht es um Informationen über Hilfemöglichkeiten und deren Voraussetzungen, Hilfestellung bei der Einkommenssicherung und in finanziellen Angelegenheiten, Budgetberatungen, Unterstützung beim Umgang mit Ämtern und Institutionen, Verhandlungen/Vereinbarungen mit Vermietern und Energieunternehmen, Unterstützung in juristischen und Verfahrensfragen, Beratung und Unterstützung in persönlichen Angelegenheiten, Betreuung/Unterstützung bei den Verhandlungen mit Vermietern und/oder zuständigen Stellen, Beratung in sonstigen im Zusammenhang mit der Wohnungsnotfallproblematik relevanten Fragen, Krisenintervention (ggf. in Kooperation mit anderen Hilfen, z. B. Schuldnerberatung, Psychiatrie) sowie Vermittlung an andere Stellen zur Nachbetreuung und Nachhaltigkeit und die Beratung und Motivation zur Annahme von ergänzenden und ggf. auch weiterführenden Hilfen. Diese tragen bei umfangreichen Beratungsleistungen in der Regel bereits erheblich zu einer Lösung der Fälle bei und machen oftmals auch finanzielle Leistungen in Form von Mietschuldenübernahmen entbehrlich. Auch deshalb sind sie bei der direkten Fallbearbeitung von besonderer Relevanz.

4.1.2 Finanzielle Leistungen

Mit wohnungssichernden finanziellen Leistungen ist die Regulierung von Mietschulden nach § 22 Abs. 8 SGB II oder § 36 SGB XII (erläutert unter 2.2.) sowie Energieschuldenübernahme gemeint. Die Miet- und Energieschuldenübernahme ist die wichtigste finanzielle Leistung des Sozialrechts zur Abwendung drohender Wohnungslosigkeit. Durch diese Hilfe wird die Rechtswirksamkeit einer außerordentlichen Kündigung wegen Mietzahlungsverzugs durch den/die Vermieter_in abgewendet. (Deutscher Verein 2013, S. 4) Finanzielle Leistungen kommen aber auch zum Bezug einer anderen Wohnung in Betracht, wenn ein bestehendes Wohnverhältnis nicht zu sichern ist oder dies nicht sinnvoll erscheint, z. B. wegen verschärfter Konflikte. Neben Zusagen der Leistungsträger, die laufenden Kosten der Unterkunft zu übernehmen, setzen einige Kommunen in Einzelfällen, vor allem bei besonders schwer zu versorgenden Haushalten zusätzliche finanzielle Leistungen in Form von Mietausfallgarantien ein. (Busch-Geertsema u. a. 2014, S. 80 f.)

4.1.3 Wohnraumhilfen

Bei der Lösung ihrer Wohnungsproblematik sind die von der Wohnungslosigkeit bedrohten Menschen in der Regel auf institutionelle Hilfe angewiesen. Für die Hilfen ist wiederum ein entsprechender Zugang zu geeignetem Wohnraum von entscheidender Bedeutung. „Dies gilt auch für den Bereich der präventiven Hilfen, und zwar dann, wenn bestehende Wohnverhältnisse nicht gesichert werden können oder dies (z. B. wegen eskalierter Konflikte) nicht sinnvoll erscheint. Da Wohnungsnotfälle zudem überwiegend dem Kreis der sozial und wirtschaftlich benachteiligten Haushalte angehören, sind sie bei der Wohnraumversorgung auf das Vorhandensein von ausreichend angemessenem Wohnraum angewiesen. Hinzu kommt, dass insbesondere Wohnungsnotfälle beim Zugang zu Normalwohnraum aufgrund ihrer eingeschränkten Mietzahlungsfähigkeit und spezifischen sozialen Zuschreibungen besondere finanzielle und soziale Barrieren zu überwinden haben." (ebd., S. 83)

4.1.4 Weitergehende und nachgehende psychosoziale Hilfen

Viele der von der Wohnungslosigkeit Bedrohten benötigen weitergehende und/oder nachgehende psychosoziale Hilfen, da sie zahlreiche persönliche Probleme, wie Schulden, Sucht oder psychische Erkrankung haben. Inzwischen werden vielfältige Angebote z. B. der Schuldner- und der Suchtberatung fast überall flächendeckend vorgehalten und sind auch für diesen Personenkreis in der Regel ohne größere Barrieren zugänglich und nutzbar. (ebd., S. 84)

Allerdings ist in diesem Zusammenhang zu beobachten, dass aufgrund der getrennten Zuständigkeitsstrukturen nach dem SGB II und dem SGB XII bei den Jobcentern der Leistungsbereich, der für die Regulierung der Mietschulden zuständig ist, nicht auch für die Einleitung der psychosozialen Hilfen zuständig ist und sich im Regelfall ebenso nicht darum kümmert. Zudem können manche kommunalen Verwaltungssachbearbeitungsstellen im Regelfall den Bedarf an weitergehenden psychosozialen Hilfen nicht adäquat beurteilen. Deshalb werden Weitervermittlungen dorthin von den Regelsachbearbeitungen in den Jobcentern und in den Sozial- und Ordnungsämtern in den kleineren kreisangehörigen Städten nur wenig vorgenommen und wird auch nicht mit anderen sozialen Diensten diesbezüglich zusammengearbeitet. (ebd.)

Angesichts der von Betroffenen benötigten Unterstützungsleistungen und Maßnahmen und ihrer Erbringungspraxis kann also zusammengefasst festgehalten werden, dass die für die von Wohnungslosigkeit bedrohten Haushalte und Personen zuständigen Dienststellen insgesamt nicht ausreichend miteinander kooperieren, um vorhandene Hilfemöglichkeiten bedarfsgerecht und rechtzeitig für die Betroffenen zum Einsatz zu bringen. Es besteht hier ein Handlungsbedarf nach Einrichtung von Fachstellen zur Prävention, Wohnungssicherung und sozialen Teilhabe, die die benötigten Hilfen vernetzt und vernetzend erbringen können, zumal, wie vielfach betont wird, der Erfolg in der Prävention von Wohnungslosigkeit von einer gelingenden Netzwerk- und Kooperationsarbeit auf der kommunalen Ebene abhängt. Dem Argument der dadurch zusätzlich entstehenden Kosten muss entgegen gehalten werden, dass der Erhalt einer angemessenen Wohnung in der Regel geringere Kosten verursacht als eine Zwangsräumung und Unterbringung. (Busch-Geertsema 1997) Der Wohnungserhalt verhindert zudem, dass der Bestand an städtischen Unterbringungsmöglichkeiten erhöht werden muss. Zudem erzeugt Wohnungslosigkeit ein hohes Maß an sozialer Ausgrenzung, die einem menschenwürdigen Leben entgegensteht.

4.2 Zuständigkeiten und Organisation der Hilfen in der Wohnungssicherungsarbeit – Die Rolle der Fachstellen

Nach den oben erläuterten gesetzlichen Grundlagen (SGB II und SGB XII) können die Kompetenzen für die Übernahme der Mietschulden für unterschiedliche Personengruppen unterschiedlich verteilt werden, müssen aber nicht. So werden sie in den meisten kreisfreien Städten als Präventionsstellen zusammengefasst und ausgestattet. In den Landkreisen können Kompetenzen nach SGB II und SGB XII allerdings nur dann bei den Städten und Gemeinden angesiedelt und auf Präventionsstellen übertragen werden, wenn die Jobcenter in alleiniger kommunaler Trägerschaft (Optionskreise) sind und wenn die Landkreise die Städte und Gemeinden auch zur Durchführung von Aufgaben nach SGB II herangezogen haben. Das trifft bundesweit auf nur wenige Landkreise zu.

Daher sind bei den präventiven wohnungssichernden Hilfen insgesamt sehr unterschiedliche Organisationsstrukturen anzutreffen. „Diese reichen von der Bündelung aller relevanten Zuständigkeiten und Kompetenzen in Zentralen Fachstellen entsprechend dem Konzept des Deutschen Städtetages (...) über umfassend zuständige, jedoch nur mit Kompetenzen nach SGB XII ausgestattete Präventionsstellen und weiter über reine Koordinierungsstellen ohne entsprechende sozialleistungsrechtliche Kompetenzen bis hin zu Organisationsformen, bei denen die Bearbeitung im Rahmen der Regelsachbearbeitungen an verschiedenen Stellen (Jobcenter, Sozialamt, Ordnungsamt und ggf. weiteren Stellen) vorgenommen wurde. Eine weitere Variante besteht darin, dass Städte und Gemeinden, aber auch die Kreise, freie Träger formal mit der Durchführung präventiver Hilfen beauftragen. Dies ist bislang jedoch nur selten der Fall. Dennoch sind die Fachberatungsstellen für Hilfen nach §§ 67 ff. SGB XII in nicht unerheblichem Umfang mit bedrohten Wohnverhältnissen konfrontiert und werden oftmals auch ohne formale Beauftragung einbezogen." (Busch-Geertsema u. a. 2014, S. 17)

Fachstellen halten gezielte ambulante, offene Beratungsangebote für von Wohnungsverlusten bedrohte Haushalte vor. Dabei unterscheiden sich die Angebote in den Fachstellen hinsichtlich ihres räumlichen Zuständigkeitsbereichs und ihrer Ausrichtung erheblich. So ist laut NRW-Studie (ebd., S. 36 f.) in manchen Großstädten wie Köln, aber auch in manchem Landkreis wie Recklinghausen, „eine große Anzahl von Fachberatungsstellen mit unterschiedlichen (lokalen) räumlichen Zuständigkeitsbereichen anzutreffen, während in anderen Großstädten (z. B. in Dortmund) und Kreisen nur eine Fachberatungsstelle existiert, die formal für das gesamte Stadt- bzw. Kreisgebiet zuständig ist. In den Kreisen kommt hinzu, dass sich die Angebote in der Praxis z. T. auch nur auf Teilgebiete des Kreises (zumeist dann die Kreisstadt) beziehen. In anderen Kreisen wiederum wurde besonderer Wert auf eine flächendeckende bürgernahe Ausrichtung der Angebote der Fachberatungsstellen gelegt." (ebd., S. 37)

Ohne hier auf die weitere Differenzierung bei den Fachstellen eingehen zu können, lässt sich zusammenfassend festhalten, dass die Fachstellen insgesamt sehr unterschiedlich organisiert sind, in unterschiedlichem Umfang mit bedrohten Wohnverhältnissen konfrontiert werden und präventive wohnungssichernde Hilfen zu ihrem Aufgabenfeld zählen, auch wenn sie nur in vergleichsweise geringem Umfang durch die Städte und Gemeinden damit formal beauftragt werden. (ebd., S. 36 f.) Hinsichtlich der Organisationsformen der Fachstellen im ländlichen Raum scheinen freie Träger bei der Umsetzung des Fachstellenkonzeptes eine tragende und/oder initiierende Rolle zu spielen. (Rosenke 2011)

4.3 Fachstellen und Akteure in der Wohnungssicherungsarbeit

Wesentliche Akteure in der Durchführung der Hilfen in Wohnungsnotfällen und der Prävention von Wohnungslosigkeit in den Kommunen und Landkreisen sind die Kommunalverwaltungen als Leistungsträger, die Jobcenter und die freien Träger der Wohlfahrtspflege als Anbieter sozialer Dienstleistungen sowie die Wohnungswirtschaft als Anbieter von Wohnraum. (Deutscher Verein 2013, S. 8)

Alle diese Akteure haben unterschiedliche Ressourcen und Verantwortlichkeiten, die für die von der Wohnungslosigkeit bedrohten Menschen gebündelt und vernetzt werden sollten, auch wenn diese unterschiedliche Organisationsstrukturen haben, die den Vernetzungsprozess erschweren können.

Fachstellen zur Prävention, Wohnungssicherung und sozialen Teilhabe sind hierbei eine zweckmäßige organisatorische Grundlage für eine präventive Ausrichtung der Hilfen in Wohnungsnotfällen; sie übernehmen eine zentrale Vernetzungs- und Koordinierungsaufgabe der notwendigen Hilfen.

Fachstellenkonzepte sind ortspezifisch und darauf ausgerichtet, die Aktivitäten für die Bearbeitung von Wohnungsnotfällen präventiv und bereichsübergreifend anzulegen. Das fachliche Augenmerk gilt Vorhaben, die Grenzen verschiedener Ressorts überschreiten, unterschiedliche Teilbereiche des Hilfesystems vernetzen und so erforderliche Teilkompetenzen aus verschiedenen Bereichen zusammenführen. (ebd.)

Eine besondere Schwierigkeit in der Arbeit der Fachstellen ist die Erreichbarkeit der von Wohnungslosigkeit bedrohten Personen. Da der drohende Wohnungsverlust vielfach am Ende einer Kette von wirtschaftlichen und sozialen Problemen steht, bleiben häufig nur noch Resignation und Hilflosigkeit. Zentraler Bestandteil der Fachstellenkonzepte ist daher die Möglichkeit der jeweiligen Fachstelle, Informationen über bereits eingereichte Räumungsklagen und Zwangsräumungen vom Amtsgericht und der Stadt/Kommune zu erhalten. Nur so kann es gelingen, die betroffenen Personen durch qualifiziertes Fachpersonal zu erreichen und entsprechende finanzielle und/oder sonstige Hilfen anzubieten.

Unter Bezugnahme auf die Ausführungen zu Prävention unter 2.1.2 und rechtlichen Grundlagen unter 2.2 lässt sich der Ablauf der Verhinderung von Wohnungslosigkeit unter Mitwirkung einer Fachstelle, der Amtsgerichte und Kommunen wie folgt abbilden.

Primärprävention	Sekundärprävention	Tertiärprävention
Außergerichtliches Verfahren	**Gerichtliches Verfahren**	**Zwangsvollstreckungsverfahren**
Vorphase — Mahnung! — Kündigung!	Räumungsklage und Mitteilung Amtsgericht! — Räumungsurteil!	Mitteilung Gerichtsvollzieher! — Zwangsräumung!
Klienten kontaktieren Fachstelle direkt; Weitere Kontaktmöglichkeiten über Vernetzung (Kooperationspartner) sowie Öffentlichkeitsarbeit / Flyer / Veranstaltungen / Medienarbeit	Fachstelle erhält neben Jobcenter / Kreis Information über Räumungsklage; gilt nur bei Mietschulden bzw. wenn noch kein Räumungstitel vorliegt (vertragliche Regelung mit Landkreis)	Fachstelle wird von Kommune über Räumungstermin informiert
Zugang zur Fachstelle		
Beratung/ Vermittlung / Vernetzung	Zudem: aufsuchende Beratung	Ordnungsrecht, Hilfe nach § 67 SGB XII

Abb. 5: Verhinderung von Wohnungslosigkeit unter Mitwirkung einer Fachstelle im Ablauf
Quelle: Heinz 2014.

Bezüglich der Netzwerkarbeit lassen sich aus der Perspektive der Wohnungssicherungsarbeit der Fachstellen zwei Handlungsstrategien feststellen, die sich gegenseitig ergänzen und an die oben skizzierten Formen der Netzwerkarbeit anknüpfen: Die sekundärpräventive, fallspezifische bzw. personenbezogene Netzwerkarbeit in der Wohnungssicherung und die fallübergreifende Wohnungssicherung. Bevor diese unter 4.5 erläutert werden, werden im Folgenden die Vernetzungen und Kooperationen der Fachstellen skizziert.

4.4 Vernetzungen und Kooperationen der Fachstellen

Kooperation der Akteure bedarf eines verlässlichen Rahmens, um eine reibungslose Koordinierung der Hilfen zu gewährleisten. Kooperationspartner_innen können in einem/r Kooperationsvertrag bzw. -vereinbarung die Aufgaben, Verantwortlichkeiten, Schnittstellen und Übergaberegeln sowie ihre gemeinsamen Anforderungen an die Hilfeerbringung und deren Bewertung festhalten. So kann beispielsweise die Frage des Datenschutzes, die bei (drohenden) Wohnungsverlusten regelmäßig tangiert ist und häufig eine wirksame Prävention verhindert, geklärt werden, indem die Akteure unter Berücksichtigung aller relevanten rechtlichen Möglichkeiten und des Datenschutzes präventive Hilfen inhaltlich und strukturell in ihrer Kooperationsvereinbarung verankern.

Im Folgenden werden nun die wesentlichen Kooperationspartner_innen und sozialen Dienste der Fachstellen und deren Vernetzung beschrieben (Deutscher Verein 2013, S. 10 ff. sowie Busch-Geertsema u. a. 2014).

4.4.1 Fachstelle und Jobcenter

Einer der wichtigen Kooperationspartner_innen der Fachstellen in der Prävention von Wohnungslosigkeit sind Jobcenter. Die Gewährung von im SGB II und im SGB XII geregelten Leistungen zur Wohnungssicherung ist die gemeinsame Schnittstelle zwischen diesen Institutionen, wobei die Leistungsverpflichtung beim kommunalen Träger liegt.

Für ein gezieltes und effektives Zusammenwirken der beiden Partner in der Wohnungssicherungsarbeit sind verbindliche Regelungen zwischen der jeweiligen Fachstelle und dem Jobcenter entscheidend. Jeweils abhängig von den örtlichen Bedingungen müssen deren Kooperationen so gestaltet werden, dass diese zu einer Bündelung der Kompetenzen und Leistungen für die von der Wohnungslosigkeit Bedrohten beitragen und eine Zersplitterung der Zuständigkeiten weitestgehend vermeiden können. (ebd.)

Die GISS-Evaluationsstudie zeigt, dass durch solche Kooperationen bessere Ergebnisse erzielt werden, als wenn die Fachstellen und Jobcenter die Leistungen zur Wohnungssicherung in getrennter Zuständigkeit erbringen, was häufig der Fall ist. (Busch-Geertsema u. a. 2014, S. 20)

4.4.2 Fachstellen und freie Träger der Wohnungslosenhilfe

Die Leistungen der Wohnungslosenhilfe werden bundesweit durch freie Träger der Wohlfahrtspflege erbracht. Deren Fachkräfte kennen die Ursachen von Wohnungsnotfällen und die zu ihrer Überwindung notwendigen Hilfen, sind mit der individuellen Lebenssituation der betroffenen Hilfebedürftigen vertraut. Daher versteht sich, dass Fachstellen die Wohnungslosenhilfe als Partnerin mit eigenem Wirkungsfeld eng in die eigene Arbeit einbinden und beide sich in einer Kooperation gegenseitig ergänzen. Es können Personen in Wohnungsnotfällen angesprochen werden, die von der Fachstelle in der Regel nicht erreicht oder nicht ausreichend versorgt werden.

Es sollten gemeinsam auf Grundlage eines Kooperationsvertrages oder von Leistungsvereinbarungen Maßnahmen entwickelt werden, „die dazu beitragen, den persönlichen Erstkontakt mit Personen und Haushalten in Wohnungsnotfällen zu verbessern, Kontaktabbrüche zu vermeiden und die Betroffenen, soweit es im Einzelfall erforderlich ist, zu stabilisieren." (Deutscher Verein 2013, S. 12 f.)

4.4.3 Kooperation mit weiteren sozialen Diensten und Einrichtungen

Von Wohnungslosigkeit bedrohte Menschen brauchen, wie bereits oben skizziert, neben den Wohnhilfen häufig andere Hilfen, da sie sich in anderen Notlagen befinden. Daher müssen sich die Fachstellen mit den anderen bestehenden sozialen Diensten und Einrichtungen in der jeweiligen Region vernetzen. So können diese dann einbezogen werden, wenn Unterstützung außerhalb der Wohnungssicherung und der Überwindung besonderer sozialer Schwierigkeiten benötigt wird. Menschen in Wohnungsnotfällen haben Schwierigkeiten v. a. in den Bereichen Arbeitslosigkeit, Schulden, Sucht, Straffälligkeit oder Erziehungsprobleme, wenn Kinder vorhanden, sodass entsprechende soziale Dienste und Einrichtungen eingeschaltet werden sollten, das Einverständnis der Betroffenen vorausgesetzt. (ebd., S. 14)

Eine Besonderheit stellt hierbei die Kooperation mit Sozialdiensten der Justizvollzugsanstalten dar. Denn die Situation der Menschen bei (kürzeren) Inhaftierungen hinsichtlich der Weiterzahlung von Mieten ist insgesamt kompliziert und erfordert daher klare und verbindliche Vorgaben inklusive entsprechender Verfahrensregelungen für die Beteiligten. (ebd., S. 16 f. sowie Busch-Geertsema u. a. 2014, S. 20)

4.4.4 Kooperation mit der Wohnungswirtschaft

Die Wohnungsunternehmen stellen in der Wohnungssicherungsarbeit bedeutende Kooperationspartner dar, da der Wohnungsmarkt in dem für die Betroffenen in Frage kommenden Segment zum Teil extrem umkämpft ist und die Wohnungsunternehmen den Zugang zu benötigtem Wohnraum für die Klientel der Fachstellen erleichtern können.

Daher ist eine adäquate Kooperation mit Wohnungsunternehmen und privaten Vermietern eine weitere zentrale Säule in der Wohnungssicherungsarbeit.

Gelingt es, dass „die Beteiligten bereit sind, aufeinander zuzugehen, bestehende Interessengegensätze zu überbrücken und ein gemeinsames Zielverständnis zu entwickeln" (Deutscher Verein, 2013, S. 15), so können zwischen den Akteur_innen Kontingente ausgehandelt werden, um die Menschen in Wohnungsnot mit (Ersatz-)Wohnraum zu versorgen und so die Gefahr der Wohnungslosigkeit abzuwenden.

4.4.5 Kooperation und Vernetzung im ländlichen Raum

In den Landkreisen können Netzwerke relevanter Akteur_innen „unter Einbeziehung der Wohnungswirtschaft und der freien Träger sowie einer kreisweit arbeitenden und verbindlich abgesicherten Koordinationsstelle zur Verhinderung von Wohnungsverlusten und zur Integration in Wohnraum hilfreich sein. Eine solche verbindliche Netzwerkstruktur kann auch deshalb nützlich sein, weil die Problemlagen und der Problemdruck in großen und kleinen Gemeinden eines Landkreises zum Teil sehr unterschiedlich sein können." (ebd., S. 20)

4.5 Fallbezogene Netzwerkarbeit in der Wohnungssicherung

Hierbei geht es um eine individuelle Wohnungssicherung, die vorhandene Ressourcen der Betroffenen stärkt, neue soziale Kontakte schafft, wechselseitige Unterstützung der Menschen im Umfeld des Klienten sowie die Entwicklung unterstützender Gemeinschaften zur Verhinderung von Belastungen ermöglicht und so zu dem Erhalt und der Wiedererlangung von Privatwohnraum durch frühzeitige Intervention bei individuellen Wohnungsnotfällen beiträgt. Diese bedarfsgerecht auszurichtende Arbeit erfolgt bzw. sollte erfolgen durch eine Fachstelle zur Wohnsicherung. Fachkräfte dort betreiben eine möglichst frühzeitige Krisenintervention, die im Idealfall nicht erst erfolgt, wenn die Räumungsklage ansteht, und treffen Kooperationsabsprachen zur frühzeitigen Information mit den Wohnungsunternehmen. Die Fachstelle ist mit der Schuldnerberatung stark vernetzt, um die von Wohnungslosigkeit Bedrohten ganzheitlicher und nachhaltiger bei drohendem Wohnungsverlust wegen fehlender Mietzahlungen und Überschuldung unterstützen zu können. Diese ergänzen ihre Arbeit um Elemente der sozialen Wohnbegleitung – gegebenenfalls in Zusammenarbeit mit anderen Trägern und unter finanzieller Beteiligung der Wohnungsunternehmen. Damit die Nachhaltigkeit ihrer Arbeit besser gewährleistet werden kann, weiten sie ihre Arbeit um Mietsicherung (z. B. Einkommensabtretung, Vereinbarungen mit Arbeitgebern) sowie die Vermittlung sozialer Hilfen aus.

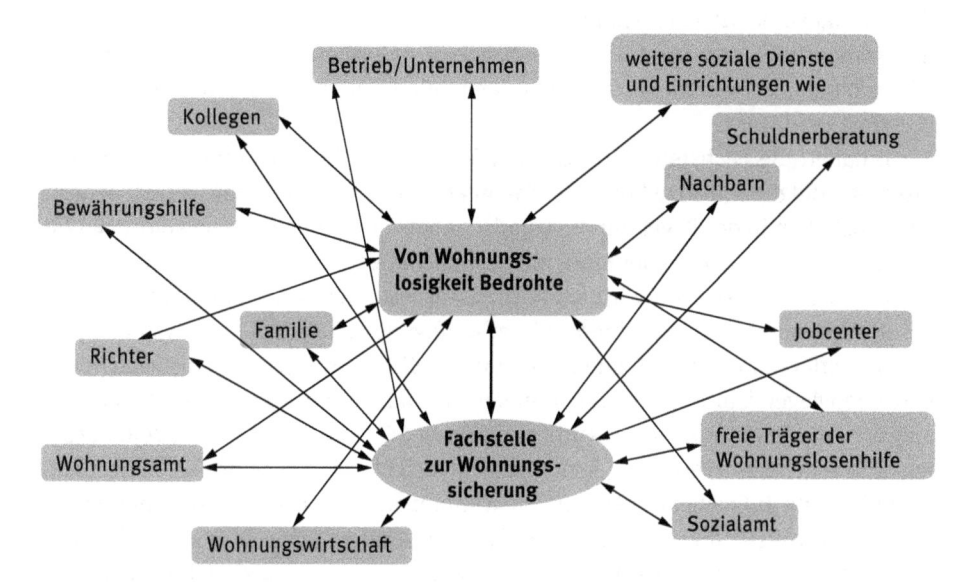

Abb. 6: Netzwerkarbeit im Rahmen fallspezifischer Wohnungssicherung
Quelle: Eigene Darstellung.

Prozesse der fallspezifischen Wohnungssicherung
Diese beginnen in der Regel mit einer Kontaktaufnahme, werden dann mit der Analyse und Einschätzung der Lage sowie der hierauf aufbauenden individuellen Hilfeplanung fortgesetzt.

1. Kontaktaufnahme bzw. Zugang zu den wohnungssichernden präventiven Hilfen
Die Kontaktaufnahme mit den von der Wohnungslosigkeit Bedrohten bzw. deren Zugang zu den wohnungssichernden präventiven Hilfen erfolgt auf unterschiedlichen Wegen.

Bei etwa der Hälfte der Wohnungsnotfälle erhalten die zuständigen Stellen frühzeitig Kenntnis über bedrohte Wohnverhältnisse, während sie bei den Städten und Gemeinden diese Information erst erhalten, wenn die gesetzlich normierten Mitteilungspflichten der Amtsgerichte und der Gerichtsvollzieher im Rahmen der Mitteilungen im Zivilprozessverfahren über Räumungsklagen wegen Mietschulden oder über

Zwangsräumungstermine durch die Stadt/Kommune greifen. Nur gut zwei Fünftel der kommunalen Fachstellen erhalten auch Kenntnis über bedrohte Wohnverhältnisse von Wohnungsunternehmen (Busch-Geertsema u. a. 2014, S. 17). Der Zugang zu den wohnungssichernden präventiven Hilfen erfolgt gelegentlich auch über Beratungsstellen oder Anwälte. Wenn Betroffene Kenntnisse über die örtlichen Fachstellen haben, so erfolgt die Kontaktaufnahme durchaus auch durch Betroffene in Eigeninitiative bei den zuständigen Stellen selbst. Die Studie von Busch-Geertsema u. a. verdeutlicht, dass die Fachstellen schneller Informationen über Wohnungsnotfälle erhalten, je mehr sie in gut funktionierende Informationsnetzwerke eingebunden sind. (ebd.)

Erhalten die Fachstellen frühzeitig Informationen über bedrohte Wohnverhältnisse, so erfolgen sofortige Kontaktaufnahmen zu den von Wohnungsverlust bedrohten Haushalten in der Regel durch postalische Anschreiben mit einem sofortigen Beratungsangebot in Form einer Einladung zu einem Gesprächstermin.

In der Fachdiskussion wird empfohlen, insbesondere bei erfolglosen Anschreiben Hausbesuche durchzuführen, was allerdings regelhaft nur bei etwas mehr als einem Viertel der entsprechenden Fälle durchgeführt wird. (ebd.) Hausbesuche finden überwiegend in Städten und weniger in ländlichen Gegenden statt, da diese aufgrund der Entfernungen wesentlich größeren Zeitaufwand erfordern, Zeit, die selten ausreichend zur Verfügung steht. Es zeigt sich aber, „dass über die konsequente Durchführung aufsuchender Hilfen von Wohnungsverlust bedrohte Haushalte nicht nur nahezu vollständig erreicht werden können, sondern auch, dass sich auf diesem Weg Wohnungslosigkeit häufig vermeiden lässt. Umgekehrt zeigt sich in den Orten der Fallstudien aber auch, dass ein nicht unerheblicher Teil der von Wohnungslosigkeit bedrohten Haushalte ohne Kontakt zum System der Hilfen bleibt und damit auch keine Unterstützung bei der Überwindung der Krisensituation erhält." (ebd.)

2. Situationsanalyse/Einschätzung der Lage

Gleich zu Beginn des Hilfeprozesses muss mit den von Wohnungslosigkeit bedrohten Personen und anderen Betroffenen gemeinsam ihre Situation ermittelt, analysiert und die Ursachen des drohenden Wohnverlustes, der wirtschaftliche und persönliche Hilfebedarf sowie die Selbsthilfe- und Mitwirkungsfähigkeit abgeklärt werden.

Neben der Ermittlung der soziodemographischen Daten und anderer Daten wie bestehende Vertragsverhältnisse (Mietverhältnis, ggf. Arbeitsvertrag, Darlehensverträge) müssen weitere wichtige Fragestellungen (Zugehörigkeit zum Personenkreis der Wohnungsnotfälle, Zeitdauer der schwierigen Lebenssituation, derzeitige Unterkunftssituation, derzeitiger Unterkunftsstatus, finanzielle Situation, Notwendigkeit aktueller Kriseninterventionen) geklärt, Ressourcen und Defizite sowie die Selbsthilfekräfte ermittelt und nicht zuletzt ausgehandelt werden, welche Bedarfslagen auch an weiter gehenden Hilfen wie Arbeitsvermittlung, Eingliederungshilfe, Schuldnerberatung, psychosoziale Beratung oder Suchtberatung bestehen.

3. Zielbestimmung

Ist der Hilfebedarf festgestellt, werden gemeinsam Ziele für den Hilfeprozess bearbeitet und konkretisiert. Sodann erhalten die Betroffenen in der Regel eine Beratung über geeignete Lösungsmöglichkeiten zur Abwendung des Wohnungsverlustes wie die Möglichkeit eines Darlehens oder privatrechtliche Regelung der Mietschulden z. B. über Ratenzahlungen. Es wird ferner gemeinsam überlegt, wie ein Unterstützungsnetzwerk aus privaten und institutionellen Netzwerkpartnern geschaffen werden kann, das die Wohnungslosigkeit des Betroffenen verhindern soll. Hierbei werden die Betroffenen zur Ausnutzung von Selbsthilfefähigkeiten und zur Inanspruchnahme von gegebenenfalls angezeigten weiteren sozialen Hilfen motiviert, um die psychosoziale Situation zu stabilisieren.

4. Hilfeplanung

Bei Bedarf an persönlichen Hilfen sollte gemeinsam mit dem/der Betroffenen ein individueller Hilfeplan erstellt werden, der an seiner/ihrer persönlichen Situation anknüpft und Angaben zu angestrebten und vereinbarten Zielen der Hilfeerbringung sowie den Zwischenschritten und vereinbarten Hilfen aus Sicht der im Hilfeprozess Beteiligten enthält.

5. Hilfeerbringung

Die konkrete Hilfe wird neben der Beratung in Form von Unterstützung bei der Geltendmachung von Ansprüchen, Vermittlung und Begleitung in andere Hilfeangebote, Unterstützung bei der Beschaffung und Erhaltung einer Wohnung, Mitwirkung bei der Sicherstellung des notwendigen Lebensunterhalts im Rahmen der gesetzlichen Bestimmungen in enger Zusammenarbeit mit den zuständigen Sozialleistungsträgern, Stärkung der Selbsthilfekräfte, Verbesserung der Möglichkeit zur sozialen Teilhabe und wirtschaftliche Stabilität von Betroffenen, Krisenintervention, Wohnsicherung als Akuthilfe sowie weitergehende, befähigende Hilfen, wie Haushaltsorganisationstraining und ggf. Vernetzung zu frühen Hilfen erbracht. Zur Beratung gehören neben der Vermittlung von Grundinformation über die Hilfeangebote am Ort und allgemeinen Lebensberatung auch Existenzsicherungsberatung und Schuldnerberatung im Sinne der Vernetzungsaufgabe der Fachstelle sowie mediative Konfliktberatung. Im letzteren Fall wird gemeinsam mit Mieter_innen und Vermieter_innen im Streitfall nach konstruktiven Lösungen gesucht.

Von besonderer Bedeutung können in manchen Fällen auch bedarfsgerechte aufsuchende Hilfen im Bereich der Wohnungssicherung sein (siehe hierzu: Busch-Geertsema u. a. 2014, S. 17 sowie Gerull 2002, S. 89–96). Diese werden in der Regel als Hausbesuche durchgeführt, um die Personen in Wohnungsnotfällen, die von sich aus keine Hilfe in Anspruch nehmen, anzusprechen und so zur Erhöhung der Wirksamkeit der Prävention von Wohnungslosigkeit beizutragen. Bei der Entscheidung über die Ausgestaltung von aufsuchenden Hilfen sollten rechtliche, wirtschaftliche und fachliche Gesichtspunkte abgewogen werden.

Zu beachten ist ferner, dass eine aufsuchende Hilfe für die Adressat_innen prinzipiell freiwillig ist und das grundgesetzlich garantierte Recht auf Unverletzlichkeit der Wohnung durch das Angebot sowie die im Sozialhilferecht verankerte Mitwirkungspflicht der Hilfebedürftigen nicht berührt werden darf.

5. Kontrolle/Evaluation
Nach Möglichkeit sollte der Prozess der Wohnungssicherung auch eine Kontrollphase enthalten, in der in bestimmten zeitlichen Abständen (drei bis sechs Monaten) nach letztem Kontakt gemeinsam mit dem Betroffenen überprüft wird, ob die Unterstützung durch das Netzwerk greift, die Lebenssituation stabil geblieben ist oder neue Herausforderungen aufgetreten sind, die weitere Unterstützung notwendig machen.

4.6 Fallübergreifende und interinstitutionelle Wohnungssicherung

Diese Form der wohnungssichernden Netzwerkarbeit richtet sich an institutionelle Netzwerke, die eine geplante Gestaltung von unterstützenden Strukturen der Vernetzung von Organisationen erfordert. In den verschiedenen Foren der Netzwerkarbeit werden zum einen Informationen über Ressourcen ausgetauscht und zum anderen Themen erörtert, die in gemeinsame institutionenübergreifende Projekte münden können.

Abb. 7: Institutionelle Netzwerke zur Wohnungssicherung
Quelle: Eigene Darstellung.

Zentrale Akteure sind dabei die Vertreter_innen der Präventionsfachstellen, die Kommunalverwaltungen (Sozialamt, Ordnungsamt/Rathaus), die Jobcenter, die freien Träger der Wohlfahrtspflege und die Wohnungswirtschaft (siehe unter 4.3). Je nach örtlichen Gegebenheiten kommen Rechtsanwälte, Räumungsfirmen/Speditionen, Arbeitgeber, Inkasso/Schufa, Gerichtsvollzieher, Gerichte, Banken und Polizei als weitere Akteure in Frage.

Unter der wohnungssichernden fallübergreifenden und interinstitutionellen Netzwerkarbeit lassen sich bisweilen alle Einzelmaßnahmen in den Kommunen zusammenfassen, die gemeinsam von Netzwerkpartnern unternommen werden, um bedarfsgerechten Wohnraum zu sichern und zu beschaffen, insbesondere (Städtetag Baden-Württemberg 2010, S. 3 f.)

- Bereitstellung von Wohnraum für besondere Bedarfsgruppen ohne/mit sozialer Begleitung z. B. durch Vereinbarungen mit Wohnungsunternehmen,
- gezielte und systematische gemeinsame Wohnungsakquisition für besondere Bedarfsgruppen,
- Einsatz der Landeswohnraumförderung zur Schaffung von Wohnraum für Einpersonenhaushalte, Familien und für besondere Bedarfsgruppen ohne/mit sozialer Begleitung
- zielorientierte Sozialplanung und Wohnungsmarktanalysen, um frühzeitig besondere Bedarfsgruppen mit Zugangsbarrieren zum Wohnungsmarkt zu erkennen.

Diese Art der Wohnungssicherung soll auf- bzw. ausgebaut werden, um durch gezielte Strategien ausreichenden Wohnraum für besondere Bedarfsgruppen in der jeweiligen Gemeinde zu gewinnen. Auch wenn dies in der Regel unter der Federführung der Kommunen geschieht, spielen die Vernetzungen und Kooperationen der Fachstellen zur Wohnungssicherung im Rahmen der fallunabhängigen genauso wie der fallbezogenen Wohnungssicherungsarbeit eine entscheidende Rolle.

4.7 Beispiele für die Umsetzung der Netzwerkarbeit

Es gibt bundesweit zahlreiche Beispiele für die Umsetzung der Netzwerkarbeit in der Wohnungssicherungsarbeit. Im Folgenden werden einige davon aus Baden-Württemberg beschrieben (Liga der freien Wohlfahrtspflege in Baden-Württemberg e. V. 2014):

Die Fachstelle zur Verhinderung von Wohnungslosigkeit in Stuttgart koordiniert alle notwendigen Hilfen und Dienste fallverantwortlich und macht für SGB II und XII verbindliche Lösungsvorschläge. Räumungsklagen werden von den Amtsgerichten zentral an die Fachstelle gemeldet.

Die Fachstelle Wohnungssicherung in Karlsruhe fasst nicht nur die Leistungen nach SGB II und XII zusammen, sondern betreibt darüber hinaus auch Wohnraumakquise, leistet ordnungsrechtliche Unterbringung sowie Sozialplanung für die Hilfen nach §§ 67 ff. SGB XII und bietet Schuldnerberatung an.

Im Kreis Esslingen ist eine zentrale Fachstelle eingerichtet worden, die zersplitterte Zuständigkeiten in Landkreisstrukturen bündelt. „Die Zuständigkeit für Mietrückstände wurde aus der Zuständigkeit des Jobcenters (SGB II) herausgenommen und auf das Kreissozialamt (SGB XII) übertragen. Dorthin gehen die Mitteilungen der Amtsgerichte über Räumungsklagen. Mit dem Konzept gelingt die Einbeziehung der Ordnungsämter von Gemeinden und Städten, der Wohnbaugesellschaften, der Schuldnerberatungsstellen und der Sozialen Dienste, die mit aufsuchender Hilfe auch besondere soziale Schwierigkeiten ermitteln können. In einer hohen Zahl von Fällen kann hier drohender Wohnungsverlust abgewendet werden." (ebd., S. 21 f.)

Im Landkreis Lörrach haben die Städte Lörrach und Weil am Rhein Fachstellen für Wohnungssicherung eingerichtet, die in Delegation neben den Jobcentern und dem Landkreis ebenfalls die Mitteilungen über Räumungsverfahren vom Amtsgericht und die Zwangsräumungsmitteilungen von den Kommunen erhalten. Diese kooperieren einzelfallbezogen sehr eng mit dem Landkreis und dem Jobcenter, mit kommunalen Wohnbaugesellschaften, Schuldnerberatungsstellen, den Trägern der freien Wohlfahrtspflege und den Ordnungsämtern.

An mehreren Standorten in der freien Wohlfahrtspflege in Baden-Württemberg e. V. gibt es niedrigschwellige Übergangswohnmöglichkeiten für junge Erwachsene bis 25 Jahren mit der Problematik des Wohnungsverlusts, die einer Verfestigung von Wohnungslosigkeit erfolgreich entgegenwirken sollen.

„Um verallgemeinerbare konzeptionelle Eckpunkte für andere Orte abzuleiten, ist es notwendig, weiteres Erfahrungswissen zu generieren." (ebd.) So fördert das Bundesministerium für Familie, Senioren, Frauen und Jugend (BMFSFJ) mitunter ein „Modellprojekt Fachstelle Wohnungssicherung mit dem Schwerpunkt von Hilfen für Familien im ländlichen Raum", das im Zeitraum von 2014–2016 läuft und in dem die Tätigkeit der oben genannten Fachstellen in den Städten Lörrach und Weil am Rhein auf den Landkreis Lörrach ausgeweitet wird. Die wissenschaftliche Evaluation dieses Modellprojekts erfolgt durch den Autor des vorliegenden Beitrags.

5 Schlussbemerkung

Die vorausgegangenen theoretischen Überlegungen zeigen, dass Netzwerkarbeit eine geeignete Methode für eine erfolgreiche Wohnungssicherungsarbeit ist.

Viele Akteure sind mit den Wohnungsnotfällen mit dem Ziel der Vermeidung von Wohnungslosigkeit befasst. Das Erreichen dieses Ziels der Wohnungssicherungsarbeit setzt eine enge Kooperation mit den beteiligten Stellen und Behörden sowie den freien Trägern und eine Vernetzung der Hilfeangebote zur Überwindung besonderer sozialer Schwierigkeiten unter Berücksichtigung der Schnittstellen der einzelnen Hilfearten voraus.

Die Netzwerkarbeit ist eine Methode, durch die vermieden werden kann, dass der Personenkreis, der von Wohnungslosigkeit bedroht ist, zwischen den einzelnen Hilfesystemen pendelt und ein in Ansätzen bereits bestehendes Parallelsystem sich verfestigt und weiterentwickelt.

Des Weiteren können durch den gemeinsamen Informationsaustausch und die arbeitsteilige Zusammenarbeit die Fachlichkeit der Beteiligten erhöht, Hierarchiestufen und lange Dienstwege abgebaut und so die Produktivität der Arbeit gesteigert werden. Ferner kann die Wirksamkeit der einzelnen Maßnahmen kontrolliert, deren Umsetzung beschleunigt und eine bessere Abstimmung der einzelnen beteiligten Einrichtungen gewährleistet werden. (Bullinger/Nowak 1998, S. 150)

Hierbei spielen Fachstellen zur Vermeidung und Behebung von Wohnungslosigkeit eine entscheidende Rolle. Deren Konzept und Organisationsmodell hat sich durch die Ergebnisse diverser Studien (zuletzt: Busch-Geertsema u. a. 2014) als zielführend erwiesen. Ein weiterer Ausbau von Fachstellen zur Wohnungssicherung mit einer konkreten, den lokalen Gegebenheiten und Voraussetzungen angepassten Organisationsform ist daher begrüßenswert. Das gilt insbesondere für ländlich strukturierte Räume in den Landkreisen, aber auch für größere Städte.

Netzwerkarbeit muss dabei sowohl im theoretischen Konzept als auch im praktischen Handlungsmodell der Wohnungssicherungsarbeit der Fachstellen verankert sein.

Literaturverzeichnis

BAG Wohnungslosenhilfe e. V. (2010): Positionspapier der Bundesarbeitsgemeinschaft Wohnungslosenhilfe e. V. zur Wohnungsnotfalldefinition, beschlossen vom Vorstand der BAG W in seiner Sitzung am 23. April 2010. URL: http://www.bagw.de/de/themen/wohnen/position_wohnen.html

BAG Wohnungslosenhilfe e. V. (2013) (Hrsg.): Zahl der Wohnungslosen in Deutschland weiter angestiegen. Pressemitteilung vom 01.08.2013. URL: http://www.bagw.de/de/presse/Pressearchiv~81.html (02.01.2015).

BAG Wohnungslosenhilfe e. V. (2014): Positionspapiere der Bundesarbeitsgemeinschaft Wohnungslosenhilfe e. V. URL: http://www.bagw.de/de/publikationen/pos-pap/position_wohnen.html (02.01.2015).

Barth, S. (1998): Individualisierung und Soziale Beziehungen. URL: http://www.stephan-barth.de/Homepage-Aufsaetze/Individualisierung.pdf (03.01.2015).

Böhm, B./Janßen, M./Legewie, H. (1999): Zusammenarbeit professionell gestalten. Praxisleitfaden für Gesundheitsförderung, Sozialarbeit und Umweltschutz. Freiburg im Breisgau 1999.

Bourdieu, P. (1983): Ökonomisches Kapital – Kulturelles Kapital – Soziales Kapital. In: Kreckel, R. (Hrsg.): Soziale Ungleichheiten. Göttingen 1983, S. 183–198.

Brocke, H. (2003): Soziale Arbeit als Koproduktion. In: Stiftung Sozialpädagogisches Institut (SPI): Jahresbericht 2002/2003. Berlin, S. 8–21. URL: http://www.stiftung-spi.de/download/stiftung/jahresberichte/jb_2003.pdf (02.01.2015)..

Budde, W./Früchtel, F./Hinte, W. (Hrsg.) (2006): Sozialraumorientierung. Wege zu einer veränderten Praxis. Wiesbaden 2006.

Bullinger, H./Nowak, J. (1998): Soziale Netzwerkarbeit. Eine Einführung. Freiburg im Breisgau 1998.

Bundeszentrale für politische Bildung (2014): Wohnen. Aus Politik und Zeitgeschichte 20–21/2014, Beiträge zur Wochenzeitung Das Parlament. URL: www.bpb.de/system/files/dokument_pdf/APuZ_2014-20-21_online.pdf (02.02.2015)

Busch-Geertsema, V. (1997): Normal Wohnen ist nicht nur besser, es ist auch billiger. Bremen 1997.

Busch-Geertsema, V./Evers, J./Ruhstrat, E.-U. – GISS Gesellschaft für innovative Sozialforschung und Sozialplanung e. V. (2014): Prävention von Wohnungslosigkeit in Nordrhein-Westfalen. Bremen 2014.

Deutscher Verein (2013): Empfehlungen des Deutschen Vereins zur Prävention von Wohnungslosigkeit durch Kooperation von kommunalen und freien Trägern vom 11. September 2013. URL: http://www.deutscher-verein.de/05-empfehlungen/wohnungslosenhilfe/Empfehlungen_zur_Praevention_von_Wohnungslosigkeit_durch_Kooperation_von_kommunalen_und_freien_Traegern/(22.12.2014).

Duden online (2015). Suchwort: Netzwerk. URL: http://www.duden.de/rechtschreibung/Netzwerk (03.01.2015).

Endres, E. (2011): Vernetzung – Was ist das und wie kann sie funktionieren? In: Gesundheit in Berlin-Brandenburg (Hrsg.): Dokumentation 16. bundesweiter Kongress Armut und Gesundheit. Berlin 2011. URL: http://www.ksfh.de/files/Lehrende/Vernetzung-Kongress-Armut-und-Gesundheit-Berlin-11-02-11.pdf (03.01.2015).

Erlacher, W./Lesjak, B. (2012): Soziale Vernetzung: Einheit und Widerspruch. In: Greif, H./Werner, M. (Hrsg.): Vernetzung als soziales und technisches Paradigma. Wiesbaden 2012, S. 47–76.

Fischer, J./Kosellek, T. (Hrsg.) (2013): Netzwerke und Soziale Arbeit. Theorien, Methoden, Anwendungen. Weinheim/Basel 2013.

Galuske, M. (2006): Methoden der Sozialen Arbeit. Eine Einführung. 5. Auflage. Weinheim 2006.

Gerull, S.: Aufsuchende Hilfen in der Wohnungssicherung. Theoretische Überlegungen. In: Soziale Arbeit, Nr. 3/2002, S. 89–96. URL: http://www.susannegerull.de/pdfs/aufsuchende_hilfen.pdf (03.01.2015).

Gögercin, S. (1999): Case Management in der Jugendsozialarbeit. In: Jugend Beruf Gesellschaft, 50. Jg., 2/1999, S. 101–105.

Gögercin, S. (2001): Case Management in der Jugendsozialarbeit. In: Fülbier, P./Münchmeier, R. (Hrsg.): Handbuch Jugendsozialarbeit. Bd. 2, Münster 2001, S. 977–984.

Gögercin, S. (2012a): Familienrat mit Migrantenfamilien. In: Soziale Arbeit, 61. Jg., 3/2012, S. 98–105.

Gögercin, S. (2012b): Familienrat und sozialräumliche Netzwerkarbeit mit Familien mit Migrationshintergrund. In: Migration und Soziale Arbeit, 34. Jg., 2/2012, S. 156–167.

Groß, D./Holz, G./Boeckh, J. (2005): Qualitätsentwicklung lokaler Netzwerkarbeit. Ein Evaluationskonzept und Analyseraster zur Netzwerkentwicklung. Frankfurt a. M. 2005. URL: http://www.ostfalia.de/export/sites/default/de/pws/boeckh/downloads/Pontifex_1-2005.pdf (02.01.2015).

Groß, D. (2006): Determinanten erfolgreicher Netzwerkarbeit. In: Univation Institut für Evaluation (Hrsg.): Evaluation von Netzwerkprogrammen – Entwicklungsperspektiven einer Evaluationskultur. Köln 2006, S. 57–65. URL: http://www.univation.org/download/Gross_Input_050128.pdf (03.01.2015).

Hass, W./Petzold, H. (1999): Die Bedeutung der Forschung über soziale Netzwerke, Netzwerktherapie und soziale Unterstützung für die Psychotherapie. In: Petzold, H./Märtens, M. (Hrsg.): Wege zu effektiven Psychotherapien. Psychotherapieforschung und Praxis. Band 1: Modelle, Konzepte, Settings. Opladen 1999, S. 193–272.

Hass, W. (1997): Soziale Netzwerke im Gesundheitswesen. In: Sozialwissenschaften und Berufspraxis 20 (1997), 3, pp. 229–254. URL: http://www.ssoar.info/ssoar/bitstream/handle/document/3667/ssoar-sub-1997-3-hass-soziale_netzwerke_im_gesundheitswesen.pdf?sequence=1 (03.01.2015).

Heiner, M. (Hrsg.) (1988): Selbstevaluation in der sozialen Arbeit. Freiburg 1988.

Heiner, M. (Hrsg.) (1994):Selbstevaluation als Qualifizierung in der Sozialen Arbeit. Fallstudien aus der Praxis. Freiburg 1994.

Heinz, S. (2014): Prävention von Wohnungsnotfällen. Unveröffentlichtes PPP-Skript.

Hennig, M./Stegbauer, Ch. (Hrsg.) (2012): Die Integration von Theorie und Methode in der Netzwerkforschung. Wiesbaden 2012.

Hinte, W./Litges, G./Springer, W. (1999): Soziale Dienste: Vom Fall zum Feld – Soziale Räume statt Verwaltungsbezirke, Berlin 1999.

Hollstein, B. (2006): Qualitative Methoden und Netzwerkanalyse – ein Widerspruch? In: Hollstein, B./Straus, F. (Hrsg.): Qualitative Netzwerkanalyse. Konzepte, Methoden, Anwendungen. Wiesbaden 2006, S. 11–35.

Holzer, B. (2006). Netzwerke. Bielefeld 2006.

Iwwerks, B. (2013): Bedeutung von Netzwerkarbeit für SPFH. München 2013.

Kähler, H. D. (1983): Der professionelle Helfer als Netzwerker – oder: Beschreib' mir dein soziales Netzwerk, vielleicht erfahren wir, wie Dir zu helfen ist. In: Archiv für Wissenschaft und Praxis der sozialen Arbeit 14 (1983), 4, S. 225–244. URL: http://www.ssoar.info/ssoar/bitstream/handle/document/2749/ssoar-archsozarb-1983-4-kahler-der_professionelle_helfer_als_netzwerker.pdf?sequence=1 (20.12.2014).

Keupp, H./Röhrle, B. (1987): Soziale Netzwerke. Frankfurt 1987.

Keupp, H.: So weit die Netze tragen: Chancen und Mythen der Netzwerkarbeit. Skript des Vortrags beim 25. Kongress für Klinische Psychologie, Psychotherapie und Beratung am 02. März 2008 in Berlin. URL: http://www.dgvt.de/fileadmin/user_upload/Dokumente/Kongress/Kongress_2008/Keupp_NW-Charts.pdf (02.01.2015).

Laireiter, A. (1993): Begriffe und Methoden der Netzwerk- und Unterstützungsforschung. In: Laireiter, A. (Hrsg.): Soziales Netzwerk und soziale Unterstützung. Konzepte, Methoden und Befunde. Bern 1993, S. 15–44.

Laireiter, A. (2009). Soziales Netzwerk und soziale Unterstützung. In: Lenz, K./Nestmann, F. (Hrsg.): Handbuch Persönliche Beziehungen. Weinheim/München 2009, S. 76–99.

Liga der freien Wohlfahrtspflege in Baden-Württemberg e. V. (Hrsg.) (2014): Wohnst du noch? Reader zur landesweiten Aktionswoche „Armut bedroht alle". Stuttgart.

Lowy, L. (1988): Case Management in der Sozialarbeit. In: Mühlfeld, C. u. a. (Hrsg.): Soziale Einzelhilfe. Brennpunkte Sozialer Arbeit. Frankfurt 1988, S. 31–39.

Moewes, F. (2013): Die Rolle sozialer Netzwerke im Therapieprozess von Drogenabhängigen. Köln 2013.

Nestmann, F. (2010). Soziale Unterstützung – Social Support. In: Schröer, W./Schweppe, C. (Hrsg.): Enzyklopädie Erziehungswissenschaft Online. Weinheim 2010.

Pearson, R. (1997). Beratung und soziale Netzwerke. Eine Lern- und Praxisanleitung zur Förderung sozialer Unterstützung. Weinheim 1997.

Quelling, E./Nicolini, H. J./Graf, Ch./Starke, D. (2013): Praxiswissen Netzwerkarbeit. Wiesbaden 2013.

Röhrle, B./Laireiter, A. (2009): Soziale Unterstützung und Psychotherapie. Zwei eng vernetzte Forschungsfelder. In: Röhrle, B./Laireiter, A.-R. (Hrsg.): Soziale Unterstützung und Psychotherapie. Tübingen 2009, S. 11–46.

Röhrle, B. (1994): Soziale Netzwerke und soziale Unterstützung. Weinheim 1994.

Rosenke, W. (2011): Hilfen in Wohnungsnotfällen – Perspektiven für den ländlichen Raum, in: wohnungslos 3/2011, S. 116–119.

Santen van, E./Seckinger, M. (2003): Kooperation: Mythos und Realität einer Praxis. Opladen 2003.

Schubert, H. (2008): Netzwerkmanagement – Koordination von professionellen Vernetzungen. Wiesbaden 2008.

Städtetag Baden-Württemberg (2010): Empfehlungen des Städtetags Baden-Württemberg zur Weiterentwicklung des Systems der Wohnungslosenhilfe. Juni 2010. URL: http://www.kvjs.de/fileadmin/dateien/soziales/wolo/staedtetagspapier.pdf (02.01.2015).

statista.com (2015). URL: http://de.statista.com/statistik/daten/studie/183352/umfrage/meinung-zu-den-gruenden-fuer-obdachlosigkeit/(02.01.2015).

Staub-Bernasconi, S. (2007): Soziale Arbeit als Handlungswissenschaft. Systemtheoretische Grundlagen und professionelle Praxis – ein Lehrbuch. Stuttgart 2007.

Straus, F. (2004): Netzwerktypen und Netzwerkstrategien. In: Deutsches Jugendinstitut (Hrsg.): Konzepte und Strategien der Netzwerkarbeit. Reader der Tagung am 13.-15.10.2004, München 2004, S. 15. URL: http://www.berliner-bildungsagentur.de/tl_files/PDF/Reader_Netzwerkarbeit.pdf (03.01.2015).

Weidmann, S. (2009): Sozialraum und Netzwerke. Basa-Online Text.

Weyer, J. (Hrsg.) (2011): Soziale Netzwerke. Konzepte und Methoden der sozialwissenschaftlichen Netzwerkforschung. 2. aktualisierte und erweiterte Auflage. München 2011.

www.destatis.de (2014): Zahlen, Fakten ... URL: https://www.destatis.de/DE/ZahlenFakten/GesellschaftStaat/EinkommenKonsumLebensbedingungen/LebensbedingungenArmutsgefaehrdung/LebensbedingungenArmutsgefaehrdung.html (02.01.2015).

Rahel Gugel
6 Arbeitsfeld Prostitution: Gewöhnliches Marktgeschehen oder strukturelle Diskriminierung?

Eine rechtliche Analyse des deutschen regulatorischen Ansatzes

1 Einführung

„Was Freier tun, ähnelt einer Vergewaltigung" (Hesse 2014) – „Lustfeindlich und selbstgerecht" (Diez 2013) „Sexarbeiterinnen Opfer zu nennen ist doch keine Hilfe" (Rietz 2015) – „Hände weg von meiner Hure" (Simons 2013). Dieses Menü von Spiegel-online-Titeln der letzten zwei Jahre mag ein Beleg dafür sein, dass die kontroverse öffentliche Diskussion des Themas Prostitution in Deutschland seit Inkrafttreten des Prostitutionsgesetzes im Jahr 2002 keineswegs nachgelassen hat. Unbestritten dabei ist, dass im Prostitutionsmilieu seit 2002 Missstände und Auswüchse zugenommen haben und sich eine allgemeine Entgrenzung des Arbeitsfeldes zum Nachteil der Prostituierten abzeichnet. Zu nennen sind an dieser Stelle beispielhaft die mittlerweile im Milieu selbstverständlich formulierten Forderungen seitens der Freier nach ungeschützten Sexualpraktiken, die zunehmende Nachfrage nach sehr jungen Prostituierten, der enorme Druck auf das Preis-Leistungs-Verhältnis oder auch sog. „Flatrate-Angebote", „Geld-zurück-Garantien" oder „Gangbang-Partys" in Bordellen. Daneben ist ein Zuwachs von Freiern aus dem Ausland zu verzeichnen, die als Prostitutionstouristen Deutschland besuchen (Meyer et al. 2013). Konsens besteht auch darin, dass die soziale Lage der großen Mehrheit der Prostituierten in Deutschland immer noch hoch prekär ist und die gegenwärtigen rechtlichen Regelungen hinsichtlich des komplexen Arbeitsfeldes Prostitution angepasst bzw. überarbeitet werden müssen.

2 Der regulatorische Ansatz seit 2002 und seine Evaluation im Jahr 2007

Mit Erlass des ProstG im Jahr 2001[1] hat sich der deutsche Gesetzgeber für einen regulatorischen Ansatz im Umgang mit Prostitution entschieden. Ziel und Zweck des ProstG war laut Gesetzesbegründung, die rechtliche und soziale Diskriminierung Prostituierter zu beseitigen und zugleich ihr Arbeitsumfeld zu verbessern (BT-Drs. 14/5958,

---

[1] Das ProstG trat am 01.01.2002 in Kraft.

S. 4 ff.). Das ProstG intendierte damit ein Antidiskriminierungsgesetz zu sein. Ausdrücklich sollte es dabei ausschließlich der Verbesserung der rechtlichen und sozialen Lage der legal und freiwillig in der Prostitution arbeitenden Prostituierten dienen und nicht in irgendeiner Form Freier, bordellbetreibende Personen oder Dritte, die Interesse an der Prostitution anderer Personen haben, schützen oder stärken (BT-Drs. 14/5958, S. 4). Daneben erhoffte sich der Gesetzgeber durch die Trennung legaler Prostitution von illegalen Formen von Prostitution, Verbrechen im Milieu zurückzudrängen, die größtenteils der Organisierten Kriminalität zuzurechnen waren. Zu nennen sind hier neben Gewaltkriminalität und Sexualdelikten typischerweise Waffen- und Betäubungsmittelhandel und der Handel mit Menschen zum Zwecke ihrer sexuellen Ausbeutung. Intendierte Folge des ProstG sollte auch die Verbesserung der Arbeitsbedingungen in der Prostitution und die Erleichterung des Ausstiegs aus der Prostitution sein (BT-Drs. 14/5958, S. 5). Dem ProstG liegen für die Aufhebung der rechtlichen und sozialen Diskriminierung von Prostituierten zwei Ansatzpunkte zugrunde: Die Legalisierung des Rechtsverhältnisses zum einen zwischen Prostituierter und Freier und zum anderen zwischen Prosituierter und bordellbetreibender Person. Die Prostituierte, die um ihren Lohn betrogen wird, hat seit Inkrafttreten des ProstG die Möglichkeit ihre Lohnforderung einzuklagen, denn der Vertrag über die sexuelle Dienstleistung wird nun nicht mehr rechtlich als sittenwidrig i. S. d. § 138 Abs. 1 BGB bewertet. Daneben versprach sich der Gesetzgeber durch die Möglichkeit abhängiger Beschäftigungsverhältnisse in der Prostitution gute Arbeitsbedingungen in Bordellen und die soziale Absicherung der Prostituierten. Folgerichtig reformierte der Gesetzgeber einige Straftatbestände und leitete einen Paradigmenwechsel im Strafrecht im Sinne des regulatorischen Ansatzes des ProstG ein: Weg vom „Schutz vor der Prostitution" hin zu einem „Schutz in der Prostitution" (Fischer 2009, § 180 Rn. 4.).[2] So sind heute Beschäftigungsverhältnisse in der Prostitution nicht mehr eine strafrechtlich relevante Förderung der Prostitution i. S. d. § 181a Abs. 1 Nr. 2 StGB a. F. Daneben bedurfte es strafrechtlicher Anpassungen hinsichtlich der Ausbeutung von Prostituierten (§ 180a Abs. 1 StGB) und der gewerbsmäßig fördernden Zuhälterei (§ 181a Abs. 2 StGB), die der neuen rechtlichen Bewertung von Prostitution Rechnung trugen. Zu nennen sind beispielhaft die nun als berechtigt bewerteten Interessen von bordellbetreibenden Personen und Dritten an Gewinnmaximierung und einer Steigerung von Prostituierten-Freiern-Kontakten, denen in den entsprechenden Straftatbeständen Rechnung getragen werden musste. Typische Schwierigkeiten ergeben sich daneben bei Fragen der Abgrenzung der Straftatbestände der ausbeuterischen und der dirigistischen Zuhälterei zu dem rechtmäßig eingeschränkten Weisungsrecht

---

[2] von Galen (2004) kritisiert, dass der Gesetzgeber im Zuge des ProstG im Strafrecht weniger reformiert habe, als notwendig gewesen wäre. So beschreibe der Straftatbestand des § 181a I Nr. 2 StGB (dirigistische Zuhälterei) Handlungen, die in anderen Arbeitsbereichen als sozialübliche Handlungen von Arbeitgebern bewertet würden, was der Intention des ProstG, Beschäftigungsverhältnisse in der Prostitution zu schaffen, widersprechen würde; S. 103.

des Arbeitsgebers einer Prostituierten. Die rechtswissenschaftliche Literatur plädiert hier seit 2002 für eine restriktive Auslegung der Straftatbestände, um der neuen liberalen Bewertung von Prostitution durch das ProstG Rechnung zu tragen. Auch die Rechtsprechung hat seit 2002 die entsprechenden Straftatbestände nur sehr restriktiv angewendet. Für die Praxis bedeutet dies, dass an die Beweisführung für das Vorhandensein einer Ausbeutung von Prostituierten oder einer dirigistischen Zuhälterei sehr hohe Anforderungen gestellt werden und diese Straftatbestände deshalb nur selten als erfüllt gelten. Schon mit der Evaluierung des ProstG im Jahr 2007 (BMFSFJ 2007a) wurde deutlich, dass die Regelungen des ProstG weitgehend an der Lebensrealität der großen Mehrheit der Prostituierten vorbeigehen. Die Vorstellung des Gesetzgebers einer guten sozialen Absicherung von Prostituierten durch eine abhängige Beschäftigung in Bordellen hat sich als realitätsfern erwiesen: Die Mehrheit der Prostituierten wünscht keine abhängige Beschäftigung in der Prostitution, sondern arbeitet lieber als (Schein-)Selbständige. Das nur eingeschränkte Weisungsrecht eines Bordellbetreibers aus § 3 ProstG, das die sexuelle Selbstbestimmung der Prostituierten in einem Beschäftigungsverhältnis schützen soll, wird von den Prostituierten in der Praxis offenbar nicht als ausreichender Schutz vor Eingriffen in ihre sexuelle Selbstbestimmung bewertet (BMFSFJ 2007a, S. 15).[3] Aber auch die Mehrheit der Bordellbetreiber steht Arbeitsverträgen mit Prostituierten ablehnend gegenüber: Aufgrund des eingeschränkten Weisungsrechts könnten sie Prostituierten nicht vorschreiben, wie sie Freier zu bedienen hätten, andererseits müssten sie ihnen einen Lohn zahlen. Sie sahen darin eine beträchtliche Einschränkung und ein Risiko ihrer betriebswirtschaftlichen Kalkulation (BMFSFJ 2007b, S. 56). Insgesamt ließ sich nach den Ergebnissen der Evaluation seit Inkrafttreten des ProstG keine Verbesserung der sozialen Absicherung von Prostituierten verzeichnen. Weder die Statistik der Sozialversicherungsträger noch die von der Bundesregierung in Auftrag gegebene empirische Studie zeigten einen Anstieg der Meldungen von Prostituierten bei den Sozialversicherungen. Daneben hat nach den Ergebnissen der Evaluation die rechtliche Besserstellung keine Praxisrelevanz: die Prostituierten könnten ihre Entgeltforderung aus der sexuellen Dienstleistung gerichtlich durchsetzen, vorherrschende Praxis ist aber immer noch die Vorkasse. Entsprechend finden sich an deutschen Gerichten nahezu keine Klagen von Prostituierten auf ihre Entgeltforderung (BMFSFJ 2007b, S. 88 f.).

---

3 „Von 292 schriftlich befragten Prostituierten wünschte nur ein sehr kleiner Teil (17) auf jeden Fall einen Arbeitsvertrag als Prostituierte. Für etliche käme es auf die Bedingungen an (85). Über 60 % (178) standen einem Arbeitsvertrag jedoch mehr oder weniger ablehnend gegenüber. Von ihnen wollten 93 Befragte auf keinen Fall einen entsprechenden Arbeitsvertrag und 85 konnten sich dies nur schwer vorstellen." (BMFSFJ 2007a, S. 15).

3 Die sozialen Tatbestände des Arbeitsfelds Prostitution

Prostitution wird heute allgemein als Form einer geschlechtsbezogenen Erwerbstätigkeit im Sinne einer sexuellen Dienstleistung verstanden, bei der die Prostituierte ihre Körperlichkeit und Sexualität gegen eine monetäre Gegenleistung des Freiers anbietet. Dabei prägen die Spezifik der Körperlichkeit und Sexualität der Dienstleistung, die Wahllosigkeit der Freierauswahl sowie die emotionale Gleichgültigkeit prostitutiver Sexualkontakte den Vertrag zwischen Prostituierter und Freier (Malkmus 2005, S. 157). Das Arbeitsfeld Prostitution ist komplex und vielschichtig. Umfassend gilt jedoch, dass Prostitution nie eine ahistorische Konstante war, sondern immer eine soziale Praxis, in der die gesellschaftlichen und sozialen Gegebenheiten der jeweiligen Zeit ihren Niederschlag fanden. So spiegeln sich in der Prostitution seit jeher gesellschaftliche und soziale Aspekte der Zugehörigkeit zu einem Geschlecht oder einer sozialen Schicht wider. Um Aussagen über das Arbeitsfeld Prostitution machen zu können, müssen deshalb seine spezifischen sozialen Tatbestände ausgewertet werden. Für Deutschland erschwerend dabei ist, dass es hier keine verlässlichen und empirisch breit angelegten Daten gibt. Der deutsche Gesetzgeber zog vielmehr schon im Jahr 2001 bei Erlass des Prostitutionsgesetzes Daten heran, die hinsichtlich der beteiligten Personen in der Prostitution auf Schätzwerten beruhten, die vielfach aus den 1980er Jahren stammten (Gerheim 2012, S. 7).[4] Offizielle Daten finden sich auch nicht für Ausmaß und Gewinne der Sexindustrie in Deutschland. Die bereits im Jahr 2007 hinsichtlich der Ziel- und Zweckerreichung sehr ernüchternd ausgefallene Evaluierung des ProstG veranlasste weder die damalige noch die folgenden Bundesregierungen zu einer gezielten und systematischen Datenerhebung im Bereich der Prostitution und Sexindustrie, um ein konkreteres Bild des Arbeitsfeldes Prostitution zu erlangen. So stützt sich auch noch im Jahr 2015 die gegenwärtige Bundesregierung für ihre politische Entscheidung einer Novellierung des ProstG auf veraltete Daten und Schätzwerte. Stellungnahmen aus der Praxis (Polizei und Nichtregierungsorganisationen), wissenschaftliche Einzeluntersuchungen sowie nationale und internationale Analysen liefern dennoch eine hinreichende Evidenz, um Aussagen über soziale Grundtatbestände des Arbeitsfeldes Prostitution machen zu können. So gingen Schätzungen hinsichtlich des jährlichen Umsatzes der Sexindustrie in Deutschland schon im Jahr 2003 davon aus, dass dieser ca. € 14,5 Mrd. beträgt (Reichel/Topper 2003, S. 3 ff.). Unter der Sexindustrie sind nach dem Bericht des Ausschusses für die Rechte der Frau und Chancengleichheit des Europäischen Parlamentes alle Tätigkeiten zu verstehen, „die darauf abzielen auf legale oder illegale Weise sexuelle Dienste/Produkte in organisierter Form zu vermarkten und/oder zu verkaufen und Menschen – ob

---

[4] So wurde und wird bis heute in Deutschland von ca. 400.000 Prostituierten mit einem Migrantinnenanteil zwischen 60 % und 80 % und ca. 1,2 Millionen Freiern pro Tag ausgegangen. Ebd.

Kinder, Frauen oder Männer – zu Profitzwecken sexuell auszubeuten." (Europäisches Parlament 2004 S. 15). Entscheidende Profiteure des Milliardengeschäfts Prostitution sind also nicht etwa die Prostituierten selbst sondern all die Personen, die die Infrastruktur in der Hand halten. Experten der deutschen Polizei gingen im Jahr 2014 davon aus, dass das Prostitutionsmilieu in Deutschland „fast ausschließlich nicht durch Prostituierte gesteuert und beeinflusst" wird (Steiner 2014, S. 2). Eine Expansion der Sexindustrie mit gewaltigen Profiten belegen auch australische Zahlen aus den dortigen Bundesstaaten, in denen Prostitution legalisiert wurde (Sullivan 2012, S. 143 f.).

Richtet man den Blick auf das eigentliche Prostitutionsgeschäft zwischen Prostituierter und Freier, so ist offenkundig, dass Hauptanbieter von sexuellen Dienstleistungen Frauen sind, die Nachfrage hingegen mehrheitlich männlich ist. Dies belegen auch Schätzungen, die von einem Frauenanteil von 93 %, einem Männeranteil von 4 % und einem Anteil von transsexuellen Menschen von 3 % ausgehen. (TAMPEP 2007, S. 6). Prostitution ist demnach ein typischer „Frauenberuf". Der „Frauenberuf" Prostituierte unterscheidet sich jedoch in mehreren gravierenden Punkten von anderen „Frauenberufen" wie Sekretärin, Friseurin oder Erzieherin. An erster Stelle steht hier, dass für die Ausübung der Prostitution keine berufliche Qualifizierung erforderlich ist, die Prostituierte vielmehr den Job macht „ganz Weib" zu sein. Dabei tangiert Prostitution als sexuelle Dienstleistung in hohem Maße das sexuelle Selbstbestimmungsrecht der sich prostituierenden Frau. Hinzu kommen besondere Vulnerabilitätsfaktoren für Frauen in der Prostitution, die in anderen Dienstleistungssektoren und Arbeitsfeldern in dieser Verdichtung nicht existieren: Finanzielle Probleme (finanzieller Druck, Schulden, Armut, Arbeitslosigkeit und Obdachlosigkeit), Gewalt und Missbrauch, fehlende Schul- und/oder Berufsausbildung, fehlendes Selbstwertgefühl und Selbstvertrauen, Stigmatisierung und Diskriminierung und zuletzt psychischer Druck, Instabilität und ausbeuterische persönliche Abhängigkeiten (TAMPEP 2010, S. 113 f.). Bei Migrantinnen in der Prostitution (nach Schätzungen für Deutschland 60 %–80 %) kommen Faktoren hinzu, die deren soziale Lage noch verschärfen: Fehlende Deutschkenntnisse, häufiger Analphabetismus, ggf. fehlende Aufenthaltstitel. All dies führt zu sozialer Isolation und Exklusion (Junge 2013, S. 134 f.). Als Hauptfaktoren für den Eintritt von Frauen in die Prostitution gelten Frauenarmut und Frauenarbeitslosigkeit (Czarnecki et al. 2014, S. 7 f.). Folglich wollen viele der Frauen nur zeitlich begrenzt in der Prostitution arbeiten, um finanzielle Notlagen auszugleichen oder um Geld für ihre verarmten Familien häufig im südosteuropäischen Ausland anzusparen (Eickel 2009, S. 295). Daneben ist der Arbeitskontext der Prostitution seit jeher von einer hohen Gewaltprävalenz zulasten der sich prostituierenden Frauen geprägt. Studien belegen, dass Prostituierte im Arbeitskontext in erhöhtem Maße und um ein Vielfaches häufiger als die durchschnittliche weibliche Bevölkerung körperlicher, sexueller und psychischer Gewalt ausgesetzt sind. An erster Stelle stehen Freier, die neben verbaler Gewalt vielfach nicht vor physischer und sexueller Gewalt gegenüber Prostituierten zurückschrecken. Daneben üben Beziehungspartner und sogenannte Schutzpersonen oder Manager, Personen also, die vor 2002 regelmäßig rechtlich als Zuhälter klassifiziert wurden, neben physischer und sexueller Gewalt auch psychische Gewalt in Form von Dominanz- und Kontrollverhalten aus. Typisch sind hier ökonomische, soziale und sexuelle Kontrolle oder auch Drohungen, Einschüchterung, Demütigung und verbale Gewalt (Schröttle/Müller 2004, S. 85 ff.). Die hohe Gewaltprävalenz in der Prostitution korrespondiert mit offenen geschlechtsspezifischen und -hierarchischen Rollenzuweisungen, Stereotypen und Sexismen, wie sie in keinem anderen Tätigkeitsfeld zu finden sind und die in keinem anderen Arbeitsfeld gesellschaftlich akzeptiert würden. Offenkundig wird dies zum einen in den Werbestrategien und Internetauftritten der (Groß)Bordelle[5], die sich auf dem liberalisierten Markt häufig FKK- oder Wellnessclubs für Männer nennen. Die Neuausrichtung dieser Großbordelle bezweckt, den Einrichtungen den Charakter des klassischen Bordells zu nehmen, um so auch neue Kundenschichten zu erschließen. So finden sich besondere Angebote für Junggesellenabschiede, Senioren, aber auch für männliche Messegäste im bordelleigenen Hotel, denen sämtliche Angebote „all inclusive" zur Verfügung stehen und denen Tagungsräume für Konferenzen angeboten werden. Diesem Geschäftsangebot entspricht, dass in bestimmten Branchen nun Geschäftsabschlüsse regelmäßig ganz legal in Bordellen gefeiert werden oder auch Fragen nach Bordellbesuchen in Vorstellungsgesprächen für Stellen des gehobenen Managements gestellt werden (Grenz 2007, S. 158 f.). Besagte Praktiken sind allgemein Ausschlusskriterien für Frauen in diesen Branchen und zementieren die immer noch unbestritten bestehende vertikale und horizontale Segregation des deutschen Arbeitsmarktes. Eintragungen in Freierforen im Internet, in denen sich Freier über die sexuellen Dienste von Prostituierten austauschen und diese bewerten belegen exemplarisch ihre sexuelle Doppelmoral, abwertende Stereotypen von Frauen und weiblicher Sexualität und den allgemeinen Sexismus im Prostitutionsgewerbe und in der Sexindustrie in anschaulicher Weise. Das Bild einer Geschlechterhierarchie, in der Männer als (sexuell) dominant und Frauen als (sexuell) unterlegen angesehen werden, ist überall präsent. Im Gegensatz zu den Frauen in der Prostitution lässt sich hinsichtlich der männlichen Nachfrageseite feststellen, dass Männer jeder Altersstufe, jedes Familienstandes, jedes Bildungsniveaus und aus den verschiedensten Berufs- und Einkommensgruppen prostitutiven Sex konsumieren, wobei insgesamt der Anteil von Akademikern auffallend hoch ist (Kleiber 2000 zit. n. Gerheim, 2012, S. 15). *Grenz* kommt in ihrer empirischen Studie zu Freiern u. a. zu dem Schluss, dass Freier zwar überwiegend in Prostituierten ganz normale Frauen sehen, die ihren Job machen 'ganz Weib' zu sein, die impliziere jedoch nicht, dass sie Frauen außerhalb der Prostitution als ihnen sexuell gleichwertig oder gleichberechtigt ansehen oder dass sie eine Prostituierte als Partnerin für sich akzeptierten (Grenz 2007, S. 133). Nach *Kontos* besteht die Attraktion der Prostitution für Männer in Zeiten nach der sexuellen

---

[5] Siehe etwa Pascha (http://www.pascha.de), Paradise (http://www.the-paradise.de/), Artemis (http://www.fkk-artemis.de/page/), Zugriff: 03.02.2015.

Liberalisierung darin, dass zum einen bei prostitutiven Sexualkontakten keine Rücksichten auf Frauen und deren Bedürfnisse genommen werden muss und zum anderen auf eigene (sexuelle) Defizite mit professioneller Nachsicht reagiert wird (Kontos 2009, S. 199).

Die durch das ProstG intendierte Verbesserung der Arbeitsbedingungen hat sich für die überwiegende Mehrheit der Prostituierten nicht realisiert (Gugel 2011, S. 57 ff.). Nach Einschätzung der Polizei war im Jahr 2014 die Situation in Deutschland hinsichtlich der Prostituierten in den überwiegenden Fällen katastrophal (Steiner 2014, S. 1). Die Mehrzahl der betreffenden Frauen arbeitet dabei ohne ausreichende soziale Absicherung als Scheinselbständige (Gugel 2011, S. 57 f.; 99 ff.). Viele Bordellbetreiber nutzen die prekäre Situation der Prostituierten aus und vermieten vermeintlich sichere Räume in ihren Einrichtungen an die Frauen zu Wucherpreisen.[6] Der mit Inkrafttreten des ProstG steigende Wettbewerb auf dem Prostitutionsmarkt führte neben der Konkurrenzsteigerung und einem massiven Druck auf das Preis-Leistungs-Verhältnis auch zu einer allgemeinen Entgrenzung: Die schon erwähnten „Flatrate-Angebote", „Gangbang-Partys" und „Geld-zurück-Garantien" seitens Bordellbetreiber sind Ausdruck hierfür. Aufgrund von Ausdifferenzierungen der Leistungsorte, -nachfragen und -angebote und sinkender Preise funktionieren die ehemaligen Normen und Kontrollmechanismen im Gewerbe nicht mehr. An erster Stelle stehen hier allgemeine Regeln individuellen Aushandelns von Grenzen wie z. B. Benutzen von Kondomen, begrenzte Leistungskataloge u. a. Folge ist, dass der Druck auf die psychische, physische und sexuelle Integrität der Prostituierten größer wird. Profiteure sind die Freier. *Weppert* kommt schon im Jahr 2009 zu dem Schluss, dass „in der Prostitution [...] heute für weniger Geld wesentlich mehr Leistung unter riskanteren Arbeitsbedingen erbracht [wird] als noch vor 10 Jahren." (Weppert 2009, S. 262) Dazu gehört, dass männliche Kunden immer häufiger ungeschützten Geschlechtsverkehr verlangen, so dass sich Prostituierte gezwungen sehen, diesen aufgrund des Wettbewerbs und des finanziellen Drucks anzubieten (TAMPEP 2007, S. 7). Schätzungen ergeben, dass nur 65 % der deutschen Prostituierten und lediglich 45 % der ausländischen Prostituierten überhaupt Kontrolle über ihre Arbeitsbedingungen und vor allem über „safe-Sex" Praktiken haben (TAMPEP 2010, S. 115). Auch *Weppert* kommt zu dem Ergebnis, dass der Konkurrenzdruck und die Macht des freien Marktes und der Bordellbetreiber die sexuelle Selbstbestimmung der Prostituierten, d. h. einen elementaren Kernbereich

---

6 Der Bericht der Bundesregierung kommt hinsichtlich von Arbeitsverträgen in der Prostitution zu dem Ergebnis, dass Bordellbetreiber auch weiterhin nach außen nur als Vermieter der Räume auftreten und die Prostituierten dort pro forma als Selbständige arbeiten, auch wenn die Bordellbetreiber nach innen die Arbeitsbedingungen den Prostituierten detailliert vorgeben und damit de facto ein Beschäftigungsverhältnis zwischen Bordellbetreiber und Prostituierten gegeben ist. Der Bericht zieht daraus den Schluss, dass die „Fortsetzung dieser Praxis [...] den Bordellbetreiberinnen und -betreibern auch weiterhin eine maximale Gewinnabschöpfung ohne Arbeitgeberpflichten" ermöglicht. BMFSFJ (2007a) S. 16 f.

der Persönlichkeit, stark einschränken und sie zu massiven Gesundheitsgefährdungen zwingen (Weppert 2009, S. 262).

Daneben bezeichnen Vertreter_innen der Polizei das Prostitutionsmilieu immer noch als eines der kriminogensten Lebensbereiche unserer Gesellschaft (Steiner 2014, S. 2). Das Bundeskriminalamt erklärte im Jahr 2014, „dass sich der Menschenhandel zur sexuellen Ausbeutung nahezu ausschließlich im Prostitutionsmilieu abbildet." (Moritz 2014, S. 1) Wie seit jeher findet sich im Prostitutionsmilieu eine Art Parallelgesellschaft mit eigenen Hierarchien und Spielregeln, deren Verletzung rigoros geahndet wird. Besonders ausländische Frauen in der Prostitution mit ihren spezifischen und häufig kumulativ auftretenden Vulnerabilitätsfaktoren stehen dabei regelmäßig auf der untersten Hierarchieebene (Paulus 2011). Schon immer und auch nach Inkrafttreten des ProstG im Jahr 2002 war das Prostitutionsmilieu hinsichtlich der Nutzung oder Umgehung vorhandener staatlicher Regelungen und Regelungslücken flexibel und kreativ. Die Anpassungsfähigkeit diente dabei insbesondere der Gewinnoptimierung der Bordellbetreiber und war nach Einschätzung *Steiners* „fast ausschließlich zum Nachteil der Prostituierten." (Steiner 2014, S. 2). Dies belegen auch die sehr schlechten Arbeitsbedingungen und die drastischen Vulnerabilitätsfaktoren der überwiegenden Mehrheit der Frauen in der Prostitution.

Prostitution ist somit der „Frauenberuf", der am längsten und konsequentesten die tradierte Geschlechterhierarchie widerspiegelt. Im ganz überwiegend von männlichen Zuhältern und männlichen Freiern jeder sozialen Provenienz beherrschten „Gewerbe" führen die Prostituierten, die nicht zu den Profiteurinnen des liberalisierten Sexmarktes gehören, immer noch ein hoch prekäres Leben in faktischen Abhängigkeitsverhältnissen von profitierenden Dritten und in einem Milieu mit hoher Gewaltprävalenz. *Gerheim* sieht im Arbeitsfeld der Prostitution symbolische Gewalt manifestiert. Er versteht darunter „einen gleichursprünglichen Akt des Erkennens und (akzeptierenden) Verkennens von Macht- und Herrschaftsverhältnissen." (Gerheim 2012, S. 297). Mit der Annahme von käuflichem Sex als unabänderliche Institution werde verhindert, dass „die Struktur und Funktion der geschlechtsspezifischen und geschlechtshierarchischen Arbeitsteilung als historisch gewachsenes patriarchales Privilegiensystem und Dominanzverhältnis zu deuten." (Gerheim 2012, S. 297) Die kommerzielle Prostitution ist, obwohl lange in die Geschichte zurückreichend, keine Naturkonstante. Sie ist Ausdruck eines aus dem Patriarchat kommenden Geschlechterverhältnisses, das dem Mann die dominierende Stellung zuweist, und zwar auch in der sexuellen Beziehung.

4 Prostitution als strukturelle geschlechtsspezifische Diskriminierung

Strukturelle geschlechtsspezifische Diskriminierung ist eine mittelbar-faktische Diskriminierung aufgrund unterschiedlicher sozialer Ausgangschancen, die sich in ungleichen Ergebnissen widerspiegelt (Gugel 2011, S. 42 ff.). Anknüpfungspunkt ist ein neutrales Kriterium, welches erst durch das Zusammenwirken verschiedener gesellschaftlicher Faktoren ein Geschlecht faktisch diskriminiert. Die Geschlechtszugehörigkeit allein ist dabei nicht die einzige Ursache der Diskriminierung, so dass das Verbot einer strukturellen Diskriminierung nicht von einer conditio-sine-qua-non Formel abhängig gemacht werden darf. Eine unverhältnismäßig stärkere Betroffenheit eines Geschlechts für einen sozialen Tatbestand indiziert jedoch das Vorliegen einer geschlechtsspezifischen Diskriminierung, d. h. den Zusammenhang von Geschlechtszugehörigkeit und strukturellen gesellschaftlichen Faktoren (Engler 2005, S. 123). Kennzeichnend für eine strukturelle Diskriminierung ist, dass sich objektiv feststellbare gesellschaftliche Benachteiligungen, denen Frauen in der Lebensrealität begegnen, mit traditionellen Rollenzuschreibungen von Frauen und Männern verbinden (Franke/Sokol/Gurlit 1991, S. 19). Strukturelle Diskriminierung umfasst danach gesellschaftliche Gegebenheiten aber auch geschlechtsspezifische Sozialisation. Eine Intention der Benachteiligung muss dabei nicht vorliegen. Einzelne Faktoren für eine strukturelle Diskriminierung können demnach geschlechtsspezifische Chancen auf dem Arbeitsmarkt, geschlechtsspezifische Arbeitsteilung in Partnerschaft und Beruf, individuelle Erwartungen an Personen, die geschlechtsspezifische Lebensbilder widerspiegeln und die durch soziale oder rechtliche Regeln beeinflusst werden, oder auch sozialstrukturelle Gegebenheiten in Institutionen, in denen männliche lebensweltliche Deutungen dominieren, sein. Strukturelle Diskriminierung offenbart sich in faktischen Benachteiligungen in der Lebenswirklichkeit von Frauen, wie sie in Einkommensunterschieden, horizontaler und vertikaler Segregation des Arbeitsmarktes, schlechterer sozialer Sicherung, größerer Betroffenheit von Arbeitslosigkeit und Armut und weniger Einfluss in Wirtschaft, Politik oder Kultur zum Ausdruck kommt. Strukturelle Diskriminierung wird daher nur sichtbar, wenn soziale Tatbestände anerkannt und auch interpretiert werden.

Die Auswertung der sozialen Tatbestände im Arbeitsfeld der Prostitution lassen eine extrem ausgeprägte strukturelle geschlechtsspezifische Diskriminierung von Prostituierten sichtbar werden, wie sie in keinem anderen Tätigkeitsfeld auf dem deutschen Arbeitsmarkt zu finden ist. Es muss davon ausgegangen werden, dass sich diese seit jeher vorhandene strukturelle Diskriminierung der Frauen in der Prostitution durch die Macht des seit 2002 legalisierten freien Marktes in weiten Teilen verschärft hat.

5 Die Prämisse des regulatorischen Ansatzes in Form des ProstG

Das ProstG geht von der Prämisse eines liberalen Gesellschaftsmodells aus, in dem sich in der Prostitution zwei gleich starke Vertragspartner gegenüber stehen, sei es Prostituierte und Bordellbetreiber oder Prostituierte und Freier. Es geht damit zugleich in abstrakter Weise von in ihren Entscheidungen freien und gleichgestellten Individuen in der Gesellschaft aus. Prostitution ist danach außerhalb von Zwangsprostitution und anderen illegalen Formen eine unter anderen Erwerbstätigkeiten, die autonom und frei, daher freiwillig, gewählt wurde. Das ProstG blendet damit entscheidende Aspekte des vergeschlechtlichen und immer mehr auch hoch ethnisierten Phänomens aus: Prostitution als eine Tätigkeit, die mehrheitlich von einer besonders vulnerablen Gruppe von Frauen mit mehrdimensionaler Diskriminierung ausgeübt wird. Das im Jahr 2002 in Kraft getretene ProstG findet seinen Anwendungsbereich allein dort, wo Prostitution freiwillig und legal ausgeübt wird. Es setzt damit eine klare Differenzierung zwischen freiwilliger und unfreiwilliger Prostitution voraus. Der sog. Graue Bereich, bei dem die Prostituierte sich zwar rational für die Prostitutionsausübung entscheidet, sie jedoch in ihren tatsächlich vorhandenen Wahlmöglichkeiten aufgrund faktischer persönlicher oder gesellschaftlicher Gegebenheiten stark eingeschränkt ist, wird nach dem Konzept des ProstG der freiwilligen Prostitution zugerechnet. Diese Zurechnung ordnet eine defizitäre Freiwilligkeit, weil unter Faktoren struktureller Diskriminierung getroffenen Entscheidung, pauschal einer wirklich freien und autonomen Entscheidung zur Prostitutionsausübung zu und ignoriert damit die zugrunde liegenden strukturellen Ungleichheiten und Diskriminierungen wie sie in diesem sog. Grauen Bereich in besonderem Maße sichtbar werden. Das kollektive Phänomen von struktureller Diskriminierung und geschlechtshierarchischer Wirklichkeit in der Prostitution wird nach der Konzeption des ProstG über den Begriff der Freiwilligkeit und dem darin zugrunde liegenden Ideal der freien Selbstbestimmung mit real vorhandenen autonomen Handlungsoptionen individualisiert.

Der Gesetzgeber orientiert sich damit für die einfachgesetzliche Ausgestaltung eines Antidiskriminierungsrechts für Prostituierte in Form des regulatorischen Ansatzes verfassungsrechtlich an der Menschenwürdegarantie aus Art. 1 Abs.1 GG. Primat des Inhalts der Menschenwürdegarantie ist der einzelne Mensch in seiner freien Selbstbestimmung. So findet die Menschenwürde i. S. d. Art. 1 Abs.1 GG ihren Ausdruck in der Entscheidung jeder einzelnen Person, wie sie ihr Schicksal gestalten will. Damit hat sich das Grundgesetz für die Garantie einer größtmöglichen Selbstbestimmung und Autonomie des einzelnen Menschen entschieden. Folge ist, dass der einzelne Mensch zu allererst selbst bestimmt, was seine Würde ausmacht. Diese individuelle Freiheit stößt erst dann an ihre Grenzen, wenn Rechte anderer oder der Allgemeinheit beeinträchtigt werden. Danach ist es nicht Aufgabe des Staates, Menschen vor den Folgen ihrer Lebensentscheidung zu schützen, die diese in freier

Selbstverantwortung getroffen haben. Eine Einbeziehung der Umstände und sozialen Tatbestände, unter denen sich eine Entscheidung von Individuen bildet, findet nach der herkömmlichen Interpretation der Menschenwürdegarantie dabei nicht statt. Die freiwillige Entscheidung zur Prostitution, d. h. die Entscheidung zur Prostitution, die nicht auf äußerlichen Zwang beruht, wird deshalb als in freier Selbstverantwortung getroffene Entscheidung bewertet und ist damit zugleich Ausfluss der Menschenwürdegarantie.[7] Dies setzt allerdings voraus, dass Frauen, die sich für die Prostitutionsausübung entscheiden, reale Handlungsoptionen in der sozialen Lebenswirklichkeit und damit einen realen Spielraum für die Ausübung ihrer Selbstbestimmung haben. Dass diese Freiwilligkeit in einer sozialen Lebenswirklichkeit, die eine Geschlechterhierarchisierung in Form struktureller und sexueller Diskriminierung aufweist, nicht ohne weiteres angenommen werden kann, ist offensichtlich. So erkannte auch die Bundesregierung schon im Jahr 2007 an, dass es „eine soziale Realität [ist], dass viele Prostituierte sich in einer sozialen und psychischen Situation befinden, in der es fraglich ist, ob sie sich wirklich frei und autonom für oder gegen diese Tätigkeit entscheiden können." (BMFSFJ 2007a, S. 9).

6 Das Gleichberechtigungsgebot aus Art. 3 Abs. 2 Grundgesetz

Wie aufgezeigt ist die Menschenwürdegarantie aus Art. 1 Abs.1 GG keine geeignete Grundlage für ein Recht gegen strukturelle Diskriminierung von Prostituierten. Richtiger Bezugspunkt ist vielmehr das verfassungsrechtliche Gleichberechtigungsgebot aus Art. 3 GG.[8] Ein Verbot von mittelbar-faktischer und damit auch struktureller Diskriminierung von Frauen wird nach Teilen der rechtswissenschaftlichen Literatur aber auch nach der neueren Rechtsprechung des Bundesverfassungsgerichts zum Gleichberechtigungsgebot der Geschlechter von Art. 3 Abs. 2 GG erfasst. Art. 3 Abs. 2 GG erstreckt das Gleichberechtigungsgebot von Männern und Frauen auf die gesell-

---

[7] Siehe dazu auch BMFSFJ 2007a, S. 8. „Freiwilligkeit bedeutet in diesem Zusammenhang mit dem sexuellen Selbstbestimmungsrecht, dass Individuen frei über das „Ob", das „Wann" und das „Wie" einer sexuellen Begegnung entscheiden können."
[8] Art. 3 Grundgesetz
(1) Alle Menschen sind vor dem Gesetz gleich.
(2) Männer und Frauen sind gleichberechtigt. Der Staat fördert die tatsächliche Durchsetzung der Gleichberechtigung von Frauen und Männern und wirkt auf die Beseitigung bestehender Nachteile hin.
(3) Niemand darf wegen seines Geschlechtes, seiner Abstammung, seiner Rasse, seiner Sprache, seiner Heimat und Herkunft, seines Glaubens, seiner religiösen oder politischen Anschauungen benachteiligt oder bevorzugt werden. Niemand darf wegen seiner Behinderung benachteiligt werden.

schaftliche Wirklichkeit. So beinhaltet der staatliche Handlungsauftrag zum einen Schutzpflichten, die Frauen vor diskriminierenden Handlungen und Nachteilen auch seitens privater Dritter schützen (Osterloh 2009, Art. 2, Rn. 261 f.). Zum anderen beinhaltet er die Förderung des Abbaus mittelbar-faktischer, also auch struktureller Diskriminierungen durch aktive staatliche Maßnahmen. Die Rechtsprechung des Bundesverfassungsgericht billigte in der Fortentwicklung der Auslegung des Art. 3 Abs. 2 GG das Instrument der Typisierung, um Diskriminierungstatbestände zu erkennen. Anknüpfungspunkte für zulässige Typisierungen sind neben Nachteilen, die auf biologischen Unterschieden beruhen, auch faktische Nachteile, die typischerweise Frauen treffen und damit auch benachteiligende soziale Tatbestände (BVerfGE 74, S. 191, 207). Hinsichtlich der zu ergreifenden Maßnahmen zum Abbau von Diskriminierungen hat der Gesetzgeber einen Gestaltungsspielraum. Jedoch muss er in Bezug auf die erlassenen Schutzmaßnahmen immer beachten, dass er nicht selbst hierdurch die bestehenden Nachteile von Frauen zementiert (BVerfGE 109, S. 64, 90). *Baer* geht es bei ihrer asymmetrischen Interpretation des Art. 3 GG in besonderer Weise um die Überwindung sozialer Rollenzuweisungen der Geschlechter. Ihr genügt nicht, dass an die Wahrnehmung bestimmter sozialer Rollen keine Nachteile geknüpft werden dürfen. Sie sieht in der einfachen Veränderung der Rollenzuteilungen, nicht jedoch der Rollen an sich, keinen erfolgversprechenden Ansatz im Gleichheitsrecht. Denn dies sei nur sinnvoll, wenn die soziale Rolle vom Geschlecht wirklich getrennt werden könnte. Geschlechtsspezifische Rollenzuteilungen müssten darüber hinaus nicht komplementär sein. *Baer* fragt: „Könnten alle tauschen, würde dann überhaupt jemand die typischen Frauenberufe ausüben[...]?" (Baer 1995, S. 228). Abstrakt und hypothetisch müssten nach *Baer* soziale Rollen also so ausgestaltet sein, dass jede und jeder sie gegebenenfalls wählte. Die weibliche soziale Rolle müsste sich folglich auflösen: „Soweit die weibliche Rolle mit Sexualisierung und der Zuweisung schlecht bezahlter, weitgehend fremdbestimmter und unangenehmer Arbeiten, also Dingen, die niemand wählen würde, aufs engste verknüpft ist, löst sie sich damit auf." (Baer 1995, S. 228). *Baer* interpretiert Gleichheit der Geschlechter in diesem Sinne als Hierarchisierungsverbot. Bezugspunkt hierfür ist die Analyse der Interdependenz von Sexualität, Geschlecht und Macht, also die sozial hierarchisierte Lebenswirklichkeit (Baer 1995, S. 232). Danach muss Recht „in diesem Zusammenhang einzig auf die gesellschaftlich-hierarchische Bedeutung des Geschlechts als geschlechtlichen Unterschied reagieren, also auf soziale Tatbestände, in denen Menschen aufgrund ihrer Geschlechtszugehörigkeit benachteiligt werden." (Baer 1995, S. 235). Staatliches Handeln im Bereich von Diskriminierungen liegt danach immer dann vor, wenn der Staat in welcher Form auch immer, entweder soziale Asymmetrien verstärkt oder auch unangetastet lässt (Baer 1995, S. 235).

7 Das ProstG im Spannungsverhältnis zu Art. 3 Abs. 2 GG

Die Auswertung der sozialen Tatbestände im Arbeitsfeld der Prostitution zeigt, dass Prostitution Ausdruck struktureller geschlechtsspezifischer und damit mittelbar-faktischer Diskriminierung von Frauen ist und sich in ihr in besonders eklatanter Weise eine geschlechtshierarchische Gesellschaftsstruktur widerspiegelt, die auch sexuelle Diskriminierung von Frauen beinhaltet. Grundrechtlicher Bezugspunkt für eine Antidiskriminierungsgesetzgebung im Bereich von Prostitution muss deshalb Art. 3 Abs. 2 GG sein, da nur dieser mittelbar-faktische Diskriminierung von Frauen als grundrechtlich relevant anerkennt. Art. 3 Abs. 2 GG gewährleistet in Satz 1 nicht nur ein individualrechtliches Abwehrrecht, sondern statuiert darüber hinaus in Satz 2 sowohl eine staatliche Schutzpflicht, die sich auch auf diskriminierende Handlungen privater Dritter gegenüber Frauen erstreckt, als auch einen staatlichen Förderauftrag, mittelbar-faktische Diskriminierung durch aktive Maßnahmen abzubauen. Nach der Konzeption des Hierarchisierungsverbots aus Art. 3 Abs. 2 GG muss der Gesetzgeber darauf achten, wie sich bestimmte gesetzgeberische Maßnahmen auf die durch das Hierarchisierungsverbot geschützte Gruppe, vorliegend also auf Frauen, auswirkt. Der Schutz, den Art. 3 Abs. 2 GG gewährleistet, ist demnach asymmetrisch. Ein Antidiskriminierungsgesetz für Prostituierte muss deshalb in besonderer Weise gegen verfestigte Hierarchien wirken und sie letztendlich aufbrechen. Ziel staatlicher Maßnahmen im Bereich Prostitution muss damit sein, die Strukturen zu verändern, die in besonderem Maße geschlechtshierarchische Machtverhältnisse aufrechterhalten und verfestigen. Zwar bezweckte der Gesetzgeber mit dem ProstG ein Empowerment der Prostituierten hin zu selbstbestimmten handelnden Subjekten auf einem liberalisierten Sexmarkt. Jedoch orientierte sich der Gesetzgeber für die einfachgesetzliche Ausgestaltung an der Menschenwürdegarantie aus Art. 1 Abs. 1 GG, indem er in der Konzeption des ProstG an das Kriterium der Freiwilligkeit der Prostitutionsausübung in Abgrenzung von dem strafrechtlich relevanten Menschenhandel zum Zwecke der sexuellen Ausbeutung anknüpfte. Die freiwillige Entscheidung einer erwachsenen Person zur Prostitutionsausübung, d. h. jede Entscheidung, die nicht auf äußeren Zwang beruht, wird nach der Konzeption des ProstG als eine in freier Selbstverantwortung getroffene Entscheidung bewertet und ist damit zugleich auch Ausfluss der Menschenwürdegarantie aus Art. 1 Abs. 1 GG. Damit geht das ProstG zugleich in abstrakter Weise von freien und gleichberechtigten Individuen in der Gesellschaft aus, die in ihren Entscheidungen in keiner Weise von diskriminierenden Faktoren beeinträchtigt sind. Das ProstG ist somit schon von seiner Konzeption und verfassungsrechtlichen Orientierung her kein Antidiskriminierungsgesetz, das strukturelle geschlechtsspezifische Diskriminierung von Prostituierten in der sozialen Lebenswirklichkeit von Prostitution wirksam erfassen und letztendlich beenden kann, da es das kollektive Phänomen der Diskriminierung individualisiert. Die auch Jahre nach Inkrafttreten des ProstG weiter fortbestehende und teilweise verstärkte diskriminierende und geschlechterhierarchisierende Lebenswirklichkeit von Prostituierten bestätigen dies. Voraussetzung für das Aufbrechen einer geschlechtshierarchischen Lebenswirklichkeit in der Prostitution ist, dass der Gesetzgeber diese überhaupt als solche erkennt und damit Art. 3 Abs. 2 GG als Bezugspunkt für seine Gesetzgebung heranzieht. Damit muss die scheinbare Normalität von Prostitution in der Gesellschaft als eine diskriminierende, geschlechterhierarchisierende und damit gegen das Gleichberechtigungsgebot aus Art. 3 Abs. 2 GG verstoßende erkannt werden.

Nach Auswertung der sozialen Tatbestände im Arbeitsfeld der Prostitution erweist sich der regulatorische Ansatz des ProstG als untauglich zum Schutz und Abbau von Diskriminierung der Frauen in der Prostitution. Die Analyse der gesellschaftlichen und sozialen Lebenswirklichkeit von Prostituierten hat gezeigt, dass strukturelle geschlechtsspezifische und sexuelle Diskriminierung weiterhin in der Prostitutionswirklichkeit vorhanden sind und sie in einigen Bereichen, insbesondere aufgrund des steigenden Wettbewerbs und einer allgemein zunehmenden Entgrenzung im Prostitutionsgewerbe, sogar verstärkt wurden. Darüber hinaus hat das ProstG faktisch die Stellung von Bordellbetreibern, Sexindustrie und Freiern gestärkt, auch wenn die Gesetzesbegründung zum ProstG ausdrücklich festhält, dass dies nicht bezweckt war. Freier wurden insoweit faktisch gestärkt, als sie nun mit einer Prostituierten ein als nicht mehr sittenwidrig i. S. d. § 138 Abs. 1 BGB bewertetes und legales Rechtsgeschäft abschließen können. Dies hat gesamtgesellschaftlich zur Folge, dass die Inanspruchnahme sexueller Dienstleistungen von Prostituierten rechtlich und damit auch ethisch nicht mehr als zumindest problematisch angesehen werden muss. Die Legalisierung von Prostitution mit dem ProstG führt damit gesamtgesellschaftlich zugleich zu einer Normalisierung, gesellschaftlichen Akzeptanz und auch zu einer Zementierung einer geschlechterhierarchisierenden, von struktureller und sexueller Diskriminierung geprägten Lebenswirklichkeit, und zwar nicht nur von Prostituierten, sondern von allen Frauen. Dies machen – wie erwähnt – zunehmende Geschäftsabschlüsse und -essen in Bordellen oder auch Besuche von Bordellen nach Vorstellungsgesprächen deutlich, die eindeutig Ausschlusskriterien für Frauen in diesen Berufsbranchen oder Führungsebenen sind. Das allgemein fortbestehende Gleichberechtigungsdefizit zwischen den Geschlechtern, wie es etwa in der Segregation des Arbeitsmarktes zum Ausdruck kommt, wird damit zementiert. Freier, Bordellbetreiber, Zuhälter und die gesamte Sexindustrie profitieren von dem ProstG. Die grundsätzliche Entkriminalisierung von Beschäftigungsverhältnissen in der Prostitution machen diese Personen nun zu gesellschaftlich und rechtlich aufgewerteten Kunden bzw. zu legalen „Personen des Managements im Bereich der Prostitution." (v. Galen 2004, S. 122). Interesse an Gewinnmaximierung und einer Steigerung von Prostituierten-Freier-Kontakten kann ihnen als legalen Marktteilnehmern nicht mehr ohne weiteres abgesprochen werden, es wird vielmehr als ihr berechtigtes Interesse anerkannt. Als Ergebnis ist festzuhalten, dass mit dem ProstG die seit jeher bestehende tatsächliche Asymmetrie im Geschlechterverhältnis der Prostitutionswirklichkeit nicht angetastet, sie vielmehr verstärkt und zementiert wurde und zwar auch mit negativen gesamtgesellschaftlichen Auswirkungen: Die Asymmetrie der Geschlechterverhältnisse verstärkt sich durch die Frauenrolle, die durch Sexindustrie und Prostitution aber auch durch Politik und Medien als vorgeblich modern-liberal, emanzipiert und gesellschaftsfähig verbreitet werden. Insgesamt ist das ProstG damit nur eine formalrechtliche Korrektur hinsichtlich der vor dem Jahr 2002 bestehenden rechtlichen und sozialen Diskriminierung von Prostituierten. Mit dem ProstG wurden Regelungen geschaffen, die keine Relevanz in der Lebenswirklichkeit von Prostituierten haben und deshalb auch nicht zu tatsächlichen Verbesserungen, insbesondere zu einem Rückgang der strukturellen geschlechtsspezifischen und sexuellen Diskriminierung von Prostituierten geführt haben. Der regulatorische Ansatz des ProstG steht damit im krassen Widerspruch sowohl zu der staatlichen Schutzpflicht aus Art. 3 Abs. 2 Satz 2 GG als auch zu dem Förderauftrag aus Art. 3 Abs. 2 Satz 2 GG, mittelbar-faktische Diskriminierung durch aktive staatliche Maßnahmen abzubauen.

8 Resümee und Ausblick

Angesichts der bekannten Missstände in der sozialen Lebenswirklichkeit von Prostituierten in Deutschland ist es umso erstaunlicher, dass auch heute noch die große Mehrheit in Politik, Medien, Gesellschaft und Wissenschaft die Entscheidung für den regulatorischen Ansatz im Jahr 2002 grundsätzlich nicht in Frage stellt. So werden die sozialen Tatbestände im Arbeitsfeld der Prostitution nicht ernsthaft ausgewertet und auch keine geschlechtsspezifische strukturelle Diskriminierung diskutiert. Weiterhin bezieht man sich allein auf die individuelle Ebene im Sinne der freiwilligen Entscheidung für die Tätigkeit und löst damit Prostitution aus ihrem gesellschaftlichen Kontext. Dabei werden immer wieder dieselben Argumente vorgebracht: Mit Einführung des ProstG im Jahr 2002 sei formal die soziale und rechtliche Diskriminierung beendet worden, was jeder einzelnen Prostituierten zumindest die Möglichkeit eröffnet habe, den Weg aus vielfachen Abhängigkeiten und fehlender sozialer Absicherung hin zu Selbstbestimmung und echter Freiwilligkeit bei der Prostitutionsausübung zu finden (Kavemann/Raabe 2009, S. 303 ff.). Damit wird häufig eine angeblich zeitgemäße und progressive Neubewertung der Prostitutionstätigkeit verbunden: Prostitution als normale Arbeit, als Sexarbeit. Prostituierte bewegen sich danach als selbstbestimmte Subjekte auf einem liberalisierten Sexmarkt, sei es als Selbständige oder als normale Arbeitnehmerinnen in Bordellbetrieben. Politisch wird damit eine egalitären Geschlechterpolitik mit neoliberalem Selbstmanagement verbunden (Kontos 2009, S. 349). Festgehalten wird auch an der Annahme, dass in Theorie und Praxis freiwillige Prostitution vom strafrechtlich relevanten Menschenhandel zum Zwecke der sexuellen Ausbeutung klar trennbar sei. In diesem Sinne hält die gegenwärtige Bundesregierung an dem mit dem ProstG im Jahr 2002 eingeschlagenen Weg fest. Eine Novellierung des ProstG hauptsächlich durch gewerberechtliche Regulierungsansätze soll Prostituierten künftig besseren Schutz gewährleisten (BMFSFJ 2015). Inhaltlich geht es um regelmäßig zu wiederholende obligatorische Anmeldepflichten der Prostituierten mit einer verpflichtenden medizinischen Beratung. Freigestellt bleibt es den Prostituierten, ob sie sich hierbei auch medizinisch untersuchen lassen wollen. Daneben ist geplant, Prostitutionsstätten einer gewerberechtlichen Erlaubnispflicht und Freier einer Kondompflicht zu unterlegen (BMFSFJ 2015; CDU/CSU 2015). Durch diese Maßnahmen verspricht sich die Bundesregierung sowohl Mindeststandards an Sicherheit und Arbeitsbedingungen und Schutz der Prostituierten vor Gewalt und Zwang, als auch allgemein mehr Transparenz im Prostitutionsmilieu (Czarnecki et al. 2014, S. 28 f.; SPD 2014). Stimmen, die auf struktureller Ebene das Arbeitsfeld der Prostitution als extrem geschlechterhierarchisierend und diskriminierend bewerten, finden sich in Deutschland nur sehr vereinzelt. Auch das Anzweifeln einer trennscharfen Abgrenzungsmöglichkeit zwischen legalen und illegalen Formen von Prostitution und damit das weitgehende Herauslösen legaler Prostitution aus kriminellen Bezügen, findet wenig Gehör. Kritische Stimmen, die Prostitution per se als Praxis der Würdeverletzung jeder einzelnen Prostituierten bewerten, sind in der deutschen Debatte kaum vernehmbar. Ihnen allen, als ewig Gestrigen, wird regelmäßig vorgeworfen zu moralisieren, einen feministischen Paternalismus zu verfolgen oder einen rückwärtsgewandten ideologisierten Diskurs zu führen (Czarnecki et al. 2014, S. 27 f; Balmer 2013; Frommel 2014.). Diesem Vorwurf kann jedoch entgegengehalten werden, dass objektiv messbare Faktoren und soziale Tatbestände, die auf eine extrem ausgeprägte strukturelle geschlechtsspezifische Diskriminierung im Arbeitsfeld der Prostitution rückschließen lassen, die grundsätzliche Kritik daran nicht nur legitimieren sondern vielmehr dringend erforderlich machen.

Kritiker der geplanten gewerberechtlichen Erlaubnispflicht für bordellbetreibende Personen sehen die Möglichkeit, die Zuverlässigkeitsprüfung der bordellbetreibenden Personen durch Strohmänner bzw. -frauen zu umgehen. Daneben wird von polizeilicher Seite befürchtet, dass die Anwendung des § 38 GewO (Erlaubnispflicht) für den Bereich des Betriebs von Prostitutionsstätten nicht praxisorientiert sei, denn „[...] Außendienstmitarbeiter der Gewerbeämter [müssten] sich auf einmal in einem Umfeld mit gewachsenen kriminellen Strukturen bewegen und [wären] eigentlich nicht in der Lage [...] möglicherweise vorhandene Indikatoren für Straftaten wie Menschenhandel und ähnlichem zu erkennen." (Steiner 2014, S. 5). Es kann mit guten Gründen bezweifelt werden, dass sich die Organisierte Kriminalität, die seit jeher fest im Prostitutionsmilieu verankert ist, durch gewerberechtliche Regelungen von ihren ausbeuterischen und daneben hoch profitablen Praktiken zulasten der Frauen in der Prostitution abhalten lässt. Dies belegen auch die Erfahrungen aus den Bundesstaaten in Australien, die eine Legalisierung von Prostitution einführten: Das Zurückdrängen der Organisierten Kriminalität im legalisierten Prostitutionssektor konnte nicht erreicht werden. Daneben zeigen die Erfahrungen aus Australien, dass die dortige Gesetzgebung sich immer wieder neu der Herausforderung stellen muss, einen Markt zu regulieren, dessen Grenzen sich ständig ändern und ausdehnen. *Sullivan* bezeichnet dies als „inherent weakness of a system that legalizes certain prostitution acts under certain conditions, hoping that other forms of sexual exploitation will simply disappear." (Sullivan 2012, S. 155). Die strukturelle geschlechtsspezifische Diskriminierung der Frauen in der Prostitution kann daher, wie bereits ausgeführt, nicht durch das Festhalten am regulatorischen Ansatz mit einer Novellierung des ProstG beendet werden. Auch ein intendierter verbesserter Schutz der Frauen in der Prostitution durch Maßnahmen wie die geplanten Anmelde-, Erlaubnis- oder Kondompflichten tasten letztendlich nicht die grundsätzlichen geschlechtsspezifischen Rollenverteilungen und Hierarchien in der Prostitution an: Sowohl die strukturell fest verankerte weibliche soziale Rolle als Anbietende aufgrund verheerender sozialer Tatbestände und Vulnerabilitätsfaktoren als auch die strukturell fest verankerte männliche soziale Rolle als Nachfrageseite gerade ohne diese sozialen Tatbestände und Vulnerabilitätsfaktoren bleibt bestehen. Auch ist durch die geplante Novellierung des ProstG nicht zu erwarten, dass von nun an die Prostituierten die entscheidenden Profiteurinnen des Prostitutionsgeschäfts sein werden, sondern weiterhin sind dies Dritte, die die Infrastruktur in den Händen halten. Die sozialen Asymmetrien in der Prostitution bleiben damit unangetastet. Prostitution an sich wird nach wie vor als quasi naturgegebene Praxis akzeptiert und mit dem regulatorischen Ansatz sogar gesellschaftlich aufgewertet und normalisiert. Dies erscheint vor dem Hintergrund einer Gesellschaft, die der Gleichberechtigung der Geschlechter verfassungsrechtlich verpflichtet ist und die politisch in vielen Lebensbereichen versucht, diskriminierende Geschlechterrollen aufzubrechen, paradox. *Kontos* sieht in dem gegenwärtigen deutschen regulatorischen Ansatz im Umgang mit Prostitution einen langfristigen Trend zur Normalisierung der Prostitution, der die Prostituierten, die Freier und die bordellbetreibende Personen vom Verdikt der Unmoral und der Sanktionsgewalt des Strafrechts befreit, aber männliche Ansprüche auf die sexuelle „Zuarbeit" von Frauen verallgemeinert (Kontos 2009, S. 350). „Die Selbstverständlichkeit und die Ungeniertheit, mit der Männer in hegemonialen Positionen heute auf sexuelle Dienstleistungen zur Bewältigung ihres stressigen Alltags zurückgreifen, von Clinton über Friedmann bis Volkert, sind nur die medienwirksamen Inszenierungen für einen solchen verallgemeinerten Anspruch, der zwischen Prostituierten, Praktikantinnen und „brasilianischen Geliebten" keinen großen Unterschied mehr macht und in der weniger aufwändigen Form der Wellness-Clubs und sexuellen Service-Agenturen auch dem kleineren Mann zugestanden wird" (Kontos 2009, S. 350 f.).

Aus Art. 3 Abs. 2 GG folgt indes ein klarer Handlungsauftrag des Staates, die Ursachen der strukturellen Diskriminierung zu beseitigen. Dies beinhaltet die Strukturen in der Prostitution aufzubrechen, die verfestigte geschlechtsspezifische Rollenverteilungen und Hierarchien aufrechterhalten. Ein Ansatzpunkt hierfür kann die Sanktionierung der Nachfrageseite aller sexuellen Dienstleistungen sein, bei dem der Freier sanktioniert wird, Prostituierte jedoch nicht. Mit der Kriminalisierung der Nachfrageseite findet damit ein Fokuswechsel statt, weg von der Prostituierten hin zum

Freier. Es gibt die Beispiele Schwedens, Norwegens, Islands und neuerdings auch Frankreichs und Kanadas, die ein strafrechtliches Sexkaufverbot eingeführt haben bzw. kurz davor stehen. Allen diesen Staaten ist gemeinsam, dass in der Nachfrage die entscheidende Ursache für das Phänomen der Prostitution gesehen wird. Prostitution an sich wird dabei als schwerwiegendes Hindernis zur Erreichung einer sozialen Geschlechtergleichheit bewertet und als erhebliches soziales Problem und zwar nicht nur für die sich prostituierende Person sondern für die gesamte Gesellschaft.[9] Aufgrund der engen Verflechtung der Organisierten Kriminalität und hier speziell der Menschenhändlerringe mit dem gesamten Prostitutionsmilieu, differenzieren diese Staaten nicht zwischen freiwilliger Prostitution und strafrechtlich relevanten Formen der Prostitution. Politisches Ziel des „Null-Toleranz-Ansatzes" ist es deshalb auch, als Zielländer für Menschenhändlerringe nicht mehr attraktiv zu sein. In Schweden wurde das entsprechende Gesetz 2010, in Norwegen 2014 grundsätzlich positiv evaluiert (Swedish Institute 2010; Rasmussen et al. 2014). Auch auf europäischer Ebene wächst die Erkenntnis, dass der regulatorische Umgang mit Prostitution wie ihn Deutschland und auch die Niederlande praktizieren wenig erfolgsversprechend ist. So forderte das Europäische Parlament im Februar 2014 auf Grundlage des sog. Honeyball-Berichts (Honeyball 2014) die EU-Mitgliedstaaten auf, dem sog. „nordischen Modell" des Sexkaufverbots zu folgen (Europäisches Parlament 2014). Dies erfordert indes ein grundsätzliches Umdenken in der deutschen Prostitutionsdebatte. Damit tun sich Politik, Gesellschaft und Wissenschaft in Deutschland immer noch sehr schwer.

Literaturverzeichnis

Baer, S. (1995): Würde oder Gleichheit? Zur angemessenen grundrechtlichen Konzeption von Recht gegen Diskriminierung am Beispiel sexueller Belästigung am Arbeitsplatz in der Bundesrepublik Deutschland und den USA, Baden-Baden 1995.

Balmer, R. (2013): Gegen den Strich, in: Die Tageszeitung, 05.12.2013, http://www.taz.de/!128817/, Zugriff: 20.08.2014.

---

[9] Fact Sheet „Prostitution and trafficking in human beings", Swedish Ministry of Industry, Employment and Communications, April 2005. „Why does prostitution exist? As with other forms of violence committed by men against women, prostitution is a gender specific phenomenon; the overwhelming majority of victims are women and girls, while the perpetrators are invariably men. Prostitution and trafficking in human beings requires a demand among men for women and children, mainly girls. If men did not regard it as their self-evident right to buy and sexually exploit women and children, prostitution and trafficking in human beings for sexual purposes would not exist. Human traffickers and pimps profit from women's and girls' economic, social, political and legal subordination. The fact that women who suffer additional oppression, such as racism, are strongly over-represented in the global prostitution industry is clear evidence of this.

Brückner, M./Oppenheimer, C. (2006): Lebenssituation Prostitution. Sicherheit, Gesundheit und soziale Hilfen, Königstein 2006.
Budde, M. (2006): Die Auswirkungen des Prostitutionsgesetzes auf die Sozialversicherung, Baden-Baden 2006.
Bundesministerium für Familie, Senioren, Frauen und Jugend (Hrsg.) (2007a): Bericht der Bundesregierung zu den Auswirkungen des Gesetzes zur Regelung der Rechtsverhältnisse der Prostituierten (Prostitutionsgesetz – ProstG), 2007.
Bundesministerium für Familie, Senioren, Frauen und Jugend (Hrsg.) (2007b): Untersuchung „Auswirkungen des Prostitutionsgesetzes". Abschlussbericht, 2007.
Bundesministerium für Familie, Senioren, Frauen und Jugend (2015): Prostitution: Mehr Schutz für Frauen, 04.02.2015, http://www.bmfsfj.de/BMFSFJ/gleichstellung,did=213300.html, Zugriff: 11.02.2015.
CDU/CSU Fraktion im Deutschen Bundestag (2015): Mehr Schutz und Sicherheit für Prostituierte. Koalition bringt Verbesserungen für Prostituierte auf den Weg, 04.02.2015, https://www.cducsu.de/presse/pressemitteilungen/mehr-schutz-und-sicherheit-fuer-prostituierte, Zugriff: 12.02.2015.
Czarnecki, D./Engels, H./Kavemann, B./Steffan, E.Schenk, W./Türnau, D. (2014): Prostitution in Deutschland – Fachliche Betrachtung komplexer Herausforderungen, Berlin 2014, http://www.stiftung-gssg.de/upload/Prostitution_Final.pdf, Zugriff: 23.02.2015.
Diez, G. (2013): Lustfeindlich und selbstgerecht, in: spiegel online, 06.12.2013, http://www.spiegel.de/kultur/gesellschaft/kolumne-von-georg-diez-ueber-alice-schwarzer-a-937575.html, Zugriff: 23.02.2015.
Eickel, M. (2009): Neu Starten. Berufliche Integration für Prostituierte bei MADONNA e. V. in Bochum, in: Kavemann, Barbara/Raabe, Heike (Hrsg.), Das Prostitutionsgesetz, Opladen 2009, S. 286–302.
Engler, N. (2005): Strukturelle Diskriminierung und substantielle Chancengleichheit. Eine Untersuchung zu Recht und Wirklichkeit der Vereinbarkeit von Familie und Beruf im Gemeinschafts- und Verfassungsrecht; dargestellt am Beispiel der mittelbaren Diskriminierung von Frauen in Teilzeitbeschäftigung, Frankfurt a. M. 2005.
Europäisches Parlament (2004): Bericht über die Konsequenzen der Sexindustrie in der Europäischen Union, A5-0274/2004.
Europäisches Parlament (2014): Pressemitteilung vom 26.02.2014 http://www.europarl.europa.eu/news/de/news-room/content/20140221IPR36644/html/Die-Freier-bestrafen-nicht-die-Prostituierten-fordert-das-Parlament, Zugriff: 10.02.2015.
Fischer, T. (2009): Strafgesetzbuch und Nebengesetze, München 2009.
Francke, R./Sokol, B./Gurlit E. (1991): Frauenquote in öffentlicher Ausbildung. Zur Verfassungsmäßigkeit von geschlechterbezogenen Quotenregelungen in öffentlichen Berufsausbildungen, Baden-Baden 1991.
Frommel, M. (2014): Moralstrafrecht reloaded, in: Novo Argumente, 27.05.2014, http://www.novo-argumente.com/magazin.php/novo_notizen/artikel/0001598, Zugriff: 23.02.2015.
Kavemann, B./Raabe, H. (2009): Resümee und Ausblick, in: Kavemann, Barbara/Raabe, Heike (Hrsg.), Das Prostitutionsgesetz, Opladen 2009, S. 303–310.
Kleiber, D. (2000): HIV/Aids und Prostitution, in: Aids Infothek 6, 2000.
von Galen, M. (2004): Rechtsfragen der Prostitution. Das Prostitutionsgesetz und seine Auswirkungen, München 2004.
Gerheim, U. (2012): Die Produktion des Freiers. Macht im Feld der Prostitution, Bielefeld 2012.
Grenz, S. (2007): (Un)heimliche Lust. Über den Konsum sexueller Dienstleistungen, 2. Auflage, Wiesbaden 2007.

Gugel, R. (2011): Das Spannungsverhältnis zwischen Prostitutionsgesetz und Art. 3 II Grundgesetz, Münster 2011.

Hesse, G. (2014): Was Freier tun, ähnelt einer Vergewaltigung, in: spiegel online, 26.02.2014, http://www.spiegel.de/panorama/interview-hans-broich-zu-prostitution-und-zeromachos-a-950800.html, Zugriff: 23.02.2015.

Honeyball, M. (2014), European Parliament Committee on Women's Rights and Gender Equality: Report on sexual exploitation and its impact on gender equality, 03.02.2014, A7-0071/2014.

Junge, V. (2013): Prostitution als Ausweg aus der Armut?, in: Betrifft Mädchen, 3/2013, S. 133–136.

Kontos, S. (2009): Öffnung der Sperrbezirke. Zum Wandel von Theorie und Politik der Prostitution, Sulzbach/Taunus 2009.

Malkmus, K. (2005): Prostitution in Recht und Gesellschaft, Frankfurt a. M. 2005.

Meyer, C./Neumann, C./Schmid, F./Truckendanner, P./Winter, S. (2013): Ungeschützt, in: Der Spiegel, 27.05.2013, S. 56 ff.

Moritz, C. (2014): Stellungnahme des Bundeskriminalamtes zur Anhörung „Regulierung des Prostitutionsgewerbes" BMFSFJ, Berlin 12.6.2014, http://www.bmfsfj.de/RedaktionBMFSFJ/Abteilung4/Pdf-Anlagen/anhoerung-regulierung-prostitution-stellungnahme-panel-4,property=pdf,bereich=bmfsfj,sprache=de,rwb=true.pdf, Zugriff: 15.8.2014.

von Olshausen, H. (1982): Menschenwürde im Grundgesetz: Wertabsolutismus oder Selbstbestimmung?, NJW 1982, S. 2221 ff.

Osterloh, L. (2009) in: Michael Sachs (Hrsg.), Grundgesetz. Kommentar, 5. Auflage, München 2009.

Paulus, M. (2011): Rotlicht und Organisierte Kriminalität, in: Die Kriminalpolizei (online) Juni 2011, http://www.kriminalpolizei.de/ausgaben/2011/juni/detailansicht-juni/artikel/rotlicht-und-organisierte-kriminalitaet.html, Zugriff:17.8.2014.

Rasmussen, I./Strøm, S./Sverdrup, S./Hansen, V. Wøien: Evaluering av forbudet mot kjøp av seksuelle tjenester, Oslo 2014, http://www.regjeringen.no/pages/38780386/Evaluering_sexkjoepsloven_2014.pdf, Zugriff: 20.8.2014.

Reichel, R./Topper, K. (2003): Prostitution: Der verkannte Wirtschaftsfaktor, Aufklärung und Kritik, in: Zeitschrift für freies Denken und humanistische Philosophie, Sonderdruck 2/2003, S. 3–29.

Rietz, C. (2014): Sexarbeiterinnen Opfer zu nennen, ist doch keine Hilfe, in: spiegel online, 03.10.2014, http://www.spiegel.de/kultur/gesellschaft/hure-spielen-melissa-grant-befeuert-prostitutions-debatte-a-993039.html, Zugriff: 23.02.2015.

Schröttle, M./Müller, U. (2004): Lebenssituation, Sicherheit und Gesundheit von Frauen in Deutschland. II. Teilpopulationen – Erhebung bei Prostituierten, Berlin 2004.

Simons, S. (2013): Hände weg von meiner Hure, in: spiegel online, 30.10.2013, http://www.spiegel.de/panorama/prostitution-franzoesische-prominente-fordern-recht-auf-kaeuflichen-sex-a-930898.html, Zugriff: 23.02.2015.

SPD (2014): Besserer Schutz für Prostiuierte, 15.08.2014, http://www.spd.de/aktuelles/122658/20140815_prostitutionsgesetz.html, Zugriff: 17.08.2014.

Steiner, M. (2014): Stellungnahme des Polizeipräsidiums Frankfurt/Main zur Anhörung „Regulierung des Prostitutionsgewerbes" BMFSFJ, Berlin 12.6.2014, http://www.bmfsfj.de/RedaktionBMFSFJ/Abteilung4/Pdf-Anlagen/anhoerung-regulierung-prostitution-stellungnahme-panel-4,property=pdf,bereich=bmfsfj,sprache=de,rwb=true.pdf, Zugriff: 15.8.2014.

Sullivan, M. L. (2012): Legitimizing Prostitution: Critical Reflections on Policies in Australia, in: Maddy Coy (Hrsg.), Prostitution, Harm and Gender Inequality, Farnham 2012, S. 141–158.

Swedish Institute, selected extracts of the Swedish government report SOU 2010:49 (2010): The Ban against the Purchase of Sexual Services. An evaluation 1999–2008, Stockholm 2010, http://www.government.se/content/1/c6/15/14/88/0e51eb7f.pdf, Zugriff: 21.8.2014.

TAMPEP (European Network for HIV/STI Prevention and Health Promotion among Migrant Sex Workers) (2007): National Report on HIV and Sex Work – Germany (TAMPEP VII), Amsterdam 2007.
TAMPEP (European Network for HIV/STI Prevention and Health Promotion among Migrant Sex Workers) (2010): National Mapping Reports, TAMPEP 8, WP4 Mapping, Amsterdam 2010.
Weppert, A. (2009): Beratung von Prostituierten unter veränderten gesetzlichen Voraussetzungen, in: Kavemann, Barbara/Raabe, Heike (Hrsg.), Das Prostitutionsgesetz, Opladen 2009, S. 252–263.
Zumbeck, S. (2001): Die Prävalenz traumatischer Erfahrungen, Posttraumatischer Belastungsstörungen und Dissoziation bei Prostituierten, Hamburg 2001.

Anton Hochenbleicher-Schwarz
7 Das duale Prinzip im Studium der Sozialen Arbeit

1 Einleitung

Ein duales Studium bietet sich vor allem für handlungswissenschaftliche Studiengänge an. In diesen Studiengängen braucht man praktische Erfahrungen, um die Fähigkeit zum qualifizierten Handeln als Ziel erreichen zu können. Theorie und Praxis sind dabei aufeinander verwiesen, weil hier in entfernter Anlehnung an Kant Theorie ohne Praxis leer und Praxis ohne Theorie blind ist. „Daher ist es ebenso notwendig, seine Begriffe sinnlich zu machen (d. i. ihnen den Gegenstand in der Anschauung beizufügen), als seine Anschauungen sich verständlich zu machen (d. i. sie unter Begriffe zu bringen)" (Kant 1787, B 76).

Die Sozialarbeitswissenschaft ist eine Handlungswissenschaft. Im Studium geht es folglich nicht darum, sich reine Theorie anzueignen, sondern darum, nach erfolgreichem Abschluss des Studiums zum professionellen Handeln in den komplexen und sehr unterschiedlichen Feldern der Sozialen Arbeit befähigt zu sein.

Bei der Konzeption eines dualen Studiums, das je zur Hälfte aus Theorie und Praxis besteht, liegt die curriculare Herausforderung darin, die akademische Relevanz des Praxisstudiums zu garantieren, bzw. die Praxis so in das Studium zu integrieren, dass diese und das Theoriestudium sich komplementär zueinander verhalten. Diese Komplementarität kann unterschiedlich organisiert sein. Am häufigsten begegnet man Studiengängen, in denen die Theoriesemester modularisiert für sich stehen, die dann abgelöst werden von Praxisphasen, die in Praxismodulen zusammengefasst werden. Der Studienbereich Sozialwesen an der Dualen Hochschule Baden-Württemberg geht in der Verbindung von Praxis- und Theoriestudium einen anderen, eigenen Weg.

Dieser Weg wurde im Zuge des Übergangs von den Diplom- zu den Bachelorstudiengängen in der Fakultät Sozialwesen der damaligen Berufsakademie Villingen-Schwenningen erstmalig als Möglichkeit entworfen und dann durch die Fachkommission Sozialwesen beschlossen und umgesetzt. Das wesentliche Merkmal ist die Integration von Theorie und Praxis auf der Ebene der generalistischen Module mittels der neu eingeführten Transferleistungen. Durch diese Verbindung werden die praktischen Erfahrungen per se akademisch relevant, weil die Module erst dann abschließbar sind, wenn das Praxisstudium unter anderem durch die bestandene Transferleistung erfolgreich absolviert wurde. Das Praxisstudium wird zu einem konstitutiven Element des Studiums und zu einem Lernort mit eigener Wertigkeit. Zugleich entgeht man mit dieser Struktur dem Dilemma, die praktischen Erfahrungen als notwendig für den Studienerfolg begründen zu müssen.

In diesem Beitrag wird die Wechselbeziehung zwischen Theorie und Praxis als Grundlage für das duale Prinzip in den Studiengängen der Sozialen Arbeit behandelt. Die Ausführungen im 2. und 3. Kapitel zeigen die Grundzüge der Umsetzung des Dualen Prinzips im Studienkonzept. Die Ausführungen orientieren sich in diesen Kapiteln an dem vom Verfasser erstellten Selbstbericht zur erstmaligen Akkreditierung der Studiengänge im Jahr 2006.

2 Die Wechselbeziehung zwischen Theorie und Praxis

2.1 Die pragmatische Perspektive

Die Beziehung zwischen wissenschaftlicher Theorie und konkreter Praxis unterliegt der Logik des jeweiligen Gegenstandsbereiches. So herrscht zum Beispiel in technischen Bezügen ein eindeutiges implikationslogisches Theorie-Praxis-Verhältnis, in dem die Theorie als Grund die Praxis als Folge hervorbringt. Handeln bedeutet hier, theoretische Erkenntnis bzw. technische Probleme kausal in Form einer Ursache-Wirkungs-Beziehung in der Praxis zu verwirklichen. In administrativen Gegenstandsbereichen geht es unter anderem darum, einen gegebenen Sachverhalt einer rechtlichen Regelung zu subsumieren; hier herrscht eine instrumentelle Logik in der Theorie-Praxis-Beziehung.

Der Gegenstandsbereich der Sozialen Arbeit ist Teil der sozialen Wirklichkeit. Die soziale Wirklichkeit differenziert sich in gesellschaftlichen Systemen und Lebenswelten. Lebenswelt ist die Welt, in der wir „in natürlicher Einstellung Natur, Kultur und Gesellschaft erfahren, zu ihren Gegenständen Stellung nehmen, von ihnen beeinflusst werden und auf sie wirken. In dieser Einstellung ist die Existenz der Lebenswelt und die Typik ihrer Inhalte bis auf weiteres fraglos gegeben hingenommen" (Schütz 1971, S. 153).

Lebenswelten entwickeln sich sehr unterschiedlich, da sie durch Lebenslagen definiert sind. Diese Lebenslagen werden geprägt durch materielle Ressourcen, durch Bildung, Gesundheit, Kultur und soziale Kontexte. In den Lebenslagen spiegeln sich gesellschaftliche Strukturen wider; sie und gesellschaftlichen Systeme sind mit der konkreten Lebenswelt von Einzelnen, Gruppen oder Populationen vermittelt und beeinflussen diese. Es geht in der Sozialen Arbeit um die Lösung von sozialen Problemen, die durch spezifische, oft prekäre Lebenslagen erzeugt werden.

In der sozialen, lebensweltlichen Wirklichkeit muss davon ausgegangen werden, dass die Praxis einer eigenen Logik unterliegt. Diese Logik, die im Alltäglichen nicht als solche reflektiert wird, ist Grundlage des sozialen Handelns und formiert durch historische und kulturelle Traditionen sowie gesellschaftliche Verhältnisse. M. Weber definiert soziales Handeln als ein „Handeln, welches seinem von dem oder den Handelnden gemeinten Sinn nach auf das Verhalten anderer bezogen wird und daran in seinem Ablauf orientiert ist" (Weber 1980, 542). Diese Definition zugrunde gelegt und in den historischen und kulturellen Bezug gebracht, folgt, dass der Gegenstandsbereich der sozialen Wirklichkeit durch Theorie nicht erzeugt oder einer Regel subsumiert werden kann. Die soziale Wirklichkeit, die durch das soziale Handeln konstituiert wird, ist der wissenschaftlichen Theorie vorgegeben.

Dieser Zusammenhang wurde und wird innerhalb der Sozialwissenschaften vom Pragmatismus und symbolischen Interaktionismus untersucht und erklärt. In dieser sozialwissenschaftlichen Theorietradition ist das strukturierte, gelingende oder misslingende Handeln in der Alltagswelt Ausgangspunkt für das Verstehen der Bedeutung dieses Handelns. „Sinnsetzungs- und Sinndeutungsmuster sind zentral und charakteristisch für die in der Alltagswelt als einer von den Handelnden ohne Fragen und Zweifel hingenommenen sozialen Wirklichkeit" (Bonß et al. 2013). Soziale Wirklichkeit steht in einem symbolisch vermittelten Zusammenhang, der den kulturellen Kontext konstituiert. Dabei wird davon ausgegangen, dass Menschen ihre Lebenswelt nach ihren Bedürfnissen gestalten, soweit die gesellschaftlichen Bedingungen dafür vorhanden sind. Mead nennt diese Prozesse „role-taking" und „role-making" (Mead 1975, S. 403 ff.).

Daraus ergibt sich eine eigenartige Spezifik der Wechselbeziehung zwischen wissenschaftlicher Theorie und Praxis, weil Handeln in der sozialen Wirklichkeit immer schon als reflexive, kulturell vermittelte, wissensbasierte Praxis vorfindbar ist. Wissenschaftliches Wissen in der Sozialen Arbeit abstrahiert jedoch vom unmittelbaren Handeln, konstruiert daraus konkrete Fallsituationen und bewegt sich auf der Ebene allgemeiner Strukturen, Typisierungen und begründeter Zusammenhänge.

Die häufig anzutreffende Vorstellung, dass das theoretische Wissen im Anschluss in der Praxis bruchlos angewendet wird, wird dadurch durchbrochen. Diese Erfahrungen während des Studiums sind für die Studierenden irritierend, da häufig von der Erwartung ausgegangen wird, das theoretisch Gelernte könnte gleichsam technologisch in die Praxis transformiert werden. Diese Irritation bietet die Chance, die eigenen biografisch bedingten Voreinstellungen zu hinterfragen und zu objektivieren.

Die Zugänge zu konkreten Fallsituationen, die nicht voraussetzungslos möglich sind, greifen ein in die selbstreflexive konkrete soziale Wirklichkeit; sie beeinflussen diese. Für das Selbstverständnis der Sozialen Arbeit ist dies wesentlich, deshalb muss der Theorie-Praxis-Bezug so gestaltet werden, dass er nicht zu einer zusätzlichen „Kolonialisierung der Lebenswelt" (Habermas 1981, Bd. 2, S. 470 ff.) führt.

Professionelles, wissenschaftsbasiertes soziales Handeln reflektiert diese grundsätzliche strukturelle Gegebenheit im Tun. Das professionelle Lösen eines sozialen Problems darf nicht dazu führen, dass die autonome Lebenspraxis beschädigt wird. Daraus folgt, dass Theorie nicht in der Praxis aufgehen, ebenso wenig wie die Praxis in der Theorie aufgehoben werden kann. Die Singularität der Lebenspraxis entzieht sich der Vermittlung im Allgemeinen.

Praxis, Handeln als Interaktion zwischen Subjekten also, in der sozialen Wirklichkeit wird bestimmt durch das Wissen und die Selbstverständlichkeiten in der Alltagswelt (Berger/Luckmann 1986, S. 21 ff.). Wissenschaftliche Theorie in der Sozialen Arbeit basiert deshalb auf der Rekonstruktion des in der alltäglichen Lebenswelt immer schon existenten Wissens. Die Wechselbeziehung zwischen Theorie und Praxis muss in der Sozialen Arbeit deshalb als reflexive, rekonstruktive und dialektische Beziehung ange-setzt werden unter der pragmatischen Prämisse, dass das gelingende Handeln in der Praxis, das Tun, zum Wissen führt.

Die Komplexität dieses Phänomens ergibt sich dadurch, dass die Praxis in der Alltags-welt vielfach gesellschaftlich bedingt ist durch rechtliche, politische und wirtschaftliche Strukturen, die zu Ungleichheiten in den sozialen Lebenslagen führen und in der Folge dazu zu ungleichen „Verwirklichungschancen" (Sen 2000, S. 94 ff.) von Individuen, Gruppen und Populationen. Die gesellschaftliche Bedingtheit der Strukturen der sozialen Wirklichkeit erzeugen unter anderem Benachteiligungen, Mobilitätsfallen und prekäre Lebensverhältnisse. Dies ist der praktische Ansatzpunkt der Sozialen Arbeit, die als professionelle Hilfe zur Selbsthilfe danach fragt, was Menschen aus den Verhältnissen machen, durch die sie geprägt wurden (Staub-Bernasconi 1995, S. 47 ff.).

2.2 Hermeneutik und Fallverstehen

Soziale Wirklichkeit entsteht durch und besteht aus kommunikativem, intersubjektivem Handeln. Diesem Handeln liegt ein Wissen zugrunde, das den Handelnden selbstver-ständlich ist, das in der natürlichen Einstellung jedoch nicht als solches reflektiert wird. Beziehungsweise, wie Schütz sinngemäß ausführt, sind „die Sinndeutungen der Menschen im Alltag als Konstruktionen „ersten Grades" zu verstehen, „die in ihrer sozialwissenschaftlichen Erforschung in sogenannte Konstruktionen „zweiten Grades" auf der Ebene der wissenschaftlichen Typenbildung transformiert werden" (Bonß et al 2013, S. 179 f.).

Die Hermeneutik als Wissenschaftstheorie befasst sich neben den Bedingungen der Möglichkeit der Auslegung von Sprache auch mit der Frage, wie soziale Lebenswirk-lichkeit interpretiert, also verstanden werden kann. Es geht um die „Intersubjektivität der Verständigung in der umgangssprachlichen Kommunikation und im Handeln unter gemeinsamen Normen" (Habermas 1968, S. 221). Ausgehend von dem reflexiven Theorie-Praxis-Bezug in der Sozialen Arbeit ergibt sich für das professionelle methodische Handeln, dass dieses nur gelingen kann, wenn die Fähigkeit zur Rekonstruktion von singulärer, symbolisch vermittelter Lebenspraxis vorhanden ist. Diese Fähigkeit muss geübt werden, so dass eine kritische, reflexive kommunikative Kompetenz entsteht. Naives, nicht als solches reflektiertes Herangehen an soziale Phänomene ist zunächst unhinterfragt mit Vorurteilen behaftet. Im Zuge der Professionalisierung durch das Studium wird diese Naivität durchkreuzt; es wird Distanz zu dieser natürlichen Einstellung erzeugt, um kritisch hinterfragen zu können, was in dieser konkreten Situation der Fall ist. Durch diese Distanz kann ein Prozess des Verstehens beginnen.

> Das erste, womit das Verstehen beginnt, ist, (...)dass uns etwas anspricht. Das ist die oberste aller hermeneutischen Bedingungen. Wir wissen jetzt, was damit gefordert ist: eine grundsätzliche Suspension der eigenen Vorurteile. Alle Suspension von Urteilen aber, mithin und erst recht die von Vorurteilen, hat, logisch gesehen, die Struktur der Frage. (...) Das Wesen der Frage ist das Offenlegen und Offenhalten von Möglichkeiten (Gadamer 1990, S. 304).

Gadamer drückt in dieser Aussage aus, wie ein hermeneutischer Prozess eröffnet werden kann. Nämlich dann, wenn Studierende sich der Relativität ihrer Deutungsmuster bewusst werden, was nicht ohne Erschütterungen und Irritationen der vorreflexiven Einstellung von statten gehen kann. Die Rekonstruktion kann dazu führen, die Bedeutung der konkreten sozialen Wirklichkeit in ihrer singulären Sinnhaftigkeit zu verstehen. Im Prozess des Verstehens wird die Symbolhaftigkeit der konkreten Situation wahrgenommen und entschlüsselt, was wiederum andererseits nur möglich ist, wenn theore-tisches Wissen vorhanden ist, um den Einzelfall als solchen überhaupt rekonstruieren zu können. „Wir erinnern uns hier der hermeneutischen Regel, dass man das Ganze aus dem Einzelnen und das Einzelne aus dem Ganzen verstehen müsse" (Gadamer 1990, S. 296). Dies ist ein zirkulärer Prozess, der nicht abschließbar ist; es bedarf der stetigen Bemühung, sich der Relativität der Interpretation bewusst zu werden, die subjektive Befangenheit im professionellen Handeln immer wieder einzuklammern. „Wir können so etwas wie uninterpretierte Tatsachen sinnvollerweise nicht denken; gleichwohl handelt es sich um Tatsachen, die nicht in unseren Interpretationen aufgehen" (Habermas 1968, S. 124).

Die professionelle Fallbearbeitung in der Sozialen Arbeit gründet auf diesem hermeneutischen Fundament. Als Fall wird dabei jede professionelle Tätigkeit verstanden, in der auf der Grundlage von abgegrenzten Sachverhalten ein bestimmtes Ziel im Rah-men eines institutionellen Kontextes zu erreichen versucht wird. Fälle können auf den unterschiedlichsten Ebenen – Einzelfall-, Gruppen-, Sozialraum- oder konzeptionell-organisatorische Ebene – angesiedelt sein. Für das Studium resultiert daraus, dass Lernsituation geschaffen werden, die didaktisch strukturiert sind und dazu führen, dass sich Studierende mit ihren praktischen Erfahrungen auseinandersetzen und diese im Diskurs rekonstruieren lernen. Praktische Erfahrungen werden dadurch als solche re-flektiert und typisiert; sie werden zu Handlungskompetenzen verdichtet und können sich habitualisieren.

Zwar wird in der Sozialen Arbeit auch instrumentelles professionelles Handeln erforderlich. Dieses ergibt sich aus dem gesetzlichen Handlungsauftrag und ist dadurch normiert. Aus diesem Handlungsauftrag werden Regeln abgeleitet, die schematisiertes Handeln nach sich ziehen, so wie dies beispielsweise und pars pro toto im Entlassmanagement nach akuter stationärer Krankenhausbehandlung im SGB V rechtlich vorgeschrieben ist. Soziale Arbeit ist in dieser Perspektive ein gesellschaftliches Subsystem mit dem Auftrag, soziale Probleme professionell zu lösen. Dieses regelgeleitete Handeln gründet allerdings auf einer hermeneutischen Basis und wird „durch den Primat der Respektierung der Handlungs- und Entscheidungsautonomie der Klienten relativiert" (Dewe et al 2011, S. 33 f). Damit wird deutlich, dass die Soziale Arbeit als Profession zwischen gesellschaftlichen Systemen und individuellen Lebenswelten interagiert.

Im Fallverstehen geht es folglich darum, herauszuarbeiten und zu verstehen,
- was in der konkreten Situation der Fall ist,
- wie dieser Fall konstruiert ist,
- inwieweit deprivierende Verhältnisse und verdeckte Machtstrukturen die Lebenslage beeinflussen und
- welche Hilfeprozesse gefordert und sinnvoll sind.

Ziel ist immer die Befähigung zum eigenständigen Handeln und zum Lösen der konkreten, problematischen Lebenssituation durch die Klientinnen und Klienten selbst. Ziel ist die Hilfe zur Selbsthilfe; dieses Ziel würde durch ein sozialtechnologisches Professionsmodell verfehlt, das sich an der Expertenrolle ausrichtet. (Dewe 2011, S. 30 ff.)

2.3 Wissenschaftliches Wissen und Professionswissen

Die Soziale Arbeit hat einen gesellschaftlichen Auftrag, der aus dem Sozialstaatsgebot (Art. 20, Grundgesetz) und aus dem Sozialgesetzbuch abgeleitet ist. „Das Recht des Sozialgesetzbuches soll zur Verwirklichung sozialer Gerechtigkeit und sozialer Sicherheit Sozialleistungen einschließlich sozialer und erzieherischer Hilfen gestalten. (...) Das Recht des Sozialgesetzbuches soll auch dazu beitragen, dass die zur Erfüllung der (...) genannten Aufgaben erforderlichen sozialen Dienste und Einrichtungen rechtzeitig und ausreichend zur Verfügung stehen" (SGB I, §1). Die Soziale Arbeit hat daraus abgeleitet eine Funktion, „die der Vermittlung zwischen den Ansprüchen der Gesellschaft und den Bedürfnissen der Individuen dient" (Heiner 2004, S. 30).

Dieser Auftrag liegt dem Studium der Sozialen Arbeit zugrunde. Um in den sozialen Diensten und Einrichtungen professionell handeln zu können, müssen die spezifischen berufsbefähigenden Kompetenzen im Studium angeeignet werden. Da die Soziale Arbeit ein personenbezogener Dienstleistungsberuf ist, genügt eine rein wissenschaftliche Qualifikation nicht, um diesem Ziel gerecht zu werden. In der Sozialen Arbeit ist neben dem wissenschaftlichen Wissen das Wissen um die Kontexte des professionellen Handelns und die systemischen Zusammenhänge erforderlich.

Wissenschaftliches Wissen zeichnet sich aus durch die Fähigkeit, mit wissenschaftlicher Theorie umgehen, wissenschaftliche Methodologie reflektieren und den Wahrheitsgehalt wissenschaftlicher Erkenntnis analysieren zu können. Wissenschaftliches Wissen unterscheidet sich kategorial vom Professions- oder Handlungswissen, weil Wissenschaft und Forschung unabhängig vom Zwang zur Entscheidung im praktischen Handeln agieren müssen. Genau um diesen Entscheidungsdruck geht es aber in der konkreten Praxis der Sozialen Arbeit. Fallsituationen müssen erkannt, eingeschätzt, Hilfepläne erarbeitet und Lösungswege ausgehandelt und in Gang gebracht werden. Dies setzt natürlich eine gründliche wissenschaftliche Qualifikation voraus; diese wird dann in der Fallarbeit verknüpft mit den individuellen Lebensentwürfen, den Kontexten und Settings, in denen diese stattfinden. Die Bedingung, dass eine solche Verknüpfung möglich wird, ist die Ausbildung einer differenzierenden Urteilskraft, die das Allgemeine des wissenschaftlichen Wissens mit dem Besonderen der Lebenswelt in einem konkreten Kontext angemessen zu verbinden weiß.

Für die Bildung der Urteilskraft bietet ein duales Studium sehr gute Voraussetzungen, sofern die beiden Lernorte didaktisch und strukturell miteinander verknüpft werden und die Reflexion und Aufarbeitung von konkreten Handlungssituationen systematisch geschieht. Es geht letztlich darum, dass Handlungsspielräume innerhalb des gesetzlichen, sozialstaatlichen Auftrages und den lebensweltlichen Entwürfen erkannt und wahrgenommen werden können. Durch das Professionswissen kann beurteilt werden, welche Chancen und Grenzen im professionellen Handeln liegen, welche professionellen Aufträge wahrgenommen und welche abgelehnt werden müssen. „Die autonomen Handlungsspielräume, wie sie für die professionelle Qualität Sozialer Arbeit unerlässlich sind, erweisen sich dabei oft als wenig gesichert. Es kostet Kraft und erfordert ein besonderes Können, sich weder den Handlungsimperativen jener anderen, gesellschaftlichen Instanzen blind zu unterwerfen, noch sich in Aktionismus zu erschöpfen" (Müller 2012, S. 967).

Handlungsspielräume sind zum einen abhängig von der Mitwirkungsbereitschaft der Klientinnen und Klienten. Fehlt diese Bereitschaft, kann professionelle Hilfe nicht greifen; es sei denn, die Soziale Arbeit hat eine Garantenpflicht zu erfüllen.

Handlungsspielräume, und auch das gehört notwendig zum Professionswissen, sind andererseits immer eingeordnet in eine bestimmte Trägerstruktur sozialer Dienste. Soziale Arbeit findet in der Regel nicht in freier, niedergelassener Praxis statt, sondern in gesellschaftlichen Institutionen. Um handlungsfähig zu werden und zu bleiben, muss die institutionelle Logik der unterschiedlichen Trägerorganisationen verstanden sein. Öffentliche, freie und private Träger sozialer Dienste und Einrichtungen verfolgen innerhalb rechtlich vorgegebener Bedingungen ihre institutionell geprägten Ziele, die unter Wettbewerbsbedingungen erreicht werden sollen.

Diese unterschiedlichen, sich oftmals widersprechenden Erwartungen an das professionelle Handeln zu kennen und trotzdem handlungsfähig zu bleiben, zeichnet Professionswissen aus, das neben dem wissenschaftlichen Wissen auch Erfahrungswissen verbindet und reflektiert.

3 Das duale Konzept des Studiums

3.1 Das Strukturmodell der Lernfelder

Im Zuge der Bolognareform wurden die Studiengänge der Sozialen Arbeit neu konzipiert.[1] Ein zentrales Interesse bestand darin, die langjährigen Erfahrungen im Diplomstudiengang kritisch zu hinterfragen und die Potenziale eines dualen Studiengangs konzeptionell und systematisch zu nutzen. Diese Potenziale liegen in der curricularen und hochschuldidaktischen Verknüpfung des theoretischen und praktischen Lernens. Es wird davon ausgegangen, dass beide Lernorte ihre eigenständige Wertigkeit haben, die in der Verknüpfung in besonderer Weise zum professionellen Handeln befähigen.

Das Studienkonzept ist so angelegt, dass ein kontinuierlicher Entwicklungsprozess möglich ist; eine prüfungsrechtlich relevante Aktualisierung findet nach Beendigung einer Akkreditierungsphase statt. In den curricularen Entwicklungsprozess werden die vorhandenen Gremien – wie Fachkommission, die Studienakademien, die beteiligten dualen Partner und die Studierenden – einbezogen. Die im Modulhandbuch beschriebenen Kompetenzen sind somit das Ergebnis eines Diskurses zwischen den Studienakademien und deren wesentlichen Stakeholdern. Dieser Diskurs wird weiter geführt unter Berücksichtigung neuer gesellschaftlicher, sozialer Aufgaben und wissenschaftlicher Erkenntnisse. Auch die Operationalisierung und Anpassung der Transferleistungen wird als eine stetige curriculare Aufgabe gesehen.

Das Theorie-Praxis-Verhältnis ist, wie ausgeführt, in der Sozialen Arbeit nicht technologisch vermittelt, sondern bedarf einer der singulären Lebenswelt der KlientInnensysteme angemessenen Konzeption. Um im konkreten Fall professionell handeln zu können, braucht man Urteilskraft und methodisches Können, um das allgemeine theoretische Wissen und die Prinzipien methodischen Handelns auf die jeweils zu lösende Problematik zu beziehen. Strukturell kann das dem Studienkonzept zu Grunde gelegtes Modell der Lernfelder, bzw. des Theorie-Praxis-Verhältnisses folgendermaßen grafisch dargestellt werden:

Das Studium entfaltet sich in den vier Lernfeldern
- theoretisches Wissen,
- Fall im Kontext,
- biografische Erfahrungen und
- Methodik.

---

[1] Die folgenden Ausführungen orientieren sich an dem vom Verfasser erstellten Selbstbericht zur erstmaligen Akkreditierung der Studiengänge der Sozialen Arbeit.

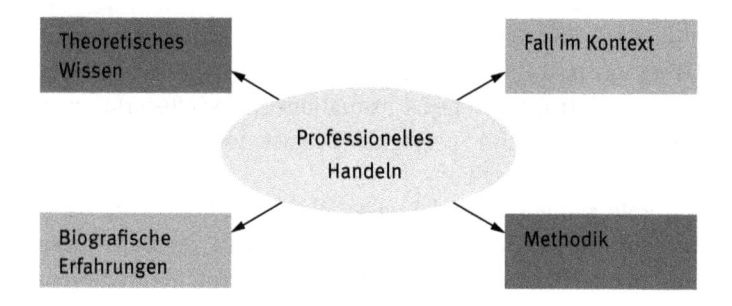

Abb. 1: Strukturmodell der Lernfelder
Quelle: Eigene Darstellung.

Für das Verhältnis zwischen Theorie und Praxis wird in der Studienkonzeption davon ausgegangen, dass praktische Situationen nur verstanden werden können, wenn das erforderliche Wissen verfügbar ist; andererseits wird Theorie nachvollziehbar und anschaulich, wenn sie auf praktische Kontexte übertragen werden kann. Im, beispielsweise, konkreten Fall einer Suchterkrankung in einer Familie braucht man für eine professionelle Hilfe das theoretische Wissen über Suchterkrankungen, über die familiensystemischen Konsequenzen und über rechtliche Bestimmungen und strukturelle Hilfen; mit diesem Wissen im Hintergrund kann man sich in der professionellen Hilfeplanung und -umsetzung auf den singulären Einzelfall einlassen, in der oben beschriebenen Offenheit für die Potenziale der konkreten Familie.

Dieses Wechselverhältnis zwischen Theorie und Praxis wird im Studienkonzept berücksichtigt, mit dem Ziel der Befähigung zum professionellen Handeln. Die Studierenden sollen zum einen selbstständig in einem multiprofessionellen Kontext handeln können und sich andererseits der berufsethischen Verantwortung in der Arbeit mit hilfebedürftigen Menschen bewusst sein.

Die Qualifizierung im Bereich des theoretischen Wissens unterliegt dem Prinzip der Rationalität mit den Kriterien der Richtigkeit, Gültigkeit, Sachlichkeit. Dieser Lernbereich abstrahiert von der Handlungs- und Entscheidungssituation und soll das Fakten-, Erklärungs- und Begründungswissen vermitteln, das in der konkreten Fallbearbeitung gebraucht wird.

Die Praxis hat es im dem konkreten Fall mit unterschiedlichen Ebenen zu tun. In der konkreten Fallbearbeitung geht es darum, eine Entscheidung über das methodische Vorgehen bzw. die mögliche, auszuhandelnde Problemlösung zu fällen. Dieser Lernbereich ist der originäre Platz für das Praxisstudium. Die Studierenden werden durch das Praxisstudium mit Unterstützung der anleitenden Fachkraft an die komplexe Fallbearbeitung herangeführt. Die akademische Reflexion in den spezifischen Modulen des Studienschwerpunktes steuert dabei den theoretischen Unterbau für das Verstehen des Einzelfalls bei.

Professionelles Handeln setzt die Fähigkeit zur Distanz zu sich selbst wie zu dem zu bearbeitenden Fall voraus. Da biografische Erfahrungen in jede interaktive Beziehung hineinspielen, ist die Reflexion der durch Erziehung und Sozialisation erlernten Wahrnehmungs-, Deutungs- und Handlungsmuster essentieller Bestandteil des Studiums. Diese Reflexion erfordert spezifische Lernsituationen, die Selbsterfahrung ermöglichen und persönliche Stärken und Schwächen bewusst werden lassen, wie dies beispielsweise durch Supervision geschieht.

Die Befähigung zum professionellen Handeln als Ziel des Studiums wird nach diesem Modell durch die Synthese aus den vier Lernfeldern erreicht. Diese Synthese kann nur eigenständig durch die Studierenden bewerkstelligt werden, die zu diesem Ziel Unterstützung durch angeleitetes Studium in Theorie und Praxis erhalten.

Um die beiden Lernorte im dualen Studium noch deutlicher herauszustellen, werden die beiden Achsen, die Theorie- und die Praxisachse grafisch verdeutlicht.

Die Funktion des **Theoriestudiums** im Bachelor-Studienkonzept kann wie folgt verdeutlicht werden:

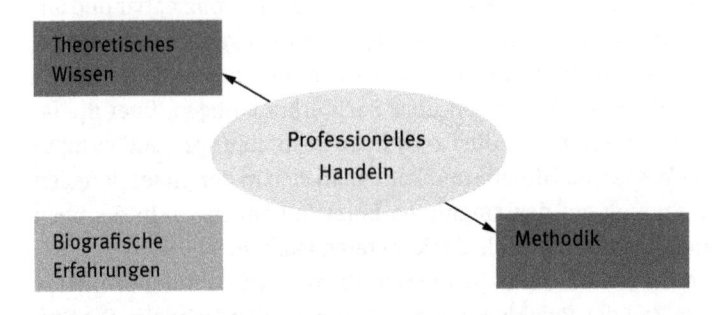

Abb. 2: Theorie-Achse
Quelle: Eigene Darstellung.

Im Theoriestudium an der Studienakademie geht es um die Vermittlung der theoretischen Inhalte aus der Sozialarbeitswissenschaft, den Sozial- und Gesundheitswissenschaften und den für die Soziale Arbeit relevanten Rechtsgebieten, aber auch um das Erlernen von methodischen Grundfertigkeiten.

Da methodisches Handeln in der direkten, konkreten Fallbearbeitung nur bedingt geübt werden kann und methodisches Experimentieren in der Praxis aus ethischen Gründen unzulässig ist, gilt es im Theoriestudium Möglichkeiten der Simulation vorzuhalten, um reflektiertes methodisches Handeln zu erlernen. Simulierte Methodik heißt hier: Üben von interaktiven Fähigkeiten (Gesprächsführung, Rhetorik etc.) außerhalb konkreter Entscheidungssituationen. Hier soll und darf mit den eigenen Verhaltensmustern experimentiert werden. Die Methodik liefert gewissermaßen das Handwerkszeug, das in spezifischen Seminaren, in methodischen sowie medienpädagogischen Übungen verfügbar gemacht werden soll.

Biografische Erfahrungen spielen insofern eine Rolle, als in allen interaktiven Situationen die eigene Geschichte, die durch Erziehung und Sozialisation erlernten

Selbstverständlichkeiten, hineinspielen und als solche erkannt werden müssen. Möglichkeiten der Selbstreflexion ergeben sich in den darauf abgestimmten Angeboten zum methodischen Handeln, in denen immer auch die Person des Studierenden mit im Spiel ist.

Das **Praxisstudium** entfaltet sich in folgenden Lernbereichen:

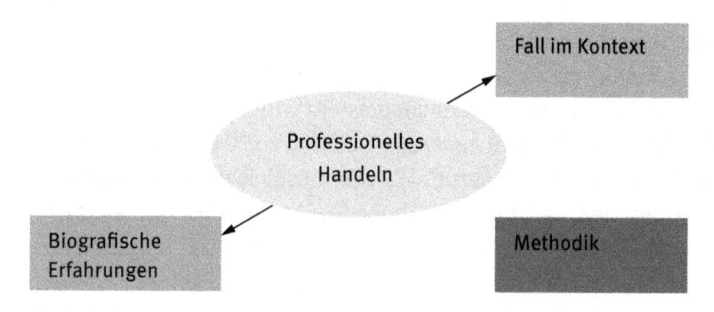

Abb. 3: Praxis-Achse
Quelle: Eigene Darstellung.

Im Praxisstudium geht es primär darum, den Fall in seinem Kontext zu verstehen und die auf der Grundlage rechtlicher Regelungen mögliche Problemlösungen auszuhandeln, zu initiieren, zu begleiten und abzuschließen. Der Kontext muss in einem doppelten Bezug zwischen System und Lebenswelt gesehen werden. Jede Fallbearbeitung findet in einem Feld statt, in dem einerseits die Institution Vorgaben durch gesetzliche Handlungsaufträge macht, andererseits aber die zukunftsoffene und kritische Lebenswelt der Klienten hineinspielt. Eine Fallbearbeitung findet an den Nahtstellen zwischen gesellschaftlichen Systemen und konkreter Lebenswelt statt; sie wird gesteuert durch die eigenständige Fachlichkeit des professionellen Handelns. In der konkreten Interaktion ist es zugleich erforderlich, dass die Professionellen sich klar werden, welche eigenen persönlichen Erfahrungen in die Fallbearbeitung übertragen werden. Professionelles Handeln setzt Distanz auch zu der eigenen Biografie und den eigenen subjektiven Wertvorstellungen voraus.

In der Verschränkung dieser beiden Achsen werden Theorie und Praxis wechselseitig miteinander verbunden. Um das Ziel erreichen zu können, muss auch in der Studienkonzeption didaktisch darauf Bezug genommen werden. Die Studiengangsleitungen haben hier die zentrale und wichtige Funktion, die Studierenden im Theorie- und Praxisstudium zu beraten und zur Reflexion anzuleiten.

3.2 Theorie-Praxis-Integration auf Modulebene

Die duale Struktur des Studiums an der Studienakademie ist in die einzelnen Module integriert. Das heißt, dass jedes Modul einen Theorie- und Praxisanteil enthält. Die Anteile des praxisbezogenen und theoriebezogenen Studiums variieren dabei von Mo-dul zu Modul entsprechend der zu erreichenden Ziele und Kompetenzen. Gegenüber reinen Praxismodulen hat diese Studienkonzeption den Vorteil, dass der Praxisanteil des Studiums per se akademisch relevant wird. Dies allerdings nur unter der Voraussetzung, dass der Bezug zwischen Theorie und Praxis auf der Moduleben inhaltlich, didaktisch und prüfungsrechtlich sichergestellt wird.

Die Studieninhalte sind zu 80 Prozent generalistisch und zu 20 Prozent spezifisch bezogen auf den jeweiligen Studienschwerpunkt, wie beispielsweise Gesundheitswesen, Jugendhilfe, Bildung und Beruf etc. Die duale Struktur in den studiengangsspezifischen Modulen war schon im Diplomstudiengang systematisch umgesetzt. In diesen Modulen wird exemplarisch und kasuistisch gearbeitet, ausgehend von den praktischen Erfahrungen und Fallbearbeitungen, die die Studierenden mitbringen. Dieses exemplarische Vertiefen führt zu der Kompetenz, sich bestimmte Aufgaben selbständig zu erschließen; diese Kompetenz ist auf neue Arbeitsfelder übertragbar und sichert eine für die Soziale Arbeit umfassende Employability. Die Prüfungen in den spezifischen Modulen bilden die duale Struktur nach, da die Prüfungsausschüsse dual besetzt und die Bewertungen dual abgestimmt werden.

Im Zuge der Umstellung der Diplom- auf die Bachelorstudiengänge wurde diese duale Struktur auch auf die Module übertragen, die die generalistischen Inhalte abbilden. Damit wurde sowohl konzeptionell als auch hochschuldidaktisch Neuland betreten, da von den Studierenden gefordert wird, die Relevanz der theoretischen Inhalte für das professionelle Handeln in der Praxis systematisch zu reflektieren. Es geht hier darum das theoretisch Abstrakte und Allgemeine mit der Perspektive des Konkreten zu synthetisieren; und umgekehrt ausgehend vom einzelnen Fall zu überlegen, wie sich in diesem das theoretisch Allgemeine konkretisiert. Damit kann ein hermeneutischer Bezug hergestellt werden. Wenn man beispielsweise das Modul *Soziale Arbeit und Politik* heranzieht, erkennen und verstehen Studierende, wie sich politische Entscheidungen oder neue gesetzliche Regelungen in der alltäglichen Lebenswelt positiv oder auch negativ auswirken.

Um diesen Reflexionsprozess anzuleiten und prüfungsrechtlich auch einzufordern, wurden dazu als neue Elemente im Studium die Transferleistungen eingeführt. Transferleistungen werden in jeder Praxisphase gefordert; inhaltlich beziehen sich die Transferleistungen auf die Module, die in dem jeweiligen Studienhalbjahr vermittelt werden.

4 Der Theorie-Praxis-Transfer

4.1 Kompetenzen und Gliederung des Studiums

Die Studiengänge orientieren sich in allen Modulen an einem Kompetenzmodell, das sich auffächert in Wissens-, Handlungs-, sozial-ethische und Selbstkompetenzen.

Die in den einzelnen Modulen ausformulierten Kompetenzen gelten dabei für das Theorie- wie auch für das Praxisstudium. In beiden Lernorten sollen die Kompetenzen aus der je spezifischen Funktion heraus erreicht werden. Die Kompetenzfelder sind folgendermaßen definiert:

Unter **Wissenskompetenz** ist zu verstehen, dass die Studierenden Kenntnisse über relevante Sachverhalte, Erklärungszusammenhänge, Anwendungsbereiche und mögliche zu erschließende Quellen im Fachgebiet der Sozialen Arbeit haben, andererseits aber auch über Anwendungsbedingungen dieses Wissens Bescheid wissen. Generell kann unterschieden werden zwischen
- Orientierungswissen (Überblick, Einordnung, Vergleich)
- Erklärungswissen (Herleiten, Verstehen, Vorausschauen)
- Handlungswissen (Begründung und Entscheidung über Handlungsalternativen)
- Quellenwissen (Quellenkenntnis, Wissensmanagement)

Die **Handlungskompetenz** bezieht sich auf Fähigkeiten, die dazu beitragen, im sozialen Arbeitsfeld angemessen und effektiv zu arbeiten. Hier sind die Fähigkeiten gemeint, die biografischen Erfahrungen sowie das vorhandene Wissen im Praxisfeld zur Anwendung zu bringen. Im Einzelnen konkretisiert sich Handlungskompetenz beispielsweise in folgenden Teilfähigkeiten:
- sich anwaltschaftlich für Klientinnen und Klienten einsetzen,
- professionelle Methoden auswählen und anwenden,
- rechtliche Grundlagen in der Praxis umsetzen,
- professionelle Beziehungen aufbauen,
- Bedürfnisse und Bedarfe identifizieren,
- Hilfen planen und beratend, unterstützend, bildend oder begleitend erbringen,
- konstruktiv mit Konflikten umgehen und angemessene Krisenintervention leisten,
- Gruppenprozesse anleiten und Entscheidungen moderieren,
- multidisziplinär arbeiten, Arbeitsteilung entwickeln und Netzwerke koordinieren,
- im Kontext der Organisation professionell handeln

Zur **sozial-ethische Kompetenz** zählen alle persönlichen Fähigkeiten, die zum Aufbau und zur Aufrechterhaltung sozialer und helfender Beziehungen beitragen, insbesondere in Bereichen, in denen angesichts prekärer sozialer Problemlagen ein beson-

deres Maß an Reflexivität, Rollenflexibilität und Toleranz gefordert ist. Dazu gehören beispielsweise:
- Reflexionsfähigkeit in Bezug auf das eigene Verhalten und Menschenbild
- Fähigkeit, berufsethische Verantwortung zu übernehmen
- Fähigkeit zur ethischen Reflexion fachlicher Standards
- Fähigkeit zur Rollendistanz
- Reflexion der Integrationswirkung des professionellen Handelns
- Kommunikations- und Kooperationsfähigkeit
- Ambiguitätstoleranz
- Empathie

Die **Selbstkompetenz** umfasst alle Fähigkeiten, sich selbst im den Arbeitsvollzügen zu organisieren. Diese Fähigkeit zeigt sich exemplarisch in folgenden Teilfähigkeiten:
- Kenntnis und Anwendung von Arbeitstechniken
- Zeitmanagement
- Anwendung der Regeln wissenschaftlichen Arbeitens
- Fähigkeit zur professionellen Distanz
- Erkennen und Wahrnehmen von Handlungsspielräumen im institutionellen Kontext
- Bereitschaft zur Supervision

Die im Modulhandbuch festgehaltenen Kompetenzen spiegeln den derzeitigen Diskussionsstand wider. Deren Überprüfung und Weiterentwicklung erfolgt jeweils im Zuge der Reakkreditierung, methodisch gestützt durch einen Diskurs mit allen Stakeholdern.

In einem Studiengang wird üblicherweise wird zwischen Präsenz und Selbststudium unterschieden. Im dualen Studiengang der Sozialen Arbeit wird der Arbeitsanteil der Studierenden außerhalb des Präsenzstudiums differenziert in „angeleitetes Studium", „Transferleistungen" und „Prüfungsvorbereitung/Prüfung". Das angeleitete Studium unterstützt das Selbststudium in den Theorie- und Praxisphasen und ist für ein Intensivstudium notwendig. Die Transferleistungen geben dem Lern- und Lehranteil, der sich auf die Verbindung von Theorie und Praxis und damit den dualen Charakter bezieht, ein besonderes und detailliert verankertes Gewicht.

Das **Präsenzstudium** findet ausschließlich an der Studienakademie während der Theoriephasen statt. Dabei wird unterteilt in Pflichtveranstaltungen, in denen ein konstanter Kurs mit einer Regelgröße von 30 Studierenden besteht, und Wahlpflichtveranstaltungen (Seminare und Übungen), bei denen die Studierenden innerhalb eines obligatorischen Rahmens zwischen alternativen Lehrveranstaltungen wählen. Für die Inhalte und die akademischen Standards des Präsenzstudiums ist die Studienakademie verantwortlich.

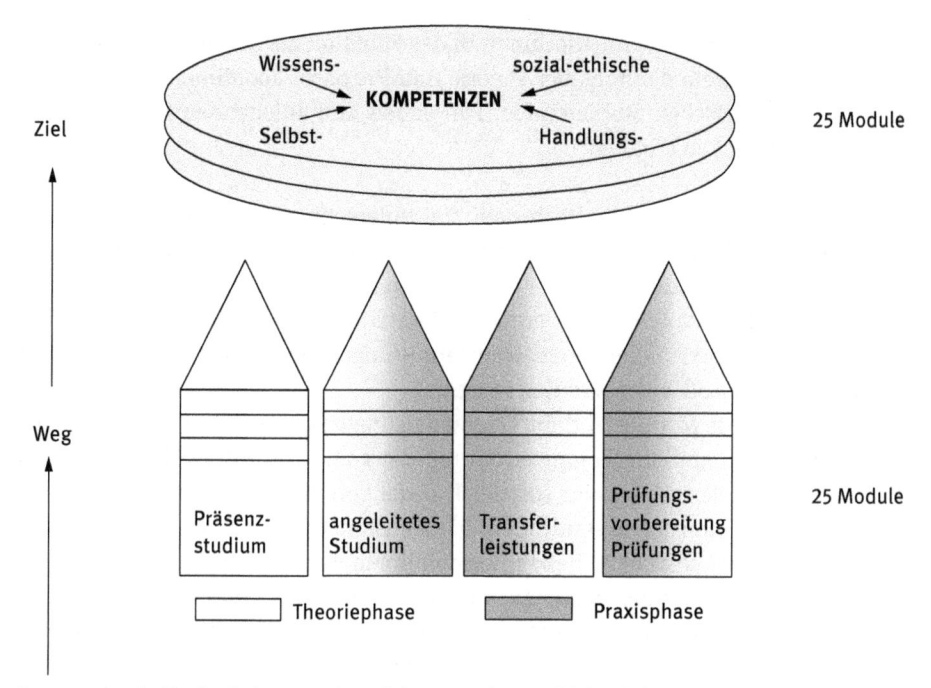

Abb. 4: Struktur des Studiums
Quelle: Eigene Darstellung.

Angeleitetes Studium findet sowohl in den Theorie- als auch in den Praxisphasen statt. Im Theoriestudium werden die Studierenden durch Tutorien zum Selbststudium angeleitet. Jeder Lehrveranstaltung ist ein Tutorium zugeordnet, in dem die Studierenden sich individuell oder in Kleingruppen durch die im Modul kooperierenden Lehrenden beraten lassen können. Der Umfang der Tutorien ist vor allem in den Modulen groß, in denen die Modulprüfung in einer eigenständigen Ausarbeitung besteht (Studien-, Seminar- oder Forschungsarbeit). Daneben erfolgt eine Anleitung zum Selbststudium durch die jeweilige Studiengangsleitung, die die von den Studierenden anzufertigenden Berichte zu den Praxisphasen individuell mit den Studierenden bespricht, auswertet und als gemeinsames Reflexionsinstrument nutzt. Eine weitere, intensive und individuelle Anleitung zum Selbststudium findet durch die Betreuung der Bachelorarbeit statt.

Die Anleitung der Studierenden im Praxisstudium erfolgt durch Mitarbeitende der dualen Partner, die fachlich und persönlich für diese Qualifizierungsaufgabe geeignet und von der Hochschule zugelassen sind. Das angeleitete Studium in der Praxis richtet sich hinsichtlich der Inhalte, Ziele und Kompetenzen nach den akkreditierten Praxisplänen.

Die Professoren und Professorinnen in der Funktion als Studiengangsleitungen haben unter anderem die Aufgabe, Theorie und Praxis zu koordinieren und die Zusammenarbeit zwischen Studierenden, Lehrenden und anleitenden Fachkräften in der Praxis aufrecht zu erhalten

Transferleistungen sind inhaltlich dem Ziel untergeordnet, die im Modulkonzept ausgewiesenen Handlungskompetenzen zu erreichen. Transfer als Studienleistung bedeutet, dass die Studierenden die modulbezogenen Themen, die von der Studienakademie inhaltlich vorgegeben werden, selbstständig bearbeiten und die Relevanz für Theorie und Praxis reflektieren. Transferleistungen sind in den generalistischen und arbeitsfeldspezifischen Modulen integriert.

Generalistische Module sind für Transferleistungen geeignet, wenn die in ihnen zu erreichenden Handlungskompetenzen mit der konkreten Fallbearbeitung in der Praxis zu verknüpfen sind. Dabei soll der Transfer von der Theorie in die Praxis und von der Praxis in die Theorie stattfinden. Die Transferaufgaben, die die Studierenden unter Anleitung zu bearbeiten haben, werden ihnen von den jeweiligen Mitgliedern des Lehrkörpers der Studienakademie vorgegeben. In den Modulprüfungen werden die Transferaufgaben berücksichtigt, da Module erst dann erfolgreich abgeschlossen sind, wenn auch die Transferleistungen bestanden sind. Bei der Formulierung der Transferaufgaben wird auf die Besonderheiten des jeweiligen Arbeitsfeldes geachtet. Die Aufgabenstellungen müssen deshalb so formuliert sein, dass sie aus der Perspektive aller Arbeitsfelder bearbeitet werden können.

Arbeitsfeldspezifische Transferleistungen finden in folgenden Modulen statt:
- Praxisreflexion I mit Praxisbericht I und II
- Praxisreflexion II mit wissenschaftlich fundiertem Reflexionsbericht
- Studienschwerpunkt I (4. Semester) und II (5./6. Semester) mit je einer mündlichen Prüfung, die dual organisiert ist

Den spezifischen Modulen sind Lehrveranstaltungen unter inhaltlicher und organisatorischer Verantwortung der Studiengangsleitung zugeordnet. Hier werden die Themen erarbeitet, die für das professionelle Handeln im jeweiligen Arbeitsfeld erforderlich sind. Auch in diesen Modulen gilt das Prinzip, dass die Inhalte theoretisch an der Studienakademie vermittelt und in der Praxis unter den bestehenden konkreten Bedingungen erfahren werden. Die Prüfungsleistungen in diesen Modulen sollen die Fähigkeit der Studierenden zur Verbindung von Theorie und Praxis bewerten. Deshalb werden diese Module entweder mit Praxisberichten, einer mündlichen Prüfung oder mit einem Reflexionsbericht abgeschlossen, in dem ein konkreter Fall theoretisch nach den Regeln wissenschaftlichen Arbeitens reflektiert werden soll.

Prüfungsvorbereitung und Prüfung umfassen Zeiten, die sowohl in den Theorie- als auch in den Praxisphasen anfallen. Die Prüfungen selbst finden jedoch grundsätzlich an der Studienakademie statt. Die Verantwortung für die Prüfung liegt ausschließlich bei der Studienakademie. Dazu zählen die Festlegung der akademischen Standards sowie die Betreuung und Bewertung der Prüfungsleistungen.

4.2 Transferleistungen als konstitutive Elemente

Transferleistungen sind prüfungsrechtlich in den Studiengängen verankert und damit nicht nur fakultatives, sondern konstitutives Element des Studiums. In der Studien- und Prüfungsordnung heißt es dazu: „Im Rahmen der Transferleistungen sollen Erkenntnisse des Theoriestudiums reflektierend auf Situationen in der Praxis angewendet werden. Die Prüfungsleistung wird mit „bestanden" oder „nicht bestanden" bewertet". Module sind erst dann erfolgreich abgeschlossen, wenn auch die Transferleistungen endgültig bestanden sind.

Die Einübung und Anleitung zum selbständigen professionellen Arbeiten ist die zentrale Aufgabe des curricular gelenkten Praxisstudiums. Die Transferaufgaben unterstützen dieses Einüben durch das Heranführen an mehrperspektivisches, theoretisch angeleitetes Hinterfragen von konkreten Situationen und Kontexten auf der Mikro-, Meso- und Makroebene. Die Transferleistungen sollen dazu beitragen, dass die in den einzelnen Modulen vorgesehenen Handlungskompetenzen erreicht werden. Für den Lernprozess der Studierenden geht es bei den Transferleistungen darum, einen in die Praxis hineinreichenden, kontinuierlichen Reflexionsprozess anzustoßen, in dem die jeweilige Praxis aus der Perspektive sich erweiternden theoretischen Wissens erfasst und theoretisch Gelerntes an der jeweiligen Praxis überprüft wird.

Exemplarisch und zur Verdeutlichung sind nachfolgend die Handlungskompetenzen aus 2 Modulen vorgestellt.

Im Modul *Einführung in das methodische Handeln* sollen laut Modulhandbuch folgende Handlungskompetenzen erreicht werden:
- Die Studierenden können methodisches Handeln in der Praxis erkennen und einordnen.
- Sie sind mit Anleitung in der Lage, ihr Praxishandeln methodisch zu planen, durchzuführen und zu reflektieren.

Das Modul *Sozialarbeitsforschung* enthält folgende ausgewiesene Handlungskompetenzen:
- Die Studierenden sind in der Lage, empirische Daten zu bestimmten Fragestellungen in ihrem Praxisfeld problemadäquat und fachgerecht zu erheben, auszuwerten und zu interpretieren.
- Die Studierenden können wissenschaftlich-empirische Arbeiten kritisch beurteilen und Ergebnisse zu ihrem Praxisfeld in Beziehung setzen

Die in den einzelnen Modulen beschriebenen Handlungskompetenzen bilden den Referenzrahmen, wenn es darum geht, die konkret zu bearbeitenden Aufgaben für die Transferleistungen festzulegen. Organisatorisch sind dafür die Modulverantwortlichen zuständig, die in Modulkonferenzen die Fragestellungen für die Transferleitungen vereinbaren. Die Modulverantwortlichen sind Mitglieder des Lehrkörpers und werden von der Studienakademie bestimmt.

Die diskursive Auseinandersetzung mit den Lehrinhalten gewinnt mit den Transferleistungen eine neue Dimension, da die Gefahr minimiert wird, dass das in der Theorie und Praxis Gelernte in einen jeweils abgetrennten Wissens- und Erfahrungscontainer gesteckt wird. Transferleistungen haben das Potenzial, die unterschiedlichen Lernorte wie kommunizierende Gefäße interagieren zu lassen; dieses Potenzial realisiert sich allerdings nicht gleichsam von selbst, sondern stellt eine stetige, nicht triviale hochschuldidaktische Herausforderung dar. Diskurse geschehen nicht einfach von selbst, sondern müssen ausgelöst, manchmal auch durch Verstörungen von Voreinstellungen provoziert werden.

4.3 Hochschuldidaktische Überlegungen

In den spezifischen Modulen der Studienschwerpunkte – den Arbeitsfeldern – ist die jeweilige Studiengangsleitung auch für den Theorie-Praxis-Transfer zuständig. Dieser Transfer wird seit Gründung der Studiengänge gepflegt und curricular umgesetzt. Die jeweilige Studiengangsleitung verfügt dazu über ein komplexes und wissenschaftlich vertieftes Wissen und praktisches Können in dem dazu gehörenden Arbeitsfeld.

Die Transferleistungen in den generalistischen Modulen waren zu Beginn curriculares und didaktisches Neuland. Nach anfänglichen organisatorischen und didaktischen Komplikationen war sehr schnell klar, dass sich diese nicht beiläufig in das Studium integrieren lassen. Es mussten Zeiten und Gelegenheiten geschaffen werden, damit die Ergebnisse der Bearbeitung der Transferarbeiten systematisch und qualitätsgesichert mit den Studierenden behandelt werden können. Der Theorie-Praxis-Transfer in dieser Konzeption gelingt nur, wenn er didaktisch gestaltet wird und in einer eigenständigen Organisationseinheit zusammengefasst ist.

In dieser Organisationseinheit sind inzwischen wissenschaftliche Mitarbeiter_innen tätig, in einem Verhältnis von einer Vollzeitkraft auf 120 Studienplätze. Die Qualifikation der Mitarbeitenden umfasst neben einem Studienabschluss in Sozialer Arbeit auch eine mehrjährige Berufserfahrung sowie Interesse an wissenschaftlicher Theoriebildung.

Der Lern- und Reflexionsprozess im Theorie-Praxis-Transfer wird durch folgende didaktische Prinzipien, bzw. Maßnahmen unterstützt:
- Die Studierenden erhalten am Lernort Theorie für die jeweiligen Module „Transferaufgaben", die in der Praxis zu bearbeiten sind.
- Die Transferaufgaben orientieren sich an den Inhalten der Lehrveranstaltungen in den einzelnen Modulen und werden in Modulkonferenzen ausgehandelt und vereinbart.

- Die Vermittlung der Aufgabenstellungen, die Betreuung während der Praxisphase und die Auswertung und Rückmeldung an die Studierenden geschieht durch die wissenschaftlichen Mitarbeiter/-innen.
- Das Bearbeiten von Transferaufgaben im Praxisstudium wird durch die fachlich qualifizierte Praxisanleitung unterstützt. Die Studierenden können zudem Online- oder Telefonberatung an der Studienakademie in Anspruch nehmen.
- Transferleistungen werden im Rahmen der Modulprüfungen (Berichte usw.) geprüft und mit „bestanden/nicht bestanden" bewertet. Transferleistungen dienen unter anderem dazu, die in den Modulen ausgewiesenen Handlungskompetenzen zu erwerben.
- Diese eigenständige Studienleistung setzt seitens der Studienakademie voraus, dass im Theoriestudium die Anleitung zum Selbststudium curricular und systematisch erfolgt.
- Die Ergebnisse der Transferleistungen bieten vielfältige Ansatzpunkte für diskursives Lernen in den Theoriephasen, indem beispielsweise in Kleingruppen bestimmte Transferaufgaben aus unterschiedlichen Arbeitsfeldern gesichtet und diskutiert werden.
- Transferleistungen bieten Möglichkeiten zum Experimentieren mit neuen Lehr- und Lernformen
- Die systematische Evaluation der bearbeiteten Aufgaben durch Befragung der Studierenden führt dazu, dass die Aufgabenstellungen weiterentwickelt und optimiert werden.

Zur konkreten inhaltlichen und didaktischen Umsetzung der Transferleistungen sei an dieser Stelle auf den entsprechenden, separaten Beitrag der wissenschaftlichen Mitarbeiter_innen in dieser Publikation hingewiesen.

5 Zusammenfassung und Ausblick

Das duale Prinzip bietet die strukturellen Voraussetzungen für eine gelingende Verbindung von Theorie- und Praxisstudium. Der Transfer zwischen Theorie und Praxis ist dabei ein wesentliches Element. Die Studiengänge der Sozialen Arbeit an der Dualen Hochschule Villingen-Schwenningen richten ihren Fokus auf diesen Transfer, der generalistisch und arbeitsfeldspezifisch organisiert wird. Hinsichtlich der curricularen und didaktischen Gestaltung bieten diese Lehr- und Lernfelder weitergehende Entwicklungsmöglichkeiten, nicht nur hinsichtlich der Einbindung von neuen Medien und Blended-Learning- Elementen, sondern auch in der inhaltlichen, wissenschaftlichen Vertiefung und Schärfung der Transferleistungen.

Literaturverzeichnis

Berger, P. L. (1986): Die gesellschaftliche Konstruktion der Wirklichkeit. Eine Theorie der Wissenssoziologie, Frankfurt a. M. 1986.
Birgmeier, B./Mührel, E., (Hrsg.) (2009): Die Sozialarbeitswissenschaft und ihre Theorie(n), Wiesbaden 2009.
Bonß, W., et al. (2013): Handlungstheorie. Eine Einführung, Bielefeld 2013.
Dewe, B., et al. (2011): Professionelles soziales Handeln. Soziale Arbeit im Spannungsfeld zwischen Theorie und Praxis, 4. Auflage, Weinheim 2011.
Gadamer, H.-G. (1990): Wahrheit und Methode. Grundzüge einer philosophischen Hermeneutik, 6. Auflage, Tübingen 1990.
Habermas, J. (1974): Theorie und Praxis. Sozialphilosophische Studien, 3. Auflage, Frankfurt a. M. 1974.
Habermas, J. (1981): Theorie des kommunikativen Handelns, Bd. 1 und 2, Frankfurt a. M. 1981.
Heiner, M. (2004): Professionalität in der Sozialen Arbeit, Theoretische Konzepte, Modelle und empirische Perspektiven, Stuttgart 2004.
Hoerster, R. (2001): Kasuistik/Fallverstehen, in: Otto, H.-U./Thiersch, H. (Hrsg.): Handbuch der Sozialarbeit/Sozialpädagogik, 2. Auflage, Neuwied 2001.
Kant, I.(1787): Kritik der reinen Vernunft, Auflage B, Riga 1787.
Mead, G. H. (1975): Geist, Identität und Gesellschaft, 2. Auflage, Frankfurt a. M. 1975.
Müller, B. (2012): Professionalität, in Thole, W. (Hrsg.): Grundriss Soziale Arbeit, Wiesbaden 2012.
Peirce, C. S. (1991): Schriften zum Pragmatismus und Pragmatizismus, Frankfurt a. M. 1991.
Peters, F., (Hrsg. 2002): Diagnosen – Gutachten – hermeneutisches Fallverstehen, 2. Auflage, Regensburg 2002.
Riegler, A., et al. (Hrsg.) (2009): Soziale Arbeit zwischen Profession und Wissenschaft: Vermittlungsmöglichkeiten in der Fachhochschulausbildung, Wiesbaden 2009.
Schütz, A. (1971): Gesammelte Aufsätze. Band 3: Studien zur phänomenologischen Philosophie, Herausgegeben von Ilse Schütz, Den Haag 1971.
Sen, A. (2000): Ökonomie für den Menschen. Wege zur Gerechtigkeit und Solidarität in der Marktwirtschaf, München, Wien 2000.
Staub-Bernasconi, S. (1995): Systemtheorie, soziale Probleme und Soziale Arbeit: lokal, national, Stuttgart 1995.
Weber, M. (1980): Wirtschaft und Gesellschaft. Grundriß der verstehenden Soziologie. Herausgegeben von Winckelmann, Johannes. 5. Auflage, Tübingen 1980.
Wernet, A. (2006): Hermeneutik – Kasuistik – Fallverstehen, Stuttgart 2006.

Katharina Kemmer und Brigitte Reinbold
8 Crossmentoring als Genderstrategie zur Förderung der Karriereplanung weiblicher Studierender

> Um es ganz deutlich zu sagen: Es geht nicht um die Frage, ob Mentoren wichtig sind. Das sind sie. Mentoren und Förderer sind für die Entwicklung der Karriere entscheidend. Männer und Frauen, die Förderer haben, übernehmen mit höherer Wahrscheinlichkeit Aufgaben, anhand derer sie ihre Qualifikationen ausbauen können [...]. (Sandberg 2015, S. 93)

1 Zur Bedeutung von Mentoring in Unternehmen und Hochschulen oder: von der Notwendigkeit der Überwindung von Genderbarrieren

In der fachlichen und politischen Debatte um Frauen in Führungspositionen spielen der Begriff „Leaky Pipeline" und das Phänomen der sog. „Gläsernen Decke" eine zentrale Rolle. Mit „Leaky Pipeline" wird hierbei das Phänomen von abnehmenden Frauenanteilen von Qualifikationsstufe zu Qualifikationsstufe bezeichnet (vgl. Statistiken zu „Leaky Pipeline" des CEWS unter http://www.gesis.org/cews). Diese „Leaky Pipeline" findet sich in analoger Form dabei sowohl im Hochschulbereich als auch im Bereich von Unternehmen. Die Auswirkungen der offensichtlichen Probleme, als Frau gleichberechtigten Zugang zu Führungspositionen zu erhalten, wird in der Wahrnehmung vieler Frauen auch als „Gläserne Decke" beschrieben.

Im Zuge der genderorientierten Bildungsreformen in den letzten Jahren ist zwar die Anzahl der Abiturientinnen, Studentinnen, Hochschulabsolventinnen oder gar Doktorandinnen deutlich gestiegen, doch lässt der Frauenanteil von (Qualifikations- bzw. Führungs-) Stufe zu Stufe nach. Der im Verhältnis deutlich zu geringe Anteil von Frauen in Führungspositionen in Wissenschaft und Wirtschaft zeigt signifikant die Existenz dieser „Leaky Pipeline" (Hoppenstedt-Studie 2012: lediglich 20,3 % Frauenanteil im Top- und Mittelmanagement in deutschen Unternehmen; vgl. auch BMFSFJ/Wippermann 2010, Bundesagentur für Arbeit 2012, McKinsey & Company 2013).

Auch im Bereich der Hochschulen und der Wissenschaft ist eine deutliche Unterrepräsentanz von Frauen in Führungspositionen zu konstatieren (vgl. Abb. 1): Während Frauen hier in den unteren bis mittleren Qualifikationsstufen noch stark (mitunter sogar überrepräsentiert) vertreten sind, sind die Anteile von Professorinnen (und erst recht in den Leitungsebenen der Hochschulen) nach wie vor gering. Dies ist insbesondere problematisch vor dem Hintergrund, da häufig erst mit Erhalt einer Professur ein unbefristetes Arbeitsverhältnis und damit ein planbarer Karriereweg im Hochschul- und Wissenschaftsbereich einhergehen.

PROFESSORINNENANTEIL, DIFFERENZIERT NACH STUDIENAKADEMIEN

	BUND	BADEN-WÜRTTEMBERG			DHBW			
	gesamt	gesamt	Rechts-/ Wirtschafts-/ Sozialwiss.	Ingenieur- wiss.	gesamt	Wirtschaft	Technik	Sozialwesen
STUDIERENDE	47,4%	46,5%	52,4%	20,4%	42,8%	53,1%	16,1%	78,2%
HOCHSCHUL- ABSOLVENTEN	50,7%	48,3%	53,8%	20,4%	45,7%	56,1%	17,7%	82,6%
PROMOTIONEN	45,4%	46,3%	33,2%	19,6%	–	–	–	–
HABILITATIONEN	27,0%	24,8%	11,1%	12,5%	–	–	–	–
PROFESSUREN	20,4%	18,1%	20,2%	9,4%	14,0%	10,5%	3,7%	30,8%

LEAKY PIPELINE

Abb. 1: Frauenanteile auf unterschiedlichen Qualifikationsstufen im Hochschulbereich (als Vergleichswerte: Zahlen aus dem Bund, dem Land Baden-Württemberg und der DHBW; Stand 2013) Quelle: Eigene Darstellung.

Betrachtet man die Studienwahlentscheidung sowie die Gestaltung der Studienschwerpunkte weiblicher Studierender, also eine wesentliche Ausgangsbasis für die spätere Karriereplanung und Karrieremöglichkeiten, so kann konstatiert werden, dass weibliche Studierende hier eher noch tradierten Rollenmustern folgen (vgl. Statistisches Bundesamt: Studierende: Deutschland, Semester, Nationalität, Geschlecht, Studienfach). Analog zu empirischen Befunden zu den Anteilen von Frauen an den Beschäftigten in Korrelation zu ihrem Anteil an den Führungspositionen in den unterschiedlichen Beschäftigungsbereichen lässt sich die Bedeutung der Studienwahlentscheidung sowie einer ausdrücklichen Karriereplanung für Frauen bestätigen (Bundesagentur für Arbeit 2012, S. 27).

Für den Bereich der Hochschulen wird vor dem Hintergrund der gut dokumentierten empirischen Befunde zu den Ursachen und den Auswirkungen der „Leaky Pipeline" ein zentraler Handlungsbedarf an den Nahtstellen zwischen Studienwahlentscheidung, Studium und Übergang in die Berufstätigkeit bzw. wissenschaftliche Karriereplanung deutlich. Gerade an den Nahtstellen können „Stolpersteine" ausgemacht werden, die eine selbstbestimmte und den Potenzialen vieler weiblicher

Studierenden entsprechende Berufs- und Karriereplanung erschweren. Hochschulen sind also dazu aufgefordert, hier Angebote zur Unterstützung weiblicher Studierender zu entwickeln und anzubieten.

Mentoring gilt als wichtiges und bewährtes Instrument in der Personalentwicklung (u. a. Becker 2013, Haasen 2001) und gleichzeitig als eine Maßnahme zur Beförderung von Gender Mainstreaming (u. a. Kaiser-Belz 2008, Kurmeyer 2012, Magg-Schwarzbäcker 2014).

Als Mentoring wird dabei „die kontinuierliche regelmäßige Eins-zu-Eins-Gesprächs-Beziehung zwischen Mentor und Mentee mit dem Ziel der Karriere- und Persönlichkeitsentwicklung" (Haasen 2001, S. 43) bezeichnet und dies „außerhalb der normalen Vorgesetzten-Untergebenen Beziehung" (Hofmann-Lun u. a. 1999). Für Mentees besteht die Chance zur weiteren Qualifikation durch die folgenden Aspekte:
- Weiterentwicklung auf fachlicher und persönlicher Ebene
- Rollenvorbild durch eine erfahrene Führungskraft (Role Models)
- Einblicke in ungeschriebene Gesetze der Karriereplanung, in beruflichen Alltag
- Einführung in Netzwerke: Die „richtigen" Leute kennen und selbst sichtbar werden
- Selbst-Reflektion und Weiterentwicklung, evtl. auch aus Sicht der Mentorinnen und Mentoren
- Mentoring als Wissenstransfer jenseits institutioneller Hierarchien
- Sichtbarmachen der Kompetenzen, Talente und des Karrierewillen von Frauen
- Für Frauen speziell als ein Ersatz für die „Old Boys Networks" (weniger als Zeichen für eine mögliche Förderbedürftigkeit von Frauen, Kaiser-Belz 2008, S. 254)

Zwischenzeitlich wurden unterschiedliche Formen von Mentoring-Programmen entwickelt und erprobt: Wesentliche kategoriale Unterschiede lassen sich hierbei hinsichtlich der konzeptionellen Gestaltung der Mentoringkonzepte erkennen (Haasen 2001, S. 19 ff., 127, 151):
- Ein internes Mentoring erfolgt innerhalb eines Unternehmens bzw. einer Institution.
- Andere Mentoring-Programme sind hingegen unternehmensunabhängige, offene Mentoring-Angebote, angeboten von Institutionen oder Netzwerken, häufig z. B. speziell für Frauen.
- Als weitere Variante sind Crossmentoring-Programme zu nennen. Crossmentoring hat hierbei eine doppelte Bedeutung: Zunächst geht es um die Kooperation mehrerer Unternehmen, die jeweils Mentorinnen/Mentoren und Mentees – möglicherweise auch aus unterschiedlichen Tätigkeitsfeldern – matchen. Im Unterschied zu Same-Gender setzt Cross Gender-Mentoring darüber hinaus auf den Einsatz auch männlicher Mentoren (Hartung 2012, S. 12). Insbesondere durch die Spiegelung der Stärken und Schwächen des anderen Geschlechts sowie das Kennenlernen männlicher Führungsstrategien sollen weibliche Mentees eine bessere Startposition erhalten. Umgekehrt verfolgt Cross-Mentoring damit auch das Ziel,

männliche Führungskräfte für die Besonderheiten weiblicher Führung zu sensibilisieren und männliche Netzwerke für Frauen zu öffnen.

Mentoring-Programme zur Förderung junger Führungskräfte (High Potentials) zählen bereits seit längerem zu den etablierten Angeboten im Bereich der großen Konzerne und Wirtschaftsunternehmen(exemplarisch hierfür sind die Mentoringprogramme von Bosch, Daimler, Deutsche Bank, Telekom, Volkswagen).

Relevante Impulse zur Erhöhung des Anteils von Frauen in Führungspositionen in Unternehmen und Verwaltungen in Deutschland sind insbesondere im Rahmen des EU-Projekts „Step Up NOW (New Opportunities for Women)" zu verzeichnen, das seit dem Jahr 2000 angelaufen ist. Im Rahmen dieses Programms erfolgte auch eine erste Evaluation von Mentoring-Programmen. (Vgl. EU-Projekt „Step up NOW").

Auch für den Bereich der Hochschulen wurden seit geraumer Zeit eine Vielzahl an (derzeit laufenden/abgeschlossenen) Mentoring-Angeboten entwickelt und erprobt. Im Fokus steht hierbei häufig die Zielgruppe weiblicher Studierender (für einen Überblick vgl. Hartung 2012). Darüber hinaus werden Programme für verschiedene Zielgruppen angeboten. Exemplarisch können hierfür die folgenden Angebote benannt werden: z. B. „Meduse" für Berufseinsteigerinnen, „MuT" für Nachwuchswissenschaftlerinnen, „MentorinnenNetzwerk Hessen" für Studentinnen aus MINT-Studiengängen, „mentorING" an TU München für Studentinnen im Bereich Ingenieurswesen, „MentHo" der Universität Hohenheim für Studentinnen und Nachwuchswissenschaftlerinnen (vgl. Überblick zu Mentoring-Programmen an deutschen Hochschulen: www.forum-mentoring.de).

2 Genderorientiertes Mentoring an der DHBW: Crossmentoring an der Nahtstelle zwischen Hochschule und Unternehmen

Die DHBW ist mit ihrem dualen Studienkonzept, also der engen Verknüpfung von Theorie und Praxis, und durch ihre intensive Bindung an die Dualen Partner aus Wirtschaft und Sozialen Einrichtungen in besonderem Maße prädestiniert, auf die Beseitigung bestehender Nachteile von Frauen in beiden Bereichen Hochschule und Unternehmen hinzuwirken. Für die Überwindung der „Stolpersteine" scheint jedoch eine Verknüpfung der Anstrengungen der für die Karrieremöglichkeiten weiblicher Studierender relevanten Partner – Hochschule und Unternehmen – notwendig. Die inhaltliche Abstimmung und Verzahnung von Mentoringangeboten mit den Unternehmen und Sozialen Einrichtungen im Blick auf die besonderen Bedarfe weiblicher Studierender bei der karriererelevanten Gestaltung des Studiums sowie der Übergänge in die Berufstätigkeit stellt hierbei eine große Herausforderung auch und gerade für die Hochschule dar.

Aufgrund ihrer besonderen Strukturen kann die DHBW dabei die „Nahtstelle" zwischen Hochschule/Studium und Unternehmen/Berufseinstieg und Karriereplanung bei der konzeptionellen Ausgestaltung von Mentoringangeboten für weibliche Studierende explizit in den Blick nehmen. Mentoring von weiblichen Studierenden an der DHBW muss dazu beitragen, die Übergänge an den beschriebenen „Nahtstellen" zu gestalten. Dies erfordert eine konzeptionelle Weiterentwicklung der etablierten Mentoringkonzepte. Das Konzept des Cross-Mentoring scheint hierbei für die besonderen Strukturen der DHBW ein geeigneter konzeptioneller Ausgangspunkt, der die etablierten Mentoringkonzepte für weibliche Studierende an Hochschulen qualitativ weiterentwickeln kann:

Liegt der Schwerpunkt der etablierten Mentoringkonzepten für weibliche Studierende an Hochschulen bisher überwiegend auf der Gestaltung des Zugangs zum Studium, der beruflichen Qualifizierung im Übergang von Studium zu Beruf sowie auf der Betreuung der weiblichen Studierenden (Hartung 2012, S. 29–34), kann ein DHBW-spezifisches Mentoringkonzept[1] einen anderen Ansatzpunkt wählen:

Da ein herausragendes Qualitätsmerkmal des dualen Studienkonzepts die intensive Betreuung der Studierenden durch die Studiengangsleitungen sowie die PraxisanleiterInnen in den Unternehmen und Sozialen Einrichtungen darstellt, kann dies für den Mentoringprozess genutzt werden. Ein weiteres wesentliches Strukturmerkmal des dualen Studienkonzepts stellt die enge Verzahnung von Theorie und Praxis dar. Der Zugang zu den Strukturen und Anforderungen des Berufslebens in konkreten Unternehmen ist damit alltäglicher Gegenstand und Erfahrungsraum für die Studierenden. Für weibliche Studierende bedeutet dies, dass hier auch Erfahrungen gewonnen werden, wie weibliche Karrierewege gestaltet aber auch begrenzt werden. Die eigene Positionierung für die Planung der beruflichen Laufbahn und das Interesse, eine Führungsposition anzustreben, wird maßgeblich durch die Erfahrungen in der konkreten Ausbildungssituation beeinflusst. Aber auch weibliche konkrete Rollenvorbilder im Bereich der Hochschule, vor allem Studiengangsleitungen sowie weibliche Lehrende stellen eine wichtige Stellschraube für die Auseinandersetzung mit der eigenen Lebens- und Berufsplanung dar. Crossmentoring im Rahmen des dualen Studienkonzepts fokussiert damit – im Unterschied zu anderen hochschulspezifischen Mentoring-Angeboten – die begleitete Reflexion weiblicher Studierender mit der eigenen Karriereplanung im Unternehmen oder im Bereich einer wissenschaftlichen Laufbahn bereits während der letzten Studienphase. Damit erfolgt quasi eine Verlagerung dieser Frage bereits in das Studium und die bewusste Gestaltung des

---

[1] Mentoring für weibliche Studierende ist in die Gleichstellungsarbeit der DHBW mit Maßnahmen für die drei Zielgruppen/-ebenen 1. Professorinnen, 2. Studentinnen und 3. Weiterentwicklung und Qualifizierung der Gleichstellungsarbeit eingebettet (DHBW 2013: Mit Gleichstellung zum Erfolg: Gleichstellungskonzept der Dualen Hochschule Baden-Württemberg).

Übergangs, im Gegensatz zu Mentoringprozessen im Unternehmen nach Abschluss des Studiums. Neben der Auseinandersetzung mit der Option einer Führungsposition bietet die konkrete dreijährige Erfahrung im Berufsalltag und in den Unternehmen aber auch die große Chance für weibliche Studierende, die Bedeutung der Erwerbstätigkeit im Blick auf die Gestaltung der eigenen Lebensbiographie zu bestimmen. Fragen der Vereinbarkeit von Beruf und Familie sind hier gerade für weibliche Studierende von zentraler Bedeutung.

Mentoring an der DHBW heißt daher, über diesen schon sehr guten Betreuungsstand hinaus eine intensive Förderung weiblicher Studierender für Führungspositionen in Unternehmen oder der Hochschule anzubieten.

Neben der Karriereförderung weiblicher Studierender und Berufseinsteigerinnen für spätere Führungsebenen in den Unternehmen zielt das Konzept darüber hinaus auf die Möglichkeit, Optionen für eine Karriere in der Wissenschaft aufzuzeigen und so möglicherweise auch potenziellen Nachwuchs für eine Professur an der DHBW an die Hochschule zu binden. Diese doppelte Zielsetzung unterstreicht den möglichen Mehrwert eines Mentoring-Angebots. Zudem kann die DHBW dadurch nicht nur einen Beitrag zur Beseitigung bestehender Nachteile von Frauen in Führungsebenen leisten, sondern dabei auch den stetigen Austausch mit den Unternehmen suchen, wie diese gesamtgesellschaftliche Aufgabe weiterhin auch gemeinsam bewältigt werden kann.

3 Das Projekt „CroMe" – Crossmentoring-Programm für weibliche Studierende an der DHBW

3.1 Konzeptioneller und organisatorischer Rahmen

Im September 2012 startete die Duale Hochschule Baden-Württemberg mit dem DHBW-standortübergreifenden Crossmentoring-Programm „CroMe", das seit Januar 2012 im Präsidium der DHBW konzipiert und im Kontext der Gleichstellungsbeauftragten koordiniert wurde.

Gefördert wurde das Programm vom Ministerium für Arbeit und Sozialordnung, Familie, Frauen und Senioren Baden-Württemberg aus Mitteln des Europäischen Sozialfonds unter Beteiligung des Ministeriums für Wissenschaft, Forschung und Kunst Baden-Württemberg für eine Dauer von drei Jahren (Laufzeit 2012–2014). Das Projekt war als Pilotprojekt konzipiert, das erste Erfahrungen hinsichtlich der konzeptionellen und organisatorischen Gestaltung von DHBW-spezifischen Mentoringprogrammen erproben sollte. Vor diesem Hintergrund und vor dem Hintergrund der personellen Ausstattung der Projektkoordination und Projektleitung lag deshalb der Fokus nicht auf einer flächendeckenden Erreichung, aber möglichst breiten Streuung von Teilnehmerinnen am Programm. Die Projektevaluation erfolgte prozessbegleitend. Eine Evaluation hinsichtlich der mittel- und langfristigen Wirkung der Mentoringprozesse war im Rahmen der Förderbedingungen sowie des konzeptionellen, organisatorischen und personellen Projektsettings nicht vorgesehen (Hofmann-Lun u. a. 1999).

Im Rahmen eines einjährigen One-to-One-Mentoring erhielten weibliche Studierende der DHBW die Möglichkeit, mit Führungskräften aus Wirtschaft, Wissenschaft, Verwaltung und Sozialen Einrichtungen die Gestaltung des Berufseinstiegs unter dem Gesichtspunkt einer Karriereplanung zu bearbeiten. Ziel von „CroMe" war es, die Studentinnen am Beginn ihrer Karriere optimal auf ein erfolgreiches Berufsleben sowie auf Führungsaufgaben vorzubereiten. Begleitet wurde das Mentoring durch ein Veranstaltungsprogramm mit (Web-) Seminaren, Vorträgen sowie regelmäßigen Netzwerktreffen.

Das Programm wurde an allen Standorten vorgestellt. Der Zugang zu interessierten Teilnehmerinnen und Teilnehmern erfolgte zum einen über Informationen, die auf den Homepages bereitgestellt wurden, sowie über Flyer und Poster, die in den Studienakademien ausgelegt bzw. durch die Lehrenden verteilt wurden. In einem zweiten Zugangsweg wurde die direkte Ansprache durch Studiengangsleitungen bzw. Professorinnen und Professoren in den Fakultäten erprobt. Im Rahmen der Unternehmensbesuche durch die Studiengangsleitungen sowie im Rahmen von Ausbilderkonferenzen und Anleitungstagen wurde die Ansprache der Mentorinnen und Mentoren gestaltet.

3.2 Ausgewählte quantitative und qualitative Ergebnisse zu den CroMe-Mentees

Im Zeitverlauf von 2012–2014 waren 134 Studentinnen als CroMe-Mentees eingeschrieben. Engagement und Erwartungshaltung der interessierten Studentinnen wurden vorab mittels Bewerbungsunterlagen samt Motivationsschreiben sowie in Eingangsgesprächen sorgfältig geprüft, um eine konstruktive Zusammenarbeit mit den Mentorinnen und Mentoren und damit eine erfolgreiche Teilnahme im Programm sicherzustellen.

Tab. 1: Aufnahme der Mentees in CroMe differenziert nach Jahren (Absolute Häufigkeiten)

	In CroMe aufgenommene Mentees
2012	50
2013	43
2014	41
gesamt	134

Quelle: Eigene Darstellung.

Das Programm richtete sich an die weiblichen Studierenden aller drei Fakultäten – Wirtschaft, Technik, Sozialwesen – und aller neun örtlichen Studienakademien der DHBW. Studentinnen aller drei Fakultäten sowie Studienakademien konnten erreicht werden. Jedoch können Häufungen festgestellt werden: Den größten Anteil stellen mit insgesamt 72,4 % weibliche Studierende aus den Fakultäten Wirtschaft. Der Anteil der Studierenden aus den Fakultäten Technik lag bei 21,5 % und der Anteil der Studierenden aus den Fakultäten Sozialwesen lag bei 6 %. Ohne einer qualitativ gesicherten Interpretation dieser Ergebnisse vorgreifen zu wollen (s. auch Pkt. 4 dieses Beitrages), ist dies unterschiedlichen Faktoren geschuldet. Zum einen wirkt sich hier die Tatsache aus, dass weibliche Studierende in den Studienangeboten der Fakultät Wirtschaft im Verhältnis zur Fakultät Technik deutlich stärker repräsentiert sind. Im Blick auf die Fakultät Sozialwesen lassen sich keine abschließenden Bewertungen vornehmen. Ein Aspekt hierfür könnte sein, dass die genannten Mentoringthemen bereits in den Studienangeboten der Theoriephase sowie in den Praxisphasen angesprochen werden.

Zielgruppe des Programms waren die Studentinnen in ihrem letzten Studienjahr des Bachelorstudiums an der DHBW. Speziell in dieser Phase sollten die Mentees unterstützt werden bei der Weichenstellung für einen erfolgreichen Berufseinstieg und Karriereweg. Ziel der Förderung durch das Programm war es, mehr Frauen für die Führungsebene zu begeistern und in ihrem Ziel zu fördern.

Eine detaillierte Analyse der Profile sowie Erwartungen der Mentees zeigt:

82 % der Mentees waren zum Zeitpunkt ihrer Aufnahme ins Programm 24 Jahre alt oder jünger (57 % sind 21–22 Jahre alt). Nur 4 % der Teilnehmerinnen waren 30 Jahre oder älter. 96 % haben ihre Hochschulreife über den ersten Bildungsweg absolviert. Ein kleiner Teil der Mentees konnte zudem bereits eine abgeschlossene Lehre/Ausbildung (17 %) oder sogar einen (Fach-)Hochschulabschluss (13 %) nachweisen.

Zwei Drittel der Mentees gaben jeweils an, eine Führungslaufbahn bzw. ein Masterstudium anzustreben.

Nach dem Studium strebe ich an...

Führungslaufbahn	69,4 %
Master	68,7 %
Qualifizierte Fachlaufbahn	38,8 %
Ich habe noch keine konkreten Vorstellungen	24,6 %
Wissenschaftliche Laufbahn (Promotion etc.)	11,2 %

Abb. 2: Befragung der CroMe-Teilnehmerinnen: Nach dem Studium angestrebte Ziele
Quelle: Eigene Darstellung.

Wie soll Sie die Mentorin bzw. der Mentor unterstützen? Welche Ziele verfolgen Sie mit der Teilnahme an CroMe?

- Persönlichkeitsentwicklung/Persönliches: 89,6%
- Entwicklung beruflicher Zielvorstellungen: 78,4%
- Entwicklung konkreter Karrierestrategien: 75,4%
- Aufbau eines Netzwerkes: 75,4%
- Einblick in Führungsarbeit: 66,4%
- Einblick in die Vereinbarkeit von Familie und Beruf: 35,1%
- Einblick in ein anderes Tätigkeitsgebiet: 26,1%
- Sonstiges: 6,7%

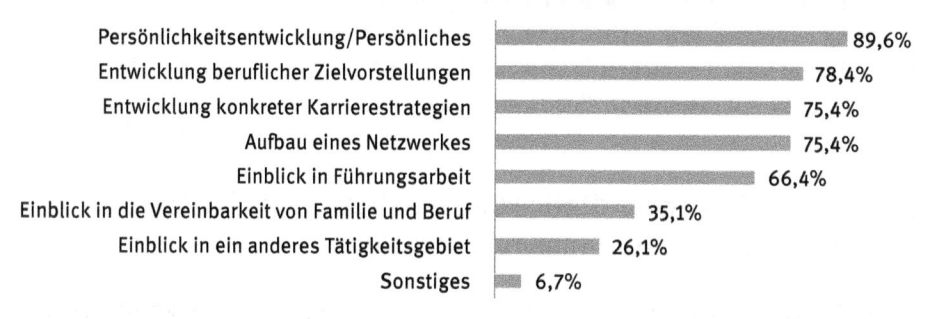

Abb. 3: Befragung der CroMe-Teilnehmerinnen: Ziele und Gründe für ihre Teilnahme an CroMe
Quelle: Eigene Darstellung.

Die Teilnehmerinnen wurden zudem eingehend zu ihren Erwartungen an das Programm insgesamt sowie an das Mentoring im Speziellen befragt (vgl. Abb. 3 und Abb. 4): Die Erwartungen der jungen Frauen bezogen sich sowohl auf Ziele zur Weiterentwicklung ihrer Persönlichkeit und von Softskills sowie auf solche zur Entwicklung ihrer Karriere. Die konzeptionelle Ausrichtung des Programms mit Netzwerkcharakter und mit einem Fokus auf Führungskräfteentwicklung wurde somit bestätigt.

Welche drei Themen möchten Sie zum zentralen Gegenstand Ihrer Mentoring-Beziehung machen?

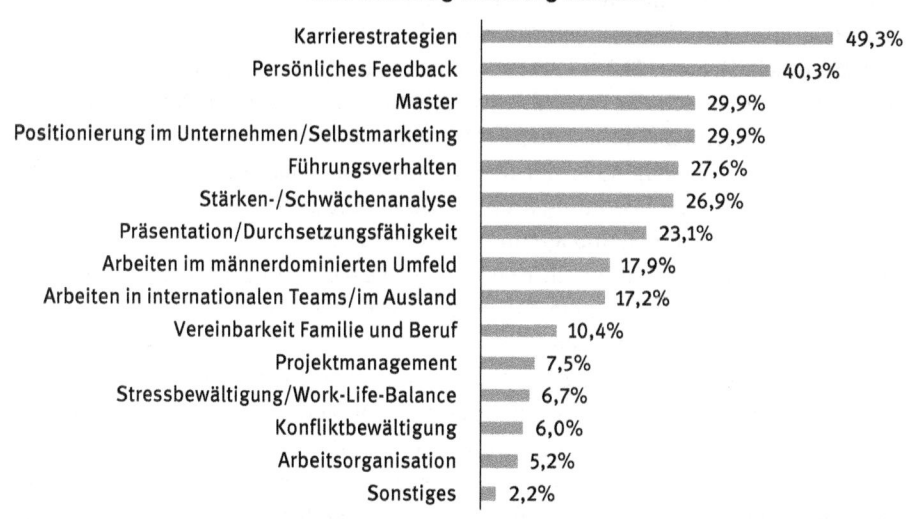

- Karrierestrategien: 49,3%
- Persönliches Feedback: 40,3%
- Master: 29,9%
- Positionierung im Unternehmen/Selbstmarketing: 29,9%
- Führungsverhalten: 27,6%
- Stärken-/Schwächenanalyse: 26,9%
- Präsentation/Durchsetzungsfähigkeit: 23,1%
- Arbeiten im männerdominierten Umfeld: 17,9%
- Arbeiten in internationalen Teams/im Ausland: 17,2%
- Vereinbarkeit Familie und Beruf: 10,4%
- Projektmanagement: 7,5%
- Stressbewältigung/Work-Life-Balance: 6,7%
- Konfliktbewältigung: 6,0%
- Arbeitsorganisation: 5,2%
- Sonstiges: 2,2%

Abb. 4: Befragung der CroMe-Teilnehmerinnen: Genannte zentrale Themen für das CroMe-Mentoring nach Häufigkeit
Quelle: Eigene Darstellung.

Deutlich wurde außerdem, dass das Interesse der an der Frage von Chancen und Nutzen eines Masterstudiums ebenso stark ausgeprägt ist.

Hinzu kommen mit „Arbeiten im männerdominierten Umfeld" sowie der Frage einer „Vereinbarkeit von Familie und Beruf" zwei Aspekte, die weitere Schwierigkeiten aufzeigen, mit denen sich die jungen Frauen konfrontiert sehen.

3.3 Ausgewählte quantitative und qualitative Ergebnisse zur Gruppe der Mentorinnen und Mentoren

In der Projektlaufzeit konnten insgesamt 73 Führungskräfte aus Wirtschaft, Wissenschaft, Verwaltung und Sozialen Einrichtungen gewonnen werden, die sich bereit erklärten, eine Mentoring-Beziehung zu einer Mentee auf ehrenamtlicher Basis zu übernehmen.

Ganz bewusst wurden sowohl weibliche als auch männliche Führungskräfte und Männer als Mentoren angesprochen. Zwar äußerten manche Studentinnen explizit den Wunsch zur Vermittlung einer Frau als Mentorin, andere wiederum vermittelten ausdrücklich das Anliegen, von den Erfahrungen eines Mentors profitieren zu können – um z. B. auch Stärken und Schwächen weiblicher Führungskräfte aus Sicht eines Mannes gespiegelt zu bekommen. Der Frauenanteil unter den Mentorinnen/Mentoren lag insgesamt bei 36 %.

Die Mentorinnen und Mentoren kamen aus den unterschiedlichsten Branchen, aus großen Unternehmen oder auch KMUs (Klein- und Mittelunternehmen), wiesen unterschiedlichste Profile auf und konnten somit auch verschiedene Themenbereiche abdecken. 48 % der Mentorinnen/Mentoren kamen aus großen Unternehmen (mit über 250 Beschäftigten). 23,3 % kamen aus dem Bereich der Unternehmensberatung, 24,7 % aus dem Bereich der Personalentwicklung, 19,2 % aus dem Marketing, 31,5 % aus dem Vertrieb und 21,9 % brachten Erfahrungen in Projektmanagement mit (Mehrfachnennungen möglich). 15 % der Mentorinnen und Mentoren waren Führungskräfte mit Führungsverantwortung für über 100 Beschäftigte.

57,5 % der Mentorinnen und Mentoren verfügten über eigene Erfahrungen mit der Vereinbarkeit von Beruf und Familie und konnten die Mentees auch zu diesem Themenfeld unterstützen. Daneben hatten 43,8 % der Führungskräfte außerdem Erfahrungen mit dem Arbeiten in internationalen Teams bzw. im Ausland. Wie oben gesehen stellten auch diese beiden Aspekte nachgefragte Themenbereiche für das Mentoring dar.

Die Herkunft bzw. derzeitiger Aufenthaltsort der Mentorinnen und Mentoren lag in Baden-Württemberg oder sogar darüber hinaus (Deutschland, Schweiz), sodass auch diese räumliche Komponente bei einem potenziellen Matching mit einer Studentin zu beachten war. Es konnte unter den CroMe-Mentorinnen/Mentoren eine Ballung auf den GroßraumStuttgart (über 40 %) beobachtet werden.

Die Einwerbung von Mentorinnen und Mentoren erfolgte über verschiedene Medien und Wege: In Flyern und den Internetseiten der DHBW wurden die zentralen

Informationen erläutert. Für die Bewerbung wurden zudem (Netzwerk-)Veranstaltungen genutzt, z. B. Vortragsabende oder Alumni-Veranstaltungen. Von enormem Wert war daneben die Bewerbung durch die direkte Ansprache der Studiengangsleitungen mittels Schneeball-Prinzip über die Netzwerke der beteiligten Akteure in der Hochschule sowie über die Netzwerke der Mentorinnen/Mentoren und Studierenden.

3.4 Matchings zwischen Studentin und Mentorin bzw. Mentor

Insgesamt konnten 97 Matchings erfolgreich vermittelt werden, was einer Matching-Quote von 72 % entspricht. Die Anzahl der Matchings verteilte sich dabei wie folgt auf die Jahre 2012–2014.

Tab. 2: Anzahl der Matchings von Studentin und Mentorinnen/Mentoren pro Jahr

	Matchings pro Jahr	Matchings prozentual zu Gesamtanzahl
2012	24	25 %
2013	34	35 %
2014	39	40 %
gesamt	97	

Quelle: Eigene Darstellung.

Tab. 3: Anzahl der Matchings von Mentorinnen/Mentoren mit einer Studentin: Knapp ein Drittel der Personen stand mehrere Male zur Verfügung

Anzahl der Matchings je Mentor/-in:		
1x gematcht	47	64 %
2x gematcht	21	32 %
3x gematcht	1	
4x gematcht	1	
nicht gematcht	3	4 %
gesamt	73	100 %

Quelle: Eigene Darstellung.

Passgenauigkeit der Matchings war dabei oberstes Kriterium, auch wenn im Sinne eines Crossmentorings die Profile der beiden Partner nicht zu ähnlich sein sollten, um auch den Blick auf andere Berufsfelder/-wege aufzeigen, andere Netzwerke erschließen und insgesamt den Blickwinkel gemeinsam erweitern zu können. Durch Profilbögen und persönliche Gespräche, in denen die Teilnehmerinnen ihr Profil sowie ihre Erwartungshaltung ausführlich erläuterten, wurden passende Matchings vorbereitet, die anschließend – insbesondere nach einem ersten persönlichen Treffen der beiden Tandem-Partner – von beiden Seiten aus bestätigt werden mussten.

Knapp ein Drittel der Mentorinnen und Mentoren standen während der Projektlaufzeit sogar mehrfach für ein Mentoring zur Verfügung, konnten also sogar an mehrere Studentinnen vermittelt werden.

3.5 Zentrale Elemente der begleitenden Prozessgestaltung

Die Mentoringprozesse in den jeweiligen Tandems wurden im Projekt durch die Entwicklung und Bereitstellung weiterer konzeptioneller Elemente zur Prozessgestaltung unterstützt:

> Um die bereits dargestellten Ziele der Reflektion der eigenen biographischen Berufs- und Karriereplanung zu unterstützen und die gemeinsame Auseinandersetzung der Fragestellungen zwischen den Mentees im Sinne der Vernetzung zu ermöglichen, wurde zudem ein Begleitprogramm angeboten. Diese begleitende Prozessgestaltung umfasste hierbei unterschiedliche Elemente, die jeweils auf die anstehenden Fragebereiche und Projektsettings abgestimmt wurden.

Als zentrale Elemente wurden entwickelt:
- Ganztägige Seminare an Samstagen
- Webinare: vierwöchig mit jeweils drei bis vier Präsenzsitzungen im virtuellen „Klassenzimmer"
- Netzwerkabende mit Vorträgen

Insgesamt wurden im Projektzeitraum 30 Veranstaltungen durchgeführt.

Tab. 4: Anzahl und Art der Veranstaltungen im Rahmen des CroMe-Begleitprogramms

	Vorträge/Netzwerkv.	Seminare	Webinare	gesamt
2012	0	1	0	1
2013	9	7	4	20
2014	2	5	2	9
gesamt	11	13	6	30

Quelle: Eigene Darstellung.

Als zentrale inhaltliche Schwerpunkte, die in den unterschiedlichen Begleitformaten relevant waren, lassen sich die folgenden Themenbereiche zusammenfassend darstellen:

- **Themenbereich Führung und Leitung**
  - Führungsverhalten/-stile,
  - Frauen und Führung,
  - Bedeutung von Macht
- **Themenbereich Kommunikation**
  - Verhandlungs- und Gesprächsführung
  - Vorstellungsgespräche
  - Gehaltsverhandlung
- **Themenbereich Karriereplanung**
  - Standort- und Potenzialanalyse
  - Zielfindung, Erarbeitung Kompetenzprofil
  - Überzeugen
  - Vereinbarkeit von Beruf und Familie
- **Themenbereich Karrieremanagement**
  - Selbstmanagement
  - Konfliktmanagement
  - Zeit- und Stressmanagement
  - Projektmanagement
- **Themenbereich Softskills**
  - Business-Knigge und Auftreten
  - Stimme und Körpersprache

Die Themen wurden stets rückgekoppelt zu den Bedürfnissen der Mentees, Vorschläge ihrerseits nach Möglichkeit aufgenommen. Die Veranstaltungen wurden jeweils evaluiert, um Qualität zu sichern und um zur weiteren Verbesserung beizutragen. Die Seminare wurden zudem auch regelmäßig durch die Projektkoordinatorin begleitet. Dies konnte insbesondere auch zum Kontakt und wertvollen Austausch mit den Studierenden genutzt werden.

3.6 Herausforderungen in der Projektgestaltung durch die besondere Struktur der DHBW

Die DHBW weist besondere Strukturprinzipien auf, die in der Gestaltung des Projektes eine besondere Herausforderung darstellten. Aufgrund der Organisationsform der State-University, d. h. der flächendeckenden Verteilung der Studienangebote an neun Studienakademien in Baden-Württemberg, sowie die Organisationsform eines dualen Studiums, d. h. regelmäßiger Wechsel zwischen Theoriephasen am Studienort und Praxisphasen am Ort der Ausbildungseinrichtung, sind Mentees und Mentorinnen/Mentoren nicht an einem Ort, sondern über das ganze Bundesland und z. T. über die angrenzenden Bundesländer verteilt. Bei der DHBW handelt es sich folglich nicht um eine Campus-Hochschule (d. h. ansässig an *einem* Ort).

Im Verlauf der drei Jahre ergaben sich hierdurch besondere Herausforderungen an das Programm:
- Die Matchings durften nicht nur nach fachlich-inhaltlichen Kriterien, sondern mussten auch nach räumlichen Kriterien erfolgen. Dies hatte zur Folge, dass möglicherweise vielversprechende Matchings nicht erfolgen konnten – was die Matching-Quote schmälerte. Bei den Mentees musste trotzdem eine gewisse räumliche Flexibilität vorausgesetzt werden.
- Die Settings im Begleitprogramm mussten angepasst werden: Präsenzveranstaltungen wurden nicht gleichermaßen von allen Studentinnen nachgefragt, sondern es lag eine Präferenz für Veranstaltungen in räumlicher Nähe vor. Als Konsequenz hieraus wurden zum einen die abendlichen Netzwerkveranstaltungen evaluiert und als innovatives Angebot wurden zusätzliche Webinare angeboten. Ein Ergebnis dieser Evaluation war die Erkenntnis, dass zusätzliche Veranstaltungsformate herausgearbeitet werden müssen. Bei diesem Veranstaltungsformat ist die Teilnahme ortsunabhängig und – bis auf maximal vier Präsenzsitzungen – auch zeitunabhängig. So konnte dem Problem der räumlichen Verteilung der Studentinnen sowie auch deren zeitliche Eingebundenheit durch das Intensivstudium besser begegnet werden.
- Das Feedback der Studentinnen war insgesamt positiv, der Nutzen wurde von diesen hoch eingeschätzt. Bei der zukünftigen Gestaltung der Mentoringtandems sollte die überdurchschnittliche zeitliche Beanspruchung der Studierenden durch das Intensivstudium und das Fehlen der Semesterferien stärker berücksichtigt werden. Hier ist zu überlegen, ob eine stärkere Einbindung der Mentoring-Angebote im Rahmen der Studienleistungen hilfreich wäre. Die zeitliche Dauer und Intensität der Zusammenarbeit war verschieden (von wenigen Monaten bis hin zu etwas über einem Jahr). Die Möglichkeit, die konkreten Mentoringprozesse zeitlich unterschiedlich intensiv zu gestalten, sollte in weiteren Angeboten konzeptionell eingeplant werden.
- Von den Mentorinnen und Mentoren wurde der prinzipielle Wert eines solchen Programms hervorgehoben (als wertvolle zusätzliche Ebene der Unterstützung durch eine neutrale Ansprechperson, die zusätzliche Denkanstöße hineinbringt). Allen gemein war insbesondere auch der Gedanke, selbst etwas zurückgeben und junge Talente unterstützen zu wollen – entweder da man selbst früher von einem Mentoring-Programm profitierte oder sich ein solches gewünscht hätte. Manche Mentorinnen und Mentoren formulierten zusätzlich den Wert des Programms oder einen Lerneffekt für sie selbst, indem auch sie persönlich und möglicherweise auch fachlich von der Zusammenarbeit durch neue Denkanstöße oder Kontakte profitierten. Die Tatsache der mehrfachen Betreuung eines CroMe-Mentees unterstreicht die positiven Erfahrungen der Mentorinnen und Mentoren im Programm.

4 Weiterentwicklung der Angebote von Crossmentoring an der DHBW

Die Erfahrungen aus diesem ersten systematischen Angebot von Crossmentoring für weibliche Studierende an der DHBW bestätigen die Notwendigkeit, die gezielte Karriereplanung weiblicher Studierender durch Mentoringangebote, die auf die besondere Struktur der DHBW zugeschnitten sind, weiterzuentwickeln.

Vor allem hinsichtlich der folgenden Aspekte müssen hier Modifikationen vorgenommen werden, um diese Angebote mittel- und langfristig als Standardangebote an der DHBW zu etablieren:

Die Evaluierung der Zugangswege zeigt, dass der „Mentoring Spirit" noch stärker auf der Ebene der Studiengangsleitungen verankert werden muss. Die Studiengangsleitungen könnten hierdurch noch stärker die Rolle der „Vermittlerinnen/Vermittlern" zwischen den Mentees und den Mentorinnen und Mentoren übernehmen. Die Chancen, die sich aus der qualitativ hochwertigen Betreuung der Studierenden im Studienverlauf sowie die sehr enge Kooperation mit den Dualen Partnern ergeben, sollten noch stärker für die Gewinnung von Mentees und Mentorinnen/Mentoren, aber auch für die inhaltliche Gestaltung der Angebote genutzt werden. Die Notwendigkeit, geschlechtergerechte Mentoringangebote für weibliche Studierende auch als Aufgabe der Studiengangsleitungen im Alltag der Hochschule zu verankern, könnte über hochschulinterne Qualifizierungsangebote für Lehrende noch gestärkt werden.

Die Erfahrungen aus der ersten Programmphase zeigen auch, dass die Aktivitäten und das Engagement der örtlichen Studienakademien wesentlich vom Engagement und der Bereitschaft einzelner Akteure und Akteursgruppen abhängig sind. Die sehr unterschiedliche Beteiligung der einzelnen Studienakademien zeigt dies deutlich. Als weitere zentrale Akteursgruppe sind die örtlichen Gleichstellungsbeauftragten zu benennen, die bereits in der ersten Programmphase wesentliche Impulse für das Zustandekommen der einzelnen Programmangebote geleistet haben. Für die Verstetigung der Crossmentoring-Angebote an der DHBW ist daher die Verankerung der Projektkoordination auch auf der örtlichen Ebene der Studienakademien, die Identifizierung verbindlicher Projektverantwortlicher und die Bereitstellung angemessener Ressourcen eine wesentliche Voraussetzung.

Das hohe Engagement der Mentorinnen und Mentoren in der ersten Projektphase bestätigt die Bereitschaft der Dualen Partner, ihre genderorientierten Personalentwicklungsstrategien auch auf die Nahtstelle von Studium und Karriereplanung im Unternehmen auszuweiten. Über geeignete Formen der Abstimmung unternehmensinterner Mentoringangebote für weibliche Führungsnachwuchskräfte mit den Crossmentoringangeboten der Hochschule könnten hier positive Effekte erzielt werden. Auf zentraler wie auf der Ebene der jeweiligen Studienakademien sollten hierzu passgenaue Kooperationsmodelle entwickelt werden.

In der Pilotphase des Projekts „CroMe" zeigten sich deutliche fakultätsspezifische Beteiligungen an den Mentoringangeboten. Im Blick auf eine Optimierung der Nutzung des Angebots für alle weiblichen Studierenden sollten die Gründe für diese auffälligen Varianzen genauer hinterfragt werden und strategische Optionen zu deren Überwindung abgeleitet werden.

Crossmentoring an der Nahtstelle zwischen Studium und beruflichem Karriereeinstieg ist aufgrund der spezifischen Strukturmerkmale der DHBW ein zentrales Instrument für die Förderung weiblicher Studierender als Führungsnachwuchskräfte; es sollte deshalb im Rahmen der Genderstrategie der DHBW weiterentwickelt und flächendeckend angeboten werden.

Literaturverzeichnis

Becker, M. (2013): Personalentwicklung. Bildung, Förderung und Organisationsentwicklung in Theorie und Praxis. 6., überarb. und aktual. Auflage Stuttgart 2013.

Bundesagentur für Arbeit (2012): Arbeitsmarktberichterstattung. Frauen und Männer am Arbeitsmarkt. Deutschland und Europa. Internet: https://www.destatis.de/DE/Publikationen/Thematisch/Arbeitsmarkt/Erwerbstaetige/BroeschuereFrauenMaennerArbeitsmarkt0010018129004.pdf, Zugriff: 03.03.2015.

Bundesministerium für Familie, Senioren, Frauen und Jugend/Wippermann, Carsten (2010): Frauen in Führungspositionen. Barrieren und Brücken. S. 1–82. Internet: http://www.bmfsfj.de/RedaktionBMFSFJ/Broschuerenstelle/Pdf-Anlagen/frauen-in-f_C3_BChrungspositionen-deutsch,property=pdf,bereich=bmfsfj,sprache=de,rwb=true.pdf, Zugriff: 03.03.2015.

CEWS – Center of Excellence Women and Science. http://www.gesis.org/cews. Informationsangebote und Statistiken zu „The leaky pipeline: Frauen- und Männeranteile im akademischen Qualifikationsverlauf, 2013", http://www.gesis.org/cews/informationsangebote/statistiken/suche/treffer/?qt1=leaky%20pipeline&order=_title%3C&switchto=&selres=,2#2, Zugriff: 30.03.2015.

Duale Hochschule Baden-Württemberg (2013): Mit Gleichstellung zum Erfolg. Gleichstellungskonzept der Dualen Hochschule Baden-Württemberg.

EU-Projekt „Step Up NOW (New Opportunities for Women)". Zentrum für Erwachsenenbildung Stephansstift in Kooperation mit der ehemaligen Niedersächsischen Landeszentrale für Politische Bildung. Internet: http://www.stephansstift.de/373.html, Zugriff: 05.03.2015.

Forum Mentoring. Bundesverband Mentoring in der Wissenschaft. Internet: www.forum-mentoring.de, Zugriff: 30.03.2015.

Haasen, N. (2001): Mentoring. Persönliche Karriereförderung als Erfolgskonzept. Heyne. München 2001.

Hartung, A. B. (2012): Studie zum Einsatz von Mentoring-Programmen als Instrument struktureller Förderung für Studierende an deutschen Universitäten. (Hans-Böckler-Stiftung. Arbeitspapier, 243), Düsseldorf 2012.

Hofmann-Lun, I./Schönfeld, S./Tschirner, N. (1999): Mentoring für Frauen. Eine Evaluation verschiedener Mentoring-Programme. Dokumentation. Deutsches Jugendinstitut. München. Internet: http://www.dji.de/fileadmin/user_upload/4_mentoringfrauen/titeldt.htm, Zugriff: 05.03.2015.

Hoppenstedt-Studie (2012): Hoppenstedt-Studie „Frauen im Management (FiM)". Internet: http://www.zeitzeichen-rlp.de/downlaod/hoppenstedt_studie_2012_frauen_im_management.pdf, Zugriff: 03.03.2015.

Kaiser-Belz, M. (2008): Mentoring im Spannungsfeld von Personalentwicklung und Frauenförderung. Eine gleichstellungspolitische Maßnahme im Kontext beruflicher Felder. Wiesbaden 2008.

Kurmeyer, C. (2012): Mentoring: Weibliche Professionalität im Aufbruch. Dissertation Gottfried Wilhelm Leibniz Universität Hannover. Wiesbaden 2012.

Magg-Schwarzbäcker, M. (2014): Mentoring für Frauen an Hochschulen. Die Organisation informellen Wissenstransfers. Dissertation Universität Augsburg. Wiesbaden 2014.

McKinsey & Company: Women Matter 2013. Gender Diversity in Top Management: Moving Corporate Culture, Moving Boundaries. Internet: http://www.mckinsey.com/features/women_matter, Zugriff: 03.03.2015.

Sandberg, S. (2015): Lean in. Frauen und der Wille zum Erfolg. Ungekürzte Taschenbuch-Ausgabe, Ullstein, Berlin 2015.

Statistisches Bundesamt. Studierendenzahlen zum Wintersemester 2013/14: Deutschland, Semester, Nationalität, Geschlecht, Studienfach. Internet: https://www.genesis.destatis.de/genesis/online/logon?sequenz=tabelleErgebnis&selectionname=21311-0003, Zugriff: 30.03.2015.

Jan Ilhan Kizilhan
9 Migration und Stereotypisierung

Der Mensch, seine Einstellungen und das Fremde – ein Beitrag aus psychologischer Sicht

Zusammenfassung: Der Anlass für diesen Beitrag ist zweifelsohne der Versuch, im öffentlichen und politischen Diskurs Migrantinnen und Migranten zu stigmatisieren und auszugrenzen. Oft geht es nämlich nicht um eine sachliche Analyse der Problemlagen, die die Migration mit sich gebracht hat, oder um Konzepte, um Menschen mit Migrationshintergrund zu integrieren. Vielmehr scheint das Interesse an der Migration eher abzunehmen. Stattdessen konzentriert man sich auf symbolische Handlungen oder Drohungen radikaler Gruppen, schürt mit Slogans wie „Deutschland schafft sich ab" Ängste bei der alteingesessenen Bevölkerung und verstärkt damit alte Vorurteile oder lässt neue entstehen. Diese Taktik des Abschirmens und Ausblendens könnte durchaus als eine Abwehr neuer gesellschaftlicher Veränderungen, auch in Deutschland, verstanden werden.

Gerade deswegen werden in diesem Beitrag gesellschaftliche Veränderungen, vor allem mit einer steigenden Zahl von Menschen mit Migrationshintergrund in Deutschland und der Kontakt zu ihnen sowie mögliche Gründe für die Entwicklung von Vorurteilen und Stereotypisierungen diskutiert.

Keywords: Vorurteile, Migration, Stereotypisierung, Psychologie

1 Einleitung

Schon immer wurden Menschen, die nicht in die jeweiligen gesellschaftlichen Normen und Werte passten, ausgegrenzt und benachteiligt. Als Beispiel seien psychisch kranke Menschen erwähnt, die wegen ihres „Verrücktseins" in der Vergangenheit, aber auch heute noch in vielen Ländern der Welt grundlegender Menschenrechte beraubt wurden bzw. werden (Möller-Leimkühler 2004). Zeitlich begrenzte soziokulturelle Norm- und Wertvorstellungen führen oft dazu, dass Menschen wenig oder kaum Verständnis für diejenigen haben, die anders als die Mehrheitsgesellschaft denken und sich verhalten (Dalal 2002).

So wurden im Mittelalter Menschen, vor allem Frauen, auf Grund ihrer Haarfarbe, ihres Glaubens oder ihrer Talente, die der Norm der Mehrheitsgesellschaft oder der herrschenden Gruppen widersprachen, auf dem Scheiterhaufen verbrannt. Psychisch Kranke oder Menschen mit einer hohen Sensibilität galten als von bösen Geistern besessen und nur durch Exorzismus heilbar (Kizilhan 2011).

Im Verlauf der Geschichte wurden Menschen immer wieder Opfer von drastischer Unvernunft. Heute noch sehen wir in vielen Ländern der Welt, dass Menschen wegen ihrer ethnischen Zugehörigkeit, ihres Glaubens und ihrer politischen Einstellungen verfolgt, gefoltert und getötet werden (Carswell et al. 2011). Auch innerhalb einer Gesellschaft geht man nicht immer behutsam mit Menschen um, die anders sind, beispielsweise mit sozialen Randgruppen wie Landstreichern, Behinderten, Homosexuellen, Migrantinnen und Migranten, hier vor allem Moslems (Smith et al. 2006).

Gesellschaftliche Vorstellungen von Migrantinnen und Migranten und ihren mitgebrachten Werten und Normen sind auch in unserer heutigen Informationsgesellschaft auffallend widersprüchlich trotz des umfangreichen verfügbaren und für jedermann zugänglichen Wissens. Die – häufig falschen – Vorstellungen sind offenbar nur schwer zu verändern. Dies mag einerseits an der Kombination von gefilterten Informationen, zum Beispiel über die politischen Verhältnisse in den Herkunftsländern der Migrantinnen und Migranten, andererseits an den unklaren Vorstellungen der politischen Elite von Migration und Integration liegen. Dies verunsichert die allgemeine Bevölkerung und verstärkt bereits vorhandene Vorurteile.

Im folgenden Beitrag wird versucht, dieses Phänomen aus der Perspektive der sozialpsychologischen Stereotypenforschung zu erklären. Zunächst soll ein kurzer Überblick über den Zusammenhang von Vorurteilen und Persönlichkeit gegeben werden und anschließend der Kontakt von Einheimischen zu Migrantinnen und Migranten, deren Gruppeninteressen und Vorurteile skizziert werden.

Danach werden Mechanismen der Stereotypenbildung, Reduktion und Verzerrung von Informationen sowie Ergebnisse zur Stereotypisierung durch Genetik eingegangen, um abschließend Möglichkeiten und Grenzen der Entstigmatisierung zu beleuchten.

2 Interaktion von Vorurteilen und Persönlichkeit

In der Gesellschaft wird man mit verschiedenen Formen des Vorurteils, das heißt negativen Einstellungen über die Mitglieder einer sozialen Gruppe (Rassismus, Chauvinismus, Nationalismus, Sexismus usw.) konfrontiert. Bei der Erforschung der Ursachen wird man schnell mit einer weit verbreiteten Sichtweise innerhalb und außerhalb der Psychologie konfrontiert, dass nämlich Vorurteile hauptsächlich als Problem der Persönlichkeit anzusehen seien (Adorno et al. 1950). Ihre Ausgangshypothese besagt, dass die politischen und sozialen Einstellungen eines Individuums ein zusammenhängendes Muster bilden und als ein Ausdruck tief liegender Züge der Persönlichkeit zu sehen ist (Adorno et al. 1950). Die Autoren gingen von einer Freudschen Perspektive aus und glaubten, dass die Persönlichkeitsentwicklung für die meisten Menschen darin besteht, aufgrund der Zwänge der sozialen Existenz verschiedene Triebbedürfnisse zu verdrängen und zu verschieben. Natürlich betrachten sie die Eltern als Hauptakteure in diesem Sozialisationsprozesses, die bei der „normalen" Entwicklung einen gesunden Mittelweg zwischen Disziplin und dem Ausdruck der Akzeptanz des kindlichen Selbst finden.

Das Problem der autoritären Persönlichkeit besteht nach Adorno et al. (1950) darin, dass die Eltern dem Kind stattdessen mit einer extrem rigiden, überdisziplinierenden Einstellung und Überängstlichkeit begegneten, um seine Konformität zu erreichen. Der Effekt, so glaubten sie, bestünde darin, die natürliche Aggression des Kindes gegen die Eltern (eine unausweichliche Folge der ausgeübten Zwänge) aufgrund der Angst, sie direkt zu zeigen, auf alternative Ziele zu verschieben. Wahrscheinliches Objekt sollte jemand sein, den es als schwächer oder minderwertiger als sich selbst betrachtet, zum Beispiel Mitglieder benachteiligter Gruppen oder ethnische Minoritäten. Die Folge ist nach Adorno eine Persönlichkeit, die gegenüber Autoritäten, weil sie die Eltern symbolisieren, übermäßig unterwürfig und offen feindselig gegenüber Fremdgruppenmitgliedern ist – die sogenannte „Autoritäre Persönlichkeit" (Brown 1990, S. 404)

In der Nachkriegszeit regte diese Theorie eine intensive Erforschung von Natur und Ursprüngen von Rassenvorurteilen an. Adorno und seine Mitarbeiter entwickelten selbst ein Persönlichkeitsinventar, die sogenannte F-Skala, die Menschen mit faschistischen Tendenzen von solchen mit eher demokratischen Zügen unterscheiden sollte. Allerdings, das sei an dieser Stelle erwähnt, vernachlässigte Adorno et al. dabei die Perspektive, die die Ursache von Vorurteilen in der Dynamik der Einzelperson in der Einzelperson vermutet ebenso wie die Tatsache, dass soziokulturelle Faktoren häufig die Gründe für autoritäres Auftreten sind. Pettigrew (1998) zeigte dies deutlich in seiner kulturvergleichenden Untersuchung von Vorurteilen in Südafrika und den Vereinigten Staaten. Wenig überraschend stellte er fest, dass weiße Südafrikaner ebenso stark ausgeprägte Vorurteile gegenüber Schwarzen haben wie Befragte im Süden der Vereinigten Staaten. Allerdings, so fand er auch heraus, erzielten diese Personen keine besonders hohen Werte für Autoritarismus, wie sie mit der F-Skala gemessen werden. Mit anderen Worten: Sie waren trotz ihrer offen rassistischen Einstellungen in Begriffen der Persönlichkeit „normalen" Populationen ähnlicher. Anhand dieser und anderer Befunde argumentierte Pettigrew (1988) überzeugend, dass diese Formen von Rassismus ihren Ursprung wohl eher in vorherrschenden gesellschaftlichen Normen hätten, in denen sich die Befragten bewegten, als in einer Störung der Persönlichkeit (Lin 1999).

Ein zweites Problem, das mit dem ersten eng zusammenhängt, ist die Unfähigkeit dieses Ansatzes, die Uniformität von Vorurteilen in bestimmten Gesellschaften oder Subgruppen innerhalb von Gesellschaften zu erklären. Wie lassen sich Vorurteile mit individuellen Unterschieden begründen, wenn sie sich doch in ganzen Populationen oder wenigstens bei einer überwiegenden Majorität manifestieren? Im Vorkriegsdeutschland wurde, wie seitdem auch in vielen anderen Ländern, rassistisches Verhalten von Hunderttausenden von Menschen gezeigt, die sich in den meisten anderen psychologischen Merkmalen unterschieden haben müssen.

Ein drittes Problem ist die historische Spezifität von Vorurteilen. Der Persönlichkeitsansatz tut sich schwer, die Uniformität von Einstellungen zu erklären, ebenso schwer ist es, mit seiner Hilfe die plötzlichen Schwankungen oder das Auftauchen und Verschwinden von Vorurteilen zu erklären.

Wieder bietet sich Deutschland als Beispiel an. Der dramatische Anstieg des Antisemitismus der Hitler-Ära fand etwa innerhalb eines Jahrzehnts statt – eine viel zu kurze Zeit, als dass sich in einer ganzen Generation deutscher Familien neue Erziehungspraktiken hätten etablieren können, die zu Autoritarismus und vorurteilsbeladenen Kindern hätten führen können.

Ein noch dramatischeres Beispiel sind die amerikanischen Einstellungen zu Japan, die sich nach der Bombardierung von Pearl Harbour schlagartig änderten. Und, um das Bild noch zu vervollständigen, nach dem Krieg wurden die Vereinigten Staaten und Japan enge politische und wirtschaftliche Verbündete mit beträchtlichem kulturellem und touristischem Austausch.

Ein Fazit der bisherigen Analyse ist, dass die gegenseitigen Einstellungen von Mitgliedern verschiedener Gruppen viel mehr mit politischen Konflikten oder Bindungen, mit ökonomischer Abhängigkeit usw. zu tun haben als mit den familiären Verhältnissen, in denen die Menschen aufgewachsen sind.

3 Kontakt, Gruppeninteressen und Vorurteile

Beschäftigt man sich mit Vorurteilen, dann erscheint es notwendig, sich auch mit den jeweiligen Gruppen, ihren Interessen und Zielen zu befassen. Sind z. B. die Ziele inkompatibel, so dass Ziele der einen Gruppe zu Lasten der anderen gehen, oder sind sie konkordant, so dass beide Gruppen auf dasselbe Ziel hinarbeiten und um diese zu erreichen sogar aufeinander angewiesen sind? Ein Beispiel für den ersten Fall wäre die Beziehung zwischen Arbeitnehmern und -gebern, wo die Löhne der einen den Profit der anderen schmälern. Ein Streik der Arbeiter ist ein klassisches Beispiel eines solchen industriellen Konflikts. Ein Beispiel für konkordante Ziele ist die Koalitionsbildung von Minderheitsparteien zur Erlangung politischer Macht (z. B. die Koalition der FDP mit der CDU, um an der Macht beteiligt zu sein).

Die Vorstellung, zielbezogene Beziehungen wie diese könnten wichtige Determinanten menschlichen Verhaltens gegenüber Mitgliedern der eigenen und anderer Gruppen sein, taucht in den Sozialwissenschaften häufig auf (Pettigrew und Tropp 2006). Im Rahmen der Sozialpsychologie ist der bekannteste Vertreter dieses Ansatzes Muzafer Sherif (1966). Im Zentrum seiner Theorie steht die Annahme, dass die Einstellungen und das Verhalten der Mitglieder einer Gruppe in der Regel deren objektive Interessen gegenüber anderen Gruppen widerspiegeln. Gibt es einen Konflikt dieser Interessen, führt die Sache der eigenen zu einem Wettbewerb mit der konkurrierenden Gruppe. Die Folge können Vorurteile und sogar offenes feindseliges Verhalten sein.

Erreicht die eigene Gruppe ihr Ziel, führt dieser Erfolg mit großer Wahrscheinlichkeit zu einer sehr positiven Einstellung des Einzelnen gegenüber den anderen Mitgliedern, wodurch die Gruppenmoral und der innere Zusammenhalt wachsen. Stimmen dagegen die Interessen von Gruppen überein, ist es für deren Mitglieder sinnvoller, eine kooperative und freundliche Einstellung zur Fremdgruppe einzunehmen. Beruht dies auf Gegenseitigkeit, so ist ein positives gemeinsames Ergebnis wahrscheinlich.

Ein weiterer Bereich, den Sherifs Vorstellungen besonders beeinflussten, waren die Versuche, ethnische Vorurteile zu reduzieren. Die bekannteste Form der Sozialpolitik mit diesem Ziel wird als Kontakthypothese bezeichnet. Ganz allgemein formuliert, unterstellt diese, dass Kontakt zwischen Mitgliedern verschiedener Gruppen unter entsprechenden Bedingungen Vorurteile und Feindseligkeit zwischen Gruppen reduziert. Diese Theorie lieferte die Begründung für die Politik, die Rassentrennung („desegregation") in den Bereichen Wohnen, Beschäftigung und Erziehung aufzuheben, die in den Vereinigten Staaten und andernorts teilweise verwirklicht wurde.

Obwohl die Kontakthypothese über die Jahre in unterschiedlicher Form formuliert wurde (Allport 1954; Pettigrew 1998), stimmen alle Theoretiker in einem Punkt überein: Kontakt zwischen Gruppen alleine – ohne Kooperation für ein gemeinsames Ziel – reduziert Vorurteile nicht, sondern verschärft sie möglicherweise nur. Empirische Belege aus Studien über ethnische Beziehungen bestätigen diese Auffassung (Pettigrew/Tropp 2006). Der Erfolg der Kontaktpolitik hängt auch vom Ausmaß ab, in dem die Mitglieder unterschiedlicher Gruppen auf interpersonaler oder Intergruppenbasis miteinander zu tun haben (Pettigrew/Tropp 2006). Wenn der zwischenmenschliche Kontakt stark ist, das heißt, Menschen werden als Individuen betrachtet und die Gruppenzugehörigkeit ist nicht von Bedeutung, dann werden Einstellungsänderungen nicht auf andere Mitglieder der jeweiligen Gruppen übertragen (Sherman 2000).

So eindrucksvoll Sherifs Vorstellungen auch unterstützt wurden, gaben spätere Arbeiten doch Anlass, diese zu modifizieren. Zum Beispiel stellten Rabbie und Wilkens (1971) fest, dass die tatsächliche Erfahrung von Kooperation und Wettbewerb zwischen Gruppen zu ganz anderen Ergebnissen führt, als wenn diese nur angenommen werden (Rabbie/Wilkens 1971). In diesem Fall führen Wettbewerb und Kooperation im Allgemeinen zu schwächeren Effekten auf die Einstellungen innerhalb der Gruppen, vorausgesetzt, es besteht eine gewisse Bindung. Ist diese minimal oder gar nicht vorhanden, verschwinden in der Regel die Unterschiede zwischen antizipiertem Wettbewerb und Kooperation (Rabbie/Wilkens 1971).

Ebenso helfen übergeordnete Ziele nicht immer, einen Konflikt zu entschärfen. Sie als Mittel einzusetzen, kann sogar die Feindseligkeit gegenüber der Fremdgruppe steigern. Weiter kann es für Gruppen, die an kooperativen Projekten beteiligt sind, wichtig sein, unterscheidbare und komplementäre Rollen einzunehmen. Ist dies nicht der Fall und lassen sich die Aktivitäten und Interessen der Einzelgruppen nicht voneinander unterscheiden, so nimmt die Sympathie für die andere Gruppe ab, vielleicht weil die Mitglieder um die Integrität der Eigengruppe fürchten (Brown 1981).

Tajfel (1974, 1982) ging in dem Paradigma der minimalen Gruppen einen Schritt weiter und zeigte, dass die bloße Klassifikation ausreichte, um Intergruppenverhalten auszulösen. Er ordnete Schüler auf höchst willkürlicher Grundlage einer von zwei Gruppen zu, nämlich aufgrund ihrer Präferenz für die beiden abstrakten Künstler Paul Klee und Wassilij Kandinsky. Die Versuchsteilnehmer in diesem Experiment wussten lediglich, welcher Gruppe sie zugeteilt worden waren, nicht aber, wer zur eigenen bzw. zur anderen Gruppe gehörte. Dazu wurden Kennziffern verwendet. Zweck des Experiments war, Entscheidungsprozesse zu untersuchen. Die Schüler sollten verschiedenen Empfängern Geldbeträge zuweisen, indem sie speziell entwickelte Hefte mit Entscheidungsmatrizen ausfüllten. Die Gruppenzugehörigkeit war bekannt, die Identität der aufgeführten Empfänger dagegen nicht. Um Eigeninteresse als Motiv auszuschließen, konnten die Versuchsteilnehmer sich selbst in keinem Fall direkt Geld zuteilen. Aber sie wiesen das Geld Mitgliedern der eigenen Gruppe zu.

Die Intergruppendiskriminierung in Situationen minimaler Gruppen erwies sich damit als bemerkenswert eindeutiges Phänomen. In mehr als zwei Dutzend unabhängigen Untersuchungen auch in anderen Ländern mit den verschiedensten Versuchsteilnehmern beiderlei Geschlechts (von kleinen Kindern bis zu Erwachsenen) wurden im Wesentlichen die gleichen Ergebnisse gefunden: Der bloße Akt der Zuteilung auf willkürliche soziale Kategorien reichte aus, um fehlerhafte Beurteilungen und diskriminierendes Verhalten auszulösen.

Beweggründe dafür waren in den meisten der Kulturen, in denen diese Experimente durchgeführt wurden, Assoziationen von Team und Teamgeist, wenn man sich bewusst wurde, Mitglied der Gruppe „Klee" oder „Kandinsky" zu sein. Diese Assoziationen heben eine Norm des Wettbewerbs besonders hervor, was dann zur ungleichen Zuteilung von Geld zwischen den Gruppen führen könnte, da man versucht zu „gewinnen". Dass diese Wettbewerbsorientierung nicht voll zum Tragen kommt, liegt an der entgegengesetzten Norm der Fairness – ein in der westlichen Welt geschätztes Attribut.

Befunde einer transkulturellen Studie, die in Experimenten mit minimalen Gruppen eine unterschiedlich ausgeprägte Diskriminierung bei Kindern fand, die europäischer und samoanischer Herkunft sowie Maori waren (Johnson/Johnson 2000), unterstützen diese Erklärung. Alle drei Gruppen begünstigten deutlich die eigene Gruppe, allerdings die beiden letzteren etwas weniger als die erste; ihnen lag mehr an gemeinsamen Ergebnissen.

Man könnte mit gutem Grund vermuten, dass die Ergebnisse die unterschiedlichen kulturellen Normen in den drei Stichproben reflektierten (Johnson/Johnson 2000).

In der Folge wurde versucht, diese Untersuchungen mit dem Phänomen der Stereotypisierung zu erklären, also der Zuschreibung verschiedener Eigenschaften und Charakteristika, die das Stereotyp ausmachen (Zick 1997).

4 Mechanismen der Stereotypenbildung

Stereotype werden auf einer abstrakten Ebene als eine bestimmte Variante von Einstellungen definiert. Diese basieren auf allgemeinen kulturellen Wissensstrukturen, die weniger ein objektiv richtiges Wissen repräsentieren als vielmehr implizite gesellschaftlich geteilte Theorien über Personen in Eigen- und Fremdgruppen, über Nationen, Religionen, Regionen etc. Stereotype sind kulturell vorgefertigte Schemata, eingebunden in ein komplexes empirisch-theoretisches Geflecht von Aussagen, Interpretationen und Wertungen. Diese Schemata erfüllen eine Ordnungs- und Integrationsfunktion in einer komplexen Umwelt (Möller-Leimkühler 2004).

Stereotype sind „typisierte" Meinungen oder Wahrscheinlichkeitsurteile über Merkmale, Eigenschaften oder Attribute von Personen, die bestimmten Kategorien oder Gruppen zugeordnet werden, und zwar aufgrund dieser Zuordnung bzw. Kategorisierung (Allport 1954). Von Vorurteil wird dann gesprochen, wenn die explizite positive oder negative emotionale Bewertung einer solchen Personengruppe hervorgehoben werden soll. Entscheidend ist in beiden Fällen, dass es sich um Generalisierungen handelt, die sich auf Personen aufgrund ihrer Zugehörigkeit oder Zuschreibung zu einer bestimmten sozialen Kategorie oder Gruppe beziehen (Hewstone et al. 1993).

4.1 Reduktion und Verzerrung von Informationen

Da die Komplexität der Umwelt und die begrenzte Kapazität der Reizverarbeitung aufeinandertreffen, hilft die Stereotypisierung, die soziale Wahrnehmung zu vereinfachen, um unmittelbare Orientierungs- und Entscheidungshilfen bereitzustellen. Mit anderen Worten: Wir müssen die Millionen von Pixel (Punkten), die wir zwar sehen und aufnehmen, auf Grund unserer beschränkten Kapazität reduzieren, um die Welt einigermaßen zu verstehen (Strack 1988). Der Einsatz stereotyper Erwartungen spart auf der anderen Seite Ressourcen, die für anderweitige Informationsverarbeitung eingesetzt werden.

Einer der Auffassung der Kognitionstheorie besagt, dass Stereotypen ein ubiquitäres Phänomen des Alltagslebens sind und der kognitiven Reduktion einer komplexen Realität dienen, indem sie als Elemente normaler Informationsverarbeitungsprozesse operieren. Da Komplexität der Umwelt und begrenzte Kapazität der Reizverarbeitung aufeinandertreffen, liegt ihre Funktion in der Vereinfachung sozialer Wahrnehmung mit dem Ziel, unmittelbare Orientierungs- und Entscheidungshilfen zur Verfügung zu stellen (Möller-Leimkühler 2004).

Auf Grund ihrer Funktion, durch Kategorisierung Orientierungshilfe zu schaffen, unterliegen Stereotype bereits kognitiven Verzerrungen. Weil sie gleichzeitig das Bedürfnis nach einer positiv bewerteten sozialen Identität unterstützen, können diese noch zunehmen (Moskowitz 2005).

Die Funktion sozialer Integration über die Vermittlung einer positiv bewerteten sozialen Identität wird besonders deutlich am ethnischen Vorurteil, dem Prototyp von Stereotypen, das auf jede soziale Minderheit angewendet werden kann. Es dient zur Abgrenzung gegenüber „fremden" Gruppen und damit zur Orientierung und Sicherheit im sozialen Umgang, aber auch zur Legitimation von Machterhalt, Ausgrenzung oder Ausbeutung. Auf der individuellen Ebene erhöhen gemeinsam geteilte Stereotype das Wir-Gefühl einer Gruppe, stärken ihre eigenen Normen und das subjektive Zuge-hörigkeitsgefühl, aus dem wiederum ein höheres Selbstbewusstsein und eine verstärkte soziale Identität des Gruppenmitglieds resultiert (Mummendey et al. 1999).

Kognitive Basis der Stereotypenbildung ist nach Annahmen der sozialen Lerntheorie, dass Merkmale und soziale Gruppen auf der Basis häufig beobachtbarer Eigenschaften zugeordnet werden; wichtiger in diesem Zusammenhang ist aber das Prinzip der illusorischen Korrelation oder Scheinkorrelation: Dies nämlich erklärt die für Stereotype als charakteristisch angenommenen Verzerrungen bei der Aufnahme, Verarbeitung und Speicherung von Informationen sowohl im Hinblick auf neue Stereotype als auch im Hinblick auf die Anwendung und die Aufrechterhaltung bestehender Stereotype (Erlbaum 1981; Möller-Leimkühler 2004).

Im Stereotyp wird eine sich gegenseitig bedingende Beziehung ausgedrückt – zwischen einer Gruppenmitgliedschaft und einem besonders bezeichnendem (distinkten) Attribut (z. B. Kategorie: Moslems, Eigenschaft: gefährlich). Derartige Zuschreibungen werden auf Grund des gemeinsamen Auftretens auffälliger Ereignisse erworben, wobei Ereignisse auffällig werden können, wenn sie selten, aber gemeinsam auftreten (Mischel 1973; Bandura 1979).

Die zentrale Annahme des experimentell gut abgesicherten Konzeptes der illusorischen Korrelation besagt nun, dass die Häufigkeit des gemeinsamen Auftretens auffälliger Ereignisse überschätzt wird (Greenberg/Pyszczynski 1985). Tatsächlich steht dem Stereotyp „Moslems sind gefährlich" die objektiv ermittelte Tatsache gegenüber, dass diese Zuschreibung statistisch selten zutrifft (es gibt immerhin fast eine Milliarde Moslems auf der Welt). Für die Stereotypenbildung ist in diesem Zusammenhang unerheblich, ob dieses auffällige Ereignis selbst erlebt oder aus Medienberichten übernommen wurde.

Bestimmte Formen von Ereignissen oder Erscheinungen, die miteinander in Zusammenhang gestellt werden („Moslems" und „Gefahr"), bleiben scheinbar besonders in Erinnerung (Möller-Leimkühler 2004). So kann man sich an ein „anderes" Erscheinen, also zum Beispiel an ein Migrantenmädchen mit Kopftuch, über das man sich möglicherweise ärgerte oder das einem fremd vorkam, besser erinnern als an ein gutes bzw. „subjektiv normales" Erscheinen. Andererseits werden Kopftuch tragende Frauen, eine Minderheit und dadurch eine auffällige Gruppe (Moslems), mehr beachtet und besser in Erinnerung behalten als andere Frauen. Fallen nun ein auffälliges Erscheinen, nämlich das Kopftuchtragen, und eine auffällige Gruppe (Moslems), nämlich die Minderheit der Kopftuch tragenden Frauen, zusammen, ist dieser Zusammenhang besser zu erinnern als beispielsweise der Zusammenhang von ähnlichen Gruppen und der in diesem Fall „unauffällig" erscheinenden Gruppe der italienischen Mädchen. Der Zusammenhang von Kopftuch tragenden Mädchen und Gleichsetzung mit einem bösen und radikalen Islam ist objektiv nicht aufrechtzuerhalten, die illusorische Korrelation besteht jedoch und wird dann bei jedem erneut auftretenden Einzelfall – vor allem im Bewusstsein von Migranten(Moslem)-Kritiker_innen – vielfach bestätigt.

Stereotype oder Schemata stellen also Bezugspunkte jeder weiteren Informationsverarbeitung dar (Sherman u. a. 2000). Sind soziale Reize besonders auffällig, abweichend, unerwartet oder negativ, so können die entsprechenden sozialen Kategorien automatisch abgerufen werden. Dies kann das gesamte damit verbundene Informationsnetz aktivieren. Ein plastisches Beispiel wäre ein Schrank mit vielen Schubladen. Abhängig von ihrer Anzahl, Inhalte und ihrem Ordnungssystem werden bestimmte Schubladen links, recht, oben oder unten am Schrank aufgezogen. Bei wenigen Schubladen können bestimmte Dinge in Schubladen gesteckt werden, in die sie nicht gehören. Es kann aber vorkommen, dass bestimmte Dinge, für die keine Schubladen zur Verfügung stehen, nicht in den Schrank aufgenommen werden, außer frau/man ist im Stande neue Schubladen oder Schränke zu bauen oder zu besorgen.

So, wie Gegenstände in Schubladen untergebracht werden, muss man sich den Umgang mit Informationen vorstellen. Es geht um die Verarbeitung von Informationen, die zum Stereotyp und zu den entsprechenden emotionalen Befindlichkeiten (Wut, Ärger, Unverständnis, Freude etc.) passen.

Für stigmatisierte Gruppen wie Migrantinnen und Migranten bedeutet dies, dass negative Eigenschaften häufiger als positive herangezogen werden, um Verhalten zu beschreiben.

4.2 Psychosoziale Funktionen von Stereotypen

Zahlreiche Ergebnisse der Kognitionsforschung zeigen, dass übernommene Einstellungen sehr hartnäckig sind und auch durch raffinierte psychologische Techniken nicht einfach verändert werden können. Dies liegt nicht zuletzt an ihrem soziokulturellen Bezug und an ihren psychosozialen Funktionen, da die Inhalte sozialer Stereotype auf einen jeweils überlieferten historisch-gesellschaftlichen Sinnzusammenhang bezogen sind. Nur wenn hier neue Bezüge hergestellt werden, können sich Einstellungen ändern; dies ist aber ein langwieriger Prozess (Moskowitz 2005).

Hinzu kommen anthropologische und psychosoziale Mechanismen, wie historisch begründete Ängste vor Gruppen, die vielleicht tatsächlich einmal eine echte Bedrohung darstellten und deswegen Distanz ein Gefühl der Sicherheit ergab (Devine/Monteith 1999). Als Beispiel sei hier das osmanische Reich angeführt, das dem christlichen Europa nicht immer wohlgesinnt war, und mit dem es immer wieder zu kriegerischen Auseinandersetzungen in dieser Zeit kam. Dies bedeutet, dass im Zusammenspiel mit unterschiedlichen symbolischen und historisch bedingten Überlieferungen Fremden gegenüber, wie sie noch heute im kollektiven Bewusstsein verankert sind, durchaus ambivalente Gefühle entstehen können, die von Faszination über Feindseligkeit bis hin zu Sympathie und Hilfsbereitschaft reichen. Stereotypisierung kann also das menschliche Verhalten dominieren und ist manchmal so verinnerlicht, dass es sogar die biologisch angelegten instinktiven Verhaltensmuster überlagert (Macrae/ Bodenhausen 2000).

Wie hartnäckig und robust Einstelllungen manchmal sind, soll hier am Beispiel des psychologischen Experiments von Avenanti und Kollegen (2010) kurz vorgestellt werden: Avenanti und seine Kollegen untersuchten die Reaktion von Personen mit fremdenfeindlicher Gesinnung, wenn diese fremde Menschen leiden sahen. Bisher ging man davon aus, dass das Nervensystem in dieser Situation normalerweise genauso reagiert, als litten diese Personen selbst. Diese Form der Empathie verschwand jedoch, wenn Personen mit rassistischer Einstellung sahen, wie einem Menschen anderer Hautfarbe Schmerzen zugefügt wurden.

Das Ergebnis überraschte, denn das Nachempfinden von Schmerzen galt bisher als instinktive Verhaltensweise, die unabhängig von der Person des Leidenden war. Zwar vermuteten Sozialpsychologen bereits, dass sich Rassismus in einem Mangel an Einfühlungsvermögen manifestiert; Beweise für differenzierte empathische Reaktionen gegenüber dem Leid von Individuen derselben oder anderer Rassen lagen aber bisher nicht vor (Dijksterhuis/Bargh 2001).

Für das Experiment wurden hellhäutige Italiener und afrikanische Immigranten dunkler Hautfarbe ausgesucht. Die Forscher zeigten ihnen Filme, in denen Hände zu sehen waren, die entweder mit einer Nadel verletzt oder mit einem Wattestäbchen sanft gestreichelt wurden. Dabei maßen sie die Hirnaktivitäten der Probanden und etwaige Muskelkontraktionen. Bei den Versuchsteilnehmern wurden zum einen die Hirnareale aktiv, die für Emotionen und Schmerzempfinden zuständig sind. Zum anderen wurden die gleichen Muskeln stimuliert wie bei der im Film zu sehenden Hand.

Doch bei italienischen wie afrikanischen Rassisten blieb diese Reaktion bei einer Hand der jeweils anderen Hautfarbe aus. Bei weiteren Versuchen mit einer violett gefärbten Hand im Film – deren tatsächliche Hautfarbe damit also nicht erkennbar war – pendelten sich die emotionalen Reaktionen der Testpersonen wieder auf normalem Niveau ein. Die automatische Muskelreaktion zeigte menschliche Anteilnahme am Leiden Fremder, zumindest solange bei der beobachtenden Person keine vorurteilsbehafteten Stereotypen vorlagen (Avenanti u. a. 2010).

Bei der Entwicklung von Stereotypisierungen scheint der Umgang mit Informationen wichtig zu sein. Ist eine Person ausreichend motiviert, Informationen über andere Personen oder Gruppen möglichst genau und sorgfältig zu verarbeiten, treten weniger Stereoptypisierungen oder Vorurteile auf (Moskowitz 2005). Allerdings sind für eine genauere und sorgfältige Informationsverarbeitung mehr Zeit und eine tiefere Auseinandersetzung notwendig. Unabhängig wie tief bestimmte Vorurteile sitzen und welche sozialen Erwartungen mit den Informationen verknüpft werden, können im schlechtesten Fall neue negative Einstellungen aufbauend auf bereits vorhandenen entstehen (Dijksterhuis/Bargh 2001).

Fakten, Daten, Statistiken und andere Beweise, die vorhandene dysfunktionale Einstellungen widerlegen, werden ignoriert oder verdrängt, um auf einer anderen Ebene mögliche emotionale, kognitive und soziale Interessen nicht zu gefährden. Paradoxerweise kann eine inkonsistente Information gespeicherte stereotyp-konsistente Informationen aktivieren und diese damit verstärken. Diese sich widersprechenden Informationen werden zwar sorgfältiger verschlüsselt, dann aber im Prozess aktiver Informationsverarbeitung tendenziell umgedeutet, so dass die ursprüngliche Meinung nicht revidiert werden muss. Würden widersprüchliche Informationen das Stereotyp verändern, wäre es nicht mehr stabil und effizient und könnte damit seine Orientierungsfunktion nicht mehr erfüllen. Stereotype und Vorurteile werden u. a. subjektiv validiert und damit langfristig erhärtet (Sherman et al. 2000).

Ein Blick auf die Migrationsforschung zeigt beispielhaft, dass sich das Stereotyp „Migranten bekommen mehr Kinder als Deutsche" trotz des objektiven sozialen und kulturellen Wandels der Generationen, hält und dass daran auch offizielle Statistiken, die dies eindeutig widerlegen (Statistisches Bundesamt 2009), nichts verändert haben. Dagegen hat sich die globale Beurteilung des Stereotyps verändert, dass „muslimische Migranten häufiger Kinder bekommen", was aber auch statistisch falsch ist. So lag die Geburtenrate der Migrantenfrauen im Jahre 2006 bei 1,6 und die der deutschen Frauen lag im Vergleich bei 1,3. Die Geburtenrate der Migrantenfrauen ist rückläufig (Berth 2010).

4.3 Stereotypisierung aus Sicht der Genetik

Zahlreiche Migrationskritiker_innen versuchen, und das nicht zuletzt aufgrund des Buchs von Thilo Sarazzin (2010), durch angebliche genetische Unterscheidungen von sozialen Gruppen (vor allem der Migrant_innen) diesen eine niedrige Intelligenz nachzuweisen, was zwar wissenschaftlich nicht haltbar ist, aber durch die teils populistische Berichterstattung in den Medien effektiv Vorurteile verstärkt (Deary/Batty 2006).

An der Tatsache, dass eine hohe Intelligenz sehr nützlich ist, um einen hohen Sozialstatus zu erreichen, kann kaum gezweifelt werden. Gestritten wurde und wird vor allem über die Frage, ob Intelligenz quasi angeboren ist oder ob sie vor allem auf einer entsprechenden Förderung im frühen Kindes- und Jugendalter basiert (Holtzman 2002). In einigen empirischen Studien wurde versucht, den genetischen Anteil an der Intelligenz zu messen. Sie kommen zu dem Schluss, dass zirka 50 Prozent der zu beobachtenden Varianz auf Vererbung beruht (Mackenbach 2005).

Wie problematisch diese Schätzung ist, belegen Studien, die sich auf die Intelligenzunterschiede zwischen verschiedenen ethnischen Gruppen in den USA konzentrieren. In dem Buch „The bell curve" wird festgestellt, dass Menschen mit schwarzer

Hautfarbe im Durchschnitt einen geringeren IQ aufweisen als Kaukasier. Zudem wird auf die statistischen Zusammenhänge zwischen IQ einerseits und Kriminalität, Arbeitslosigkeit und Armut andererseits hingewiesen (Herrnstein/Murray 1996). Hierbei wird aber die schlechte soziale Lage vieler Menschen mit schwarzer Hautfarbe und damit der fehlende oder zumindest erschwerte Zugang zum Bildungs- und Gesundheitssystem nicht berücksichtigt (Deary/Batty 2006).

Die andere wichtige Frage ist, ob diese IQ-Tests nicht nur das messen, was weiße Amerikaner unter Intelligenz verstehen, und dabei außer Acht lassen, dass Intelligenz auch und vor allem eine Folge früher Förderung ist. Sie ist wichtig; daran kann kein Zweifel bestehen. Obwohl unklar ist, wie sehr genetische Veranlagung zur Intelligenz den sozialen Status beeinflusst, vermutlich jedoch nicht sehr, werden Forschungsergebnisse in falsche Zusammenhänge gestellt.

So wurde beispielsweise vor allem in den USA immer wieder belegt, dass ethnische Herkunft und Gesundheitszustand oft eng miteinander korrelieren (Mielck/Rogowski 2007). Im Mittelpunkt des Interesses steht hier etwa die zumeist deutlich erhöhte Morbidität und Mortalität bei den Bevölkerungsgruppen mit schwarzer Hautfarbe. Diese Gruppen weisen zudem häufig einen niedrigeren sozioökonomischen Status auf. Die Frage liegt daher nahe, wie aussagekräftig der Vergleich zwischen verschiedenen ethnischen Gruppen ist, um den Zusammenhang zwischen Vererbung, ethnischem und sozialem Status zu analysieren (Mielck/Rogowski 2007).

Wir wissen heute, dass etwa 85 Prozent der genetischen Unterschiede zwischen zwei Menschen unabhängig von deren ethnischer Zugehörigkeit (Pearce et al. 2004) sind. Die verbleibenden 15 Prozent können für die Gesundheit und damit die Fähigkeit, früh und ausreichend gefördert zu werden, relevant sein, sie müssen es aber nicht. Insgesamt besteht somit wenig Grund zur Annahme, dass ein wesentlicher Teil der gesundheitlichen Ungleichheit zwischen verschiedenen ethnischen Gruppen genetisch bedingt ist (San Kar et al. 2004; Mielck/Rogowski 2007).

Als Fazit aus dem bisher Gesagten muss eher umgekehrt davon ausgegangen werden, dass die gesundheitlichen und sozialen Ungleichheiten eine Folge der unterschiedlichen Lebensbedingungen und Verhaltensweisen sind. Auf Deutschland bezogen heißt dies, dass es wenig Sinn ergibt, die Unterschiede im Gesundheitszustand zwischen den Menschen deutscher und nichtdeutscher Herkunft genetisch erklären zu wollen. Es ist sogar zu beobachten, dass sich z. B. psychische Erkrankungen der dritten und vierten Generation der Migrantinnen und Migranten denen der Deutschen gleichen Alters anpassen (Kizilhan 2012). Zumindest auf der Ebene der psychischen Erkrankungen scheint eine Integration gelungen zu sein!

5 Fazit

Soziales Identifizieren und Benachteiligung psychologisch zu erklären, kann zwar stimmig und sinnvoll sein, aber dabei darf nicht vergessen werden, dass es sich zunächst nur um psychologische Prozesse handelt. Eine Reihe anderer Fragen bleibt offen: Wer erzeugt z. B. solche Benachteiligungen und wer hat etwas davon? Wie weit wird dies immer noch als eine Form der Herrschaftserhaltung auch im Sinne von vergangenen und überholten Werten und Normen eingesetzt?

Bisherige Informationskampagnen und Integrationskonzepte haben immer noch nicht die erwarteten Effekte erreicht. Die Art und Weise der Information kann auch zu ungewollten Ergebnissen führen und bereits vorhandene Vorurteile bestätigen. Auch die Aktivitäten von Migrantenorganisationen und ihre Bekenntnis zur Integration sind bisher nur mäßig erfolgreich. Dies liegt auch daran, dass stereotype Inhalte nur durch einen äußerst anstrengenden kognitiven Prozess unterdrückt werden können. Dieser erfordert zudem Ressourcen, die für andere Zwecke gebraucht werden.

Trotz ihrer Resistenz gegenüber Änderungen sind Stereotype jedoch keine völlig unflexiblen kognitiven Systeme, da sie sich letztlich einer sich verändernden Realität anpassen müssen, die zu einem großen Teil von den Massenmedien gedeutet und vermittelt werden. Medien und Medienpolitik spielen daher eine Schlüsselrolle bei der Entstigmatisierung. Dafür müssen sie sich der Aufgabe, die Verhältnisse von Migrantinnen und Migranten und anderen sozialen Gruppen zu zivilisieren und zu humanisieren, nicht nur verpflichtet fühlen, sondern auch erfüllen.

Vorurteile zu reduzieren und Einstellungen zu ändern heißt auch gleichzeitig eine Willkommenskultur in allen Bereichen des gesellschaftlichen Lebens inhaltlich und methodisch auszufüllen, zu festigen und damit Integration zu fördern.

Literaturverzeichnis

Adorno, T. W./Frenkel-Brunswik, E./Levinson, D. J./Nevitt, R. S. (1950): The Authoritarian Personality, New York: Harper und Brothers 1950.
Allport, G. W. (1954): The nature of prejudice. AddisonWesley, Reading, Mass 1954.
Avenanti, A./Sirgu, A./Aglioti, S. M. (2010): Racial Bias Reduces Empathic Sensorimotor Resonance with Other-Race Pain. Journal of Current Biology: 20:11, S. 1018–1022.
Bandura, A. (1979): Sozial-kognitive Lerntheorie, Stuttgart 1979.
Berth, F. (2010): Die Kopftuchlegende, Süddeutsche Zeitung vom 30.12.2010.
Brown, K. (1981): Race, Class and Culture. Towards a Theoretization of the „Choice/Constraint" Concept. In Jackson, P./Smith, S. J. (Eds.): Social Interaction and Ethnic Segregation, London, New York, S. 185–203.
Brown, A. L. (1990): Domain-specific priciples affect learning and transfer in children. Cognitive Science. 14, S. 107–133 (Special Issue).

Carswell, K./Blackburn, P./Barker, C. (2011): The Relationship Between Trauma, Post-Migration Problems and the Psychological Well-Being of Refugees and Asylum Seekers. International Journal of Social Psychiatry, 57 (2), S. 107-119.
Dalal, F. (2002): Race, colour and the processes of racialisation: new perspectives from group analysis, psychoanalysis and sociology, Brunner-Routledge, Hove 2002.
Deary, I. J./Batty, G. D. (2006): Pre-morbid IQ and later health – the rapidly evolving field of cognitive epidemiology (commentary). Int J Epidemiol 35, S. 670-672.
Devine, P. G./Monteith, M. J. (1999). Automaticity and control in stereotyping. In Chaiken, S./Trope, Y. (Eds.), Dual process theories in social psychology (pp. 339-360), New York 1999.
Dijksterhuis, A./Bargh, J. A. (2001). The perception-behavior expressway: Automatic effects of social perception on social behavior. In M. P. Zanna (Ed.), Advances in experimental social psych 2001.
Greenberg, J./Pyszczynski, T. (1985): The effect of an overheard ethnic slu on evaluations of the target: How to spread a social disease. Journal of Experimental Social Psychology, 21, S. 61-72.
Hamilton, D. L. (1981): Cognitive processes in stereotyping and intergroup behavior. Erlbaum, Hillsdale 1981.
Herrnstein, R. J./Murray, C. (1996): The bell curve. Intelligence and class structure in American life. Free Press Paperbacks, New York 1996.
Hewstone, M./Rabiul, M./Charles, M. (1993): Models of crossed categorization and intergroup relations. S. 779-793 in: Journal of Personality and Social Psychology, 64 (5) 1993.
Holtzman, N. A. (2002): Genetics and social class. J Epidemiol Community Health 56, S. 529-535.
Johnson, D. W./Johnson, R. T. (2000): The three Cs of reducing prejudice and discrimination. In: Oskamp, S. (Hrsg.): Reducing prejudice and discrimination: social psychological perspectives. Erlbaum, Mahwah, N. J., S. 239-268.
Kizilhan, J. (2011). Wahn oder Kultur? Fallkasuistik. Praxis Klinische Verhaltensmedizin und Rehabilitation, 88, S. 29-32.
Kizilhan, J. (2012): Changes in disease perception, coping strategies and diagnoses in the case of first and fourth generations of Turkish migrants in Germany. European Journal of Psychology, 8(3), S. 352-362.
Lin, S. (1999): Vorurteile überwinden – eine friedenspädagogische Aufgabe. Grundlegung und Darstellung einer Unterrichtseinheit, Weinheim und Basel 1999.
Mackenbach, J. (2005): Genetics and health inequalities: hypotheses and controversies. J Epidemiol Community Health, 59, S. 268-273.
Macrae, C. N./Bodenhausen, G.V. (2000). Social cognition: Thinking categorically about others, Annual Review of Psychology, 51, S. 93-120.
Mielck, A./Rogowski, W. (2007): Die Bedeutung der Genetik beim Thema „Soziale Ungleichheit und Gesundheit". Bundesgesundheitsblatt – Gesundheitsforschung – Gesundheitsschutz, 50, S. 181-191.
Mischel, H. (1973): Toward a cognitive social learning reconceptualization of personality, Psychological Review, 81, S. 252-283.
Möller-Leimkühler, A. M. (2004): Stigmatisierung psychisch Kranker aus der Perspektive sozialpsychologischer Stereotypenforschung. Fortschr Neurol Psychia, 72:36-44.
Moskowitz, G. B. (2005). Social cognition: Understanding self and others. New York 2005.
Mummendey, A./Klink, A./Mielke, R./Wenzel, M./Blanz, M. (1999): Socio-structural characteristics of intergroup relations and identity management strategies. Results from a field study in East-Germany. S. 259-285 in: European Journal of Social Psychology, 29 (1).
Pearce, N./Foliaki, S./Sporle, A./Cunningham, C. (2004): Genetics, race, ethnicity, and health. BMJ 328: 1070-1072.
Pettigrew, T. F. (1998): Intergroup contact theory. Annual Review of Psychology 49: 65-85.

Pettigrew, T. F./Tropp, L. R. (2006): A metaanalytic test of intergroup contact theory. Journal of Personality and Social Psychology 90, S. 751–783.

Rabbie, J. M./Wilkens, G. (1971): Intergroup competition and its effect of intragroup and intergroup relations. European Journal of Social Psychology, 1, 215–234.

San Kar P./Cho, M. K./Condit, C. M. (2004): Genetic research and health disparities. JAMA 291, S. 2985–2989.

Sherif, M. (1966): In common predicament: Social psychology of intergroup conflict and cooperation, Boston 1966.

Sherman, J. W./Frost, L. A. (2000): On the encoding of stereotype-relevant information under cognitive load. Personality and Social Psychology Bulletin, 26, S. 26–34.

Smith, P. B./Bond, M. H./Kagitcibasi, C. (2006): Understanding Social Psychology Across Cultures: Living and Working in a Changing World. Thousand Oaks, CA: Sage 2006.

Strack F. (1988): Social cognition: Sozialpsychologie innerhalb des Paradigmas der Informationsverarbeitung. Psychologische Rundschau 1988; 39, S. 72–82.

Tajfel, H. (1974): Social Identity and Intergroup Behavior. In: Social Science Information, 13:2, S. 65–93.

Tajfel, H. (1982): Gruppenkonflikt und Vorurteil: Entstehung und Funktion sozialer Stereotypen, Bern, Stuttgart, Wien 1982.

Zick, A. (1997): Vorurteile und Rassismus. Eine sozialpsychologische Analyse, Münster, Berlin, New York 1997.

Sebastian Klus

10 Wer bleiben will, soll bleiben! Gentrification, Gemeinwesenarbeit und Wohnungspolitik

1 Die Rückkehr der Wohnungsfrage

Lange Jahre war sie ein Spezialthema für Stadtforscher_innen und Fachpolitiker_innen, doch nun ist sie zurück auf der politischen Agenda: die Wohnungsfrage. Anfang März 2015 wurde vom deutschen Bundestag eine Reform des Mietrechts beschlossen, welche unter anderem die Einführung einer so genannten „Mietpreisbremse" beinhaltet. In ihrem Koalitionsvertrag hatten sich CDU/CSU und SPD auf einen „wohnungspolitischen Dreiklang aus einer Stärkung der Investitionstätigkeit, einer Wiederbelebung des sozialen Wohnungsbaus und einer ausgewogenen mietrechtlichen und sozialpolitischen Flankierung" verständigt, nachdem die Wohnungsfrage ziemlich unerwartet zum Thema im Bundestagswahlkampf 2013 geworden war. Steigende Mieten in Ballungszentren, Groß- und Universitätsstätten, eine zunehmende Wohnungsnot und Prozesse der Verdrängung von benachteiligten Bevölkerungsgruppen brachten das Thema Wohnen wieder in die politischen und öffentlichen Debatten. Die gestiegene Aufmerksamkeit für Fragen des Wohnens ist dabei zum einen auf verschärfte Problemlagen und eine neue Qualität der sozialen und räumlichen Polarisierung in den Städten zurückzuführen, verweist zum anderen aber auch auf eine verbesserte Artikulations- und Politikfähigkeit sozialer Bewegungen, die diese Phänomene thematisieren und politische Lösungsansätze einfordern.

Im Bereich der Gemeinwesenarbeit stellt das Wohnen seit jeher ein zentrales Handlungsfeld dar. Themen wie Mieterhöhungen, Wohnungsmängel, Nachbarschaftskonflikte oder Wohnumfeldgestaltung gehören zum Arbeitsalltag vieler Gemeinwesenarbeiter_innen. Gleichwohl stellt sich die Wohnungsfrage auch für die Professionellen in den Wohnquartieren immer wieder neu. In den vergangenen Jahren rückten zunehmend Verdrängungsprozesse in den Fokus, die mit dem Begriff der *Gentrification* umschrieben werden. Auf Basis einer Analyse der Voraussetzungen, Bedingungen und Auswirkungen der Entwicklungen ist die professionelle Gemeinwesenarbeit gefordert, Handlungsoptionen zu entwickeln, die auf verschiedenen Ebenen einen adäquaten Umgang mit diesen Prozessen ermöglichen. Baum verweist in diesem Zusammenhang auf eine Leerstelle in der fachlichen Diskussion, die häufig zu sehr der Quartiersebene verhaftet bleibt und sozialräumliche Disparitäten zu wenig in ihrem Kontext begreift und bearbeitet: „Man könnte annehmen, dass die stadtsoziologische Diskussion um die Spaltung der Städte in hoch privilegierte und immer deprivierter werdende Quartiere als Ergebnis verschärfter sozialräumlicher Segregationsprozesse gerade die sozialraumorientierte Stadtteilarbeit beschäftigen könnte.

Dies tut sie nur im Ergebnis; die Prozesse, die dazu führen, werden bestenfalls akademisch als Bedingungen zur Kenntnis genommen." (Baum 2012, S. 572)

Der vorliegende Beitrag hat das Ziel – vor dem Hintergrund eines realen Fallbeispiels – Perspektiven aufzuzeigen, wie eine emanzipatorisch verstandene Gemeinwesenarbeit mit dem Phänomen der Gentrification umgehen kann. Es soll dargelegt werden, dass quartiersbezogene Bewältigungsstrategien zwar dringend notwendig, aber keineswegs hinreichend sind, um Optionen zur Verhinderung von Verdrängungsprozessen zu entwickeln. Ausgehend von einer Sozialen Arbeit, die sich als Menschenrechtsprofession begreift, wird zunächst auf die Relevanz des Wohnens als Menschenrecht eingegangen (2.), um es anschließend als zentrales Handlungsfeld der Gemeinwesenarbeit zu charakterisieren (3.). Die Bedrohung des Menschenrechts auf Wohnen durch Prozesse der Gentrification wird anhand eines Fallbeispiels veranschaulicht (4.). Hieran anknüpfend sollen professionelle Handlungsperspektiven der Gemeinwesenarbeit aufgezeigt, aber auch Grenzen, Schwierigkeiten und Hindernisse thematisiert werden (5.). Abschließend folgt ein kurzer Ausblick.

2 Wohnen ist Menschenrecht

Der Begriff des Wohnens verweist auf ein grundlegendes Verhältnis des Menschen zu seiner Umwelt. Die Wohnung dient als Schutz gegen natürliche Widrigkeiten und Einflüsse, etwa Regen, Wind und Kälte. Durch seine Behausung sichert sich der Mensch gegenüber der Natur ab. Das Wohnen wird somit zu einer Notwendigkeit, ohne die ein dauerhaftes (Über-)Leben kaum möglich erscheint. „Wohnen ist eine Grundform menschlichen Seins. Wohnen gehört zum Wesen des Menschen. Mensch kann nicht Nichtwohnen. Irgendwie und irgendwo „wohnen" Menschen immer – mehr oder weniger gut." (Rausch 2011, S. 235) Das Wohnen und die Wohnung haben allerdings nicht nur eine praktisch-notwendige, sondern auch eine symbolische Bedeutung: Lage, Ausstattung und äußeres Erscheinungsbild der Wohnung prägen das Bild, welches sich Außenstehende von den Bewohner_innen machen. Zudem prägen die Wohnverhältnisse das Verhältnis des Menschen zu sich selbst, seine „Identitäten, Orientierungsmarken und Deutungsmuster" (ebd.).

In der Regel wohnen Menschen nicht allein, sondern gemeinsam mit anderen – nicht unbedingt in der gleichen Wohnung, aber doch in der Nachbarschaft zu anderen. Wohnen beinhaltet somit auch eine wichtige Regulationsfunktion für das gesellschaftliche Zusammenleben und verweist auf ein symbiotisches Mit- und Nebeneinander derjenigen, die mehr oder weniger eng beieinander wohnen. In Prozessen der Vergesellschaftung nimmt das Wohnen eine zentrale Stellung ein (Gleichmann 2000, S. 273 f.). Wie gewohnt wird und welche Beschaffenheit eine Wohnung „als das materielle Substrat des Wohnens" (Spiegel 1996, S. 42) hat, ist grundsätzlich kontextabhängig und wandelbar. Geographische, historische, kulturelle und soziale

Faktoren spielen eine bedeutende Rolle. Aufgrund seiner enormen Bedeutung für die physische, psychische und soziale Existenz des Menschen war die Absicherung des Wohnens in menschlichen Gemeinschaften schon immer von besonderer Bedeutung. In den modernen Gesellschaften entwickelte sich das Wohnen zu einem zentralen Element der Daseinsvorsorge (ebd.).

Als sich im 19. Jahrhundert die Wohnungsfrage in den von der Industrialisierung erfassten Gesellschaften in einer nie gekannten Dringlichkeit stellte, markierte dies den Beginn einer eigenständigen Wohnungspolitik, die sich in den folgenden Jahrzehnten immer weiter ausdifferenzierte. „Tatsächlich ist Wohnungspolitik seit den ersten Jahren der Weimarer Republik als „Wohnungsfrage" – analog zur „sozialen Frage" – ein zentraler Bestandteil der Sozialpolitik gewesen." (Egner 2014, S. 13) Indes ist zu beachten, dass die wohnungspolitischen Aktivitäten des Staates und ihre Ausgestaltung im jeweiligen zeithistorischen und gesellschaftlichen Kontext betrachtet werden müssen. Im Zusammenhang mit dem Thema dieses Aufsatzes ist es von besonderer Bedeutung, dass nach der konservativ-liberalen Regierungsübernahme 1983 und dem Skandal um das gewerkschaftseigene Wohnungsunternehmen „Neue Heimat" in den 1980er Jahren ein wohnungspolitischer Paradigmenwechsel in der Bundesrepublik Deutschland einsetzte, der als Durchsetzung eines neoliberalen Wohlfahrtsregimes in der Wohnraumversorgung charakterisiert werden kann. Eine Vermarktlichung des Wohnungssektors wurde etwa durch die Abschaffung der Wohngemeinnützigkeit, den Rückzug des Staates aus dem sozialen Wohnungsbau und die Privatisierung öffentlicher Wohnungsbestände vorangetrieben. Das Menschenrecht Wohnen verschwand für viele Jahre weitgehend aus dem Fokus der Politik (Klus 2013, S. 77 ff.).

Die zwingende Notwendigkeit einer staatlichen Wohnungspolitik ergibt sich gleichwohl aus den im Grundgesetz (GG) festgehaltenen Grundrechten. Die Würde des Menschen (Art.1 GG), die freie Entfaltung der Persönlichkeit (Art.2 Abs. 1 GG), das Recht auf Leben und körperliche Unversehrtheit (Art.2 Abs.2 GG) sowie der besondere Schutz der Familie (Art.6 Abs. 1 GG) lassen sich nicht verwirklichen, wenn nicht gewisse qualitative und quantitative Mindeststandards in Bezug auf die Wohnraumversorgung sicher gestellt sind (Kühne-Büning 2005, S. 234 f.). Damit ist auch die Frage nach der Verwirklichung universeller Menschenrechte angesprochen. In der allgemeinen Erklärung der Menschenrechte der Vereinten Nationen von 1948 wird für jeden Menschen „das Recht auf einen Lebensstandard, der seine und seiner Familie Gesundheit und Wohl gewährleistet, einschließlich Nahrung, Kleidung, *Wohnung*, ärztliche Versorgung und notwendige soziale Leistungen, (...)" (Art.25 Abs.1, Hervorhebung S. K.) proklamiert. Dieser Aspekt wird auch in der Europäischen Sozialcharta (ESC) von 1996 aufgegriffen, wo in Teil I Punkt 31 verbindlich festgelegt wird: „Jedermann hat das Recht auf Wohnung." Eine Konkretisierung erfolgt in Teil II der Charta: „Um die wirksame Ausübung des Rechts auf Wohnung zu gewährleisten, verpflichten sich die Vertragsparteien, Maßnahmen zu ergreifen, die darauf gerichtet sind: 1. den Zugang zu Wohnraum mit ausreichendem Standard zu fördern; 2. der Obdachlosigkeit vorzubeugen und sie mit dem Ziel der schrittweisen Beseitigung abzubauen; 3. die Wohnkosten für Personen, die nicht über ausreichende Mittel verfügen, so zu gestalten, dass sie tragbar sind." (Art.31 ESC). Es werden also der grundsätzliche Zugang zu Wohnraum mit einem qualitativen Mindeststandard und die Vermeidung bzw. Beseitigung von Obdachlosigkeit als zentrale Aspekte des Rechts auf Wohnung verbindlich festgeschrieben. Darüber hinaus wird allerdings auch darauf verwiesen, dass die Wohnkosten für Personen tragbar sein müssen, die nicht über ausreichende finanzielle Mittel verfügen. Ist dies nicht der Fall, sind die Vertragsparteien der Sozialcharta verpflichtet, mit geeigneten wohnungspolitischen Maßnahmen zu intervenieren. „Somit geht es beim Menschenrecht auf Wohnung durchaus auch um Fragen der Mietpreisgestaltung und nicht nur um das sprichwörtliche „Dach über dem Kopf". Wer keine angemessene Unterkunft findet oder unter der Angst leiden muss, in Bälde vielleicht seine Wohnung nicht mehr bezahlen zu können (...), dessen Menschenrecht auf Wohnen ist bedroht." (Rausch 2011, S. 238)

Wird das Menschenrecht auf Wohnen in Frage gestellt, ergibt sich hieraus ein (sozial-) politischer Handlungsauftrag. Zugleich ergeht aber auch ein Auftrag an die Menschenrechtsprofession Soziale Arbeit, welche die Menschenrechte als analytische und normative Kategorie zu ihrer professionellen Grundlage macht.

3 Gemeinwesenarbeit und Wohnen

Gemeinwesenarbeit stellt ein Konzept Sozialer Arbeit dar, welches „nicht (primär) individuelles Bewältigungshandeln und Empowerment unterstützt, sondern die Entwicklung gemeinsamer Handlungsfähigkeit und kollektives Empowerment bezüglich der Gestaltung und Veränderung von infrastrukturellen, politischen und sozialen Lebensbedingungen fördert." (Stövesand/Stoik 2013, S. 16) Zentraler Bezugspunkt dieser Arbeit ist das Gemeinwesen als ein sozialer Zusammenhang von Menschen, der über territoriale (z. B. Nachbarschaft oder Stadtteil), funktionale (z. B. Wohnen oder Arbeit) oder kategoriale (z. B. Geschlecht oder Alter) Bezüge vermittelt sein kann (ebd.). Häufig überlagern und bedingen sich diese Bezüge auch gegenseitig, etwa wenn es um das Thema Wohnen in einem bestimmten Quartier geht, wie im später folgenden Fallbeispiel deutlich wird. Eine grundlegende Definition von Gemeinwesenarbeit in einem territorialen Verständnis formuliert Oelschlägel (2011): „Gemeinwesenarbeit (GWA) ist eine sozialräumliche Strategie, die sich ganzheitlich auf den Stadtteil und nicht pädagogisch auf einzelne Individuen richtet. Sie arbeitet mit den Ressourcen des Stadtteils und seiner BewohnerInnen, um seine Defizite aufzuheben. Damit verändert sie dann allerdings auch die Lebensverhältnisse seiner BewohnerInnen." (S.653) Gemeinwesenarbeit ist dabei als eigenständiges Arbeitsfeld vorzufinden, also in Form von Einrichtungen und Fachkräften, welche den Auftrag haben, eben diese Arbeit zu leisten. Sie ist aber zugleich eine grundsätzliche professionelle

Herangehensweise an soziale Probleme, eben ein Konzept der Sozialen Arbeit (ebd., S. 654).

Obgleich es sich bei der Gemeinwesenarbeit um ein Konzept handelt, welches in sehr vielfältigen Ausprägungen und Facetten vorzufinden ist und dessen konkrete Ausgestaltung nicht unwesentlich von zeithistorischen und gesellschaftlichen Kontexten geprägt ist, lassen sich doch einige übergreifende Aspekte benennen, die für die Gemeinwesenarbeit zentral sind. Neben dem ganzheitlichen Bezug auf die Lebenszusammenhänge von Menschen, sind dies vor allem das Ziel der Verbesserung von materiellen, immateriellen und sozialen Bedingungen und die maßgebliche Einbeziehung der Betroffenen in diese Prozesse. Dabei werden individuelle und strukturelle Aspekte in einer sozialräumlichen Perspektive betrachtet und bearbeitet. Im Sinne eines kollektiven Empowerment werden Handlungsfähigkeit und Selbstorganisation gefördert sowie Netzwerke und Kooperationsbeziehungen aufgebaut. Gemeinwesenarbeit kann somit immer auch als Bildungsarbeit verstanden werden. Zudem fokussiert sie auf sozial- und kommunalpolitische Veränderungen (Stoik/Stövesand 2013, S. 21). Vor diesem Hintergrund ist eine ihrer wesentlichen Aufgaben darin zu sehen, das kollektive Handeln von Menschen zu unterstützen, die im politischen Feld häufig unterrepräsentiert sind und nicht ohne weiteres Gehör finden, da sie aufgrund ihrer Ressourcenausstattung gegenüber anderen Akteuren benachteiligt sind: „In der Regel wissen sich die VertreterInnen von Verwaltung, Politik oder Wohnbauunternehmen selbst zu helfen. [...] Erst die Ungleichheit und Benachteiligung begründen den professionellen Einsatz von GemeinwesenarbeiterInnen mit dem Ziel, Beiträge zur Überwindung oder Verhinderung derselben zu leisten." (Rausch 2004, S. 89)

Klassischerweise (wenn auch nicht ausschließlich) kommt Gemeinwesenarbeit in solchen Gebieten zum Einsatz, die früher als „soziale Brennpunkte" bezeichnet wurden und heute häufig als „Quartiere mit besonderem Entwicklungsbedarf" beschrieben werden. In diesen „Quartieren der Ausgrenzung" (Kronauer 2010, S. 206) sind besonders viele Menschen von sozialer Ausgrenzung betroffen, der Anteil von armen und arbeitslosen Menschen ist überproportional hoch. Zudem weisen sie in der Regel benachteiligende Kontextbedingungen auf, etwa in Bezug auf eine unzureichende oder mangelhafte infrastrukturelle Ausstattung, schlechte Umweltqualitäten oder auch die Stigmatisierung der Wohngebiete (Häußermann/Siebel 2004, S. 160 ff.). Fragen des Wohnens spielen in diesem Zusammenhang oftmals eine wichtige Rolle, da sie die Menschen in besonderer Weise betreffen und ihren Alltag und ihre Lebensbedingungen maßgeblich prägen. Sie werden daher häufig zu einem Thema für die Gemeinwesenarbeit, die sich an den Interessen der Menschen orientiert. Es geht um Wohnungsmängel und mangelhafte Wohnumfeldqualitäten, überhöhte Mietpreise, Nachbarschaftskonflikte, aber auch die Potentiale zur Problembewältigung, welche nachbarschaftliche Netzwerke beinhalten. Das Wohnen stellt somit ein bedeutendes Handlungsfeld der Gemeinwesenarbeit dar (Rausch 2013, S. 280 ff.).

Zu einer von Widersprüchen geprägten Situation kommt es allerdings dann, wenn vormals benachteiligte Quartiere von „Aufwertungsprozessen" erfasst werden, die zwar nicht selten zu einer (von Bewohner_innen und Gemeinwesenarbeiter_innen gewünschten) Verbesserung von infrastrukturellen Bedingungen führen, aber auch mit einer Verdrängung von Bewohner_innen einher gehen. Inwiefern diese Prozesse der Gentrification das Menschenrecht auf Wohnen bedrohen und die Entwicklung neuer Handlungsperspektiven der Gemeinwesenarbeit notwendig machen, soll im folgenden Abschnitt dargelegt werden.

4 Gentrification

Der Begriff der Gentrification (oder Gentrifizierung) hat sich in den vergangenen Jahren zu einem Sammelbegriff für städtische Aufwertungs- und Verdrängungsprozesse entwickelt, der keineswegs mehr nur Stadtforscher_innen geläufig ist, sondern in Politik, Medien und Öffentlichkeit immer häufiger Verwendung findet. Da dadurch allerdings eine gewisse Unschärfe eingetreten ist, soll es an dieser Stelle zunächst darum gehen, ein Verständnis auf Grundlage des Forschungsstandes zu entwickeln.

4.1 Begriffsklärung

Zentrales Merkmal der Gentrification ist die Verdrängung von Bevölkerung. Dies grenzt den Begriff gegenüber anderen wie Revitalisierung oder Reurbanisierung ab und stellt gewissermaßen den Minimalkonsens der Gentrification-Forschung dar: „Gentrification ist ein Prozess, in dessen Verlauf Haushalte mit höherem Einkommen Haushalte mit geringeren Einkommen aus einem Wohnviertel verdrängen und dabei den grundsätzlichen Charakter und das Flair der Nachbarschaft verändern." (Kennedy/Leonard 2001, S. 6, zitiert nach Holm 2014a, S. 103) Hintergrund dieses Prozesses sind immobilienwirtschaftliche Strategien der Kommodifizierung und/oder politische Strategien der Aufwertung, welche den Austausch der Bevölkerung voraussetzen, um erfolgreich sein zu können. Die Verdrängung von Bewohner_innen ist somit zwingend und zentraler Bestandteil der Gentrification und kein Nebeneffekt oder eine ungewollte Begleiterscheinung. Holm (2014a) beschreibt Gentrification als Ausdruck und Effekt der kapitalistischen Urbanisierung: „Unter den Bedingungen der marktförmigen Organisation erfüllen Wohnungsbau und Stadtentwicklung in erster Linie die Verwertungsinteressen privater Eigentümer_innen und ordnen die sozialen Funktionen der Wohnungsversorgung diesen privaten Interessen unter." (S.102) In der Regel haben Immobilienbesitzer_innen ein Interesse daran, höchst mögliche Erträge durch die Nutzung ihrer Immobilie zu erzielen. Besteht nun allerdings eine Diskrepanz zwischen der aktuellen Nutzung und den damit verbundenen Ertragsstrukturen und den potentiell möglichen Erträgen aufgrund einer anderen Nutzung von Grundstücken und Gebäuden, so wächst der immobilienwirtschaftliche Investitionsanreiz, aber auch das Verdrängungspotential. Dies gilt umso stärker, je größer die aktuelle Ertragslücke (rent gap) ausfällt. Um sie zu schließen, etwa durch Sanierung und die anschließende Umwandlung von Miet- in Eigentumswohnungen, ist die Verdrängung der bisherigen Bewohner_innen zwingende Voraussetzung (ebd. S. 102 f.).

Die Verdrängung von meist ärmeren Bevölkerungsgruppen aus ihren bisherigen Wohnquartieren hat soziale und sozialräumliche Folgen. Der Verlust preiswerter Wohnungen ist in aller Regel mit steigenden Wohnkosten verbunden. Dies wirkt sich zum einen auf die finanziellen Handlungsspielräume und damit letztlich die Teilhabemöglichkeiten der betroffenen Menschen aus, hat aber auch nicht zu unterschätzende sozialpolitische Folgen: „Geht Gentrifizierung mit der Verdrängung einkommensschwacher Haushalte einher, weil sie sich ihre alten Wohnungen aufgrund von Mietpreissteigerungen nicht mehr leisten können, steigen häufig die Ausgaben der öffentlichen Hand für die Absicherung des Wohnens. Denn Neuanmietung an anderem Ort erzeugt oft höhere Wohnkosten und zwingt betroffene Haushalte zum Bezug von Wohngeld. Dabei lassen sich die für dessen Gewährung geltenden Kriterien (Wohnungsgröße pro Person und Miethöchstgrenze) insbesondere in wachsenden Metropolen häufig nicht erfüllen, wodurch das Risiko von Obdachlosigkeit steigt." (Breckner 2010, S. 29 f.) Ferner gehen mit dem erzwungenen Wegzug aus einer vertrauten Nachbarschaft häufig soziale Netzwerke, Ortskenntnisse und emotionale Bindungen verloren, die insbesondere für einkommensschwache Menschen wichtige Ressourcen zur Alltagsbewältigung darstellen können. Die Verdrängung in eher periphere Wohngebiete verstärkt zudem die soziale Polarisierung und Segregation in den Städten (Holm 2014a, S. 103). Zusammenfassend lässt sich festhalten, dass das Menschenrecht auf Wohnen, wie es oben skizziert wurde, durch Prozesse der Gentrification nachdrücklich gefährdet ist.

Ein erster Schritt zu einem besseren Verständnis und der Entwicklung professioneller Handlungsperspektiven angesichts von Prozessen der Gentrification besteht für die Gemeinwesenarbeit darin, diese als Strategie der Kommodifizierung unter bestimmten politökonomischen Rahmenbedingungen zu begreifen und nicht einem „kulturalisierenden Alltagsverständnis von Gentrification als Prozess und Ausdruck veränderter Lebensstile, Konsumpraktiken und Wohnpräferenzen" (ebd.) zu folgen. Anhand eines Beispiels soll nun ein relativ typischer Inwertsetzungsprozess in einem Wohnquartier veranschaulicht werden.

4.2 Wie ein Quartier verändert wird

Freiburg im Breisgau ist eine prosperierende Stadt. Die Bevölkerungszahl der Universitätsstadt nimmt seit Jahrzenten kontinuierlich zu. Zum Stichtag 31.12.2013 lebten dort laut amtlicher Statistik 220.286 Menschen (Stadt Freiburg 2014, S. 2*). Dabei wächst Freiburg schneller als alle anderen baden-württembergischen Städte und weist Jahr für Jahr den höchsten Bevölkerungszuwachs im Land auf. Alle Prognosen gehen davon aus, dass das Bevölkerungswachstum auf längere Sicht anhalten wird. Entsprechend ist der Wohnungsmarkt notorisch angespannt.

Bis Anfang der 1990er Jahre waren in Freiburg französische Streitkräfte stationiert. Ein Teil von ihnen – zumeist Offiziere mit ihren Familien – lebte außerhalb der Vauban-Kaserne im Quartier „Westlich der Merzhauser Straße". Das Quartier mit seinen gut 3000 Bewohner_innen gehört zum Stadtteil Unterwiehre. In seinem äußeren Erscheinungsbild ist es bis heute entscheidend durch die Mehrfamilienhäuser mit den 150 so genannten „Franzosenwohnungen" geprägt. Nach Abzug der französischen Streitkräfte gehörten diese zunächst der Bundesrepublik Deutschland, die jedoch alsbald die Privatisierung des Wohnungsbestandes einleitete – ein erster entscheidender Schritt zur Kommodifizierung der ursprünglich öffentlichen Wohnungen. Ein Großteil der Wohnungen wurde an eine Versicherungsgesellschaft verkauft, ein kleinerer Teil an die landeseigene Landesentwicklungsgesellschaft, ein Haus an eine örtliche Genossenschaft. Zunächst gelang es allerdings der stadteigenen Wohnungsgesellschaft Freiburger Stadtbau 120 Wohnungen als Generalmieterin zu übernehmen und damit Menschen zu versorgen, die in der städtischen Notfallkartei für Wohnungssuchende geführt wurden, vor allem Flüchtlingsfamilien aus dem Nahen Osten, aber auch andere von Armut und Ausgrenzung betroffene Menschen. Vor diesem Hintergrund gründete sich 1995 eine Bewohnerinitiative. Mangelnde Spielmöglichkeiten für Kinder, Ängste, dass sich der Stadtteil zu einem „sozialen Brennpunkt" entwickeln könnte und eine deutlich werdende strukturelle Benachteiligung des Quartiers waren der Anlass dazu. 2002 wurde zudem in einer der „Franzosenwohnungen" ein Quartiersbüro mit einer 60 %-Stelle für Gemeinwesenarbeit eingerichtet, dessen Trägerschaft die mittlerweile als Verein agierende Bewohnerinitiative 2004 übernahm.

Eine entscheidende Zäsur trat ein, als die Versicherungsgesellschaft ihre 120 Wohnungen im Jahr 2005 an ein privates Wohnungsunternehmen mit Hauptsitz in München und einer Niederlassung in Freiburg verkaufte. Dieses kündigte den Generalmietvertrag mit dem städtischen Wohnungsunternehmen umgehend, wobei eine Kündigungsfrist von zwei Jahren einzuhalten war. Sodann begann die Firma mit der Inwertsetzung ihres Wohnungsbestandes: Instandsetzungen wurden vernachlässigt, dafür die Mieten drastisch erhöht, zum Teil ohne ausreichende rechtliche Grundlage. Neu zu belegende Wohnungen wurden mit deutlich höheren Preisen in der Regel an Wohngemeinschaften von Studierenden vermietet, die im Gegensatz zu Familien in der Lage waren, diese zu bezahlen. Die Konflikte zwischen Mieter_innen und Vermieter nahmen deutlich zu. Die parteiliche Unterstützung der Menschen durch die Gemeinwesenarbeit zog die Kündigung der Räume des Quartiersbüros nach sich. Es folgten jahrelange Auseinandersetzungen um Wohnungsmängel und Mietpreisgestaltung. Unterstützt von der aus neuen Räumen agierenden Gemeinwesenarbeit konnten die nun in einer Mieterinitiative auftretenden Bewohner_innen einige Erfolge erzielen, etwa die Begrenzung von Mieterhöhungen oder den Verzicht auf ihre Durchsetzung. Dennoch stiegen die Mietpreise auf längere Sicht. Zusammen mit der neuen Belegungspolitik kam es zur Verdrängung der ersten Bewohner_innen.

Zu Beginn der 2010er Jahre kam es zu einem Strategiewechsel des Eigentümers. Offenkundig war die Ertragslücke zwischen den bis dato noch immer halbwegs erschwinglichen Mietwohnungen und den potentiellen Verkaufserlösen von Eigentumswohnungen zu groß. Sukzessive wurde der Wohnungsbestand saniert und in Eigentumswohnungen umgewandelt. Für einen lukrativen Verkauf der einzelnen Wohnungen (mit dem Werbeslogan „Ein Quartier verändert sich") war der Auszug der bisherigen Mieter_innen die Voraussetzung. Dieser wurde zum einen über den deutlich erhöhten Mietpreis nach Sanierung, zum anderen durch „Umzugsprämien" in Höhe von mehreren tausend Euro befördert. Nicht selten wurden Drohkulissen („Jetzt bekommen Sie noch etwas, später können Sie sich die Miete sowieso nicht mehr leisten.") aufgebaut. Mit der Umwandlung in Eigentumswohnungen wurde zudem das Wohnumfeld massiv umgestaltet: ehemals frei zugängliche Grün- und Spielflächen zwischen den Häusern wurden parzelliert und als private Gärten mit den Wohnungen verkauft oder in Parkplätze umgewandelt. Soziale Gemeinschaftsflächen gingen in großem Umfang verloren.

Der zweite Inwertsetzungszyklus hat das Quartier „Westlich der Merzhauser Straße" deutlich verändert. Obgleich immer noch ein Teil der ursprünglichen Mieter_innen in den Häusern wohnt, ist der Großteil der Wohnungen saniert und umgewandelt und wird entweder hochpreisig vermietet oder von den neuen Eigentümer_innen selbst bewohnt. Ungemach droht zudem auch den Mieter_innen der Wohnungen, die einstmals der Landesentwicklungsgesellschaft gehört hatten. Diese wurden Anfang 2012 von der staatseigenen Landesbank Baden-Württemberg privatisiert. Der neue Eigentümer, eine große Investmentgesellschaft, fällt bislang in erster Linie durch deutliche Mietsteigerungen auf, vor allem bei Neuvermietungen. Eine von der Gemeinwesenarbeit unterstützte Initiative, die den Kauf der Wohnungen durch die Mieter_innen in einem genossenschaftsähnlichen Modell vorsah, scheiterte an der Weigerung des Vermieters auch nur hierüber ins Gespräch zu kommen.

Allerdings konnten Mieterinitiative und Gemeinwesenarbeit auch in der Phase der voran schreitenden Gentrification Erfolge erzielen. Neben einer Verzögerung des Inwertsetzungsprozesses und der Möglichkeit, kollektive Bewältigungsansätze zu entwickeln, beziehen diese sich vor allem darauf, dass die Entwicklungen erfolgreich problematisiert werden konnten. Deutliche stadtpolitische Anstrengungen sind erkennbar, vergleichbare Prozesse zukünftig zu unterbinden, Für das Quartier „Westlich der Merzhauser Straße" kommt gewiss vieles zu spät, aber auf gesamtstädtischer Ebene hat das Engagement der Menschen Wirkung entfaltet. Dieser Aspekt soll im folgenden Abschnitt reflektiert werden, um daraus Schlussfolgerungen für den Umgang einer professionellen Gemeinwesenarbeit mit Prozessen der Gentrification zu ziehen.

5 Perspektiven der Gemeinwesenarbeit

Gemeinwesenarbeit ist – wie die Soziale Arbeit überhaupt – häufig mit dem Umstand konfrontiert, soziale Probleme auf einer Ebene zu bearbeiten, auf der diese nicht entstanden sind und in der Regel auch nicht gelöst werden können. Allerdings besteht die Notwendigkeit und die Möglichkeit einen Beitrag zur Bewältigung der problematischen Umstände zu leisten. Die Begleitung von Prozessen des kollektiven Empowerment spielt hierbei eine zentrale Rolle und schafft außerdem die Voraussetzung dafür, veränderungsbedürftige Situation so zu problematisieren, dass sie auf der (kommunal-) politischen Ebene aufgegriffen werden. Vor dem Hintergrund des skizzierten Beispiels stellt sich also zum einen die Frage, wie die Unterstützung der Bewohner_innen bei der Bewältigung der Gentrification ihre Viertels aussehen kann. Ferner ist zu betrachten, wie dieser Prozess dergestalt problematisiert werden kann, dass er ein Thema für die Kommunalpolitik wird.

5.1 Gemeinschaftliche Problembewältigung

Die Gemeinwesenarbeit im Quartier „Westlich der Merzhauser Straße" verfolgte in Bezug auf die Auseinandersetzungen um das Thema Wohnen von Beginn an den Ansatz, die Selbstorganisation und Selbsthilfeaktivitäten der Bewohner_innen zu fördern. Ausgangspunkt dieses Prozesses war der Umstand, dass zunächst das konkrete Thema der Menschen – die Belastung durch eine erste Mieterhöhung – aufgegriffen und zu einer Versammlung eingeladen wurde. Um möglichst viele Betroffene zu erreichen, wurde für das Treffen in aktivierenden Haustürgesprächen („doorknocking") geworben. Durch die Versammlung wurde ein Rahmen geboten, in dem die Menschen sich kennen lernen und austauschen, eine gemeinsame Problemsicht und erste Ideen für Aktionen entwickeln konnten. Eine Initiative von Mieter_innen wurde ins Leben gerufen mit dem Ziel, die Mieterhöhung zu verhindern oder zumindest in der Höhe zu begrenzen. Die Arbeit der Initiative wurde fortan von der Gemeinwesenarbeit begleitet. Ihre Aufgabe bestand vor allem darin, Beratung zu leisten im Hinblick auf Zielsetzungen, Strategien und Handlungsoptionen. Zudem wurden Ressourcen zur Verfügung gestellt, etwa in materieller (z. B. Räume, Material) oder in immaterieller Form (z. B. Wissen, Kontakte) sowie neu erschlossen, vor allem durch eine intensive Netzwerkarbeit im Quartier, aber auch darüber hinaus. Schrittweise wurde die Mieterhöhung so zunächst von einem individuellen zu einem kollektiven Problem, an dem schließlich auch weitere Akteure des Gemeinwesens (z. B. Bürgerverein, Kirchengemeinden, „unbeteiligte" Bewohner_innen) solidarisch Anteil nahmen.

Die skizzierten Aktivitäten stellen die Basis der gemeinschaftlichen Problembewältigung dar. Über die Jahre gab es unzählige Versammlungen, Arbeitsgruppen- und Vernetzungstreffen, Haustürgespräche, Aktionen und Nachbarschaftsfeste. Methodisch wurde hierbei vielfach an das Handlungsrepertoire des Community Organizing angeknüpft (Rothschuh 2013, S. 375 ff.). Übergeordnetes fachliches Ziel der Gemeinwesenarbeit im Quartier ist es, eine kollektive Empowermentpraxis zu ermöglichen, also „die Menschen „vor Ort" [zu] ermutigen und befähigen, ihre Stimme zu erheben, ihre (raum- und alltagsbezogenen) Bedürfnisse zu artikulieren, eigene Ressourcen zu entdecken und ihre Lebensverhältnisse gemäß der eigenen Interessen zu gestalten." (Herriger, 2010, S. 179) Die professionelle Fachkraft schlüpft in diesem Prozess in verschiedene Rollen. Kontext- und situationsabhängig ist sie/er etwa als Ressourcendiagnostiker_in für die Talente und Stärken der Bewohner_innen, Organisationshelfer_in für die Selbsthilfeaktivitäten oder Türöffner_in tätig, welche/r Kontakte herstellt und den Aufbau von Netzwerken befördert (ebd., S. 186). Zielstationen sind psychologisches und politisches Empowerment. Es geht auf der einen Seite darum, dass Menschen die Einsicht gewinnen, dass auch schwierige Situationen gemeinsam mit anderen bewältigt werden können. Zentral ist hier die Erfahrung, die eigene Hilflosigkeit überwinden, Handlungsperspektiven entwickeln und Einfluss auf das eigene Leben nehmen zu können. Die individuelle seelische Widerstandsfähigkeit wird gestärkt. Auf der anderen Seite geht es um konkrete Sozialveränderungen, also Effekte des gemeinsamen Engagements, die im öffentlichen und politischen Raum wirksam und sichtbar werden (ebd., S. 188 ff.). Erfolge konnten im Quartier „Westlich der Merzhauser Straße" auf beiden Ebenen erzielt werden, wie nun nochmals anhand eines konkreten Beispiels veranschaulicht werden soll.

Von Seiten des Wohnungseigentümers wurden oftmals fehlerhafte Mieterhöhungsverlangen ausgesprochen, da man offenbar davon ausging, dass diese akzeptiert werden bzw. die Menschen vor gerichtlichen Auseinandersetzungen zurückschrecken würden. Vermutlich wäre dies in der Regel auch der Fall gewesen, wenn die Betroffenen mit der Situation allein hätten umgehen müssen. Allerdings wurden sie zu einer Mieterversammlung eingeladen, welche den Auftakt eines gemeinschaftlichen Bewältigungsprozesses darstellte. Hier informierte zunächst ein Rechtsanwalt aus einer Fachkanzlei für Mietrecht über die rechtlichen Hintergründe und Möglichkeiten. Zwischen der Anwaltskanzlei und der Gemeinwesenarbeit war im Lauf der Zeit eine intensive Kooperationsbeziehung aufgebaut worden, so dass wichtige Informationen schnell und unkompliziert ausgetauscht werden konnten. Der Rechtsanwalt übernahm außerdem die Vertretung der meisten Mieter_innen, was zu zahlreichen Synergieeffekten führte. War das Kostenrisiko in Einzelfällen zu groß, konnte Unterstützung aus einem „Mietersolidaritätsfonds" in Anspruch genommen werden, der durch Spenden und Einnahmen aus Kulturveranstaltungen gespeist wurde. Die betroffenen Mieter_innen beschlossen zudem, der Individualisierung in den Gerichtsverfahren durch die Präsenz von möglichst vielen Nachbar_innen vor Gericht entgegen zu treten. Nicht selten mussten in der Folge Gerichtsverhandlungen kurzfristig in größere Räume verlegt werden. Außerdem wurde durch eine intensive Öffentlichkeitsarbeit die soziale Dimension der Mieterhöhungen thematisiert und verdeutlicht, dass es nicht in erster Linie um einen privaten Rechtsstreit geht. Auf der politischen Empowermentebene konnte so erreicht werden, dass Mieterhöhungen geringer ausfielen oder sogar ganz auf sie verzichtet wurde. Der Prozess der Gentrification verlangsamte sich. Außerdem wurden Öffentlichkeit und zunehmend auch Kommunalpolitik für die Problematik sensibilisiert. Durch kollektives Handeln wurde Macht entfaltet. Auf Ebene des psychologischen Empowerments wurde die Erfahrung gemacht, individuelle und kollektive Ressourcen nutzen zu können, um Handlungs- und Widerstandsfähigkeit zu erlangen.

5.2 Gentrification als soziales Problem durchsetzen

Trotz der genannten Erfolge einer kollektiven Bewältigungspraxis konnte der Prozess der voranschreitenden Gentrification nicht aufgehalten werden. Insbesondere der zweite Inwertsetzungszyklus mit Sanierungen und Umwandlung in Wohneigentum führte zu einer Verdrängung von Bewohner_innen, welche auch die Initiative deutlich schwächte. Viele über Jahre engagierte Menschen waren zudem von den andauernden Auseinandersetzungen zermürbt und zunehmend demotiviert. Als grundsätzliches Problem stellte sich heraus, dass durch Netzwerk- und Öffentlichkeitsarbeit zwar die Problematik bekannt war und die Entwicklung allenthalben bedauert wurde, jedoch keine Möglichkeiten der politischen Einflussnahme gesehen wurden. Dies änderte sich erst durch eine intensive Problematisierung durch Gemeinwesenarbeit, Quartiersgremien und Bewohner_innen.

Früchtel u. a. (2013) weisen auf die Notwendigkeit politischer Einmischung durch die Soziale Arbeit mit dem Ziel hin, „dass ein sozialer Sachverhalt, den Soziale Arbeit als veränderungsbedürftig bewertet, als „neues" soziales Problem (zumindest neu für diese Kommune) an das politische System weitergereicht wird, dass es dort als Problem anerkannt wird und Maßnahmen mit den dazugehörigen Ressourcen beschlossen werden." (S.254) Im vorliegenden Fall wurde zwar das zu beobachtende Phänomen der Gentrification durchaus als soziales Problem angesehen, allerdings sahen Politik und Verwaltung sich selbst als unbeteiligte Akteure ohne Einflussmöglichkeiten. Für Gemeinwesenarbeit und Quartiersakteure bestand die Herausforderung darin, deutlich zu machen, dass es durchaus Möglichkeiten der Einflussnahme gibt und dass Kommunalpolitik und Stadtverwaltung für das Fortbestehen des Problems mit verantwortlich sind, wenn sie diese Möglichkeiten nicht nutzen. Zunächst wurden daher mögliche Handlungsoptionen recherchiert und in konkrete Forderungen übersetzt. Das Spektrum reichte hier von der Durchsetzung bestehender (bau-)rechtlicher Vorgaben, etwa zur Gestaltung von Freiflächen, bis zum Eingriff in Eigentumsrechte, wie sie das Baugesetzbuch (BauGB) in bestimmten Fällen vorsieht. Konkret wurde der Erlass einer so genannten „Erhaltungssatzung" nach §172 BauGB gefordert, welche der Kommune die Möglichkeit gibt, Sanierungsmaßnahmen zu unterbinden und unter bestimmten Voraussetzungen auch die Umwandlung in Wohneigentum zu untersagen, wenn andernfalls die soziale Zusammensetzung der Wohnbevölkerung gefährdet ist. Der Forderungskatalog wurde zum Inhalt einer Unterschriftensammlung gemacht und mit rund eintausend Unterschriften im Sommer 2011 an die Stadt übergeben. Parallel dazu wurde der Kontakt zu Gemeinderatsfraktionen und relevanten Stadtteilakteuren gesucht und eine intensive Öffentlichkeitsarbeit betrieben. Eine Vernetzung und Abstimmung mit verschiedenen Akteuren und Initiativen, welche mit unterschiedlichen Perspektiven an der Wohnungsfrage arbeiten, erfolgte zudem im Freiburger „Recht auf Stadt"-Netzwerk. Die Aktivitäten zeigten insofern Erfolg, als dass Stadtverwaltung und Kommunalpolitik nun als eigenständige Akteure angesprochen waren und sich mit konkreten Vorschlägen und Erwartungen konfrontiert sahen. Das soziale Problem „Gentrification" wurde somit zu einem Thema, zu welchem sich Politik und Verwaltung verhalten musste und zwar nicht als Beobachterinnen, sondern als handelnde Akteure.

Im Herbst 2011 wurde die Stadtverwaltung vom Gemeinderat beauftragt, ein umfassendes „Handlungsprogramm Wohnen" für die Gesamtstadt zu erarbeiten, um auf die Wohnungsnot und die damit verbundenen sozialen Probleme zu reagieren. Auch auf das Problem der Verdrängung wurde explizit Bezug genommen. Dies war sicher nicht allein ein Erfolg der Aktivitäten „Westlich der Merzhauser Straße", aber gewiss hatten diese einen nicht zu unterschätzenden Anteil an der Neubelebung der kommunalen Wohnungspolitik. Das Handlungsprogramm wurde schließlich 2013 beschlossen und sieht – neben zahlreichen anderen Elementen – den Erlass von Erhaltungssatzungen zum Schutz der Bevölkerung gegen Verdrängung ausdrücklich vor (Stadt Freiburg, 2013). Der Prozess der Gentrification im Quartier „Westlich der Merzhauser Straße" war zu diesem Zeitpunkt allerdings schon relativ weit fortgeschritten, obgleich es noch immer „Ertragslücken" und „Aufwertungspotentiale" gibt und diese Themen die Gemeinwesenarbeit vor Ort weiter beschäftigen. Erstmals kam das Instrument der Erhaltungssatzung im Spätherbst 2014 im Freiburger Stadtteil St. Georgen zum Einsatz. Einem Investor wurde die Umwandlung von Miet- in Eigentumswohnungen untersagt. Es handelte sich um den gleichen Eigentümer, der diesen Prozess auch im Quartier „Westlich der Merzhauser Straße" vorangetrieben hatte. Der Gemeinderat begründete den Erlass der Satzung ausdrücklich damit, dass sich solche Entwicklungen nicht wiederholen dürften.

6 Ausblick

Ob die eingangs postulierte Rückkehr der Wohnungsfrage von länger anhaltender Dauer sein wird, bleibt abzuwarten. Holm (2014b) weist zu Recht darauf hin, dass politische Einzelmaßnahmen wie die vielzitierte „Mietpreisbremse" noch keinen grundsätzlichen Paradigmenwechsel bedeuten: „Eine Durchsetzung des Wohnens als soziale Infrastruktur steht daher nicht nur vor der Herausforderung einer Dekommodifizierung der Wohnungsversorgung, sondern wird in hohem Maße von einer Neukonstitution stadtpolitischer Interessenkoalitionen abhängen." (S.30) Die Gemeinwesenarbeit in den Quartieren ist häufig sehr früh mit den sozialen Auswirkungen von sozialräumlichen Polarisierungsprozessen konfrontiert. Gemeinsam mit anderen Akteuren und im Verbund mit städtischen sozialen Bewegungen ist sie gefordert, auf solche Entwicklungen aufmerksam zu machen und diese als anerkannte soziale Probleme durchzusetzen. Damit kann ein Beitrag zur angesprochenen Neukonstituierung stadtpolitischer Interessenkoalitionen geleistet werden, die der Verwirklichung des Menschenrechts auf Wohnen Priorität gegenüber marktförmigen Verwertungsstrategien einräumen. Voraussetzung ist allerdings, dass die Gemeinwesenarbeit sowohl analytisch als auch handlungstheoretisch verschiedene Ebenen in den Blick nimmt. Der kommunalpolitische Raum stellt dabei die zentrale Handlungsebene dar, um auf sozialräumliche Disparitäten und Verdrängungsmechanismen Einfluss nehmen zu können. Prozesse des kollektiven Empowerment in den Quartieren müssen daher immer auch auf die kommunalpolitische Ebene fokussieren, um Macht zu entfalten. Nur durch eine Repolitisierung des Handlungsfeldes Wohnen kann erreicht werden, dass die zentrale Forderung der Bewohner_innen im Angesicht einer voranschreitenden Gentrification in Zukunft besser durchzusetzen sein wird. Mit dieser hatten sie im Jahr 2011 das Flugblatt zu einer Demonstration überschrieben: „Wer bleiben will, soll bleiben!"

Literaturverzeichnis

Baum, D. (2014): Soziale Arbeit, in: Eckardt, F. (Hrsg.): Handbuch Stadtsoziologie, Wiesbaden, 2014, S. 571–591.
Breckner, I. (2010): Gentrifizierung im 21. Jahrhundert, in: Aus Politik und Zeitgeschichte 17/2010, S. 27–32.
Egner, B. (2014): Wohnungspolitik seit 1945, in: Aus Politik und Zeitgeschichte 20–21/2014, S. 13–19.
Früchtel u. a. (2013): Sozialer Raum und Soziale Arbeit. Fieldbook: Methoden und Techniken, 3., überarbeitete Auflage, Wiesbaden 2013.
Gleichmann, P. (2000): Wohnen, in: Häußermann, H. (Hrsg.): Großstadt. Soziologische Stichworte, Opladen 2000.
Häußermann/Siebel (2004): Stadtsoziologie. Eine Einführung, Frankfurt/New York, 2004.
Herriger, N. (2010): Empowerment in der Sozialen Arbeit. Eine Einführung, 4., erweiterte und aktualisierte Auflage, Stuttgart 2010.
Holm, A. (2014a): Gentrification, in: Belina, B. u. a. (Hrsg.): Handbuch Kritische Stadtgeographie, Münster: Westfälisches Dampfboot, 2014, S. 102–107.
Holm, A. (2014b): Wiederkehr der Wohnungsfrage, in: Aus Politik und Zeitgeschichte 20–21/2014, S. 25–30.
Kennedy, M./Leonard, P. (2001): Dealing with Neighbourhood Change: A Primer on Gentrification and Policy Choices, Washington 2001.
Klus, S. (2013): Die europäische Stadt unter Privatisierungsdruck. Konflikte um den Verkauf kommunaler Wohnungsbestände in Freiburg, Wiesbaden, 2013.
Kronauer, M. (2010): Exklusion. Die Gefährdung des Sozialen im hoch entwickelten Kapitalismus, 2., aktualisierte und erweiterte Auflage, Frankfurt/New York 2010.

Kühne-Büning, L. (2005): Legitimation und allgemeine Ziele der Wohnungspolitik, in: Kühne-Büning, L. u. a. (Hrsg.): Grundlagen der Wohnungs- und Immobilienwirtschaft, 4., überarbeitete. und erweiterte Auflage, Frankfurt a. M. 2005, S. 234–236.

Oelschlägel, D. (2011): Gemeinwesenarbeit, in: Otto, H.-U./Thiersch, H. (Hrsg.): Handbuch Soziale Arbeit, 4., vollständig neu bearbeitete Auflage, München 2011, S. 653–659.

Rausch, G. (2004): Parteilichkeit und Solidarität als Grundmaximen der Sozialen Arbeit, in: Odierna, S./Berendt, U. (Hrsg.): Gemeinwesenarbeit. Entwicklungslinien und Handlungsfelder, München 2004, S. 83–94.

Rausch, G. (2011): Mensch kann nicht Nichtwohnen. Wohnen – Ware oder Menschenrecht? in: Elsen, S. (Hrsg.): Solidarische Ökonomie und die Gestaltung des Gemeinwesens – Perspektiven und Ansätze der ökosozialen Transformation von unten, Neu-Ulm 2011, S. 235–268.

Rausch, G. (2013): Wohnen und Gemeinwesenarbeit, in: Stövesand, S. u. a. (Hrsg.): Handbuch Gemeinwesenarbeit. Traditionen und Positionen, Konzepte und Methoden. Deutschland – Schweiz – Österreich, Opladen, Berlin, Toronto 2013, S. 280–285.

Rothschuh, M. (2013): Community Organizing – Macht gewinnen statt beteiligt werden, in: Stövesand, S. u. a. (Hrsg.): Handbuch Gemeinwesenarbeit. Traditionen und Positionen, Konzepte und Methoden. Deutschland – Schweiz – Österreich, Opladen, Berlin, Toronto 2013,S.375–383.

Spiegel, E. (1996): Wohnen und Wohnung als soziologische Kategorie, in: Jenkis, H.W. (Hrsg.). Kompendium der Wohnungswirtschaft, 3. überarbeitete und erweiterte Auflage, München/Wien 1996, S. 42–64.

Stadt Freiburg (2013): Kommunales Handlungsprogramm Wohnen. Grundlage der wohnungspolitischen Ausrichtung der Stadt Freiburg, Freiburg 2013.

Stadt Freiburg (2014): Statistisches Jahrbuch 2014, Freiburg 2014.

Stövesand, S./Stoik, C. (2013): Gemeinwesenarbeit als Konzept Sozialer Arbeit – eine Einleitung, in: Stövesand, S. u. a. (Hrsg.): Handbuch Gemeinwesenarbeit. Traditionen und Positionen, Konzepte und Methoden. Deutschland – Schweiz – Österreich, Opladen, Berlin, Toronto 2013, S. 14–36.

Angelika Köhnlein-Welte und Christiana Nolte
11 Einführung von E-Portfolios im dualen Studium, didaktische Umsetzung und Beispiele

1 Einleitung

An der Fakultät Sozialwesen der Dualen Hochschule Baden-Württemberg am Standort Villingen-Schwenningen wurden mit der Umstellung auf Bachelor-Studiengänge sogenannte „Transferleistungen" als Prüfungsleistungen eingeführt. Damit soll die besondere Verzahnung der Theorie mit der Praxis systematisch möglich sein. (Hochenbleicher-Schwarz 2015)

Der Bologna-Prozess verändert die Lehre an Hochschulen und Universitäten. Es bewegt sich von einer ursprünglich input-orientierten und auf wissenschaftlicher Forschung basierten Lehre hin zu einer output- sowie anwendungsorientierten Lehre. Diese Entwicklung beinhaltet "the shift from teaching to learning" ebenso wie "the expansion of abilities and capabilities, which enable long life learning." (Wildt 2005)

Die Charta der „University Education within the Bologna Process" (BMBF 2011) fordert insbesondere den Einsatz von Informationstechnologie zusätzlich zu den Anforderungen an Gleichberechtigung, Zugangsgerechtigkeit u. a. Die Anforderung, bei Studierenden Fähigkeiten zur kompetenten Nutzung aktueller Informationstechnologien zu entwickeln, erfordert in einer zunehmend digitalisierten Welt den Einsatz von digitalen Medien, Programmen, Apps und Netzwerken in der Hochschullehre.

Soziale Netzwerke sind im Jahr 2014 Teil der Lebenswelt der Studierenden. Der Einsatz einer Plattform, die den Wunsch nach Vernetzung und Selbstdarstellung aufgreift, sollte die Grundlage für ein methodisches Lernarrangement werden.

Ausgehend vom Bologna-Prozess soll die Forderung nach der Veränderung der Position des Lernenden einerseits und nach der Schaffung einer neuen (digitalen) Lernumgebung andererseits Eingang in ein didaktisches Lernszenario finden.

In diesem Beitrag soll ein methodisches Lernszenario demonstriert werden, das die veränderte Position der Lernenden sowie die Schaffung einer virtuellen/digitalen Lernumgebung in das vorhandene Studienkonzept des Studiengangs Soziale Arbeit an der Dualen Hochschule Baden-Württemberg am Standort Villingen-Schwenningen aufgreift und realisiert.

In der hier beschriebenen Form „DUAL@eCommunity" genannt, wird die Transferleistung über das E-Portfolio-Programm „Mahara" realisiert.

2 Ausgangslage und Vision

2.1 Ausgangslage

In der klassischen Transferleistung im herkömmlichen Verfahren wird von Studierenden ein Dokument erstellt, das von den Transfermitarbeiter_innen begutachtet und bewertet wird. (Beitrag Demuth-Rösch und Sauter 2015)

Vereinfacht dargestellt besteht eine Transferarbeit aus den Teilen:
a) Vorstellung der Praxiseinrichtung,
b) Darstellung des ausgewählten theoretischen Ansatzes,
c) Dokumentation, Übertragung und/oder Analyse der Praxis sowie
d) Auswertung und Reflexion der eigenen Kompetenzen unter Rückbezug auf den theoretischen Ansatz.

Alle Transferarbeiten werden von den Studierenden erstellt und von akademischen Mitarbeiter_innen für den Theorie-Praxis-Transfer in der Hochschule gelesen, bewertet, mit den Studierenden ausgewertet und die Ergebnisse mit den Modulverantwortlichen und Dozenten rückgekoppelt.

Jede Transferleistung wird individuell und detailliert bewertet, darüber hinaus kann eine Besprechung und Reflexion in der Gruppe stattfinden. In der Regel sind Besprechungen in der klassischen Form der Transferleistung auf das Paar Transfermitarbeiter_innen – Studenten_innen reduziert. Studierende lernen dabei nicht die Transferarbeiten ihrer Kommilitonen im Einzelnen kennen, sondern praktisch nur die eigene Arbeit im Detail. (Demuth-Rösch/Sauter 2015)

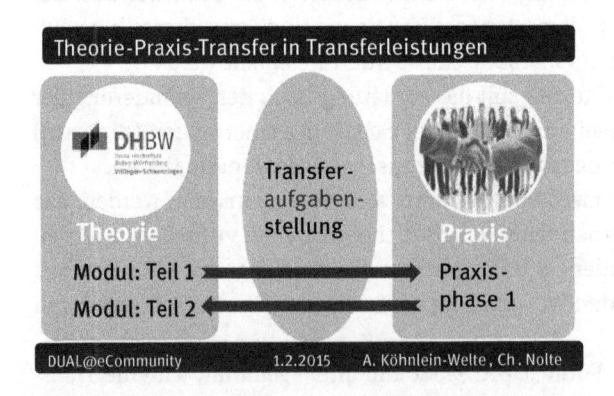

Abb. 1: Theorie-Praxis-Transfer in Transferleistungen
Quelle: Eigene Darstellung.

Die bisher zur Begleitung und Abgabe von Transferarbeiten eingesetzte Moodle-Plattform ist eher hierarchisch und autoritär strukturiert, das heißt der Lehrende verantwortet das Einstellen von Informationen sowie deren Freischaltung. Moodle ist demnach einer Lehrenden zentrierten Philosophie zuzuordnen. Diese elektronische Abgabe von Textdokumenten in der Endversion eignet sich vom technisch-organisatorischen Ablauf nicht für eine Betreuung durch Lehrende im Entstehungsprozess. Es fehlt an zeitlich oder inhaltlich definierten Betreuungsfenstern im Erstellungsprozess der Transferleistung.

Für die Studierenden sollte keine zusätzliche Belastung durch die Erstellung weiterer Abgabedokumente entstehen. Ebenso sind Medienbrüche, also Wechsel des informationstragenden Mediums, nicht erwünscht, weil sie den Beschaffungs- und Verarbeitungsprozess der Inhalte erschweren.

Es sollte ein Medium eingesetzt werden, das eine lernerzentrierte Philosophie unterstützt.

2.2 Vision

Studierende bilden während der Praxisphase kleine Communities und sitzen an einem gemeinsamen Tisch, tauschen sich über ihre Erkenntnisse aus, die sie durch die Umsetzung einer einheitlichen Aufgabenstellung gesammelt haben. Sie diskutieren Möglichkeiten und Grenzen ihrer Erkenntnisse, sie beraten sich auch untereinander. Sie bilden ein virtuelles Netzwerk, da die Studierenden in dieser Zeit nicht an der Hochschule sind, sondern in ihren Praxiseinrichtungen.

3 E-Portfolio

Portfolio bezeichnet im Allgemeinen Mappen oder Behälter, in denen bestimmte Artefakte gesammelt werden. Eine Künstlerin z. B. sammelt typische und herausragende Beispiele ihrer Werke, um ihre unterschiedlichen Begabungen und Ausrichtungen demonstrieren bzw. vorzeigen zu können. Ein Aktienportfolio ist eine Mischung unterschiedlicher Aktien, die von Firmen und Fonds mit unterschiedlichen Risikobewertungen stammen.

Ein E-Portfolio ist demnach eine elektronische Sammelmappe, ein Programm oder eine App, in dem die Nutzerinnen und Nutzer digitale Dokumente, Fotos, Videos, schriftliche Beiträge, Blogs, Grafiken sammeln und arrangieren können. Die gesammelten und aufbereiteten Elemente nennt man auch Artefakte. „Ein Artefakt ist ein durch menschliche oder technische Einwirkung entstandenes Produkt oder Phänomen. Im Zusammenhang mit E-Portfolios bezeichnet es ein Arbeitsergebnis, Handlungsprodukt oder Werk." (Baumgartner 2012, S. 7)

In unserem Fall sollen die Studierenden Texte, Handlungsansätze, mediale Elemente, Grafiken, Videos etc. zusammentragen und arrangieren können.

Darüber hinaus sollen sie auch über ihre eigenen Ansätze mit anderen in Austausch kommen können. Dieses soll möglich sein, ohne dass die Studierenden das Medium wechseln müssen.

Für die Dual@eCommunity wird das Open Source E-Portfolio System Mahara genutzt, das die Arbeit mit multimedialen Artefakten in den drei Phasen „erstellen und sammeln", „organisieren bzw. arrangieren" und „freigeben und vernetzen" unterstützt. Mahara kombiniert den E-Portfolio-Ansatz mit dem Ansatz von virtuellen Gemeinschaften oder sozialen Netzwerken.

3.1 Einstellungen der Plattform

Das Programm Mahara kann als offene Plattform eingesetzt werden, das heißt, jede/r Nutzer_innen darf seine/ihre Ansichten für die Öffentlichkeit des Webs frei geben. Mahara kann aber auch als geschlossene Plattform genutzt werden, also für einen bestimmten, eingeschränkten Personenkreis.

Für den Theorie-Praxis-Transfer wurde die Plattform auf einen geschlossenen Modus umgestellt, so dass Inhalte nur für eingeloggte Benutzer, also nur für die Öffentlichkeit in der Hochschule bzw. in der Fakultät Sozialwesen, frei gegeben werden können. Dadurch entsteht für die Studierenden im Gegensatz zu vielen anderen Sozialen Netzwerken wie Facebook oder Twitter ein geschützter Raum für den Lern- und Diskussionsprozess. Diese Entscheidung über die geschlossene Plattform wurde auch deshalb getroffen, weil die Studierenden, obwohl sie mit anonymisierten Informationen arbeiten, über Transferprozesse berichten, die in ihren Praxiseinrichtungen stattgefunden haben.

3.2 Lernerzentrierter Ansatz

Bei der Umsetzung des Paradigmenwechsels vom „Teaching zum Learning" (Wildt 2005) im Theorie-Praxis-Transfer sollen die Lernenden die Möglichkeit bekommen, möglichst selbstständig zu lernen. Dieser Ansatz wird über die bei der E-Portfolio Plattform Mahara implementierte Philosophie bestmöglich unterstützt.

Jede/r Nutzer/in der Plattform kann ohne Einschränkung Materialien sammeln, einstellen und Inhalte organisieren, verlinken und sich selbständig in Gruppen oder Teams zusammenfinden und austauschen. Diese Aktivitäten sind ohne organisatorische Vorgaben der Lehrenden möglich. Die Strukturen können selbstständig an den Erfordernissen der Lernenden und auch der Lehrenden auf der Plattform ausgebildet werden. Studierende können außerhalb vorbereiteter Strukturen ihren Arbeits-, Lern- und Austauschprozess gestalten.

Im Projekt DUAL@eCommunity haben die Lehrenden jedoch einige Rahmenstrukturen vorgegeben, um die Studierenden bei der Umsetzung des Transferprozesses auf der Plattform besser begleiten zu können. Diese Strukturen bestehen im Wesentlichen aus Gruppen, die von den Betreuenden eingerichtet werden, und im Abschnitt 3.3 genauer beschrieben sind.

Ein wichtiger Aspekt ist auch, dass die Studierenden die Zugriffskontrolle über die eigenen Materialsammlungen und Materialaufbereitungen, die sogenannten Ansichten, behalten. Die Studierenden entscheiden selbst, wann und wem sie das Lese-, Kommentar- und/oder das Kopierrecht für ihre Ansichten erteilen. Die Rechte können für Einzelpersonen oder für ausgewählte Gruppen erteilt werden und vom Ersteller einer Ansicht wieder entzogen werden. Dieses Prinzip der expliziten Freigabe gilt für individuell erstellte Ansichten sowie auch für gemeinsam in einer Gruppe erstellte und bearbeitete Dateien und Ansichten.

Die Plattform bietet für die auf ihr organisierten Gruppen in den aktuellen Versionen auch Datei- und Ansichtenbereiche, auf denen alle Gruppenmitglieder gemeinsam arbeiten können. Mahara eignet sich damit auch für die Zusammenarbeit in den Gruppen. Über Gruppenforen kommunizieren die Mitglieder mit der gesamten Gruppe. Jedes Gruppenmitglied kann in die Foren seiner Gruppen schreiben.

3.3 Strukturelle Vorgaben

Die Studierenden nehmen in der ersten Praxisphase zum ersten Mal an der DUAL@eCommunity teil. Zu diesem Zeitpunkt ist nicht nur das eingesetzte Werkzeug und Medium neu für die Studierenden, sondern auch die inhaltlichen Anforderungen an den Theorie-Praxis-Transfer. Aus diesem Grund ist eine intensive Begleitung erforderlich.

Die E-Portfolio Plattform ist nicht hierarchisch, sondern alle Mitglieder können gleichberechtigt agieren. Jedes Mitglied wählt die Mitgliedschaft in Gruppen aus oder richtet selbst Gruppen ein. In jeder Gruppe gibt es zwei Rollen, die Rolle Administrator_innen und die Rolle Teilnehmer_innen. Durch die Einrichtung einer Gruppe kann jedes Mitglied zur Gruppenleitung werden.

Die Mitglieder entscheiden, wann und für wen (z. B. welche Gruppe oder Person) sie ihre Portfolio-Ansicht frei schalten. Mit der Freischaltung ihrer Portfolio-Ansicht fordern die Mitglieder ein Feedback ein. Auf diese Weise ist autonomes Peer-Learning möglich.

Die Betreuenden geben eine Rahmenstruktur für die Realisierung des Betreuungsprozesses vor. Betreuende sind akademische Mitarbeiter_innen für den Theorie-Praxis-Transfer und Dozenten des entsprechenden Moduls.

Um alle Studierenden zu erreichen, werden zwei Arten von Gruppen von den Betreuenden auf der E-Portfolio Plattform vorgegeben, nämlich die Orga-Gruppen und die Themen-Gruppen.

Für die organisatorischen Informationen wird eine Orga-Gruppe von den Betreuenden angelegt und die Studierenden werden dieser Gruppe zugeordnet. Die Betreuenden kommunizieren Informationen zu den Abläufen und den aktuellen organisatorischen Fragen in der Orga-Gruppe.

Darüber hinaus werden Themen-Gruppen für eine jeweils begrenzte Anzahl an Freiwilligen eingerichtet, in denen eine inhaltliche Zusammenarbeit und der Austausch der Studierenden stattfinden. Inhaltliche Diskussionen und Rückmeldungen erfolgen innerhalb der Themen-Gruppen. Die Themen-Gruppen werden von den Betreuenden angelegt und vorbereitet. Die Studierenden wählen die Mitgliedschaft in den Themen-Gruppen selbst aus. Entscheidende Faktoren bei der Auswahl sind persönliche Kontakte und das zugeordnete Thema.

Damit die Transferleistung im E-Portfolio als Prüfungsleistung anerkannt wird, muss ein/e Student_in die Ansicht mit der Transferleistung für die zuvor ausgewählte Themen-Gruppe frei schalten.

3.4 Werkzeuge zur Ergänzung

Die Bedarfsabfragen für die Themengruppen und für Online-Konferenzen werden über Abstimmungen auf der Moodle-Lernplattform abgebildet. Auf der Moodle-Lernplattform existiert ein Kurs, der als virtueller Lernraum den Homebereich für die Betreuung des gesamten Theorie-Praxis-Transferbereichs für die Studierenden eines Semesters bildet.

Webkonferenzen im Rahmen der Begleitung und für einen synchronen Austausch finden über Adobe-Connect statt.

4 Transferportfolio als didaktisches Muster

Im Folgenden wird ein methodisches Lernszenario aufgezeigt, das die veränderte Position der Lernenden sowie die Schaffung einer virtuellen/digitalen Lernumgebung in das vorhandene Studienkonzept des Studiengangs Soziale Arbeit an der Dualen Hochschule Baden-Württemberg am Standort Villingen-Schwenningen aufgreift/realisiert.

Zur Beschreibung dieses methodischen Lernszenarios wird die „Mustersprache für E-Portfolio" verwendet, die von Bauer und Baumgartner entwickelt und Online, wie auch als Printausgabe unter „Schaufenster des Lernens" (Bauer/Baumgartner 2012) publiziert wurde.

4.1 Umfeld

Das E-Portfolio-Projekt DUAL@eCommunity ist eine Form der „Transferleistungserbringung" und somit im Curriculum verankert. Die curricularen Voraussetzungen legen fest, dass jede „Transferleistung" eine Pflichtleistung ist. Jede Transferleistung ist eine Prüfungsleistung, die nachweisbar erbracht werden muss, das heißt, sie ist eine obligatorische, informelle Prüfungsleistung. (Hochenbleicher-Schwarz 2015)

Die curricularen Voraussetzungen legen auch fest, dass die Transferleistung immer in der Praxisphase zwischen zwei Theoriephasen der „generalistischen Module" verortet ist. (ebd.)

Von der Produktkontrolle zur Prozessbegleitung: Statt für alle Transferarbeiten eine individuelle Rückmeldung zu schreiben und diese den Studierenden auszuliefern, formulieren die Transfermitarbeiter_innen Fragen und Diskussionsanstöße und betreuen die Studierendengruppen beim Erstellungs- und Reflexionsprozess.

Der Bologna-Prozess verändert die Lehre an Hochschulen und Universitäten. Die Entwicklung könnte weiter gehen, „the shift from teaching to learning" (Wildt 2005) kann als Prozess beschrieben werden, der die Position der Lehrenden sowie der Lernenden verändert. Lehrende stehen nicht mehr „vor und über" den Lernenden, sie bewegen sich „neben" die Lernenden und übernehmen die Aufgabe der Begleitung und Unterstützung. Der Lernende soll zu einem aktiven, selbstbewusst handelnden Studierenden werden.

Die Anforderung, in einer zunehmend digitalisierten Welt Wissen durch Informationstechnologie zu vermitteln, erfordert den Einsatz von digitalen Medien, Programmen, Apps und Netzwerken. In der Hochzeit von Social Media, Web 2.0, YouTube, Sozialen Netzwerken wie Facebook, StudiVZ, Twitter, Xing, LinkedIn, Whatsapp und vielen anderen, sollte eine Plattform diese miteinander verbinden und nutzen. Soziale Netzwerke sind Teil der Lebenswelt der Studierenden. Die Nutzung einer Plattform, die den Wunsch nach Vernetzung und Selbstdarstellung aufgreift, sollte die Grundlage für ein methodisches Lernarrangement werden.

4.2 Problem

Wie lässt sich das Erreichen eines nach definierten Kriterien festgelegten Lernziels einer obligatorischen informellen Prüfungsleistung, der Transferleistung, bereits im Entstehungsprozess beobachten, begleiten sowie belegen und nachweisen?

Wie lassen sich räumliche Distanzen überwinden, um das Lernen in Gruppen/Peer-Learning zu ermöglichen?

4.3 Ziele

Neben den allgemein gültigen Zielen der Transferleistung (Hochenbleicher-Schwarz 2015) werden für die Form der Transferleistung über die E-Portfolio-Plattform Mahara weitere Ziele formuliert.

Die Community soll den Lehrenden ermöglichen, den Prozess der Entstehung der Transferarbeit zu begleiten. Dadurch sollen Fragen und Unsicherheiten im Entstehungsprozess geklärt werden können.

Zudem soll allen Studierenden Peer-Learning ermöglicht werden. Sie sollen voneinander und im Austausch miteinander über ihre eigene und die Transferleistungen anderer lernen.

Durch die Reflexion der eigenen Arbeit und auch der Arbeiten anderer Kommilitoninnen/Kommilitonen soll die Komplexität der Transfermöglichkeiten von Theorien in besonderer Weise erfahrbar werden.

4.4 Spannungsfeld

> Im Spannungsfeld wird Auskunft darüber gegeben, welche Einflussfaktoren es in Hinblick auf die passende Lösung zu beachten gilt. Jede Lösung kann nur bestimmte Einflussfaktoren, sprich Kräfte berücksichtigen. (Bauer/Baumgartner 2012, S. 24)

Die Lernenden werden als Digital Natives bezeichnet. So nutzen 95 % der Studierenden, die im Jahr 2013 und im Jahr 2014 an der Online-Evaluation teilgenommen haben, das Internet mindestens an 5 Tagen, weitere 3 %, mindestens an 2 Tagen in der Woche. 92 % der Befragten gaben an, in sozialen Netzwerken aktiv zu sein.

Die Verwendung der E-Portfolio-Plattform und ihrer Funktionen muss gelernt und eingeübt werden. Die Aneignung einer gewissen Medienkompetenz baut auf unterschiedlichem Grundlagenwissen auf.

Die Begleitung und Organisation in einer Community/Gemeinschaft erfolgt zeitnah und kann Sicherheit geben. Sie erfordert eine zeitliche Bindung der Betreuenden.

Die Lernenden wenden in der Regel nur so viel Zeit auf, wie unbedingt notwendig ist, um das Ziel zu erreichen. Die Verantwortung für den eigenen Lernprozess zu übernehmen, mehr einzubringen als die eigene Wissensdemonstration, entspricht nicht dem überwiegenden Lernverhalten der Studierenden.

Der Umsetzungsprozess muss nachprüfbar dargestellt werden, dabei müssen die Kriterien der Prüfungsleistung erfüllt werden. Die Interpretationsmöglichkeiten der Aufgabenstellung müssen genügend Raum für das „Theorie-Praxis-Modell" (Hochenbleicher-Schwarz 2015) geben.

4.5 Lösung

Durch Ausbalancieren der im Spannungsfeld wirkenden Kräfte wird ein Problem gelöst. Im Umfeld und Spannungsfeld sind in gewisser Weise mögliche Lösungen bereits (versteckt) enthalten. (Bauer/Baumgartner 2012, S. 24)

Die vorab in Mahara geschulten Lernenden erstellen ein Transferportfolio, indem sie sich in Kleingruppen organisieren, die drei Arbeitsschritte dokumentieren und arrangieren sowie sich gegenseitig Feedbacks geben. Auf Grundlage dieser Beiträge erfolgen die überschriftengeleiteten Diskussionen in Foren, um einen Reflexionsprozess zu initiieren. Die Dokumentation der drei Arbeitsschritte wird von den Lehrenden und Betreuenden begutachtet und den Lernenden rückgemeldet. Die Sammlung der individuellen Transferleistungen zu einem Thema in einer Studierendengruppe bildet ein Transferportfolio zu einem Themenkomplex.

4.6 Details

In Abb. 2, Flow-Chart: Aktivitäten der Studierenden, wird der im Folgenden beschriebene Ablauf schematisch dargestellt. Die Begriffe im Flow-Chart werden in der Beschreibung *kursiv* hervorgehoben.

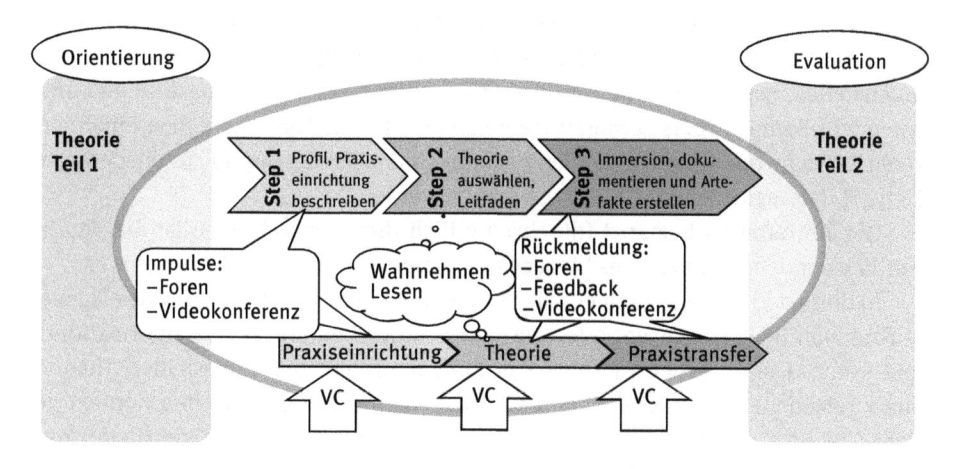

Abb. 2: Flow-Chart: Aktivitäten der Studierenden in der DUAL@eCommunity
Quelle: Eigene Darstellung.

Die Arbeit an der Aufgabe der Transferleistung, webbasiert über E-Portfolios, in der Praxisphase verbindet die beiden umrahmenden Theoriephasen *Theorie Teil 1* und *Theorie Teil 2*.

Diese Transferaufgabe erhalten die Lernenden am Ende der ersten Theoriephase (*Theorie Teil 1*). Ebenso werden die Studierenden in der Nutzung der Plattform Mahara geschult. Die Studierenden sollen mit der Handhabung der Plattform und der konkreten Aufgabenstellung vertraut werden und eine *Orientierung* bekommen.

Die Aufgabenstellung der Transferaufgabe fordert die Ausarbeitung der theoretischen Grundlagen, die dann im Praxisfeld umgesetzt werden sollen.

Zur Realisierung der Aufgabenstellung begeben sich die Lernenden in ihre Praxiseinrichtung. Die Studierenden beschreiben im *Profil* ihres E-Portfolios das Praxisfeld bzw. die *Praxiseinrichtung*. Sie erhalten Unterstützung und Anleitung über Fragen und Antworten in *Foren* sowie durch live-Teilnahme an *Videokonferenzen (VC)* und/oder deren Aufzeichnungen. Dieser *Step 1* wird von Betreuenden begutachtet und ein Feedback eingestellt.

Die Erarbeitung einer aus der *Theorie* und Literatur abgeleiteten Aussage und die Ableitung eines *Leitfadens* daraus sind in *Step 2* zu leisten. Die Darstellung dieses Beitrags muss unter Berücksichtigung einer korrekten Zitierweise ebenso wie die Begründung der Literaturauswahl erfolgen. Dieser *Step 2* wird von den Betreuenden begutachtet und ein *Feedback* eingestellt. Ebenso werden die Lernenden aufgefordert, sich gegenseitige *Feedbacks* zu geben.

Das Eintauchen in die natürliche Umgebung nennt Baumgartner „*Immersion*" (Baumgartner 2011, S. 267). Die *Immersion* ist in diesem didaktischen Szenario der Praxis-Transfer und *Step 3*. Die Lernenden eignen sich Wissen, Fähigkeiten und Kompetenzen an, um vor Ort, in einer konkreten Situation, im Rahmen einer konkreten Lernanforderung (dies ist die Aufgabenstellung der Transferarbeit) die Situation zu untersuchen, bspw. durch die Umsetzung von Interviews oder Beobachtungen. Dies entspricht Baumgartners „ermittelndem Lernen". Da die Lernenden über einen längeren Zeitraum auch aktiv praktizieren, könnte hier auch der Begriff „praktizierendes Lernen" (Baumgartner 2011, S. 267) eingesetzt werden.

Der Zeitraum ist begrenzt (durchschnittlich drei Monate), auch ist die Verantwortlichkeit dem Status (erstes bis sechstes Semester) des Lernenden angepasst.

In diesem Praxisfeld sammeln die Studierenden über die Umsetzung des Themas in Form von Beobachtungen, Interviews oder Aktivitäten Ergebnisse, Informationen und Daten. Diese werden in einen Zusammenhang mit der aufgestellten Theorie, ihrem (eigenen) Wissen und in den beruflichen sowie professionellen Kontext gestellt. Ziel ist u. a. die weitere Differenzierung des eigenen Standpunktes (Reflexion). Die Realisierung der Aufgabenstellung erfolgt im Praxisfeld. Der Bezug zur außerdidaktischen Umwelt, das heißt zur Lernumwelt außerhalb der Hochschule, stellt ein wichtiges didaktisches Potential dieser Prüfungsleistung dar. Über die Eintauchdauer (Zeitdauer) und die Eintauchtiefe (Verantwortung) entscheidet der Lernende selbst.

Es steht nicht der Produktauftrag, sondern das Erzeugen von *Artefakten*, deren Arrangement sowie deren stetige Veränderung und Weiterentwicklung im Vordergrund. Der Auftrag des Betreuenden sowie Lehrenden ist in diesem Szenario nicht die Produktkontrolle bzw. Endkontrolle, sondern die Prozessbegleitung, das heißt die Begleitung des Entstehens. Insbesondere die Ermöglichung des Peer-Learning-Prozesses steht im Vordergrund. Deshalb werden die Transferaufgaben in drei überschaubare Schritte, die Steps, unterteilt. Zu jedem Step erhalten die Studierenden ein *Feedback*.

Sie arbeiten nicht alleine, sondern werden in kleinen Gruppen mit ca. 8 Personen organisiert. Diese Gruppen bilden ein formelles Netzwerk während der Praxisphase.

Die Lernenden erstellen ein Reflexionsportfolio, in dem sie ihre Arbeit in der Peer-Group rückmelden, sich gegenseitig Feedback und Ratschläge geben. Die Lernenden schätzen und bewerten die Ansichten der Mitglieder und reflektieren somit ihre Ergebnisse. Die Reflexion der Aneignung von Wissen und Kompetenzen und damit das selbstbestimmte und selbstreflektierende Lernen stehen dabei immer im Vordergrund.

Anhand der Aufzeichnungen, der erstellten Artefakte und der Beteiligung an Diskussionen in Foren kann der Lernprozess vom Betreuenden eingeschätzt werden.

4.7 Stolpersteine

Unter Stolpersteinen sind neue Probleme zu verstehen, „die zwar das Erreichen eines Ziels nicht prinzipiell unmöglich machen, aber doch lokale Lösungen erfordern". (Kohls 2009, S. 64)

Die Studierenden sind auf einem sehr unterschiedlichen Stand bei der Entwicklung ihrer Medienkompetenz. Darüber hinaus entsteht ein zusätzlicher Einarbeitungsaufwand in das E-Portfolio-Werkzeug für die Studierenden sowie auch für die Lehrenden im Theorie(-studium) Teil 1.

Für die Studierenden, insbesondere im 1. Semester ist die Rückmeldung in einer Gruppe, in der viele Studierende einander noch eher fremd sind, eine Herausforderung.

Ob die Transferportfolios in der auf die Praxisphase folgenden Theoriephase von den Lehrenden aufgegriffen werden, ist vom persönlichen Interesse der Lehrenden abhängig.

Die Studierenden sind in der Praxisphase umfänglich in den Arbeitsprozess einer sozialen Einrichtung eingebunden und müssen die Transferleistung im Portfolio in der Regel nach Feierabend erstellen.

4.8 Vorteile

Über das Transferportfolio wird der Kontakt zu den Betreuenden in der Hochschule und zu den Mitstudierenden in der Praxisphase aufrechterhalten.

An einem Beispiel wird der Theorie-Praxis-Transfer systematisch bearbeitet und zeitnah betreut, dadurch werden insbesondere unsichere Studierende in den ersten Semestern bestärkt.

Studierende lernen ein digitales Werkzeug im professionellen Kontext einzusetzen. Im privaten Kontext werden die Sozialen Netzwerke in sehr spezifischer Art und Weise genutzt, die sich an den privaten Bedürfnissen orientiert. Diese Art der Nutzung ist nicht direkt auf den beruflichen Kontext übertragbar.

Die Organisationsform, von Bauer als „Zentripetalmodell" (Bauer/Baumgartner 2012, S. 102) bezeichnet, nimmt die vorgegebene Struktur auf, das heißt Studierende nehmen die Inputs aus der ersten Theoriephase in ihr Portfolio auf, indem sie z. B. verschiedene theoretische Ansätze aus der Vorlesung aufbereiten, in ihr Portfolio einarbeiten und in die Praxis übersetzen. Ebenso werden die Studierenden angehalten, über die einzelnen Schritte (mindestens drei Steps) zu berichten und zu reflektieren. Der/Die Lehrende greift diese Beiträge in der zweiten Theoriephase der Lehrveranstaltung noch einmal auf.

4.9 Nachteile

Studierende müssen sich regelmäßig während der Praxisphase (und einer 40h-Woche) mit dem Transferprozess beschäftigen. Das führt zu einem subjektiv empfundenen höheren Zeitaufwand. Darüber hinaus fühlen sich die Studierenden durch die Arbeit in der Praxiseinrichtung sehr gefordert und empfinden die Mitnahme der Theorie in die Praxis als eine zusätzliche Herausforderung. Auch wird von den Studierenden gefordert, immer wieder aktiv an der DUAL@eCommunity teilzunehmen. Die Transferleistung in der eCommunity kann nicht in einem zusammenhängenden Zeitintervall erbracht werden.

Das Transferportfolio stellt Anforderungen (Medienkompetenz, Termine während der Praxisphase, Peer-Learning) an die Studierenden, die über die Anforderungen der Transferleistungen in der klassischen Form hinausgehen. Diese zusätzlichen Anforderungen werden zum Teil in Frage gestellt.

Die Begleitung des Transferleistungsprozesses führt zu einem regelmäßigen, täglichen Betreuungsaufwand während der Praxisphase. Eine Abwesenheit der Betreuung, die über wenige Tage hinausgeht, muss kommuniziert oder vertreten werden.

Ob eine Verknüpfung der beiden Theorieeinheiten über das Transferportfolio gelingt, ist von der Motivation der Lehrenden abhängig, denn ihre Beteiligung im Transferprozess geschieht freiwillig.

4.10 Beispiele

Die folgenden Beispiele entstanden in Lehrprojekten mit Transferportfolios an der Fakultät Sozialwesen zwischen 2012 und 2015. Die Lehrprojekte wurden auf der geschlossenen Mahara-Plattform der Hochschule durchgeführt (http://willi.dhbw-vs.de/mahara). Es werden Bildschirmabdrucke aus studentischen Ansichten, Gruppenansichten und Gruppenforen gezeigt.[1]

Bild

Meine Praxisstelle beim FÖJ

Meine Praxisstelle ist die Landeszentrale für politische Bildung Baden-Württemberg in Stuttgart. Das ist der größte Träger für das freiwillige ökologische Jahr (FÖJ) in Baden-Württemberg. Wir betreuen ca. 110 FÖJler und ungefähr 80 Einsatzstellen. Geeignete Stellen sind im Bereich Umwelt- und Naturschutz tätig, z.Bsp. Naturschutzverbände, Biolandhöfe, Naturschutzzentren... Die LpB ist zertifiziert mit dem Gütesiegel von QUIFD (Qualität in Freiwilligendiensten). Dieses Qualitätssiegel wird alle zwei Jahre neu überprüft.

Die Arbeit beim FÖJ ist sehr vielseitig und ich nenne hier nur ein paar Beispiele:

- Organisation von Seminarhäusern und inhaltliche Planung der fünf einwöchigen Seminare für die Teilnehmenden
- Pädagogische Betreuung der FÖJler und der Einsatzstellen
- Koordination der Bewerbungen
- Auswahl der Einsatzstellen
- persönliche Besuche der Freiwilligen in ihrer Einsatzstelle
- Öffentlichkeitsarbeit auf Messen und an Schulen

Gruppen

y Gruppe
'in

A (M11-11) -

nmunity (M5-

il (M11-11) -

Ansichten

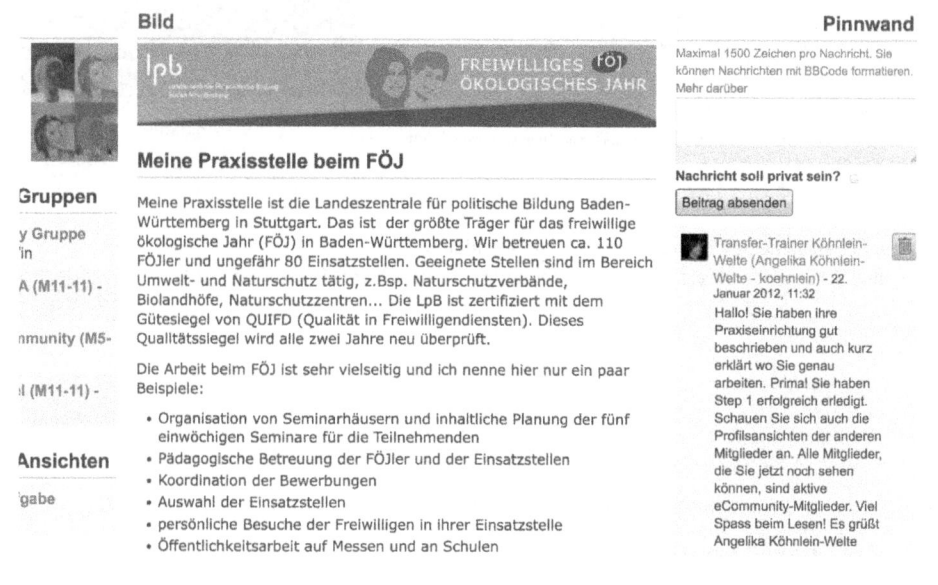

'gabe

Pinnwand

Maximal 1500 Zeichen pro Nachricht. Sie können Nachrichten mit BBCode formatieren. Mehr darüber

Nachricht soll privat sein?

Beitrag absenden

Transfer-Trainer Köhnlein-Welte (Angelika Köhnlein-Welte - koehnlein) - 22. Januar 2012, 11:32
Hallo! Sie haben ihre Praxiseinrichtung gut beschrieben und auch kurz erklärt wo Sie genau arbeiten. Prima! Sie haben Step 1 erfolgreich erledigt. Schauen Sie sich auch die Profilansichten der anderen Mitglieder an. Alle Mitglieder, die Sie jetzt noch sehen können, sind aktive eCommunity-Mitglieder. Viel Spass beim Lesen! Es grüßt Angelika Köhnlein-Welte

Abb. 3: Beispiel einer Profilansicht von Studierenden A
Quelle: Screenshot.

---

[1] Der Abdruck der Screenshots aus den studentischen Portfolios erfolgt mit freundlicher Genehmigung von Ruth Kienzle und Carolin Meier. Die Landeszentrale für politische Bildung Baden-Württemberg, Abt. Demokratisches Engagement, Freiwilliges Ökologisches Jahr hat freundlicherweise dem Abdruck ihres Logos im Screenshot zugestimmt.

Meine Praxiseinrichtung

Ich absolviere meine Praxisphasen in der **WDL Nordschwarzwald gGmbH** (**W**erk- und **W**ohnstätten der **L**ebenshilfe der Region Baden- Baden – Bühl – Achern e.V.)

1976 gründeten die Lebenshilfen der Kreisvereinigung Bühl e.V. und Ortsvereinigung Baden- Baden e.V. gemeinsam die WDL Nordschwarzwald gGmbH. Die erste Einrichtung wurde 1977 in **Sinzheim** eröffnet und hat sich im Laufe des Jahres immer mehr etabliert. 1998 erweiterm sich die bisherigen Werk- und Wohnstättenplätze mit einer neuen Wohnform: Ambulant Betreutes Wohnen (ABW).

Wie zuvor beschrieben, besteht die WDL Nordschwarzwald aus zwei großen Bereichen: die Werkstätten und die Wohnstätten. **Während meiner Praxisphasen werde ich nur in den Werkstätten tätig sein.** Nun werde ich näher auf die Einrichtung eingehen.

Es gibt mittlerweile **drei** Werkstätten, die ihren Standort in **Sinzheim**, **Bühl** und **Achern** haben. Über 450 Menschen mit Behinderungen erhalten dort qualifizierte Bildungsmöglichkeiten und Arbeitsplätze. In den Werkstätten finden Menschen mit geistiger, mehrfacher oder seelischer Behinderung vielfältige Arbeitsangebote, individuelle Förderung und Teilhabe am Arbeitsleben. Dabei steht vor allem einer der Leitsätze der Werkstätte im Vordergrund: „Wir begegnen einander mit Achtung und Wertschätzung".

Meine erste und jetztige Praxisphase absolviere ich im Arbeitsbereich der WDL Nordschwarzwald in Achern.

Im **Arbeitsbereich** wird den Menschen mit Behinderungen die Möglichkeit zur

"Because who is perfect?"

Ansichten

Gender und Doing Gender
Was bedeuten die Begriffe „Gender" und „Doing Gender"? Der

Abb. 4: Beispiel einer Profilansicht von Studierenden B
Quelle: Screenshot mit als Bildlink eingebettetem youTube Frame (Pro Infirmis, 2013).

Über   Mitglieder   Foren   Ansichten   Sammlungen   Freigeben   Dateien

Dies ist die Gruppe, in der alles Organisatorische für Modul 5, Jahrgang 2014 für die Studierenden und Lehrenden kommuniziert wird (Themenauswahl, Termine für die Steps, Webconferenztermine und andere Infos).
Für diese Gruppe bitte keine Ansichten frei schalten. Die Ansichten der Studierenden mit der Bearbeitung von Step2 und Step3 werden erst später für die bei Step2 ausgewählten Themen-Kleingruppen frei geschaltet.

Themen-Bilder

Herzlich Willkommen in der eCommunity M5-14

Wir begrüßen ganz herzlich alle neuen Studierenden und Dozenten hier auf Mahara.

Die Gruppe, in der Sie alle Informationen zur Transferleistung in Modul 5, Erziehung, Bildung, Sozialisation finden, haben wir "eCommunity (M5-14)" genannt.

Alle Studierenden des Jahrgangs 2014 sollen sich hier einschreiben. Diese Gruppen-Seite wird sich Stück für Stück mit Inhalt füllen. Natürlich können bzw. sollen Sie alle in den Foren mitreden bzw. Fragen stellen.

Sie gestalten die DUALeCommunity!

Wir freuen uns auf ihre Beiträge!

Angelika Köhnlein-Welte (Transfermitarbeiterin)
Christiana Nolte (ZiL)

Einladung zur 1. Online-Konferenz: Donnerstag,

Abb. 5: Beispiel der Ansicht einer Orga-Gruppe A
Quelle: Screenshot.

Einführung von E-Portfolios im dualen Studium, didaktische Umsetzung und Beispiele — 221

| Über | Mitglieder | Foren | Ansichten | Sammlungen | Freigeben | Dateien |

Je Themengruppe tragen sich maximal 8 Studierende ein.
Mitglieder: siehe Gruppen-Homepage!

Info-Tafel

max. 8 Plätze

Thema6: Schulz von Thun/ Umgang mit Konflikten

Themengruppe 6 M11-12.pdf
27,9KB | Donnerstag, 04. Juli 2013 | Einzelheiten

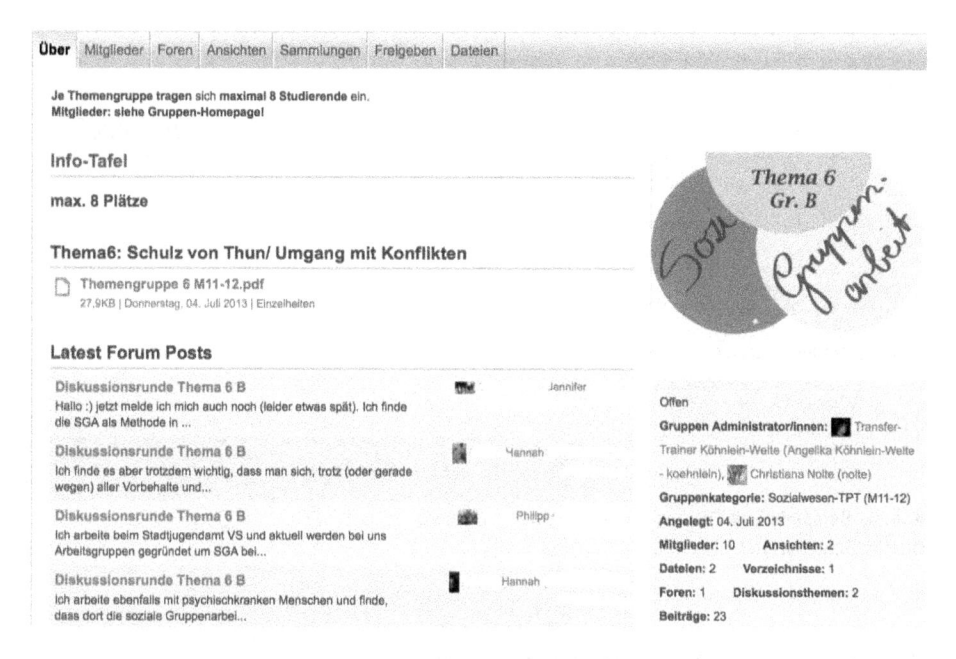

Latest Forum Posts

Diskussionsrunde Thema 6 B — Jennifer
Hallo :) jetzt melde ich mich auch noch (leider etwas spät). Ich finde die SGA als Methode in ...

Diskussionsrunde Thema 6 B — Hannah
Ich finde es aber trotzdem wichtig, dass man sich, trotz (oder gerade wegen) aller Vorbehalte und...

Diskussionsrunde Thema 6 B — Philipp
Ich arbeite beim Stadtjugendamt VS und aktuell werden bei uns Arbeitsgruppen gegründet um SGA bei...

Diskussionsrunde Thema 6 B — Hannah
Ich arbeite ebenfalls mit psychischkranken Menschen und finde, dass dort die soziale Gruppenarbei...

Offen
Gruppen Administrator/innen: Transfer-Trainer Köhnlein-Welte (Angelika Köhnlein-Welte - koehnlein), Christiana Nolte (nolte)
Gruppenkategorie: Sozialwesen-TPT (M11-12)
Angelegt: 04. Juli 2013
Mitglieder: 10   Ansichten: 2
Dateien: 2   Verzeichnisse: 1
Foren: 1   Diskussionsthemen: 2
Beiträge: 23

(Thema 6 Gr. B — Soz. Gruppenarbeit)

Abb. 6: Beispiel der Ansicht einer Themen-Gruppe B
Quelle: Screenshot.

Foren > Fragen von Mitgliedern

[Forum bearbeiten] [Forum löschen] [Forum abonnieren]

Wir sammeln hier verschiedene Fragen, deren Antworten interessant sein könnten:

Diskussionsthemen   [Neues Diskussionsthema]

Diskussionsthema	Verfasser/in	Beiträge	Letzter Beitrag
Bild oder Grafik einfügen? Ich habe meinen Text zu Step 2 veröffentlicht, ...	Transfer-Trainer Köhnlein-Welte	2	28. Januar 2013, 08:52 von Transfer-Trainer Köhnlein-Welte
Theorie hochladen? Ich habe eine Theorie ausformuliert und jetzt u...	Transfer-Trainer Köhnlein-Welte	2	28. Januar 2013, 08:34 von Transfer-Trainer Köhnlein-Welte
Mehr als 300 Wörter? Ich bearbeite gerade meinen Step 2 und habe gem...	Transfer-Trainer Köhnlein-Welte	2	28. Januar 2013, 08:17 von Transfer-Trainer Köhnlein-Welte
Theorie aus dem Internet? Geht das? Kann ich eine Theorie aus dem Internet verwenden?	Transfer-Trainer Köhnlein-Welte	2	23. Januar 2013, 10:23 von Transfer-Trainer Köhnlein-Welte
Wie werde ich Mitglied in einer Themengruppe? Ich habe damals für das Thema Doing Gender in W...	Transfer-Trainer Köhnlein-Welte	2	23. Januar 2013, 09:57 von Transfer-Trainer Köhnlein-Welte
Postausgang Guten Tag,	Andreas	1	15. Februar 2013, 13:31 von Andreas
Ich muss bei der Online-Konferenz arbeiten Ich kann auf Grund meiner Arbeitszeiten nicht T...	Transfer-Trainer Köhnlein-Welte	2	10. Januar 2013, 11:37 von Transfer-Trainer Köhnlein-Welte

Abb. 7: Beispiel eines Forums in einer Orga-Gruppe A
Quelle: Screenshot.

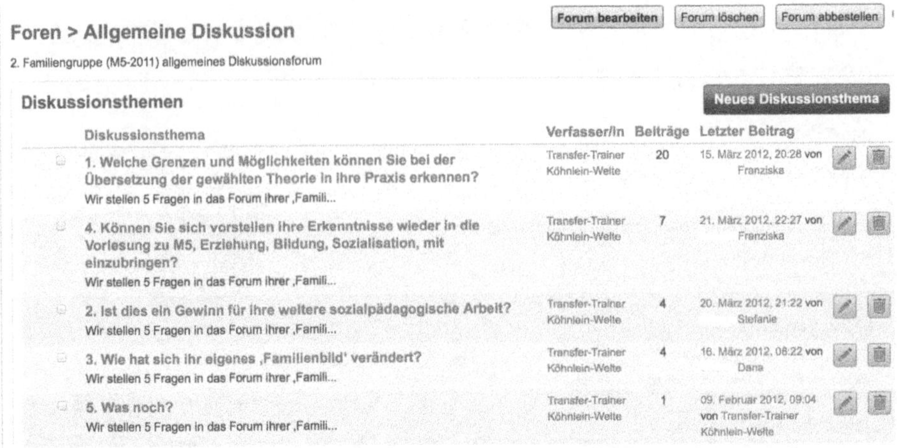

Abb. 8: Beispiel eines Forums in einer Themen-Gruppe B
Quelle: Screenshot.

5 Zusammenfassung und Ausblick

Im Verlauf von vier Jahren wurden Transferleistungen mit E-Portfolios jährlich in zwei unterschiedlichen Modulen erstellt und praktische Erfahrungen mit verschiedenen Studierendengruppen gesammelt.

Die inhaltliche Aufteilung der Transferleistung in drei Steps ist möglich und hat sich bewährt. Studierende merkten an, dass über die mehrfache Beschäftigung mit der Thematik „wirklich etwas hängen bleibt". Dozenten, die sowohl in Kursen unterrichteten, deren Studierende die Transferleistung in der eCommunity erbracht hatten, als auch in Kursen mit wenigen Mahara-Studierenden berichten, die Transferaufgabe sei das Bindeglied zum Einstieg in den 2. Theorieteil des Moduls und die Mahara-Studierenden hätten eine gute Diskussionskultur entwickelt.

Im Forschungsprojekt im Rahmen der Master-Thesis von Angelika Köhnlein-Welte zum Thema „Competency Modeling in the Theory-Practice Transfer in the Bachelor's degree at the Duale Hochschule Baden-Wuerttemberg, Faculty of Social Work" wurde die Kompetenzzielerreichung evaluiert. Es konnte die Aussage bestätigt werden, dass keine messbaren Unterschiede zwischen den beiden Formen (schriftliche Transferleistung oder per E-Portfolio) der Transferleistung in der Erreichung der Kompetenzziele der Studierenden festzustellen sind. (Köhnlein-Welte 2014)

Die Begleitung durch die Lehrenden und die inhaltliche Rückmeldung an die Studierenden im Erstellungsprozess konnte realisiert werden und wurde positiv rückgemeldet. In der DUAL@e-Community wird von den Studierenden eine schnelle Reaktion erwartet, wie man sie in den sozialen Netzwerken pflegt. Das stellt besondere Anforderungen an die Betreuung.

Peer-Learning hat stattgefunden, die Intensität ist jedoch abhängig von der Gruppengröße und Gruppendynamik. Es erscheint sinnvoll, die Auswirkungen verschiedener Gruppengrößen und Arbeitsaufträge auf das Peer-Learning in Zukunft systematisch zu evaluieren.

Die Studierenden erlernen ein Web 2.0 Werkzeug und setzen es für ihre professionelle Arbeit ein. Der Einsatz von webbasierten Plattformen wird bei den allermeisten auch im beruflichen Alltag der Zukunft eine Rolle spielen. Bislang spielen webbasierte Plattformen, auf denen Studierende aktiv handeln können, im Studium der Sozialen Arbeit noch keine Rolle. In den Auswertungsrunden kommt es oft auch zum Vergleich mit anderen sozialen Netzwerken und zu deren Diskussion. Bei diesen Diskussionen wird die Mediennutzung reflektiert und Medienkompetenz aufgebaut. Zudem werden über die E-Portfolio Nutzung informationstechnische Kompetenzen entwickelt. Diese Kompetenzen werden in der Zukunft für die weitere berufliche Entwicklung der Studierenden von Bedeutung sein.

Bislang ist Mahara als geschlossene Plattform innerhalb der Hochschule eingesetzt worden. Für Studierende könnte es auch eine wichtige Option sein, Portfolioinhalte für Leserkreise außerhalb der Hochschule frei zu geben und mit ihnen diskutieren zu können. Die Diskussion über die Vor- und Nachteile einer Öffnung der Plattform steht bislang noch aus.

Für die Studierenden ist die Einarbeitung in die für sie neue Plattform mit einigem Aufwand verbunden. Studierende wünschen sich deshalb, die E-Portfolio-Plattform für weitere Studienleistungen und Transferleistungen vom ersten bis zum sechsten Semester nutzen zu können. Sie würden dann ein persönliches Portfolio im Verlauf ihres Studiums aufbauen können. Dieses Szenario setzt die breitere Öffnung der Fakultät für die Portfolio-Arbeit voraus.

Literaturverzeichnis

Baumgartner, P. (2011): Taxonomie von Unterrichtsmethoden: Ein Plädoyer für didaktische Vielfalt, Münster 2011.

Baumgartner, P./Bauer, R. (2011): Showcase of Learning: Towards a Pattern Language for Working with Electronic Portfolios in Higher Education, Conference Version of a paper, Krems, Austria, Donau Uni Austria [Online], in: http://www.donau-uni.ac.at/imperia/md/images/department/imb/forschung/publikationen/showcase_of_learning_conference_version_duk.pdf/showcase_of_learning_conference_version_duk.pdf, Zugriff 01.02.2105.

Bauer, R./Baumgartner, P. (2012): Schaufenster des Lernens: Eine Sammlung von Mustern zur Arbeit mit E-Portfolios, Münster, New York, NY, München, Berlin, 2012.

Baumgartner, P. (2012): E-Portfolio an Hochschulen: Eine Taxonomie für E-Portfolios [Online], Teil II des BMWF-Abschlussberichts „E-Portfolio an Hochschulen", BM.W_F (GZ 51.700/0064-VII/10/2006), in: http://www.peter.baumgartner.name/schriften/pdfs/ep-taxonomie-2012.pdf, Zugriff 01.02.2015.

Bremer, C. (2008): Blended Learning [Online] (megadigitale), in: http://www.studiumdigitale.uni-frankfurt.de/events/Folien_Bremer_081208.pdf, Zugriff 01.02.2015.
Demuth-Rösch, E./Sauter A. (2015): Hochschuldidaktische Integration und Umsetzung des Theorie-Praxis-Transfers 2015.
Dürr, H.-P. (2009): Warum es ums Ganze geht: Neues Denken für eine Welt im Umbruch, 2nd edn, München 2009.
Eberhardt, U. (2010): Neue Impulse in der Hochschuldidaktik: Sprach- und Literaturwissenschaften, Wiesbaden 2010.
Ebner, M./Schiefner, M. (2010): Looking toward the future of technology-enhanced education: Ubiquitous learning and the digital native, Hershey, PA, Information Science Reference 2010.
Ehlers, U.-D. (2010): Qualität im E-Learning aus Lernersicht: Grundlagen, Empirie und Modellkonzeption subjektiver Qualität, 2nd edn, Wiesbaden 2010.
Ehlers, U.-D./Schneckenberg, D. (2010): Changing cultures in higher education: Moving ahead to future learning, Berlin 2010.
Federal Ministry of Education and Research Germany (2011): London Communiqué: BMBF › Science › The Bologna Process: Development from the beginnings to the present day [Online], Berlin, in: http://www.bmbf.de/en/15553.php, Zugriff 01.02.2015.
Hochenbleicher-Schwarz, A. (2011): Modulhandbuch 2011 Studienbereich Sozialwesen: Duale Hochschule Baden-Württemberg Villingen-Schwenningen Fakultät Sozialwesen, in Duale Hochschule Baden-Wuerttemberg (ed) Studienbereich Sozialwesen: Modulhandbuch Soziale Arbeit Stand 2011, Stuttgart 2011.
Hochenbleicher-Schwarz, A. (2015): Das duale Prinzip im Studium der Sozialen Arbeit 2015.
Kohls, C. (2009): E-Learning-Patterns: Nutzen und Hürden des Entwurfsmuster-Ansatzes, in E-Learning 2009. Lernen im digitalen Zeitalter. Apostolopoulos, Nicolas *(Hrsg.)*/Hoffmann, Harriet *(Hrsg.)*/Mansmann, Veronika *(Hrsg.)*/Schwill, Andreas *(Hrsg.)*, Münster, New York, München, Berlin, Waxmann 2009, S. 61–72. – (Medien in der Wissenschaft; 51), in [Online]: http://www.pedocs.de/volltexte/2011/3266/pdf/Kohls_Christian_E_Learning_Patterns_D_A.pdf, Zugriff: 05.03.2015.
Köhnlein-Welte, A. (2014): Competency Modeling in the Theory-Practice Transfer in the Bachelor's degree at the Duale Hochschule Baden-Wuerttemberg, Faculty of Social Work, Masterthesis an der University of Bolton, England 2014, nicht veröffentlicht.
Kolb, D. A. (2007) Kolb Lernstil-Inventar: Arbeitsbuch = LSI, 3rd edn, Frankfurt/Main 2007.
Kolb, D. A./Smith, D. M. (1986): Learning style inventory: A manual for teachers and trainers, Boston 1986.
Pro Infirmis (2013): «Because who is perfect?» von Pro Infirmis (Hrsg.) YouTube Channel, [Online]: https://www.youtube.com/user/ProInfirmisCH, veröffentlicht am 02.12.2013, Link: [Online]: https://www.youtube.com/watch?v=E8umFV69fNg, Zugriff: 03.03.2015.
Wildt, Jo. (2005): The shift from teaching to learning: Konstruktionsbedingungen eines Ideals, für Johannes Wildt zum 60. Geburtstag [Online], Bielefeld, Bertelsmann, in: http://www.ewft.de/files/Wildt-05-Vom%20Lehren%20zum%20 Lernen-hochschuldidaktische%20Konsequenzen.pdf, Zugriff: 01.02.2015.

Andreas Polutta

12 Das Studium Sozialer Arbeit als Beziehungsarbeit

Denn Praxis und Theorie haben eine Beziehung

1 Einleitung

Das Duale Studium wird nicht nur von der DHBW als eine anwendungsbezogene Hochschulausbildung beworben, in der theoretisches Wissen vermittelt wird, welches in der Praxis anwendbar wird. Auch Studierende bekunden regelmäßig den Wunsch, zielgerichtet in den Theoriephasen genau das zu lernen, was sie in der Praxis zu professionellem sozialpädagogischen Handeln befähigt. Nun soll weder das Bildungsmarketing der Hochschule, noch die Einstiegsmotivation von Studierenden – zumal in einer Festschrift für die DHBW Villingen-Schwenningen – in Frage gestellt werden. Aber für das Studium der Sozialen Arbeit gilt, dass das Verhältnis und die Beziehung von Theorie und Praxis (im doppelten Sinne) weitaus spannender sind, als es eine lineare Sicht auf das Theorie-Praxisverhältnis nahe legt. Eine einfache Anwendung von theoretischem Wissen in der pädagogischen Praxis ist nach Ansicht des Autors ebenso unmöglich, wie die unmittelbare Lösung eines pädagogischen Handlungsproblems mittels wissenschaftlicher Erkenntnis. Doch dieser Beitrag soll keineswegs pessimistisch hinsichtlich akademischer Ausbildung sein, sondern mit dem Begriff von Beziehungsarbeit zeigen, wo gerade die Stärke eines Dualen Studiums in der Sozialen Arbeit liegen kann.

Beziehungsarbeit ist eigentlich ein Begriff aus der sozialpädagogischen Praxis. Daher verwundert möglicherweise die Verwendung im Kontext dieses Aufsatzes. Manchmal wird mit dem Argument, die Praxis Sozialer Arbeit sei als pädagogische Arbeit vornehmlich Beziehungsarbeit von Studierenden der Standpunkt vertreten, dass Theorie und wissenschaftliche Auseinandersetzung weniger relevant für ihr berufliches Handeln seien. Der Artikel will das Gegenteil aufzeigen und der Autor betont, dass Beziehungsarbeit eine professionelle Kompetenz ist, die erst im Zusammenspiel von Theorie und Praxis erlernt werden kann. Schon der Begriff Beziehungsarbeit zeigt, dass es nicht um freundschaftliche, familiäre oder Liebes- Beziehungen geht, sondern um rollenförmige, berufliche, institutionell gerahmte Sozialbeziehungen in einem (Erwerbs-) Arbeitsverhältnis. Beziehungsarbeit verweist darauf, dass es in der Sozialen Arbeit keineswegs nur um Wissen geht, sondern zugleich um weitere Kompetenzen, die etwa Hiltrud von Spiegel (2008) als praktisches Können und als eine Haltung bezeichnet, oder die mit Peter Cloos und Werner Thole (2010) als beruflicher Habitus gefasst werden kann. Das Studium Sozialer Arbeit erfordert eine besondere Form von Beziehungsarbeit: Die Kompetenz, Beziehungen und Bezüge zwischen

Theorie und Praxis herstellen zu können und das daraus erwachsende Reflexionspotential für die eigene Professionalität im Denken und Handeln nutzen zu können. Obwohl dies zweifellos ein Bildungsprozess und berufsbiographischer Professionalisierungsweg ist, den alle Studierenden in der Sozialen Arbeit in jedem Sozialarbeitsstudium eingehen müssen, so soll anhand von sieben beispielhaften Szenen[1] gezeigt werden, wieso im Dualen Studium in besonderer Weise Bildungs- und Entwicklungsmöglichkeiten liegen.

2 Szene eins: Wenn aus unhinterfragter Routine aufgeklärter Alltag werden kann

Nach der ersten Theoriephase, in der die Studierenden in der Lehrveranstaltung „Theorien der Sozialen Arbeit/Sozialarbeitsforschung" unter anderem das professionstheoretische Modell nach Staub-Bernasconi (2007) kennen gelernt haben, wonach Soziale Arbeit im Spannungsfeld mehrfacher Aufträge – einem „Trippelmandat" (ebd., S. 8) – steht, haben alle Studierenden die ‚Transferaufgabe'[2] mit diesem Modell in ihrem Praxisbericht zu arbeiten. Bereits hier wird deutlich, dass der Lernerfolg weniger darin liegt, das Modell auf eine Praxisstelle oder eine Praxissituation ‚anzuwenden', oder etwa zu überprüfen, ob die Theorie auf die eigene Praxis ‚passt'. Eine Studienleistung wäre beispielsweise, zu erkennen, ob die theoretisch beschriebenen Mandate in der Praxis etwas *aufklären* können, in dem Sinne, dass der bzw. die Studierende die eigene Praxis klarer sieht.

Eine Studentin bearbeitet bei dieser Aufgabe nach einer Einordnung von Hilfe (stark vereinfacht: das erste Mandat) und Kontrolle (zweites Mandat) das dritte von Staub-Bernasconi benannte Mandat wissenschaftlicher und ethischer Fundierung im Hinblick auf eine eigene Praxiserfahrung, in der sie genau vor einer professionsethischen Frage steht. Sie beschreibt, dass zum katholischen Jugendhilfeträger christliche Werte und religiöse Elemente, wie etwa das gemeinsame Tischgebet einschließlich der Bekreuzigung gehören. Sie steht insbesondere der Bekreuzigung als

---

[1] Dies sind schlaglichtartig verdichtete Situationen aus dem vom Autor gemeinsam mit Brigitte Reinbold geleiteten Sozialarbeitsstudiengang „Jugend-, Familien- und Sozialhilfe". Neben dem Dank an alle Studierenden der Kohorten 2010 bis 2013 sowie ihre Praxisstellen, sollen jene genannt werden, deren Beiträge in den Szenen paraphrasiert sind: Lara Bungartz, Thomas Böhm, Fisnik Canolli, Antje Gebhardt, Stefan Hoffmann, Simone Rapp, Tina Renner, Alisa Stern, Silvia Rombach, Britt Rothweiler und Achim Wurster waren ‚aktive Ko-Produzent_innen' in diesen Bildungsprozessen. Ohne ihre Beiträge wäre die Veranschaulichung Dualer Studienpraxis nicht möglich gewesen. Da die Szenen typische und nicht persönliche Situationen zusammenfassend wiedergeben, sind im Text keine Namen genannt.
[2] Weiterführend zum hochschuldidaktischen Hintergrund vgl. den Beitrag von Anton Hochenbleicher-Schwarz in diesem Band.

Protestantin selbst fremd gegenüber, sieht aber auch, dass sie als Mitarbeiterin des Trägers zugleich diesen vertritt, bzw. sie nimmt an, dass dies von ihr erwartet wird. Bei der Beschreibung der Gruppenkonstellation, in der sie tätig ist, wird deutlich, dass durchaus Kinder verschiedener Konfessionen und Religionen bzw. ohne Religionszugehörigkeit beteiligt sind. Sie beobachtet, dass sich alle Kinder und Pädagog_innen bekreuzigen und dies nicht weiter Thema ist – eine scheinbar unhinterfragte Routine des Gruppenalltags. Sie ordnet dies als festes Ritual ein, das innerhalb des pädagogischen Konzeptes des Trägers auch eine nicht nur wert- und normvermittelnde Rolle, sondern auch eine Funktion der Vermittlung von Geborgenheit und Vertrautheit habe. Interessant ist, dass die Studentin mit dem theoretischen ‚Handwerkszeug' das für sie ambivalente normativ-pädagogische Ritual nicht nur dahingehend ‚aufklären' kann, dass sie sich darüber bewusst wird, was da vor sich geht und es für sie nicht bei einem unhinterfragtem (aber vielleicht etwas unbehaglichem) Ritual bleibt. Sie beschreibt, dass sie für sich auch ein ganz praktisches ‚Aufklärungsprojekt' daraus gemacht habe. Dies besteht darin, dass sie bewusst das Ritual des Tischgebets mit optionaler Bekreuzigung als solches mit den Kindern pflegt, und sich an anderer Stelle in der Gruppe bewusst und ausdrücklich mit den Kindern über Religion und religiöse Handlungen aus Kindersicht beschäftigt.

Hier wird bereits deutlich, dass es dies nur eine Möglichkeit von vielen war, Theorie und Praxis Sozialer Arbeit in Bezug zu setzen: Denn eine Annäherung an diese Thematik, einschließlich einer handlungspraktischen Konsequenz, konnte hier durch die Beschäftigung mit dem oben genannten Auftrag zur professionsethischen Begründung bei Staub-Bernasconi hergestellt werden. Auf etwas anderem Wege hätte die Studentin aber möglicherweise bei der Beschäftigung mit Hans Thierschs theoretischem Ansatz zu Lebenswelt und kritischem Alltag (Thiersch 1992) zu einer ähnlichen Erkenntnis kommen können. Hingegen hätte beispielsweise die Beschäftigung mit macht- und diskursanalytischer Theorie Sozialer Arbeit im Anschluss an Michel Foucault (Kessl 2012) oder eine durch Niklas Luhmann grundgelegte systemtheoretische Analyse Sozialer Arbeit (Bommes/Scherr 2000) wiederum vermutlich andere Zusammenhänge sichtbar gemacht und möglicherweise andere Schlussfolgerungen nach sich gezogen. Im Rahmen so genannter ‚interdisziplinärer Fallseminare'[3], wie sie in den einzelnen Studienschwerpunkten ins Duale Studium integriert sind, werden solche und ähnliche Fälle systematisch im Studienverlauf aus verschiedenen Theorieperspektiven heraus beleuchtet.

---

3 Lehrveranstaltung der Studiengangsleiter_innen im vierten Semester, in der solche Fälle, die Studierende in ihrer Praxis erlebt haben, aufgegriffen und analysiert werden.

3 Szene zwei: Wo Anerkennung und Beziehung verstanden, erkämpft und gelebt werden müssen

In seinem ersten Praxisbericht, also nach je einer absolvierten Theorie- und Praxisphase steht ein Student vor der Frage, ob ihm eher das übergreifende sozialwissenschaftliche Theoriewissen oder das konzeptionelle Methodenwissen mehr für den Praxiseinstieg geholfen hat. Er verschriftlicht hier noch zunächst seine Einschätzung, dass er persönlich mehr mit theoretischem wissenschaftlichen Wissen, beispielsweise der Anerkennungstheorie Nancy Frasers und Axel Honneths (Heite 2011) anfangen kann, als mit einem Methodenwissen, das auf konkrete Fragen der Gesprächsführung oder der Konfliktbewältigung ausgerichtet ist. Vielleicht ist diese Aussage nach der ersten Praxisphase insofern ungewöhnlich, als dass die Mehrzahl der Studierenden regelmäßig angibt, mit solchen Praxismethoden weniger Schwierigkeiten zu haben, als mit sozialwissenschaftlicher Grundlagentheorie, weil sie ihnen als zu abstrakt oder die jeweilige Theoriesprache zu kompliziert erscheine. Das Interessante an der Aussage des Studenten ist jedoch der Hinweis darauf, dass es im Grunde einfacher ist, sich eine (und sei es abstrakte) Theorie und ein Vokabular anzueignen, als ein theoretisches Wissen in der Praxis konkret nutzbar zu machen. Dies jedoch vollzog eben jener Student in seiner zweiten Praxisphase dann in gelungener Weise, und zwar als wechselseitiges Zusammenspiel aus einem theoriegeleiteten Verständnis und einem praktischen, durchaus kraftzehrenden Erleben einer sozialpädagogischen Arbeitsbeziehung. In dieser Praxis wurde ein Fallbeispiel zum Einen theoretisch verstanden, also mit einem bestimmten Wissen differenziert und aufgeschlüsselt. Zum Anderen zeigt der Fall, wie diese Praxis zu einem großen Teil auch ‚im Kleinen' aus einem Kampf um Anerkennung besteht, der im Alltag zwischen ihm als Pädagogen und einem Mädchen in einer vorläufigen stationären Hilfe zur Erziehung (Inobhutnahme) ausgetragen und gelebt wurde. Erst die Reflexion über den Fall machte ihm bewusst, was da vor sich ging.

Das Fallbeispiel soll hier nur kurz skizziert werden: Es handelt von der alltäglichen Situation in einer stationären Jugendhilfeeinrichtung und von der Schwierigkeit, einem Kind, das in der Gruppe (in der Wahrnehmung der Fachkräfte) vielfach durch oppositionelles, trotziges, distanzloses Verhalten auffällt, etwas zuzutrauen und seine Handlungsfähigkeit anzuerkennen. Dies wird in dieser konkreten Fallschilderung an folgender Herausforderung festgemacht: Die Schwierigkeit für den studentischen Pädagogen besteht darin, das Kind eigenständig bei einem Ausflug mit einer Gruppe von Kindern selbst einen Schlitten beim Rodeln lenken zu lassen und ohne Begleitung Erwachsener zu fahren, obwohl der studierende Sozialpädagoge in Sorge ist, ob das gut gehen würde und auf ihm die Last der Verantwortung für einen reibungslosen Ablauf des Ausflugs lastet.

In diesem Fall wählt der Studierende einen theoretisch und empirisch fundierten Ansatz, seine pädagogische Beziehung zu dem Mädchen theoretisch aufzuschlüsseln: Er greift auf eine differenzierte Betrachtung der rollenförmigen und diffusen Anteile in Sozialbeziehungen zurück. Diese Differenzierung und die theoretische Perspektive darauf wurde von sowohl aus der psychoanalytischen Sozialpädagogik und in der Jugendhilfeforschung (Bimschas/Schröder 2003) heraus formuliert, wie auch empirisch in der ethnographischen Forschung von Peter Cloos und Werner Thole (2006) rekonstruiert. Indem der Studierende nun zum Verständnis seiner pädagogischen Beziehung diese Differenzierung heranträgt, werden für ihn die Dynamiken und Widersprüchlichkeiten der beiden Sozialbeziehungsformen verständlich: Auf einer rollenförmigen Ebene ist er für die Aufrechterhaltung der Alltagsstrukturen in seiner Einrichtung, in der Wohngruppe und auch für die Einhaltung des möglichst reibungslosen Ablaufs eines Rodelausflugs verantwortlich. Das Kind, welches in der Wohngruppe für eine Übergangszeit wohnt, bis eine Anschlussperspektive gefunden ist, ist in der Gruppe „Bewohnerin" und auf dem Ausflug „Teilnehmerin", hat aber auch in ihrer besonderen Lebenssituation damit zu kämpfen, dass vor wenigen Wochen ihr bisheriger familiärer Rahmen nach einer Krisenintervention der Jugendhilfe zum Schutze des Kindes eine radikale Veränderung erfahren hat: Sie lebt seit kurzer Zeit getrennt von ihren bisherigen Vertrauens- und Bezugspersonen. Der Student arbeitet heraus, dass diffuse Anteile der Sozialbeziehung, im Gegensatz zu rationalen rollenförmigen Anteilen der Sozialbeziehung zwischen ihm und dem Mädchen spannungsvoll, teils auch widersprüchlich sind. Ebenso kann er verstehen, dass die spezifischen Rollenerwartungen an das Mädchen als Teilnehmerin einer Gruppe einerseits und andererseits als Kind, das aus bisherigen Familien- und Sozialbeziehungen herausgerissen ist, vom Kind kaum konfliktfrei ausgehalten werden können. So analysiert er, dass ein Teil der Konflikte zwischen beiden mit Übertagungs- und Gegenübertragungsdynamiken (Datler/Finger-Trescher/Gstach 2012) zu tun haben können und dass das rollenbedingte rationale Handeln (Schulbesuch sicherstellen, Gruppenregeln einhalten etc.) oder sein eigenes Sicherheitsdenken in Bezug auf den Ausflug dem Aufbau einer Vertrauensbeziehung und dem Anerkennen der Selbständigkeit (und sei es beim eigenständigen Rodeln) im Wege stehen. Ebenso gelte es mit den Wünschen nach Halt und Vertrautheit, zugleich auch den Ängsten und Sorgen und auch der Wut und Verzweiflung seitens des Mädchens umzugehen, die in die Beziehungsarbeit ebenso als diffuse Anteile eingehen.

Die Situation kann nach der Reflexion des Studierenden nicht im Handstreich ‚richtig' oder ‚falsch' gelöst werden, die einzige Lösung sei es, wenn er als angehender Sozialpädagoge lernt, mit beiden Anteilen reflektiert und bewusst umzugehen. Er nimmt sich vor, wie er es in Anlehnung an Bimschas/Schröder (2003) nennt, die Balance zwischen Offenheit und Halt im pädagogischen Alltag zu leben und bewusst zu halten – was ihm zwischenzeitlich im Alltag aus dem Blick geraten sei. Auf der Basis gelingt es dem Studierenden in seinem Praxisbericht eine Sequenz exemplarisch wiederzugeben und als Schlüsselszene für die weitere pädagogische Arbeit zu identifizieren. In der Zusammenarbeit bei einem bestimmten Ausflug sei es gelungen, eine wechselseitige Anerkennung des Mädchens mit Vertrauen gegenüber dem Studierenden und des Zutrauens des Studierenden in die Fähigkeit des Mädchens zu erlangen.

Auch wenn solch luzide studentische Analysen hier nur exemplarisch und kurz skizziert werden können, so wird doch klar: In diesen und ähnlichen Fällen müssen Studierende gewissermaßen eine Praxis- und eine Studienleistung zugleich erbringen. Die praktische Leistung besteht darin, die Situation zu bewältigen, die Studienleistung darin, sie zu verstehen. Beides sind unabdingbare Voraussetzungen für fachliches Handeln in der Sozialen Arbeit – insofern ist mit ‚Studienleistung' keineswegs gemeint, dass diese nur ‚fürs Studium' zu absolvieren ist, ebenso wenig, wie das praktische Bewältigen der Situation ohne ein vertieftes Verständnis nicht jene herauszubildende Handlungskompetenz erweitern könnte, die über die konkrete Einzelsituation hinaus weist, also ein echtes professionelles ‚Können' ausmacht. Daher also sind Praxisberichte, wie sie im Laufe eines Studiums anzufertigen sind, nicht nur deskriptive Berichte über die Praxis, sondern tragen – im besten Fall – zum Erwerb von solcher Handlungskompetenz bei. Dies geschieht im Dualen Studium systematisch in jedem der ersten vier Semester während bzw. nach der Praxisphase, wo über die Praxisberichte eine Reflexionsleistung eingefordert wird, die idealerweise – wie im Studienkonzept der Sozialen Arbeit an der DHBW-VS umgesetzt – in der folgenden Theoriephase wiederum Gegenstand von Nachbesprechungen in der Seminargruppe und individuell mit den Studiengangsleitungsprofessor_innen sind.

4 Szene drei: Wie Methoden- und Theoriewissen Sozialer Arbeit pädagogisches Denken und Handeln erweitert

Eine Studentin berichtet im zweiten Semester aus ihrer Tätigkeit in einem kirchlichen Sozialdienst über den Fall einer einundzwanzigjährigen jungen Frau, die nach einer gescheiterten ersten Ausbildung seit mehreren Jahren vom Arbeitslosengeld II lebt. Im Beratungsprozess und im seit zwei Jahren laufenden projektfinanzierten betreuten Wohnprojekt standen in der vergangenen Praxisphase insbesondere die Suche nach einer geeigneten Ausbildungsstelle und die alltägliche Lebensführung mit Blick auf ihre angestrebte Verselbständigung im Mittelpunkt.

Nach der Beschreibung der Studentin erschienen zunächst die Defizite im Verhalten der Klientin prominent, sowie die Schwierigkeiten, die sie im Alltag von der Wohnsituation bis hin zu Behördenkontakten hat. Diese Beschreibungen resultieren auch daraus, dass der sozialarbeiterische Beratungs- und Betreuungsprozess beispielsweise auf das Wirtschaften mittels eines Haushaltsbuchs, auf das disziplinertere Einhalten von Tagesstrukturen, die Erledigung von Hausaufgaben und von Ordnung in ganz konkreten alltäglichen Dingen richtet. In der Beschreibung ihrer Praxis berichtet die Studierende aber auch darüber, wie schwierig und mühsam die Arbeit an diesen Aufgaben sowohl für die Klientin als auch für die beteiligten Fachkräfte ist. Teil der sozialpädagogischen Begleitung des Falles ist es neben jenen Alltagshilfen im begleiteten Wohnen auch, eine berufliche Bildungsmaßnahme im Übergangssystem zur Integration in Arbeit zu finden und diese Maßnahme sozialpädagogisch zu begleiten und zu ihrem Gelingen beizutragen.

Die Studierende gelangt im Verlauf ihrer Fallstudie zur Einsicht, dass es sich im Fall ihrer Klientin nicht um ‚ihr individuelles Problem' handele, sondern als, wie sie es ausdrückt „eine Art universelles Problem"[4], was mit den Folgen längerer Arbeitslosigkeit zu tun habe und in Bezug auf gesellschaftliche Integration betrachtet werden müsse. Zu dieser Sichtweise kommt die angehende Sozialarbeiterin durch ihre Herangehensweise, die Situation mittels des systemischen Ansatzes in der Sozialberatung (Lüssi 2008) zu betrachten. Dieses Theoriewissen bezieht sich konkret auf Methoden im sozialpädagogischen Handeln und eine Betrachtung des Falles im Kontext sozialer Systeme. In dieser Betrachtungsweise ist es für ein Fallverständnis erforderlich, verschiedene Systemebenen mit einzubeziehen, wenn das Ziel ist, die Handlungsmöglichkeiten bzw. den Möglichkeitsraum für eine Klientin zu erweitern. Die Studierende betrachtet auf Basis des systemischen Ansatzes nicht nur individuelle, familiäre, sozialräumliche Faktoren, die die derzeitige (problematische) Situation bedingen, stabilisieren und die bei einer Erweiterung von Handlungsmöglichkeiten als miteinander verbundene Bausteine gleichermaßen zu bearbeiten sein würden. Sie nimmt zudem implizit eine im soziologischen Sinne (Bommes/Scherr 2000) systemtheoretische Perspektive ein, wonach im weiteren Verlauf des Falles zwischen der Lebenswelt der Klientin und den gesellschaftlichen Teil-Systemen des Arbeitsmarktes und wohlfahrtsstaatlicher Hilfesysteme (z. B. der Arbeitsagentur, dem Berufs(bildungs)system, dem EU-geförderten Wohnprojekt und der Jugendhilfe) zu unterscheiden wäre. Sie kann somit unter Zuhilfenahme einer spezifischen Theoriesprache (im Vergleich zur Alltagssprache sozialwissenschaftlich präziser) benennen, von welchen sozialen und gesellschaftlichen Teilsystemen die Klientin derzeit bzw. in den vergangenen Jahren ausgeschlossen war. Während die Studierende innerhalb der Lebenswelt der jungen Frau als Handlungsziele „Autonomie" und Selbstwirksamkeit herausarbeitet, wird sie zugleich darauf aufmerksam, dass in Bezug auf die gesellschaftlichen Funktionssysteme die Ziele hinsichtlich Exklusion und Inklusion formuliert werden können. Noch ohne durchgehend ‚akademisch exakt' die systemtheoretische ‚Theoriesprache' zu verwenden, ist die Studentin damit aus der theoriegeleiteten Fallarbeit heraus auch bei der spannenden Frage angelangt, ob und inwiefern die Integration in ein Hilfesystem (z. B. der Jugendsozialarbeit, des beruflichen Übergangssystems) in Bezug auf andere gesellschaftliche Funktionssysteme (z. B. den sogenannten ersten Arbeitsmarkt) zugleich exkludierend wirken kann – und wie damit in der Arbeit re-

---

4 Zitat aus studentischem Praxisbericht

flektiert umgegangen werden kann. Nicht zuletzt wird der angehenden Sozialpädagogin bewusst, dass in ihrer Arbeit mit der Klientin im Rahmen der pädagogischen Beratung und Begleitung die lebensweltlich bedeutsame Haltung eines vorrangigen Respekts hinsichtlich ihrer Autonomie zu wahren ist. Sie erkennt auf diesem Wege einer Theorie-Praxis-Relationierung, dass diese Haltung unerlässlich ist, wenn nicht ihre professionellen Integrationsbemühungen die Autonomie der Lebenspraxis ihrer Klientin gefährden sollten (Oevermann 2000).

Gerade weil das Handeln im Fall durch die ‚erzwungene' Reflexionsschleife der Theoriephase unterbrochen wird, kann die Studentin für ihr zukünftiges Handeln eine professionelle Haltung und eine konzeptionelle Methodenkompetenz gewinnen. Die Studierende erarbeitet sich diese Sicht im Wechselbezug von Praxiserfahrung und Theorieerprobung und verwendet dabei selbst in Ihrer Fallbeschreibung häufig die Formulierung von ‚Problembewältigung' und Bewältigungsaufgaben für die betreffende Klientin. Sie ist somit im Stande, den Fall auf einem gewissen Abstraktionsniveau zu formulieren, denn damit sind Aufgaben benannt, die nicht nur für die einzelne Klientin als relevant gelten können. Es ist also eine ganz und gar nicht triviale Erkenntnis, dass es sich hier um einen typischen Fall handelt: Nicht das individuelle Scheitern einer einzelnen jungen Frau wird betrachtet, sondern eine typische Bewältigungsaufgabe junger Menschen im Kontext der gesellschaftlichen Integration, bei der die Integration in Arbeit oder Ausbildung eine Schlüsselrolle einnimmt. Zugleich ist ein Punkt im Fallverständnis erreicht, an dem eine weitere sozialpädagogische Kategorie: ‚Bewältigung' (möglicherweise zunächst unbewusst) herausgearbeitet wurde.

Der Lehrende entschließt sich, aus diesem gegebenen Anlass zur weiteren Einordnung des sozialpädagogischen Handlungsproblems eine weitere Theorieperspektive für die Studierende und die gesamte Seminargruppe anzubieten, die den Begriff der Bewältigung aufnimmt und vertieft: Mit Bezug zu dem hier verhandelten Fall lässt sich mit der Theorieperspektive Lothar Böhnischs (2005) verstehen, wie individuelle Bewältigungsaufgaben mit der Bewältigung gesellschaftlicher Krisen zusammenhängen – und weshalb die Arbeit an dieser Schnittstelle einen wichtigen Teil der Sozialen Arbeit ausmacht. Die bereits durch die Studierende erarbeitete Sicht, dass es unangemessen wäre, den Fall als Verhaltensproblem oder individuelle Benachteiligung zu individualisieren, könnte so ergänzt und weiter theoretisch fundiert werden. So könnte für den Kontext des Falles untersucht werden, inwiefern in jener spezifischen ländlichen Region, in der der Fall verortet ist, der Wandel am Arbeitsmarkt zu Strukturkrisen geführt hat, die die Zugänge zu Ausbildung und Erwerbsarbeit für niedrig Qualifizierte, für Frauen, für langzeitarbeitslose Menschen erschwert haben. Es muss die Frage gestellt werden, welche Rolle die gegenwärtigen Rahmenbedingungen für Ausbildung und Erwerbsarbeit und gesellschaftliche Integration spielen. Oder es kann präziser verstanden werden, in welcher Weise und an welchen Übergängen die Berufsbiographie der Klientin brüchig wurde und welche sozialen Desintegrationsprozesse damit einher gingen und gehen. Nicht zuletzt könnten (und müssten) mittels einer solchen ‚Theoriebrille' die unterstützungs- und alltagsbezogenen Strukturierungsangebote Sozialer Arbeit daraufhin befragt werden, welchen Beitrag zu einer biographischen Bewältigung und Befähigung im Sinne des Empowerments zur selbstbestimmten Problemlösung Soziale Arbeit leisten kann, ohne dass strukturelle Krisen am Arbeitsmarkt subjektiviert und der einzelnen Klientin als individuelle Aufgabe aufgebürdet werden.

5 Szene vier: Wenn der Perspektivwechsel auf eine schwierige Beziehung geübt und studiert wird

In einem ‚Theorie-Praxis-Seminar' im Studienschwerpunkt im dritten Semester berichtet eine Studierende über ein für sie noch unerledigtes Erlebnis aus der vergangenen Praxisphase. Sie hatte in ihrer Arbeit mit einem jugendlichen Flüchtling aus Somalia in ihrer Wohngruppe zu tun, wobei ihre pädagogische Beziehung zu dem Jugendlichen im Gruppenalltag von ihr als sehr problematisch wahrgenommen und auch innerhalb des Teams von Fachkräften eine Schwierigkeit im Umgang mit dem jungen Mann gesehen wurde. Aufgrund zahlreicher Konflikte, die sich in ihrer Sicht insbesondere auf das (Nicht-)Einhalten von Regeln beziehen und von der Studierenden als Grenzüberschreitung wahrgenommen werden, hat sie selbst nach ihrer Einschätzung keine tragfähige Beziehung zu dem Jugendlichen aufbauen können. Sie empfindet die Erinnerung an den Fall als unangenehm und ‚stressig'.

Es ist bemerkenswert, dass die Studierende auf zwei Ebenen, mit denen sie in ihrer Praxis zu tun hatte, den Fall sehr gut einordnen kann: Sie hat einerseits die sozialrechtliche Situation, den rechtlichen Status des unbegleiteten minderjährigen Flüchtlings in Bezug auf die Zuständigkeit der Kinder- und Jugendhilfe nach dem Sozialgesetzbuch VIII und im Asylverfahren, einschließlich des derzeitigen Aufenthaltstitels und der absehbaren nächsten behördlichen Schritte sehr präsent und kann diese sachlich korrekt schildern. Sie kann andererseits auch die aktuellen erzieherischen Maßnahmen und pädagogischen Methoden, die in der stationären Unterbringung in einer Jugendhilfeeinrichtung zum Einsatz kamen, genau beschreiben. Es wird deutlich, dass die Gruppenpädagogik seit der vermehrten Aufnahme von Flüchtlingen nicht wesentlich im Team reflektiert oder auch verändert wurde. Zudem stehen feste Regeln sowie ein auf kognitiv nachvollziehbare Anreize setzender ‚Verstärkerplan' (also ein Belohnungssystem, das erwünschtes Verhalten fördert und nicht erwünschtes Verhalten sanktioniert,) im Mittelpunkt.

Es wird den Studierenden, die den Fall im Seminar gemeinsam beraten, deutlich, dass der junge Flüchtling sowohl auf der Ebene der asyl- und jugendhilferechtlichen Verfahren, als auch auf der Ebene der Regeln, der Beziehungsstrukturen und der kulturellen Praktiken in der Wohngruppe mit ihm sehr fremden Logiken konfrontiert ist. Zudem arbeiten die Studierenden in einer Arbeitsgruppe heraus, dass zwischen den formalen Verfahrensdingen und der Gruppenpädagogik wenige Berührungspunkte bestehen – die beiden ‚Welten' scheinen sowohl für die Mitarbeiter_innen als auch für die Bewohner_innen getrennt zu sein, so dass offenbar im Asylverfahren die aktuelle Situation in der Wohngruppe keine Rolle spiele und zugleich in der Wohngruppe die Unsicherheiten, Hoffnungen und Ängste, die mit dem Verfahren verbunden sind, kaum explizit be- und verarbeitet werden. Den Studierenden wird zudem bewusst, dass aus institutioneller Sicht, in Bezug auf die Schule, auf Ämter aber auch in der Jugendhilfe schnell die Rede von einem Integrations- und ‚Sprachproblem' ist, wohingegen die Sichtweise des jungen Mannes, der sich auf seiner Flucht zwischenzeitlich in einem halben Duzend verschiedener Länder und Sprachräume bewegen musste, vergleichsweise wenig berücksichtigt bleibt. Nicht zuletzt werden die Studierenden darauf aufmerksam, dass eine inhaltliche Arbeit mit dem Jugendlichen an den Anlässen seiner Flucht (Somalischer Bürgerkrieg, Konflikte um Clan- und Religionszugehörigkeit, Kampf um Ressourcen, Verfolgung) und seinen Erlebnissen vor und während der Flucht, sowie ein Aufgreifen von noch bestehenden sozialen Kontakten zu Teilen seiner Familie in Afrika bislang allenfalls punktuell stattgefunden haben.

In der gemeinsamen Reflexion mit der Seminargruppe in der Theoriephase können während der Seminareinheiten zwei zusätzliche Lesarten zu dem Fall – von der konkreten Situation und vom Handlungsdruck entlastet – gebildet werden, die hier nur kurz skizziert werden sollen.

Die eine Lesart betrifft die besondere Dynamik in der Sozialbeziehung, die mit einer Traumatisierung verbunden sein können (Gahleitner/Loch/Schulze 2012). In diesem Falle geht es um potentiell traumatisierende Erlebnisse eines Flüchtlings, der mutmaßlich die Ermordung von Eltern und Verwandten, sowie mit hoher Sicherheit Mangel- und Gewalterfahrungen vor und während der Flucht erlebt hat. Hier wird den Studierenden durch eine theoretische Vertiefung auch auf einer handlungsmethodischen Ebene klar, dass möglicherweise ein Teil des Verhaltens des jungen Flüchtlings mit traumatischen Erfahrungen und Verarbeitungsprozessen zu tun hat, also mit Handlungen und Emotionen, die er in seiner Situation nicht bewusst, nicht rational steuern kann. Dass hier behavourale Anreiz- und Belohnungssysteme, wie der oben genannte ‚Verstärkerplan' am Kern der Problematik vorbei gehen und im besten Fall ins Leere laufen (im schlechtesten Fall neue Konflikte und Probleme hervorbringen), liegt auf der Hand. Die Studierenden tragen sozialpädagogische sowie psychotherapeutische Möglichkeiten zusammen, die dem Fall und der Gruppensituation besser gerecht werden könnten.

Die andere Lesart betrifft eine Differenzierung der aktuellen Lebenssituation im Lichte der Verwirklichungschancen, die für den jungen Menschen derzeit bestehen bzw. im Zuge der sozialarbeiterischen Hilfe (hier der stationären Jugendhilfeleistung) zu eröffnen wären. Hierzu versuchen die Studierenden mit Rückgriff auf den Capabilities-Approach von Amartya Sen und Martha Nussbaum (Otto/Ziegler 2009) nachzuvollziehen, in welchen der zwölf Dimensionen menschlicher Verwirklichungschancen (Capabilities) jener junge Flüchtling besonders befähigt, sowie besonders eingeschränkt war bzw. ist. Hier wird beispielsweise sichtbar, dass sich mit Blick auf die körperliche Unversehrtheit und Gefahren für Leib und Leben wesentlich größere Freiheiten eröffnet haben, während die jetzige Situation zugleich in den Dimensionen der ‚Zugehörigkeit' zu anderen Menschen (z. B. seiner Familie) sowie der ‚Verfügung über die eigene Umgebung' und ‚Selbstwirksamkeit' angesichts juristischer, sprachlicher und pädagogischer Grenzerfahrungen ausgesprochen eingeschränkt ist. Eine Konsequenz kann es sein, systematisch auf alle Ebenen menschlicher Verwirklichungschancen zu achten. Und es würde mit dieser Lesart möglich, sich bewusst zu machen, dass der Beitrag Sozialer Arbeit zwar in der Eröffnung von Handlungs*chancen* liegt, nicht jedoch in der Verpflichtung seiner Klient_innen darauf, in einer bestimmten Weise ‚zu funktionieren' (weshalb dieser theoretische Ansatz zwischen ‚Functionings' und ‚Capabilities' systematisch unterscheidet). Diese Perspektive abstrahiert im Gegensatz zur vorgenannten von den persönlichen Schwierigkeiten im Fall und nimmt eine gerechtigkeitstheoretische Perspektive ein, die unabhängig von den Konflikten im erzieherischen Alltag nach Lebensperspektiven eines Klienten innerhalb der Gesellschaft fragt.

Das In-Beziehung-Setzten des Falles wurde im Seminar zu einer aufmerksam verfolgten Übung, sicher auch weil gerade aktuell viele Studierende mit Flüchtlingen arbeiten. Für die konkrete Studierende wurde es zu einer durchaus anstrengenden Denkleistung, nicht zuletzt, weil sie auch ihre Sicht auf den Fall und ihre Praxis überdenken musste. Es bleibt zu hoffen, dass diese Übung letztlich aber auch zu einer ‚Befreiung' des Denkens und Handelns führen kann, weil der Fall aus einer anderen Perspektive gesehen und aus dieser Distanz die Situation noch einmal anders eingeordnet werden kann.

Ein dritter Aspekt wird im Seminar anhand der professionstheoretischen und empirischen Forschungsarbeiten von Fritz Schütze (1996) näher beleuchtet: Demnach ist professionelles Handeln in der Sozialen Arbeit in besonderer Weise ein Handeln in Spannungsfeldern und Paradoxien. Mit Blick auf den vorliegenden Fall ist neben den Widersprüchlichkeiten einzelfallbezogenen Handelns unter ordnungspolitischen und hoheitsstaatlichen Rahmenbedingungen eine von Schütze beschriebene Paradoxie besonders relevant: Sozialpädagogisches Handeln bewegt sich zwischen einer Orientierung an bereits bekannten Typen bzw. typischen Fallmerkmalen und der Erfordernis einer immer wieder neu herzustellenden Einstellung auf den situativen Einzelfall. Diese Paradoxie kann nicht zur einen oder anderen Seite aufgelöst werden, sondern muss mittels Selbstvergewisserung und kollegialer Beratung, auch mittels Supervision immer wieder hergestellt werden. In Bezug zu diesem Fall ist diese Erkenntnis instruktiv, weil sie ins Bewusstsein rückt, dass z. B. nicht alle ostafrikanischen Flüchtlinge ‚gleich sind' bzw. die gleichen Probleme haben, nur weil es sich vielleicht auf den ersten Blick um den gleichen ‚Typ von Fall' handelt. Vielleicht spielen im Fall des oben genannten Flüchtlings noch ganz andere Aspekte eine Rolle, die erklären, weshalb für die Studentin die Arbeitsbeziehung problematisch wurde. Zugleich ist in der Betrachtung jedes einzelnen Jugendlichen, mit dem die Studierende in Zukunft arbeiten wird, zu berücksichtigen, dass Flüchtlinge aus einer bestimmten Region jeweils typische Probleme haben können. Die Aufmerksamkeit und Achtsamkeit dafür kann geschärft werden, ohne Personen gleichsam in eine Schublade zu sortieren.

An diesem Bespiel lässt sich auch anschaulich zeigen, dass es nicht die eine ‚richtige' Theorieperspektive für einen Fall gibt, sondern dass gerade das Einnehmen unterschiedlicher Perspektiven methodisch eingeübt, eben: studiert werden muss.

6 Szene fünf: Wenn Armut nicht nur ein soziales Phänomen ist, sondern eine fachliche Haltung einfordert

Im Rahmen eines Arbeitsfeldseminars im fünften Semester wird das Thema ‚Armut von Kindern und Familien' behandelt. Anknüpfend an Grundlagenveranstaltungen in den Modulen Sozialpolitik und Makroökonomie werden im Seminar zunächst Grundbegriffe, relative Armutskonzepte und aktuelle Entwicklungen in Deutschland und Europa thematisiert (Boeckh/Huster/Mogge-Grotjahn 2008). Armut wird als aktuelles soziales Phänomen behandelt und es werden auch verschiedene Formen der sozialpolitischen Armutsbekämpfung erörtert.

Als die jüngere Entwicklung der wachsenden Bedeutung von Lebensmittelausgaben und Tafeln im Seminar bearbeitet werden (Kessl/Schoneville 2010), meldet sich eine Studierende mit einer praktischen Erfahrung: In der Praxisstelle hat die Studentin eine alleinerziehende Mutter schon mehrfach zur Lebensmittelausgabestelle einer Tafel begleitet. Die betreute Mutter von einem vierjährigen Sohn und einer 11 jährigen Tochter ist prekär beschäftigt und auf ergänzende Transferleistungen angewiesen. Die Studierende hat gemeinsam mit einer ambulanten sozialpädagogischen Familienhelferin, die in ihrer Praxisstelle arbeitet, in erster Linie den Auftrag, die wirtschaftliche Situation der Ein-Eltern-Familie zu stabilisieren, die Mutter zudem in Erziehungsfragen zu unterstützen und Teilnahme am gesellschaftlichen Leben zu fördern. Die Studentin hat einen Berührungspunkt mit der Tafel, bindet diesen Ort in die sozialpädagogische Arbeit mit ein, hat sich aber bislang noch nicht weiter mit dem Thema beschäftigt, weil sie diesen Teil als gar nicht so zentral für ihre Praxis wahrnimmt. Die Studentin erinnert sich aber noch, dass im Verlauf der letzten Praxisphase ihre Klientin berichtet hat, dass es für sie anfangs eine große Überwindung war dorthin zu gehen. Ein Kommilitone fragt, ob es der Klientin auch ähnlich unangenehm sei, zum Arbeits- oder Sozialamt zu gehen. Die Studierenden diskutieren, ob beides vergleichbar ist, oder nicht. Im Seminar werden die Unterschiede zwischen rechtlich und bürokratisch geregeltem Amtshandeln und der Organisation einer Lebensmittelausgabe herausgearbeitet.

Bei der Besprechung eines aktuellen Themenhefts der Fachzeitschrift „Sozial Extra- Zeitschrift für Soziale Arbeit und Sozialpolitik" (Heft 5/6 2013) zum Thema im Seminar, interessieren sich die Studierenden insbesondere für die Nutzer_innenperspektive und die Rolle von ehrenamtlichen Tafelhelfer_innen, aber auch für die ökonomische Dimension, die wirtschaftlich hinter der Verwertung von ‚überschüssigen' Lebensmitteln großer Einzelhandelsketten wie auch im Marketing der Tafelläden durch ihre Dachorganisation steht. Eine Seminargruppe bearbeitet einen Artikel aus dem Themenheft zu einem Forschungsprojekt von Holger Schoneville (2013), der den Aspekt von „Beschämung" (ebd., S. 17) in qualitativen Interviews empirisch untersucht hat.

Die Auseinandersetzung hat in dieser Szene zur Folge, dass die Studentin beim nächsten Besuch der Tafel versucht, die Interaktion der ehrenamtlichen Helfer_innen mit den Nutzer_innen der Tafel genauer wahrzunehmen. Sie nimmt sich vor, die Tafel weiter als Teil der alltagspraktischen Unterstützungsmöglichkeiten der Familie zu nutzen, aber zugleich gewinnt sie eine Haltung – in diesem Fall eine Achtsamkeit – für die dort ablaufenden Prozesse. Hat sie zuvor der Nutzung des Angebots sozialpädagogisch gar keine Bedeutung beigemessen, so ist ihre verstärkte Achtsamkeit nun von der Erkenntnis geleitet, dass die Nutzung aus Sicht der Klientin keineswegs gleichzusetzen mit einem Gang in den Supermarkt, aber auch nicht mit einem Gang zum Amt ist. Sie kann die die Situation differenziert wahrnehmen, weil ihr die theoretische Beschäftigung mit der sozialpolitischen Entwicklung Kategorien zum Verständnis eröffnet hat: Das Verhältnis von professioneller und ehrenamtlicher Hilfe, den Unterschied zwischen wohlfahrtsstaatlich garantierter Hilfe mit individuellem Rechtsanspruch und einer Hilfeleistung, auf die kein sozialrechtlicher Anspruch besteht, sowie die Erkenntnis, dass zwischen dem Weihnachtsessen, das eine Kirchengemeinde organisiert und dem Bundesverband Deutsche Tafel e.V. ein Unterschied in der Organisationsform besteht. Die theoretische Beschäftigung liefert über diese Einordnung hinaus auch ein Orientierungswissen innerhalb des wohlfahrtsstaatlichen Arrangements. Die Studierende (und hoffentlich auch die im Seminar beteiligten Kommiliton_innen) können nun beispielsweise die sozialpädagogische Familienhilfe in-Beziehung-setzen zur Lebenslage von Familien in Armut. Die Jugendhilfeleistung kann in Bezug zu Leistungen des Job Centers, der Arbeitsagentur, des Sozialamtes und zivilgesellschaftlich organisierten Hilfsangeboten sowie Sozialwirtschaftsbereichen, die Lebensmittelausgaben betreiben, gesetzt werden.

Andere Studierende wollen in der nächsten Praxisphase konkret die Position ihres Trägers oder Wohlfahrtsverbands zur wachsenden ökonomischen und sozialen Bedeutung von Tafeln und ‚Sozialkaufhäusern' eruieren und dies in der nächsten Theoriephase austauschen. Diese weiteren Aktivitäten von Studierenden sind keine bloße ‚Anwendung' eines theoretischen Wissens, die sich schon deshalb verbietet, weil diese aktuelle Thematik in der wissenschaftlichen Literatur und bei den Wohlfahrtsverbänden sozialpolitisch kontrovers bewertet wird, es also gar keine richtige oder falsche ‚Lehre' dazu gibt. Vielmehr ist die einzig wünschenswerte Konsequenz eine Arbeit der fachlichen Auseinandersetzung, die möglicherweise auch wieder in die kommende Praxisphase oder die weitere Berufstätigkeit hinein reicht.

7 Szene sechs: Wo Gender auch etwas mit ‚mir' zu tun hat

Im Studienschwerpunkt „Jugend-, Familien- und Sozialhilfe" in der zweiten Studienhälfte wird auf Grundlagenwissen aus dem Studienmodul Erziehung-Bildung-Sozialisation Bezug genommen. Die bereits theoretisch vermittelten Grundzüge aktueller Gender- und Diversity-Forschung werden in einem Referat durch zwei Studierende aufgegriffen. Ihre Aufgabe ist es, einen Transfer auf das Handlungsfeld der Kinder- und Jugendhilfe her zu stellen. Die Referentinnen stellen einige Aspekte geschlechtsspezifischer Sozialisation, Zusammenhänge mit der Entstehung und Reproduktion sozialer Ungleichheit vor und stellen das ethnomethodologische Doing-Gender-Konzept (der sozialen Hervorbringung von Geschlechterrollen) einem biologistischen Konzept (mit der Betonung körperlicher Unterschiede) gegenüber (Ehlert 2012). Es entwickelt sich ein kurzes Gespräch im Seminar darüber, dass auch in der Medizin eindeutige Geschlechtszuordnungen nicht immer möglich sind und neuerlich auch bei den Meldebehörden mittlerweile die eindeutige Geschlechtszuordnung nicht mehr bei Geburt festgelegt werden muss – was bei Uneindeutigkeit teils fatale frühkindliche Umoperationen zu vermeiden helfen soll (Änderung des § 22,3 Personenstandsgesetz (PStG) vom 28.08.2013).

Im Verlauf des Referates berichten einzelne Studierende davon, dass auch beispielsweise in Wohngruppen zuweilen ein Junge ist, der gern Mädchenkleidung trägt, was die Gruppe und das sozialpädagogische Team vor Herausforderungen stellt und neue ‚Regeln' im Gruppengeschehen erfordert, weil beispielsweise in der Heimerziehung die Kategorie Geschlecht recht klare Grenzlinien markiert. Andere berichten von Gesprächs- oder auch Kampfsportgruppen speziell für Mädchen, die im Rahmen von Jugendhilfeangeboten vorgehalten werden. Als Gegenbeispiel wird erörtert, ob Geschlechterrollen nicht eher im gemischtgeschlechtlichen Alltag sinnvoll zu bearbeiten sind, weil dann die Reproduktionsmechanismen sozialer Ungleichheit, die die Genderforschung benennt, im Alltagsgeschehen direkter thematisiert oder beeinflusst werden könnten. Obwohl sich einige Studierende engagiert solchen theoretischen und praktischen Fragen widmen, geben manche Studierende zu erkennen, dass sie vom Thema wenig begeistert sind. Manche halten die Beschäftigung mit dem Genderthema für „zu hoch gehängt", andere sind überzeugt, dass das Thema in ihrer Praxis gar keine Rolle spiele. Es entwickelt sich eine Diskussion zwischen Seminarteilnehmer_innen, die das Thema ‚spannend' finden, und solchen, die es offenbar ‚nervt'.

Ein Studierender wirft ein, ob die Emotionalität bei dem Thema – sei es als Begeisterung oder als Abwehr – auch damit zusammen hängen könnte, dass alle Beteiligten im Raum im gesellschaftlichen Alltag und auch in der pädagogischen Arbeit immer auch die Grenzen von bestehenden Geschlechterordnungen bearbeiten, verteidigen, justieren müssen. Jemand im Seminar ergänzt, dass das mit einer machtförmigen Struktur sozialer Ordnung zu tun habe. Jemand anders stellt die Frage, ob damit die vorherrschenden Geschlechterordnungen der Mehrheitsgesellschaft gemeint seien, oder die jeweils eigenen Geschlechterordnungen und eigenen Identitäten von jeder und jedem einzelnen Pädagogin bzw. Pädagogen. Zunächst sind mehr Fragen aufgeworfen, als beantwortet; sie können auch im Seminar an diesem Tag nicht abschließend gelöst werden. Aber vielleicht ist dies eine Situation, die die Eine oder der Andere als Anlass zum Weiterdenken mit aus der Veranstaltung nimmt, nicht als Anleitungswissen, sondern als Reflexion eben dieser Strukturen und der eigenen Position darin.

Eine theoretische Beschäftigung kann also auch dazu führen, dass sich Pädagog_innen ihrer je eigenen Geschlechterrolle und -vorstellung bewusst werden ebenso jene Rollen und Ordnungen in sozialpädagogischen Institutionen und in pädagogischen Beziehungen bewusster in den Blick genommen werden. Und auch die ‚Ablehnung' oder das ‚genervt-sein' von einer Theorieperspektive kann Anlass für weiterführende selbstreflexive Überlegungen sein – wenn Mann oder Frau sich diesen Themen stellt.

8 Szene sieben: Wenn ein eigener forschender Blick eingeübt werden kann

Ein Student arbeitet in seiner Bachelorarbeit zu Jugendszenen am Rande der Legalität. Nach einer Beschreibung jugendsoziologischer Grundlagen zu speziellen Jugendkulturen und -szenen (Ferchhoff 2007) schließt sich ein empirischer Teil an. Er führt narrative Interviews mit jungen Erwachsenen, die er zuvor theoriegeleitet (Hitzler/Bucher/Niederbacher 2005) und auf der Basis eines Feldzugangs als Angehörige der ‚Sprayerszene' identifiziert hat. Er stößt in diesem Teil der Arbeit in einem Interview auf die Besonderheit, dass sich ein Sprayer erstens selbst viel mehr als Einzelperson charakterisiert, denn als Angehöriger einer Szene und sich zudem in seiner biographischen Selbstdarstellung mittlerweile vornehmlich als Berufstätiger wahrnimmt und für ihn die Aktivität als Sprayer weniger identitätsstiftend zu sein scheint, als zunächst angenommen. So sieht sich der Student vor die Herausforderung gestellt, nicht nur sein zuvor erarbeitetes Bild der Zugehörigkeit zu dieser Jugendszene überdenken zu müssen, sondern gegebenenfalls auch zu hinterfragen, ob nicht (auch in der Fachliteratur) dargestellte Szenen als vielfältiger und heterogener rekonstruiert werden müssten. Auch hier muss der Student am Ende seines Studiums Theorie und Empirie in Beziehung setzten, und seine Interpretation des empirischen Materials weiter entwickeln, sowie gegebenenfalls stereotype theoretische Vorannahmen erweitern oder revidieren. Diese Beziehungsarbeit vollzieht sich dann sogar im dreifachen Spannungsfeld von Praxis, Theorie und Empirie.

An dieser Szene lässt sich auch zeigen, dass es ein Ziel des Dualen Studiums sein sollte, in Bezug auf praxisrelevante Fragestellungen einen eigenen wissenschaftlich-forschenden Blick einzuüben, der aktuell verfügbares Wissen erweitert, hinterfragt und für neue Erkenntnisse offen ist. Deshalb sollten Studierende aus dem Dualen Bachelorstudium, wenn nicht als Nachwuchsforscher_innen, dann doch auch als forschend-fragende Fachkräfte hervorgehen, die mit Methoden der empirischen Sozialforschung so umgehen können, dass eigene Forschungsprojekte mit einem Erkenntnisgewinn umgesetzt werden können oder der bestehende Forschungsstand z. B. aus aktuellen Fachzeitschriften oder Datenquellen weiterverfolgt, eingeordnet und bewertet werden kann.

9 Schluss

Die gezeigten Szenen sind Situationen aus dem Alltag der DHBW-VS, die ein besonderes Bildungspotential haben, weil – im gelingenden Fall – Praxis, Theorie und Forschung zueinander in Beziehung gesetzt werden müssen.

Zugleich zeigen diese Szenen, dass eine sozialpädagogische Fallarbeit im erweiterten Sinne Burkhard Müllers (2006) ein Verständnis von individuellen, institutionellen, sozialen, politischen, ökonomischen und gesellschaftlichen Bezügen zwingend erfordert. Zudem ist im Wechsel von Praxis- und Theorieerfahrung im Dualen Studium (zumindest idealtypisch) eine Grundlage für das gelegt, was Reinhard Hörster (2012) ein ‚verstehendes Tun' nennt, das sich über eine sozialpädagogische Kasuistik herstellen lässt: „Von einem zu lösenden Problem rückt der Fall dabei – zumindest vorläufig – in den weiteren Zusammenhang eines demonstrierten, zu demonstrierenden oder zu erkundenden Verstehensproblems." (Hörster 2012, S. 680).

Dass eine solche Relationierung von Fallverstehen, Wissen und Können in der Sozialen Arbeit gewissermaßen als Königsdisziplin der reflexiven Professionalisierung Sozialer Arbeit (Dewe/Otto 2011) von Studierenden, Dualen Partnern und Lehrenden vieles fordert, ist evident. Im Dualen Studium muss diese Professionalisierung immer wieder Bewährungsproben bestehen. Studierende, aber auch ‚Praxisanleiter_innen' bei den Dualen Partnern in der Sozialen Arbeit können durch die strukturelle Besonderheit des Dualen Studiums im besten Fall Gelegenheiten finden, reflexiv mit ihrer professionellen Expertise und Kompetenz umzugehen. Dies kann sich in der Arbeitsbeziehung Studierender zu ihren Klient_innen, Nutzer_innen und Adressat_innen vollziehen, oder in der Anleitungsbeziehung zwischen erfahrenen Praktiker_innen bei Dualen Partnern und Studierenden als Professionsnovizen.

Das Duale Studium mag zuweilen auch von Studierenden so wahrgenommen werden, dass sie in den Theoriephasen aus der Praxis heraus gerissen werden, wenn sie doch eigentlich ihre Beziehungsarbeit mit Klient_innen in den jeweiligen pädagogischen Settings fortführen müssten. In manchen pädagogischen Teams und Einrichtungen wird dies durchaus auch als Problem im dualen Studienablauf benannt, beispielsweise dann, wenn Gruppen oder Einzelpersonen von Studierenden im Studienverlauf zunehmend eigenverantwortlich begleitet werden. Dabei sollte aber bedacht und nicht unterschätzt werden, dass der Gewinn bei diesem methodisch nicht zufälligen, ja studiendidaktisch gerade gewollten Wechsel darin liegt, dass ein neuer Blick auf die eigene Praxis erlangt werden kann. Wenn dies dann zu einer reflektierteren neuen Praxis führt, ist dies gewiss ein Fortschritt – nicht nur für einzelne Studierende. Dieser Fortschritt ist dann realisierbar, wenn Duale Partner, Studierende und Lehrende gemeinsam daran arbeiten und dazu die Handlungs- und Denkmöglichkeiten und Spielräume eröffnen. Daher ist es so wichtig, wenn möglichst viele unterschiedliche Theorieperspektiven im Studium vermittelt werden – wenngleich klar sein muss, dass immer nur exemplarisch einzelne Theorieangebote erarbeitet werden können und dass damit vor allem die wissenschaftliche Fähigkeit erlangt werden sollte, sich selbst weiteres Wissen anzueignen.

Sicher wäre es manchmal (vermeintlich) einfacher, nur Grundlagentheorien oder die Anwendung einer pädagogischen Methode zu lehren und zu lernen. Sicher liegt es manchmal näher, an der bestehenden, bekannten und ‚bewährten' Praxis festzuhalten, weil sie auch Sicherheit und Identität vermittelt. Aber das hieße, die Potentiale des Dualen Studiums Sozialer Arbeit ungenutzt zu lassen. Dass das Duale Studium eine Vielzahl von Anlässen für das Herstellen von Beziehungen zwischen praktischen und theoretischen Formen des Wissens und Könnens bietet, sollte dieser Beitrag skizzieren. Dafür ist es übrigens auch notwendig, dass sich die Hochschule beweglich hält, etwa Studieninhalte, Theorie-Praxis-Beziehungen und Forschungsaktivitäten stets weiter entwickelt. Daher sind auch zukünftig kooperative Forschung und auch forschungsorientierte Lehre weiter auszubauen. In der Einschätzung des Autors kann gerade kooperative Forschung und damit ein ‚Duales Prinzip' in Forschung und Studium weitere Anlässe zum Perspektivenwechsel bieten.[5]

Da die vier Jahrzehnte des Hochschulbestehens zugleich den vierzig Lebensjahren des Autors entsprechen, ist klar, dass hier kein Verdienst des Verfassers bejubelt werden soll. Die gezeigten sieben Szenen sollen keine hochglänzenden ‚Paradebei-

---

[5] So sind derzeit in einem kooperativen Forschungsprojekt „KonWiSo- Konsequenzen Wirkungsorientierter Steuerung in Sozialen Diensten" aktuelle Veränderungen in der Praxis der Kinder- und Jugendhilfe im Blick. Dabei besteht – wie auch in den Szenen aus dem Studienalltag – die Chance, Verfahren und Methoden durch einen externen Blick und die empirische Analyse zu prüfen und zu bewerten und fachliche Konsequenzen zu ziehen. Das kooperative Forschungsprojekt an der DHBW-VS wird gemeinsam mit der Stiftung St. Franziskus Heiligenbronn, dem KiFaz Villingen-Schwenningen und den Jugendämtern des Landkreis Emmendingen und des Schwarzwald-Baar-Kreises durchgeführt. Christian Eberlei ist wissenschaftlicher Mitarbeiter und der Autor Projektleiter.

spiele' sein, sondern zeigen ‚nur' typische Herausforderungen in der Beziehungsarbeit zwischen Theorie und Praxis in der Sozialen Arbeit. Diesen Aufgaben und der Weiterarbeit daran will sich der Verfasser stellen.

Literaturverzeichnis

Bimschas, B./Schröder, A. (2003): Beziehungen in der Jugendarbeit. Untersuchung zum reflektierten Handeln in Profession und Ehrenamt, Leverkusen 2003.
Boeckh,J./Huster, H-U./Mogge-Grotjahn, H. (Hrsg.)(2008): Handbuch Armut und soziale Ausgrenzung, Wiesbaden 2008.
Böhnisch, L. (2005): Lebensbewältigung. Ein sozialpolitisch inspiriertes Paradigma für die Soziale Arbeit. In: Thole, W. (Hrsg.):Grundriss Soziale Arbeit, Opladen 2005, S. 199–213.
Bommes, M../Scherr, A. (2000): Soziologie der Sozialen Arbeit, Eine Einführung in Formen und Funktionen organisierter Hilfe, Weinheim 2000.
Cloos, P/Thole, W. (2006): Alltag, Organisationskultur und beruflicher Habitus. In: Heimgartner, A./Lauermann, K. (Hrsg.) (2006): Kultur in der Sozialen Arbeit. Klagenfurt 2006, S. 123–142.
Datler, W./Finger-Trescher, U./Gstach, J. (Hrsg.) (2012): Psychoanalytisch-pädagogisches Können, Gießen 2012.
Dewe, B./Otto, H.-U. (2011): Profession. In: Dies. (Hrsg.):Handbuch Soziale Arbeit, München/Basel 2011, S. 1131–1142.
Ehlert, G. (2012): Gender in der sozialen Arbeit. Konzepte, Perspektiven, Basiswissen, Schwalbach/Ts 2012.
Ferchhoff, W. (2007): Jugend und Jugendkulturen im 21. Jahrhundert: Lebensformen und Lebensstile, Wiesbaden 2007.
Gahleitner, U./Loch, U./Schulze, H. (Hrsg.) (2012): Soziale Arbeit mit traumatisierten Menschen – Plädoyer für eine Psychosoziale Traumatologie. Reihe: Grundlagen der Sozialen Arbeit, Balmannsweiler 2012.
Heite, C. (2011): Anerkennung. In: Dewe, B./Otto, H.-U. (Hrsg.):Handbuch Soziale Arbeit, München/Basel 2011, S. 48–56.
Hitzler, R./Bucher, T./Niederbacher, A. (2005): Leben in Szenen: Formen jugendlicher Vergemeinschaftung heute, Wiesbaden 2005.
Hörster, R. (2011): Sozialpädagogische Kasuistik. In: Thiersch, H./Otto. H.-U. (Hrsg.):Handbuch Soziale Arbeit, München/Basel 2011, S. 1476–1484.
Kessl, F.(2012): Zur diskursanalytischen Thematisierung von Gesellschaft. In: Dollinger, B./Kessl, F./Neumann, S./Sandermann, P. (Hrsg) Gesellschaftsbilder Sozialer Arbeit: Eine Bestandsaufnahme, Bielefeld 2012, S. 155–176
Kessl, F./Schoneville, H. (2010): Soziale Arbeit und die Tafeln – von der Transformation der wohlfahrtsstaatlichen Armutsbekämpfung. In: Lorenz, S. (Hrsg.): TafelGesellschaft. Zum neuen Umgang mit Überfluss und Ausgrenzung, Bielefeld 2010, S. 35–48.
Lüssi, P. (2008): Systemische Sozialarbeit. Praktisches Lehrbuch der Sozialberatung, 6.Auflage, Bern, Stuttgart, Wien 2008.
Müller, B. (2006): Sozialpädagogisches Können. Ein Lehrbuch zur multiperspektivischen Fallarbeit, Freiburg i.B. 2006.
Oevermann, U. (2000): Dienstleistungen der Sozialbürokratie aus professionalisierungstheoretischer Sicht. In: v. Harrach, E.-M. u. a. (Hrsg.): Verwaltung des Sozialen. Formen der subjektiven Bewältigung eines Strukturkonfliktes, Konstanz 2000, S. 57–77.

Otto, H.-U./Ziegler, H. (Hrsg.) (2009): Capabilities – Handlungsbefähigung und Verwirklichungschancen in der Erziehungswissenschaft, Wiesbaden 2009.

Schoneville, H. (2013): Armut und Ausgrenzung als Beschämung und Missachtung. In: Soziale Passagen. Journal für Empirie und Theorie der Sozialen Arbeit, 2013, 1(5), S. 17–35.

Schütze, F. (1996). Organisationszwänge und hoheitsstaatliche Rahmenbedingungen im Sozialwesen: Ihre Auswirkungen auf die Paradoxien professionellen Handelns. In: Combe, A./Helsper, W. (Hrsg.): Pädagogische Professionalität. Untersuchungen zum Typus pädagogischen Handelns, Frankfurt/Main, 1996, S. 183–275.

Spiegel, H. von (2008): Methodisches Handeln in der Sozialen Arbeit, München 2008.

Staub-Bernasconi, S. (2007): Vom beruflichen Doppel- zum professionellen Tripelmandat. Wissenschaft und Menschenrechte als Begründungsbasis der Profession Sozialer Arbeit. In: Sozialarbeit in Österreich (SIÖ), 2007, H. 2, S. 8–17.

Thiersch, H. (1992): Lebensweltorientierte Soziale Arbeit, Weinheim 1992.

Karin E. Sauer
13 Mapping Musical Scapes of Inclusion

Governance in music projects of young people with different learning abilities and heterogeneous backgrounds

1 Mapping Musical Scapes of Inclusion. Governance in music projects of young people with different learning abilities and heterogeneous backgrounds

1.1 Introduction

This chapter deals with educational projects of inclusion in the broadest sense. Here, the fundamental understanding of inclusion is: providing opportunities for participation in all situations of everyday life to everyone. In this sense inclusive education is understood as developing and utilizing the full potential of each individual in heterogeneous social contexts. Starting from a Social Work perspective, three target groups of inclusive education will be focused. The first is today's youth in its transition to the majority society. This process involves critical and confrontational dynamics on an individual and on a social level, which needs educational and sometimes therapeutic support (Böhnisch/Schröer 2008, Hurrelmann 2012 a, b, Krisch/Oehme 2013, Pohl 2011). The second target group is youth with disabilities (Dederich 2012, Hennige 2005, Lüke 2006, Theunissen 2008) and the third youth with migration backgrounds (Karakaşoğlu, 2013, Kızılhan 2013, Leiprecht 2009, Nohl 2010). Beyond the understanding of inclusive education above mentioned, the educational intentions for the last two target groups aim at adjusting their opportunities of inclusion to the ones accessible for youth without disabilities and migration backgrounds.

The idea to bring about inclusion by means of cultural projects, particularly music projects, is prevalent. It is put into practice in various educational settings ranging from music education in school to informal music education, music therapy, music projects in the context of community arts (comparable to "Kulturpädagogik" Hill 2004) or community music therapy (Ansdell 2010, p. 153 f.).

In the following, music projects will be analyzed as a means of inclusion. Doing so, it becomes evident, that governing music education beyond schooling can take different forms, depending on the perspective from which inclusion is seen. In a first step the institutional perspective will be considered. In a second step, these considerations will be contrasted by the individual perspectives of the ones involved.

1.2 Institutional framework

Recent political discussions formulate inclusion as a social objective: The *UN Convention on the Rights of Persons with Disablities* (United Nations 2006) claims equal social inclusion of people with and without disabilities. The *National Action Plan on Integration* (Die Bundesregierung 2012) claims inclusion for people with different national/ ethno-cultural backgrounds. Thus, there are various educational programs, which pursue these objectives between the priorities of education in school, special education and Social Work, operating in the fields of formal and non-formal education (on the inclusion of students with migration backgrounds: Merz-Atalik 2014, Leiprecht 2009; on the inclusion of students with disabilities: Färber 2014, Hinz/Boban 2013, on the intersections of both disabilities and migration concerning inclusion: Powell/ Wagner 2014, Wansing/Westphal 2014).

In order to put these programs of inclusion into practice, music is one of the main media chosen as an educational "scape" for the target groups of young people with different learning abilities and heterogeneous migration backgrounds (Strohmaier 2014, Lehmann-Wermser/Jessel-Campos 2013). The term musical scapes is inspired by the concept of "soundscapes" (Schafer 1994):

> The soundscape is any acoustic field of study. We may speak of a musical composition as a soundscape, or a radio program as a soundscape or an acoustic environment as a soundscape. We can isolate an acoustic environment as a field of study just as we can study the characteristics of a given landscape. However, it is less easy to formulate an exact impression of a soundscape than of a landscape (ibid.: 7).

I regard this fact very suitable for capturing *different* mappings of the musical scapes young people can access. The interests of the ones setting out the musical terrain depend on the normative power of their respective disciplines (e. g. music education, music therapy, etc.). These already indicate, which paths are viable and where there are boundaries for their addressees. Nevertheless these may be scouting alternative routes and come up with different mappings of "their" musical scapes. Thus, the same musical scapes may be charted and perambulated differently. The different mappings may both exist in parallel and with certain interfaces. They may generate a transformation of the scapes in the course of time. Schafer himself goes as far as to claim:

> The general acoustic environment of a society can be read as an indicator of social conditions which produce it and may tell us much about the trending and evolution of that society (ibid.).

From the perspective of the majority society, these "musical scapes" are supposed to facilitate inclusion by using possibilities of communication which are primarily independent from spoken language and national language. Music is the means of expression that is shared by all participants. Possible experiences with music as a media of communication are: making a sound, being heard, listening and responding to others, feeling the importance of being one voice in a larger ensemble (Weyand 2010). Transferred to other situations of social communication, it becomes clear that the qualities of musical activities match the objectives, inclusive education is working on.

2 Analytical framework – re-creational spheres of action

At this point, the concept of *re-creational spheres of action* is introduced: While being involved in communication by sharing musical impressions, individuals encounter a spectrum of experiences which may include relaxing, recovering, stimulating, empowering – overall re-creative – moments. Young people make use of such re-creative practices during decisive phases of their biographical development (Ferchhoff 2013, Hurrelmann 2012b). Thus, their engagement in music may influence their individuation and their positioning in the context of the surrounding society. Music may serve as a catalyst for these positioning processes. It has the potential to open a sphere of action to the young persons. In that, "musicking"[1], i. e. any musical activity, be it receptive or practicing, serves as a discursive element of great influence when it comes to governing spaces of music education. Before examining how young people involved in music projects govern these spaces from their subjective point of view, the therapeutic and educational tasks for young people with and without disabilities and/or migration backgrounds will be considered.

3 Therapeutic and educational views on music as a means of inclusion

The use of music may aim at different facets of inclusion and is rooted in different intentions. One intention is therapeutic: Music has a healing or curative function and is supposed to enhance the personal well-being, finding one's own musical language and "persona" (Latin: per-sonare) by using different qualities of sound and rhythm, which may help to access or express one's individual *inner scapes*.

The other intention is educational: music education aims at technical mastery of an instrument and musical knowledge, leading to the ability to play according to culturally shared musical standards. Here, music is also used in order to expose oneself to an audience; in this sense it combines the expression of inner scapes with *external musical scapes* (Hartogh/Wickel 2004, p. 52).

---

[1] Small 1998.

Both intentions are determined by discursive characteristics geared to their respective target groups. In the past two decades, there were discursive concepts that led to – still prevailing – practices which regard "the disabled" as the disempowered antagonist of the able bodied protagonist; just as "people with migration history" are seen as the disempowered antagonist of the "settled" protagonist.

By now, the inclusion of youth with migration histories is theorized by culturally sensitive approaches (Schröer/Schweppe 2013), and the inclusion of youth with disabilities is approached by body-reflexive practices (Dederich 2012, Kastl 2010, Waldschmidt 2007). This discursive turn demonstrates a change in educational and therapeutic practice, as it calls the common processes of normalization and naturalization of difference into question. Moreover, the body-turn and the cultural-turn aim at equalizing unequal balances of power by using methods of empowerment. This means that both therapeutic and educational music projects tend to value the potential of their target groups and work on the compensation for the long-standing concepts of heteronormativity. One interesting discourse that combines the educational, respectively Social Work oriented perspective with the therapeutic perspective is the concept of Community Music Therapy:

> *Community Music Therapy as an area of professional practice* is situated health musicking in a community, as a planned process of collaboration between client and therapist with a specific focus upon promotion of sociocultural and communal change through a participatory approach where music as ecology of performed relationships is used in non-clinical and inclusive settings.
>
> *Community Music Therapy as emerging sub-discipline* is the study and learning of relationships between music and health as these develop through interactions between people and the communities they belong to.
>
> *Community Music Therapy as emerging professional specialty* is a community of scholar-practitioners with a training and competence qualifying them for taking an active musical and social role in a community, with specific focus on the promotion of justice, equitable distribution of resources, and inclusive conditions for health-promoting sociocultural participation (Stige 2003, p. 454, quoted in: Stige/Aarø 2012, p. 15 f.).

By means of this approach, the traditional definitions of music therapy and music education need to be adjusted. Whereas the spaces of music education in the former understanding were governed by a rather one-directional "professional" knowledge, the Community Music Therapy orientation allows its addressees to use their re-creational spheres of influence in a more self-determined way. Thus, governing inclusive music projects becomes a reciprocal process.

4 A "mainstream" understanding of music as a means of inclusion

When it comes to performance in a mainstream understanding, the musical qualities above mentioned do not necessarily match the expectations of an "unprepared" audience, with average listening habits. The performance will evoke different reactions, depending on the audience's attitudes.

It must be noted that the contexts of meaning, which are culturally encoded in the specific performance, may be decoded in various manners. Performers and listeners bring in their own patterns of meaning. Being exposed to musicking in the understanding of Community Music Therapy, there are certain forms of expression which are hard to tolerate, even with music-therapeutic training, as the citations of two (community) music therapists suggest:

"Can Everything Become Music?" (Ansdell 2010) or: How are you supposed to cope with that noise all day long? (Kapteina 2005). Here, improvisation is seen as an aesthetic and social imposition in music therapy (cf. ibid.).

Mostly, the audience's decoding performance is influenced by their perception of the performers: Audibly perceptible deviations of mainstream listening habits are linked to the musicians' visually perceptible deviations, like the Down syndrome or a certain skin color. Given the intersectionality of "unfamiliar sound" and "unfamiliar appearance", the audience may assign the performers to certain social positions.

There is a range of possible ascriptions: Youth with migration background e. g. may be *reduced to their "cultural identity"*, i. e. being *"exotic"* or *"being discriminated against" as foreigners* (Mecheril 2004, p. 100). At the same time, they can be seen as *positive exceptions of a generally marginalized social group*. Youth with disabilities tend to be *reduced to their impairment*, but also there is a tendency to highlight the excellence of their performance *in spite of their impairment*.

In summary, re-creational spheres of action in music projects are also governed by the public "judging" of the performance. Consequently, the decoding of music performances by youth in heterogeneous formations is affected by discursive processes of *Othering*.

5 Young performers' (re-)enacting external perceptions

Being subject to Othering, young performers may pick up the discursive practices to some extent and reenact, what is being imposed on them. There are cultural projects of young people with migration backgrounds, which use forms of persiflage or self-stigmatizing clichés in order to re-encode external ascriptions. One prominent example is Kanak Attak, an initiative of migrant writers and musicians in Germany, which started in the 1990s[2]. Since then, many forms of self-manifestation were developed, which were increasingly connecting intersectional categorizations. Besides migration backgrounds also social status, sex, gender or generation were re-enacted. In this way, the ones being othered regained normative power in the dynamics of social positioning. This kind of "musical governance" increasingly finds its way into the mainstream music culture, the most established one being Hip-Hop (Kumpf 2013).

Although community arts for young people with disabilities were scarce until about ten years ago (Theunissen 2000, Markowetz 2012), there are inclusive music projects of people with a wide spectrum of disabilities by now. Frequently, they offer less opportunities for critical examinations of their external ascriptions. On the contrary, such projects often enact, i. e. perpetuate the mainstream vision of inclusion. The public tends to classify music projects of people with disabilities according to their "inclusive efficiency" rather than to their potentially socio-critical positioning.

One of many similar projects is the inclusive band Soulhossas, composed of young residents of an institution for disabled and their music coaches. They have a homepage (Myspace Soulhossas 2015) and are considered as a prime example of inclusion. Their career developed from concerts in their institution to region- and nationwide shows and had a highlight in 2010, when performing at Schloss Bellevue in the context of an official event, promoting the political importance of inclusion ("Den Zusammenhalt fördern" 2014). In their texts, the band tends to join the mainstream call for inclusion, like "1, 2, 3, wir rocken, sind dabei", but there are no signs of being critical about the fact that they are being othered as "persons to be included" in the first place.

Yet, there is a discursive trend that picks up the appearance of disabled people in the media, which is located in the field of Disability Studies. These detect two sides of media reporting on disability: One emphasizes *respect* or even *heroism*, the other emphasizes *charity* or *pity*. The disability studies approach analyzes that both sides may be taken on the basis of an underlying voyeurism, which enhances the status of members of the majority society by the comparison with a disabled minority. Due to this heteronormative media coverage the spheres of action *between* the normative extremes are limited. Here, Disability Studies suggest the active involvement of persons,

---

[2] „Kanak Attak ist ein selbstgewählter Zusammenschluß verschiedener Leute über die Grenzen zugeschriebener, quasi mit in die Wiege gelegter ‚Identitäten' hinweg. (...) Wir wenden uns schlicht gegen jeden und alles, was Menschen ausbeutet, unterdrückt und erniedrigt. Erfahrungen, die keineswegs nur auf die sog. ‚Erste Generation' von Migranten beschränkt bleiben. Das Interventionsfeld von Kanak Attak reicht von der Kritik an politisch-ökonomischen Herrschaftsverhältnissen und kulturindustriellen Verwertungsmechanismen bis hin zu einer Auseinandersetzung mit Alltagsphänomenen in Almanya" (Kanak Attak 1998).

who do not suffer from their impairment or want to get rid of it – but rather live *with* it (Sozialhelden e. V. 2014).

It becomes clear, that youth with disabilities and/or migration backgrounds, who perform in music projects, face great challenges in terms of governing their own processes of individuation and positioning. As there are multiple external ascriptions, assigning certain social positions to them, there are only few approaches, which allow them independent normative power. One is given by understanding *difference as lifestyle* (Lüke 2006, p. 135).

6 Young performers' perspectives on inclusion

In order to analyze lifestyles, an appropriate access may be found by considering the Sinus-Milieu-Studies. These were continuously conducted since the early 1980s until their last update in 2010 (Thomas/Calmbach 2013, p. 12). Here, social conditions are related to the subjective realities of youth, in order to get a complete picture of juvenile ways of life (ibid., p. 11 f.).

Thus, the understanding of inclusion by the young music performers can be approached by examining their active identification with a youth- (or sub-)cultural "scape of inclusion". In that they may develop an alternative identity to the one "given" by external attributions, labelling them as "disabled" or "migrant". Playing in a band, they may define themselves as "musicians" or "band members" in the first place, regardless of their origin or their learning abilities.

7 Best Friends Forever – an exemplary inclusive band project

I will present one exemplary band project consisting of five members (average age: 16 years) with different learning disabilities, of which two have migration backgrounds. The band was formed on the initiative of the participants' school, which offered the band project as an alternative to the regular music lessons in school. The core members of the band agreed to work together with a band coach of the local music school, who was hired by a cooperating self-help organization. The research process accompanied the band during a phase of extending inclusive experience on two levels: a) on the level of having peer musicians with no disabilities join their band b) on the level of performing outside of the settings of their specialized institutions (a special education school and a self-help organization).

This process was documented from October 2012 – July 2013. The material was gathered by the band-coach, who videotaped interviews, rehearsals and shows. This "journalistic" approach was deliberately chosen in order to portray the band members as a part of the current youth-culture (Neuberger/Kapern, 2013, p. 24), where it is quite common to be interviewed, when a certain level of experience and public visibility is reached.

I would like to quote one group interview of the core members, which they gave before their first performance in a public music school. There, they played with two external guitar students of their band coach.

7.1 Interview Best Friends Forever

How long have you been playing together?
In this line-up: three years.

Which instruments do you play?
Nils: Keyboard, xylophone, djembe.
Dimitri: Keyboard, drums, sometimes vocals.
Becky: Bass, sometimes vocals.
Deniz: Hi Hat, djembe.
Fabian: Vocals, piano.

Which songs have you been playing so far?
Hey, das geht ab – Frauenarzt und Many Marc, Alles neu – Peter Fox, Blues Rock, Was wollen wir trinken, Rock Around The Clock, Mambo – Herbert Grönemeyer, Jingle Bells, Wisst ihr, was geschehen (Christmas song).

What is important for you when you play together?
Becky: To play in time.
Dimitri: It may sound loud.
Fabian: I like playing the piano.

How do you feel, when you play together?
All: It's cool, wicked.

Can you imagine to keep practicing as a band... even when you will have finished school?
All: Yes.
Fabian: Then we have to practice in the evenings.

Would you like to stay in this line-up, or can you imagine including more players?
Others can also participate.

Should that be people of the self-help organization or could they also come from the secondary school or elsewhere?
(Becky and Dimitri know some secondary school students already)
All: They can also come from other places.

Are you interested in playing in places outside the day care center?
Deniz: (rather reserved)
All others: Yes.

After the show the coach documented „The teenagers had fun at the show" (DB: 71). Best Friends Forever confirm this in a second interview, as well as the two guest musicians.

7.2 Interview guest musicians[3]

What were your expectations before playing together?

> Before I was curious in a certain way, how everything would go. After hearing for the first time that there would be others, who wouldn't have a really clean intonation, but could sing in a really special way, I was interested to find out how everything would sound. I was open-minded in this regard.

Was there an emotional difference between the guitar ensemble you usually play in and the playing together with the band of the self-help organization?

> Saying that there was no difference would be completely wrong. It was a different experience that I made by this, because it was different in terms of vocals, compared to how we would have done it. It was an adjustment (unusual). I would have liked, if we had sung the song two times – once alone, once together.

8 Evaluation of inclusive music projects by young performers

The statements of the participants show, that they do notice differences between each other, but they play a subordinate role compared to what they have in common by playing together: Best Friends Forever mention criteria of musical dynamics (time, volume) and sound qualities (preference for piano) as well as the emotional connec-

---

[3] DB: 80–93.

tion to the band (playing together is cool). The two guest musicians relate to similar criteria: unusual were the sound of the voice and the intonation, as well as the arrangement of one song. Other differences were apparently unimportant, because they were outbalanced by being curious, being interested in the sound, being open-minded and ready to adjust to different ways of musicking.

As the core members were directly asked about other differences, they comment on them, but only in terms of considering, how they will be able to continue playing as a band in the future, when they leave school: They are open to accept new members, who are not from their familiar settings of the self-help organization or the special education school. In general, they seem to be ready for a social and spatial opening.

Not quite undisputed is the opinion about public performances, as at the time of the interview, the band members were not sure, how this was to be judged. The band coach noted that one of the band members did not show up at the concert and was not to be persuaded even after contacting the parents and offering extra support. This may be a sign for possible excessive demands, which are imposed by the well-intentioned educational tasks of inclusive music projects. Here, it is important to point out, that music has the potential to intensify all kinds of emotional qualities, even stress. Combined with the awareness of performing on a public stage, it might increase the feeling of the potential performers of not being able to fulfill mainstream standards on the level of being disabled and on the level of playing music.

The educational idea of potential empowerment by allocating marginalized youth a space, might as well turn out as counterproductive. Addressees of such projects may feel excluded by such settings rather than included, because they become visible as "the disabled". They run the risk of unintentionally getting self-stigmatized by performing something that is suitable for a contained setting where internal scapes of empowerment can be accessed, but inappropriate for sharing on an external scape of inclusion.

8.1 Results

The results show that the youth-cultural perspective on inclusion differs from the pedagogically intended perspective. As band members, young people with different learning abilities and heterogeneous backgrounds are mainly interested in creative musical interaction (also beyond "mainstream" musical concepts), according to their individual preferences and abilities. This interaction does not include issues of "othering" due to dominant distinguishing features.

Thus, music provides a forum where individual meaning systems may be negotiated on a level beyond traditional formal and informal educational settings, including Social Work- or therapeutic settings. All these tend to subsume individuals as "cases", "clients" or "target groups". Such categorizations and essentializations may be modified, when music serves as the "common ground".

8.2 Conclusions

One question of this article was: "Are there spaces of informal education in which young people resist to what is conveyed by the official education systems or the globalized mass media?" Referring to the concept of Community Music Therapy, the answer is yes. Music- and media education both work toward communication between individuals who negotiate realities and ways of life while producing new meanings (Costa dos Santos 2009, p. 39). As music and media performances influence common self-organization and communication structures, media and music education are closely linked to social development (Boban 2008).

In conclusion: The performative practice of music serves as the "common ground" that is shared by everyone involved: young and adult, with or without migration background, disabilities, musical knowledge, pedagogical or therapeutic expertise. In this sense, music offers yet uncharted educational 'scapes' shaped by the musicians' own mappings of the youth-cultural scene. These findings may open up traditional settings of target group oriented concepts of inclusive education.

References

Ansdell, G. (2010): Can Everything Become Music? Scrap Metal in Southern England, in: Stige Brynjulf, u. a. Where Music Helps. Community Music Therapy in Action and Reflection. Ashgate, Surrey, Burlington VT 2010, S. 151–160.

Boban, I. (2012): Bürgerzentrierte Zukunftsplanung in Unterstützerkreisen. Inklusiver Schlüssel zu Partizipation und Empowerment pur, in: Andreas Hinz, u. a. (Hrsg.) Von der Integration zur Inklusion. Grundlagen – Perspektiven – Praxis, 3. Auflage, Marburg 2012, S. 230–247.

Böhnisch, L./Schröer, W. (2008): Entgrenzung, Bewältigung und Agency – am Beispiel des Strukturwandels in der Jugendphase, in: Hans Günther Homfeldt, u. a. (Hrsg.) Vom Adressaten zum Akteur. Soziale Arbeit und Agency. Barbara Budrich, Opladen, Farmington Hills 2008, S. 47–57.

Costa dos Santos, F. (2009): Medienpädagogik und gesellschaftliche Entwicklung. Der Einfluss kultureller Projekte auf gemeinschaftliche Selbstorganisation und Kommunikationsstrukturen, Wiesbaden 2009.

Dederich, M. (2012): Körper, Kultur und Behinderung. Eine Einführung in die Disability Studies. 2. Auflage, Transcript, Bielefeld 2012.

Die Bundesregierung (2012): Declaration of the Federal Government on the National Action Plan on Integration. http://www.bundesregierung.de/Content/DE/_Anlagen/IB/2012-01-31-nap-kurzfassung-presse-englisch.pdf?__blob=publication File Access date 02.06.2014.

Färber, H.-P., u. a. (Hrsg.) (2014): Alles inklusive!? Teilhabe und Wertschätzung in der Leistungsgesellschaft. Books On Demand, Norderstedt 2014.

Hennige, U. (2005): Es ist normal, verschieden zu sein, in: Jo Jerg, u. a. (Hrsg.) Selbstbestimmung, Assistenz und Teilhabe. Beiträge zur ethischen, politischen und pädagogischen Orientierung in der Behindertenhilfe. Verlag der Evangelischen Gesellschaft, Stuttgart 2005, S. 200–209.

Hill, B. (2004): Soziale Kulturarbeit und Musik, in: Theo Hartogh/Hans Hermann Wickel (Hrsg.) Handbuch Musik in der Sozialen Arbeit, Weinheim und München 2004, S. 83–100.

Hinz, A./Boban, I. (2013): Der neue Index für Inklusion – eine Weiterentwicklung der deutschsprachigen Ausgabe. In: Zeitschrift für Inklusion, [S. l.], aug. 2013. ISSN 1862-5088. http://inklusion-online.net/index.php/inklusion-online/article/view/11/11 Access date: 04.06.2014.

Hurrelmann, K. (2012a): Kinder für das Leben stark machen. Interview mit Dietmar Schobel, in: Pädiatrie & Pädologie 5/2012, S. 6–7.

Hurrelmann, K. (2012b): Jugendliche als produktive Realitätsverarbeiter, in: Diskurs Kindheits- und Jugendforschung 1/2012, S. 89–100.

Kanak Attak (1998): http://www.kanak-attak.de/ka/about.html Access date: 14.06.14.

Kapteina, H.(2005): Wie kann man diesen Krach den ganzen Tag aushalten. Improvisation als ästhetische und gesellschaftliche Zumutung in der Musiktherapie, in: Ulrike Haase/Antje Stolz (Hrsg.) Improvisation – Therapie – Leben. Akademie für angewandte Musiktherapie, Crossen 2005, S. 64–76.

Karakaşoğlu, Y. (2013): Bildung und Kultur im Kontext von Diversity., in: Christian Spatscheck, Sabine Wagenblass (Hrsg.) Bildung, Teilhabe und Gerechtigkeit. Gesellschaftliche Herausforderungen und Zugänge Sozialer Arbeit, Weinheim, Basel 2013, S. 217–228.

Kastl, J. M. (2010): Einführung in die Soziologie der Behinderung, Wiesbaden 2010.

Kızılhan, J. I. (2013): Kultursensible Psychotherapie. Hintergründe, Haltungen, Methodenansätze, Berlin 2013.

Krisch, R./Oehme, A. (2013): Die Bewältigung von Übergängen in Arbeit als sozialpädagogische Herausforderung. Ein Blick auf Jugend- und Jugendsozialarbeit, in: Christian Spatscheck/Sabine Wagenblass (Hrsg.) Bildung, Teilhabe und Gerechtigkeit. Gesellschaftliche Herausforderungen und Zugänge Sozialer Arbeit. Beltz Juventa, Weinheim, Basel 2013, S. 109–124.

Kumpf, T. (2013): Beyond Multiculturalism: The Transculturating Potential of Hip-Hop, in: Sina A. Nitzsche/Walter Grünzweig (Hrsg.) Hip-Hop in Europe. Cultural Identities and Transnational Flows. LIT, Berlin u. a. 2013, S. 205–225.

Lehmann-Wermser, A./Jessel-Campos, C. (2013): Aneignung von Kultur. Wege zu kultureller Teilhabe und zur Musik, in: Andreas Hepp/Andreas Lehmann-Wermser (Hrsg.) Transformation des Kulturellen. Prozesse des gegenwärtigen Kulturwandels, Wiesbaden 2013, S. 131–146.

Leiprecht, R. (2009): Managing Diversity und Diversity Education – Fachdebatten und Praxiskonzepte auf dem Weg zu einer integrierten Perspektive für Bildung und Soziale Arbeit, in: Karin E. Sauer/Josef Held (Hrsg.) Integrationsprozesse in heterogenen Gesellschaften, Wiesbaden 2009, S. 193–211.

Lüke, K. (2006): Von der Attraktivität „normal" zu sein. Zur Identitätsarbeit körperbehinderter Menschen, in: Gisela Hermes/Eckhard Rohrmann (Hrsg.) „Nicht über uns – ohne uns!": Disability Studies als neuer Ansatz emanzipatorischer und interdisziplinärer Forschung über Behinderung. AG-SPAK-Bücher, Neu-Ulm 2006, S. 128–139.

Markowetz, R. (2012): Freizeit und Erwachsenenbildung für Menschen mit Lernschwierigkeiten, in: Helmut Schwalb/Georg Theunissen (Hrsg.) Inklusion, Partizipation und Empowerment in der Behindertenarbeit. Best-Practice-Beispiele: Wohnen-Leben-Arbeit-Freizeit. 2. Auflage, Kohlhammer, Stuttgart 2012, S. 178–190.

Merz-Atalik, K. (2014): Inklusiver Unterricht und migrationsbedingte Vielfalt, in: Gudrun Wansing/Manuela Westphal (Hrsg.) Behinderung und Migration. Inklusion, Diversität, Intersektionalität, Wiesbaden 2014, S. 159–175.

Myspace Soulhossas (2014): https://myspace.com/soulhossas/music/songs, Zugriff: 20.04.2015.

Neuberger, C./Kapern, P. (2013): Grundlagen des Journalismus, Wiesbaden 2013.

Nohl, A.-M. (2010): Konzepte interkultureller Pädagogik. Eine systematische Einführung. 2. Auflage, Klinkhardt, Bad Heilbrunn 2010.

Den Zusammenhalt fördern – in einer Gesellschaft der Vielfalt, organisiert von Aktion Mensch. (2014): http://www.gea.de/region+reutlingen/reutlingen/soulhossas+rocken+schloss+bellevue.1662666.htm, Zugriff: 09.06.14.

Pohl, A., u. a. (Hrsg.) (2011): Jugend als Akteurin sozialen Wandels. Veränderte Übergangsverläufe, strukturelle Barrieren und Bewältigungsstrategien, Weinheim, München 2011.

Powell, J. J. W./Wagner, S. J. (2014): An der Schnittstelle Ethnie und Behinderung benachteiligt, in: Gudrun Wansing/Manuela Westphal (Hrsg.) Behinderung und Migration. Inklusion, Diversität, Intersektionalität, Wiesbaden 2014, S. 177–199.

Rickson, D. (2014): Can Therapy in Education be Dangerous? Voices: A World Forum for Music Therapy, v. 14, n. 1, Mar. 2014. ISSN 1504-1611. Available at: https://voices.no/index.php/voices/article/view/747/640 Access date: 01.06.2014.

Sauer, K. E. (2014): Inklusion aus jugendkultureller Perspektive. Wege der Kommunikation in Musikprojekten Jugendlicher mit unterschiedlichen Lernvoraussetzungen und verschiedener Herkunft, Freiburg 2014.

Schafer, M. R. (1994) [1977]: The soundscape: Our sonic environment and the tuning of the world. Destiny Books, Rochester VT 1994.

Schröer, W./Schweppe, C. (2013): Die Transnationalität Sozialer Dienstleistungen. Die Herstellung von Handlungsfähigkeit (Agency) als Grenzarbeit in transnationalen Alltagswelten, in: Gunther Graßhoff (Hrsg.) Adressaten, Nutzer, Agency. Akteursbezogene Forschungsperspektiven in der Sozialen Arbeit, Wiesbaden 2013, S. 243–253.

Small, C. (1998): Musicking. The Meanings of Performing and Listening. Wesleyan University Press, Middletown, CT 1998.

Sozialhelden e.V. (2014): http://leidmedien.de/uber_uns/uber-menschen-mit-behinderung-berichten/, Zugriff: 09.06.14.

Stige, B./Aarø, L. E. (2012): Invitation to Community Music Therapy, Routledge, New York 2012.

Strohmaier, B. (2014): Inklusion in der Jugendarbeit – die Arbeit mit Inklusiven Bands, in: Hans-Peter Färber, u. a. (Hrsg.) Alles inklusive!? Teilhabe und Wertschätzung in der Leistungsgesellschaft, Books On Demand, Norderstedt 2014, S. 143–147.

Theunissen, G. (2008): Empowerment und Inklusion behinderter Menschen. 2. Auflage, Freiburg i. Br. 2008.

Theunissen, G. (2000): Lebensbereich Freizeit – ein vergessenes Thema für Menschen, die als geistig schwer- und mehrfachbehindert gelten, in: Reinhard Markowetz/Günther Cloerkes (Hrsg.) Freizeit im Leben behinderter Menschen. Theoretische Grundlagen und sozialintegrative Praxis, Heidelberg 2000, S. 137–149.

Thomas, P. M./Calmbach, M. (Hrsg.) (2013): Jugendliche Lebenswelten, Berlin, Heidelberg 2013.

United Nations (2006): Convention on the Rights of Persons with Disabilities. http://www.un.org/disabilities/convention/conventionfull.shtml, Zugriff: 02.06.2014.

Waldschmidt, A. (2007): Behinderte Körper. Stigmatheorie, Diskurstheorie und Disability Studies im Vergleich. In: Torsten Junge/Imke Schmincke (Hrsg.) Marginalisierte Körper. Beiträge zur Soziologie und Geschichte des anderen Körpers, Unrast, Münster 2007, S. 27–43.

Wansing, G./Westphal, M. (Hrsg.) (2014): Behinderung und Migration. Inklusion, Diversität, Intersektionalität, Wiesbaden 2014.

Weyand, M. (2010): Musik – Integration – Entwicklung, Wiesbaden 2010.

Barbara Schramkowski

14 Geschlechtergerechtigkeit in Führungspositionen?

Erfolgsfaktoren und Herausforderungen auf dem Weg zur Erhöhung des Frauenanteils am Beispiel der Caritas

1 Entscheidet das Geschlecht immer noch über Karrierechancen – auch in der Sozialen Arbeit?

> Heute gibt es viele erfolgreiche Frauen an amerikanischen Universitäten. Sind Sie zufrieden mit der Situation der Frauen? – Die Situation der Frauen an den amerikanischen Universitäten ist gut, besser als in Deutschland. Bei uns verdienen aber die Zahnärzte so gut, dass die Männer die Frauen nicht ranlassen. Man sollte wirklich gewarnt sein zu glauben, die Frauen hätten alles erreicht. Das war schon einmal so, nach der ersten Frauenbewegung. Da wollten sie das Wahlrecht, und als das in allen ‚fortschrittlichen' Ländern errungen war, hat sich die Bewegung zerstreut. Das war ein Fehler, das sollte nicht noch einmal passieren.
>
> (Auszug aus einem Interview mit Ruth Klüger – langjährige deutsche Germanistikprofessorin, u. a. an der US-amerikanischen Universität Princeton – im Magazin der Süddeutschen Zeitung)

Obwohl Frauen fast die Hälfte der Beschäftigten ausmachen und über die Hälfte der Abiturient_innen und Hochschulabsolvent_innen weiblich sind, sind sie noch nicht im Zentrum gesellschaftlicher Macht angekommen: In Führungspositionen in zentralen Bereichen wie Wissenschaft, Politik, Verwaltung und Wirtschaft stellen sie weiter eine Minderheit dar (Loomann 2011). Zwar sind in mittelständischen Unternehmen mittlerweile rund 20 % der obersten Führungspositionen durch Frauen besetzt, aber vor allem in Großunternehmen nimmt der Anteil weiblicher Chefinnen von Hierarchie- zu Hierarchieebene ab. Obwohl der Frauenanteil in den Aufsichtsräten der größten 200 Unternehmen in 2013 um mehr als zwei Prozentpunkte auf gut 15 % stieg, stagniert er in den Vorständen auf niedrigem Niveau bei gut vier Prozent. In den DAX-30-Unternehmen ist der Frauenanteil in den Vorständen sogar rückläufig (Holst/ Kirsch 2014). Dabei fällt auf, dass mit zunehmender Unternehmensgröße die Bereitschaft zu sinken scheint, Frauen Führungsverantwortung zu übertragen und dass Deutschland im europäischen Vergleich schlecht dasteht, denn es hat den höchsten Anteil an Unternehmen ohne eine einzige Frau im Vorstand (Kürschner 2013; Gertje et al. 2012; Wippermann 2010).

Auch in Diensten und Einrichtungen der Sozialwirtschaft steht die starke Unterrepräsentation von Frauen in Leitungspositionen im deutlichen Kontrast zu dem hohen Frauenanteil auf der Ebene der Mitarbeitenden, wie exemplarisch an Zahlen aus der Caritas aufgezeigt wird. So liegt der Frauenanteil unter den Beschäftigten in

Caritasunternehmen und -verbänden bundesweit bei rund 80 %, doch haben Frauen nur zirka 20 % der Führungspositionen inne. Wie auch auf gesamtgesellschaftlicher Ebene ist ihr Anteil in den obersten Leitungsebenen (Geschäftsführungen, Vorstände, Aufsichtsräte) besonders gering. So sind beispielsweise 74 % der Positionen in geschäftsführenden Vorständen und Aufsichtsorganen durch Männer besetzt (Panjas 2012). Auch in Gremien und Organen, in denen zentrale verbandliche Entscheidungen gefällt werden, sind bundesweit nur wenige Frauen vertreten (Gomer/Schramkowski 2014).

Somit bestehen deutliche Unterschiede zwischen Männern und Frauen entlang der von Stefan Hradil (2001) aufgeführten Dimensionen, entlang derer sich soziale Ungleichheiten verteilen. Frauen partizipieren weniger an materiellem Wohlstand, an Macht und Prestige als Dimensionen, die zentral mit Positionen auf dem Arbeitsmarkt verwoben sind – obwohl sie im Bereich der formalen Bildungsabschlüsse mittlerweile besser abschneiden als Männer (Hurrelmann/Schultz 2012).

Diese Ausgangssituation war dafür ausschlaggebend, dass die Delegiertenversammlung des Deutschen Caritasverbandes im Jahr 2011 die Erwartung an „… Unternehmen der Caritas [formulierte], dass sie Maßnahmen zur Erhöhung des Frauenanteils in ihren Vorständen, Geschäftsführungen und Aufsichtsgremien ergreifen" (Delegiertenversammlung des Deutschen Caritasverbandes 2011). Dieser Beschluss nimmt vor allem die obersten Führungsebenen in den Blick, auf denen der Frauenanteil besonders niedrig ist. Hierzu ist es zunächst notwendig, die Ursachen für den geringen Frauenanteil in Leitungspositionen detailliert zu betrachten, denn die klassischen Antworten erklären die Situation nicht ausreichend. So sind Kinderbetreuungsmöglichkeiten stark ausgeweitet worden, auch gibt es keine Bildungs- und Qualifikationsunterschiede mehr zwischen Männern und Frauen (Thege/Welpe 2011, S. 13). Da zu diesem Zeitpunkt keine Untersuchungen für den Sektor der Sozialwirtschaft existierten, gab der Deutsche Caritasverband im Jahr 2012 beim Institut für Angewandte Forschung der Katholischen Hochschule Freiburg eine wissenschaftliche Studie in Auftrag mit dem Ziel, förderliche und hemmende Faktoren herauszufiltern, die für den Aufstieg und den Verbleib von Frauen in Führungspositionen in der Caritas bedeutsam sind (Kricheldorff et al. 2013).[1] Die Ergebnisse der Studie und hierauf basierende Handlungsempfehlungen stehen im Mittelpunkt dieses Beitrags.

---

[1] Als Verantwortliche des Projekts „Gleichgestellt in Führung gehen" verantwortete die Autorin dieses Beitrags die Studie seitens des Deutschen Caritasverbands. Ziel des von 2012 bis 2014 durch den Europäischen Sozialfond geförderten Projekts war die Schaffung von Voraussetzungen für die Erhöhung des Frauenanteils in Führungspositionen in der verbandlichen Caritas. Dazu wurden u. a. exemplarisch in einzelnen Caritasunternehmen Instrumente der Organisations- und Personalentwicklung erprobt und bei der Konzipierung auf Empfehlungen der Studie zurückgegriffen (Gomer/Schramkowski 2014; Schramkowski 2012).

2 Empirisches Vorgehen: Triangulation durch leitfadengestützte Interviews und Fragebogen

Das Methodendesign der Studie basiert auf einem multimethodalen Ansatz aus qualitativen und quantitativen Daten, um Tiefe und Breite der Ergebnisse gleichermaßen zu gewährleisten. Diese unterschiedlichen Forschungslogiken kamen in zwei aufeinander aufbauenden Teilschritten zum Tragen und wurden in den Ergebnissen zusammengeführt, so dass sich die hier dargestellten Ergebnisse und Handlungsempfehlungen auf die Gesamtdatenlage beziehen.

Zu Beginn der Datenerhebung wurden 29 deutschlandweit verteilte Führungsfrauen unterschiedlicher Ebenen und Strukturen des Verbandes mittels leitfadengestützter, stark biografisch orientierter Interviews zu ihren Erfahrungen und Sichtweisen hinsichtlich des Aufstiegs und des Alltags in der Führungsposition befragt. Dabei wurden Gespräche mit Geschäftsführerinnen und Vorständinnen von Orts- und Diözesanverbänden, Leiterinnen von Stiftungen und Einrichtungen wie z. B. Krankenhäusern geführt sowie mit Frauen, die Abteilungen, Referate und Stabsstellen in Caritasunternehmen leiten. Ihre Tätigkeitsbereiche erstrecken sich von Grundsatzfragen, Lobbyarbeit über Finanzen bis zu Planungs- und Personalverantwortung. Zum Teil werden auch Aufsichtsratsfunktionen wahrgenommen. Die Interviewpartnerinnen haben unterschiedliche Ausbildungsgänge durchlaufen, vorrangig aber Soziale Arbeit studiert. Beachtlich ist die Bandbreite der Zusatzqualifikationen, welche vor allem Frauen der oberen Leitungsebenen absolviert haben, auf welcher der Anteil der Frauen, die Soziale Arbeit studiert haben, abnimmt.

Bei dreizehn dieser Interviews erfolgte ein kontrastierendes Interview mit einem Mann in einer vergleichbaren Position sowie mit entsprechender Ausbildung und ähnlichen Berufserfahrungen. Dabei ging es weniger um einen Vergleich auf der Individualebene als vielmehr um eine Gegenüberstellung von typischen Ausprägungen in Lebensgeschichte, Qualifizierung und Karriere.

Basierend auf den Ergebnissen der 42 Interviews wurde der Fragebogen entwickelt, der das Instrument für die erheblich breiter angelegte quantitative Erhebung darstellte. Er erhebt biografische Daten von Frauen mit Führungsverantwortung in der Caritas sowie den Grad der Zustimmung und Ablehnung zu in den Interviews thematisierten Faktoren, welche den Aufstieg und den Verbleib in einer Leitungsposition fördern oder hemmen. Er wurde an rund 800 Frauen versendet, die Führungsverantwortung in der Caritas innehaben. Von den 465 Frauen, die den Fragebogen ausgefüllten, konnten 329 Fragebögen ausgewertet werden.[2]

---

[2] Einige Frauen mussten ausgeschlossen werden, weil sie keine Angaben zur Leitungsposition machten, zum Befragungszeitpunkt keine Leitungsposition mehr inne hatten oder die Leitungstätigkeit ehrenamtlich ausübten.

Die Frauen der quantitativen Stichprobe verteilen sich über 27 Bistümer, wobei besonders viele Frauen aus den Erzdiözesen Köln, Freiburg, Münster und Rottenburg-Stuttgart partizipierten. Die große Mehrheit befindet sich auf unteren Führungsebenen. Nur die wenigsten Frauen haben die Leitung eines Diözesan-Caritasverbands oder eines Ordinariats inne (2 %[3]). Ortscaritasverbände führen 15 % der Frauen, die Leitung eines Fachverbands[4] oder einer Stiftung obliegt 13 % der Frauen. Die Leitung von kirchlichen Krankenhäusern oder Krankenhausabteilung übernehmen 8 % der Befragten. Aus Datenschutzgründen und aufgrund der geringen Fallzahlen können keine generalisierenden Aussagen zu Frauen in Spitzenpositionen gemacht werden.

Als Fächergruppe für den höchsten Bildungsabschluss gibt auch hier die überwiegende Mehrheit das Sozialwesen an (61 %). Jeweils rund 14 % der Frauen haben Abschlüsse im ‚Gesundheitswesen' und im Bereich ‚Verwaltung, Recht, BWL'. Insgesamt geben 68 % ein Hochschulstudium als höchsten Abschluss an, und 4,6 % der Frauen haben darüber hinaus promoviert oder sind habilitiert.

3 Erfolgsfaktoren und Herausforderungen auf dem Weg zu mehr Geschlechtergerechtigkeit in Führungspositionen

Im Folgenden werden die zentralen Ergebnisse der Studie dargestellt, jeweils in Verbindung mit Empfehlungen zur Förderung von Geschlechtergerechtigkeit in Führungspositionen. Dabei stehen mehrheitlich die über die qualitativen Interviews generierten Ergebnisse im Vordergrund, welche durch die mittels der quantitativen Befragung gewonnenen Erkenntnisse ergänzt werden.

---

3 Alle Prozentangaben in diesem Beitrag werden ohne Nachkommazahlen angegeben.
4 Im Deutschen Caritasverband gibt es zwei Typen von Fachverbänden: Einrichtungsfachverbände ist der Zusammenschluss caritativer Einrichtungen mit der gleichen Fachrichtung, die unter dem Dach des Deutschen Caritasverbandes organisiert sind und die Lobbyarbeit für die Menschen betreiben, die sie in ihren Einrichtungen betreuen, begleiten und beraten (z. B. Bundesverband katholischer Einrichtungen und Dienste der Erziehungshilfe BvkE oder Verband Katholischer Kindertageseinrichtungen KTK). Personalfachverbände bildeten sich Ende des 19. Jahrhunderts aus bürgerschaftlichem Engagement, sind auf bestimmte Personengruppen und Schwerpunktthemen ausgerichtet und bieten jeweils ein breites Spektrum an Unterstützungsleistungen (z. B. Sozialdienst katholischer Frauen SkF oder Malteser Hilfsdienst) (Deutscher Caritasverband 2015).

3.1 Stereotype Vorstellungen von Führung reflektieren und Rollenvorbilder sichtbar machen

Die Studie bestätigt, dass Frauen im Verband selten obere Leitungspositionen innehaben (Vorstände, Aufsichtsräte, Geschäftsführungen). Die große Mehrheit der Befragten leitet eine Abteilung, ein Referat oder eine Stabsstelle. Das Durchschnittsalter der befragten Frauen liegt bei knapp 50 Jahren, wobei sich viele Frauen (42 %) erst seit fünf oder weniger Jahren in der aktuellen Position befinden. Somit sind viele erst relativ spät in Führung gekommen. Diese Tatsache fordert Verbände und Unternehmen auf, tradierte Vorstellungen zu hinterfragen, nämlich dass zentrale Karriereschritte im Alter zwischen 30 und 40 Jahren geschehen müssen. ‚Späte Führung ab 50' sollte als Thema auf die Agenda der Verbände, die vermehrt Frauen für Leitungspositionen gewinnen möchten.

Rund drei Viertel der Frauen (74 %) leben in einer Partnerschaft, und knapp über die Hälfte hat Kinder (55 %), wobei sie ihre Leitungspositionen mehrheitlich erst nach der Familiengründung erreichten. So sind zum Befragungszeitpunkt über die Hälfte der Kinder (56 %) älter als 14 Jahre, während nur 8 % der Kinder zwischen einem und sechs Jahren alt sind. Dabei haben 29 % der Frauen ein Kind, fast die Hälfte (46 %) hat zwei und 18 % der Befragten haben drei Kinder. Zehn Frauen haben vier und fünf Kinder.

Im Fragebogen wird ‚die Tatsache, dass wir Kinder haben' als zentraler hemmender Faktor für das Erreichen einer Leitungsposition angegeben, und in der qualitativen Analyse unterstellen die Interviewpartner/innen, dass Frauen der oberen Leitungsebenen eher keine Kinder haben, eine Tendenz, die sich auf gesamtgesellschaftlicher Ebene beobachten lässt (Rump et al. 2011). Dies konnte in der quantitativen Analyse so jedoch nicht bestätigt werden. Vergleicht man die Relation von Frauen mit Kindern und Frauen ohne Kinder in Führungspositionen, dann haben 64 % der Frauen, die ein Krankenhaus oder eine Krankenhausabteilung leiten, Kinder sowie 57 % der Frauen, die einen Fachverband oder eine Stiftung führen, und 56 % der Frauen, die Chefinnen von Orts-Caritasverbänden sind. Auch Frauen, die Diözesan-Caritasverbände oder Ordinariate leiten, haben Kinder, wobei quantifizierende Aussagen hier aufgrund der geringen Stichprobengröße von sechs Frauen nicht möglich sind.

Frauen, die Führung und Familie verbinden, sollten in Unternehmen und Verbänden der Sozialwirtschaft als Rollenvorbilder sichtbar gemacht werden, um weitere Frauen zu ermutigen und sie darauf aufmerksam zu machen, dass Kinder kein Grund sind, Führungsaufgaben für sich auszuschließen. So thematisieren auch einige Frauen in den Interviews, dass es weibliche Vorbilder waren, die ihre Bereitschaft zur Übernahme von Führungsverantwortung förderten. Denn die Aussage, dass der Aufstieg für Frauen mit Kindern immer noch schwerer ist, zieht sich wie ein roter Faden durch die Studie, so dass Frauen weiterhin vielfach besonders viel Energie und Mut benötigen, um auch als Mutter Karriere zu machen.

Dies hängt auch damit zusammen, dass sich mit der Geburt des ersten Kindes in vielen Familien Geschlechterrollen re-traditionalisieren (Hurrelmann 2006, S. 135 f.). In der Regel sind es die jungen Mütter, die ihre Berufstätigkeit reduzieren und den größten Teil der Haushalts- und Familienarbeit übernehmen, während die Männer erste Stufen der Karriereleiter erklimmen. Dies trägt dazu bei, dass der Frauenanteil in Führungspositionen ab dem 35. Lebensjahr sinkt und dass im Jahr 2008 77 % der deutschen Führungsfrauen kinderlos waren (Rump et al. 2011).

Rollenvorbilder sind auch insofern wichtig, als dass in den Herkunftsfamilien der befragten Frauen traditionelle Rollenmuster dominierten: So gut wie alle Väter waren in Vollzeit berufstätig und verfügten mehrheitlich über höhere Bildungsabschlüsse als die Mütter, von denen über die Hälfte (54 %) nicht erwerbstätig waren und Haushalts- und Familienaufgaben verantworteten.

3.2 Bewertung ‚weiblicher' Biographien: Anerkennung familiärer und ehrenamtlicher Tätigkeiten

Die Berufskarrieren der Frauen sind durch viel Aus- und Teilzeitphasen, aber auch berufliche Umorientierungen gekennzeichnet. Die interviewten Männer hingegen berichten von eher linearen Aufstiegen: Sie kamen in den Blick von Personalverantwortlichen, erhielten einschlägige Förderungen und suchten oft bewusst einen Aufstieg über zum Teil mehrfache Ortswechsel – auch wenn die Familie am bisherigen Wohnort zurückbleiben oder mit umziehen musste. Diese Form der Karriereplanung ist bei den Frauen kaum zu finden, die – vor allem wenn sie Kinder haben – den Aufstieg mehrheitlich ortsnah realisieren. Das Muster des Führungsaufstiegs ohne mehrfachen Ortswechsel scheint bislang eher auf der Ebene von Ortsverbands- und Einrichtungsleitungen möglich zu sein. Dies ist ein Grund, weshalb sich wenige Frauen auf der oberen Leitungsebene von Diözesan-Caritasverbänden und Ordinariaten befinden bzw. sich hier oft Frauen finden, die größtenteils nicht verheiratet sind, keine Kinder haben und somit örtlich flexibler sind.

Die skizzierte Situation trägt dazu bei, dass Frauen in Bewerbungsverfahren oft im Nachteil sind, da ihre Mobilitätsbereitschaft geringer ist bzw. ihnen vom Auswahlgremium eine geringere Bereitschaft zugeschrieben wird, vor allem wenn sie Kinder haben. Hinzu kommt, dass die Frauen, vor allem wenn sie Kinder haben, häufig in Teilzeitmodellen arbeiten und somit weniger Berufserfahrung haben, was sie im Sinne verbreiteter Auffassungen von Arbeitgeber_innen in Bewerbungsverfahren um Führungsstellen deutlich schwächt – so Aussagen der interviewten Frauen. Hier konkurrieren sie nämlich mit Männern, die durchgängig in Vollzeit gearbeitet und häufiger für berufliche Verbesserungen Umzüge in Kauf genommen haben. An eine Führungsposition ist mehrheitlich eben die Vorstellung gekoppelt, diese könne nur in Vollzeit ausgeübt werden, setze eine lückenlose Berufstätigkeit und Bereitschaft zu Mobilität voraus (Gertje et al. 2012).

Ausgleichend sollten familiäre und ehrenamtliche Tätigkeiten, die sich vor allem in weiblichen Biografien finden, als Orte des Kompetenzerwerbs anerkannt werden. So waren nahezu alle Frauen in der Jugend, viele auch in der Familienphase ehrenamtlich aktiv, wobei einige auch ihr Interesse an Leitungstätigkeiten entdeckten.

3.3 Aufstiegskompetenzen fördern

Studien zeigen, dass Frauen kompetent führen, jedoch im Vergleich zu Männern weniger über die für den Aufstieg wichtigen Fähigkeiten verfügen: „Frauen verfügen häufig über Führungskompetenz und zeigen diese auch im privaten Bereich; in puncto Aufstiegskompetenz jedoch stehen sie hinter den Männern zurück." (Henn 2009, S. 61) Aufstiegskompetenz umfasst Fähigkeiten zu Selbstmarketing, das Knüpfen von Netzwerken, strategisches Kalkül, Machtstreben und Konkurrenzverhalten. Dass Frauen sich hier schwerer tun, bestätigen verschiedene Studien: Mehrheitlich warten sie darauf, für Leitungspositionen vorgeschlagen und gefragt zu werden, während Männer sich stärker selbst ins Spiel bringen und aktiv für neue Aufgaben positionieren (Kürschner 2013; Ochoa Fernández et al. 2013; Henn 2009).

Auch die interviewten Frauen sind nach eigenen Angaben mehrheitlich keinem Karriereplan gefolgt, was auch mit ihrer Bereitschaft zur Flexibilität in der Berufsbiografie zusammenhängen könnte. Viele geben an, das Ziel der Führungsposition nicht von sich aus aktiv verfolgt zu haben. In der Regel wurden die mit einem Aufstieg verbundenen Stellen auf Anfrage übernommen. Häufig waren es Vorgesetzte, die Angebote machten und so Karrieren ermöglichten. Dabei habe man sie oft zur Übernahme der Stelle überreden müssen, vielfach seien sie bei der Bewerbung auf angebotene Stellen sehr zögerlich gewesen, so Aussagen der Interviewpartnerinnen. Selbstkritisch wird geäußert, dass Frauen Ermutigung brauchen, bevor sie sich bewerben. Oft trauen sie sich trotz hoher Qualifikationen weniger zu, die entsprechende Position kompetent ausüben zu können und wägen die mit der Position verbundenen Vor- und Nachteile genau ab – vor allem die Einschränkung von Familienzeit, wenn Kinder da sind. Hinzu kommt, dass Kompetenzen in Bewerbungssituationen vielfach vergleichsweise zurückhaltend dargestellt werden.

In diesem Zusammenhang wird hervorgehoben, dass gezielte Personalentwicklungsmaßnahmen zur Unterstützung von Frauen beim Aufstieg beispielsweise über Coaching oder Mentoring wichtig seien, um qualifizierte Frauen zur Bewerbung auf Leitungsstellen und zur selbstbewussteren Darstellung ihrer Kompetenzen zu ermutigen. Die Programme sollten der Klärung der Führungsmotivation sowie der Förderung der Aufstiegskompetenz dienen und nicht nur auf die Phase des Aufstiegs begrenzt sein, sondern vor allem auch in der ersten Zeit nach der Übernahme der neuen Position der Erweiterung von Führungskompetenzen dienen. Genauso sollten tradierte Geschlechterbilder, die im privaten Umfeld und im Unternehmen Wirkung zeigen, thematisiert werden.

Die Förderung der Aufstiegskompetenz talentierter Frauen ist somit ein Schritt auf dem Weg zur Erhöhung des Frauenanteils in Führungspositionen. Genauso sollten Personalauswahlgremien zur Besetzung von Führungsstellen für geschlechtsspezifische Differenzen hinsichtlich der Kompetenzdarstellung sensibilisiert werden, damit bei der Auswahl berücksichtigt werden kann, dass Männer und Frauen in Bewerbungsverfahren dazu neigen, ihre Kompetenzen unterschiedlich stark in den Vordergrund zu rücken – auch wenn sie über gleiche Qualifikationen verfügen. In den Interviews wird zudem eine Frauenquote für Auswahlgremien gefordert, damit immer auch Frauen am Prozess beteiligt sind als ein wichtiger Schritt, um die hier vorhandene Männerdominanz abzubauen.

3.4 Flexibilisierung von Arbeits(zeit)modellen und Erleichterung von Vereinbarkeit von Privat- und Arbeitsleben – für Männer und Frauen

Dass die befragten Frauen den Führungsaufstieg mehrheitlich ortsnah dort realisierten, wo sich schon länger der Lebensmittelpunkt befindet, hängt auch damit zusammen, dass etablierte Netzwerke zur Kinderbetreuung ein zentraler Faktor sind, um der Herausforderung, Familien- und Führungsaufgaben vereinbaren zu können, gerecht zu werden. Mit der familiären Situation hängt auch die große Bedeutung zusammen, welche die Frauen einer flexiblen Gestaltung der täglichen Arbeitszeit beimessen.

Teilweise wurde aus diesem Grund auch von der freien Wirtschaft in die verbandliche Caritas gewechselt, wo bessere Rahmenbedingungen erwartet werden. Häufig findet sich ein Gestaltungsspielraum, der die Vereinbarkeit von Familie und Leitungsverantwortung erleichtert. Viele der Führungsfrauen arbeiten von Zuhause aus und haben einen Spielraum bezüglich der Verteilung ihrer Arbeitszeit, der sehr geschätzt wird. Ein Viertel der Führungsfrauen (25 %) arbeitet in Teilzeit, wobei Teilzeitmodelle nicht als ‚Karrierekiller' bewertet werden, sondern als ein für bestimmte Lebensphasen sinnvolles Modell. Schwieriger ist die flexible Gestaltung der Arbeitszeiten in Bereichen wie der Altenpflege, wo Präsenz der Mitarbeitenden zu festen Zeiten erforderlich ist.

Als belastend beschreiben beide Geschlechter das hohe Arbeitspensum und dass die wöchentliche Arbeitszeit mehrheitlich deutlich über der vertraglich vereinbarten Arbeitszeit liegt. Übereinstimmend wird geäußert, dass die zentrale Herausforderung in einer Leitungsposition darin besteht, vielen Ansprüchen gerecht werden zu müssen und dass die hohe Drucksituation zuweilen zu Überlastung führt. Als Umgangsstrategie verweisen die interviewten Männer auf die dafür notwendigen eigenen Kompetenzen der Führungskraft. Die Frauen hingegen rücken die Bedeutung eines konstruktiven Miteinanders stärker in den Mittelpunkt sowie die Akzeptanz ihrer Schwächen. Auch betonen sie die entlastende Wirkung von Gesprächen mit nahestehenden Personen, aber auch die Bedeutung von bewusst als Ausgleich gesuchten schönen Erlebnissen. Insgesamt scheint bei den Frauen ein größeres Bewusstsein für die Relevanz individueller Lebenszufriedenheit trotz hoher Arbeitsbelastung zu bestehen, was in Anbetracht der wachsenden Arbeitsbelastung von Leitungskräften zunehmend auch für Männer wichtig wäre.

Die quantitative Analyse bestätigt das hohe Arbeitspensum: So wird die tatsächliche Arbeitszeit der Führungsfrauen mit durchschnittlich 43 Wochenstunden angegeben, obwohl nur drei Viertel (77 %) der befragten Frauen in Vollzeit führen. Hiermit hängt zusammen, dass in den Interviews Konsens dahingehend herrscht, dass familiäre, aber auch sonstige private Belange mit einer Leitungsposition nur schwer zu vereinbaren sind und dass die Verbesserung der Vereinbarkeit von Führungsposition und Privatleben als dringlich angesehen wird. Dieses Thema steht für die Frauen vergleichsweise stärker im Vordergrund, Sorgen bezüglich der Vereinbarkeit von beruflichen und privaten Herausforderungen stellen vielfach eine große Belastung dar. Vor allem Männer der oberen Leitungsebenen verweisen hier darauf, dass die Partnerin beruflich zurückgesteckt hat bzw. dies aktuell noch tut, während Frauen in vergleichbaren Positionen oft kinderlos sind.

Um die Vereinbarkeit von Führungsverantwortung und Privatleben zu verbessern, müssen aber nicht nur geschlechtsspezifische Rollenaufteilungen in den Familien hinterfragt werden. Genauso zentral ist es, dass Unternehmen Maßnahmen wie Homeoffice-Lösungen, Teilzeitmodelle u. a. nicht als ‚Frauenmaßnahmen' und ‚Karrierekiller' ansehen und die Herausforderung der Vereinbarkeit von Karriere und Familie (wenn auch nur implizit) als ‚Frauenthema' kommunizieren. Diese Wahrnehmung erschwert die Inanspruchnahme der Instrumente durch Männer und trägt dazu bei, dass diese oft mit großen Karrierenachteilen verbunden ist (Gertje et al. 2012). Auch wird so der Fortbestand tradierter Geschlechterrollen begünstigt, während die vermehrte Inanspruchnahme von Elternzeiten durch Väter einen Kulturwandel in Unternehmen fördern würde, so Aussagen der Interviewten.

3.5 Haushalt und Erziehung – weiterhin vor allem in Frauenhänden. Noch halten wenige Männer ihren Frauen ‚den Rücken frei'

Mit der Geburt von Kindern werden dort, wo die Partner sich für die Möglichkeit des beruflichen Aufstiegs seitens der Frau entscheiden, Aushandlungsprozesse, die sich vorher nur auf die Hausarbeit bezogen hatten, durch den Aspekt der Kinderbetreuung belastet. Nun wird die Frage virulent, wer wem ‚den Rücken freihält'. In diesem Zusammenhang benennen viele Frauen Unterstützung und Ermutigung durch ihren Lebenspartner als zentral dafür, dass sie ihre Karriere verfolgen konnten. Sie berichten von Aushandlungsprozessen bezüglich der Familienarbeit, die vor allem dort günstig verlaufen, wo die Männer beruflich flexibel sind. Die egalitärere Verteilung familiärer Aufgaben wird von den Frauen sowohl für sich als auch den Partner als zufriedenstellend angesehen. Dem widerspricht nicht, dass der alltägliche Abstimmungsbedarf belastet. Viele Frauen sind den Partnern dankbar für die Entlastung von der Familienarbeit, verweisen aber nur selten auf die Arbeit, welche sie selbst in der Familie geleistet haben und leisten. Dies kann damit zusammenhängen, dass sie – dem gesellschaftlich dominanten Verständnis folgend – die Hauptverantwortung für Haushalt und Erziehung weiterhin bei sich lokalisieren, während diese Bereiche nicht selbstverständlich auch als Aufgabe der Väter wahrgenommen werden. Weitere Personen, die bei der Kinderbetreuung unterstützen, sind oft Mütter der Frauen, teilweise auch Schwiegermütter und Großeltern generell. Hier zeigt sich, dass Kinderbetreuung mehrheitlich in weiblichen Händen bleibt.

So zeigt sich einerseits, dass Männer mehr Familienaufgaben übernehmen, dennoch bleibt andererseits die Hauptverantwortung in der Regel bei den Frauen. So sind es mehrheitlich die Frauen, die den Umfang ihrer Berufstätigkeit reduzieren und deutlich mehr Familienarbeit übernehmen. Diese Tendenz bestätigen auch Daten des Statistischen Bundesamtes: So arbeiten 69 % der erwerbstätigen Mütter auf Teilzeitbasis, aber nur 5 % der erwerbstätigen Väter, wobei die Teilzeitquote in Westdeutschland mit 75 % deutlich höher ist als unter den ostdeutschen Müttern, von denen 44 % Teilzeit arbeiten (Statistisches Bundesamt 2012).

Die Führungsfrauen der Caritas, die Kinder haben, übernehmen alle zusätzlich zu ihren beruflichen Aufgaben in großem Maße Verantwortung für die Erziehung und investieren deutlich mehr Zeit in Fürsorgetätigkeiten als ihre Partner. So schultern die Befragten von null- bis sechsjährigen Kindern die meiste Betreuungszeit selbst (44 % der insgesamt zu betreuenden Zeit), gefolgt von der Betreuung durch den Partner, der 15 % der insgesamt zu betreuenden Zeit übernimmt. Weitere Betreuungszeiten werden vor allem von weiteren Familienmitgliedern und Betreuungseinrichtungen abgedeckt. Auch die Mütter von sieben- bis 14-jährigen Kindern betreuen die meiste Zeit selbst (42 %), gefolgt von der Betreuung durch den Partner (18 %) und der Betreuung durch öffentliche Einrichtungen (16 %). Hinzu kommt, dass über ein Drittel der befragten Frauen (36 %) während der Führungstätigkeit Angehörige gepflegt hat oder dies aktuell noch tut. Auch hier übernehmen die Frauen mit 21 % der Betreuungszeit mehr Aufgaben als die Partner, die 10 % der insgesamt zu betreuenden Zeit abdecken.

Dieses Phänomen bestätigen auch andere Studien, welche die gesamtgesellschaftliche Situation in den Blick nehmen: So übernehmen Frauen in Führungspositionen Zuhause im Schnitt knapp 60 % der Hausarbeit, Männer nicht ganz 20 %. Auch bei der Kinderbetreuung bleiben die Rollen traditionell verteilt. Frauen in Führungspositionen verbringen an den bereits mit Berufsarbeit weitgehend ausgefüllten Werktagen im Durchschnitt 4,6 Stunden mit ihren Kindern. Männer haben lediglich 1,5 Stunden Zeit für den Nachwuchs. Hiermit zusammen hängt sicherlich die Diagnose, dass Frauen in Führung im Vergleich zu Männern in vergleichbaren Positionen häufiger erschöpft sind (Hans-Böckler-Stiftung 2012/2014) – eine Aussage, die sich auch in den Interviews findet: So seien Chefinnen häufig besonders stark belastet, da die familiären Aufgaben eben noch nicht egalitär verteilt seien. Auf Solidarität können die Frauen hier wenig hoffen, eher komme die Frage auf, weshalb sie sich das ‚antun' würden.

Auch die Vorwerksstudie (2013) kommt zu dem Ergebnis, dass Männer und Frauen weiterhin an tendenziell traditionellen Vorstellungen bezüglich der partnerschaftlichen Rollenverteilung fest halten. Dass der Mann für die Frau bei der Karriere zurücksteckt, käme für 44 % der befragten Personen infrage, die mit einem Partner zusammenleben – sei es verheiratet oder nicht. Dass der Mann nur halbtags arbeitet und sich um die Kinder kümmert, damit auch die Frau arbeiten kann, wäre nur für 36 % eine denkbare Option, und dass ‚er' als Hausmann ganz zu Hause bleibt und ‚sie' das Einkommen generiert, für nur 20 %. Für Frauen sind solche Konstellationen dabei noch etwas eher vorstellbar als für Männer. So wäre ein vollständiger Rollentausch und ein Dasein als Hausmann für 44 % der Männer in Partnerschaften sogar völlig undenkbar (Institut für Demoskopie Allensbach 2013).

3.6 Reflexion von Geschlechterstereotypen und hiermit verbundenen Rollenmustern

Das dargestellte Ungleichgewicht bei der Verteilung von Haushalts- und Fürsorgeverantwortung ist im Zusammenhang mit tradierten Geschlechterstereotypen zu sehen. Diese Stereotype, die „Frauen bzw. Mädchen und Männern bzw. Jungen aufgrund ihrer erkennbaren Geschlechtszugehörigkeit bestimmte Eigenschaft und Verhaltensweisen zu[schreiben], die als „natürlich" wahrgenommen werden" (Thege/Welpe 2011, S. 20), lokalisieren die Verantwortung für Erziehungs- und Haushaltsverantwortung weiterhin auf Seiten der Frauen. Männer hingegen kommen der ihnen zugeschriebenen Rolle nach, indem sie als ‚Ernährer' für die Familie in Vollzeit ein möglichst hohes Einkommen generieren. Dass diese Bilder in den Köpfen eine Rolle spielen, geht auch aus einer Studie zur Vergütung von Führungskräften in der Sozialwirtschaft hervor (Bode et al. 2010): So zeigt sich ein Zusammenhang zwischen dem Geschlecht, der Höhe der Jahresvergütung und dem Vorhandensein von Kindern. Männer mit Kindern verdienen deutlich mehr als Kollegen ohne Kinder, während sich bei den Frauen hier kein Effekt zeigt. Diese Bilder werden in den Interviews bestätigt. So thematisieren die Männer, dass ihre Motivation zur Übernahme der Leitungsposition auch in der Erfüllung familiärer Erwartungen bezüglich des Verdienstes begründet liegt.

Die interviewten Frauen gehen zwar aufgrund der guten Qualifikationen von Frauen, dem anstehenden Fachkräftemangel, verbesserten Möglichkeiten der Kinderbetreuung sowie aktueller Diskurse um Quotenregelungen von relativ guten Karrieremöglichkeiten für Frauen aus. Gleichzeitig beschreiben sie, dass tradierte Geschlechterbilder Alltag und Karrierevorstellungen von Männern und Frauen weiterhin stark beeinflussen und Chancen hinsichtlich des beruflichen Aufstiegs ungleich verteilen. Dieses Phänomen wird in der Caritas durch das konservative Frauen- und Familienbild der katholischen Kirche noch verstärkt.

Die Interviewpartnerinnen nehmen wahr, dass es immer noch nicht selbstverständlich ist, dass sie Familie und Beruf oder sogar Karriere verbinden. Sie erleben, dass Frauen weiterhin vor der Frage stehen, ob sie wirklich Karriere machen wollen und dies womöglich auf Kosten der Familie. Teilweise kommt sowohl in der eigenen Familie als auch außerhalb Kritik an ihrem Willen auf, mit Kindern Führungsverantwortung zu übernehmen. Immer wieder wird erwähnt, dass sie sich unterschwellig von anderen Frauen als ‚Rabenmütter' klassifiziert fühlen. Auch werden Probleme der Kinder schnell auf die berufstätige Mutter, nicht aber auf die Berufstätigkeit des Vaters zurückgeführt. Insofern ist es nicht primär die Mehrbelastung der Frauen durch die vermehrte Übernahme von Familienarbeit, die Karrieren behindert, sondern auch der empfundene Rechtfertigungsdruck, der viele Frauen belastet und der zu einem permanenten ‚schlechten Gewissen' führt. Immer wieder kommt bei den Caritas-Chefinnen die Frage auf, ob es zu rechtfertigen sei, so viel Zeit bei der Arbeit zu verbringen und ob sie nicht mehr Zeit für Kinder und Familie haben müssten.

Die Frauen begegnen dem Druck, indem sie in der Familienphase vielfach keine Vollzeittätigkeit aufnehmen, so dass sie neben ihrer Berufstätigkeit der ihnen zugeschriebenen Familienverantwortung gerecht werden können. Dies ist ein Grund, weshalb viele der Frauen erst in einem späteren Lebensabschnitt – wenn die Kinder bereits ‚aus dem Gröbsten raus sind' – in Führung gekommen sind. Männer hingegen werden ihrer Familienverantwortung gerade dadurch gerecht, dass sie nicht in Teilzeit gehen und die Familie finanziell versorgen.

Hier wird deutlich, dass traditionelle Geschlechterrollen weiterhin eine starke Wirkung zeigen – sowohl in den Familien als auch in den Unternehmen. Vor diesem Hintergrund wird gefordert, dass in Unternehmen bestehende ‚Geschlechterschubladen' reflektiert werden müssen, um zur Auflösung beizutragen. In diesem Zusammenhang kam auch zur Sprache, dass Männer Frauen oft zögerlicher für Führungspositionen vorschlagen, da sie aufgrund antizipierter familiärer Auszeiten oder Kinderkrankheiten Belastungen auf die Organisation zukommen sehen. Man wolle sich nicht mit ‚frauenspezifischen' Problemen belasten, geben sie zu bedenken. Hier wird deutlich, dass auch die Interviewpartnerinnen in gesellschaftlich vorherrschende Sichtweisen verstrickt sind, nämlich dass Kinder zu bekommen und aufzuziehen ein ‚frauenspezifisches Problem' sei.

In diesem Zusammenhang betont eine bedeutende Anzahl der Frauen, dass es in den Debatten um Kinderbetreuung nicht nur um die Verlängerung der Öffnungszeiten von Betreuungseinrichtungen gehen dürfe, sondern dass vor allem auch die Qualitätsentwicklung und ein guter Betreuungsschlüssel im Vordergrund der Bemühungen stehen müssten, so dass sie ihre Kinder mit gutem Gewissen einer Einrichtung anvertrauen können. Das sei umso bedeutender, als dass davon auszugehen sei, dass familiäre Netzwerke zukünftig eher an Bedeutung verlieren würden, die aktuell aber zentral dafür sind, dass man mit gutem Gewissen arbeiten gehen könne.

3.7 Positive Auswirkungen von Geschlechtermischung auf Führungs- und Teamkultur: Die Mischung macht's

In den Interviews stellen beide Geschlechter den Wunsch nach Gestaltungsspielräumen und Verantwortungsübernahme als zentrale Motive für die Übernahme einer Leitungsposition dar. Unterschiede zeigen sich hinsichtlich der Relevanz von Macht und Prestige als Motivationsfaktoren. Frauen betonen, dass diese Aspekte eher männliche Bedürfnisse befriedigen und für weibliche Führungskräfte weniger relevant seien. Auch die Männer schreiben den Frauen weniger Machtbewusstsein als Motivation für Führungsaufgaben zu sowie ein anderes Führungsverhalten, das eine Kultur des Miteinanders stark in den Vordergrund rückt und die Unternehmenskultur langfristig positiv verändern kann.

Hiermit einher geht die Überzeugung, dass sich die Teamkultur positiv verändert, wenn Frauen verstärkt in männerdominierte Teams kommen oder diese leiten. Dies bedeutet nicht, dass Frauen die besseren Führungskräfte darstellen, sondern dass die Arbeit in gemischtgeschlechtlichen Teams der in reinen Frauen- oder Männerteams vorgezogen wird, da sich die Durchmischung positiv auf die Teamkultur auswirkt. Dies heben sowohl die interviewten Frauen als auch die befragten Männer hervor. In diesem Zusammenhang zeigt sich auch, dass die Frauen insgesamt sehr von ihren Team- und Kommunikationsfähigkeiten überzeugt sind. Sie schreiben sich besondere soziale Kompetenzen zu sowie ausgeprägte Fähigkeiten hinsichtlich eines vernetzenden Arbeitsstils. Dass aus heterogenen Führungsteams nicht nur Vorteile bezüglich des sozialen Klimas entstehen, sondern Unternehmen, die in ihren Leitungsebenen auf gemischte Teams setzen, zudem bessere Ergebnisse erwirtschaften als Unternehmen ohne Frauen in Führungspositionen, geht aus verschiedenen Studien hervor (Kürschner 2013; Gertje et al. 2012).

Doch entfalten auch in Unternehmen Stereotypisierungen, was ‚typisch Mann' und ‚typisch Frau' ist, ihre Wirkung, die das Ankommen von Frauen gerade auf oberen Führungsebenen erschweren. Neben den erwähnten ‚frauenspezifischen' Problemen wie Auszeiten aufgrund von Schwangerschaften, die von Unternehmensseite häufig durch eine Erhöhung des Frauenanteils in Führungspositionen antizipiert werden, wird berichtet, dass Vorstellungen, nach denen Männer ‚hart' sind und Frauen gut aussehen und zugewandt agieren sollten, weiterhin Durchschlagkraft haben. Dies trägt dazu bei, dass Frauen mittlerweile zwar Führungskompetenz zugetraut wird, allerdings auf den Bereich der Personalführung begrenzt, da hier Kompetenzen notwendig seien, die man eher Frauen zuschreibt wie z. B. das Eingehen auf Bedürfnisse von Mitarbeitenden. Dieses auch als ‚Think Manager – Think Male' beschriebene Phänomen führt dazu, dass Frauen bei der Besetzung von Führungspositionen weniger Beachtung finden: Eigenschaften wie Durchsetzungsfähigkeit, Entscheidungsfreude und Selbstvermarktung gelten als typisch männlich und als zentral für Führungsstellen. Frauen hingegen werden aufgrund der ihnen zugeschriebenen ausgeprägten Sozialkompetenzen eher als positive Ergänzung für das Betriebsklima betrachtet (Kürschner 2013; Gertje et al. 2012).

4 Handlungsempfehlungen

Die Ergebnisse der Studie zeigen, dass es Barrieren bei den Frauen und in den Unternehmen gibt, die von gesellschaftlich dominanten Diskursen und hiermit verknüpften Geschlechterstereotypen beeinflusst werden. So stellen Frauen beispielsweise zu oft ‚ihr Licht unter den Scheffel', Unternehmen erwarten von Bewerber/innen auf Führungspositionen lückenlose Lebensläufe und lokalisieren Haushalts- und Familienverantwortung vor allem bei den Frauen, die Karrieren zudem vielfach zögerlicher angehen – auch weil sie stärker hinterfragen, ob sie sich vorgegebenen Mustern von Führungspositionen, die kaum Zeit für ein Privatleben lassen, anpassen wollen.

Insofern ist es zentral, dass in Familien tradierte Geschlechterrollen hinterfragt und verändert werden. Dies entspricht auch dem Wunsch junger Eltern mit Kindern im Alter zwischen einem und drei Jahren: 60 % wünschen sich, dass beide Partner in gleichem Umfang erwerbstätig sind und sich gemeinsam um Haushalt und Familie kümmern, wobei nur 14 % der Befragten ein solches Modell realisieren können. Auch wird deutlich, dass sich die jungen Mütter eine frühere Berufsrückkehr sowie eine Erhöhung ihrer wöchentlichen Arbeitszeit wünschen und dass viele nicht erwerbstätige Mütter gerne wieder berufstätig wären (BMFSJ 2014, S. 9 f.). Gleichzeitig zeigen Untersuchungen auf, dass die Mehrheit der in Vollzeit tätigen Väter gerne reduzieren würde, dies aber vor allem deshalb nicht tun, da negative Konsequenzen wie zum Beispiel eine Karriereknick befürchtet werden (Ministerium für Familie, Kinder, Jugend, Kultur und Sport des Landes Nordrhein-Westfalen 2014).

Insofern sind nicht nur Männer und Frauen in ihrem privaten Umfeld gefragt, neue Rollenmuster zu entwickeln, sondern genauso Unternehmen der Sozialwirtschaft aufgefordert, traditionelle Führungskulturen und hiermit verbundene Geschlechterstereotype zu hinterfragen. Die Ergebnisse der Studie geben zahlreiche Hinweise dahingehend, was Unternehmen tun können, damit der Frauenanteil in Führungsebenen ansteigt und sollen hier noch einmal resümiert werden:

- Zentral ist das Bekenntnis der obersten Führungsebenen zum Ziel der ‚Geschlechtergerechtigkeit in Führungspositionen', das über die Formulierung von Beschlüssen mit eindeutigen Zielmarken deutlich wird. Dies bedeutet zum Beispiel, dass bei der Besetzung von Führungsstellen zur Hälfte auch weibliche Kandidatinnen in die Endauswahl kommen sollten und dass – sollten nicht ausreichend Bewerbungen von qualifizierten Frauen eingehen – neu ausgeschrieben wird. Vielleicht schreckt auch die Häufung von Adjektiven wie ‚durchsetzungsfähig' oder ‚verhandlungsstark' in den Stellenanzeigen Frauen ab?

- Ein weiterer Schritt ist der Aufbau eines geschlechtersensiblen Personalentwicklungskonzepts: Hier geht es darum, dass im Unternehmen gezielt talentierte Frauen auf Karrieremöglichkeiten angesprochen werden und dies nicht im Belieben einzelner Vorgesetzter liegt. Auch sollten über Fortbildungen, Mentoring oder Coaching gezielt Räume zur Förderung der Aufstiegskompetenz angeboten werden. Darüber hinaus bietet es sich an, dass Männer und Frauen, die neu in Führungspositionen gekommen sind, in der ersten Zeit Unterstützung erhalten, um sich in die neuen Herausforderungen einzufinden.
- Genauso sollten Gremien, die neue Führungskräfte auswählen, zum einen geschlechtergemischt besetzt sein und zum anderen für geschlechtsspezifische Darstellungsmuster sensibilisiert werden, also zum Beispiel dafür, dass Frauen ihre Kompetenzen mehrheitlich zurückhaltend darstellen, während Männer eher zum Übertreiben neigen. Auch geht es um die Bewertung von Teil- und Auszeiten, die sich v. a. in weiblichen Biographien finden.
- Wichtig ist auch die Schaffung und Etablierung konkreter Möglichkeiten zur Erleichterung der Vereinbarkeit von Beruf und Privatleben und hier insbesondere hinsichtlich von Familien- und auch Pflegeaufgaben, die in Anbetracht des demografischen Wandels einen immer breiteren Raum einnehmen werden. Dies bedeutet, dass entsprechend der in bestimmten Lebensphasen bestehenden Bedürfnisse sinnvolle Arbeits(zeit)modelle angeboten werden. Hierzu gehören Maßnahmen wie flexible Arbeitszeiten sowie die Ermöglichung von Führen in Teilzeit, Job-Sharing oder das Arbeiten von Zuhause aus. Zentral bei der Kommunikation ist, dass auch explizit Männer ermutigt werden sollten, diese Maßnahmen zu nutzen.
- Mit diesen Schritten sollte die Reflexion von Geschlechterstereotypen seitens der im Unternehmen tätigen Führungskräfte einhergehen. Dieses Thema sollte als Element von Führungskräftefortbildungen verankert werden. So ist zum Beispiel darüber zu sprechen, welche Kompetenzen Frauen und welche Männern mit Führungsverantwortung spontan zugeschrieben werden. In diesem Zusammenhang sind auch Präsenz- und Mobilitätserwartungen an Führungskräfte zu hinterfragen, welche die Vereinbarkeit der beruflichen Verantwortung mit privaten Belangen erschweren.

Diese Schritte bringen Vorteile sowohl für Unternehmen, die an Arbeitgeberattraktivität gewinnen, als auch für Männer und Frauen, da sich Familien- und Pflegeaufgaben sowie berufliche Herausforderungen gerechter verteilen können. Und letztlich auch für Kinder, die mehr Zeit mit ihren Vätern verbringen können. Somit kann der Erfolg von Maßnahmen, die darauf abzielen, den Frauenanteil in Führungspositionen zu erhöhen, nicht nur an einem prozentual gestiegenen Frauenanteil auf diesen Ebenen bemessen werden, sondern ebenfalls daran, ob auch Männer Teilzeitleitungsstellen beanspruchen, um mehr Zeit mit ihren Kindern zu verbringen und sich um pflegebedürftige Angehörige zu kümmern. Oder daran, ob auch ein männlicher Aspirant auf eine Führungsstelle im Bewerbungsgespräch gefragt wird, ob die Betreuung seiner Kinder (sofern er welche hat) geregelt sei, wenn er auf Dienstreise fahre.

Literaturverzeichnis

Bode, S. et al. (2010): contec Vergütungsstudie 2010, Führungskräfte in der Sozialwirtschaft, contec Studie Band 15, Schriftenreihe zur Gesundheits- und Sozialwirtschaft 2010.

Bundesministerium für Familie, Senioren, Frauen und Jugend BMFSFJ (2014): Dossier Müttererwerbstätigkeit, Erwerbstätigkeit, Erwerbsumfang und Erwerbsvolumen, online unter: www.bmfsfj.de, Zugriff: 11.02.1015.

Deutscher Caritasverband e.V. (2015): Caritas-Glossar. Fachbegriff von A-Z. Eintrag zu „Fachverbände", online unter: www.caritas.de, Zugriff: 09.02.2015.

Delegiertenversammlung des Deutschen Caritasverbandes (2011): Protokoll der 11. Delegiertenversammlung in Würzburg 2011.

Gertje, E. et al. (2012): Unternehmenskulturen verändern – Karrierebrüche vermeiden, Stuttgart 2012.

Gomer, A./Schramkowski, B. (2014): Den Weg für Frauen ebnen, in: neue caritas spezial, Praxisleitfaden ‚Gleichgestellt in Führung gehen', Dezember 2014, S. 4–5.

Hans-Böckler-Stiftung (2014): Doppelt belastet bis zur Erschöpfung, in: Böckler Impuls, Heft 4/2014, S. 1.

Hans-Böckler-Stiftung (2012): Managerinnen: Zu Hause belastet, in: Böckler Impuls, 14/2012, S. 1.

Henn, M. (2009): Frauen können alles – außer Karriere?, in: Harvard Businessmanager, 25.02.2009, Nr. 3, S. 56–62.

Holst, E./Kirsch, A. (2014): Frauen sind in Vorständen großer Unternehmen in Deutschland noch immer die Ausnahme, Deutsches Institut für Wirtschaftsforschung, DIW Wochenbericht, Managerinnen-Barometer 2014, 3/2014, S. 19–31.

Hradil, S. (2001): Soziale Ungleichheit in Deutschland, 8. Auflage, Leske+Budrich, Opladen 2001.

Hurrelmann, K./Schultz, T. (2012) (Hrsg.): Jungen als Bildungsverlierer? Brauchen wir eine Männerquote in Kitas und Schulen? Weinheim/Basel 2012.

Hurrelmann, K. (2006): Einführung in die Sozialisationstheorie, 9. Auflage, Weinheim/Basel 2006.

Institut für Demoskopie Allensbach (2013): Vorwerk Familienstudie 2013, Ergebnisse einer repräsentativen Bevölkerungsumfrage zur Familienarbeit in Deutschland, online unter: https://corporate.vorwerk.de, Zugriff: 16.02.2015.

Klüger, R. (2012): Interview im Magazin der Süddeutschen Zeitung im Kontext der Interviewreihe „Mit 20 hat man noch Träume ... mit 100 erst recht: zehn Jahrzehnte, zehn Gespräche, ein Frauenheft", Nr. 10, 09.03.2012, S. 52–57.

Kricheldorff, C./Schramkowski, B. (2015): Mehr Geschlechtergerechtigkeit bei der Besetzung von Führungspositionen, in: Sozial Extra, Zeitschrift für Soziale Arbeit, Heft 1/2015, S. 6–9.

Kricheldorff, C./Schramkowski, B. (2014): Tradierte Rollenbilder aufbrechen, in: neue caritas spezial: Praxisleitfaden ‚Gleichgestellt in Führung gehen', Dezember 2014, S. 10–11.

Kricheldorff, C. et al (2013): Abschlussbericht zur Studie „Frauen in Führungspositionen", eine Studie im Auftrag des Deutschen Caritasverbands, erstellt durch das Institut für Angewandte Forschung IAF der Katholischen Hochschule Freiburg, online unter: www.caritas.de/frauen_in_fuehrung, Zugriff: 11.02.2015.

Kürschner I. (2013): Frauen in Führung bringen. Chancen erkennen, Potenziale fördern, Anreize schaffen, Hamburg 2013.

Looman, Marijke (2011): Am Rande der Macht. Frauen in Deutschland in Politik und Wirtschaft, Leverkusen 2011.
Ministerium für Familie, Kinder, Jugend, Kultur und Sport des Landes Nordrhein-Westfalen (2014): Studienergebnisse – Väterfreundlicher Arbeitsplatz, online unter: http://www.vaeter.nrw.de, Zugriff: 11.02.2015.
Ochoa Fernández, E. et al. (2013): Frauen. Karrieren. Entwickeln – Aufstiegsmotivation und Aufstiegwahrscheinlichkeit von Frauen im Sozial- und Gesundheitswesen, Konzeption und Ergebnisse einer quantitativ empirischen Studie in sozial- und gesundheitswirtschaftlichen Organisationen in Deutschland, SO.CON – Mitteilungen aus Forschung und Entwicklung, Band 3, Hochschule Niederrhein 2013.
Panjas, J. (2012): Vorstände sind nach wie vor eine Männerdomäne. In: Deutscher Caritasverband (Hrsg.): neue caritas Jahrbuch 2013, Deutscher Caritasverband, Freiburg 2012, S. 168–172.
Rump, J. et al. (2011): Strategie für die Zukunft, Ein Leitfaden für Unternehmen zur Bindung und Gewinnung von Mitarbeiterinnen und Mitarbeitern, Lebensphasenorientierte Personalpolitik 2.0. Mainz, Ministerium für Wirtschaft, Klimaschutz, Energie und Landesplanung Rheinland-Pfalz 2011.
Statistisches Bundesamt (2014): 69 % der berufstätigen Mütter arbeiten in Teilzeit, Pressemeldung vom 25.03.2014, online unter: www.destatis.de, Zugriff: 08.02.15.
Schramkowski, B. (2012): Mehr Chefinnen bei der Caritas, in: neue caritas, Heft 22/2012, S. 26.
Thege, B./Welpe, I. (2011): Karriereagenda für Frauen, Peter Lang, Frankfurt am Main 2011.
Wippermann, C. (2010): Frauen in Führungspositionen, Barriere und Brücken, eine Studie im Auftrag des Bundesministeriums für Familie, Senioren, Frauen und Jugend, Sinus Socovision GmbH, Heidelberg 2010.

Bernd Sommer

15 Das Modell der didaktischen W-Fragen als Orientierungshilfe für (sozial-) pädagogisches Handeln

1 Einleitung

Ursprünglich ist das *erweiterte Modell der didaktischen W-Fragen* als Orientierungshilfe für professionell in der *Sozialen Arbeit* Tätige entwickelt worden (Sommer 2008, 2009, 2010, 2012).

Die diesem Modell zugrunde liegenden Denkansätze von Autoren wie Giesecke, Martin, Gorges und Schilling fußen jedoch auf schulpädagogischen und -didaktischen Überlegungen als Ausgangspunkt.

So lassen sich m. E. die grundlegenden Vorstellungen des *Modells der didaktischen W-Fragen* grundsätzlich auf pädagogische Situationen anwenden, unabhängig davon, ob sie in schulische, hochschulische oder außerschulische Zusammenhänge einzuordnen sind.

In Zeiten knapper werdender finanzieller, zeitlicher und personeller Ressourcen scheint es von besonderer Bedeutung zu sein, die konkreten Zielsetzungen und den damit verbundenen übergeordneten Sinn pädagogisch ausgerichteter Tätigkeiten beschreiben, begründen und damit auch und insbesondere vor sich und vor außenstehenden Betrachtern legitimieren zu können.

Effektives und effizientes Arbeiten, erfolgversprechendes, ressourcenschonendes, dennoch auf wissenschaftlichen Methoden und dementsprechend gesicherten Erkenntnissen aufbauendes, systematisches, strukturiertes, zielorientiertes Vorgehen, ständig erfolgendes Reflektieren und sinnvoll eingesetztes Evaluieren, die Zufriedenheit der Adressaten (wie z. B. Schüler_innen, Studierende, Klienten_innen und Kunden_innen der *Sozialen Arbeit*) und die der Geldgeber sind heute mehr denn je Anforderungen, an denen die Qualität pädagogischen Handelns gemessen wird.

Was steht den im weitesten Sinne pädagogisch tätigen Mitarbeitern_innen in den unterschiedlichen Arbeitsbereichen als Orientierungshilfe für ihr Denken und Handeln zur Verfügung? Worin besteht die pädagogische Herangehensweise an ein zu bearbeitendes Thema bzw. ein anstehendes, zu lösendes Problem?

Im Folgenden sollen Grundzüge des *Modells der didaktischen W-Fragen* als eine mögliche konkrete Orientierungshilfe für (sozial-)pädagogisches Handeln eingeführt, begründet und Ansatzpunkte einer praxisorientierten Umsetzung aufgezeigt werden.

Die Kenntnis pädagogischer Grundsätze sowie das Anstellen begründeter didaktischer und methodischer Überlegungen können als Grundlage und Orientierungshilfe für das Planen, Einrichten, Durchführen und Auswerten angeleiteter, zielgerichteter Lern-, Entwicklungs- und Hilfeprozesse angesehen werden.

Werden grundlegende Prinzipien pädagogischen Denkens und Handelns bei der Bearbeitung der ausgewählten Themen bzw. bei der Lösung anstehender Probleme in der Alltagsarbeit angewendet, so befindet sich der/die professionell in sozialen und pädagogischen Bezügen tätige Mitarbeiter_in in Denk- und Arbeitszusammenhängen, die mit dem Begriff *didaktisch-methodisches* Vorgehen gekennzeichnet werden können.

In Anlehnung an die Begriffsbestimmung von Gorges wird unter *Didaktik* der Teilbereich der Pädagogik bzw. Erziehungswissenschaft verstanden, der sich mit dem Analysieren, Planen und Unterstützen von angeleiteten Bildungs- und Lernprozessen beschäftigt (Gorges 1996, S. 36).

In der Beschreibung erziehungswissenschaftlicher bzw. didaktischer Grundbegriffe wie der Phase der Analyse der Ausgangssituation bzw. der Bedingungsanalyse, die der Formulierung von (Lehr-)Zielen dient, der Phase der Operationalisierung von übergeordneten (Fern-)Zielen in bearbeitbare und überprüfbare Teilziele (Nahziele), der Planungsphase, der Handlungsphase als praktische Umsetzung der Planung sowie der Reflexions- und Auswertungsphase (Evaluation) läßt sich eine schrittweise aufeinander aufbauende Abfolge von Denk- und Handlungsschritten erkennen.

Im Folgenden soll ein in der konkreten pädagogischen Alltagsarbeit praktikables Modell didaktischer Überlegungen in Grundzügen vorgestellt werden.

2 Grundzüge des erweiterten didaktischen W-Fragen-Modells

2.1 Einführung

Im Folgenden werden Grundlagen und Grundzüge des sogenannten *erweiterten didaktischen W-Fragen-Modells* entwickelt, mit dessen Hilfe die wesentlichen Denk- und Arbeitsschritte didaktisch-methodischen Vorgehens im Kontext (sozial-)pädagogischen Arbeitens abgebildet werden können.

Die in verschiedenen Modellen didaktischen Vorgehens erkennbare Schrittfolge von Analyse der Ausgangssituation über die Phase der Formulierung von Zielen, über die Planungsphase und über die Handlungsphase bis hin zur Reflexions- und Auswertungsphase wird somit in didaktisch relevante *W-Fragen* übersetzt.

Kron schreibt in diesem Zusammenhang, die „didaktische Frage nach dem was, wem, wer, wie, wo, wann und wozu" tauche in „allen Lebensbereichen, in denen reflektiert, gelehrt und gelernt" (Kron 2004, S. 32) werde, auf.

Von Martial greift auf die schuldidaktischen Überlegungen von Jank und Meyer zurück, indem er die folgenden *W-Fragen* auflistet, die auf zentrale Bereiche der *Di-*

daktik hinwiesen: das *Wer*, das *Was*, das *Wann*, das *Wo*, das *Wie*, das *Womit* und das *Warum* (von Martial 2002, S. 10 f.).

Im Original ist bei Jank und Meyer zu lesen, daß sie *Didaktik* als Handlungswissenschaft ansähen, die „Lehrende und Lernende beim Lehren und Lernen unterstützen" (Jank/Meyer 2002, S. 15) soll.

Den Gegenstand der *Didaktik* bilden sie mit Hilfe von den sogenannten *neun W-Fragen der Didaktik* ab: *Wer, was, von wem, wann, mit wem, wo, wie, womit* und *wozu* soll jemand lernen? (Jank/Meyer 2002, S. 16 ff.)

An dieser Stelle ist anzumerken, daß die aus didaktischer Perspektive bedeutsame Frage nach dem *Wohin*, also die Frage nach den anzustrebenden Zielen im allgemeinen, wie auch die Frage nach den Erziehungs-, Handlungs- und Lernzielen im besonderen weder in dem Beitrag Krons noch in dem von Martials noch in dem von Jank und Meyer explizit angesprochen wird.

Jank und Meyer thematisieren die Frage nach dem *Wohin* im Rahmen ihrer Bearbeitung nach dem *Wozu* und legen dabei besonderen Wert auf die Formulierung von Bildungsidealen und Lehrzielen (Jank/Meyer 2002, S. 26 f.).

Während sich die übrigen acht *W-Fragen der Didaktik* in den Ausführungen von Jank und Meyer vornehmlich auf schulisches Lernen und Unterricht beziehen, sprechen sie zwar einerseits mit der Frage nach dem *Wer* Kinder und Jugendliche in ihrer Rolle als Schülerinnen und Schüler an, weiten jedoch andererseits den Begriff *Didaktik*, unter dem sie, entsprechend ihrer Definition, „die Theorie und Praxis des Lernens und Lehrens" (Jank/Meyer 2002, S. 14) verstanden wissen wollen, über den schulischen Unterricht hinaus zugleich „auf jegliche Form der bewussten Beeinflussung der Lern- und Entwicklungsprozesse von Säuglingen, Kindern, Jugendlichen, Erwachsenen und Senioren" (Jank/Meyer 2002, S. 17) aus.

Darüber hinaus vertreten Jank und Meyer die Ansicht, daß die „enge Orientierung (der *Didaktik*, Zusatz durch d. Verf.) auf Schule und Unterricht" aufgegeben worden sei, stattdessen fühlten sich die „Vertreter der Didaktik (...) heute für sämtliche institutionalisierten und nicht institutionalisierten Formen des Lehrens und Lernens zuständig" (Jank/Meyer 2002, S. 28; Auslassungen durch d. Verf.).

Dies kann als konkreter Hinweis, wenn nicht gar als Aufruf angesehen werden, allgemein- und schuldidaktische Überlegungen auf die besonderen Bedingungen und Zielsetzungen außerschulischer (sozial-)pädagogischer und hochschulischer Arbeitsfelder, in deren Rahmen bewußtes, reflektiertes und angeleitetes Lernen ermöglicht werden soll, anzuwenden.

Das im Folgenden, systematisch ausgearbeitete *erweiterte didaktische W-Fragen-Modell* soll als Grundlage verstanden werden, um das didaktisch-methodische Vorgehen in pädagogischen Arbeitsfeldern vor dem Hintergrund der Frage nach notwendigen Orientierungshilfen in grundsätzlicher Art thematisieren, kritisch reflektieren, diskutieren und auf seine praktische Anwendbarkeit hin überprüfen zu können.

Im Rahmen der Ausarbeitung dieses Modells wird nicht der Anspruch erhoben, alle didaktisch relevanten Aspekte bis ins Details abzubilden. Es wird vielmehr davon ausgegangen, daß die hier angestellten Überlegungen eine erste Vorlage darstellen, die es wiederum intensiv zu diskutieren und weiterzuentwickeln gilt.

2.2 Analyse der Ausgangssituation – Situationsanalyse – Bedingungsanalyse

In einem ersten Schritt wird eine Analyse der Ausgangssituation, eine Situationsanalyse bzw. eine Bedingungsanalyse vorgenommen, in deren Rahmen die folgenden *didaktischen W-Fragen* relevant werden.

Die Frage nach dem *Wer:*
- Welche Personen und wie viele Personen sind an dem Lern-, Entwicklungs- und Hilfeprozeß beteiligt?
- Wer ist *Lernhelfer_in?*
  - Persönliche Voraussetzungen: Alter, Geschlecht, Ausbildung, Kompetenzen, Ressourcen, Berufs- und Lebenserfahrung, Motivation u. a.
  - Interne Faktoren: rechtliche Grundlagen, Ziele des Trägers, Gehälter, Arbeitsklima, Teamarbeit, Räumlichkeiten, Arbeitszeiten, Arbeitsweisen und Methoden, Versicherungsschutz, Mobilität u. a. (Schilling 2013, S. 27 f.)
  - Externe Faktoren: Lage der Einrichtung, Verkehrsanbindung, Einzugsgebiet, Kontakt zu Behörden, wirtschaftliche Situation, Image in der Öffentlichkeit u. a. (Schilling 2013, S. 29)
- Wer ist Lernender?
  - Individuelle Voraussetzungen: Alter, Geschlecht, Entwicklungsstand, Interessen, Fähigkeiten, Erfahrungen, Motivation, Auffälligkeiten, Krankheiten, Behinderungen, Vorkenntnisse u. a. (Schilling 2013, S. 32)
  - Sozio-kulturelle Voraussetzungen: Schicht, Status, wirtschaftliche Situation, Beruf der Eltern, Wohngegend, Sprachstil, Nationalität, Schulbildung, Wohnung/Zimmer, Religion, Geschwister, Familienstand, Bezugsgruppen, soziale Beziehungen (Netzwerke), Verwandtschaft u. a. (Schilling 2013, S. 34)
- Wie lernen die Personen? Welche individuellen Lernwege lassen sich erkennen?
- Wer beeinflusst zusätzlich den geplanten Lern-, Entwicklungs- und Hilfeprozeß?
- Wie und in welcher Weise findet Kommunikation zwischen den an dem angestrebten Lehr-Lern-Prozeß, Entwicklungs- bzw. Hilfeprozeß beteiligten Personen statt?

Die Frage nach dem *Was:*
- Was ist das Thema?
- Was ist das Problem?
- Um welche(n) Inhalt(e) geht es?
- Nach welchen Kriterien werden die Inhalte ausgewählt?
- Wer wählt die Inhalte aus?

- In welche übergeordnete Themen- bzw. Problembereich ist der angestrebte Lern-, Entwicklungs- und Hilfeprozeß einzuordnen?
- Können die ausgewählten Inhalte dazu beitragen, die angestrebten Zielsetzungen zu erreichen?
- Welche Bedeutung nimmt das Thema bzw. das Problem für die/den Lernende/n ein?
- Was beeinflußt zusätzlich den geplanten Lern-, Entwicklungs- und Hilfeprozeß?

Die Frage nach dem *Wo*:
- Wo – in räumlicher Hinsicht – soll der Lern-, Entwicklungs- bzw. Hilfeprozeß umgesetzt werden (in Räumlichkeiten einer Institution, im Lebensraum/im unmittelbaren Alltags- bzw. Familienleben der Lernenden/Hilfesuchenden, im künstlichen Setting)?
- Wo hinsichtlich des sozialen Umfeldes/Kontextes soll der Lern-, Entwicklungs- bzw. Hilfeprozeß stattfinden (allein, in Familie, Gruppe, Gleichaltrigen-Gruppe, Wohngruppe, Lern- und Arbeitsteam)?

Die Fragen nach dem *Wann* und *In welchem Zeitraum*:
- Das *Wann* kann unter entwicklungspsychologischer Perspektive die folgende Frage aufwerfen: Ist das Kind, der Jugendliche, der Erwachsene oder der alte Mensch von seiner Entwicklung her betrachtet schon oder noch in der Lage ist, die angestrebten Lern-, Entwicklungs- und Hilfeprozesse erfolgreich durchlaufen zu können?
- Wann soll der Lern-, Entwicklungs- bzw. Hilfeprozeß realisiert werden?
- Wieviel Zeit steht für diesen Prozeß zur Verfügung?
- Innerhalb welchen Zeitrahmens soll dieser Prozeß umgesetzt werden?

2.3 Zur Formulierung von Zielen

In einem zweiten Schritt werden Lehrziele bzw. Erziehungsziele formuliert, begründete Vermutungen über mögliche Handlungsziele angestellt sowie Lernziele entwickelt.
In diesem Rahmen werden die folgenden *didaktischen W-Fragen* relevant.

Die Frage nach dem *Wohin*:
- Wohin soll der beabsichtigte Lern-, Entwicklungs- bzw. Hilfeprozeß führen?
- Welche Ziele/Zielsetzungen werden angestrebt?
- Welche Lehrziele formuliert der/die Lernhelfer_in?
- Welche begründeten Vermutungen kann der/die Lernhelfer_in über die Ziele, die die Lernenden mit dem Lern-, Entwicklungs- bzw. Hilfeprozeß verbinden (Handlungsziele), anstellen?

- In welcher Weise entstehen Lernziele? Welche Lernziele werden formuliert?
- Wer (Personen, Familie, Gruppen) und was (Institutionen, Gesellschaft, Politik) beeinflusst die Ziele bzw. Zielformulierungen (mit)?
- Welche Nahziele werden warum formuliert? Welche Fernziele werden warum formuliert? Wer formuliert Fern- und Nahziele? Wer hat zusätzlich zu den unmittelbar beteiligten Personen Einfluß auf die Formulierung von Fern- und Nahzielen?
- Warum werden diese Ziele/Zielsetzungen formuliert? Warum wird die Realisierung dieser Ziele angestrebt?

2.4 Planungsphase

In einem dritten Schritt wird in die konkrete Planungsphase übergegangen, in deren Rahmen das *Was*, vor allem aber das *Wie* und das *Womit*, die im engeren Sinne methodischen Fragestellungen, also die Fragen nach dem einzuschlagenden Weg und nach den Hilfsmitteln und Medien, thematisiert.

In diesem Zusammenhang werden die folgenden *didaktischen W-Fragen* relevant:
- Was wird unter welchen zeitlichen und organisatorischen Rahmenbedingungen gelehrt und vermittelt? Was wird gelernt?
- Welche Lern-, Entwicklungs- bzw. Hilfeprozesse können unter welchen Voraussetzungen angebahnt bzw. angelegt werden?
- Auf welchem(n) Wege(n) sollen die Lehrziele realisiert werden?
- Auf welchem(n) Wege(n) sollen die Inhalte vermittelt, die Themen bearbeitet werden (Frage nach der Methode, Frage nach dem methodischen Vorgehen)?
- Wie wird gelehrt? Wie wird Lernen organisiert?
- Wie wird gelernt?
- Welche Form von Lernen soll der angestrebte Prozeß ansprechen?
- Welche Hilfsmittel und Medien stehen zur Verfügung? (Frage nach den Medien und Hilfsmitteln)
- Welche begründeten Vorgehensweisen können zu dem schrittweisen Erreichen der formulierten Ziele bzw. Zielsetzungen führen?

Die Frage nach dem *Warum*:
Diese Frage ist von besonderer Bedeutung. Jede andere *didaktische W-Frage* wird mit der *Warum-Frage* in Verbindung gebracht.
- Warum nehmen gerade diese Lernenden und diese Lernhelfer_innen an dem Lern-, Entwicklungs- und Hilfeprozeß teil?
- Warum ist dieses Thema bzw. dieses Problem für wen relevant?
- Warum wird gerade dieses Thema bzw. dieses Problem ausgewählt?
- Im Rahmen welchen übergeordneten Themen- bzw. Problembereiches soll der Lern-, Entwicklungs- und Hilfeprozeß stattfinden?

- Warum soll der angestrebte Lern- und Hilfeprozeß in dieser Entwicklungsphase des Lernenden stattfinden?
- Warum in diesen Räumlichkeiten und in diesem sozialen Umfeld?
- Warum zu dieser Zeit und in dieser Zeitspanne?
- Warum werden diese Lehr- und Handlungsziele ausgewählt?
- Warum wird diese Methode mit diesen Hilfsmitteln für den jeweiligen Lern-, Entwicklungs- und Hilfeprozeß bestimmt?

2.5 Handlungsphase

In einem vierten Schritt wird das, was in den vorhergehenden Phasen angedacht und geplant wurde, in konkrete Handlung umgesetzt, innerhalb derer sich in jeder einzelnen einfachen wie auch in jeder sich komplex gestaltenden Lerneinheit die klassische Dreiteilung wissenschaftlich-systematischen Vorgehens wiederfinden läßt: Einleitung, Hauptteil(e), Schlußteil.

Mit Hilfe dieser Dreiteilung wird strukturiertes, aufeinander aufbauendes und begründbares Vorgehen für den professionell (sozial-)pädagogisch bzw. didaktisch Handelnden praktisch umsetzbar wie auch für den außenstehenden Betrachter gedanklich nachvollziehbar.

2.6 Die Phase von Reflexion und Auswertung

In einem fünften Schritt wird das, was in den vorhergehenden vier Phasen überlegt, geplant, formuliert und in konkretes Handeln umgesetzt wurde, reflektiert und ausgewertet.

Innerhalb dieses abschließenden Schrittes können u. a. die folgenden *didaktischen (W)-Fragen* relevant werden:
- Welche Ergebnisse und Erkenntnisse können festgehalten werden?
- Haben die beteiligten Personen ihre jeweiligen individuellen Ziele erreicht?
- Auf welche Weise stellen die beteiligten Personen fest, ob und in welchem Ausmaß sie diese Ziele erreicht haben?
- Sind die beteiligten Personen mit den gewonnenen Ergebnissen und Erkenntnissen zufrieden? Wie äußern sie dies?
- Konnten die Ziele, die vorab formuliert wurden, erreicht werden? Wenn nein: Wie können die Abweichungen zu den Zielformulierungen beschrieben und erklärt werden?
- Waren die Voraussetzungen und Rahmenbedingungen für den geplanten Lern-, Entwicklungs- und Hilfeprozeß in Hinblick auf die persönlichen Voraussetzun-

gen der Beteiligten und die institutionellen Rahmenbedingungen angemessen und sinnvoll?
- Welche Veränderungen bzw. Verbesserungen können mit welcher Begründung vorgenommen werden?
- Wie realistisch sind die Zielformulierungen?
- Wird der Lern-, Entwicklungs- bzw. Hilfeprozeß fortgesetzt oder endet er zu diesem Zeitpunkt? Mit welcher Begründung wird er fortgesetzt bzw. beendet?

2.7 Zwischenfazit

Am Ende des fünften Schrittes des in groben Zügen ausgearbeiteten *didaktischen W-Fragen-Modells* steht die Erkenntnis, dass die auf die Fragen der Reflexions- und Auswertungsphase in Form von Fakten, Meinungen und Deutungen gewonnenen Antworten und Informationen wiederum den Beginn einer erneuten Analyse der Ausgangsbedingungen, der Situationsanalyse bzw. der Bedingungsanalyse darstellen können.

Somit umfaßt dieser phasenhaft verlaufende Prozeß keineswegs eine lineare Abfolge von Schritten, sondern beschreibt einen Regelkreis oder Kreislauf, dessen unterschiedliche Phasen nicht trennscharf voneinander unterschieden, die vielmehr als fließend ineinander übergehend verstanden werden können.

Dieses *W-Fragen-Modell* stellt mit den angeführten Fragestellungen keine grundsätzlich neue Entdeckung dar, sondern verbindet sinnvoll und notwendig erscheinende Denk- und Handlungsschritte sowie übergeordnete Erkenntnisse aus unterschiedlichen Modellen didaktischen und methodischen Vorgehens miteinander.

Neu ist im Rahmen dieser Betrachtungen, daß die sogenannten *neun W-Fragen der Didaktik*, ursprünglich von Jank und Meyer für schulischen Unterricht formuliert, hier in systematischer Weise zu einem Modell ausgearbeitet und somit auch den außerschulisch (sozial-)pädagogisch wie den im Hochschulbereich professionell Tätigen als Grundlage und Orientierungshilfe für ihr Handeln in der Praxis zur Verfügung gestellt werden.

In diesem Zuge ziehen Jank und Meyer das Fazit, es sei zwar einfach, diese *neun Fragen der Didaktik* zu stellen, es sei jedoch kompliziert, sie adäquat zu beantworten, da sie sehr vielschichtig und nur in Abstimmung mit den jeweils anderen Fragen zu bearbeiten seien (Jank/Meyer 2002, S. 27).

Diese Erkenntnis gewinnt auch Hackel. Seiner Meinung nach müsse jeder der angesprochenen *W-Fragen der Didaktik* gleichermaßen „Aufmerksamkeit geschenkt werden, eine eingeschränkte Betrachtung, bspw. nur der Inhalte (*Was*) und Methoden (*Wie*)" (Hackel 2004, S. 17) könne die der Gestaltung von Lern- und Hilfeprozessen innewohnende Komplexität nicht in angemessener Weise erfassen.

Klafki beschreibt bereits im Jahre 1971 die für schulischen Unterricht bedeutsamen Begriffe *Didaktik* und *Methodik* als „einerseits die Fragen nach der Sinngebung, den Zielen und Inhalten, andererseits nach den Wegen, Verfahren und Mitteln des Lehrens und Lernens" (Klafki 1971, S. 1) umfassend.

Während die Fragen nach dem *Wie* und dem *Auf welchem Wege* im engeren Sinne methodische Fragen darstellen, bilden die Fragen nach dem *Wer* (die Frage nach den beteiligten Personen), dem *Was* (die Frage nach dem Gegenstand, den Inhalten, Themen bzw. nach den zu bearbeitenden Problemen), dem *Wohin* (die Frage nach Lehr-, Handlungs- und Lernzielen), dem *Warum* (die Frage nach dem Sinn und nach Begründungen), dem *Wann* und *In welchem Zeitraum* (die Fragen nach dem Zeitfaktor) sowie dem *Wo* (die Frage nach dem konkreten und die nach dem übergeordneten Raum), die allesamt in den Kontext von im engeren Sinne didaktischen Fragestellungen eingereiht werden können, den Rahmen, innerhalb dessen methodisches Handeln im Sinne von systematischem, schrittweise aufeinander aufbauendem, begründetem Vorgehen in (sozial-)pädagogischen Handlungszusammenhängen erst stattfinden kann.

3 *Didaktik* und sozialpädagogisches Denken – Zwei Welten begegnen sich. Oder: Zwei Seiten einer Medaille?

Obwohl in der einschlägigen Literatur ein breiter Konsens zu beobachten ist, *Didaktik* der Pädagogik bzw. Erziehungswissenschaft zuzuordnen, besteht vielerorts eine Berührungsangst, wenn nicht gar eine als Abwehr zu bezeichnende Haltung der außerschulisch tätigen Pädagogen gegenüber dem Themenbereich *Didaktik*.

Außerschulische Pädagog_innen wollen nicht Lehrer_innen sein. Sie wollen sich auch nicht der Fachterminologie bedienen, die den schulischen Vertretern_innen ihres Berufsstandes zu eigen ist.

Während die Schuldidaktik auf eine jahrzehntelange Tradition, durchaus mit Diskussionen unterschiedlicher gedanklicher und ideologischer Ansätze verbunden, rückgreifen kann, steht die Entwicklung einer eigenständigen *Didaktik der Sozialen Arbeit* bzw. einer *Didaktik (in) der Sozialpädagogik* erst in ihren Anfängen.

Ab den 1980er Jahren werden im deutschsprachigen Raum ernsthafte Bemühungen angestellt und in der Folge in Aufsatz- und Buchform veröffentlicht, Grundlagen einer *Didaktik der Sozialen Arbeit* zu schaffen.

Mit ihren Veröffentlichungen weisen vor allem Martin, Gorges und Schilling auf die Notwendigkeit der Begründung einer eigenständigen *außerschulischen Didaktik* hin, ein Unterfangen, das bisher lediglich als ansatzweise gelungen bezeichnet werden kann.

Was bleibt sind die Versuche einzelner engagierter Pädagog_innen, Theorien und Modelle einer *außerschulischen Didaktik* zu entwerfen.

Diese finden in einschlägigen Fachkreisen zwar Gehör, die inhaltlichen Aussagen werden jedoch nicht oder kaum wahrnehmbar in die aktuellen Debatten um Professionalisierung, um Ökonomisierung und Verwissenschaftlichung der *Sozialen Arbeit* aufgenommen.

Das im Rahmen des vorliegenden Beitrages abgebildete *Modell der didaktischen W-Fragen* soll nicht dazu dienen, diese Diskussion neu zu entfachen. Die hier angestellten Überlegungen zielen vielmehr darauf ab, den in der praktischen *Sozialen Arbeit* vor Ort tätigen (Sozial-)Pädagogen Grundlagen und Orientierungshilfen für ihr berufliches Handeln zur Verfügung zu stellen.

Es geht also nicht vordringlich um den wissenschaftlich-theoretischen Diskurs *Didaktik versus Methodik* oder *Didaktisches versus Methodisches Handeln in der Sozialen Arbeit*.

Es soll vielmehr Handwerkszeug erarbeitet werden, das sinn- und nutzbringend in der praktischen Arbeit eingesetzt werden kann, mit dessen Hilfe sozialpädagogische Vorgehensweisen und Interventionen begründet, geplant, gedanklich nachvollziehbar, damit legitimierbar gestaltet sowie abschließend be- und ausgewertet werden können.

Die an professionelle Mitarbeiter_innen in der *Sozialen Arbeit* adressierten Anforderungen stellen sich in fachlich-inhaltlicher Hinsicht als so vielfältig dar, daß weder eine Verallgemeinerung noch eine Vereinheitlichung sozialpädagogischer Orientierungsmuster möglich und sinnvoll erscheint.

Die Betrachtung potentieller Orientierungshilfen führt zunächst zu der auf allgemeiner Ebene anzusiedelnden Erkenntnis, daß zur Lösung in der Berufspraxis anstehender Fragen und Probleme fachlich-inhaltliche, didaktisch-methodische, soziale und kommunikative, wissenschaftliche Kompetenzen sowie Fähigkeiten zur selbstkritischen Reflexion notwendig sind (Sommer 2006, S. 48 ff.).

Sozialpädagogische Arbeit orientiert sich hinsichtlich ihrer inhaltlichen Gestaltung und methodischen Ausrichtung vornehmlich an den in der sozialen Wirklichkeit vorfindlichen Problemen.

Als wesentliche Grundformen (sozial-)pädagogischen Handelns werden in der einschlägigen Literatur vor allem die Begrifflichkeiten *Lehren, Animieren, Betreuen, Begleiten, Fördern* und *Beraten* genannt, Grundformen also, mit deren Hilfe das *Wie* pädagogischen Handelns umschrieben wird.

Das *Wie* sozialpädagogischen Handelns steht dabei ebenso wie die Frage *Auf welchem Weg* für methodische Entscheidungen.

Der Begriff *Didaktik* jedoch stellt mit den Grundsatzentscheidungen des *Wer*, des *Wohin*, des *Was* und des *Warum* in Verbindung mit den Fragen nach dem *Wie*, dem *Wo*, dem *Wann* und *In welchem Zeitraum* den übergeordneten Kontext dar, in dessen Rahmen die herausragende Bedeutung von *Lernen* als Schwerpunkt sozialpädagogischer Tätigkeiten begründet wird.

Die vier grundlegend aufeinander aufbauenden Schritte professionell gestalteten, zielgerichteten sozialpädagogischen Handelns lassen sich kennzeichnen als das

Analysieren der Ausgangssituation, das *Planen*, das *Handeln* als das praktische Umsetzen des Planens sowie das *Auswerten* und *Reflektieren* des gesamten Lern-, Entwicklungs- bzw. Hilfeprozesses, allesamt Schritte, die in unterschiedlichen Konzepten aufzufinden sind: in der *Grundlogik zielorientierten Vorgehens* (Meinhold/Matul 2003), die zwar ursprünglich überwiegend aus betriebswirtschaftlichen Grundüberlegungen abgeleitet wurde, dennoch in sozialpädagogischen Arbeitszusammenhängen angewendet werden kann, aber auch in dem sogenannten *Verlaufsmodell für methodisches Handeln in der Sozialen Arbeit* (Gorges 1996) und in der sogenannten *didaktischen Reflexion* (Martin 2005).

Die *didaktische Reflexion* mit ihren aufeinander aufbauenden, einen Kreislauf bildenden Teilschritten *Analysieren, Planen, Handeln, Auswerten* und *Reflektieren* ermöglicht Sozialpädagogen in der Alltagspraxis auf unterschiedlichen Ebenen die Verbesserung und Weiterentwicklung ihrer praktischen Arbeit vor Ort.

Auf der Grundlage des (selbst-)kritischen Anwendens und Reflektierens didaktischer Grundsatzüberlegungen verläßt der sozialpädagogisch Tätige die Ebene einer *Pädagogik aus dem Bauche heraus* (Sommer 1999, 2002) und bewegt sich hin auf die Ebene der Entwicklung von Orientierungsmustern, die sich hinsichtlich vorab formulierter Zielsetzungen als geplant, begründet und begründbar, als zielgerichtet und damit als gedanklich nachvollziehbar erweisen, die sich nicht bzw. nicht ausschließlich auf subjektiven Wahrnehmungen und daraus resultierenden, sich u. U. einseitig gestaltenden Interpretationen und Schlußfolgerungen stützen, sondern sich vielmehr als auf sozialwissenschaftlichen Methoden und Erkenntnissen aufbauend auszeichnen, die zudem einer ständig erfolgenden inhaltlichen und methodischen Überprüfung unterliegen.

In der Folge lassen sich allgemeine Prinzipien oder Grundsätze sozialpädagogischen Handelns formulieren, die den Mitarbeiter_innen der *Sozialen Arbeit* sowohl von theoretisch begründeter Seite als auch von der sozialpädagogischen Arbeitspraxis betrachtet als Orientierungshilfen für ihr Denken und Handeln dienen können (Sommer 2012, S. 129 ff.).

Diese vier zentralen Grundsätze oder Prinzipien sozialpädagogischen Handelns bauen in inhaltlicher Hinsicht auf der These auf, wonach sich Pädagog_innen i. w.S. mit dem Planen, Durchführen und Auswerten/Reflektieren von gezielten, angeleiteten Lern-, Entwicklungs- und Hilfeprozessen in außerschulischen Arbeitsfeldern beschäftigen.

Der erste Grundsatz, *Beziehung vor Inhalt*, umfaßt vor allem die Aussage, daß im Rahmen von sozialpädagogischer Arbeit stets zunächst mitmenschlicher Kontakt bzw. eine zwischenmenschliche (Arbeits-)Beziehung zu dem Klienten/der Klientin aufgebaut werden müsse, bevor gemeinsam inhaltliche Fragen und Probleme bearbeitet werden könnten.

Eine vertrauensvolle, von gegenseitiger Achtung und Respekt gekennzeichnete Beziehung von Mitarbeitern_innen zu Klienten_innen der *Sozialen Arbeit* kann strenggenommen als eine Grundvoraussetzung dafür angesehen werden, daß überhaupt inhaltlich gearbeitet werden kann.

Der zweite Grundsatz, zunächst formuliert als *Inhalt vor Methode*, stellt ein explizit didaktisches Argument gegen den *Primat der Methode* dar, d. h. die inhaltliche Auseinandersetzung bzw. das Thema als solches soll die Wahl des methodischen Vorgehens bestimmen, nicht die von Mitarbeitern_innen bevorzugte Methode das inhaltliche Vorgehen.

In der theoretischen Diskussion, aber auch in praxisorientierten Fachkreisen wird dieser Grundsatz berechtigterweise kritisiert, da *Inhalt* und *Methode* im Rahmen der Planung von gezielten Lern-, Entwicklungs- und Hilfeprozessen als gleichberechtigt angesehen werden.

Jank und Meyer gehen einen Schritt weiter in ihrer Argumentation, indem sie für den schulischen Unterricht in Anlehnung an Blankertz von einem Implikationszusammenhang, in Anlehnung an die Ausarbeitungen von Schulz von einer Interdependenz zwischen den drei Aspekten Inhalt, Methode und Ziel sprechen (Jank/Meyer 2002, S. 55 ff.).

Mit diesen Überlegungen werden folglich sowohl die gedankliche Vorstellung des *Primats der Methode* wie auch die des *Primats des Inhalts* zugunsten einer gleichberechtigten Bedeutung und zu beobachtenden Wechselwirkungen überwunden.

Der ursprünglich im Vorfeld des vorliegenden Beitrags formulierte sozialpädagogische Grundsatz *Inhalt vor Methode* wird diesen Gedankengängen entsprechend verändert in Richtung auf die Erkenntnis, *Ziele, Inhalte und Methoden stehen in Wechselwirkung miteinander, sie beeinflussen und bedingen sich gegenseitig*.

Der dritte Grundsatz, *Vom Einfachen zum Komplexen*, verkörpert ein klassisch pädagogisches Prinzip: Lern-, Entwicklungs- und Hilfeprozesse sollen so aufgebaut sein, daß gemeinsam mit den Klienten_innen realistische Zielsetzungen formuliert werden, die zeitlich überschaubar, die erreichbar sein sollen und somit motivierend wirken.

Mit zunehmender Dauer, Erfahrung und sich einstellenden Erfolgserlebnissen können dann komplexe Lernprozesse eingerichtet werden, die jedoch immer dem jeweiligen Lern- und Leistungsstand des Lernenden entsprechen, der zwar gefordert, nicht aber unter- oder überfordert werden darf.

Der vierte Grundsatz, der gezielte Einsatz von Methoden solle *personen-, gegenstands-* und *situationsadäquat* sowie unter Berücksichtigung des *Zeitfaktors* erfolgen, spricht für sich.

Das Einsetzen unterschiedlicher methodischer Vorgehensweisen, das Anwenden vielfältiger *Arbeitsformen, Arbeitsweisen* und *Arbeitstechniken, Verfahren* wie auch im Rahmen der konkreten Umsetzung von Zielen in Handlungen, also im engeren Sinne das Arbeiten mit *Methoden* (Schilling 2004, S. 114) sollte flexibel handhabbar und auf den jeweiligen Klienten, das entsprechende Thema bzw. Problem und auf die Erfordernisse der jeweils unterschiedlichen Situation individuell abgestimmt werden.

In sozialpädagogischen Arbeitszusammenhängen professionell Tätige benötigen Grundlagen und Orientierungshilfen, um die täglich an sie gestellten Aufgaben planvoll angehen und die damit verbundenen vielfältigen Anforderungen konstruktiv bewältigen zu können.

Dies gilt für Aufgaben im administrativen, organisatorischen und (berufs-)politischen Bereich, aber auch im direkten Kontakt mit den sich ihnen anvertrauenden Klienten/innen.

Über den Weg, den eine *Didaktik (in) der Sozialpädagogik* bzw. eine *Didaktik der Sozialen Arbeit* ebnet, eröffnen sich für sozialpädagogisch Tätige Möglichkeiten,
- in systematischer, strukturierter, begründeter, auf wissenschaftlichen Grundlagen aufbauender Weise gemeinsam mit Klienten der *Sozialen Arbeit* die entsprechende Ausgangssituation zu analysieren;
- relevante Daten zu erheben und bedeutsame Informationen zu sammeln;
- Probleme zu definieren und in Haupt- und Nebenthemen zu differenzieren;
- weit und eng gesteckte Zielsetzungen zu formulieren;
- nach geeigneten Hilfe-, Betreuungs- und Unterstützungsformen, nach sinnvollen und den individuellen Problemkonstellationen angemessenen sozialpädagogischen, u. U. therapeutischen Interventionsmöglichkeiten zu suchen;
- diese Überlegungen in Lebensalltag und Lebenswelt der Klienten umzusetzen und
- schließlich den gesamten Lern-, Entwicklungs- bzw. Hilfeprozeß kritisch zu reflektieren und auszuwerten.

Neben anderen Orientierungshilfen bietet eine *Didaktik (in) der sozialpädagogischen Arbeit* mit ihren grundlegenden Einsichten bei einem explizit pädagogischen Verständnis *Sozialer Arbeit* bedeutsame Erkenntnisse hinsichtlich des Planens, Durchführens und Auswertens von angeleiteten, zielgerichteten Lern-, Entwicklungs- und Hilfeprozessen.

Über den Weg des (selbst-)kritischen Reflektierens und Auswertens lassen sich wiederum Rückschlüsse auf die eigene sozialpädagogisch ausgerichtete Arbeit ziehen.

In diesem Sinne ist es wünschens- und erstrebenswert, Lehrveranstaltungen zu einer *Didaktik (in) der sozialpädagogischen Arbeit* bzw. einer *Didaktik der Sozialen Arbeit* als festen Bestandteil in den Kanon der nicht-akademischen und akademischen Ausbildung von in der *Sozialen Arbeit* professionell tätigen Berufsgruppen aufzunehmen, somit das vorhandene fachwissenschaftliche und didaktisch-methodische Repertoire angehender Mitarbeiter_innen der *Sozialen Arbeit* zu erweitern.

Die in der Alltagspraxis *Sozialer Arbeit* tätigen Kolleginnen und Kollegen sind an dieser Stelle aufgerufen, neben fachlich-inhaltlichen und methodischen auch und vor allem die didaktischen Grundlagen sowie die in der alltäglichen praktischen Arbeit gewonnenen Erkenntnisse, was das Planen, Durchführen und Auswerten von gezielten Lern-, Entwicklungs- und Hilfeprozessen angeht, in die Fachdiskussion einzubringen und anhand von Praxisbeispielen zu thematisieren (Sommer 2012, S. 73–124).

Hier liegt ein bislang ungenutztes Potential, da das Erarbeiten von Grundlagen und Orientierungshilfen auch Aufgabe der in der *Sozialen Arbeit* praktisch Tätigen ist und nicht ausschließlich Wissenschaftlern_innen und Forschern_innen überlassen werden sollte.

Literaturverzeichnis

Giesecke, H. (2000): Einführung in die Pädagogik, 7. Auflage, München 2000.
Giesecke, H. (2010): Pädagogik als Beruf. Grundformen pädagogischen Handelns, 10. Auflage, Weinheim, München 2000.
Gorges, R. (1996): Didaktik. Eine Einführung für soziale Berufe, Freiburg/Brsg 1996.
Hackel, J. (2004): Didaktische Konzepte hypermedialer Lernumgebungen. Umsetzung und Bewertung am Beispiel eines Kurses zur UML 2. Diplomarbeit am Institut für Informatik der Universität Potsdam, Lehrstuhl für Didaktik der Informatik. In: www.ddi.cs-uni-potsdam.de/Examensarbeiten/Hackel.2005.pdf, Zugriff: 06.03. 2015.
Jank, W./Meyer, H. (2002): Didaktische Modelle, 5. Auflage, Berlin 2002.
Junne, G. (1993): Kritisches Studium der Sozialwissenschaften. Eine Einführung in Arbeitstechniken, 3. Auflage, Stuttgart, Berlin, Köln 1993.
Klafki, W. (1971): Didaktik und Methodik. In: RÖHRS, H. (Hrsg.), Didaktik. Frankfurt/Main 1971, S. 1–16.
Kron, F.W. (2004): Grundwissen Didaktik, 4. Auflage, München/Basel 2004.
Martial, I. von (2002): Einführung in didaktische Modelle, 2. Auflage, Baltmannsweiler 2002.
Martin, E. (1989): Sozialpädagogische Didaktik. Der Versuch eines Überblicks. In: Sozialmagazin (14. Jg.), 1989, 3, S. 38–45.
Martin, E. (2005): Didaktik der sozialpädagogischen Arbeit. Probleme, Möglichkeiten und Qualität sozialpädagogischen Handelns, 6. Auflage, Weinheim, München 2005.
Meinhold, M./Matul, Chr. (2003): Qualitätsmanagement aus der Sicht von Sozialarbeit und Ökonomie, Baden-Baden 2003.
Schilling, J. (1995): Didaktik/Methodik der Sozialpädagogik. Grundlagen und Konzepte, 2. Auflage, Neuwied, Kriftel, Berlin 1995.
Schilling, J. (2004): Didaktik/Methodik Sozialer Arbeit. Grundlagen und Konzepte, 3. Auflage, München, Basel 2004.
Schilling, J. (2013): Didaktik/Methodik Sozialer Arbeit. Grundlagen und Konzepte, 6. Auflage, München, Basel 2013.
Sommer, B. (1999): Pädagogik und Neurologische Rehabilitation hirngeschädigter Kinder, Jugendlicher und junger Erwachsener. Standortbestimmung und Perspektiven einer wissenschaftlichen Grundlegung. Egelsbach, Frankfurt/Main, München, New York 1999.
Sommer, B. (2002): Das sozialpädagogische Denken und Handeln zwischen Sachzielorientierung, ethischer Orientierung und Kundenorientierung oder: Wie denkt und handelt ein Sozialpädagoge? In: Becker, H.E. (Hrsg.), Das Sozialwirtschaftliche Sechseck. Freiburg/Brsg. 2002, S. 183–209.
Sommer, B. (2006): Grundlagen sozialpädagogischen Denkens für Studierende der Sozialwirtschaft. Eine Einführung, Marburg/Lahn 2006.
Sommer, B. (2008): Didaktische Überlegungen als Grundlage und Orientierungshilfe für sozialpädagogisches Handeln. In: TUP – Theorie und Praxis der Sozialen Arbeit (59. Jg.), 4, 2008, S. 299–306.

Sommer, B. (2009): Didaktische Überlegungen als Grundlage und Orientierungshilfe für sozialpädagogisches Handeln. Eine Einführung, Marburg/Lahn 2009.
Sommer, B. (2010): Das Modell der didaktischen W-Fragen als Orientierungshilfe für sozialpädagogisches Handeln. In: Unsere Jugend, 62. Jg., 9, 2010, S. 379–384.
Sommer, B. (2012): Das *Modell der didaktischen W-Fragen*. Eine Orientierungshilfe für sozialpädagogisches Handeln, Leipzig 2012.
Wagner, W. (1997): Uni-Angst und Uni-Bluff. Wie studieren und sich nicht verlieren, 4. Auflage, Hamburg 1997.

Bernd Sommer

16 Didaktische Überlegungen zu Einführungsveranstaltungen in das Wissenschaftliche Arbeiten für Erstsemester im Studiengang Sozialwirtschaft

1 Einleitung

Wer sich mit dem Planen, Konzipieren, Durchführen, Auswerten und (selbst-)kritischen Reflektieren von akademischen Lehrveranstaltungen zum Themenbereich *Wissenschaftliches Arbeiten* beschäftigt, sieht sich bei sorgfältiger Sichtung der einschlägigen Literatur u. a. dem folgenden Phänomen gegenüber: Auf der einen Seite ist eine schier unüberschaubare Vielzahl und Vielfalt von Veröffentlichungen aufzufinden, die *Wissenschaftliches Arbeiten* einführend, vertiefend oder überblickartig thematisieren. Auf der anderen Seite lassen sich lediglich zwei Handvoll ernstzunehmender Publikationen ausmachen, die den Themenbereich *Wissenschaftliches Arbeiten lehren* aufzuhellen suchen.

Im Denkzusammenhang mit *Wissenschaftlichem Arbeiten* klagten Lehrende, wie Franck dies beschreibt, über Studierende, sie, die Studierenden, seien „unfähig, das Wesentliche eines Textes zu erfassen", sie gäben „Gelesenes ungenau und unreflektiert wieder", sie könnten „nicht zwischen eigener Meinung und dem Inhalt eines Textes unterscheiden", sie argumentierten „in Diskussionen nicht schlüssig", sie gliederten und strukturierten „Referate schlecht" und läsen „im Seminar sechs und mehr Seiten vor statt nach Stichworten zu referieren" (Franck 2000, S. 5).

Studierende äußerten gegenüber Lehrenden die Vorwürfe, sie, die Lehrenden, formulierten keine klaren Aufgabenstellungen und Arbeitsaufträge, sie vermittelten „keine Methoden und Verfahren für den Umgang mit wissenschaftlicher Literatur oder die Bearbeitung einer Fragestellung", sie führten lediglich „in die Inhalte, aber nicht in die Arbeitsweisen eines Faches ein", sie ließen „Studierende mit Problemen beim Schreiben allein" und gäben „keine konkreten Rückmeldungen, was bei einem Referat wie und warum hätte besser gemacht werden können" (Franck 2000, S. 5).

Das Beherrschen von Grundtechniken *Wissenschaftlichen Arbeitens* wie das Lesen und Exzerpieren von Texten, das Unterscheiden von Wesentlichem zu Unwesentlichem, das eigenständige Verfassen von Texten, das Vortragen selbsterarbeiteter Referate, aber auch das wissenschaftlich-systematische, das *methodische* Herangehen an Themen und Probleme, das schrittweise aufeinander aufbauende, planvolle und zielgerichtete Vorgehen, das schlüssige Argumentieren, das sachliche Beschreiben, das für Zuhörer_innen und Leser_innen gedanklich nachvollziehbare Deuten, das folgerichtige Ziehen von Konsequenzen, das korrekte Zitieren, das Verwenden von verständlicher und klarer Sprache in mündlicher und schriftlicher Form, das in sich stimmige Strukturieren und Gliedern – all dies sind Grundlagen *Wissenschaftlichen Arbeitens*, die Studierenden hinsichtlich der Anforderungen ihres Studiums wie auch der ihrer späteren Berufstätigkeit als *Handwerkszeug* dienen können.

Nach Bieker könne *Wissenschaftliches Arbeiten im Studium* gekennzeichnet werden durch
- das schrittweise Erschließen notwendigen Wissens (u. a. das Auseinandersetzen mit Fachliteratur, das Analysieren von Definitionen, das Kritisieren an Argumentationen, das Entwickeln von eigener Positionen)
- den kritisch-reflektierenden Umgang mit Wissen (u. a. Nachvollziehbarkeit und Überprüfbarkeit von Behauptungen und Argumenten)
- das Mobilisieren und Erweitern kognitiver, sprachlicher und instrumenteller Fähigkeiten und Fertigkeiten (u. a. das Auffinden und Auswerten von relevanter Fachliteratur, das Formulieren von Fragestellungen sowie das argumentative und begründete Beantworten, das korrekte Zitieren, das sprachlich angemessene Formulieren, das formal ansprechende Gestalten) sowie
- das Schaffen neuen Wissens sowie das Gewinnen neuer Erkenntnisse (Bieker 2011, S. 64 f.)

Darüber hinaus, so Sommer, könne *Wissenschaftliches Arbeiten* „als systematisches Denken und gezieltes, planvolles Vorgehen bezeichnet werden" (Sommer 2010b, S. 13).

Zudem bedeute *Wissenschaftliches Arbeiten*, „sich in Situationen wiederzufinden, in denen (...) in begründeter Weise Entscheidungen zu treffen" (Sommer 2010b, S. 19; Auslassungen durch d. Verf.) seien.

Begründete und damit für die Leser_innen oder Hörer_innen gedanklich nachvollziehbare Entscheidungen sind u. a. zu treffen in Hinblick auf die Auswahl des Themas, auf die konkrete Formulierung von Titel und Untertitel, auf die auszuwählende Literatur, auf die Frage, welche und wie viele Schwerpunkte bearbeitet und dementsprechend wie viele Hauptteile die Arbeit umfassen soll, bis auf welche Gliederungsebene differenziert werden, welche Bestandteile der Schlußteil einer wissenschaftlichen Arbeit umfassen soll (Sommer 2014).

Während *Alltagswissen* durch Erkenntnisse in dem und durch den Alltag eines Menschen erworben werde, somit subjektiv wahrgenommene Erlebnisse und Erfahrungen aus der persönlichen Lebenswelt darstelle, könne *Wissenschaftliches Wissen* nach Aussagen von Engelke dagegen u. a. dadurch charakterisiert werden, „daß einerseits Kenntnis von etwas erweitert wird, andererseits werden aber zugleich auch die Bedingungen der Erkenntnisgewinnung hinterfragt und öffentlich gemacht" (Engelke 2004, S. 182).

Im übergeordneten Denkzusammenhang von *Wissenschaftliches Arbeiten lehren* stehen zwei zentrale Fragestellungen, auf die im Rahmen des vorliegenden Beitrages zumindest in Ansätzen Antworten gesucht werden:

1. Wie können Studierende *Wissenschaftliches Arbeiten* lernen?
2. Wie können Lehrende im Hochschulbereich *Wissenschaftliches Arbeiten* lehren?

Lernen stellt in den Erziehungswissenschaften im Allgemeinen wie auch in der *Didaktik* im besonderen einen schillernden, schwer zu umreißenden Begriff dar.

Hinsichtlich der Einführungsveranstaltungen zum *Wissenschaftlichen Arbeiten* kann jedoch davon ausgegangen werden, daß *Auswendiglernen* und *bloßes Reproduzieren* nicht die Lern-Konzeptionen darstellen, auf deren Grundlage die angestrebten Lehrziele erreicht werden können.

Lernen im Sinne von „Wissen vermehren", „Anwenden", „Verstehen", „etwas auf eine andere Weise sehen" und „sich als Person verändern" (Winteler 2005, S. 19) sind hingegen Lern-Konzeptionen, die das aktive Auseinandersetzen der Studierenden mit den jeweiligen Themen fördern.

Wenn es gelänge, die Studierenden in eine Lernumgebung einzuladen, „in der die Dozenten sich um die Studierenden und deren Lernfortschritt kümmern, die Lehre darauf ausgerichtet ist, das aktive Lernen zu fördern, die Ziele klar formuliert sind und sie kontinuierlich Rückmeldungen über ihren Lernfortschritt erhalten" (Winteler 2005, S. 20), den „Studierenden Gelegenheit gegeben (würde, Zusatz durch d. Verf.) selbständig zu lernen, das Gelernte aktiv auszuprobieren, es mit anderen zu teilen, das Gelernte zu präsentieren und zu diskutieren und es auf diese Weise in sein oder ihr individuelles Wissensgebäude (...) zu integrieren" (Winteler 2005, S. 20; Auslassungen durch d. Verf.), dann wäre eine Arbeitsatmosphäre im Seminar gegeben, die ein angstfreies, konstruktives und damit produktives Miteinander-Kommunizieren und Lernen ermöglichte.

Unmittelbar und untrennbar mit *Lernen* ist der Begriff *Didaktik* verbunden. An dieser Stelle sei auf eine allgemeine Begriffsbestimmung hingewiesen, die unter *Didaktik* den Teilbereich von Pädagogik bzw. Erziehungswissenschaft verstanden wissen will, der das Analysieren, das Planen, das Durchführen, Auswerten und Reflektieren von angeleiteten, zielgerichteten Lernprozessen thematisiert.

Die Veranstaltungen zum *Wissenschaftlichen Arbeiten* besitzen Seminar-Charakter. Diese Aussage deutet darauf hin, daß die Inhalte nicht im Vorlesungsstil dargeboten, sondern mit Hilfe eines interaktiven Lehrstils erarbeitet werden.

Es gilt vorhandenes Wissen festzustellen, vorherige Erfahrungen zu aktualisieren, bereits in Ansätzen beherrschte Techniken zu verfeinern und kritisches Reflektieren zu üben. Insgesamt sollen die Studierenden über das Sich-Miteinander-Austauschen und das Gemeinsam-Erarbeiten voneinander profitieren.

Das Konzept der *Teilnehmer-* und *Prozeßorientiertheit* erfordert die aktive Teilnahme und konstruktive Mitarbeit der Studierenden.

Unter *Teilnehmerorientiertheit* kann die grundsätzliche Ausrichtung eines Seminars an den von den Teilnehmerinnen geäußerten (Erkenntnis-)Interessen verstanden werden. Dabei wird besondere Bedeutung gelegt auf „die Bereitschaft der Teilnehmenden (...), sich aktiv und konstruktiv am Seminargeschehen zu beteiligen

(Lesen und Aufbereiten von Literatur, Erstellen von Protokollen, Erarbeiten von Inhalten, Ausarbeiten, Darstellen und Diskutieren der Arbeitsergebnisse in Kleingruppen und Plenum, Rückmeldungen zu den Referaten, Seminarkritik u. ä.)" (Sommer 2004, S. 29 f.; Auslassungen durch d. Verf.). Zudem soll Neugierde und Mut zum Experimentieren mit Methoden und Inhalten auf Seiten der Studierenden herausgefordert werden.

Das Konzept der *Teilnehmerorientiertheit* eröffnet zudem auf gezielte Weise Möglichkeiten, das theoretische Vorwissen und die in unterschiedlichen Feldern der *Sozialen Arbeit* anzusiedelnden Erfahrungen der Studierenden in die inhaltliche, didaktische und methodische Ausrichtung der Lehrveranstaltungen einzubringen.

Mit *Prozeßorientiertheit* wird die Vorstellung verbunden, Entwicklungen auf Gruppen- und gruppendynamischer Ebene anzubahnen, „die im Zuge einer intensiven Auseinandersetzung der Seminarteilnehmer mit sie nicht nur auf wissenschaftlicher, sondern auch auf subjektiv-persönlicher Ebene betreffenden Fragestellungen" (Sommer 2000 b, S. 38) aus dem Themenbereich *Wissenschaftlichen Arbeitens* zu erwarten sind.

Die Studierenden sollen im Zuge dieser didaktischen Überlegungen in Ansätzen vorhandene eigene Fähigkeiten entdecken, das eigene Wissen aktivieren, sich die eigenen Lebens- und Arbeitserfahrungen vergegenwärtigen, sich Erinnerungen an die eigene Lern-Geschichte bewußt machen sowie ihr Verhalten in sozialen und kommunikativen Zusammenhängen (selbst-)kritisch reflektieren können.

Nur wenn es gelingt, die Studierenden in die inhaltliche Bearbeitung der anstehenden Themen einzubinden, werden im Rahmen dieser Veranstaltungen übergeordnete Lehrziele zu erreichen sein.

Als Beispiele übergeordneter Lehrziele bzw. Lernbereiche können hier genannt werden:
- Erlernen von Grundformen und Anwenden von Grundtechniken *Wissenschaftlichen Arbeitens* (Lesen und Exzerpieren von Texten, Entwickeln von leitenden Fragestellungen, Suchen von relevanter Literatur, Ausarbeiten von Referaten, Arbeiten in Gruppen, Planen, Gliedern, Ausarbeiten und Ausgestalten von schriftlichen wissenschaftlichen Arbeiten)
- Wahrnehmen und Verfeinern der individuell unterschiedlichen Lern- und Arbeitsstile
- Gewinnen von einführenden Kenntnissen in forschungsmethodologische Fragestellungen
- ansatzweises Erwerben von didaktisch-methodischen Kompetenzen (Sommer 2004, S. 24 ff.).

Es werden also Fragen aus zwei unterschiedlichen Themenbereichen angesprochen: *Wissenschaftliches Arbeiten* als Lern- und Lehrinhalt auf der einen, *Didaktik* als Wissenschaft vom Lehren und Lernen auf der anderen Seite.

In dem vorliegenden Beitrag lassen sich demnach die folgenden Fragestellungen formulieren, an deren Beantwortung sich schrittweise angenähert werden soll:
1. Woran können sich Lehrende an Hochschulen im Rahmen von Lehr-Lern-Situationen orientieren?
    Oder: Welches didaktische Modell verspricht sowohl theoretische Fundierung wie praktische Anwendbarkeit und läßt sich auch für das Planen, Durchführen und Auswerten von Lehrveranstaltungen zum *Wissenschaftlichen Arbeiten* anwenden?
2. Wie können Einführungsveranstaltungen in das *Wissenschaftliche Arbeiten* für Erstsemester-Studierende der *Sozialwirtschaft* hinsichtlich konzeptioneller, didaktisch-methodischer und inhaltlicher Schwerpunkte gestaltet werden?

2 Zu Konzeption, Durchführung und Auswertung von Einführungsveranstaltungen *Wissenschaftliches Arbeiten*

2.1 Das *didaktische W-Fragen-Modell* als praktische Planungs- und Orientierungshilfe

Innerhalb dieses ersten Unterkapitels werden die einzelnen Schritte des sogenannten *didaktischen W-Fragen-Modells* (Sommer 2012) auf ihre praktische Anwendbarkeit und ihren Aussagewert hinsichtlich der Einführungsveranstaltungen in das *Wissenschaftliche Arbeiten* überprüft.

> **These:**
> Das *didaktische W-Fragen-Modell* eignet sich für eine erste grobe Planung von Lehr-Lern-Prozessen im Rahmen von akademischen Einführungsveranstaltungen in das *Wissenschaftliche Arbeiten*.

Das konkrete Bestimmen von Lernzielen, das Klären von individuellen und soziokulturellen Voraussetzungen wie auch das Erkennen unterschiedlicher Lernwege auf Seiten der Lernenden wird aber erst aufgrund von Beobachtungen und Erkenntnissen aus den ersten Seminar-Sitzungen möglich, d. h. das Bearbeiten konkreter didaktischer Fragestellungen wird erst nach den ersten Seminar-Sitzungen erfolgen können.

Unabhängig von diesen Einschränkungen können die folgenden *W-Fragen* auf allgemein-didaktischer Ebene bereits vor Beginn der Veranstaltungen zumindest ansatzweise beantwortet werden.

Die Frage nach dem *Wer*
Die Frage, welche Personen und wie viele Personen an den Lernprozessen beteiligt sein werden, läßt sich mehrere Wochen vor den ersten Sitzungen der Lehrveranstaltungen (noch) nicht konkret bestimmen.

Es werden zwei Kurse mit jeweils etwa 25 Studierenden erwartet, ein Lehrender wird Veranstaltungsleiter sein.

Lernhelfer (Giesecke 2000), d. h. Lehrender, werde ich als hauptamtlicher Professor der Dualen Hochschule sein, der diese Einführungskurse in der Vergangenheit bereits mehr als fünfzigmal angeboten hat.

Die Einführung in das *Wissenschaftliche Arbeiten* ist im Rahmen des Studiengangs *Sozialwirtschaft* der Fakultät für Sozialwesen in das Modul 1 eingegliedert und stellt eine Pflichtveranstaltung dar.

Die einzelnen Veranstaltungssitzungen werden von Oktober bis Dezember in sechs Blöcken à drei Stunden (45 Minuten) an den Morgen wechselnder Wochentage stattfinden. Veranstaltungsbeginn wird alternierend 08.00 Uhr oder 10.45 Uhr sein.

Die für die Planung relevanten Informationen über die individuellen Voraussetzungen der Lernenden wie z. B. Alter, Geschlecht, Entwicklungsstand, Interessen, Fähigkeiten, Erfahrungen, Motivation, Auffälligkeiten, Vorkenntnisse, aber auch über die sozio-kulturellen Voraussetzungen wie z. B. Sprachstil, Nationalität, Schulbildung, Religion, Geschwister, Familienstand, Bezugsgruppen, soziale Beziehungen werden ebenso wie die Fragen, wie die Personen lernen und welche individuellen Lernwege sich erkennen lassen, erst mit den konkreten Beobachtungen innerhalb der ersten Veranstaltungssitzungen erkennbar werden können.

Auf die Frage, wer zusätzlich zu den unmittelbar Handelnden die geplanten Lernprozesse beeinflußt, ist folgendes anzumerken.

Die Veranstaltung *Wissenschaftliches Arbeiten* ist als Teil des Moduls 1, *Einführung in die Sozialwirtschaft I* (Studiengang *Sozialwirtschaft*) in einen umfangreichen Studien- und Ausbildungsplan eingebunden.

Es besteht eine Veranstaltungsbeschreibung, in der wesentliche Inhalte formuliert werden. Demnach sollen die Grundregeln, Methoden und Formen des *Wissenschaftlichen Arbeitens* thematisiert sowie ein Überblick über bzw. erster Einblick in quantitative und qualitative Methoden der Empirischen Sozialforschung gegeben werden (Modulhandbuch 2011, S. 6 f.).

Die Frage, in welcher Weise Kommunikation zwischen den an den angestrebten Lehr-Lern-Prozessen beteiligten Personen stattfindet, kann vor Beginn der Veranstaltungen nicht wirklich beantwortet werden.

Grundsätzlich ist davon auszugehen, daß Veranstaltungsleiter_innen mehrere ihnen eigene Lehr- und Kommunikationsstile ausgeprägt haben, die in Verbindung mit Persönlichkeitsmerkmalen die Individualität ihres Lehrens ausmachen dürften.

Es bleibt abzuwarten, ob diese Stile auch für die künftigen Erstsemester angemessen und förderlich sein werden.

Der konkret für die Einführungsveranstaltungen angedachte Lehrstil ist weniger durch klassische Vorlesungen gekennzeichnet als vielmehr durch den Versuch, ein interaktives Miteinander einzurichten, in dessen Rahmen die Lernenden miteinander und die Lernenden mit dem Lehrenden in ein fachlich bestimmtes Gespräch eingebunden werden. Dieses Vorgehen wird als *teilnehmer-* und *prozeßorientiert* bezeichnet.

Die Frage nach dem *Was*
Die zentrale Frage bei dem *Was* ist die nach den zu behandelnden Themen und den zu vermittelnden Inhalten.

Die Einführungsveranstaltungen in das *Wissenschaftliche Arbeiten* sind in ihrer Ausrichtung lediglich grob festgelegt, so daß jede/r Lehrende inhaltlich, didaktisch und methodisch Schwerpunkte setzen kann.

In meinen Veranstaltungen liegt das Hauptgewicht auf der Vorstellung, daß Grundlagen und Grundtechniken des *Wissenschaftlichen Arbeitens* als Handwerkszeug für das Studium und für das weitere Berufsleben angesehen werden.

Relevante Literatur recherchieren zu können, Bücher und Aufsätze lesen und das Wesentliche exzerpieren zu können, mündlich abzuhaltende Referate planen, ausarbeiten und abhalten zu können, Protokolle und Thesenpapiere anfertigen zu können, schriftliche Arbeiten konzipieren und ausarbeiten zu können, all dies sind im Laufe des Studiums aufkommende Anforderungen, gleichzeitig sind dies Herausforderungen, die im beruflichen Alltag zu erfüllen sein werden.

Es werden mit den Einführungsveranstaltungen also erste Grundlagen dafür geschaffen, späteren Aufgaben in Studium und Berufstätigkeit unter Anwendung systematisch einzusetzender Arbeitsweisen gerecht zu werden.

Dies stellt einen m. E. übergeordneten Lernprozeß für die Studierenden dar. Sie werden im Laufe ihres Studiums einen eigenen Arbeitsstil ausprägen, der ihren individuellen Stärken entsprechend gestaltet sein wird. Hier gilt es, erste Schritte zu dessen Grundlegung zu gehen.

Inwiefern die ausgewählten Inhalte dazu beitragen können, die angestrebten Zielsetzungen zu erreichen, kann zum jetzigen Zeitpunkt (noch) nicht bestimmt werden, ähnlich wie die Frage (noch) nicht beantwortet werden kann, welche Bedeutung das Thema für die Lernenden einnimmt.

Die Frage nach dem *Wo* ist zum einen von didaktisch relevanter Bedeutung in räumlicher Hinsicht. Die Veranstaltungen *Einführung in das Wissenschaftliche Arbeiten* werden in den Räumlichkeiten der Dualen Hochschule durchgeführt.

Ob dies in Frontalsitzordnung geschehen wird oder in einer offene Kommunikation ermöglichenden Ordnung, wird gemeinsam mit den Studierenden zu entscheiden sein.

Das *Wo* bezogen auf das soziale Umfeld kann nicht eindeutig festgelegt werden, da von einer gewissen Heterogenität der Teilnehmer_innen hinsichtlich ihres Alters, ihres Vorwissens, ihrer beruflichen Erfahrungen, ihrer eventuell vorhandenen Studienabschlüsse u. ä. auszugehen ist.

Die didaktisch relevanten Fragen nach dem *Wann* und *In welchem Zeitraum* lassen sich vor Beginn der ersten Seminar-Sitzungen lediglich teilweise beantworten.

Es wird davon ausgegangen, daß die teilnehmenden Studierenden entweder die Allgemeine oder (Fach-)Hochschulreife besitzen oder einen mittleren Bildungsabschluß verbunden mit einer Ausbildung und entsprechenden Berufserfahrungen.

Die jüngsten Studierenden könnten 17 Jahre alt sein, wenn sie sich unmittelbar nach Ablegen der Hochschulreife-Prüfung im Zuge des G-8 in den Studiengang eingeschrieben haben.

Die Erfahrungen aus den vergangenen Jahren zeigen jedoch, daß neben denjenigen, die direkt nach ihrer Schulzeit ein Studium beginnen, auch ältere Studierende anwesend sein werden, die ein Freiwilliges Soziales oder Ökologisches Jahr, Bundesfreiwilligendienst, ein Praktikum, eine Berufsausbildung absolviert oder ein Studium abgebrochen bzw. beendet haben.

Auch Erwachsene mittleren Alters nehmen mitunter nach Ende der Familienphase oder als Berufswechsler ein sozial bzw. pädagogisch ausgerichtetes Studium auf.

Es ist also hinsichtlich des Alters der Studierenden eine vorab nicht genau zu bestimmende Spanne von 17 bis Mitte 40 Jahren zu erwarten.

Diese Beobachtung kann erhebliche Auswirkungen auf die Planung und Durchführung der Veranstaltungen haben, da nicht von einer Homogenität hinsichtlich der angesprochenen Aspekte ausgegangen werden kann.

Grundsätzlich wird der allgemeine Leitsatz des *lebenslangen Lernens* zugrundegelegt. Hier wird jedoch aus didaktischer Perspektive die Notwendigkeit einer inneren Differenzierung hinsichtlich anzubahnender und zu beschreitender Lernwege deutlich.

Welche Auswirkungen dies auf die noch zu formulierenden Lehrziele haben wird, bleibt abzuwarten.

Wie bereits angedeutet sind die Einführungen in das *Wissenschaftliche Arbeiten* Pflichtveranstaltungen für alle Erstsemester-Studierenden in dem Studiengang *Sozialwirtschaft* mit 18 Stunden à 45 Minuten, jeweils im Drei-Stunden-Takt.

Für diejenigen Studierenden, die innerhalb des ersten Studiensemesters bereits die Ausarbeitung eines Referates bzw. einer schriftlichen Arbeit beabsichtigen, ist eine zeitlich geraffte Abfolge der sechs Veranstaltungssitzungen sinnvoll, damit sie die dabei gewonnenen Erkenntnisse in die Planung und Ausarbeitung der konkret anstehenden Projekte einfließen lassen können.

These:
Die Frage nach dem *Wohin*, also die nach anzustrebenden *Lehr-*, *Handlungs-* und *Lernzielen*, läßt sich zunächst lediglich auf allgemeiner Ebene beantworten.

Dabei finden allgemein-pädagogische bzw. didaktische Grundsätze Anwendung.

Die Frage nach dem *Wohin* wird im Zusammenhang mit anzustrebenden Zielen formuliert. Es gilt hier zu unterscheiden zwischen *Lehr-*, *Handlungs-* und *Lernzielen*. Diese Begrifflichkeiten sind in der einschlägigen Literatur nicht eindeutig belegt.

Im Folgenden wird von Begriffsbestimmungen ausgegangen, die eng an die Definitionsversuche von Schilling angelehnt sind.

Während unter *Lehr-* oder *Erziehungszielen* die „Ziele des *Lehrenden*, Erziehers, Pädagogen, Sozialpädagogen etc." zu verstehen seien, fasst Schilling unter den Begriff *Handlungsziele* die „Ziele des *Lernenden* (Kinder, Jugendliche, junge Erwachsene, Erwachsene, alte Erwachsene)". Von *Lernzielen* könne erst dann gesprochen werden, wenn „Ziele, die aus einer gemeinsamen Sache hervorgehen, in Übereinstimmung stehen, eine Synthese darstellen, ein Eingehen oder Bestehen auf Zielen, Addition von Erziehungs- und Handlungszielen darstellen etc." (Schilling 1995, S. 121).

Während die *Handlungsziele*, also die Ziele der Lernenden, nicht vorab bestimmt werden können, die *Lernziele* erst nach dem Austauschen von Vorstellungen des Lernhelfers und der Lernenden formuliert werden können, werden im folgenden allgemeine *Lehr-* oder *Erziehungsziele* formuliert, die im Rahmen der Einführungsveranstaltungen in das *Wissenschaftliche Arbeiten* verwirklicht werden sollen.

Übergeordnete *Lehrziele*, die an dieser Stelle formuliert werden können, bestehen darin, daß die Studierenden die Grundgedanken *Wissenschaftlichen Arbeitens* kennenlernen, grundlegende Techniken *Wissenschaftlichen Arbeitens* praktisch anwenden und das Beherrschen dieser Fertigkeiten und Kenntnisse möglichst als notwendiges Handwerkszeug für ihr weiteres Studium wie für ihre berufliche Tätigkeit erkennen lernen.

Das Formulieren dieser *Lehrziele* hängt unmittelbar mit den auszuwählenden Inhalten und Schwerpunkten, dem *Was*, und den anzuwendenden Arbeitsformen, dem *Wie* bzw. dem *Auf welchem Wege*, zusammen.

In den ersten Veranstaltungssitzungen wird festzustellen sein, welches (Vor-)Wissen bei den einzelnen Teilnehmer_innen vorhanden ist.

Darauf aufbauend sollen dann zum einen *Handlungsziele*, also die Ziele der Studierenden, in Erfahrung gebracht werden, zum zweiten werden die *Lehrziele*, also die Ziele des Lehrenden, konkret formuliert und zum dritten bei deren Aufeinandertreffen zu *Lernzielen* ausgearbeitet werden.

Die inhaltliche Ausrichtung dieser Ziele fernab allgemeiner Formulierungen wird erst nach den ersten Seminar-Sitzungen vorgenommen werden können.

Im folgenden werden die didaktisch relevanten Fragen nach dem *Wie* und dem *Womit*, die im engeren Sinne methodischen Fragestellungen, also die Fragen nach dem Weg, nach möglichen Arbeitsformen und nach einzusetzenden Hilfsmitteln und Medien, thematisiert.

Auch hinsichtlich dieser Fragen wird eine inhaltliche Konkretisierung erst möglich werden, nachdem die Studierenden den Stand ihrer Erfahrungen und ihres Wissens in Bezug auf *Wissenschaftliches Arbeiten* kundgetan haben werden.

Allgemein sind die folgenden Arbeitsformen denkbar: Referate des Veranstaltungsleiters, Kurzreferate der Studierenden (einzeln oder in Gruppen), Arbeitspapiere, Arbeitsaufträge, Selbstreflexionsaufgaben, Einzel- und Gruppenarbeiten, praktische Übungen, Selbststudium, Diskussionen im Plenum.

Die Wahl der Arbeitsformen ist abhängig, und hier deutet sich die Notwendigkeit an, allgemein-pädagogische bzw. didaktische Grundsätze zu beherzigen:
- Ziele, Inhalte und Methoden stehen in Wechselwirkung miteinander, sie beeinflussen und bedingen sich gegenseitig.
- Vom Einfachen zum Komplexen.
- Der Einsatz von Methoden bzw. das Einrichten von Arbeitsformen findet personen-, gegenstands- und situationsadäquat unter Berücksichtigung des Zeitfaktors statt (Sommer 2012, S. 129 ff.).

Die Veranstaltungen sind nicht als Vorlesungen konzipiert, sondern als Seminare mit Übungscharakter. Dies hat Auswirkungen auf didaktische Entscheidungen.

Das zentrale Anliegen bleibt auch bei uneinheitlichem Wissensstand und zu erwartenden unterschiedlicher Vorerfahrungen mit *Wissenschaftlichem Arbeiten* das eigene praktische Handeln der Studierenden: Aneignungsbezogenes, selbsttätiges, individualisiertes Lernen soll folglich ermöglicht werden.

Die Frage nach dem *Warum* ist in einem übergeordneten Kontext zu sehen. Jede weitere *W-Frage* kann und soll mit der Frage nach dem *Warum* kombiniert werden: Warum gerade diese Personen(-gruppe) als Lernende? Warum gerade dieses Thema? Warum gerade diese Inhalte? Warum gerade diese Lehr-, Handlungs- und Lernziele? Warum dieses methodische Vorgehen? Warum diese Hilfsmittel? Warum an diesem Ort? Warum zu dieser Zeit und in dieser Zeitspanne?

Konkrete Antworten auf diese und weitere relevante Fragen lassen sich in den didaktischen Kommentaren sowie den Nachbetrachtungen zu den einzelnen Veranstaltungssitzungen wie auch der gesamten Seminar-Abfolge auffinden (Sommer 2013).

Zusammenfassend läßt sich an dieser Stelle festhalten, daß auf allgemeiner Ebene didaktische Planungen hinsichtlich der Einführungsveranstaltungen in das *Wissenschaftliche Arbeiten* zwar vorgenommen werden können, konkrete Fragen jedoch zu dem Zeitpunkt vor Beginn der ersten Sitzungen nicht beantwortet werden können.

Die detaillierte Planung kann erst erfolgen, wenn die Seminar-Teilnehmer_innen konkret in die Veranstaltungen eingreifen.

Es wird notwendig sein, eine Situationsanalyse, eine Beschreibung der Ausgangssituation vorzunehmen, was erst möglich werden wird im Rahmen der ersten Veranstaltungssitzungen.

Für die erste Seminar-Sitzung wird folglich ein nicht auf die Teilnehmer_innen zugeschnittenes Programm ausgearbeitet, sondern es werden didaktisch aufbereitete Materialien eingesetzt, die hilfreich und dienlich sind, um Vorkenntnisse und bereits vorhandenes Wissen der Teilnehmer_innen in Erfahrung bringen zu können.

2.2 Inhaltliche Schwerpunkte und Arbeitsmaterialien

2.2.1 Die erste Sitzung

Die erste der sechs Veranstaltungssitzungen dient zum einen der Einführung in die konzeptionellen, didaktisch-methodischen und inhaltlichen Überlegungen des Seminars *Wissenschaftliches Arbeiten* für Erstsemester-Studierende des Studiengangs *Sozialwirtschaft*. In diesem Zuge wird auch der didaktische Arbeitsansatz der *Teilnehmer-* und *Prozeßorientiertheit* erläutert.

Die Veranstaltung wird sich hinsichtlich ihres Ablaufes und der Bearbeitung der inhaltlichen Schwerpunkte an den konkret vorhandenen, noch festzustellenden individuellen und sozio-kulturellen Voraussetzungen der Teilnehmerinnen und Teilnehmer ausrichten sowie auf das Anwachsen von praktisch anwendbarem Wissen, auf das Gewinnen von Einsichten und das Erwerben von Handlungsfähigkeit abzielen.

Zum zweiten werden sogenannte *Selbsterfahrungs-* bzw. *Selbstreflexionsbögen* eingesetzt, um die bisherigen Berührungspunkte der Studierenden mit und das Vorwissen zu dem Thema *Wissenschaftliches Arbeiten* in Erfahrung zu bringen.

Zum dritten werden persönliche Einstellungen, Gedanken und Überlegungen, sofern sie für die Veranstaltung *Wissenschaftliches Arbeiten* von Relevanz sind, in gemeinsam mit dem Veranstaltungsleiter erfolgenden Gesprächen im Plenum thematisiert.

Die erste der sechs dreistündigen Einheiten dient den beteiligten Personen, also den Veranstaltungsteilnehmerinnen und -teilnehmern sowie dem Leiter, als Möglichkeit, sich kennenzulernen und eine konstruktive, nicht von Angst und Mißtrauen, sondern von gegenseitiger Wertschätzung und Anerkennung, von Interesse, Neugier und Wissensdrang bestimmte Arbeitsatmosphäre zu schaffen.

Dies wird über den Weg des nicht-direktiven Vorgehens angestrebt.

Die Erstsemester-Studierenden sind zu Beginn der Lehrveranstaltung in der Regel erst seit einer Woche an der Hochschule und kennen sich (noch) nicht untereinander.

Es wird statt der oftmals obligatorischen Vorstellungsrunde mit Nennen des Namens, der Ausbildungseinrichtung und des Studienschwerpunktes der indirekte Weg der Informationssammlung gewählt.

Mit dem Fragen und Antworten über Handzeichen im Plenum findet ein eher sanfter Austausch über für die Veranstaltung relevante Daten statt.

Sind Studierende anwesend, die bereits über mehr als Schul-Wissen hinausgehende Kenntnisse im *Wissenschaftlichen Arbeiten* verfügen? Besitzen eine/r oder mehrere Studierende bereits akademische Abschlüsse?

Diese Informationen sind wichtig, um die Ausgangssituation für diese Einführungsveranstaltung in das *Wissenschaftliche Arbeiten* konkret bestimmen zu können.

Es besteht zwar ein grober Konzeptionsrahmen, der jedoch erst konkretisiert werden kann, wenn die Vorerfahrungen und das Vorwissen der anwesenden Studierenden bekannt sind.

Der Zugang zu dem komplexen Themenbereich *Wissenschaftliches Arbeiten* wird über einen (berufs- bzw. ausbildungs)biographischen Weg hergestellt.

Bei Betrachtung der heutigen Generation von Erstsemester-Studierenden fällt die Beobachtung auf, daß kaum jemand ohne Erfahrungen aufzufinden ist, was das Abhalten von Referaten angeht. Referate halten bzw. Präsentieren als solches scheint in den allgemeinbildenden Schulen verstärkt Thema zu sein.

Dies läßt den Schluß zu, daß alle Studierenden zumindest erste Erfahrungen hinsichtlich des Planens, Ausarbeitens und Abhaltens von Referaten gesammelt haben.

Ob diese Erfahrungen nun für sie positiv oder negativ besetzt sind, ist an dieser Stelle bedeutsam zur Beantwortung der Frage, welche Kriterien sie an ein von ihnen als gut zu bezeichnendes Referat stellen.

Diese erste Einheit kann also zum einen als Standortbestimmung bezeichnet werden, zugleich als Ausgangspunkt für die didaktische Planung der weiteren Einheiten, und zum anderen als erste, nicht bedrohliche Möglichkeiten, miteinander zu kommunizieren, sich auszutauschen und erste gemeinsame Schritte des Sich-Annäherns zu gehen.

Die im Vorfeld angestellten Überlegungen hinsichtlich der vermuteten Heterogenität der Lerngruppe bestätigen sich in der Regel im Rahmen der ersten Eindrücke.

Keiner der beiden letztjährigen Einführungskurse in das *Wissenschaftliche Arbeiten* ist mit weniger als 25 Studierenden besetzt.

Die Geschlechter-Verteilung kann in beiden Kursen jeweils mit 75–80 % weiblichen und 20–25 % männlichen Studierenden beziffert werden.

Studiengänge der *Sozialen Arbeit,* und dazu ist auch der Studiengang Sozialwirtschaft zu zählen, sind, ähnlich wie die zum Grundschul-Lehramt führenden, frauendominiert, was die Zahl und Verteilung der Studierenden angeht.

Alle Teilnehmerinnen und Teilnehmer sind deutschsprachig, unabhängig davon sind einige der Studierenden türkischer und osteuropäischer Abstammung. Es bestehen jedoch, soweit dies beobachtbar ist, keine Sprach- und Verständnisbarrieren.

Individuelle Lernwege der Studierenden lassen sich (noch) nicht beobachten.

Auch hinsichtlich der Alters- und Sozialstruktur wird das bestätigt, was vorab vermutet wurde: Vereinzelt sind Studierende anwesend, die in dem Jahr, in dem sie ihren Schulabschluß in Gestalt der (Fach-)Hochschulreife abgelegt haben, das Studium aufnehmen. Ein Großteil, geschätzt 60–65 % der Anwesenden, hat jedoch vor Aufnehmen des Studiums ein Praktikum bzw. Freiwilliges Soziales Jahr in einer Einrichtung der *Sozialen Arbeit* absolviert.

Einige der Studierenden haben Ausbildungen abgeschlossen, die zu qualifizierten Berufen wie Schreiner, Angestellte für Bürokommunikation, Heil- und Erziehungspfleger, Erzieherinnen, Pflegekräfte u. ä. geführt haben.

Zudem sind in jedem Kurs Studierende mit einem Anteil von 15–20 % anwesend, die ein Studium an einer anderen Hochschule begonnen, dies aber aus unterschiedlichen Gründen abgebrochen haben.

In den beiden Kursen aus dem Studienjahrgang 2014 befinden sich zwei Personen, die bereits ein Studium erfolgreich mit einem akademischen Grad abgeschlossen haben.

Die Altersspanne der teilnehmenden Erstsemester im vergangenen Jahr beläuft sich auf 18 bis 30 Jahre.

Auch hinsichtlich der Vorkenntnisse und Vorerfahrungen in Bezug auf *Wissenschaftliches Arbeiten* kann also von einer vorherrschenden Heterogenität der Lernenden ausgegangen werden, was zu diesem Zeitpunkt dazu führt, keine auf die einzelnen Studierenden bezogenen Lehrziele formulieren zu können.

Die Vorstellungen der Studierenden im Sinne von Handlungszielen werden durch die Beiträge, Kommentare, kritischen Fragen deutlich und weisen auf das grundsätzlich nur schwer zu lösende Problem hin, daß sowohl echte Erstsemester wie auch im *Wissenschaftlichen Arbeiten* Fortgeschrittene an den Veranstaltungen teilnehmen.

Aus didaktischer Perspektive betrachtet sollte aufgrund der beobachteten, z. T. gravierenden Wissensunterschiede eine Binnendifferenzierung der Lehrveranstaltungen vorgenommen werden.

Andererseits ist die Zielgruppe im Modul 1 unmißverständlich, klar und in expliziter Weise festgeschrieben: Erstsemester-Studierende, die in keinerlei Hinsicht Vorerfahrungen und Kenntnisse vorzuweisen brauchen, um an den Einführungsveranstaltungen in das *Wissenschaftliche Arbeiten* teilnehmen zu können.

2.2.2 Die zweite Sitzung

In der zweiten Sitzung wird zum einen auf mögliche Arbeits- und Lesestile eingegangen, zum anderen werden die Einsichten, die im Rahmen dieser Veranstaltung zum Themenbereich *Planen, Ausarbeiten und Abhalten von Referaten* gewonnen werden, mit Hilfe eines Thesenpapiers vorgestellt und diskutiert.

Auf die zentrale Fragestellung, welche konkreten Denk- und Arbeitsschritte sinnvollerweise angestellt werden sollten, um ein die Referierenden wie die Zuhörer_innen zufriedenstellendes Referat planen, ausarbeiten und abhalten zu können, können folgende Ergebnisse festgehalten werden.

Ein Referat muß nicht gleich ein Vortrag sein. Ein Referat kann vielmehr, je nach gewählten inhaltlichen Schwerpunkten, je nach vorab formulierten Zielsetzungen, je nach gewählten Methoden und Einsatz bestimmter (unterstützender) Medien, zu einem Teil aus einem Vortrag der Referierenden (monologischer Aspekt) bestehen, zu einem anderen Teil aber auch aus der Aktivierung und Einbeziehung der Zuhörenden (dialogischer Aspekt).

In welchem Maße unterschiedliche Mischformen eines *darbietenden* und eines *erarbeitenden Referates* Anwendung finden, bestimmen letztendlich die Referierenden in Abhängigkeit von den angeführten Kriterien.

Weder das eine Extrem noch das andere scheinen in Reinform für eine überzeugende Präsentation angebracht zu sein, vielmehr wird eine Mischung des Einsetzens von Elementen des klassischen Vortrage(n)s mit den Elementen des Eröffnens von Möglichkeiten zu Eigeninitiative und Mitarbeit auf Seiten der Zuhörenden als sinnvoll erachtet.

Bei der Ausarbeitung eines Referates sollte die obligatorische Dreiteilung in Einleitung, Hauptteil(e) und Schlußteil beachtet werden.

Während in dem oder in den Hauptteil(en) die Ergebnisse zu dem ausgewählten Thema präsentiert werden, stellen Einleitung und Schlußteil die im eigentlichen Sinne kreativen Bestandteile eines Referates dar.

In der Einleitung haben die Referierenden die Aufgabe, die Zuhörer_innen für ihr Thema zu interessieren, wenn möglich zu begeistern. Vielleicht springt der berühmte Funken der Begeisterung auf die Zuhörerschaft über.

Die Referierenden führen das Auditorium in die inhaltlichen Schwerpunkte ein, erläutern den weiteren Fortgang wie auch den Aufbau des Referates und stellen die zentralen Frage- bzw. Aufgabenstellungen vor.

Im Schlußteil werden die wesentlichen Ergebnisse des Referates zusammengefaßt, es wird in die Phase übergeleitet, in deren Rahmen Fragen der Zuhörer_innen beantwortet werden und u. U., wenn dies das Thema hergibt, diskutiert werden können.

Wichtig ist in diesem Zusammenhang die Erkenntnis, daß ein Referat zwar der Vermittlung fachlich-inhaltlich bestimmter Aspekte dient, gleichzeitig jedoch eine *Lehr-Lern-Situation* darstellt, in der insbesondere die sozialen und kommunikativen Kompetenzen der Referierenden gefordert sind.

Das *Modell der didaktischen W-Fragen* stellt in diesem Rahmen eine Möglichkeit dar, auf dessen Grundlage sich die Referierenden in den Phasen von Planung, Ausarbeitung, Durchführung und Auswertung/Reflexion ihres Referates hinsichtlich einer möglichen Gestaltung und inhaltlichen Ausrichtung orientieren können.

Sie werden sich in der Vorbereitung auf ihr Referat also neben fachlich-thematischen Aspekten auch mit Fragen des Lehrens und Lernens beschäftigen (müssen), Fragen, die dem Bereich von *Didaktik* zuzuordnen sind.

Schließlich wollen auch die Referierenden aus ihren Referaten lernen. D. h. sie benötigen zum einen Rückmeldungen von Seiten des Veranstaltungsleiters, die ihnen in der Regel in Form einer Beurteilung (Note) zu teil werden wird. Sollte dies den Referenten nicht ausreichen, so können sie eine verbalisierte Kritik von Seiten des Leiters einholen. Zum anderen, und diese Möglichkeit sollten sich die Vortragenden keineswegs nehmen lassen, können sie um Rückmeldungen von Seiten der Zuhörer_innen bitten.

Hier ginge es dann wahrscheinlich weniger um Fragen der sachlichen Richtigkeit und Vollständigkeit, sondern eher um Fragen, ob der Aufbau des Referates nachvollziehbar war, ob die Zielgruppe den entwickelten Gedankengängen folgen konnte, ob sich die Zuhörer_innen einbezogen fühlten, ob es ihnen möglich war, Eindrücke zu sammeln, an bisherigen Vorkenntnissen und Vorerfahrungen anzuknüpfen und neues Wissen zu gewinnen.

2.2.3 Die dritte und vierte Sitzung

Es wird im Rahmen der Lehrveranstaltung von der Überlegung ausgegangen, daß sich die Denk- und Arbeitsschritte, die im Rahmen der Realisierung eines wissenschaftlichen Projektes wie dem eines mündlich abzuhaltenden Referates und dem einer schriftlichen Hausarbeit zu beschreiben sind, ähnlen, wenn nicht gar als identisch zeigen, lediglich die Art der Präsentation der Ergebnisse wie auch die Adressaten_innen unterscheiden sich.

Im Gegensatz zu einer schriftlichen Arbeit stellt ein Referat von seinem Wesen betrachtet eine klassisch pädagogische Situation dar, eine Lehr-Lern-Situation, in deren Rahmen in der Regel ein verbalisierter Austausch zwischen den Referierenden und den Zuhörenden stattfindet, der am Ende mit dem Stellen und Beantworten von Fragen oder einer Diskussion schließt.

Schriftliche Hausarbeiten hingegen stellen die individuelle Auseinandersetzung der Schreibenden mit einer Themenstellung dar. Hier werden zwar im Vorfeld Absprachen getroffen zwischen den Schreibenden und den Betreuenden hinsichtlich Thema, Titel/Untertitel, leitenden Fragestellungen Gliederung, zu verwendender Literatur, das Ergebnis der wissenschaftlichen Bemühungen aber, das Produkt Hausarbeit, wird ausschließlich über den schriftlichen Weg kommuniziert.

Als eine erste Orientierungsmöglichkeit für das systematische Aufbauen einer wissenschaftlichen Arbeit kann Studierenden die sogenannte *Dreigliederung* dienen. Jede wissenschaftliche Arbeit besteht aus drei Teilen: Einleitung, Hauptteil(e), Schlußteil.

Während ein Referat in der Regel ausgearbeitet und mündlich vor Studierenden und Dozenten vorgetragen wird, beschränkt sich ein wissenschaftliches Schreibprojekt wie beispielsweise eine erste Hausarbeit auf die einzureichende verschriftlichte Version.

Beide Produkte *Wissenschaftlichen Arbeitens* unterscheiden sich demnach hinsichtlich ihrer jeweiligen Präsentationsform, die zugrunde liegenden, bedeutsamen Denk- und Arbeitsschritte, die im Laufe des Prozesses von Planen, Ausarbeiten und Abfassen durchlaufen werden (müssen), stellen sich jedoch als nahezu identisch dar.

Titel und Untertitel sollen das repräsentieren, was in der Arbeit in ausführlicher Weise dargestellt wird.

Gleichzeitig werden mit bewußt gewählten Titel und Untertitel Einschränkungen der Themenwahl vorgenommen und die inhaltlichen Schwerpunkte benannt.

Aus der Formulierung von Titel und Untertitel lassen sich richtungsweisende Hinweise für das Erstellen einer ersten Gliederung ableiten.

Das Anfertigen von wissenschaftlichen Arbeiten unterliegt im Rahmen eines Studiums in der Regel zeitlichen Reglementierungen (Ausarbeitungszeit von Referat und Hausarbeit, Dauer des Referats). Zugleich ist eine schriftliche Arbeit, was den Umfang der Seitenzahlen angeht, begrenzt.

Zudem müssen die formalen Vorgaben der jeweiligen Hochschule, der Fakultät oder des Studienganges eingehalten werden.

Das Anwenden von Techniken zum Suchen und Sichten von Literatur wie beispielsweise die sogenannte *Relevanzprüfung* ermöglicht Studierenden, mit relativ wenig Aufwand zu prüfen, welche Literatur in die engere Auswahl genommen, welche Literatur verwendet und welche vernachlässigt werden kann.

Das Aufstellen einer ersten Gliederung, und dies wird nach einem überblickartigen Durchgang durch die entsprechende Literatur offensichtlich, bietet eine weitere Möglichkeit der Orientierung.

Vor dem Hintergrund der Formulierungen in Titel und Untertitel läßt sich die Entscheidung treffen, wie viele Hauptkapitel die Arbeit umfassen soll.

Titel, Untertitel und eine erste Gliederung bilden hier eine Einheit. Diese Einheit ist als vorläufiges Ergebnis zu sehen, da sich die Gliederung mit zunehmender Dauer der Bearbeitung verändern wird.

Ein weiterer Orientierungspunkt liegt in der Beobachtung, daß sowohl Referate wie auch umfangreiche schriftliche Arbeiten grundsätzlich auf maximal fünf Teile beschränkt werden können: Kapitel 1: Einleitung, Kapitel 2: Hauptteil 1, Kapitel 3: Hauptteil, 2, Kapitel 4: Hauptteil 3, Kapitel 5: Schlußteil.

Jedem Hauptteil liegt eine zentrale Aufgaben- oder Fragestellung zugrunde, die im Rahmen der Einleitung aus einem übergeordneten Denkzusammenhang entwickelt und abgeleitet werden sollte.

Mit den Ausführungen in der Einleitung werden die Leser_innen in die Thematik eingeführt. Am Ende der Einleitung muß sowohl den Schreibenden wie den Lesenden deutlich sein, welches die inhaltlichen Schwerpunkte sind, die im Rahmen des wissenschaftlichen Projektes bearbeitet werden sollen.

Der Schlußteil einer wissenschaftlichen Arbeit rundet die Hauptteile nicht nur ab, sondern erfüllt unterschiedliche Funktionen, die von dem Zusammenführen und Zusammenfassen der gewonnenen Ergebnisse aus den unterschiedlichen Hauptteilen, über das kritische Reflektieren bzw. Diskutieren, über das Rückordnen in allgemeine Zusammenhänge bis hin zu dem Formulieren eines Ausblicks und weitergehender Fragestellungen führt.

Das Entwickeln einer eigenen Position innerhalb der Diskussion, das Ableiten von begründeten und damit für den Lesenden gedanklich nachvollziehbaren Konsequenzen sowie das Aufwerfen neuer Fragestellungen stellen den Abschluß der wissenschaftlichen Arbeit dar.

Dies sind vor allem Erkenntnisse auf theoretischer Ebene. Aus didaktischer Perspektive ist bedeutsam, daß die Studierenden der Einführungsveranstaltungen diese theoretischen Erkenntnisse über praktische Projekte in eigenes Erfahrungswissen umsetzen lernen.

Sie werden dabei mit Schwierigkeiten konfrontiert, die methodisch für sie kaum zu lösen sind.

Erst mit dem Präsentieren der Arbeitsergebnisse zum Themenbereich *Gliederung* können sie ihren Blick sensibilisieren für Ungereimtheiten in der Übersetzung eines Themas in Titel, Untertitel, erste Gliederung sowie zentrale, leitende Fragestellungen.

Dieser Prozeß des Erkennens stellt dabei kein Hexenwerk dar, sondern das Ergebnis eines mittelfristig anzulegenden Lern- und Entwicklungsprozesses, in dessen Rahmen Entscheidungen zu treffen sind.

Wissenschaftliches Arbeiten bedeutet, sich in Situationen wiederzufinden, in denen Entscheidungen zu treffen sind hinsichtlich der Themenwahl, der Gestaltung von Titel und Untertitel, der zu verwendenden Literatur, der zu bearbeitenden inhaltlichen Schwerpunktbereiche, der konkreten Frage- und Aufgabenstellungen (Sommer 2014).

Um adäquat Entscheidungen in dieser Hinsicht fällen zu können, bedarf es einer ausgeprägten Sensibilität für die angesprochenen Aspekte, der Kenntnis zielgerichteten, planvollen, systematischen Vorgehens, der kontinuierlich erfolgenden Übung sowie wachsender Erfahrung.

2.2.4 Die fünfte Sitzung

Da das Thema *Zitieren* vor allem, aber nicht ausschließlich Studierenden in den Anfangssemestern immer wieder große Probleme zu bereiten scheint, werden an dieser Stelle wesentliche Aspekte sauberen, d. h. den Regeln entsprechenden, richtigen Zitierens erläutert.

Im ersten Teil der fünften Sitzung werden den Studierenden die folgenden Überlegungen im Arbeitszusammenhang mit *Zitieren* vorgestellt. Es können zu jeder Zeit Fragen gestellt, Kommentare abgegeben, eigene Erfahrungen angebracht und kritische Meinungen geäußert werden.

Im zweiten Teil der fünften Sitzung werden die formalen Vorgaben der Hochschule thematisiert.

Das Rückgreifen auf Erkenntnisse aus der einschlägigen Literatur, das Zitieren in direkter, wörtlicher oder auch indirekter, nicht wörtlicher Weise ist ein konstituierendes Merkmal *Wissenschaftlicher(n) Arbeiten(s)*.

Die Verfasser_innen wissenschaftlicher Arbeiten dürfen sich aller Quellen bedienen, die sich dazu eigenen, ein Thema darzustellen bzw. die eigene Argumentation mit Aussagen aus Veröffentlichungen anderer Autoren_innen zu belegen.

Die Regel sagt an dieser Stelle, daß die verwendeten Quellen offen gelegt werden müssen.

Dies ist m. E. Basis-Handwerkszeug, das bereits Erstsemester-Studierende in Einführungsveranstaltungen lernen (sollten).

Daß das Zitieren nicht von allen Verfassern_innen wissenschaftlicher Publikationen durchgängig korrekt angewendet wird, zeigen nicht zuletzt die spektakulären, aufsehenerregenden Vorgänge der vergangenen Jahre, die in letzter Konsequenz aufgrund fehlender bzw. fehlerhafter Quellenangaben zu dem Entziehen von akademischen Titeln führten.

Zitieren ist das einzige Kriterium zum Bestimmen der Qualität *Wissenschaftlicher(n) Arbeiten(s)*, das nicht der subjektiven Beurteilung der Betrachtenden unterliegt.

Während darüber diskutiert werden kann, ob Titel und Untertitel korrekt in die Gliederung einer Arbeit übersetzt werden, ob die Gliederung bzw. das Inhaltsverzeichnis in sich stimmig und gedanklich nachvollziehbar ist, ob notwendige Eingrenzungen der Themenstellung begründet dargestellt werden, ob die Einleitung den Leser tatsächlich in die Bearbeitung des Themas einführt, ob die Schwerpunkt-Themen sachlich richtig und vollständig bearbeitet werden, ob die den Schlußteil einer wissenschaftlichen Arbeit ausmachenden Bestandteile von Zusammenführung, Zusammenfassung und Diskussion der Ergebnisse, von Einordnen in allgemeine Zusammenhänge und Ausblick in ausreichendem Maße thematisiert werden, unterliegt die Prüfung von Zitaten und deren Quellenangabe nicht einem subjektiven Urteil.

Es kann schlicht und einfach in den Büchern, Zeitschriftenaufsätzen, Internetbeiträgen u. ä. nachgelesen werden, ob die erfolgte Quellenangabe richtig oder falsch vorgenommen wird.

2.2.5 Die sechste Sitzung

In der sechsten und die Veranstaltungsfolge damit abschließenden Sitzung werden die wesentlichen Denk- und Arbeitsschritte, die im Rahmen eines wissenschaftlichen Projektes wie dem eines Referates oder einer schriftlichen Hausarbeit zu durchlaufen sind, auf der Grundlage der Ausführungen von Kruse benannt, dabei entstehende Fragen werden beantwortet.

Didaktisch gesehen bietet die Orientierungshilfe von Kruse die Möglichkeit, die in den vergangenen Sitzungen angesprochenen Themenbereiche nochmals in kompakter Form durchzusprechen.

Otto Kruse hat im Jahre 1993 ein Buch mit dem Titel *Keine Angst vor dem leeren Blatt. Ohne Schreibblockaden durchs Studium* veröffentlicht, das mittlerweile 2007 in der zwölften Auflage erschienen ist.

Auch Helga Esselborn-Krumbiegel hat mit ihrem Buch *Von der Idee zum Text* einen umfangreichen Beitrag zu dem Thema schriftliche wissenschaftliche Arbeiten verfaßt, der erstmals im Jahre 2002 veröffentlicht, mittlerweile in der dritten Auflage 2008 erschienen ist.

Sowohl Kruse wie auch Esselborn-Krumbiegel gelingt es, in verständlicher Weise, an praktischen Beispielen veranschaulichend, den Schreibprozeß als solchen sowie dessen sinnvolle Gestaltung zu beschreiben.

Dabei geben Kruse und Esselborn-Krumbiegel wertvolle Hinweise bei der Bewältigung eventuell entstehender Schwierigkeiten, und dies nicht in theoretischer Weise, sondern in praxisnahen, problembezogenen, sich aufeinander beziehenden, gedanklich nachvollziehbaren Schritten.

Zwischenresümee
Die in Anlehnung an Kruse und Esselborn-Krumbiegel beschriebene Übersicht sinnvoller und notwendiger Arbeitsschritte in wissenschaftlichen Schreibprojekten soll den Studierenden zur Orientierung in dem komplexen Geschehen von Planen, Ausarbeiten und Abfassen von schriftlichen wissenschaftlichen Arbeiten dienen.

Sie werden diese Arbeitsschritte durchlaufen müssen, um von der ursprünglichen Idee bis zu der Endfassung ihrer schriftlichen Arbeit gelangen zu können.

Die Frage, ob sie das hier beispielhaft genannte Modell nach Kruse in der abgebildeten Reihenfolge durchlaufen (sollten), kann und muß hier weder abschließend noch allgemeingültig beantwortet werden.

Manche Arbeitsschritte werden zeitgleich durchgeführt werden können, die abschließende Bearbeitung anderer wiederum stellt die Voraussetzung für nachfolgende Schritte dar.

Bedeutsam jedoch kann diese Schrittfolge in dem Sinne werden, da hier eine wirkliche Orientierungshilfe für die differenzierte Gestaltung des komplexen Arbeitsprozesses und die damit verbundenen konkret anstehenden Tätigkeiten zu finden ist.

Zudem können die Studierenden anhand des Übersichtschemas feststellen, welche Aufgaben sie bereits bearbeitet haben und welche noch vor ihnen liegen.

Kriterien *Wissenschaftlichen Arbeitens*
Die Studierenden sollen, wenn sie sich dazu bereits in der Lage sehen, die erste schriftliche Arbeit als ein ernstzunehmendes Projekt betrachten, mit dessen Hilfe sie die Standards *Wissenschaftlichen Arbeitens* an ihrer Hochschule, ihrer Fakultät und ihrem Studiengang kennenlernen können.

Um einschätzen zu können, welche Standards *Wissenschaftlichen Arbeitens* an der jeweiligen Hochschule vorherrschen, ist das Benennen und Erläutern von maßgeblichen Kriterien bedeutsam, an denen sich die Studierenden hinsichtlich der an sie gerichteten Ansprüche und Erwartungen orientieren können.

Bevor jedoch mit Hilfe eines Arbeitspapiers die *Kriterien Wissenschaftlichen Arbeitens* benannt werden, erfolgt im Rahmen eines Kurzreferates des Veranstaltungsleiters eine Einführung in die Grundgedanken und Grundlagen der *Empirischen Sozialforschung*.

Unter Berufung auf ausgewählte Einführungsliteratur sollen erste Erkenntnisse und Einsichten hinsichtlich der Fragestellung gewonnen werden, wie Sozialforschung arbeite (Eickelpasch 2002; Lamnek 1995; Mogge-Grotjahn 2007).

Empirische Sozialforschung verfolge das Ziel, Erkenntnisse von einer gewissen lebenspraktischen Bedeutung vorzulegen, aber auch, daß ihre Aussagen immer wieder an der Wirklichkeit überprüft würden. Dabei müsse das *Wie* der Erkenntnisgewinnung offen gelegt werden.

Forschende müßten Rechenschaft ablegen über die verschiedenen Phasen des Forschungsprozesses – von der Wahl des Ausgangsproblems über die Durchführung und Auswertung der Untersuchung bis hin zur praktischen Anwendung der Ergebnisse.

Die Forschungsmethoden, d. h. die Techniken und Instrumente der Datengewinnung und -auswertung (z. B. Interview, Befragung, teilnehmende Beobachtung, statistische Verfahren, Experiment u. a.) seien offen zu legen und der kritischen Beurteilung interessierter Leser_innen zu unterziehen.

Die Methodendiskussion in den Sozialwissenschaften wird seit mehr als 100 Jahren bestimmt durch zwei unterschiedliche Denktraditionen: *Erklären* und *Verstehen*.

Die Vertreter_innen der erklärenden Ansätze
- orientierten sich methodisch an den Naturwissenschaften
- gingen von der Grundannahme aus, daß soziales Leben wie ein Naturvorgang nach bestimmten Gesetzmäßigkeiten ablaufe
- meinten, soziales Leben *von außen* in seinem Ablauf beobachten und prinzipiell erklären zu können
- gingen davon aus, mit Hilfe bestimmter Erhebungsmethoden und Meßinstrumente beobachtete Sachverhalte auf allgemeine Gesetze zurückführen und Ursachen für bestimmte Erscheinungen (z. B. den Anstieg der Ehescheidungen) ermitteln zu können.

Die Vertreter_innen der verstehenden Verfahren hingegen
- orientierten sich am Modell der Geisteswissenschaften
- gingen von der Grundannahme aus, daß die Menschen im Alltag ihren Interaktionen fortlaufend *Sinn* und *Bedeutung* beimessen
- meinten, soziale Vorgänge nicht wie Objekte *von außen* erfassen zu können, sondern ausschließlich *von innen*, d. h. durch den verstehenden Nachvollzug des subjektiv gemeinten Sinns und der Selbstdeutungen der Handelnden
- gingen davon aus, daß statt der Suche nach allgemeinen Gesetzen und objektiven Ursachen für einen sozialen Vorgang die interpretierende Beschreibung der Besonderheit einer einmaligen Erscheinung im Vordergrund stehe.

Der Gegensatz zwischen *Erklären* und *Verstehen* ist bis heute prägend für die Methodendiskussion in den Sozialwissenschaften.

Am deutlichsten wird dies im Streit um zwei unterschiedliche Forschungsrichtungen: die *quantitative* (in der Denktradition der *erklärenden Ansätze*) und die *qualitative* (in der Denktradition des Modells *Verstehen*) Sozialforschung.

Die *quantitative Sozialforschung* verfolgt das Ziel, mit Hilfe unterschiedlicher methodischer Instrumente (repräsentative Befragungen, statistische Meßverfahren u. a.) gesellschaftsweite Trends (z. B. Geburtenrückgang, Anstieg der Ehescheidungen) auf breiter Datengrundlage zu dokumentieren und ursächlich zu *erklären*.

Die *qualitative Sozialforschung* stellt Bemühungen an, die Selbstdeutungen, Erfahrungen, Bewältigungsmuster und Lebensperspektiven der Angehörigen bestimmter Problemgruppen oder sozialer Milieus (z. B. junge Prostituierte, Langzeitarbeitslose, Alleinerziehende) aus der Teilnehmerperspektive zu beschreiben und zu *verstehen*.

Zwischen beiden Forschungsrichtungen bestehen nach wie vor erhebliche Vorbehalte: Während die *Quantitativen* den *Qualitativen* mangelnde Vergleichbarkeit und Verläßlichkeit ihrer Ergebnisse vorwerfen, äußern die *Qualitativen* wiederholt Vorbehalte, daß die *Quantitativen* im Zuge ihrer blinden Methodengläubigkeit das Wesentliche, die Sinndeutungen der Handelnden, vernachlässigten.

Trotz anhaltender kontrovers geführter Diskussionen scheint sich zunehmend ein Methodenmix zu etablieren, in dessen Zuge viele Forscher_innen eine Erweiterung systematisch-wissenschaftlicher Erkenntnismöglichkeiten sehen.

So faßt Jahoda die methodischen Lehren aus der Untersuchung über die Arbeitslosen von Marienthal (1932) systematisch in Regeln zusammen, wonach zur Erfassung der sozialen Wirklichkeit gleichermaßen qualitative wie quantitative Methoden angebracht seien, „objektive Tatbestände und subjektive Einstellungen" sollten gefunden, wie auch „gegenwärtige Beobachtungen (...) durch historisches Material ergänzt werden" (Jahoda 1991, S. 121; Auslassungen durch d. Verf.) sollten (Sommer 1996, S. 25).

Zusammenfassend kann festgehalten werden, daß die *quantitative Sozialforschung* versucht, soziale Sachverhalte aus der Beobachterperspektive unvoreingenommen und *objektiv* zu beschreiben und zu erklären, während die *qualitative Sozialforschung* aus der Teilnehmerperspektive die Sinndeutungen und Interpretationen der Handelnden selbst aufzudecken sucht.

Quantitative Forschung beschreitet dabei den Weg der *Deduktion*, d. h. Beobachtungen und Informationen dienten dazu, vorab formulierte Annahmen zu bestätigen oder zu widerlegen.

Der Ausgangspunkt *qualitativer Forschung* bestehe hingegen in der Vorstellung, daß soziale Wirklichkeit immer schon gedeutete Wirklichkeit sei: Der Gegenstandsbereich der Sozialwissenschaften, also das, womit sich die Sozialwissenschaften inhaltlich beschäftigten, sei nach Aussagen Lamneks „als durch Interpretationshandlungen konstituierte Realität" (Lamnek 1995, S. 43) zu verstehen.

Die *qualitative Sozialforschung* folgt demnach der induktiven Logik, d. h. soziale Phänomene sollen so offen wie möglich, ohne vorab formulierte Hypothesen beobachtet werden, um dann aus den einzelnen Beobachtungen zusammenhängende Theorien entwickeln zu können.

Nach Lamnek stelle *qualitative Sozialforschung* nicht ein hypothesenüberprüfendes, sondern ein „hypothesengenerierendes Verfahren" (Lamnek 1988, S. 23) dar.

Anders als bei quantitativen Ansätzen sind die Forschenden bei qualitativen Ansätzen häufig selbst in den Forschungsprozeß einbezogen.

Es komme hier nicht darauf an, die subjektiven Interessen und Einflüsse der Forschenden möglichst auszuschalten, sondern darum, sie offenzulegen und in die systematische Reflexion einzubeziehen, sie damit der Kritik und Korrektur zugänglich zu machen.

Kriterien für *Wissenschaftliche(s) Arbeiten*

Folgende Kriterien sind bei der Erstellung wissenschaftlicher Arbeiten zu beachten und stellen zugleich leitende Kriterien für deren Bewertung dar (www.uni-hildesheim.de, 1; Sommer 2010b, S. 133 f.):

- Ableiten und Formulieren einer exakten, leitenden und gleichzeitig bearbeitbaren Fragestellung
- Schlüssigkeit und Struktur der Gliederung/systematischer Aufbau (Sichtbar-Werden eines *Roten Fadens*)
- Verwenden von wissenschaftlicher Terminologie
- Eigenständigkeit in Herangehensweisen und Erarbeitung des Themas
- Definition und Klärung von Fachbegriffen
- Umfang und Angemessenheit der verwendeten Literatur
- fachliche Richtigkeit/Vollständigkeit
- Bezugnahme auf Literatur, Belegen von Argumenten, korrekte Wiedergabe von Fakten
- Qualität der wissenschaftlichen Argumentation
- Differenziertheit der Darstellung der Inhalte sowie der Argumentation
- Gegebenenfalls: Qualität der empirischen Daten
- Interpretation der empirischen Daten bzw. der verwendeten Quellen
- kritische Reflexion der Arbeit/Problembewußtsein
- gedankliche Nachvollziehbarkeit der Darstellung, der Schlußfolgerungen und kritischen Einschätzungen
- Verständlichkeit/Klarheit der Sprache
- Schreibstil/Orthographie
- formal korrekte Zitation
- Beachten und Einhalten der formalen Vorgaben

MAY stellt den folgenden Katalog von Kriterien für die Bewertung wissenschaftlicher Arbeiten zusammen (May 2010, S. 94 f.).

Form

Formales
- Strukturierte Gliederung
- Formatierung (Seitenränder, Schriftbild, Layout)
- sinnvoller Einsatz von Darstellungen
- Sprachkompetenz in Fachtermini, Grammatik und Stil
- Einhalten der Seitenvorgabe

Formale Wissenschaftlichkeit
- korrektes Zitieren
- fehlerfreies Literaturverzeichnis

Inhalt

Literatur
- Qualität und Relevanz der Quellen
- aktuelle Sekundärliteratur
- eigenständige Materialsammlung und Quellenerschließung

Einleitung
- Fragestellung und Eingrenzung
- Zielsetzung der Arbeit
- Aufbau der Arbeit

Abhandlung
- logische Gliederung der Inhalte
- Bezugnahme auf einschlägige Literatur
- zweckmäßiger Gebrauch von Zitaten
- Einbringen eigener Ideen (stichhaltige Belege und Beispiele)
- kritischer Umgang mit Quellen
- *Roter Faden*, durchgängig sichtbare Argumentation
- Überleitungen zwischen den Kapiteln
- angemessene Verteilung des Umfangs auf die einzelnen Kapitel

Schlußteil
- Zusammenfassung der Ergebnisse
- Beantwortung der Fragestellung/Lösungsansatz
- Bezug zur Einleitung
- Bewertung und Einordnung der Ergebnisse
- Konsequenzen und Ausblick

Die Studierenden erhalten in der Regel mit der Beurteilung in Form einer Note und weitergehenden Rückmeldungen im Rahmen von Auswertungs- und Reflexionsgesprächen zu ihren schriftlichen Arbeiten wichtige Hinweise, auf was sie bei der Planung und Ausarbeitung zukünftiger Schreibprojekte zu achten haben.

Zusammenfassung und Kommentar aus didaktischer Sicht
Auf die zentrale Fragestellung im Rahmen der sechsten und damit abschließenden Seminar-Sitzung, welche konkreten Denk- und Handlungsschritte sinnvollerweise durchlaufen werden sollten, um von der Idee einer schriftlichen wissenschaftlichen Arbeit zu deren ausformulierter Endfassung zu gelangen, die den Kriterien *Wissenschaftlichen Arbeitens* gerecht werde, können folgende Antworten festgehalten werden.

Auf formaler Ebene ist eine Reihe von Vorgaben einzuhalten, die jedoch von Hochschule zu Hochschule, von Fakultät zu Fakultät, sogar von Studiengang zu Studiengang an ein und derselben Hochschule unterschiedliche Schwerpunkte aufweisen können.

In der Regel gibt das zuständige Prüfungsamt ein Merkblatt aus, auf dem die für die schriftlich zu verfassenden Prüfungsarbeiten relevanten Informationen zu finden sind.

Unabhängig davon sollten die Studierenden während des Schreibens auch an die Lesenden denken: Eine gut lesbare Schrift in der entsprechenden Schriftgröße sollte gewählt, der Text sollte im Blocksatz formatiert, die Randvorgaben und der vorgeschriebene Zeilenabstand sollten beachtet werden, der Umfang der Arbeit sollte sich möglichst in dem vorgeschriebenen Seitenzahl-Korridor befinden, Deckblatt und Inhaltsverzeichnis sollten nach den jeweils geltenden Standards gestaltet werden.

Im Übergang von rein formal-gestalterischen zu eher inhaltlichen Aspekten stellt die Dreigliederung, ähnlich wie dies bereits für das Referat beschrieben wurde, eine erste Orientierungsmöglichkeit für Aufbau und Inhalt einer wissenschaftlichen Arbeit dar.

Einleitung, Hauptteil(e) und Schlußteil bilden auch hier unumstößlich das Grundkorsett für die schriftliche Ausarbeitung.

Auch das Thema *Zitieren* ist auf einer Art Zwischenebene anzusiedeln, was bedeutet, daß dieses Instrumentarium, dieses Handwerkszeug weder ausschließlich dem formalen noch dem rein inhaltlichen Bereich zuzuordnen ist.

Zitieren, und dies wurde bereits in der fünften Seminar-Sitzung explizit dargelegt, ist das einzige Kriterium *Wissenschaftlichen Arbeitens*, das objektiv einer Prüfung unterzogen werden kann: entweder es wird richtig zitiert oder es wird falsch zitiert. Dies läßt sich von Seiten der Lesenden mit wenig Aufwand nachprüfen.

Andere Kriterien *Wissenschaftlichen Arbeitens* wie beispielsweise das angemessene Gliedern, das Nachvollziehen-Können der Argumentation, das logische Ziehen von Konsequenzen, das begründete Ableiten von Schlußfolgerungen, das durchdachte Auswählen von themenrelevanter Literatur u. a. unterliegen im Unterschied zu dem Zitieren subjektiven Beurteilungs- und Bewertungsmaßstäben.

Es sollte also möglichst sauber zitiert werden, die verwendeten Quellen sollten sorgfältig angegeben und die Literatur, die indirekt oder direkt zitiert wurde, sollte in der Genauigkeit und Ausführlichkeit, wie es von dem jeweiligen Studiengang gefordert wird, im Literaturverzeichnis aufgeführt werden.

Die Bedeutung von bewußt vorgenommener Themenwahl, der exakten Formulierung von Titel und Untertitel der Arbeit sowie der leitenden Fragestellungen und der angestrebten Zielsetzungen, auch die Notwendigkeit zur Eingrenzung des Themas, diese Aspekte *Wissenschaftlichen Arbeitens* werden des öfteren angesprochen.

Was die Abfolge von notwendig und sinnvoll erscheinenden Arbeitsschritten in wissenschaftlichen Schreibprojekten angeht, werden im Seminar ansatzweise zwei Systeme oder Modelle vorgestellt, das von Kruse und das von Esselborn-Krumbiegel, die zwar mit unterschiedlichen Begrifflichkeiten arbeiten, dennoch eine ähnliche Reihenfolge der zu durchlaufenden Schritte vorschlagen. Beide Modelle sind geeignet als Orientierungshilfe für erste Hausarbeiten.

Der Phase der *Orientierung und Planung* folgt die Phase der *Recherche und Materialbearbeitung*. Es folgt die Erstellung der *Rohfassung* des Textes, die im weiteren Fortgang unter verschiedenen Kriterien *überarbeitet* wird, bevor nach dem *Korrektur-Lesen* die *Endfassung* ausgearbeitet werden kann.

Wer sich diese Modelle in ihren detaillierten Ausführungen vor Augen hält, wird bemerken, daß die auf den ersten Blick schwierig zu durchdringende Komplexität einer ersten schriftlichen Arbeit über den Weg der hier vorgenommenen Operationalisierung, der Zerlegung in konkret bearbeitbare Schritte, ihre Bedrohung verliert.

Wenn die Schreibenden es, auf der Grundlage der vorgestellten Modelle, schaffen, aus einem vormals unübersichtlich wirkenden Gesamtprojekt einzelne Denk- und Arbeitsschritte abzuleiten, die sie in einem für sie überschaubaren und damit einschätzbaren zeitlichen und organisatorischen Rahmen bewältigen können, so sind sie auf dem richtigen Weg.

Das Schreiben von wissenschaftlichen Texten, und dies kann als eine Quintessenz aus den angestellten Überlegungen bezeichnet werden, hat auf der einen Seite etwas mit Einsicht und Erkenntnis zu tun: Die Schreibenden können versuchen sich rein rational zu vergegenwärtigen, welcher Schritt auf welchen Schritt zu folgen hat, damit sie letztlich zu dem Endprodukt, der Endfassung ihrer schriftlichen wissenschaftlichen Arbeit, gelangen können.

Auf der anderen Seite ist Schreiben Übungssache: Je nach individuellem Talent und bisher gesammelten Erfahrungen werden den einen die ersten Arbeiten an der Hochschule eher schwer, den anderen eher leicht fallen.

Wichtig ist aber die Erkenntnis: Schreiben im genannten Sinne ist kein Hexenwerk.

Das Planen und Abfassen von wissenschaftlichen Texten kann vielmehr als ein umfassender Lernprozeß verstanden werden, der sich u. U. über Jahre entwickeln wird.

Außerhalb der Beurteilungen in Form von Zensuren für die ersten Hausarbeiten ist es sinnvoll, Rückmeldungen in verbalisierter Form einzuholen.

Die Note allein wird weder Aufschluß darüber geben (können), was die Schreibenden gut gemacht haben und unbedingt für zukünftige Projekte beibehalten sollten, noch Hinweise konkreter Art beinhalten, was sie selbstkritisch überdenken und im Rahmen kommender Hausarbeiten u. U. verändern sollten.

Die Studierenden, und diese Einsicht wird bei manchen erst wesentlich später gewonnen werden, werden die Grundlagen und Grundfertigkeiten des wissenschaftlichen Schreibens in unterschiedlichen Ausprägungen auch im Rahmen ihrer späteren Berufstätigkeit benötigen, um den ihnen dort begegnenden Anforderungen gerecht werden zu können.

Es wird dauern, bis sich die Studierenden ein grundlegendes Handwerkszeug angeeignet haben werden. Sie werden aber im Laufe ihres Studiums und während ihrer späteren beruflichen Tätigkeiten ausreichend Gelegenheit haben, das angelegte Wissen zu erweitern und die bereits vorhandenen Kompetenzen weiter auszubilden.

Auch die einführenden Kenntnisse über Vorgehensweisen und Methoden der *Empirischen Sozialforschung* sowie mögliche Wege der Erkenntnisgewinnung werden die Studierenden im Laufe ihres Studiums fortlaufend erweitern.

Sie werden in höheren Semestern Haus- und Seminararbeiten anfertigen, zum Abschluß ihres Studiums werden sie eine Bachelorarbeit zu einem selbstgewählten Thema verfassen, eine Prüfungsarbeit, mit der sie ihre wissenschaftlichen Kompetenzen nachzuweisen haben.

2.3 Zur Auswertung der Einführungsveranstaltungen *Wissenschaftliches Arbeiten*

Auf die Frage, welche Erkenntnisse übergeordneter Art die Studierenden für sich haben gewinnen können, kommen in der Regel zögerliche Antworten und Einschätzungen. So wird beispielsweise von Seiten der Studierenden angedeutet, daß der unüberschaubar und zum Teil nahezu unüberwindbar wirkende Berg an Anforderungen im Rahmen des Ausarbeitens einer ersten Hausarbeit nun bezwingbar scheine, daß mehr Gewißheit herrsche im Unterschied zum Beginn der bzw. zum Zeitpunkt vor der Veranstaltung, was das Zitieren angehe.

Auch die systematische Auflistung und intensive Diskussion der zu durchlaufenden Denk- und Arbeitsschritte helfe dabei, ein Projekt mit eher komplexer Themenstellung sorgfältig planen und durchdacht bearbeiten zu können.

Es wird, und darauf wird im Laufe der sechs Sitzungen wiederholt hingewiesen, sich erst im Rahmen von konkret anstehenden Schreibprojekten zeigen, welche Erkenntnisse die Einzelnen aus den Lehrveranstaltungen zum *Wissenschaftlichen Arbeiten* gewonnen haben werden.

Eine Lehrveranstaltung, die wie diese auf den Grundprinzipien von *Teilnehmer-* und *Prozeßorientiertheit* aufbaut, wird sich erst im Rahmen explizit formulierter Anforderungen einer Haus- bzw. Seminararbeit als erkenntnis- und damit gewinnbringend für die Studierenden erweisen können.

Trotz der immer wieder vorgenommenen Versuche, handlungsbezogen und praxisorientiert zu arbeiten, die angesprochenen Themen und Inhalte anschaulich darzustellen und Bezüge zu praktischen Anforderungen herzustellen, bleibt einiges auf theoretischer Ebene stehen.

Das konkrete Umsetzen von Techniken *Wissenschaftlichen Arbeitens* sowie das tatsächliche Anwenden der gewonnenen Erkenntnisse im Zuge des Prozesses von Planen und Anfertigen einer eigenen Hausarbeit wird Einsichten zu Tage fördern, die am Ende der eigentlichen Lehrveranstaltung lediglich in Ansätzen wahrzunehmen sind.

Die Studierenden konnten nach eigenen Aussagen dennoch grundlegende Einsichten gewinnen.

So sind sie neben dem reinen Erwerben von Techniken *Wissenschaftlichen Arbeitens* sensibilisiert für die besondere Bedeutung einer bewußt vorgenommenen Themenwahl, der begründeten Formulierung von Titel und Untertitel, der Notwendigkeit, Themen inhaltlich einzugrenzen, der klaren Fokussierung auf bearbeitbare Aufgaben- bzw. Fragestellungen, der Sinnhaftigkeit einer durchdachten Gliederung sowie weiterer Denk- und Arbeitsschritte, die von der Idee für ein Referat bzw. eine schriftliche Hausarbeit bis hin zu der Endfassung, dem Produkt *Wissenschaftlichen Arbeitens*, zu durchlaufen sind: systematisches Suchen nach themenrelevanter Literatur, Lesen, Exzerpieren und Auswerten der ausgewählten Literatur entsprechend der formulierten Aufgaben- und Fragestellungen, Aufbauen eines *roten Fadens* der Argumentation, systematisches, begründetes und damit auch für außenstehende Betrachter_innen gedanklich nachvollziehbares Vorgehen, sorgfältiges Beachten der Aspekte Zielgerichtetheit, Planbarkeit und Überprüfbarkeit, kritisches Reflektieren bzw. Diskutieren der Ergebnisse, Entwickeln eines eigenen Standpunktes und schließlich Aufwerfen neuer Fragestellungen.

3 Didaktische Grundsatzüberlegungen und *Wissenschaftliches Arbeiten*

3.1 Zusammenfassung und Diskussion der Ergebnisse

Einführungsveranstaltungen in das *Wissenschaftliche Arbeiten* bieten ein facettenreiches Lernfeld, in dessen Rahmen die Studierenden neben dem Erwerben reinen Fach-

und Handlungswissens Ansätze zu einer selbstkritischen Reflexion hinsichtlich ihrer eigenen Lern- und Arbeitserfahrungen entwickeln können.

Sie nehmen über Selbstreflexionsaufgaben sowie Rückmeldungen der Kommilitonen_innen und des Veranstaltungsleiters Vor- und Nachteile, Möglichkeiten und Grenzen individuell-unterschiedlicher Lese-, Lern- und Arbeitsstile wahr. Sie lernen vielfältige Arbeits- und Sozialformen kennen, sie wenden theoretisch erworbenes Wissen in praktischen Übungssequenzen an und gewinnen in Folge der inhaltlichen Auseinandersetzungen die Erkenntnis, daß das auf den ersten Blick mitunter oftmals als trocken und langweilig erscheinende Thema *Wissenschaftliches Arbeiten* unter Berücksichtigung didaktischer Überlegungen zur *Teilnehmer-* und *Prozeßorientiertheit* vielfältige Möglichkeiten zum ansatzweisen Entwickeln einer fachlich kompetenten, didaktisch-methodisch geschulten, über soziale und kommunikative Kompetenzen verfügenden, selbstkritisch reflektierenden Persönlichkeit eröffnet.

Die im Rahmen der Veranstaltung angesprochenen Themen können m. E. nicht in Form reiner Vorlesungen gelehrt werden. Vielmehr sind bedeutsame Einsichten zu gewinnen über einen umfassenden, u. U. auch mühevollen Prozeß der Selbsterkenntnis.

Keiner der behandelten Inhalte kann auswendig gelernt und auf Rückfrage hin abgespult werden.

Es werden vielschichtige und komplexe Lernprozesse angebahnt, die den Studierenden in jeweils individuell-unterschiedlicher Weise für die Erweiterung ihres Wissens, ihrer Kompetenzen und ihrer Handlungsmöglichkeiten dienlich sein können.

In diesem Zusammenhang wird eine Beobachtung bedeutsam, die sich, zwar nicht als repräsentativ, aber auch nicht ausschließlich als punktuell bezeichenbar, im Zuge der Umstellung von Diplom- auf Bachelor-Studiengänge in zunehmendem Maße anstellen läßt.

Wenn Lehrveranstaltungen wie die hier beschriebenen zwar in den Pflichtkanon eines Studienganges einzuordnen sind, andererseits jedoch der erfolgreiche Besuch nicht über Prüfungsleistungen, sondern über pure Anwesenheit bescheinigt wird (Testat), so entsteht mitunter das Problem, daß manche Studierende nicht mit dem notwendigen Ernst, dem erwünschten Interesse und dementsprechend mit dem erhofften Einsatz an der Bearbeitung der Schwerpunkt-Themen teilnehmen.

Studentisches Lernen, und dies ist eine weitere Beobachtung aus den vergangenen Jahren, ist oftmals Prüfungslernen: Wenige Tage vor einer Klausur oder mündlichen (Modul-)Prüfung werden die Inhalte einer Lehrveranstaltung vielfach (auswendig) gelernt, um sie dann in der Prüfung abzuspulen und kurze Zeit später in Vergessenheit geraten zu lassen.

Im studentischen Jargon wird dieses Phänomen auch als *Bulimie-Lernen* bezeichnet, was so viel bedeutet wie Wissen in sich hineinstopfen, um es dann in der konkreten Prüfungssituation wieder ausspucken zu können.

Diese Überlegungen sind keineswegs als Plädoyer für eine mögliche Ausweitung von schriftlichen oder mündlichen Prüfungsleistungen zu (miß-)verstehen, sondern eher dafür, daß, wie in folgenden Überlegungen aufzuzeigen sein wird, es sinnvoll erscheint, die Einführungsveranstaltung in das *Wissenschaftliche Arbeiten* in Modul 1 curricular und konzeptionell mit einer Lehrveranstaltung *Einführung in die Grundlagen der Sozialen Arbeit* bzw. *Einführung in das sozialpädagogische Denken und Handeln* zu verbinden.

Die Erstsemester-Studierenden greifen in der Regel auf das rück, was sie bereits im schulischen Kontext oder im Rahmen von beruflichen Ausbildungen (kennen-)gelernt haben.

Oftmals, und diese Beobachtung läßt sich an wiederholt vorgenommenen Äußerungen von Studierenden festmachen, sind diese Erfahrungen jedoch einseitig und an einer vermeintlich vorherrschenden Norm ausgerichtet: *So wird ein Referat gehalten und nicht anders!* Oder: *Zur Präsentation wird Power-Point verwendet!* Oder: *Schriftliche Arbeiten werden so und nicht anders gegliedert!*

Im Laufe der Veranstaltungssitzungen wird deutlich, daß die Studierenden als Referenten_innen wie auch als Verfasser_innen von schriftlichen Arbeiten vielfältige Möglichkeiten hinsichtlich inhaltlicher, didaktisch-methodischer und gestalterischer Entscheidungen innehaben.

Mit einem *So macht man das!* kommen sie im Denkzusammenhang mit *Wissenschaftlichem Arbeiten* nicht wirklich weiter: In Hinblick auf unterschiedliche Fragen bieten sich unterschiedliche Wege der Bearbeitung an.

Von den formalen Vorgaben abgesehen lassen sich für eine Frage oder ein Problem im Bereich des *Wissenschaftlichen Arbeitens* zumeist mehrere Antworten oder Lösungen finden.

Wissenschaftliches Arbeiten bedeutet in diesem Sinne in begründeter Weise Entscheidungen zu treffen und diese für außenstehende Zuhörer_innen oder Leser_innen gedanklich nachvollziehbar darzustellen.

Niemand wird von Erstsemester-Studierenden ernsthaft erwarten (können), daß sie nach Ende der sechs Sitzungen wissenschaftlich arbeiten können.

Was jedoch gefordert werden kann, ist die Erkenntnis für die Notwendigkeit eines systematischen, schrittweise aufeinander aufbauenden, argumentativ unterstützten, zielgerichteten Vorgehens zur Bearbeitung eines Themas bzw. zur Lösung eines praktischen Problems.

3.2 Hochschuldidaktische Konsequenzen

Lehrveranstaltungen für Erstsemester-Studierende im Umfang von 18 Stunden können lediglich einführenden Charakter besitzen.

Es kann und soll nicht die Erwartung aufgebaut werden, daß die Seminar-Teilnehmer_innen mit dem Belegen dieser Kurse in der Lage seien, allen zukünftigen Anforderungen *Wissenschaftlichen Arbeitens* vollends genügen zu können.

Die Fähigkeit, wissenschaftlich arbeiten zu können, bedarf vielmehr der geistigen Durchdringung und der praktischen Übung.

Die Studierenden werden ihre individuellen Stärken und (noch) vorhandenen Schwächen beim Planen, Ausarbeiten und Abfassen mündlich abzuhaltender Referate und schriftlich zu verfassender Hausarbeiten erst dann in ihren tatsächlichen Ausmaßen wahrnehmen und erkennen können, wenn sie konkret an einem Projekt arbeiten.

Im Studiengang *Sozialwirtschaft* wird die Veranstaltung zur *Einführung in das Wissenschaftliche Arbeiten* konzeptionell, didaktisch-methodisch und inhaltlich mit einem 18 Stunden umfassenden Seminar zur *Einführung in das sozialpädagogische Denken und Handeln* verbunden.

Diese Überlegungen ziehen weitreichende Konsequenzen für das mögliche Vertiefen und Anwenden der in der Lehrveranstaltung zum *Wissenschaftlichen Arbeiten* gewonnenen Erkenntnisse nach sich.

Das was über den Themenbereich *Referat* theoretisch erarbeitet wird, wird im Rahmen des Ausarbeitens und Abhaltens von Gruppen-Referaten zu ausgewählten Themen sozialpädagogischen Denkens und Handelns praktisch umgesetzt.

Hier durchlaufen die Teilnehmer_innen der Referatsgruppen alle erforderlichen Schritte von dem theoretischen Planen ihres Referates bis hin zu dessen Abhalten sowie zu Fragen der technischen Ausführung.

Jede/r Studierende aus den Veranstaltungen zum *Wissenschaftlichen Arbeiten* hält in und mit einer Gruppe ein Referat.

Am Ende der jeweiligen Referate geben die Kommilitonen_innen und der Veranstaltungsleiter Rückmeldungen zu Ablauf und Inhalt, zu den gewählten Methoden der Darstellung, zu dem Auftreten als Einzelne/r und Gruppe während des Vortragens, zur Aufteilung, zur sprachlichen Gestaltung u. ä.

Eine weitere Möglichkeit, Anwendungsbezüge von Aspekten *Wissenschaftlichen Arbeitens* zeitnah herzustellen, besteht in dem Anbieten einer Übung zum Planen, Ausarbeiten und Abfassen von schriftlichen wissenschaftlichen Projekten.

Dies ist im Studiengang *Soziale Arbeit* begleitend zu den Grundveranstaltungen *Wissenschaftliches Arbeiten* eingerichtet worden.

Hier werden zum einen die in den morgendlichen Lehrveranstaltungen angesprochenen Themen nochmals im kleinen Kreis von interessierten Studierenden intensiv diskutiert, somit wird Wissen vertieft, zum anderen wird hier der Anwendungs- bzw. Übungscharakter betont, so daß die Teilnehmerinnen und Teilnehmer theoretisch gewonnene Erkenntnisse anhand von konkret-praktischen Aufgaben in eigene Planung und Handlung umsetzen können.

So werden in der auf 21 Stunden angesetzten Übung zum *Wissenschaftlichen Arbeiten* Aufgaben zum Lesen und Exzerpieren von Texten sowie zum Gliedern von Referaten und ersten Haus- und Seminararbeiten ausgegeben.

Zum Ende der Übung hin wird der Auftrag formuliert, daß alle Teilnehmenden einen drei- bis fünfseitigen Aufsatz zu einem selbstgewählten Thema zu verfassen haben, in dessen Rahmen die überwiegend theoretisch gewonnenen Erkenntnisse hinsichtlich *Wissenschaftlichen Arbeitens* konkret Anwendung finden sollen.

Die Aufsätze, mit Titel und Untertitel versehen, eine Gliederung bzw. ein Inhaltsverzeichnis voranstellend, aus Einleitung, aus einem oder mehreren Hauptteil(en) bestehend, mit einem Schlußteil abschließend, der zumindest in Ansätzen die konstituierenden Bestandteile von Zusammenfassung der Ergebnisse, Diskussion und Ausblick enthaltend, werden dann an den Veranstaltungsleiter gesendet, der diese mit Hilfe von Randbemerkungen kommentierend an die Studierenden zurückgibt.

Zuvor werden diese Aufsätze in den beiden abschließenden Sitzungen in Auszügen vorgelesen.

Als Möglichkeit der Veranschaulichung werden die Aufsätze, mit den korrigierenden Randbemerkungen versehen, auf Folien kopiert, so daß die Studierenden beim Vortragen mitlesen können.

Insbesondere dieser letzte Arbeitsauftrag im Rahmen der Übung zum *Wissenschaftlichen Arbeiten*, das Planen, Ausarbeiten und Vorlesen eines selbst verfaßten Textes, bietet die Gelegenheit, auf die individuellen Stärken und Schwächen der Studierenden einzugehen.

Indem die Texte in dem Kurs vorgelesen werden, eröffnen sich allen Teilnehmern_innen zugleich Möglichkeiten, die eigene Wahrnehmung zu schulen, aktiv Rückmeldungen zu geben und Feedback zu empfangen, Eindrücke auszutauschen und somit die sich ihnen bietenden Möglichkeiten zu nutzen, voneinander und miteinander zu lernen.

Der erfolgreiche Abschluß dieser beiden Veranstaltungen, entweder Pflichtveranstaltung *Wissenschaftliches Arbeiten* und Übung *Wissenschaftliches Arbeiten* (Studiengang *Soziale Arbeit*) oder Pflichtveranstaltung *Wissenschaftliches Arbeiten* und Einführungsveranstaltung *Soziale Arbeit* bzw. *sozialpädagogisches Denken und Handeln* (Studiengang *Sozialwirtschaft*) könnte dann über das Planen, Ausarbeiten und Verfassen einer ersten schriftlichen Hausarbeit zu einem selbstgewählten Thema aus den Bereichen *Soziale Arbeit* bzw. *sozialpädagogisches Denken und Handeln* bescheinigt werden.

So könnte neben dem Wissensstand der fachlich-inhaltlich ausgerichteten Veranstaltungen gleichzeitig das Vorgehen beim Planen und Anfertigen sowie das Endprodukt eines ersten schriftlichen Projektes beurteilt werden.

Wenn, wie in den beschriebenen Projekten eingerichtet, der Leiter der Pflichtveranstaltung zum *Wissenschaftlichen Arbeiten* gleichzeitig der Leiter der freiwillig zu besuchenden Übung zum *Wissenschaftlichen Arbeiten* (Studiengang *Soziale Arbeit*) bzw. der Pflichtveranstaltung *Einführung in die Soziale Arbeit* oder *Einführung in das sozialpädagogische Denken und Handeln* (Studiengang *Sozialwirtschaft*) ist, dann bleibt alles in einer Hand: das Planen, Ausarbeiten und Abhalten der Lehrinhalte, das Betreuen der anzufertigenden Hausarbeiten als Modulprüfung sowie das Bewerten und Begutachten der Ergebnisse des *Wissenschaftlichen Arbeitens* in Form der dann vorzulegenden Hausarbeiten.

Hier bestünde von Seiten des Veranstaltungsleiters die Möglichkeit, in individueller Weise Rückmeldungen an die Studierenden in Form von Reflexions- und Auswertungsgesprächen zu geben. So wäre ein wirklicher Lerneffekt auf Seiten der Studierenden möglich.

3.3 Ausblick

Um professionell in der *Sozialen Arbeit* tätig sein zu können, in pädagogischer Terminologie ausgedrückt, um als *Lernhelfer* Lehr-Lern-Situationen bzw. Entwicklungs- und Hilfeprozesse planen, ausarbeiten, gemeinsam mit den Lernenden bzw. Hilfesuchenden praktisch umsetzen zu können, die Lernsituationen aus-, bewerten und selbstkritisch reflektieren zu können, bedarf es inhaltlich-fachlichen Wissens, didaktisch-methodischen Könnens, sozialer und kommunikativer Fähigkeiten sowie der Kompetenzen von Selbstkritik und Selbstreflexion, einer fundierten wissenschaftlichen Ausbildung und des Beherrschens von wissenschaftlichem Handwerkszeug (Sommer 2006, S. 19 f.).

Eine solide wissenschaftliche Ausbildung stellt dabei eine der wesentlichen Voraussetzungen für ein erfolgreich verlaufendes Studium und für eine erfolgversprechende berufliche Tätigkeit dar.

Im Zusammenhang mit den Anforderungen im Studium kommen auf die Studierenden Aufgaben zu wie das Anfertigen von Protokollen, das Ausarbeiten und Abhalten von Referaten, das Anfertigen von Thesenpapieren, das Planen, Ausarbeiten, Formulieren und formale Gestalten von schriftlichen Prüfungsarbeiten (Haus- und Seminararbeiten, Praxis- und Reflexionsberichten, Bachelor- und Masterarbeiten).

Die theoretischen Grundlagen-Kenntnisse wie auch erste an praktisch ausgerichteten Aufgaben erprobte Techniken *Wissenschaftlichen Arbeitens* werden im vorliegenden Denkansatz als *grundlegendes Handwerkszeug* bezeichnet, unter dessen Zuhilfenahme sich die Studierenden in der Lage sehen (sollten), den vielfältigen und komplexen Anforderungen des Studiums und der späteren beruflichen Tätigkeit entsprechen zu können.

Literaturverzeichnis

Bieker, R. (2011): Soziale Arbeit studieren. Leitfaden für wissenschaftliches Arbeiten und Studienorganisation, Stuttgart 2011.

Bohl, T. (2006): Wissenschaftliches Arbeiten im Studium der Pädagogik. Arbeitsprozess, Referate, Hausarbeiten, mündliche Prüfungen und mehr ... , 2. Auflage, Weinheim, Basel 2006.

Eco, U. (2005): Wie man eine wissenschaftliche Abschlußarbeit schreibt, 11. Auflage, Heidelberg 2005.

Eickelpasch, R. (2002): Grundwissen Soziologie. Ausgangsfragen, Schlüsselthemen, Herausforderungen, Stuttgart 2002.
Engelke, E. (2004): Die Wissenschaft Soziale Arbeit. Werdegang und Grundlagen, 2. Auflage, Freiburg/Brsg. 2004.
Esselborn-Krumbiegel, H. (2008): Von der Idee zum Text. Eine Anleitung zum wissenschaftlichen Schreiben, 3. Auflage, Paderborn 2008.
Franck, N. (2000): Schlüsselqualifikationen vermitteln. Ein hochschuldidaktischer Leitfaden. Marburg/Lahn 2000.
Giesecke, H. (2000): Einführung in die Pädagogik, 7. Auflage, München 2000.
Giesecke, H. (2010): Pädagogik als Beruf. Grundformen pädagogischen Handelns. Weinheim, 10. Auflage, München 2010.
Jahoda, M. (1991): Marie Jahoda, Paul F. Lazarsfeld & Hans Zeisel: „Die Arbeitslosen von Marienthal". In: Flick, U./Kardoff, E. v./Rosenstiel, L. v./Wolff, S. (Hrsg.), Handbuch Qualitative Sozialforschung. Grundlagen, Konzepte, Methoden und Anwendungen, München 1991, S. 119–122.
Kruse, O. (2000): Keine Angst vor dem leeren Blatt. Ohne Schreibblockaden durchs Studium, 8. Auflage, Frankfurt/Main, New York 2000.
Kruse, O./Jakobs, E.-M./Ruhmann, G. (Hrsg.) (1999): Schlüsselkompetenz Schreiben. Konzepte, Methoden, Projekte für Schreibberatung und Schreibdidaktik an der Hochschule, Neuwied 1999.
Lamnek, S. (1988): Qualitative Sozialforschung. Bd. 1: Methodologie, München 1988.
Lamnek, S. (1995): Qualitative Sozialforschung. Bd. 1: Methodologie, 3. Auflage, München 1995.
May, Y. (2010): Wissenschaftliches Arbeiten. Eine Anleitung zu Techniken und Schriftform, Stuttgart 2010.
Modulhandbuch (2011): Studienbereich Sozialwesen der Dualen Hochschule Baden-Württemberg, Villingen-Schwenningen, Fakultät für Sozialwesen, Villingen-Schwenningen 2011.
Mogge-Grotjahn, H. (2007): Soziologie. Eine Einführung für soziale Berufe, 3. Auflage., Freiburg/Brsg. 2007.
Narr, W.-D./Stary, J. (Hrsg.) (2000): Lust und Last des wissenschaftlichen Schreibens. Hochschullehrerinnen und Hochschullehrer geben Studierenden Tips, 2. Auflage, Frankfurt/Main 2000.
Rückriem, G./Stary, J. (1996): Ist wissenschaftliches Arbeiten lehrbar? In: Das Hochschulwesen, 44. Jg., 1996, 2, S. 96–106.
Schilling, J. (1995): Didaktik/Methodik der Sozialpädagogik. Grundlagen und Konzepte, 2. Auflage, Neuwied, Kriftel, Berlin 1995.
Schilling, J. (2008): Didaktik/Methodik Sozialer Arbeit. Grundlagen und Konzepte, 5. Auflage, München, Basel 2008.
Sommer, B. (2000a): Zur Konzeption eines Einführungsseminars Wissenschaftliches Arbeiten. Didaktische Überlegungen zur Seminarplanung an der Berufsakademie Villingen-Schwenningen, Fachbereich Sozialwesen. In: Unsere Jugend, 52. Jg., 2000, 7/8, S. 320–331.
Sommer, B. (2000b): Gewalt gegen Kinder/Kindesmißhandlung. Didaktische Überlegungen zu Konzeption, Durchführung und Auswertung von Einführungsseminaren für Studenten der Sozialpädagogik, Egelsbach, Frankfurt/Main, München, New York 2000.
Sommer, B. (2004): Wissenschaftliches Arbeiten. Zu Konzeption, Durchführung und Auswertung von Einführungsseminaren für Studierende sozialer und pädagogischer Fächer, Marburg/Lahn 2004.
Sommer, B. (2006): Grundlagen sozialpädagogischen Denkens für Studierende der Sozialwirtschaft. Eine Einführung, Marburg/Lahn 2006.
Sommer, B. (2008): Didaktische Überlegungen als Grundlage und Orientierungshilfe für sozialpädagogisches Handeln. In: TUP – Theorie und Praxis der Sozialen Arbeit (59. Jg.), 4, 2008, S. 299–306.

Sommer, B. (2009): Didaktische Überlegungen als Grundlage und Orientierungshilfe für sozialpädagogisches Handeln. Eine Einführung, Marburg/Lahn 2009.
Sommer, B. (2010a): Das Modell der didaktischen W-Fragen als Orientierungshilfe für sozialpädagogisches Handeln. In: Unsere Jugend (62. Jg.), 9, 2010, 379–384.
Sommer, B. (2010b): Wissenschaftliches Arbeiten als Handwerkszeug. Eine praxisnahe Einführung in Grundfragen und Grundlagen Wissenschaftlicher(n) Arbeiten(n), Leipzig 2010.
Sommer, B. (2012): Das Modell der didaktischen W-Fragen. Eine Orientierungshilfe für sozialpädagogisches Handeln, Leipzig 2012.
Sommer, B. (2013): Wissenschaftlichen Arbeiten lehren. Didaktische Überlegungen zu Einführungsveranstaltungen für Studierende sozialer und pädagogischer Berufe, Leipzig 2013.
Sommer, B. (2014): Ausgewählte Orientierungshilfen für wissenschaftliche(s) Arbeiten. Titel, Untertitel und Gliederung als Hilfsmittel für das Erarbeiten von Referaten und Hausarbeiten, Leipzig 2014.
Uni Hildesheim (2015): www.uni-hildesheim.de/fb1/institute/institut-fuer-erziehungswissenschaft/allgemeine-erziehungswiss/studium-lehre/hinweise-und-downloads-fuers-studium/hinweise-und- materialien-fuer-abschlussarbeiten/kriterien-fuer-wissenschaftliche-arbeiten/, Zugriff: 24.01.2015.
Wagner, W. (1997): Uni-Angst und Uni-Bluff. Wie studieren und sich nicht verlieren, 4. Auflage, Hamburg 1997.
Waller, A. (1995): Das Referat und die Leere. In: Glückher, H./Gschwend, T./Jechle, T./Nitzl, I., Das Referat. Ein Leitfaden für Studierende, Freiburg/Brsg. 1995, S. 63.
Winteler, A. (2005): Professionell lehren und lernen. Ein Praxisbuch, 2. Auflage, Darmstadt 2006.

Anja Teubert
17 Soziale Arbeit mit Menschen mit Behinderung

Unterstützung des durch die UN-Behindertenrechtkonvention vorgegebenen Inklusionsprozesses durch die Kooperation politisch Verantwortlicher und Fachorganisationen Sozialer Arbeit

1 Einleitung

Politisch Verantwortliche und Organisationen Sozialer Arbeit sollen den Inklusionsprozess in Deutschland unterstützen. Schon allein der Titel dieses Artikels kann an der einen oder anderen Stelle Fragen aufwerfen. Was hat Politik mit Sozialer Arbeit und ihren Organisationen zu tun und was die Soziale Arbeit mit Politik?

Sehr viel!

Protagonist_innen beider Bereiche sind nämlich an sich zur Kooperation aufgefordert: Die Sozialarbeitenden schon wegen ihres professionellen Anspruchs, eine Menschenrechtsprofession (Staub-Bernasconi 2007) zu vertreten und Politiker_innen, weil sie als gewählte Vertreter_innen von Bürger_innen dazu aufgefordert sind, Gerechtigkeit und ein insgesamt gelingendes Leben von Menschen in ihren Kommunen zu unterstützen – so wie es Sozialarbeitende von Berufs wegen auch tun.

Nun habe ich im Titel allerdings von „Organisationen" Sozialer Arbeit geschrieben. Organisationen Sozialer Arbeit sind nicht in jedem Fall jene, die auch die Prinzipien professioneller Sozialer Arbeit mittragen. Oft haben diese Organisationen eher das Ziel Arbeitsplätze zu erhalten, Menschen unterschiedlicher Professionen bei sich zu beschäftigen und sich auf gesellschaftlicher Ebene eher unentbehrlich als entbehrlich zu machen. Sozialarbeitende aber verfolgen das Ziel der Hilfe zur Selbsthilfe und sollen sich entsprechend entbehrlich machen.

Damit ist ein Paradoxon im System festzustellen: Sozialarbeitende, deren professionelle Pflicht es ist, Menschen darin zu unterstützen selbstbestimmt zu leben, eigene Ressourcen zu erkennen und so weit es geht selbständig für ein gelingendes Leben zu nutzen, arbeiten in Organisationen, die darauf angewiesen sind, dass die Menschen bleiben und möglichst nicht ohne Unterstützung durch die Organisation leben können. Denn sonst ist der Organisation die Existenzberechtigung entzogen. Bei Einzelfallfinanzierung trägt jede/r Klient_in zur Finanzierung der Geschäftseinheit bei.

Dieser Artikel verfolgt also das Ziel, sowohl soziale Organisationen als auch in der Sozialpolitik Verantwortliche und alle, die es interessiert darauf aufmerksam zu machen, dass es Konzepte gibt, die es den Organisationen und den in ihnen tätigen Sozialarbeitenden erleichtern, Menschen dabei zu unterstützen möglichst selbstbestimmt und unabhängig von sozialen Leistungen zu leben. So würden, wenn wir das konsequent verfolgten, Ressourcen für die Menschen übrig bleiben, die auf intensivere und dauerhafte Unterstützung angewiesen sind.

Gerade im Bereich der Arbeit mit Menschen mit Behinderung hat schon vor einigen Jahren ein Paradigmenwechsel stattgefunden. Aus der eher separierenden, fürsorgenden Behindertenhilfe ist ein Bereich der Sozialen Arbeit geworden, der die Menschen in ihrer Selbstbestimmtheit und Selbständigkeit unterstützen will.

Das Entwickeln von passgenauen Hilfen gemeinsam mit den Menschen steht seitdem im Fokus der Behindertenhilfe. Dazu werden Organisationen umstrukturiert. Sozialarbeitende und damit deren handlungsleitenden Prinzipien gewinnen in dem eher fürsorgeorientierten Bereich zunehmend an Bedeutung.

Dass dies derzeit nicht in allen Einrichtungen der Behindertenhilfe standardisiert und damit selbstverständlich so umgesetzt wird, liegt meines Erachtens an mindestens drei Faktoren:

1. Das politische Ziel, das hinter dem Auftrag der Behindertenhilfe steht, ist darauf ausgerichtet, finanzielle Mittel einzusparen. Hilfreicher wäre, die Menschen in den Fokus zu stellen und die Vision einer inklusiven Gesellschaft zielgerichtet zu verfolgen.
2. Die fachlichen Standards der sozialen Einrichtungen sind auf das Ziel des Erhalts der Einrichtung ausgelegt (belegte Plätze, schnelle Hilfe, Menschen an die Einrichtungen binden). Hilfreich wäre, wenn die Organisation die fachlichen Ziele Sozialarbeitender, die mit „Hilfe zur Selbsthilfe" zusammengefasst werden können, durch eine entsprechende Steuerung und Ausstattung unterstützt.
3. Das Selbstmandat der Sozialarbeitenden im Hinblick auf die Unterstützung der Selbstbestimmung der Menschen mit Behinderung und die Ausrichtung an den ethischen Prinzipien Sozialer Abreit wird in der konkreten Arbeit nur marginal berücksichtigt. Zielführend wäre, das Selbstmandat zu verfolgen und auf die Durchführung einer nachhaltigen, flexiblen und am Menschen ausgerichteten Sozialen Arbeit zu bestehen.

Politiker_innen, Geldgeber_innen und auch geschäftsführende Vertreter_innen der Organisationen müssen erkennen, dass eine Zusammenarbeit und größtmögliche Transparenz in einem zielgerichteten, visionären Miteinander hin zu einer inklusiven Gesellschaft unabdingbar sind.

Konkurrenz darf es hier nur auf dem Gebiet der Flexibilität in den Hilfearten, nicht aber im Hinblick auf die Finanzierung der Leistungen geben. Die Menschen mit (und ohne) Behinderung müssen im Fokus der für diese Leistungen zuständigen Protagonist_innen stehen.

2 Soziale Arbeit mit Menschen mit Behinderung

Immerhin 15,3 Prozent der Weltbevölkerung lebten im Jahr 2004 mit einer mäßig bis schweren Behinderung. Das sind 978 Millionen Menschen, die die größte und am stärksten benachteiligte Minderheit der Welt darstellt (World Health Organization 2011, S. 29). Im Jahr 2013 lebten allein in Deutschland 7,5 Millionen Menschen mit einer schweren Behinderung, was einen prozentualen Anteil von 9,4 Prozent der Gesamtbevölkerung ausmacht (Statistisches Landesamt 2015).

Menschen mit Behinderungen zählen allerdings nicht schon immer dezidiert zur Zielgruppe Sozialarbeitender. Vielmehr war und ist die Arbeit mit Menschen mit Behinderung in vielen Organisationen noch immer eher ein Feld der Pädagogik, der Fürsorge und von versorgenden Berufsgruppen. Dieter Röh leitet daraus einen Mangel an Theorie und Praxis der Sozialen Arbeit in der Behindertenhilfe ab (Röh 2009, S. 7–11).

Betrachten wir die Definition des Berufes, lassen sich Gründe dafür ableiten.

„Soziale Arbeit ist eine praxisorientierte Profession und eine wissenschaftliche Disziplin, dessen bzw. deren Ziel die Förderung des sozialen Wandels, der sozialen Entwicklung und des sozialen Zusammenhalts sowie die Stärkung und Befreiung der Menschen ist. Die Prinzipien der sozialen Gerechtigkeit, die Menschenrechte, gemeinsame Verantwortung und die Achtung der Vielfalt bilden die Grundlagen der Sozialen Arbeit. Gestützt auf Theorien zur Sozialen Arbeit, auf Sozialwissenschaften, Geisteswissenschaften und indigenem Wissen, werden bei der Sozialen Arbeit Menschen und Strukturen eingebunden, um existenzielle Herausforderungen zu bewältigen und das Wohlergehen zu verbessern. Deren Ziel es doch ist Menschen dabei zu unterstützen, mit ihren Selbsthilfekräfte für ein von ihnen individuell definiertes gelingendes Leben möglichst eigenständig zu leben." (http://www.dbsh.de/beruf/definition-der-sozialen-arbeit.html, 23.01.2015).

Schauen wir uns die Geschichte der Behindertenhilfe an, finden wir die Selbsthilfe in „Person" von Eltern, die sich als „Lebenshilfe" zusammengetan und für die Rechte ihrer Kinder eingesetzt haben, wir finden Heilpädagog_innen, Pflegekräfte und andere „fürsorgende" Berufsgruppen. Ziel der Arbeit in den Einrichtungen war zunächst eher der Schutz der Menschen vor einer Gesellschaft, die sie belächelte, Angst vor dem „Anderssein" hatte und vermeintlich nicht in der Lage war mit „den Behinderten"[1] umzugehen.

Spätestens seit der Ratifizierung der UN-Behindertenrechtskonvention im Jahre 2009 verfolgen kommunale Entscheidungsträger_innen das Ziel, Menschen mit Behinderungen als Subjekte ihres Lebens in ihren Fähigkeiten zu stärken und sie in ihren Lebenswelten für ein möglichst eigenständiges Leben zu stärken.

---

[1] Inzwischen sprechen wir von „Menschen mit Behinderung" oder auch von „Menschen mit Beeinträchtigung", weil diese Menschen nicht nur „behindert" sind, sondern auch „fähig" und das geht bei der Zuschreibung „Behinderte" unter.

Moderne Einrichtungen für Menschen mit Behinderung in Deutschland beschäftigen daher vermehrt Sozialarbeitende und legen Wert auf eine enge Kooperation der unterschiedlichen Berufsgruppen.

Ein Paradigmenwechsel in der Arbeit mit Menschen mit Behinderungen hat stattgefunden. Es geht nicht mehr nur um Versorgung, vielmehr geht es um Mitbestimmung, um Subjektwerdung und um das Erkennen und den Einsatz von sozialräumlichen Ressourcen im Leben von Menschen mit Behinderung.

Dennoch wird auch hier die „Diskrepanz zwischen ideologischem Diskurs und alltäglicher Betreuung" (Krammer 2014, S. 176) deutlich. Der Umbau der Behindertenhilfe in Deutschland, eingeleitet durch verschiedene europäische Programme, wie dem „Aktionsplan für Menschen mit Behinderung (2003)" befindet sich noch immer im Prozess.

Freie Träger der Sozialen Arbeit mit Menschen mit Behinderung verändern ihre Strukturen, bieten ambulante, flexible Hilfen in den Lebensräumen der Menschen an. Sie lösen Komplexeinrichtungen auf oder verkleinern sie und begeben sich mit ihren Unterstützungsangeboten für Menschen mit Behinderung in die Sozialräume der Kommunen.

Sie verfolgen den Gedanken der Inklusion.

Sozialarbeitende reflektieren ihr Expert(en)_innentum ganz besonders in Bezug darauf, potentielle Entmündigungstendenzen gegenüber den Menschen zu verhindern. Sie verstehen ihr Handeln als assistierend und non-direktiv beratend und agieren in einem Triple-Mandat – dem Mandat, das sie von der zu unterstützenden Person, ihrer Einrichtung, der Gesellschaft in Bezug auf ein soziales Problem erhalten und auch ihrem fachlichen Selbstmandat, das sich aus den ethischen und moralischen Grundwerten der Profession und dem notwendigen Fachwissen ergibt.

Insofern sind Sozialarbeitende, die den Inklusionsgedanken verfolgen, den Menschen mit Behinderung und sich selbst als professionell tätige Fachkräften gegenüber verpflichtet. Sie begründen ihr Handeln mit theoretischem Fachwissen und halten sich an die handlungsleitenden Prinzipien einer modernen Sozialen Arbeit.

2.1 Inklusion und Soziale Arbeit Menschen mit Behinderung

Der Begriff der Inklusion meint grundsätzlich das Schaffen einer Gesellschaft, in der Unterschiede oder Abweichungen von einer Norm nicht zu Ausgrenzung führen.

Inklusion beschreibt eine Gesellschaft, in der Anderssein „normal" ist.

Diversität als ein Gesellschaftsbild würde dazu führen, dass Menschen mit Behinderungen sich nicht als „anders" empfinden, dass Menschen ohne Behinderung sie nicht als „anders" bezeichnen und Menschen mit Behinderung Menschen ohne Behinderung ebenfalls nicht als abweichend etikettieren.

Das politische Fundament für die Behindertenpolitik in Deutschland bildet die UN-Behindertenrechtskonvention. Als universelles Vertragsinstrument schafft die UN-Behindertenrechtskonvention keine Sonderrechte, sondern „konkretisiert bestehende Menschenrechte für die Lebenssituation von Menschen mit Behinderungen mit dem Ziel, ihre Chancengleichheit in der Gesellschaft zu fördern." (www.behindertenbeauftragte.de/DE/Koordinierungsstelle/UNKonvention/UNKonvention_node.html, 02.01.2015).

Das Übereinkommen basiert auf der Allgemeinen Erklärung der Menschenrechte und den wichtigsten Menschenrechtsverträge der Vereinten Nationen und formuliert die zentralen Bestimmungen dieser für die Lebenssituationen von Menschen mit Behinderung. Es zielt dabei auf die Lebensbereiche „(...) Barrierefreiheit, persönliche Mobilität, Gesundheit, Bildung, Beschäftigung, Rehabilitation, Teilhabe am politischen Leben, Gleichberechtigung und Nichtdiskriminierung" (ebd.) ab. Daher ist die UN-Behindertenrechtskonvention ein wichtiges Instrument zur Förderung der Teilhabe und Inklusion von Menschen mit Behinderung innerhalb der Gesellschaft. Es wurde damit ein Paradigmenwechsel in der Behindertenhilfe eingeleitet. Theunissen beschreibt diesen Wandel als eine Abkehr vom trägerorientierten Modell hin zu personenorientiertem Denken und Handeln (Theunissen 2013, S. 53).

Deutschland entwickelte 2011 zur Umsetzung der Behindertenrechtskonvention den Nationalen Aktionsplan der Bundesregierung, der in Zusammenarbeit mit Bürger_innen und betroffenen Menschen mit Behinderung sowie deren Angehörigen entstanden ist (ebd.). Dieser soll sich vor allen Dingen nach den Betroffenen richten und dokumentiert eine Auswahl zentraler Anliegen in allen Lebensbereichen behinderter Menschen.

Im Aktionsplan für Menschen mit Behinderung geht es darum „(...)Voraussetzungen zu schaffen, die die Beschäftigung von Menschen mit Behinderungen fördern und ihre Handlungskompetenz stärken sollen" (Bundesministerium für Arbeit und Soziales (2009): 26).

Des Weiteren geht es darum, Menschen mit Behinderung dazu zu befähigen, ihr Leben weitestgehend eigenständig zu führen. Dazu sollen Möglichkeiten einer Arbeit nachzugehen geschaffen werden.

Auf übergeordneter und damit auch politischer Ebene will die Bundesregierung einen Austausch über die Situation von Menschen mit Behinderung anregen, um ihre Analysekompetenzen zu verbessern, den Rechtsrahmen anzupassen und damit vorhandener Diskriminierungssituationen entgegen zu treten und möglicher vorzubeugen (ebd.).

Außerdem sollen die Betreuungs- und Unterstützungsleistungen hochwertiger werden (Bundesministerium für Arbeit und Soziales 2009, S. 26).

An diesem Punkt sollten Konzepte Sozialer Arbeit meines Erachtens ansetzen. Um eine „hochwertige" Soziale Arbeit leisten zu können, bedarf es gut ausgebildeter Sozialarbeitender und gut ausgestatteter Organisationen, die fachlich nachvollziehbar, transparent und in enger Kooperation zielgerichtet die Vision einer inklusiven Gesellschaft verfolgen.

Das Fachkonzept Sozialraumorientierung bildet hierzu eine gute Basis.
Denn es ist als Mehrebenenkonzept so angelegt, dass Soziale Arbeit das Ziel einer inklusiven Gesellschaft durch die Arbeit mit den Menschen, den Strukturen im Raum und allen gesellschaftlichen Akteuren verfolgen kann. Soziale Arbeit findet nach dem Fachkonzept also nicht trägerorientiert[2], sondern orientiert an den Personen ihre Anwendung.

Personenorientierte Soziale Arbeit richtet sich am einzelnen Menschen aus und versucht, Unterstützungsleistungen so flexibel wie möglich auf die/den Einzelne/n bezogen zu schaffen. Hier steht der Mensch im Fokus der Hilfeplanung, nicht die Interessen der Fachkräfte, die vielleicht die Plätze der Einrichtung füllen müssen, damit diese sich weiter finanziert. Fachkräfte sind hier Unterstützende, die mit den Menschen gemeinsam herausfinden, was für diese ein gelingendes Leben bedeutet. Erst dann wird erhoben, in welchen Bereichen Unterstützung benötigt wird.

2.2 Organisationen für Menschen mit Behinderung

Organisationen Sozialer Arbeit handeln im Auftrag des Staates, im Auftrag von Kommunen und sie verfolgen die Ziele ihre Aufgaben zu erfüllen und sich selbst zu erhalten, um keine Arbeitsplätze zu verlieren. Dies steht grundsätzlich entgegen dem Ziel der Sozialen Arbeit, Hilfe zur Selbsthilfe zu leisten.

Organisationen, die ihre Aufgabe darin sehen, Arbeitsplätze und Overheadkosten zu finanzieren, sind teilweise dazu gezwungen, Menschen mit Behinderung an sich zu binden.

Außerdem sorgen die Strukturen in einer Organisation für einen möglichst effektiven Ablauf der Arbeitsprozesse. Das führt in manchen Einrichtungen teilweise dazu, dass die Zeiten, die Fachkräfte mit den Menschen mit Behinderungen verbringen, vorgegeben und schlimmstenfalls rationiert sind.

Es führt auch dazu, dass bestimmte Tagesabläufe festgelegt werden, weil Flexibilität im Tagesablauf mehr Zeit und mehr Personal bindet. Viele Organisationen haben hier nicht die ausreichenden Ressourcen.

Des Weiteren sind Organisationen von Kostenträgern abhängig. Das heißt, dass die Hilfeplanung von der Organisation durchgeführt wird, die letztlich die Kosten

---

[2] Trägerorientiert meint hier, dass in der Vergangenheit (und leider in der Gegenwart zu einem Großteil noch immer) die Menschen mit Behinderungen an die bestehenden Einrichtungen „angepasst" wurden. Im Sinne von: „Sie brauchen die Unterstützung? – Da passen Sie am besten in diese Einrichtung, die zwar nicht all das vorhält, was Sie benötigen, aber wenigstens wohnen können Sie da."

trägt. Ob dann hier immer das Wohl der Menschen und der Grundsatz der Unterstützung eines gelingenden Lebens im Vordergrund stehen, bleibt offen.

Wo der Mensch mit Behinderung in diesem Prozess steht, wo er oder sie den Raum für seine/ihre Individualität in der jeweiligen Organisation bekommt, hängt vom „Geist" und der jeweiligen finanziellen Situation der Organisation ab.

3 Unterstützung des Inklusionsprozesses durch die Umsetzung des Fachkonzepts Sozialraumorientierung

Politische Entscheidungträger haben den Auftrag, die Behindertenrechtskonvention in Deutschland umzusetzen. Um nachvollziehen zu können, wie in den Prozess investierte Mittel sinnvoll und nachhaltig eingesetzt werden können bietet es sich an, Fachkonzepte umzusetzen. Konzeptionelles Arbeiten ist zielgerichtetes Arbeiten und basiert auf gebündelten theoretischen Grundlagen, die aufeinander Bezug nehmen. So kann das konsequente Arbeiten nach einem Fachkonzept dafür sorgen, dass erklärbar wird, was weshalb mit welchem Ziel getan wird. Fachkräfte und Organisationen richten sich in eine Richtung aus und arbeiten konsequent auf die Vision „Inklusion" hin. Sie tun dies, indem sie Bedingungen schaffen, mit denen es gelingen kann Menschen mit Behinderung im Sinne des „Normalitätsprinzips" (Thimm 2005, Nirje 1994) in ihrer Lebenswelt zu begleiten. Dabei wird das Ziel verfolgt, dass diese Menschen in ihrer Lebenswelt ein gelingendes Leben führen und sich weder ausschließen noch ausgeschlossen fühlen. Unter Einbezug politischer Entscheidungsträger_innen, die durch die Gesetzgebung und das Bereitsstellen finanzieller Mittel die Bedingungen für eine wirkungsvolle Soziale Arbeit definieren, kann der Inklusionsgedanke in der Bundesrepublik bestmöglich verfolgt werden. Das Fachkonzept Sozialraumorientierung bildet meines Erachtens hierfür einen passenden professionellen Rahmen.

Sozialraumorientierung ist Gegenstand einer mehrjährigen Debatte, in der die Differenzierung zwischen dem *Fachkonzept Sozialraumorientierung* und *Sozialraumorientierung* nicht immer ganz trennscharf vorgenommen wurde. Die Hauptkritik am Fachkonzept kommt von Wissenschaftler_innen bezüglich des Fehlens eines theoretischen Hintergrunds (Biesel 2007, S. 165 ff.; Kessl/Reutlinger 2007, S. 43 ff.; Reutlinger et al. 2005, S. 11). In der Tat hat sich das Fachkonzept als solches eher aus der Praxis der Sozialen Arbeit entwickelt und dabei an den Wurzeln und Aufgaben Sozialer Arbeit orientiert. Das begründet vermutlich auch die Tatsache, dass das Konzept hin und wieder von Praktiker_innen als „alter Wein in neuen Schläuchen" bezeichnet wird.

Das Fachkonzept Sozialraumorientierung basiert auf unterschiedlichen Quellen. Es entwickelte sich von der Gemeinwesenarbeit (GWA) über die Stadtteilbezogene Soziale Arbeit zu einem Konzept das seine Anwendung in unterschiedlichen Feldern der Sozialen Arbeit findet.

Diese werden skizziert, um zu verdeutlichen, welche Theorien und Konzeptionen das Fachkonzept Sozialraumorientierung prägen und damit die Rahmung für Sozialarbeitende und deren Organisationen fachlich-theoretisch unterlegen.

Die Gemeinwesenarbeit (Boulet et al. 1980; Oelschlägel 2001, S. 100 ff.) gilt als die historische Quelle des Fachkonzepts Sozialraumorientierung. Indem Erkenntnisse aus der GWA, Diskussionslinien und methodische Prinzipien bei der Entwicklung des Fachkonzepts Sozialraumorientierung, insbesondere im Hinblick auf die Erfordernisse der Jugendhilfe, präzisiert und erweitert wurden, etabliert sich mit dem Fachkonzept Sozialraumorientierung „gemeinwesenarbeiterisches" Gedankengut (Hinte 2007a, S. 30).

Mit der humanistischen Psychologie (Tewes/Wildgrube 1999), die den Menschen als einzigartiges Wesen betrachtet und den Willen sowie die Identität jedes Einzelnen als unantastbar propagiert, ist die Grundlage für die das Fachkonzept prägende „Philosophie" gelegt. Damit haben Fachkräfte der Sozialen Arbeit nach Hinte (1990, S. 94 ff.) die Aufgabe, Prozesse bewusst erlebbar zu machen, Kommunikation zu ermöglichen und zu Reflexion zu ermutigen, nicht aber zu diagnostizieren bzw. zu interpretieren oder gar zu „lenken" (Hinte 2007, S. 100). Als weitere Quelle aus der Psychologie nennt Hinte Lewins Feldtheorie (Lewin 1963; Graumann 1982, S. 14 ff.), die den Einflüssen der Umwelt auf das Individuum als Konstrukt desselben unter Berücksichtigung von Strukturen, Interdependenzen und Dynamiken eine hohe Bedeutung beimisst. Damit wird der Mensch ganzheitlich in seinem Raum (Feld) betrachtet. Fachkräfte der Sozialen Arbeit haben die Aufgabe, diese Einflüsse zu berücksichtigen.

Als „Verwandte" des Fachkonzepts können das Konzept der Lebensweltorientierung (Thiersch 2008; Grunwald/Thiersch 2008), die Systemtheorien (Luhmann 1984; Maturana 1987) und die ökosoziale Handlungstheorie (Wendt 2010) betrachtet werden. Die im Kontext der Lebensweltorientierung entwickelten Strukturmaxime (ebd., S. 20 ff.) bilden sich auf den jeweiligen Ebenen des Fachkonzepts Sozialraumorientierung deutlich ab. Der differenzierte Blick auf und in die Lebenswelt der Adressaten und die in Bezug darauf definierte Rolle der Sozialarbeitenden setzen für die Umsetzung des Fachkonzepts wichtige Impulse. Denn Sozialarbeitende mischen sich ein in Politik und gesellschaftliche Verhältnisse und schaffen Freiräume für ressourcenbildende Prozesse.

Die „Verwandtschaft" zu den systemischen Ansätzen, die davon ausgehen, dass Systeme selbstreferenziell und damit nicht unmittelbar durch Soziale Arbeit beeinflussbar sind, ist offenkundig. Es gibt kein objektiv gesichertes Wissen über die Wirklichkeit. Menschen als Teile von Systemen produzieren unterschiedliche subjektive Wirklichkeiten (Ritscher 2005, S. 27). Systemische Ansätze propagieren, dass Menschen Experten für ihr eigenes Leben und damit in der Lage sind, eigenverantwortlich zu handeln. Hierzu passend stellt die ökosoziale Handlungstheorie (Wendt 2010, S. 11) eine weitere verwandte Richtung dar. Sie sieht den Menschen als „nicht unabhängig" (ebd. S. 47) und bestätigt damit den von den Systemtheoretikern propagierten Systembezug. Aus ökosozialer Sicht wird der Mensch im Kontext von Raum und Zeit im Gemeinwesen verankert (ebd. S. 85), was sich im Fachkonzept durch den Blick vom Fall ins Feld widerspiegelt.

Grundlegend für eine sozialraumorientierte Soziale Arbeit sind zusätzlich das Empowerment (Stark 1993/1996) und der Ansatz der non-direktiven Pädagogik (Hinte 1990), die beide die Beziehung Sozialarbeitender – Adressat als nicht hierarchisch, sondern auf Augenhöhe propagieren. Diese Ansätze definieren die Rolle des Sozialarbeitenden als eine bestärkende, unterstützende, wertschätzende und nicht als eine expertokratische.

Insgesamt unterstützen die dargestellten Konzepte und Theorien die Notwendigkeit einer Sozialen Arbeit, die den Menschen als Subjekt in seinem Raum und damit in seiner Wirklichkeit achtet.

Diese Subjektorientierung in der Lebenswelt der Menschen entspricht klar den Zielen der UN-Behindertenrechtskonvention. Menschen mit Behinderungen sollen selbstbestimmt in ihrem Sozialraum leben. Es soll nicht (mehr) über sie entschieden werden. Es geht darum, mit ihnen Entscheidungen zu treffen über das Gelingen eines so weit wie möglich selbstbestimmten Lebens.

Sozialraumorientierung als Fachkonzept setzt dabei auf unterschiedlichen Ebenen an. Ziel sollte es sein, auf übergeordneter Ebene die organisatorischen Rahmenbedingungen für die Tätigkeit der Fachkräfte derart zu gestalten, dass eine die „fachlichen Ziele einer Lebenswelt- und Adressat[Inn]enorientierung, einer Stärken- und Ressourcenlogik" (Fehren 2011, S. 442) verfolgende Soziale Arbeit nachhaltig wirken kann. Das Fachkonzept zielt auf der Ebene der Finanzen und der Steuerung von Organisationen auf die Entwicklung passgenauer Hilfen, damit Menschen gut ohne oder nur mit der tatsächlich notwendigen staatlichen Unterstützung zurechtkommen.

3.1 Die Methodische Ebene

Auf der methodischen Ebene bedarf es eines zugehenden, aktivierenden Ansatzes, der aufmerksam den Willen der Betroffenen erkundet und Aushandlungssituationen ‚auf Augenhöhe' schafft, in denen unter Nutzung individueller und sozialräumlicher Ressourcen gemeinsam Perspektiven und Handlungsschritte zur Unterstützung von Menschen in schwierigen Lebenslagen entwickelt werden (Hinte et al. 2003, S. 33).

Fachkräfte sollten systematisch die passenden Lösungen mit und für die Menschen finden. Dazu agieren sie auf drei miteinander in Beziehung stehenden Arbeitsebenen: Der fallspezifischen (fsA), der fallübergreifenden (füA) und der fallunspezifischen Arbeit (fuA). Diese Arbeitsebenen oder Arbeitsbereiche sind stets unter Berücksichtigung von fünf Prinzipien (Hinte 2007a, S. 45 ff.) zu gestalten.

Arbeitsbereiche auf der methodischen Ebene

Im Zusammenhang mit den drei genannten Arbeitsbereichen sorgen Fachkräfte dafür, eine Basis für die Fallbearbeitung zu schaffen, indem sie unabhängig vom Einzelfall (fallunspezifisch) Beziehungen knüpfen, Fälle zur Unterstützung des Einzelfalls zusammenfassen und die geschaffene Basis in neuen Einzelfällen nutzen. Es handelt sich also um ein Zusammenspiel der fallunspezifischen, fallübergreifenden und fallspezifischen Arbeit. Die fallunspezifische Arbeit muss stets mit Blick auf den Einzelfall legitimiert werden.

Alle drei Tätigkeitssegmente sind für eine sozialräumlich ausgerichtete Behindertenhilfe gleichwertig bedeutsam. Jedes ist mit dem jeweils anderen verknüpft. Die fachliche Qualität der Arbeit entsteht durch eine hohe strukturelle Durchlässigkeit der drei Bereiche. (Hinte 2007a, S. 119; dazu auch: Hinte et al. 2000, S. 99 f.; Hinte et al. 2003, S. 34 f., S. 99 f.; Brünjes 2006, S. 101 f.; Hinte 2007a, S. 117 f.; Fehren 2011, S. 446). Die Teilhabe an der Gesellschaft wird somit durch die Stärkung und Unterstützung des/der Einzelnen in Form von Einzelfallhilfe (fallspezifische Arbeit) und Sozialer Gruppenarbeit (fallübergreifende Arbeit) und die Arbeit im Sozialraum (fallunspezifische Arbeit) anvisiert. Nur wer teilhaben will, kann in einer Gesellschaft, die sie/ihn teilhaben lässt (fallunspezifische Arbeit), ein Teil der Gesellschaft werden.

Die fallspezifische Arbeit

Die fallspezifische Arbeit umfasst Tätigkeiten, die sich „unmittelbar auf einen als ‚Fall' identifizierten Menschen oder eine Gruppe beziehen" (Hinte et al. 2003, S. 34). In der fallspezifischen Arbeit kommt die durch die sozialräumlichen Prinzipien geprägte Haltung der Fachkraft zur Geltung (Hinte 2003, S. 35). Dabei bleibt der Mensch stets Experte für sein Leben, die Fachkraft ist allenfalls Expertin für das Hilfesystem. Sie nutzt ihr Fachwissen, um die Adressat_innen dabei zu unterstützen, ihren Weg zu einem für sie gelingenden Leben zu finden, ohne ihm/ihr zu sagen, wie dieses Leben zu gestalten ist. Insofern verabschiedet sich die sozialräumlich arbeitende Fachkraft von einem diesbezüglich möglicherweise angenommenen „Expert_innentum". Die fallspezifische Arbeit geschieht im Gesprächs- und/oder Beratungssetting im Amt, beim freien Träger oder im Sozialraum. Dabei stehen eine Person und/oder ihre sozialen Systeme im Hauptfokus der Fachkraft.

Die fallübergreifende Arbeit

Die fallübergreifende Arbeit geht vom Menschen aus (Dazu: Hinte et al. 2000, S. 118; Hinte et al. 2003, S. 35; Bestmann/Brandl 2006, S. 3; Hinte et al. 2000, S. 100; Hinte 2007a:, S. 118; Fehren 2011, S. 443). Dabei handelt es sich um Personen, die schon „Fall" im Sinne der Behindertenhilfe sind. Die fallübergreifende Arbeit hat zum Ziel, Ressourcen für den „Fall" zu mobilisieren. Das können einmal solche Ressourcen sein, die die eine oder andere Fachkraft bereits früher im Rahmen der fallunspezifischen Arbeit (siehe das folgende Unterkapitel) entdeckt und „gespeichert" hatte, oder es sind Ressourcen im engen Umfeld, also „Netzwerke, in die der betroffene Mensch oder die Familie eingebunden ist [...]" (Hinte 2007a, S. 118). Auch die enge Zusammenarbeit mit einer Regeleinrichtung[3], die den Menschen aufnehmen könnte und ihm damit als Ressource dienen würde, fällt unter die fallübergreifende Arbeit (ebd.).

Außerdem können für Einzelfälle übergreifende Zusammenhänge hergestellt werden. Das heißt, Fälle mit ähnlicher Ausgangslage werden mit einem speziellen Angebot zusammengeführt. So kann beispielsweise ein Gruppenangebot für Eltern installiert werden, bei dem es um das Ablöseverhalten ihrer Kinder geht. Im „Fall" können dann die gruppenspezifischen Effekte genutzt werden.

Fallübergreifende Maßnahmen, Ideen oder Aktionen entstehen im Einzelfallsetting mit dem Betroffenen beim gemeinsamen Ressourcencheck, aber auch im Sozialraumteam im Rahmen der Falleingabe oder Fallbesprechung (Bestmann/Brandl 2006, S. 3).

Die fallunspezifische Arbeit

Fallunspezifische Arbeit verfolgt das Ziel, Ressourcen eines Sozialraums zu kennen, zu pflegen (im Sinne von Kontaktpflege) und zu erweitern, um sie später passgenau in einem Fall (den man vorher noch nicht kannte) zu mobilisieren. Es werden also mit fallunspezifischen Aktionen und Maßnahmen Kenntnisse erschlossen, ohne dass bereits ein bestimmter Fall im Fokus der Aktion steht. (Dazu Hinte et al. 2000, S. 45; Früchtel 2001; Bestmann/Brandl 2006; Hinte et al. 2007a, S. 118; Fehren 2011, S. 447).

Die Fachkräfte organisieren fallunspezifisch selbst Feste, Tage der offenen Tür oder besuchen Stadtteilfeste, sie planen mit anderen Trägern gemeinsame Veranstaltungen und/oder schließen sich anderen Einrichtungen an.

Fachkräfte arbeiten fallunspezifisch, wenn sie mit offenen Augen durch den Sozialraum gehen, bewusst in Kontakt mit den dort lebenden und arbeitenden Menschen treten, wenn die Menschen sie kennen und wissen, dass die Fachkraft offen ist für die Geschehnisse im Quartier. Die fallunspezifisch arbeitende Fachkraft aktualisiert regelmäßig ihr Wissen über die Ressourcen und Themen im Sozialraum, sie versucht auch durch Nachfragen bei den Adressaten auf dem Laufenden zu bleiben. Dazu nimmt sie an Arbeitskreisen oder themenspezifischen Foren teil oder geht gezielt auf relevante Institutionen (beispielsweise Schulen, Kindertagesstätten, Beratungsstellen) zu (Bestmann/Brandl 2006).

Ein Stadtteilspaziergang mit einem Menschen mit Behinderung, der der Fachkraft „seinen" Lebensraum aus seiner Sicht zeigt, ihr Bekannte und/oder Plätze vorstellt, die eine Bedeutung für ihn haben, eröffnet neue Perspektiven und macht Ressourcen

---

[3] Kita, Schule, Hort.

sichtbar, die auch in anderen Kontexten genutzt werden können. Dazu wird den Bewohner_innen des Stadtteils die Vielfalt der Menschen bewusst.

Fachkräfte arbeiten fallunspezifisch, wenn sie offen und interessiert über die konkret zu bearbeitenden Einzelfälle hinaus im Sozialraum auf unterschiedlichen Ebenen präsent sind und die dort gewonnenen Erkenntnisse in Form von Ressourcen für ihre oder die Fälle anderer Kolleg_innen nutzen. Sie arbeiten auch fallunspezifisch, wenn sie Missstände erkennen und in dem Zusammenhang gezielt tätig werden, also beispielsweise Einfluss nehmen auf bauliche und strukturelle Ressourcen im Sozialraum (ebd.).

Fünf Prinzipien gelten als handlungsleitend für Sozialarbeitende, wenn diese fallspezifisch, fallunspezifisch und fallübergreifend arbeiten. Erfahrungen und Erkenntnisse aus den Arbeitsbereichen der fallunspezifischen (fuA) und fallübergreifenden Arbeit (füA) fließen in die Fallarbeit ein.

Wie beschrieben, fokussiert Sozialraumorientierung als komplexes Konzept den Einzelfall und den Sozialraum. Somit benötigen die Fachkräfte ein passendes Repertoire an Methoden sowohl für alle drei Bereiche als auch für die Zusammenarbeit mit den Menschen, bereichsübergreifend im Sozialraumteam und in anderen Netzwerken. „Sozialraumbezogen und somit zielgruppenübergreifend gedacht, wandert der professionelle Blick immer auf durch die jeweiligen Individuen bestimmten Kristallisationspunkte für gebietsbezogene Aktivitäten, an denen sich möglichst viele Bürger/innen beteiligen können" (Hinte 2007a, S. 73).

Es geht mit dem Einsatz bestimmter Verfahren und Methoden um die Entwicklung von „maßgeschneiderten", passgenauen Hilfen, die den Blick „vom Fall ins Feld" lenken (Lüttringhaus 2006, S. 297; Bestmann 2008; Früchtel et al. 2007a, S. 27 ff.). Es hilft, was zum/zur Betroffenen passt: zu seiner/ihrer Geschichte, dem Milieu, den Fähigkeiten und insbesondere seinem/ihrem Willen. Dieser Respekt vor dem einzelnen Menschen ist ein Wirkfaktor, weil sich Menschen nicht wirkungsvoll instruieren lassen (Früchtel et al. 2007, S. 65 ff.).

Insofern ist eine intensive Lösungsvorbereitung unter Einbeziehung der Adressat_innen und Kooperationspartner_innen im Sozialraum als Ausgangspunkt für die Entwicklung von passgenauen Hilfen enorm wichtig[4]. Die Vorbereitung der Falleingabe wird in enger Zusammenarbeit mit den Adressat_innen vollzogen: Hier werden Wille, Ziele und schon vorhandene Ressourcen erarbeitet. Damit wird deutlich, wie es um die Eigeninitiative steht und wie weit der Blick zielgruppen- und bereichsübergreifend schweifen muss. Mögliche bzw. notwendige Kooperationen werden von der fallführenden Fachkraft vermerkt. Dann erfolgt die Falleingabe ins Sozialraumteam (dazu Hinte et al. 2000, S. 148; Hinte et al. 2003; Hinte 2006, S. 32). Sie stellt „eine[n] strukturierten Beratungsvorgang in einer überschaubaren Gruppe mit einem begrenz-

---

4 Eine intensive Hilfevorbereitung in Zusammenarbeit mit den Adressaten ist ein wichtiger Wirkfaktor der Jugendhilfe (Albus et al. 2010).

ten Zeitbudget" (ISSAB 2008c, S. 1) dar. Eine dezidierte Vorbereitung der Falleingabe im Rahmen der kollegialen Beratung erleichtert das Vorgehen.[5]

Im Rahmen einer Lösungsvorbereitung muss zunächst akribisch und feinfühlig der Wille der Betroffenen erhoben werden.

Beispiel: Ein Mädchen wird in der Schule von ihrem Lehrer misshandelt, möchte dies aber nicht offenbaren. Sie lebt in der Angst, sobald sie die Misshandlungen aufdeckt, die Schule verlassen zu müssen. Manche Sozialarbeitende würden vermutlich davon ausgehen, dass der Wille, die Misshandlung zu stoppen, an erster Stelle stehen müsste. Doch das Mädchen möchte gemeinsam mit ihren Freundinnen den Schulabschluss im gewohnten Umfeld erreichen. Sozialarbeitende sollten in diesem Fall also zunächst herausfinden, was dieses Mädchen tatsächlich will, wie es diesen wichtigen Lebensabschnitt für sich selbst gestalten möchte. Welche Bedeutung die Misshandlungen dabei für sie spielen, wird sie in den Gesprächen selbst erkennen. Erst wenn sie das erkennt, kann erwachende Eigeninitiative gezielt gestärkt werden. Der/die Sozialarbeitende wird vermutlich mit der Jugendlichen besprechen, was sie benötigt, um Freundschaften zu erhalten und die Schule erfolgreich zu beenden. In diesem Zusammenhang kann das Mädchen eher beginnen zu überlegen, was sie selbst tun kann, um sich aus ihrer Lage zu befreien. Sie kann überlegen, welche neuen oder bereits vorhandenen Ressourcen aus dem Umfeld sich aktivieren lassen. Beide suchen gemeinsam nach Maßnahmen im Interesse des Schulabschlusses und parallel zum Schutz der körperlichen Integrität (Stopp der Misshandlungen).

Muss die Einrichtung nicht oder nur marginal tätig werden, ist es gelungen, Selbsthilfe anzustoßen. Das stärkt das Gefühl der Jugendlichen im Sinne von Selbstwirksamkeit.

Selbstwirksamkeitsempfinden ist eine gute Voraussetzung dafür, Verantwortung für die eigene Entwicklung zu übernehmen und damit notwendige Unterstützungsleistungen zielführend zu nutzen.

Um Selbstwirksamkeit bei Menschen mit Behinderung bestmöglich zu unterstützen, bedarf es eines starken Glaubens daran, dass auch sie Verantwortung für ihr Leben tragen können. Darüber hinaus bedarf es einer professionellen Haltung, die durch die von Hinte formulierten handlungsleitenden Prinzipien[6] charakterisiert ist.

---

[5] Der Falleingebende benennt seine Ziele für die kollegiale Beratung. Er gibt damit eine „Aufmerksamkeitsrichtung" (ebd.: 4) vor. Dabei geht es z. B. darum, Ideen für Maßnahmeoptionen zu entwickeln, das eigene Handeln, die Rolle im Fall zu hinterfragen, sowie Fachlichkeit und eigene Haltung zu überprüfen. Im Leistungsbereich ist die gemeinsame Erarbeitung des Willens und die Formulierung von Zielen bis hin zur gemeinsamen Überprüfung der Ziele, im Sinne von „lassen Sie mal sehen, was Sie bis hierhin schon erreicht haben!", von großer Bedeutung.
[6] Hier ist festzustellen, dass diese fünf Prinzipien die von der Deutschen Gesellschaft für Soziale Arbeit abbilden, insofern also nichts Neues darstellen.

3.1.1 Handlungsleitende Prinzipien sozialraumorientierter Sozialer Arbeit

Das Selbstmandat Sozialarbeitender wird durch eine ethisch-moralische Grundhaltung, ein hohes Maß an Fachwissen und das klare Bewusstsein über den Auftrag der Unterstützung der Hilfe zur Selbsthilfe definiert. Der Deutsche Berufsverband Sozialer Arbeit e. V. (http://www.dbsh.de/) hat Prinzipien definiert, die grundlegend für eine professionelle Soziale Arbeit sind. Wolfgang Hinte hat mit dem Fachkonzept fünf handlungsleitende Prinzipien definiert, die sowohl die sozialräumlich orientiert arbeitende Fachkräfte als auch deren Organisationen charakterisieren.

Konsequente Orientierung am Willen der Menschen
Soziale Arbeit stellt eine Hilfeleistung für Menschen dar, die sich in prekären Lebenssituationen befinden und ihre Situation für sich erträglich gestalten wollen. Es geht darum, einen Veränderungswillen, orientiert an der Situation der Personen, herauszuarbeiten. Manchmal geht es sogar erst einmal darum, Menschen zu vermitteln, dass sie einen Willen haben (dürfen).

Bei der Willensorientierung ist es relevant, eindeutig zwischen einem Wunsch und dem Willen einer Person zu unterscheiden. Der Wille gehört zum Stärkemodell und ist das „Kraftwerk, das die Energie zur Tat liefert" (Budde/Früchtel 2006, S. 47). Dem Wunsch hingegen liegt eine eher passive Haltung zugrunde, im Sinne von „Wunscherfüllung". Wille im passenden Bild des „Kraftwerks" impliziert, dass die Person selbst das ihr Mögliche tut, um ihr selbst definiertes Ziel zu erreichen (Hinte 2007a, S. 45 ff.).

Sozialarbeitende haben in dem Zusammenhang die Aufgabe, die Unterscheidung zwischen Wunsch und Wille herauszuarbeiten. Fachkräfte unterstützen Menschen dabei, den eigenen Willen zu erkennen und ernst zu nehmen. Transparenz im Vorgehen und in der Einschätzung der Situation zeigt dem Menschen, dass er/sie mit seinem/ihrem Anliegen ernst genommen wird.

Die Organisation hat hier auf der Steuerungsebene die Funktion, den Fachkräften den dafür notwendigen Rahmen zur Verfügung zu stellen. Es bedarf zeitlicher Ressourcen und einer speziellen Form der fachlichen Reflexion mit Kolleg_innen. Vor allem gilt es zu vermeiden, dass der Wille der Fachkraft (im Sinne von „das müsste sie/er doch wollen, um zum Ziel zu gelangen") bei der Lösungsfindung beeinflussend wirkt.[7]

Wenn nun der Wille herausgearbeitet ist (manchmal auch erst in Ansätzen), werden Ziele formuliert, die als Grundlage dazu dienen, die Eigeninitiative der Menschen zu unterstützen.

---

[7] Die kollegiale Beratung, die Falleingabe im Sozialraumteam, Supervision oder ähnliches bieten sich diesbezüglich als Standards an.

Ist der Wille als Kraftquelle erst einmal erfasst, wird deutlicher, was der/die Einzelne selbst unternehmen will, um das genannte Ziel zu erreichen – in Eigeninitiative. So werden Selbsthilfekräfte mobilisiert und möglicherweise sogar Erinnerungen wach, wie vorhandene Schwierigkeiten in der Vergangenheit bereits gelöst wurden. Das Selbstwirksamkeitsempfinden kann an dieser Stelle wieder wachsen.

Unterstützung von Eigeninitiative und Selbsthilfekräften
Wenn Menschen selbst aktiv werden, entdecken sie ihre Möglichkeiten und wecken unter Umständen Energien, die manchmal in der Lethargie oder Ausweglosigkeit verschüttet waren. Eigeninitiativ etwas selbst zu tun, lässt Menschen Erfahrungen sammeln und damit nachhaltig lernen. Insbesondere aus Fehlern lernen wir. Und hier wird es für Sozialarbeitende oft schwer. Denn Menschen „machen zu lassen" bedeutet auch, Risiken einzugehen, sich dem Vorwurf auszusetzen, nicht genug getan zu haben. Hier setzten Kritiker des Fachkonzepts in der Vergangenheit an. Denn dieses Prinzip ist leicht so auslegbar, dass Sozialarbeitende erst dann aktiv werden, wenn Menschen selbst etwas tun. Um Kosten zu sparen, würde professionelle Hilfe bis dahin eingestellt bzw. nur im absoluten Notfall aktiviert. Doch Unterstützung von Eigeninitiative und Selbsthilfe bedeutet vielmehr, intensiv mit den Menschen daran zu arbeiten, was sie selbst tun können, um ihre Ziele zu erreichen. Das heißt, sie so lange beim Trainieren des eigenen Weges zu begleiten, bis sie diesen bestmöglich selbst gehen können. Es bedeutet, sich auf die Menschen einzustellen und Fähigkeiten, die ursprünglich existierten oder noch nicht entwickelt sind, zu aktivieren.

Es bedeutet nicht, dass der/die Sozialarbeitende Verantwortung an Stelle des/der Betroffenen übernimmt.[8]

Dazu bedarf es einer Organisation, die ihrerseits auch an die Fachkräfte „glaubt" und ihnen die entsprechende Freiheit zugesteht, damit diese den Erfahrungsraum für und mit den Menschen erweitern können. Die Organisation stellt ausreichende Ressourcen zur Verfügung, um die Hilfe in Kooperation mit den Beteiligten zu planen und eventuelle Risikoentscheidungen mit Begründungen zu dokumentieren (Streich/Lüttringhaus 2007).

Sobald klar ist, was der/die Betroffene selbst tun kann, sollte überlegt werden, wie die formulierten Ziele zu erreichen sind.

Muss es der/die Sozialarbeitende sein, der/die unterstützt, oder gibt es andere Ressourcen, die zielführend genutzt werden können?

---

[8] Die Ansätze der non-direktiven Pädagogik (Hinte 2001) und des Empowerments (Stark 1996; Herriger 2006; Theunissen 2009) unterstützen das Erreichen dieser Ziele. Damit können „eigene Erfahrungen interpretiert, neue (oder verschüttete) Ressourcen entdeckt und Überraschungen beim Entdecken akzeptiert werden" (Stark 1996, S. 179).

Erkennen, Aktivieren und Nutzen von Ressourcen der Menschen und des Sozialen Raumes

Ressourcenarbeit stellt eine Planungs- und Unterstützungsleistung dar, die darauf abzielt, die Ressourcen eines Individuums zu aktivieren. Dieser komplexe Prozess wird gemeinsam mit dem betreffenden Menschen geplant und koordiniert.

Ziel ist, dass Menschen ihren Blick auf vorhandene Ressourcen und Kompetenzen sowohl im persönlichen als auch im sozialen und räumlichen Bereich richten. Dabei geht es um die Förderung bereits vorhandener sowie die Aktivierung bisher unsichtbarer, nicht wahrgenommener Ressourcen.

Bezogen auf die Orientierung im Sozialraum, also auf die soziale Umwelt von Menschen, ist der Begriff „Ressource" mit „Kraftquelle" oder auch „produktives Potenzial" zu definieren (Herriger 2011, S. 712; Früchtel et al. 2007, S. 41). Eine „Kraftquelle" stellen die Beziehungen der Menschen untereinander dar. Diese „sozialen Ressourcen" teilt Herriger in drei Gruppen ein. Er sieht erstens die Liebe – charakterisiert durch Vertrautheit, Verbundenheit, Zärtlichkeit, Sexualität etc. Zweitens definiert er die soziale Unterstützung als Ressource – ein Rückhalt, der dem Selbstbewusstsein dient und jegliche Hilfestellung bei Belastungen und Schwierigkeiten gibt. Drittens bezeichnet er das „,Embedding'" als Ressource mit dem Gefühl der Sicherheit, Anschluss zu haben und als jemandes Wert angesehen zu werden (ebd.). Hinte bezieht sich in seiner Beschreibung des Sozialraums unter dem Aspekt Ressource auf das direkte Lebensumfeld. Jeder bewegt sich in bestehenden Netzwerken, zu deren Bestandteilen beispielsweise eine im Hinterhof zu gestaltende Betonwand ebenso gehören kann wie auch die direkte Interaktion mit den Nachbarn, beispielsweise zum Zweck der Lebensmittelbeschaffung. Allein durch das menschliche, alltägliche und meist unbewusste Agieren bewegen wir uns in einem sozialen Raum, der als Ressource genutzt werden kann (Hinte 2007a, S. 67 ff.).

Während Herriger das Vorhandensein sozialer Ressourcen hinsichtlich ihrer Bedeutung bei möglichen Belastungen und Krisen einordnet (Herriger 2011, S. 721), sieht Hinte den Sozialraum in seiner Bedeutung nicht als Mittel zur Unterstützung bei der Bewältigung von Schwierigkeiten. Ressourcen sind aus seiner Sicht grundlegend vorhanden und damit eine bestehende Selbstverständlichkeit für den menschlichen Bewegungsradius. Eine Ressource wird nicht als etwas definiert, das im Fall der Notwendigkeit aufgesucht oder ausfindig gemacht und aktiviert werden muss, sondern selbstverständlich zum Alltag gehört. Eine Krise wird weniger starke Ausprägungen annehmen, wenn Menschen sich zugehörig fühlen und Vertrauen haben, dass sich Unregelmäßigkeiten in den bestehenden Netzwerken auf der einen oder anderen Seite wieder ausgleichen. Verhalten wird im Stärkemodell somit generell als Lösung verstanden (Budde et al. 2006, S. 30). In prekären Situationen ist es Aufgabe der Fachkräfte, Ressourcen und Stärken der Menschen zu erforschen. Zwangsläufig werden sie dabei mit den Wirklichkeitsmustern der jeweiligen Betrachtenden[9] konfrontiert und haben somit die Chance, den Einflussfaktoren der Umgebung eines Menschen eine andere Dynamik zu geben.

„Ressourcen-Aktivierung und Ressourcen-Förderung sind heute feste Ankerpunkte im professionellen Selbstverständnis der Sozialen Arbeit" (Herriger 2011, S. 779).

Die Organisation hat in dem Zusammenhang die Aufgabe, die Fachkräfte zu unterstützen, einen ressourcenorientierten Blick zu behalten, zu entwickeln und zu schärfen. Weitere Tätigkeiten sind diesbezüglich, Ressourcen, auch die sozialräumlichen, zu erheben, zu speichern und dann im Einzelfall (fallspezifisch) zu aktivieren (im Sinne von „darauf aufmerksam machen"). Um fallunspezifisch erhobene Ressourcen fallspezifisch zu nutzen, ist der institutionalisierte kollegiale Austausch im Sozialraumteam hilfreich. Außerdem unterstützt die Organisation ein ressourcenorientiertes Vorgehen, indem sie ermöglicht, fallübergreifende Maßnahmen zu installieren. So können „Fälle" wechselseitig als Ressourcen füreinander genutzt werden.

Die ressourcenorientiert arbeitende Fachkraft bringt einen offenen und wertschätzenden Blick mit. Sie ist in der Lage, positiv zu konnotieren und vermeintliche Schwächen in einen anderen Kontext zu setzen. Sie kann Verhalten als Lösungsversuch sehen und kommuniziert dies gegenüber den Beteiligten. Um erfolgreich Kontakte knüpfen zu können, ist sie kommunikativ und in der Lage, die Sprache der Bewohner_innen des Stadtteils zu sprechen. Sie ist neugierig, interessiert und begibt sich dadurch auf Augenhöhe zu den Bürger_innen und möglichen Schlüsselpersonen. Sie hat Spaß am Entdecken neuer Möglichkeiten und bleibt authentisch.

Das Erkennen von Ressourcen ist nicht nur im fallspezifischen Kontext von Bedeutung. Gerade im fallunspezifischen Kontext erfassen Fachkräfte Ressourcen und aktivieren sie sowohl fallunspezifisch als auch im Fall.

Um Ressourcen als solche erkennen zu können, ist eine zielgruppen- und bereichsübergreifende Sichtweise unabdingbar.

Zielgruppen- und bereichsübergreifende Sichtweise
Da Sozialarbeitende in der Regel ausgehend vom Auftrag ihrer Organisation zielgruppenorientiert arbeiten, ist ihre Sicht zumeist durch das Umfeld der Organisation und deren Auftrag geprägt. Wer beispielsweise mit von Gewalt betroffenen Menschen arbeitet, wird hierzu die Hilfsangebote dieser jeweiligen Organisation nutzen. So bewegen sich Sozialarbeitende oft in einem Rahmen, der durch die vorgegebenen

---

[9] Fachkräfte der Sozialen Arbeit werden mit ihren eigenen Wirklichkeitsmustern und denen der Organisation konfrontiert. Außerdem betrachtet jeder Mensch seine Situation aus einer ganz eigenen Sicht.

Strukturen gekennzeichnet ist.[10] Der zielgruppenübergreifende Blick hingegen hält Ausschau nach Personen und/oder Unterstützungsmöglichkeiten im Umfeld der Betroffenen. Die zielgruppen- und bereichsübergreifende Sichtweise beinhaltet also zwei Komponenten: Erstens geht es darum, im Rahmen der fallspezifischen Arbeit über den Fall hinaus zu denken und zu handeln. Damit werden Stigmatisierungen und Eingrenzungen vermieden. Bei der Arbeit mit Menschen mit Behinderung richtet sich der Blick der Sozialarbeitenden naturgemäß auch auf Menschen ohne Behinderung und andere mögliche Beteiligte.

Zweitens meint die bereichsübergreifende Sichtweise als Prinzip eine weite Öffnung des Blickwinkels und der Aktivitäten hin zu anderen Bereichen. Politik, Bildung, Kultur, Wirtschaftsförderung und lokale Beschäftigungspolitik können in manchen Fällen mehr in Richtung gelingendes Leben beitragen als die Soziale Arbeit selbst (Hinte 2007a, S. 72 ff.; Früchtel et al. 2007, S. 42). Gerade in der Behindertenhilfe ist es von Bedeutung andere Lebensbereiche der Menschen miteinzubeziehen und ihnen damit den Weg in ein „normales" Leben zu erleichtern.

Die Organisation sollte die Fachkräfte dabei unterstützen, indem sie im Bereich der fallunspezifischen Arbeit Maßnahmen von ihrer Seite schon bewusst zielgruppenübergreifend konzipiert und anbietet. Auch bereichsübergreifende Arbeit profitiert von diesbezüglich eingeräumten Ressourcen und Freiheiten.

Eine bereichs- und zielgruppenübergreifend arbeitende Fachkraft hat einen offenen Blick für die anvisierte Zielgruppe und ist in der Lage, ein sich im Laufe der Berufsjahre oftmals entwickelndes „Schubladendenken" zu reflektieren.

Sie ist geprägt durch ein fachliches Selbstbewusstsein, eine hohe Kommunikationsfähigkeit und ein sicheres gesellschaftliches Auftreten.

Fachkräfte, die bereichsübergreifend arbeiten, kennen nicht jeden Bereich gleich gut, zeigen sich aber offen und interessiert. Sie prüfen Möglichkeiten der Kooperation und Ergänzung, ohne die Befürchtung, „etwas abgeben" zu müssen. Sie sind in der Lage, sich notwendige Informationen zu holen.

Ein zielgruppen- und bereichsübergreifender Blick ist Voraussetzung sowohl für das Nutzen von Ressourcen als auch eine erfolgreiche kooperative Arbeit mit und für Adressat_innen Sozialer Arbeit.

---

10 Im Jugendhilfekontext bedeutet das oft, dass nur die Möglichkeiten, die ein Träger als Hilfeangebote zur Verfügung stellt, betrachtet werden. Eine Schülerin, die durch eine Lehrkraft Gewalt erfährt, wird durch Beratung unterstützt. Dass das System, in dem sich die Schülerin befindet, auch Schutz anbieten muss und adäquate Möglichkeiten zur Verfügung stellen sollte, wird dabei oft übersehen. Hier ist der zielgruppen- und bereichsübergreifende Blick auf Schulämter und Ministerien (die Vorschriften diesbezüglich zu erlassen haben) und auf die Lehrkräfte und Rektoren sowie die Mitschüler hilfreich.

Kooperation und Vernetzung

Sozialräumliche Arbeit ist ganzheitlich angelegt. Sie bezieht einen weiten Kontext in Fallbetrachtung, Fallgestaltung und Falllösung mit ein. Ohne Kooperationen mit den Adressat_innen- und Fachkräftesystemen ist diese Arbeit nicht zu leisten. Einerseits geht es um den Aufbau von Netzwerken unterschiedlicher Akteure im Sozialraum mit dem Ziel der Ressourcenentwicklung und -nutzung für den Einzelfall. Andererseits geht es bei Planung und Durchführung von fallunspezifischen Maßnahmen darum, den Zugang zu den sozialen Dienstleistungen zu erleichtern und die Lebensqualität für die Menschen im Quartier insgesamt zu verbessern.

Kooperationen finden also auf institutioneller Ebene statt, können aber auch mit Bürger_innen eingegangen werden (Hinte 2007a, S. 75 ff; Früchtel et al. 2007, S. 43). Eine besonders wichtige Art von Kooperation ist die Arbeit im Team mit Fachkolleg_innen zur Hilfevorbereitung, Reflexion und Weiterentwicklung der Arbeit.

Die Organisation hat auch hier gemäß dem Fachkonzept auf der Steuerungsebene den Auftrag, den Fachkräften zeitliche und strukturelle Ressourcen für die Kooperations- und Vernetzungsarbeit zur Verfügung zu stellen. Des Weiteren benötigen Fachkräfte für Vernetzungsarbeit ein gewisses Maß an Flexibilität, das die Organisation sicherstellen muss (Hinte 2007a, S. 77).

Eine in Kooperationen und Netzwerken arbeitende Fachkraft ist offen und kommunikativ. Sie gestaltet ihre Kommunikation stets auf Augenhöhe mit dem Gegenüber, respektiert dessen Anliegen und Ziele, ohne die eigenen aus den Augen zu verlieren. Sie ist kritikfähig und hat ein hohes Reflexionsniveau. Sie zeigt sich interessiert und kann sich da abgrenzen, wo die Ziele eines Netzwerkes nicht mit ihrem Auftrag kompatibel sind.

Im Fachkonzept werden die genannten Prinzipien in allen Bereichen bei der methodischen Umsetzung bewusst in den Fokus der Fachkräfte gerückt. Die Organisation stellt auf den Ebenen der Finanzierung, der Steuerung und auch durch die geografische Ausrichtung die notwendigen Rahmenbedingungen zur Verfügung und achtet mit einem Fachcontrolling darauf, dass auch danach gearbeitet werden kann. Das ausdrückliche Einhalten der Prinzipien hat Einfluss auf die Art der Hilfe, die Hilfegestaltung, die Organisation, die Fachkraft und damit auch auf die Menschen.

3.2 Die Finanzierungstechnische Ebene

Mit der flexiblen Finanzierung von Leistungen wird der Umsetzung des Fachkonzepts der Boden bereitet. Das bedeutet, dass zuerst die inhaltlich-fachlichen Ziele festgelegt werden, bevor ein entsprechend überprüftes Finanzierungskonzept erarbeitet wird (Groppe/Litges 2007, S. 121).

Die Lösung ist ein so genanntes Sozialraumbudget, das den Trägern zur Entwicklung von passgenauen Hilfen zur Verfügung steht.[11] Praktiker_innen wissen dies schon seit längerer Zeit zu schätzen. Schätzel, Geschäftsführer eines freien Trägers in Rosenheim, berichtet 2010 über die „gemeinsame Budgetverantwortung als neue Herausforderung – von bilateral zu partnerschaftlich". Stephan, ehemalige Fachbereichsleiterin Kinder und Jugend des Jugendamts Nordfriesland, berichtet schon 2006 über sechs Vorteile, die mit der Einführung des Fachkonzepts Sozialraumorientierung inklusive Sozialraumbudgets im Landkreis Nordfriesland sichtbar wurden (Stephan 2006, S. 14 ff.):

1. „Erster Vorteil: Hilfegestaltung richtet sich an den Zielen der Betroffenen aus.
2. Zweiter Vorteil: Betroffene bleiben Subjekte und werden als Co-Produzent_innen ernst genommen.
3. Dritter Vorteil: Einbindung der Ressourcen sorgt für Nachhaltigkeit der Hilfen.
4. Vierter Vorteil: Ein Sozialraumbudget versetzt freie Träger in die Lage, wesentlich flexibler und passgenauer auf den Hilfebedarf der Betroffenen zu reagieren als es Leistungs- und Entgeltvereinbarungen ermöglichen" (Stephan 2006, S. 16).
5. „Fünfter Vorteil: Sozialraumbudgets ermöglichen fallunspezifische Arbeit, die zur Verbesserung der Lebenswelt der Betroffenen beiträgt" (ebd.).
6. Teams sind ausgezeichnet qualifiziert und hochmotiviert und „erbringen Spitzenleistungen" (ebd., S. 14 ff.).

Beide Autor_innen betonen dabei die besondere Zusammenarbeit von öffentlichem und freien Trägern sowie die Möglichkeit, die Hilfen flexibel am Bedarf der Menschen auszurichten und fachliche Gesichtspunkte in den Vordergrund stellen zu können – ohne die finanziellen Mittel aus den Augen zu verlieren (Schätzel 2010, S. 58 ff.; Stephan 2006, S. 14 ff.).

Eine Finanzierungsform, die flexible Hilfeleistungen unterstützt, ist somit ein wichtiges Charakteristikum auf der finanzierungstechnischen Ebene des Fachkonzepts Sozialraumorientierung, denn sie erleichtert auf der Steuerungsebene die Berücksichtigung der handlungsleitenden Prinzipien für eine erfolgreiche Arbeit.

Mögliche Gestaltung der Finanzierungstechnischen Ebene in der Eingliederungshilfe

Die Behindertenhilfe verfolgt spätestens seit der UN-Behindertenrechtskonvention (Artikel 19 UN-BRK) das Ziel, selbstbestimmtes Leben für Menschen mit Behinderung zu realisieren. Dabei geht es nicht nur um Partizipation, sondern darum „ob behin-

---

[11] Inzwischen ist diese Praxis vielerorts erprobt und dokumentiert. Hinte/Litges/Groppe berichten 2003 von etlichen Beispielen sozialräumlicher Finanzierung: Stuttgart, Hannover, Frankfurt (Oder), Landkreis Tübingen, Siegen, Kamp-Lintfort, Dorsten, Landkreis Nordfriesland (Hinte et al. 2003, S. 56 ff.). Dieser Liste hinzugefügt werden können Rosenheim und der Landkreis St. Wendel.

derte Menschen im Erwachsenenalter über ihre Lebenszukunft und Ziele im Rahmen einer Person-zentrierten Planung (Theunissen 2012, Kap. V) selbst entscheiden können" (Leuchte/Theunissen 2012, S. 354).

Betroffene sollen also beispielsweise ihr persönliches Budget (Paragraph 17 SGB XI) einsetzen und selbst als Verhandlungspartner_innen mit Kostenträgern und Leistungserbringern fungieren (ebd.). Es werden subjektbezogene Leistungen, die sich aus personenspezifischen Interessen, Bedürfnissen und Situationen ableiten lassen, über das persönliche Budget finanziert.

Des Weiteren könnten durch die Kommunen, nach amerikanischem Beispiel Personenzentrierte Netzwerke gefördert werden (ebd. S. 355). Das entspräche der fallübergreifenden Arbeit nach dem Fachkonzept.

Aber auch eine Budgetfinanzierung, ähnlich der in der Jugendhilfe praktizierten, macht in der Eingliederungshilfe Sinn. Der Landkreis Nordfriesland sammelt diesbezüglich derzeit in einem Modellprojekt Erfahrungen. Folgende Punkte charakterisieren die Budgetfinanzierung der Eingliederungshilfe in Nordfriesland:
1. Die freien Träger verpflichten sich, alle Leistungen auf methodischer Ebene in enger Zusammenarbeit mit dem Leistungsträger flexibel zu erbringen.
2. Die Zuweisung erfolgt unter Berücksichtigung des Wunsch- und Wahlrechts der Leistungsberechtigten im Rahmen des Teilhabeplanverfahrens.
3. Alle für die Erbringung der Leistungen notwendigen Sach- und Personalaufwendungen werden in geeigneter Qualität, Form und Menge von der Einrichtung zur Verfügung gestellt.
4. Die Leistungserbringer verpflichten sich, sich aktiv an den von den Beteiligten formulierten Gesamtzielen für eine Region zu beteiligen.

Diese Punkte führen dazu, dass alle an dem Modell beteiligten Träger der Behindertenhilfe gemeinsam mit Menschen mit Behinderung und dem Leistungsträger eine Vision sowie gemeinsame Ziele für die Region erarbeitet haben. Alle Beteiligten sind dafür verantwortlich, dass diese Vision in Teilschritten realisiert wird.

Eine Finanzierungsform, die flexible Hilfeleistungen unterstützt, ist somit ein wichtiges Charakteristikum auf der finanzierungstechnischen Ebene des Fachkonzepts Sozialraumorientierung, denn sie erleichtert auf der Steuerungsebene die Berücksichtigung der handlungsleitenden Prinzipien für eine erfolgreiche Arbeit.

3.3 Die Geografische Ebene

Die geografische Ebene des Fachkonzepts ist durch zwei Definitionen von Raum charakterisiert:

Zum Ersten wird Raum definiert durch die einzelnen Menschen auf Grundlage der individuellen Wahrnehmung ihrer Lebenswelt. Sozialraum kann für die einen das

Quartier sein, in dem sie wohnen, und für die anderen der virtuelle Raum für Kontakte in Sozialen Netzwerken des Internets.

Zum Zweiten nutzen Organisationen den Raum für Steuerungszwecke, um zu berechnen wie personelle Ressourcen eingesetzt werden. Die so entstandenen Gebiete werden als „Bindeglied zwischen der verwaltungsseits notwendigen Ordnungskategorie einerseits und den lebensweltlich vorgenommenen Raumdefinitionen andererseits" (Hinte 2007a: 32; Hinte 2006: 28 ff.; Hinte et al. 2003: 32) bezeichnet. Hinte konstatiert, jede Bezirksschneidung sei ein Kompromiss zwischen den individuell vorhandenen und in der Regel nicht konstanten Raumdefinitionen der Bewohner, den sichtbaren Abgrenzungen und dem verwaltungsmäßig festgestellten Bedarf. Dieser wird nach anderen Kriterien bemessen, als dies die Wohnbevölkerung tun würde (ebd.: 33). Hinte setzt bei der Gebietseinteilung aus Verwaltungssicht auf ein pragmatisches, an den Menschen orientiertes Vorgehen[12], so dass dieser Kompromiss nicht zu groß werden muss.

3.4 Die Steuerungsebene

Sozialarbeiterische Prozesse werden von einer Steuerungsebene begleitet. Soziale Arbeit vollzieht sich in erster Linie durch den „Einsatz von menschlicher Arbeit in ihrer Kombination mit weiteren Ressourcen" (Schellberg 2004, S. 32). Auf dieser Ebene obliegt der Geschäftsleitung die Aufgabe, die Prozessorganisation so zu gestalten, dass die Fachkräfte die Ziele der Organisation erreichen können. Eine wichtige Voraussetzung für das Engagement der Beschäftigten ist „die Möglichkeit zur flexiblen Gestaltung ihrer Arbeitszeiten" (Hinte 2000, S. 148).

Aus der Perspektive der Regionalleitungen und auch der Geschäftsführung ist es hilfreich, eine Vision für die Einrichtung zu entwickeln. Wichtig ist, die Mitarbeitenden an der Entwicklung von Vision und Zielen zu beteiligen.

Institutionsspezifisches Konzept
Erstes Kennzeichen der Steuerungsebene im Fachkonzept Sozialraumorientierung ist das Vorhandensein eines institutionsspezifischen Konzepts. Es muss deutlich werden, wie die Leitungskräfte das Fachkonzept auslegen. Dies ist transparent für alle Fachkräfte und Kooperationspartner darzustellen.

Bei der Konzepterstellung muss die entscheidende Frage beantwortet werden, welche strukturellen und inhaltlichen Gegebenheiten für eine an Menschen und Sozialraum orientierte Umsetzung (Hinte 2006, S. 32) hilfreich sind. Das heißt, Struktur

---

12 Wenn der aus Verwaltungssicht eingegrenzte Raum nicht mit der Lebenswelt der Menschen übereinstimmt, reagieren Verwaltungen flexibel und weiten die Zuständigkeiten aus oder kooperieren.

und Finanzierungsform folgen den Inhalten („form follows function"). Die Entwicklung des institutionsspezifischen fachlichen Konzepts kann unter Beteiligung von Kooperationspartnern (Landratsämtern, Städten, anderen Einrichtungen) erfolgen. Grundlage der Konzeptentwicklung sind die das Fachkonzept charakterisierenden Prinzipien.

Sozialraumteams

Ein wichtiges Kennzeichen der Umsetzung des Fachkonzepts ist die Arbeit in Sozialraumteams. Fachkräfte des öffentlichen Trägers arbeiten gemeinsam mit Kolleg_innen der freien Träger in Sozialraumteams. In diesen Gremien tauschen sich die Fachkräfte von beiden Trägern strukturiert aus. Hier werden die Ressourcen der Fachkräfte miteinander kombiniert, die Einbindung der Mitarbeitenden des freien Trägers in die Fallberatung und Entwicklung von Hilfeoptionen geschieht frühestmöglich (Hinte 2006, S. 32; Hinte et al. 2003, S. 89 ff.). Die Ergebnisse aus der fallunspezifischen Arbeit werden zusammengetragen und in unterschiedlichen Fällen genutzt. Der Austausch im Sozialraumteam kann als Ideenbörse, für kollegiale Beratung, zur Weiterentwicklung der Umsetzungsvariante und auch zur Psychohygiene von und für die Fachkräfte genutzt werden (Hinte 2006, S. 30; Hinte et al. 2003, S. 73). Außerdem finden unter Berücksichtigung von fachlichen Standards zur Erfassung von Willen, Ressourcen und Zielen Fallbesprechungen statt, um Maßnahmeoptionen für die Adressat_innen zu erarbeiten.[13]

Anpassung der Struktur

Eine wichtige Aufgabe auf der Steuerungsebene ist die „fachliche Führung durch konzeptionelle Vorgaben, die sich in allen ‚Poren' der Institution" (Hinte 2006, S. 33) abbilden. Voraussetzungen dafür sind nach Hinte Glaubwürdigkeit und Prozess-Kompetenz der Schlüsselpersonen (Führungskultur). Klarheit und Entscheidungswille wirken positiv auf diejenigen, die das Fachkonzept auf operativer Ebene umsetzen.

Um die Strukturen dahingehend anpassen zu könen, bedarf es einer Organisationsphilosophie,
- die „Anschlüsse in der Lebenswelt sucht" (Budde/Früchtel 2005a, S. 243),
- Veränderungsbereitschaft zeigt,
- den Fachkräften Möglichkeiten der fachlichen Selbstreflexion erschließt,
- und Freiheiten in der Gestaltung ihrer Arbeit eröffnet (ebd.).

---

[13] „Entscheidenden Schub erhielten die Prozesse [der Umsetzung des Fachkonzepts Sozialraumorientierung] durchweg von dem Zeitpunkt an, als die Sozialraumteams/Stadtteilteams mit ihrer Arbeit begannen, in denen Mitarbeiter/innen sowohl vom öffentlichen Träger als auch von freien Trägern (also den Erbringern der HzE) zusammenarbeiteten" (Hinte et al. 2003: 73; dazu auch Budde/Früchtel 2006: 37; Hinte 2006a: 28 ff.; Hinte 2007a: 97 ff.).

Strukturveränderungen hin zum Einsatz von Führungskräften auf räumlicher Ebene (Aufbaustruktur) erleichtern durch die Übernahme von übergeordneten Tätigkeiten wie Moderation der Sozialraumteams, Erarbeiten von Teamstrukturen etc. den Fachkräften den Arbeitsalltag. Außerdem organisieren die Führungskräfte die internen Verfahren neu und überprüfen unter Einbeziehung der Fachkräfte die vorhandenen Standards auf ihre Kompatibilität hinsichtlich des Fachkonzepts.

Qualifizierung
Teil des Fachkonzepts Sozialraumorientierung ist ein umfänglicher Qualifizierungsplan (Hinte 2000, S. 154 ff.; Springer 2000, S. 109 ff.; von Stiefel 2002, S. 65; Hinte 2006, S. 33; Lüttringhaus 2006, S. 295 ff.), der Fortbildungen sowie Trainingsmodule im Einführungs- wie auch im Umsetzungsprozess enthält. Diese Fortbildungen und Trainings sollten am besten verpflichtend für die Mitglieder der Sozialraumteams sein.

Um Implementierungsprozesse des Fachkonzept Sozialraumorientierung adäquat zu begleiten, werden auch die Führungskräfte einbezogen und erhalten zusätzlich ein Coaching. Ausgehend von einer Philosophie, einem Ziel oder einer Vision ist darauf zu achten, dass die Umsetzungsvariante gemäß der Organisation bzw. dem Organisationssystem entwickelt wird. Spielräume für abweichende individuelle Vorlieben einzelner Fachkräfte gibt es nicht (Hinte 2006, S. 33). Bei aller Notwendigkeit zur Fortbildung ist es unabdingbar, die Fachkräfte „mitzunehmen", ihnen auf Augenhöhe zu begegnen und sie mit ihrem vorhandenen Erfahrungsschatz einzubeziehen (Kleve 2007).

Fach- und Finanzcontrolling
Mit dem Vorhandensein eines Fachcontrollings ist es möglich, die Arbeit nach den handlungsleitenden Prinzipien zu unterstützen. Die Organisation kann feststellen, wo und weshalb Schwierigkeiten entstehen. In Verbindung mit dem Finanzcontrolling schafft es größtmögliche Transparenz für die Politik, die Leitung und auch die einzelne Fachkraft.

Bei der Einführung eines Finanz- und Fachcontrollingkonzepts geht es um die Erhebung von Daten wie Fallzahlen und Kosten, also die Transparenz in der Entwicklung – ausgehend von den im Konzept formulieren Zielen. Andererseits geht es um das Reflektieren des fachlichen Vorgehens. Das Fachcontrolling obliegt den Sozialraumteams. Die Ergebnisse und Erfahrungen sollten aber auf Steuerungsebene zusammengetragen werden, denn dort können sie für die Weiterentwicklung des Konzepts und der Organisation genutzt werden. Das Fachcontrolling gilt auch als „Leistungsnachweis auf der Basis von fachlichen Standards und Zielen" (Budde/ Früchtel 2005, S. 250; dazu auch Hinte et al. 2003, S. 87 f.; Hinte 2006, S. 28), so fokussiert das Controlling nicht nur zu erreichende Fallzahlen und Kennzahlen, sondern es baut auf fachlichen Qualitätsmerkmalen, wie dem Orientieren an den handlungsleitenden Prinzipien. Zudem bedarf es fallunabhängiger Controllingverfahren (Hinte 2001, S. 142), um auch fallunspezifische und fallübergreifende Maßnahmen einzubeziehen.

Wichtig sind strategische Ziele und Strukturen sowie ein adäquates Berichtswesen.

Die strategischen Ziele der Umsetzung des Fachkonzepts dürfen sich allerdings nicht nur auf Zahlen beziehen. Insbesondere die Entwicklung von passgenauen Hilfen für die Menschen im Sozialraum muss hier als Ziel ganz genau formuliert und überprüft werden.

So kann beispielsweise eine Fragestellung im Fachcontrolling die nach der Berücksichtigung des Willens der Menschen sein. Die Fachkräfte im Sozialraumorientierung fokussieren dabei die Frage, ob es sich beim in der Fallvorstellung dargestellten Willen um den des/der Adressat_in handelt oder um hier nicht doch die Fachkraft oder andere wissen, was der/die Betreffende wollen sollte.

4 Grundlagen für eine nachhaltige Soziale Arbeit mit Menschen mit Behinderung

In der Sozialen Arbeit als Menschenrechtsprofession steht der Mensch im Mittelpunkt. Alle Leistungen sollten also auf den einzelnen Menschen als Subjekt seines/ihres Lebens ausgerichtet sein.

Ist der einzelne Mensch gestärkt und ganz oder teilweise in der Lage, selbstbestimmt und weitestgehend ohne professionelle Unterstützung in der Gesellschaft teilzuhaben, ist das wichtigste Ziel Sozialer Arbeit erreicht.

Dabei, und das muss an dieser Stelle betont werden, darf das Einsparen von Mitteln nicht in erster Linie handlungsleitend sein.

Eine Sozialpolitik, die für ein Land wie die Bundesrepublik Deutschland selbstverständlich ist, muss sich an den Menschen ausrichten.

Das heißt, die Ziele, die sie verfolgt, dürfen keine wirtschaftlichen Ziele sein. In erster Linie geht es um die Unterstützung der Selbständigkeit der Menschen. Die Wirtschaftlichkeit in der Umsetzung der von der Gesellschaft finanzierten Maßnahmen, liegt in der Verantwortung der Träger, die die Leistungen erbringen – aber stets mit dem Ziel, die Selbsthilfe der Menschen, die Sozialleistungen in Anspruch nehmen zu aktivieren.

Inklusion kostet zunächst Geld und Einsatz für die Unterstützung des bereits einsetzenden Paradigmenwechsels in der Behindertenhilfe.

Die Entwicklung von einem fürsorgenden und ausgrenzenden Hilfesystem hin zu einem emanzipatorischen verlangt Investitionen. Diese werden sich langfristig auszahlen, wenn man sie konsequent und zielgerichtet einsetzt.

Die Implementierung des Fachkonzepts Sozialraumorientierung ist meiner Ansicht nach ein sehr gut geeigneter Weg als Mehrebenenkonzept professionelle Soziale Arbeit bei der Realisierung oben genannter Ziele zu unterstützen.

Es fokussiert nicht nur den ganzheitlichen Ansatz einzelner Sozialarbeitender, sondern verdeutlicht darüber hinaus, dass eine Organisation und die sie finanzierenden politischen Gremien, grundlegende Ressourcen und Strukturen für eine wirkungsorientierte Soziale Arbeit zur Verfügung stellen muss.

Kein anderes Konzept fußt so umfassend auf den Zusammenhängen zwischen Steuerung und methodischer Umsetzung. Kein Konzept der Sozialen Arbeit stellt den Auftrag von Sozialer Arbeit (siehe DBSH, IFSA) durch die Ausrichtung von Organisation und Sozialarbeitenden nach den handlungsleitenden Prinzipien so konsequent in den Vordergrund.

Sozialraumorientierte Soziale Arbeit setzt Ziele, um Veränderungen beim Menschen nachhaltig zu belassen, auch im Sozialen Raum. Das trägt in hohem Maße zur Entwicklung einer inklusiven Gesellschaft bei.

Denn Menschen mit Behinderung werden gestärkt, in ihrer Lebenswelt zu verbleiben und sich mit Menschen ohne Behinderung auseinanderzusetzen. Dadurch kann eine „Normalität" entwickelt werden, die dazu führt, dass die Beeinträchtigungen, die durch körperliche, seelische und/oder geistige Behinderungen entstehen, nicht automatisch (wie bisher oft) zu sozialer Ausgrenzung führen. Menschen ohne und mit Behinderung leben in einer Lebenswelt, in einem sozialen Raum und respektieren und unterstützen sich weitgehend automatisch, weil sie einander begegnen.

Um die Entwicklung von flexiblen, passgenauen und dann auch wirkungsvollen Hilfen zu realisieren, ist es notwendig, Finanzierungssysteme zu entwickeln, die den Trägern Planungssicherheit und gleichzeitig größtmögliche Flexibilität ermöglichen. Außerdem unterstützen diese Finanzierungssysteme die Hilfe zur Selbsthilfe in besonderem Maße, denn Einrichtungen sind so nicht mehr auf die Einnahmen aus einem speziellen „Fall" angewiesen.

Professionelle Soziale Arbeit verlangt ein Bewusstsein darüber, was wirkt und wie wirkungsvolle Hilfe gesichert und geleistet werden kann. Dafür stellt das Fachkonzept eine Grundlage zur Verfügung (Teubert/Krucher 2015) – angepasst an die jeweilige Organisation und deren Kontext.

4.1 Organisationsnetzwerk „Kommunale Behindertenhilfe"

Politische Entscheidungsträger und auch Organisationen der Behindertenhilfe brauchen meines Erachtens einen Raum, um sich mit der Frage auseinanderzusetzen, was nachhaltige Soziale Arbeit mit Menschen mit Behinderung erreichen kann und soll.

Dass der Weg hin zu einer inklusiven Gesellschaft eingeschlagen ist, dass Deutschland die UN-Behindertenrechtskonvention umsetzt und dazu ein Bundesteilhabegesetz ratifiziert wird, ist beschlossen.

Der einzuschlagende Weg wird derzeit auf Fachtagungen auch mit Bundestagsabgeordneten diskutiert (http://www.cbp.caritas.de/53613.asp./09.02.2015). Leider wird jedoch in den meisten Diskussionen das Einsparen von Mitteln in den Fokus gestellt, anstatt nachhaltig und langfristig zu planen und dann nach und nach Teilziele zu erreichen.

Auf dem Weg in eine inklusive Gesellschaft muss zunächst investiert und darf nicht in erster Linie gespart werden.

Es muss klar sein, was soziale Organisationen dazu benötigen, um langfristig nachhaltig Wirkung erzielen zu können. Dazu bedarf es, Ergebnisse wissenschaftlicher Untersuchungen hinsichtlich Wirkung zu generieren und dann auch in der Praxis zu nutzen.

Es bedarf einer engen Zusammenarbeit zwischen Wissenschaft und Praxis.

Ein Controllingsystem, das gemeinsam mit allen Beteiligten Ziele und Kennzahlen erarbeitet und nicht nur Zahlen, sondern den Menschen und dessen Bedarfe fokussiert, kann dazu beitragen, dass Soziale Arbeit transparenter und nachvollziehbarer für die Organisationen und politischen Entscheidungsträger wird.

Kooperationen in professionellen Netzwerken, bestehend aus Vertreter_innen von Menschen mit Behinderungen, Fach- und Leitungskräften sozialer Organisationen, Vertretern aus Politik und von den Kommunen können oben genannte Punkte klären[14].

In Organisationsnetzwerken dieser Art werden passgenau kommunale Strukturen für eine Zusammenarbeit im Sinne der Menschen mit Behinderung geschaffen.

Hier werden Entscheidungen über Wege, flexible Hilfen zu kreieren, getroffen.

Es werden Finanzierungs- und Zusammenarbeitsformen entwickelt und erprobt, die die Unterstützung der Selbstbestimmung von Menschen mit Behinderung im Fokus haben.

Der intensive Austausch führt zu einem Miteinander, so dass die Verantwortung für das Erreichen gesetzlicher Vorgaben miteinander, in engem Austausch getragen wird. Transparenz kann dann zu Vertrauen werden. Leistungsträger und Leistungserbringer sitzen gemeinsam mit den Betroffenen in einem Boot.

Jeder trägt dazu bei, Menschen mit Behinderung so zu unterstützen, dass diese an der Gesellschaft teilhaben können.

Ein enges Miteinander führt zu Transparenz und zu einer ständigen fachlichen Weiterentwicklung, wenn dies auf Augenhöhe geschieht und wenn
1. von Seiten der Politik Menschen mit und ohne Behinderung in den Fokus gestellt werden und die Vision einer inklusiven Gesellschaft zielgerichtet verfolgt wird.
2. Organisation die fachlichen Ziele Sozialarbeitender, die mit „Hilfe zur Selbsthilfe" zusammengefasst werden können, durch eine entsprechende Steuerung und Ausstattung unterstützen.

---

[14] Praxisbeispiel ist hier der Landkreis Nordfriesland

3. Sozialarbeitende ihr Selbstmandat verfolgen und auf die Durchführung einer nachhaltigen, flexiblen und am Menschen ausgerichteten Sozialen Arbeit bestehen.

Eine solche zielgerichtete Zusammenarbeit ist meines Erachtens ein erster Schritt hin zu einer inklusiven Gesellschaft.

Literaturverzeichnis

Barow, T. (2006): „Bengt Nirje". In: Geistige Behinderung 45, 2006, 3, S. 251–252.
Beauftragte der Bundesregierung für die Belange behinderter Menschen: Die UN-Behindertenrechtskonvention. Verfügbar unter: http://www.behindertenbeauftragte.de/DE/Koordinierungsstelle/UNKonvention/UNKonvention_node.html, Zugriff: 02.01.2015.
Bestmann, S./Brandl, M. (2006): Fallunspezifische Arbeit. Materialien, Berlin 2006.
Bestmann, S./Straßburger, G. (2008): Praxishandbuch für sozialraumorientierte interkulturelle Arbeit, Bonn 2008.
Boulet, J./Krauss, J./Oelschlägel, D. (1980): Gemeinwesenarbeit. Eine Grundlegung, Bielefeld 1980.
Budde, W./Früchtel, F. (2005): Fall und Feld. Oder was in der sozialraumorientierten Fallarbeit mit Netzwerken zu machen ist. In Sozialmagazin Jg. 30, Heft 6/2005, S. 14–23.
Budde, W./Früchtel, F./Hinte, W. (Hrsg. 2006): Sozialraumorientierung – Wege zu einer veränderten Praxis, Wiesbaden 2006.
Budde, W./Früchtel, F. (2005a): Sozialraumorientierte Soziale Arbeit – Ein Weg zwischen Lebenswelt und Steuerung. In: Nachrichtendienst des Deutschen Vereins, 7/2005, S. 238–242 und 8/2005, S. 287–392.
Budde, W./Früchtel, F. (2006): Chancen und Risiken eines Sozialraumbudgets. In: Springer Fachmedien (Hrsg.): Sozial Extra, Wiesbaden 2006, S. 9–13.
Bundesministerium für Arbeit und Soziales (2009): Behindertenbericht 2009 – Bericht der Bundesregierung zur Lage von Menschen mit Behinderungen für die 16. Legislaturperiode, 2009.
Fehren, O. (2011): Sozialraumorientierung sozialer Dienste. In: Evers, A./Heinze, R. G./Olk, T. (Hrsg.): Handbuch Soziale Dienste, Wiesbaden 2011, S. 442–460.
Früchtel, F./Cyprian, G./Budde, W. (2007): Sozialer Raum und Soziale Arbeit. Textbook: Theoretische Grundlagen, Wiesbaden 2007.
Graumann, C.-F. (Hrsg.) (1982): Kurt-Lewin-Werkausgabe, Bern, Stuttgart 1982.
Groppe, J./Litges, G. (2007): Sozialräumliche Finanzierungsformen. Grundlagen und Praxiserfahrungen. In: Hellwig, U./Hoppe, J. R./Termath, J. (Hrsg.) (2007): Sozialraumorientierung – ein ganzheitlicher Ansatz, Berlin 2007, S. 117–126.
Grunwald, K./Thiersch, H. (Hrsg.) (2008): Praxis lebensweltorientierter sozialer Arbeit. Handlungszugänge und Methoden in unterschiedlichen Arbeitsfeldern, Weinheim 2008.
Herriger, N. (2011): Ressourcen. In: Fachlexikon der Sozialen Arbeit. Deutscher Verein für öffentliche und private Fürsorge e. V. (Hrsg.), Frankfurt 2011, S. 721.
Hinte, W. (1990): Non-direktive Pädagogik, Opladen 1990.
Hinte, W./Litges, G./Springer, W. (2000): Soziale Dienste: vom Fall zum Feld. Soziale Räume statt Verwaltungsbezirke, Berlin 2000.
Hinte, W. (2000a): Flexible Hilfen zur Erziehung statt differenzierter Spezialdienste. In: Hinte, W./Litges, G./Springer, W. 2000: Soziale Dienste: vom Fall zum Feld. Soziale Räume statt Verwaltungsbezirke, Berlin 2000, S. 87–107.

Hinte, W./Litges, G./Groppe, J. (2003): Sozialräumliche Finanzierungsmodelle. Qualifizierte Jugendhilfe auch in Zeiten knapper Kassen, Berlin 2003.

Hinte, W. (2006): Sozialraumorientierung. Stand und Perspektiven. In: Kalter, B./Schrapper, C. (Hrsg.): Was leistet Sozialraumorientierung? Konzepte und Effekte wirksamer Kinder- und Jugendhilfe, Weinheim und München 2006.

Hinte, W./Treeß, H. (Hrsg.) (2007): Sozialraumorientierung in der Jugendhilfe. Theoretische Grundlagen, Handlungsprinzipien und Praxisbeispiele einer kooperativ-integrativen Pädagogik, Weinheim und München 2007.

Hinte, W. (2007a): Das Fachkonzept Sozialraumorientierung unter historischen und systematischen Aspekten. In: Haller, D./Hinte, W./Kummer B. (Hrsg.) 2007: Jenseits von Tradition und Postmoderne – Sozialraumorientierung in der Schweiz, Österreich und Deutschland, Weinheim, München 2007.

Hinte, W. (2007b): Das Fachkonzept „Sozialraumorientierung". In: Hinte, W./Treeß, H. (2007): Sozialraumorientierung in der Jugendhilfe. Theoretische Grundlagen, Handlungsprinzipien und Praxisbeispiele einer kooperativ-integrativen Pädagogik, Weinheim 2007.

Kessl, F./Reutlinger, C. (2007): Sozialraum. Eine Einführung, Wiesbaden 2007.

Kleve, H. (2007): Auf gleicher Augenhöhe! Vom autoritären zum dialogisch-kooperativen Implementieren. In: Sozialmagazin, Heft 9/2007, Weinheim 2007, S. 24–29.

Kluge, F./Seebold, E. (2011): Etymologisches Wörterbuch der deutschen Sprache, Berlin 2011.

Krucher, D. 2014: Das Fachkonzept Sozialraumorientierung als Basis einer wirkungsorientierten Jugendhilfe. Eine Analyse kommunaler Umsetzungsvarianten des Fachkonzepts in den Städten Rosenheim, Ulm und Zürich sowie den Landkreisen Ravensburg und St. Wendel, Essen. Im Internet: http://duepublico.uni-duisburg-essen.de/servlets/DerivateServlet/Derivate-35505/Diss_Krucher.pdf, Zugriff: 22.01.2015.

Lewin, K. (1963): Feldtheorie in den Sozialwissenschaften, Berlin 1963.

Lüttringhaus, M. (2006): Qualifizierung in Projekten sozialraumorientierter Jugendhilfe. Es ist noch kein Meister vom Himmel gefallen. In: Budde, W./Früchtel, F./Hinte, W. (Hrsg.): Sozialraumorientierung – Wege zu einer veränderten Praxis, Wiesbaden 2006, S. 295–304.

Luhmann, N. (1984): Soziale Systeme. Grundriss einer allgemeinen Theorie, Frankfurt/M. 1984.

Maslow, A. (1974): Psychologie des Seins, München 1974.

Maturana, H./Varela, F. (1987): Der Baum der Erkenntnis: die biologischen Wurzeln des menschlichen Erkennens, Bern, München, Wien 1987.

Nirje, B.t, (1994): Das Normalisierungsprinzip – 25 Jahre danach, In: Vierteljahresschrift für Heilpädagogik und ihre Nachbargebiete, 1, München 1994, S. 12–32.

Oelschlägel, D. (2001): Lebenswelt oder Gemeinwesen? Anstöße zur Weiterentwicklung der Theoriediskussion in der Gemeinwesenarbeit. In: Hinte, W./Lüttringhaus, M./Oelschlägel, D. (Hrsg.): Grundlagen und Standards der Gemeinwesenarbeit. Ein Reader für Studium, Lehre und Praxis, Münster 2001.

Ritscher, W./Armbruster, J. (2005): Systemische Modelle für die Soziale Arbeit. Ein integratives Lehrbuch für Theorie und Praxis, Heidelberg 2005.

Schätzel, H. (2010): Gemeinsame Budgetverantwortung als neue Herausforderung – von bilateral zu partnerschaftlich. In: Pichlmeier W./Rose, G. 2010: Sozialraumorientierte Jugendhilfe in der Praxis – Handreichung für kommunale Entscheidungsträger am Beispiel der Stadt Rosenheim, Berlin 2010.

Stark, W. (1993): Die Menschen stärken. Empowerment als eine neue Sicht auf klassische Themen von Sozialpolitik und Sozialer Arbeit. In: Blätter der Wohlfahrtspflege, 2, 1993, S. 41–44.

Stark, W. (1996): Empowerment. Neue Perspektiven in der psychosozialen Praxis, Freiburg 1996.

Statistisches Landesamt (2015) unter: https://www.destatis.de/DE/ZahlenFakten/GesellschaftStaat/Gesundheit/Behinderte/Behinderte Menschen.html, Zugriff: 17.01.2015.

Stephan, B. (2006): Sozialraumbudget. und was haben die Betroffenen davon? In: Springer Fachmedien (Hrsg.) (2006): Sozial Extra, Wiesbaden 2006, S. 14–16.

Streich, A./Lüttringhaus M. (2007): Arbeitsbereiche in der Jugendhilfe In: ISSAB (Institut für Stadtteilentwicklung, Sozialraumorientierte Arbeit und Beratung) 2008a: Reader: Ressourcenorientierung in der Jugendhilfe. ISSAB. Universität Duisburg-Essen (Hrsg.), Essen 2007, S. 2.

Teubert, A. (2013): Das Fachkonzept Sozialraumorientierung. Basis einer wirkungsorientierten Kinder- und Jugendhilfe. Eine Analyse kommunaler Umsetzungsvarianten des Fachkonzepts in den Städten Rosenheim, Ulm und Zürich sowie den Landkreisen Ravensburg und St. Wendel. Essen. Unter: http://duepublico.uni-duisburg-essen.de/servlets/DerivateServlet/Derivate-33258/Diss_Teubert.pdf, Zugriff: 22.01.2015.

Tewes, U./Wildgrube, K./Angermeier, W. F. (1999): Psychologie-Lexikon, München 1999.

Theunissen, G. (2009): Empowerment und Inklusion behinderter Menschen: eine Einführung in Heilpädagogik und Soziale Arbeit, Freiburg 2009.

Theunissen G. (2013): Behindertenhilfe im Umbruch. In: Teilhabe 2/2013, Jg. 52, Marburg 2013, S. 53–59.

Thiersch, H. (2009): Lebensweltorientierte soziale Arbeit. Aufgaben der Praxis im sozialen Wandel, Weinheim 2009.

Thimm, W. (2005): Das Normalisierungsprinzip, ein Lesebuch zu Geschichte und Gegenwart eines Reformkonzepts, Lebenshilfeverlag Marburg 2005.

Wendt, W. R. (2010): Das ökosoziale Prinzip. Soziale Arbeit, ökologisch verstanden, Freiburg 2010.

World Health Organization (2011): World Report On Disability, S. 29, unter: http://whqlibdoc.who.int/publications/2011/9789240685215_eng.pdf, Zugriff: 02.01.2015.

Martina Wanner

18 Soziale Arbeit im Gesundheitswesen – Aufgaben und Kompetenzen

1 Einleitung

Die Frage, ob Gesundheit ein Kernthema Sozialer Arbeit ist (Sting/Zurhorst 2000a), wird häufig mit einem entschiedenen „Ja" beantwortet. Gesundheit ist eine zentrale Grundlage der alltäglichen Lebenspraxis. Zum Problem wird sie meist erst dann, wenn sie fehlt: „Gesundheit ist fraglos gegeben, so lange man sie hat. Sie ist dann nicht mehr gegeben, wenn sich bei einer Person körperliche Beschwerden einstellen, sie Schmerzen empfindet und sich nicht wohlfühlt" (Filsinger/Homfeldt 2001, S. 705). Soziale Arbeit nimmt gerade die sozialen Aspekte von Gesundheit in den Blick: „Soziale Arbeit als Wissenschaft und Profession betrachtet Gesundheit und Krankheit als soziale Phänomene. Sie analysiert Krankheit und Gesundheit vorrangig unter biographischen und lebensweltlichen Aspekten, im Kontext von sozialer Lage und sozialen Beziehungen in ihren vergemeinschafteten und vergesellschafteten Formen. Die Einschränkung bzw. Wiederherstellung der Autonomie von Lebenspraxis, die Bedingungen der Möglichkeit der Lebensbewältigung, von sozialer und gesellschaftlicher Teilhabe sind für sie zentrales Thema" (ebd., S. 706). Die Betrachtung der sozialen Aspekte von Gesundheit beinhaltet also sowohl individuelle als auch strukturelle Gesichtspunkte.

Gleichzeitig ist auf der anderen Seite fest zu stellen, dass Gesundheit – im Vergleich zu anderen Themen – erstens immer noch ein Randthema in der Sozialen Arbeit ist – „wenn auch nicht unwichtig" (Sting/Zurhorst 2000b, S. 7). Und zum zweiten besitzt die Soziale Arbeit im Gesundheitswesen als professionelles Handlungsfeld, so meint Hanses, eine prekäre Stellung innerhalb der Selbstverortung (Hanses 2007, S. 113).

Auf der Suche nach Erklärungen für diese Schieflage mag speziell der zweite Punkt einen möglichen Ansatz liefern. Soziale Arbeit agiert in einem multiprofessionellen Feld gemeinsam mit Vertreter_innen verschiedener anderer Berufsgruppen – allen voran den Mediziner_innen, aber auch dem Pflegepersonal, den Psycholog_innen oder den Seelsorger_innen. Dabei tut sich die Soziale Arbeit häufig schwer, eigenständige Aufgaben wahr zu nehmen und ihre Kompetenzen zu behaupten. „Sozialarbeiter_innen in den Arbeitsfeldern des Gesundheitswesens hadern mit ihrem Selbstverständnis und ihrer professionellen Identität" (Geißler-Piltz 2009, S. 17). Angesichts des vor allem durch die Medizin geprägten Machtgefüges mag sich auch generell die Frage stellen, „ob Soziale Arbeit sich wirklich (…) sinnvoll positionieren und konstituieren kann" (Hanses 2007, S. 113).

Im folgenden Beitrag soll diese Frage aufgegriffen und diskutiert werden. Es soll dargestellt werden, welch wichtige Position Soziale Arbeit im Gesundheitswesen einnimmt, gerade bei der Bearbeitung individueller und struktureller Probleme. Zunächst soll anhand von vier Thesen erläutert werden, wie vielfältig die Bezüge der Sozialen Arbeit zum Themenfeld Gesundheit sind (vgl. Kapitel 2). Anhand des Beispiels eines sozialarbeiterischen Arbeitsfeldes im Gesundheitswesen – der Beratung – sollen dann Aufgaben und Kompetenzen Sozialer Arbeit dargestellt werden (vgl. Kapitel 3), um aufzuzeigen, wie wichtig gerade hier sozialarbeiterische Interventionen sind (vgl. Kapitel 3). Den Schluss bilden Bemerkungen zum Selbstverständnis der Sozialen Arbeit (vgl. Kapitel 4).

2 Vier Thesen zur Begründung Sozialer Arbeit im Gesundheitswesen

Gesundheit ist, wie oben schon dargestellt, ein Kernthema Sozialer Arbeit. Die vielfältigen Zugänge Sozialer Arbeit zu diesem Themenfeld sollen im Folgenden anhand von vier Thesen kurz diskutiert werden.

These 1
Soziale Arbeit ist historisch im Gesundheitswesen verankert

„Historisch betrachtet liegen wesentliche Wurzeln der Sozialen Arbeit in der Armen- und Gesundheitsfürsorge" (Hanses 2007, S. 113). In der Zeit der Industrialisierung bildeten Not und Verelendung breiter Bevölkerungsschichten gewissermaßen den „Nährboden" für die Ausbreitung verschiedener Krankheiten. Der Zusammenhang wird am Beispiel der Tuberkulose, einer bakteriellen Infektionskrankheit, besonders augenscheinlich. Ob die Tuberkulose nach einer Infektion zum Ausbruch kommt, hängt mit der Immunabwehr des Körpers zusammen. Gerade Personen mit einem geschwächten Immunsystem, häufig auch Säuglinge und Kinder, sind deutlich stärker gefährdet. Miserable, enge Wohnverhältnisse, schlechte Ernährung und desolate hygienische Zustände begünstigten den Ausbruch der Tuberkulose und führten dazu, dass diese Krankheit zur Seuche für die verarmte Bevölkerung werden konnte. Vor diesem Hintergrund entstand ab Ende des 19. Jahrhunderts eine kommunal organisierte Gesundheitsfürsorge, in der „Gesundheit zum Leitmotiv der sozialen Reform, die Hygiene zur Leitwissenschaft der kommunalen Praxis" wurde (Hünersdorf 2002, S. 230). Dieses Feld wurde schon bald zum Schauplatz Sozialer Arbeit. Für die bekannten Wegbereiterinnen der Sozialen Arbeit wie Alice Salomon, Henriette Fürth oder Ilse Arlt beispielsweise „war der Zusammenhang zwischen Armut und Krankheit die Triebfeder ihres Denkens und Handelns. Sie forderten (...) Verbesserungen des Arbeits-, Mutter- und Kinderschutzes, kritisierten die gesundheitsschädliche Fabrik-

und Heimarbeit, plädierten für Gewerbe- und Fabrikinspektionen und kämpften für die Verbesserung der Ernährungslage" (Lützenkirchen 2005, S. 9). Somit kann die Gesundheitsfürsorge neben der Armen- und Jugendfürsorge als dritte Säule in der Entstehung der modernen Sozialen Arbeit betrachtet werden (Sting/Zurhorst 2000b, S. 8). Im Hintergrund dieser Entwicklungen standen natürlich auch immer kollektive und öffentliche Interessen und Hünersdorf weist nicht zu Unrecht darauf hin, „dass die Sozialarbeit in Bezug auf das Thema ‚Gesundheit' die Anwendungswissenschaft der Sozialhygiene gewesen ist, da ihre gesellschaftliche Funktion die materielle und normative Integration war, die dem Ziel der Gesundheit der (...) Bevölkerung dienen sollte. Hierbei spielten insbesondere Diagnose und Therapie eine zentrale Rolle" (Hünersdorf 2002, S. 232).

These 2
Soziale Arbeit setzt sich für die Überwindung von sozialer und gesundheitlicher Ungleichheit ein

Der Zusammenhang zwischen sozialer Lage und Gesundheitszustand wurde seither leider nicht überwunden, sondern er besteht weiterhin. Untersuchungen wie der groß angelegte, epidemiologisch orientierte zweite Gesundheitsbericht der Bundesregierung zeigen, wie frappierend klar dieser Zusammenhang auch heute noch ist: „Sozial benachteiligte Bevölkerungsgruppen sind durch stärkere Arbeitsbelastungen, schlechtere Wohnverhältnisse, vermehrten Zigarettenkonsum, häufigeres Übergewicht und größeren Bewegungsmangel einem teilweise deutlich erhöhten Krankheitsrisiko ausgesetzt. Leiden wie Schlaganfall, chronische Bronchitis, Schwindel, Rückenschmerzen und Depressionen sind in der unteren Sozialschicht sowohl bei Frauen wie bei Männern häufiger als in der oberen Schicht. Eine besondere Risikogruppe stellt die gewachsene Zahl der Arbeitslosen dar. (...) Schlechter gestellt sind auch die mehr als eine Million allein erziehenden Frauen" (Robert Koch Institut 2006, S. 83). Die zentralen Dimensionen sozialer Ungleichheit (Bildung, Beruf und Einkommen) haben entscheidenden Einfluss auf den Gesundheitszustand (Richter/Hurrelmann 2009, S. 13), so dass sich in den letzten Jahren der Begriff „gesundheitliche Ungleichheit" durchgesetzt hat (ebd.). Der Gesundheitszustand ist also gesellschaftlich vermittelt und somit ist „Gesundheit (...) immer auch ‚soziale Gesundheit'" (Sting 2008, S. 217) und somit unmittelbar Thema der Sozialen Arbeit, sie ist zwangsläufig damit befasst (Mühlum 2006, S. 96).

These 3
Soziale Arbeit versteht unter Gesundheit mehr als nur die Abwesenheit von Krankheit

Wirft man einen näheren Blick auf das Themenfeld Gesundheit, dann fällt die meist vorgenommene, klare Trennung zwischen Gesundheit und Krankheit auf. Es wird allgemein davon ausgegangen, dass es einen Zustand gibt, in welchem ein Mensch entweder gesund oder eben krank ist. Diese Dichotomie zwischen Gesundheit und Krankheit ist ein Kind der Neuzeit (Franke 2010, S. 56). Gesundheit stellt dabei den erwünschten „Normalzustand" und Krankheit die „Abweichung" dar. Gesundheit und Krankheit stellen jedoch „keine objektiven oder natürlichen Kategorien dar" (Sting/Zurhorst 2000b, S. 9), sondern sie variieren stark je nach historischem, sozialem oder kulturellem Hintergrund (ebd.). Überhaupt: Was bedeutet es denn, gesund oder krank zu sein? Filsinger/Homfeldt (2001, S. 705) stellen dar, wie schwer diese Unterscheidung zu treffen ist: „Man kann eine ärztlich diagnostizierte Krankheit haben und sich dennoch gesund fühlen; oder man kann vom objektiven Gesundheitszustand gesund sein und sich dennoch krank fühlen. Die meisten Menschen ordnen sich einem Dazwischen zu, so dass es sinnvoller erscheint, Gesundheit und Krankheit als Kontinuum zu fassen". Diese Betrachtungsweise des „Dazwischens" und des „Kontinuums" geht zurück auf das von Aaron Antonovsky entworfene Konzept der „Salutogenese". Dieser – im Rückgriff auf das lateinische Wort „salus" für Gesundheit, Wohlbefinden und das griechische Wort „genese" für Entstehung – Begriff stellt eine Gegenposition zur Pathogenese dar. Antonovsky bringt damit zum Ausdruck, dass es ihm nicht darum geht, Erklärungen für die Entstehung von Krankheiten zu finden, sondern zu beleuchten, warum Menschen trotz vielfältiger Belastungen gesund bleiben (Hurrelmann 2000, S. 55). Die häufig gezogene, klare Grenzlinie zwischen Gesundheit und Krankheit existiert in Antonovskys Augen nicht. „Gesundheit und Krankheit, Normalität und Abweichung sind nach Antonovsky auf einem Kontinuum zu sehen. (...) Im salutogenetischen Modell wird Gesundheit als ein labiles, aktives und sich dynamisch regulierendes Geschehen verstanden" (ebd., S. 56). Zentral für den Gesundheits- oder Krankheitszustand ist die Grundhaltung eines Menschen, die Antonovsky als „Sence of Coherence" bezeichnet. Dieses Kohärenzgefühl fasst Antonovsky auf als „eine globale Orientierung, die ausdrückt, in welchem Ausmaß man ein durchdringendes, andauerndes und dennoch dynamisches Gefühl des Vertrauens hat, dass (1) die Stimuli, die sich im Verlauf des Lebens aus der inneren und äußeren Umgebung ergeben, strukturiert, vorhersehbar und erklärbar sind; (2) einem die Ressourcen zur Verfügung stehen, um den Anforderungen, die diese Stimuli stellen, zu begegnen; (3) diese Anforderungen Herausforderungen sind, die Anstrengung und Engagement lohnen" (Antonovsky 1997, S. 36). Entscheidend für die Ausbildung des Kohärenzgefühls sind die „Widerstandsressourcen", die einem Menschen zur Verfügung stehen. Diese Widerstandsressourcen können beispielsweise physischer, psychischer, aber auch sozialer, materieller oder struktureller Natur sein. Der mit der Salutogenese einhergehende Perspektivwechsel wurde einflussreich, beispielsweise für das von der Weltgesundheitsorganisation entwickelte Konzept der Gesundheitsförderung. In der im Jahr 1986 in Ottawa verabschiedeten Charta mit dem Ziel „Gesundheit für alle" bis ins Jahr 2000 wird Gesundheitsförderung als Prozess verstanden, der Menschen ein höheres Maß an Selbstbestimmung ermöglicht und damit zur Stärkung der Gesundheit beiträgt. Gesundheit wird als „umfassendes körperliches, seelisches und soziales Wohlbefinden" definiert und als wesentlicher Bestandteil des alltäglichen Lebens betrachtet (WHO 2014). Das dieser Perspektivenwechsel auch heute noch hochaktuell ist, kann beispielsweise dem 13. Kinder- und Jugendbericht der Bundesregierung entnommen werden, denn darin wird „Gesundheit (...) als ein integraler Bestandteil souveräner alltäglicher Lebensführung betrachtet und was diese unterstützt, (...) (wird, M. W.) als gesundheitsförderlich angesehen. Dazu zählt die Förderung von selbstbestimmten Lebensweisen, Kompetenzen, von Wohlbefinden und Lebensqualität, aber auch die Pflege von förderlichen materiellen, sozialen und ökologischen Ressourcen und die Reduktion gesellschaftlich ungleich verteilter Risiken, Stressoren und Belastungen" (Deutscher Bundestag 2009, S. 53). Ein solcher Blickwinkel auf das Themenfeld Gesundheit und Krankheit ist auch für die Soziale Arbeit zentral. Die Soziale Arbeit trennt nicht zwischen Gesundheit und Krankheit, zwischen „Normalzustand" und „Abweichung". Soziale Arbeit fragt vielmehr danach, wie Menschen bei der Verwirklichung eines bestmöglichen Gesundheitszustandes unterstützt werden können – sowohl individuell als auch strukturell in der Gestaltung ihrer Lebenswelt.

These 4
Das Thema Gesundheit ist in der Sozialen Arbeit allgegenwärtig

Um zu verdeutlichen, wie allgegenwärtig das Thema Gesundheit in der Sozialen Arbeit ist, unterscheidet Mühlum (2006) zwischen der Gesundheitsarbeit im Sozialwesen und der Sozialarbeit im Gesundheitswesen. Er bringt damit zum Ausdruck, dass das Thema Gesundheit einerseits in allen Feldern der Sozialen Arbeit präsent ist und versteht sie als gesundheitssensible Profession: „Ohne Zweifel ist jede Form von Sozialarbeit gesundheitsrelevant, zielt sie doch auf eine Verbesserung der Lebensumstände und auf die Bewältigung von Anforderungen und Problemen, denen Personen, Gruppen und Gemeinwesen ausgesetzt sind" (Mühlum 2006, S. 95). Gesundheit also als zentraler Aspekt der alltäglichen Lebenspraxis, die stets auch im sozialen Kontext verankert ist. Egal, ob Soziale Arbeit – um eine Unterscheidung, die Thole anführt, zu verwenden – in lebensweltunterstützenden, lebensweltergänzenden oder lebensweltersetzenden (Thole 2011, S. 28) Settings wie beispielsweise in der Kinder- und Jugendarbeit, im Allgemeinen Sozialen Dienst oder in Wohngruppen agiert, stets ist sie mit dem Thema Gesundheit konfrontiert. Mühlum spricht hier vom Ganzheitlichkeitsparadigma (Mühlum 2006, S. 94).

Auf der anderen Seite wird das Thema Gesundheit durch die Soziale Arbeit im Gesundheitswesen in einem breiten Aufgabenspektrum auf spezifische Art und Weise bearbeitet. Um auch hier bei der Unterscheidung von Thole zu bleiben (Thole 2011, S. 28), ist Soziale Arbeit lebensweltunterstützend (ambulant) beispielsweise in Beratungsstellen, lebensweltergänzend (teilstationär) etwa in Werkstätten für Suchtkranke oder lebensweltersetzend (stationär) unter anderem im Sozialen Dienst in Krankenhäusern und Rehabilitationseinrichtungen tätig. Institutionell betrachtet handelt es sich um ein äußerst ausdifferenziertes Arbeitsfeld der Sozialen Arbeit mit verschiedensten Einsatzmöglichkeiten. Bei einem solch breiten Spektrum an Aufgaben kann es nicht nur rein formal um die erfreuliche Tatsache gehen, dass sich dabei – gerade für Berufsanfänger_innen – ein Arbeitsfeld mit vielen Anstellungschancen eröffnet, sondern es geht um die inhaltliche Herausbildung eines eigenständigen Profils der Sozialen Arbeit und um die Darstellung der eigenen Kompetenzen. So könnte die Soziale Arbeit dazu beitragen, den (klinischen, medizinischen oder ärztlichen) „Blick" – um jenen von Foucault eingeführten Begriff zu verwenden (Foucault 2011) – zu überwinden, der durch die Verknüpfung von Wissen und Macht in medizinischen Institutionen gekennzeichnet ist, und Patientinnen und Patienten im Gesundheitssystem bei der Durchsetzung ihrer eigenen (und nicht etwa der institutionellen oder der gesellschaftlichen) Interessen zu unterstützen und bestärken (Hanses 2007, S. 116). Denn nicht nur die Soziale Arbeit, sondern auch die Patientinnen und Patienten selbst sind konfrontiert mit dem vor allem durch die Medizin geprägten Machtgefüge. Welch schwerwiegende Folgen sich ergeben, wenn Patientinnen und Patienten mit ihrem Wissen und ihrer Wahrnehmung der Wirklichkeit nicht in Behandlungsvorgänge eingebunden werden, zeigen biographische Studien in diesem Bereich: „Die Überformung biographischen Wissens durch institutionalisierte und diskursive Wissensbestände haben Tradierungen problematischer Lebenserfahrungen und Lebenskonstruktionen zur Folge. Daraus resultieren Prozesse der Deautonomisierung, das eigene Leben bleibt erneut fremdbestimmt" (Hanses 2013, S. 97). Soziale Arbeit versteht sich in diesem Sinne als Anwalt der Interessen der Menschen und will sie in ihrer Autonomie und in ihrer Selbstständigkeit bestärken. Im Weiteren soll es nun darum gehen, wie ein solches Profil Sozialer Arbeit im Gesundheitswesen konkret aussehen könnte.

3 Aufgaben und Kompetenzen Sozialer Arbeit im Gesundheitswesen am Beispiel Beratung[1]

Die gerade dargelegten vielfältigen Zugänge der Sozialen Arbeit zum Themenfeld Gesundheit zeigen bereits verschiedene Verknüpfungspunkte auf. Im Folgenden soll nun konkret dargestellt werden, welchen Beitrag Soziale Arbeit im Gesundheitswesen konkret leisten kann. Anhand eines Fallbeispiels aus dem Feld der Beratung soll der spezifische Zugang und der wichtige Beitrag Sozialer Arbeit im Gesundheitswesen erörtert werden.

---

[1] Bei diesem Kapitel handelt es sich um eine überarbeitete Version des Artikels: Wanner, Martina: „Unser Leben geriet von einer Minute zur anderen aus den Fugen" – Sozialarbeiterische Beratung im Gesundheitswesen an einem Fallbeispiel, in: FORUM sozialarbeit + gesundheit. Heft 1/2013, S. 34–38.

3.1 Sozialarbeiterische Beratung im Gesundheitswesen

Dass Beratung ganz allgemein eine gängige Art der Hilfe und für die Soziale Arbeit eine zentrale professionelle Handlungsform und Methode ist (Sickendiek/Engel/Nestmann 2008, S. 13; Thiersch 2004b, S. 118), ist unbestritten. Gerade im Gesundheitswesen gewinnt Beratung zunehmend an Wichtigkeit (Gahleitner 2012; Schneider 2013). War das Menschenbild hier über viele Jahre hinweg geprägt von paternalistischen Vorstellungen, wird heute vom autonomen Subjekt ausgegangen, „dem die Eigenverantwortung für seine Gesundheit und seine Krankheitssituation zugestanden, aber auch abverlangt wird" (Schaeffer/Dewe 2008, S. 127). Dieser Perspektivwechsel ist einerseits ein großer Fortschritt, der nicht mehr weg zu denken ist; andererseits führt er jedoch auch zu Überforderungen und zu Belastungen, die Menschen nicht mehr alleine bewältigen können. Sie benötigen professionelle Unterstützung in Form von Beratung. Beschränkt sich die Beratung jedoch auf die bloße Informationsvermittlung, ist sie für Menschen meist ebenso wenig geeignet wie therapeutisch orientierte Beratungsangebote. Beides zeugt von einer Reduktion von Komplexität, die dem Charakter von Beratung nicht gerecht wird (ebd., S. 128). Dass gerade die Soziale Arbeit, die grundlegend multiperspektivisch ausgerichtet ist und sowohl individuelle als auch soziale bzw. strukturelle Problemlagen in den Blick nimmt, adäquate Unterstützung jenseits von Verkürzungen und Einseitigkeiten bieten kann, soll im Folgenden anhand eines Fallbeispiels und der anschließenden Darstellung des sozialarbeiterischen Beratungsprozesses deutlich gemacht werden. Im Fallbeispiel geht es um den neunjährigen Simon und seine Familie.[2] Simon ist an akuter lymphatischer Leukämie erkrankt.

3.2 „Unser bis dahin normal laufendes Leben geriet von einer Minute zur anderen aus den Fugen" – Fallbeispiel: Simon, 9 Jahre, akute lymphatische Leukämie (ALL)

Der neunjährige Simon lebt mit seinem elfjährigen Bruder Tobias und seinen Eltern in einem Vorort einer bundesdeutschen Großstadt. Der Vater ist berufstätig, die Mutter verdient mit Nebentätigkeiten ein wenig hinzu. Während Tobias täglich zum Gymnasium im Nachbarort pendelt, besucht Simon die örtliche Grundschule und ist nach Aussagen der Eltern ein munteres, aufgewecktes und flinkes Kind. Neben der Schule ist Simon sehr aktiv: er spielt gerne Fußball mit Freunden und ist Mitglied des örtlichen Sportvereins. Die Familie ist gut in die Nachbarschaft integriert und Simon und Tobias haben viel Kontakt zu anderen Kindern. Das nach außen hin friedliche und geordnete Leben der Familie wird im Herbst 2011 jäh unterbrochen, Simon hat starkes

---

[2] Alle Namen geändert

Fieber und fühlt sich nicht gut. Zunächst denken die Eltern, es würde sich um eine Grippeerkrankung handeln. Als sich die Situation jedoch nicht verbessert und Simon über mehrere Tage hinweg hohes Fieber hat und über Gliederschmerzen und vor allem über Schmerzen im Bein klagt, fangen die Eltern an, sich Sorgen zu machen. Auf der Suche nach Ursachen konsultieren sie zahlreiche Ärzte. Simon muss verschiedene Untersuchungen über sich ergehen lassen. Sein Unterschenkel wird mehrmals geröntgt und eingegipst. Später wird als mögliche Ursache Osteomyelitis, eine Knochenmarkentzündung vermutet. In einer Universitätskinderklinik wird schließlich akute lymphatische Leukämie (ALL) diagnostiziert. Unbehandelt kann diese Erkrankung innerhalb kurzer Zeit zum Tod führen. Die akute lymphatische Leukämie ist die typische Leukämie des Kindesalters, bei der die Vorläuferzellen der Lymphozyten, eine Untergruppe der weißen Blutkörperchen, bösartig entartet sind. Die Therapie der akuten lymphatischen Leukämie erfolgt mit zytostatischen Medikamenten und erstreckt sich über mehrere Therapiezyklen. Auch der Einsatz von Strahlentherapie ist möglich. Gerade bei Kindern sind die Behandlungserfolge mit Chemotherapie sehr gut und die Erkrankung ist häufig damit heilbar (Hoelzer/Gökbuget/Ottmann et al. 2002; Margolin/Steuber/Poplack 2005). Bei Simon allerdings zeigt diese Behandlungsform nicht die gehofften Erfolge. Schnell wird klar, dass er auf eine Stammzelltransplantation angewiesen ist. Simons Eltern und sein Bruder Tobias werden auf mögliche Übereinstimmungen der Stammzellen getestet. Sie kommen als Spender nicht in Frage. Im Rückblick auf diese Zeit schreibt Simons Vater in einem Brief: „Der uns niederschmetternde Befund: ‚Ihr Sohn hat Leukämie' – wir waren schockiert. Unser bis dahin normal laufendes Leben geriet von einer Minute zur anderen aus den Fugen. Der Befund war nach Wochen der Unsicherheit – bis zur Diagnose – das schlimmste Szenario, das wir uns vorstellen konnten".

Hilfesuchend wendet sich Simons Vater an eine Krebsberatungsstelle und bald erscheinen Vater und Mutter zu einem Termin bei einer Beraterin, die als Sozialarbeiterin dort tätig ist.

3.3 Zwischen individuellen und strukturellen Problemen: Ein sozialarbeiterisches Beratungsmodell

Die Beraterin orientiert sich an einem von Schneider (Schneider 2006; Schneider 2007; Schneider 2013) ausgearbeiteten Beratungsmodell, das geeignet ist, sowohl „die individuelle Psyche mit ihren Entwicklungspotenzialen, ihren Verarbeitungsstrukturen und ihrer Störanfälligkeit" (Gahleitner 2012, S. 7) anzusprechen, als auch Lösungen für die sozialen und strukturellen Probleme zu finden, die sich ergeben. Schneider stellt die sozialarbeiterische Beratung anhand eines Schaubildes dar:

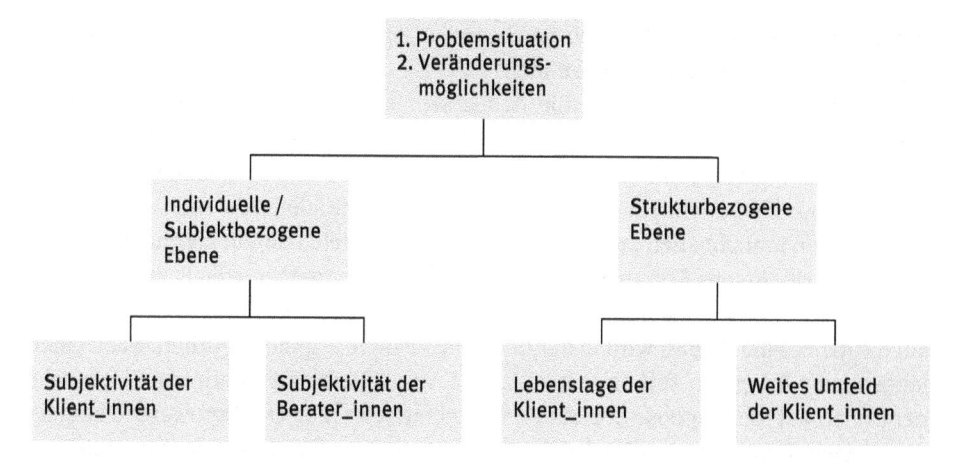

Abb.1: Sozialarbeiterisches Beratungsmodell
Quelle: Schneider 2007.

Schneider unterscheidet zwischen zwei Vorgängen, die in einem Beratungsprozess stattfinden: der Analyse der Problemsituation und der sich daran anschließenden gemeinsamen Erarbeitung von Veränderungsmöglichkeiten. Hinsichtlich dieser beiden Prozesse differenziert sie weiter zwischen der individuellen, d. h. subjektbezogenen Ebene der Klient_innen und der Berater_innen und der sozialen bzw. strukturellen Ebene der Lebenslage und des weiteren Umfeldes der Klientinnen und Klienten.

3.4 Sozialarbeiterische Beratung am Beispiel von Simon und seiner Familie

Wendet man das Modell von Schneider auf Simon und seine Familie an und analysiert zunächst die Problemsituation, fällt bei der Betrachtung der Lebenslage auf, dass das Leben der Familie mit der Diagnose Leukämie völlig aus den Fugen gerät. In seinem Brief schreibt Simons Vater von einer Normalität, die plötzlich nicht mehr vorhanden ist. Simons Krankheit verändert den Alltag radikal. Statt Tag für Tag die Schule zu besuchen, an den Aktivitäten des Sportvereins teilzunehmen oder mit Freunden zu spielen, bestimmen nun Besuche bei Ärzten und in der Klink das Leben von Simon. Auch für den Rest der Familie gibt nun die Krankheit den Takt vor. Selbst wenn die Eltern versuchen, zumindest für Tobias die Normalität aufrecht zu erhalten, gelingt das nur in Maßen. Der Vater nimmt häufig unbezahlte Urlaubstage, um Simon und die Mutter in die Klinik zu begleiten oder um sich um Tobias zu kümmern. Die Mutter kann ihrer Nebentätigkeit nicht mehr nachgehen. Diese Situation belastet auch die finanzielle Lage der Familie. Den wachsenden Kosten für verschiedene Ausgaben stehen geringere Einnahmen gegenüber.

Das weitere Umfeld der Familie ist als sehr stabil zu bezeichnen. Simon und Tobias sind sowohl in der Schule als auch bei ihren weiteren Freizeitaktivitäten gut integriert und haben viele Freunde und auch die Eltern sind in Nachbarschaft und Gemeinde eingebunden. Die Großeltern sowohl mütterlicher- als auch väterlicherseits wohnen in nicht allzu großer Entfernung. Das Umfeld reagiert geschockt auf die Nachricht von Simons Erkrankung. Viele Hilfeangebote erreichen die Familie.

Dass die Diagnose Leukämie auf der individuellen Ebene enorme Auswirkungen auf die ganze Familie hat, wird in der Beratung ebenfalls schnell deutlich. Nach einer langen, zermürbenden Zeit ohne klare Diagnose reagieren die Eltern von Simon wie paralysiert auf die Diagnose Leukämie, sie stehen unter Schock. Erschwerend kommt die vermeintlich schlechte Nachricht hinzu, dass Simon auf eine Stammzelltransplantation angewiesen ist. Simons Eltern fürchten, ihr Kind zu verlieren, sie leiden unter äußerst bedrückenden Gefühlen und entwickeln existenzielle Ängste. Simons Vater reagiert in dieser Situation mit einem hohen Maß an Aktivität. Nächtelang sucht er im Internet nach Informationen zur Erkrankung, durchforstet Foren und Blogs. Tagsüber erzählt er vielen Personen in seinem Umfeld davon. Er ist es auch, der den Kontakt zur Krebsberatungsstelle herstellt. Die Reaktionen der Mutter scheinen völlig entgegengesetzt zu sein. Sie zieht sich zurück, reagiert zurückhaltend und verschlossen und konzentriert sich auf die Versorgung der Kinder, insbesondere von Simon. Meist begleitet die Mutter Simon in die Klinik, während sich der Vater um die Dinge zu Hause kümmert. Dies vergrößert die Distanz zwischen den Eltern. Auch Simon ist sehr verängstigt und geht nicht gerne in die Klinik. Die vielen Medikamente, die er nehmen muss, machen ihm zu schaffen. Er weiß aber um den Ernst der Lage und versucht seinerseits, seine Eltern aufzumuntern. Tobias ist bestürzt über die Erkrankung seines Bruders und würde ihm gerne helfen. Jedoch ist er derjenige, der innerhalb der Familie am meisten zurück stecken muss.

Familien in solch krisenhaften Situationen zu betreuen, erfordert von der/dem Berater_in ein hohes Maß an fachlicher Kompetenz. Sie bewegen sich dabei auf einem Grad zwischen Professionalität und Person (Thiersch 2004a, S. 706), auf dem der eigene Umgang und die eigenen Erfahrungen mit Gesundheit und Krankheit oder mit existenziellen Fragen eine große Rolle spielt. „Der alte Slogan, dass die Person das Werkzeug des (...) Beraters sei, gewinnt in diesem Zusammenhang eine neue dramatische Bedeutung, Professionalität verlangt, dass Berater_innen sich als Person in ihrer Situation akzeptieren und in Bezug auf ihre Beraterkompetenz reflektieren" (ebd.). Eine solche Reflexionskompetenz spielt eine zentrale Rolle für die professionelle sozialarbeiterische Beratung.

Nach dieser Analyse der Problemsituation versucht die Beraterin nun, gemeinsam mit Simons Eltern Veränderungsmöglichkeiten zu entwickeln. Dabei geht es ihr nicht darum, den Eltern fertige Ansätze zu präsentieren oder diese gar zu oktroyieren, sondern sie sieht die Eltern vielmehr auch in dieser für sie so schwierigen Situation als Experten_innen, deren Ressourcen aktiviert und erweitert werden sollen. Bei der Erarbeitung der Veränderungsmöglichkeiten gehen die oben bei Schneider benannten Ebenen vielfach ineinander über.

Zunächst trägt die Beraterin gemeinsam mit den Eltern alle Informationen zusammen, die vor allem Simons Vater bisher gesammelt hat. Das Wissen der Eltern wird auf diese Weise systematisiert und geordnet, Wichtiges kann besser von Unwichtigem unterschieden werden. Eine solche Orientierung ist notwendig: „Diese Flut an unterschiedlichen und scheinbar gleichwertigen Informationen, die auf die Ratsuchenden einströmen, hinterlässt nicht eben selten auch Verwirrung und Verunsicherung" (Ewers/Schaeffer/Ose 2008, S. 158). Für die Eltern ist zudem bedeutsam, weitere, auf Simons Erkrankung zugeschnittene Informationen zu erhalten, beispielsweise über das Vorgehen bei einer Stammzelltransplantation oder über die Auswirkungen einer solchen Behandlung. Nebenbei erfahren sie von der Möglichkeit, eine Typisierungsaktion zu organisieren, um die Anzahl an potenziellen Stammzellspendern zu vergrößern und um die Öffentlichkeit über die Erkrankung zu informieren. Die Eltern erhalten außerdem Anregungen, wie sie mit Simon und Tobias über die Erkrankung sprechen können, die für sie äußerst hilfreich sind. Sie werden darin bestärkt, Tobias auch weiterhin nicht zu vernachlässigen. Für Simons Klassenlehrerin nehmen die Eltern Tipps mit, damit diese das Thema Leukämie und Simons Situation in seiner Schulklasse ansprechen kann. Auch für den Umgang der Eltern mit dem weiteren Umfeld sind die Informationen nützlich. Die Eltern bekommen eine Liste mit Selbsthilfegruppen und Elterninitiativen in ihrer Region und Simons Vater versucht nunmehr, gezielt Kontakt aufzunehmen. Allgemein soll den Eltern bei diesem Schritt nicht abstraktes oder theoretisches Wissen nahe gebracht werden, sondern die Informationsvermittlung muss „strikt fallbezogen erfolgen und auf die jeweilige individuelle Problemsituation zugeschnitten" (Schaeffer/Dewe 2008, S. 143) sein, es geht also vielmehr darum, handlungspraktisches Wissen weiter zu geben und Kompetenzen zu fördern (ebd.). Die Situation, die den Eltern bisher als lähmend erschien und der sie sich hilflos ausgesetzt fühlten, ohnmächtig und getrieben, erhält nach und nach eine neue Dimension. Vater und Mutter fühlen sich selbstsicherer, souveräner und nicht mehr so stark ausgeliefert, ihre Handlungsfähigkeit wird gestärkt. Um solchermaßen Hilfestellungen geben zu können, benötigen Berater_innen und Berater ein „universelles Grundwissen sowie ein hohes Maß an Flexibilität und Kompetenz bei der Beschaffung, Überprüfung und (...) Aufbereitung von Informationen" (ebd., S. 159). Berater_innen muss vor allem daran gelegen sein, das Ziel zu verfolgen, „die Asymmetrie aufzuheben, also die, die auf Unterstützung und Hilfe angewiesen sind, zu befähigen, sich selbst zurecht zu finden" (Thiersch 2004b, S. 118). Beratung ist orientiert an der „Selbsttätigkeit des Anderen" (ebd.).

Um die Familie auch finanziell zu entlasten, weist die Beraterin Simons Vater und Mutter den Weg durch den Dschungel an möglichen Leistungen (Zuzahlungsbefreiung für Medikamente für Kinder, Fahrtkostenerstattung, Zuwendung für besondere Bedarfe, Hilfe bei der Haushaltsführung etc.). Auch ist die Beraterin gut informiert über Stiftungen, die durch Krankheit in Not geratenen Familien zusätzliche Hilfen anbieten. Damit werden den Eltern neue Zugangswege zu Leistungen erschlossen.

Der Beraterin ist natürlich nicht entgangen, wie unterschiedlich Simons Eltern auf die Krisensituation reagieren und ihre je eigene Form der Bewältigung entwickelt haben – der Vater zeigt Extrovertiertheit und Aktivität, die Mutter Rückzug. Und so kommt auch der Konflikt zwischen Simons Vater und Mutter zur Sprache, denn beide können das Verhalten des jeweils anderen nicht nachvollziehen. Vorsichtig thematisiert die Beraterin ihre Beobachtungen, versucht das gegenseitige Verständnis zu wecken und lädt dazu ein, die Perspektive und Sichtweise des anderen einzunehmen. Dass die Eltern durch ihre eigene Involviertheit und Verstrickung in die Thematik hierzu nicht mehr in der Lage waren, wird ihnen nach und nach bewusst. Die Beraterin weist hierbei auch auf weiter gehende Beratungsmöglichkeiten hin. Angestoßen durch die Thematisierung dieses sehr persönlichen Konflikts können die Eltern nun auch zum ersten Mal über die bedrückenden Gefühle sprechen, die sie haben und über die existenziellen Ängste, die beiden sehr zu schaffen machen. Die Beraterin entlässt Simons Eltern mit dem Gefühl, den Beginn einer positiven Entwicklung sehen zu können.

4 Die Stärken sozialarbeiterischer Beratung im Gesundheitswesen

Kennzeichnend für sozialarbeiterische Beratung im Gesundheitswesen, wie sie oben anhand des Fallbeispiels skizziert wurde, ist die Orientierung sowohl an den individuellen als auch den sozialen bzw. strukturellen Problemlagen der Klientinnen und Klienten. In dieser Verschränkung zeigt sich die große Stärke des sozialarbeiterischen Ansatzes, der mehr ist als bloße Informationsvermittlung oder Therapie. Sozialarbeiterinnen und Sozialarbeitern nehmen in der Beratung im Gesundheitswesen „sowohl die *individuelle Situation* ihrer Adressat_innen (…) als auch die *objektiven Rahmenbedingungen* der jeweiligen Lebenssituationen (…) in den Blick bzw. als Ausgangspunkt ihres Handelns (…). Dieses lässt sich als *Verstehen und Aufklären krisenhafter Problemsituationen* (…) sowie als *Aktivieren lebensweltlicher und infrastruktureller Ressourcen* (…) zusammenfassend umschreiben" (Schneider 2006, S. 348; H. i.O.). Die Blickrichtung sowohl auf das Individuum als auch auf das soziale/strukturelle Umfeld schließt sich somit an jenes umfassende Verständnis von Gesundheit und Krankheit an, das sich vor allem seit den 1980er Jahren entwickelt hat (Franzkowiak/Homfeldt/Mühlum 2011, S. 15), zu dessen Kristallisationspunkt die im Jahre 1986 von der Weltgesundheitsorganisation WHO auf einer Konferenz in Ottawa formulierte Charta zur Gesundheitsförderung (WHO 2014) wurde (siehe Kapitel 2). Die Ottawa-Charta mag sich somit fast wie eine Arbeitsplatzbeschreibung für Sozialarbeiterinnen und Sozialarbeiter lesen. Soziale Arbeit, die Menschen bei der Bearbeitung sowohl individueller als auch sozialer bzw. struktureller Problemlagen unterstützt, hält zentrale Kompetenzen für das Gesundheitswesen bereit.

5 Resümee: Der wichtige Beitrag der Sozialen Arbeit im Gesundheitswesen
Oder: Sozialarbeiterische Identität im Gesundheitswesen

So bleibt fest zu halten, dass Soziale Arbeit „ein wertvolles Potenzial für das Gesundheitswesen dar(stellt, M. W.), das aber oft weder gebührend geschätzt und geachtet, noch entsprechend zur Entfaltung gebracht wird" (Lützenkirchen 2005, S. 16). Gerade in den verschiedenen Arbeitsfeldern des Gesundheitswesens tut sich Soziale Arbeit schwer, dies mit Selbstbewusstsein zu vertreten. Hier scheint sie sich wenig am eigenen professionellen Selbstverständnis zu orientieren, sondern vielmehr an den Vorgaben des – in diesem Fall stark durch die Medizin geprägten – Sektors (Hörmann 1997, S. 15). Sozialarbeiter_innen „fühlen sich ungenügend gerüstet, um sich im veränderten medizinischen System zu behaupten, klagen darüber, methodisch nicht ausreichend ausgebildet worden zu sein, was die Anforderungen an die Praxis betrifft, sie fühlen sich gegenüber Berufsgruppen mit starker beruflicher Identität unterlegen" (Geißler-Piltz 2009, S. 17). Hierbei scheint es sich vielleicht auch um ein hausgemachtes Problem zu handeln, das sich in vielen Feldern findet: „Leider zeigen Sozialarbeiter(innen) in Institutionen (...) häufig Anpassungsreaktionen an vorgegebene oder auch nur vermutete Professionsmuster: in Beratungsstellen psychotherapeutische, in Verwaltungen administrative, in Kliniken medizinische – und machen sich damit klein und angreifbar, statt die eigene Sichtweise und Kompetenz als Gesundheitssozialarbeit offensiv zu behaupten" (Mühlum 2001, S. 132). Gerade in offenen, in ihren Grenzen wenig bestimmten Arbeitsfeldern wie dem Gesundheitssystem wird „die Gestaltung des Arbeitsfeldes selbst und die Herstellung von Bedingungen, welche professionell gute Arbeit leistbar und erwartbar machen, ihrerseits wichtige professionelle Aufgabe" (Müller 2004, S. 225). Soziale Arbeit muss sich der Anforderung stellen, sich in den Feldern des Gesundheitswesens zu positionieren und zu konstituieren (Hanses 2007, S. 113) und ihre Aufgaben und Kompetenzen selbstbewusst vertreten. Sie sollte sich nicht in die Defensive drängen lassen und sich mit einer Restefunktion begnügen, sondern „ihr Selbstverständnis, ihren Auftrag und ihre Kompetenzen offensiver behaupten" (Mühlum 2004, S. 61). Soziale Arbeit besitzt, wie in diesem Beitrag vorgestellt, wertvolle Kompetenzen, gerade die sozialen Aspekte des Themas Gesundheit zu bearbeiten. Soziale Arbeit kann dadurch ihr eigenes Profil schärfen und ihre gesellschaftliche Position stärken (Sting 2008, S. 215).

Literaturverzeichnis

Antonovsky, A. (1997) : Salutogenese. Zur Entmystifizierung der Gesundheit, Tübingen 1997.
Deutscher Bundestag (2009): Bericht über die Lebenssituation junger Menschen und die Leistungen der Kinder- und Jugendhilfe in Deutschland – 13. Kinder- und Jugendbericht, Berlin 2009.
Ewers, M./Schaeffer, D./Ose, D. (2008): Aufgaben der Patientenberatung, in: Schaeffer, Doris/ Schmidt-Kaehler, Sebastian (Hrsg.): Lehrbuch Patientenberatung, Bern 2008, S. 153–175.
Filsinger, D./Homfeldt, H. G. (2001): Gesundheit und Krankheit. Gesundheit und Krankheit in der Perspektive Sozialer Arbeit, in: Otto, Hans-Uwe/Thiersch, Hans (Hrsg.): Handbuch Sozialarbeit/ Sozialpädagogik, 2. Auflage, Neuwied 2001, S. 705–715.
Foucault, M. (2011): Die Geburt der Klinik. Eine Archäologie des ärztlichen Blicks, 9. Auflage, Frankfurt/M. 2011.
Franke, A. (2010): Modelle von Gesundheit und Krankheit, 4. Auflage, Bern 2010.
Franzkowiak, P./Homfeldt, H. G./Mühlum, A. (2011): Lehrbuch Gesundheit, Weinheim 2011.
Gahleitner, S. (2012): Ein Schlüssel zur beruflichen Identität. Soziale Arbeit im Gesundheitswesen als Motor für zukunftsweisende Prozesse der Professionsentwicklung – Beratungskompetenz steht im Zentrum, in: Forum sozialarbeit + gesundheit, Heft 1/2012, S. 6–8.
Geißler-Piltz, B. (2009): Soziale Arbeit im Gesundheitswesen, in: Geißler-Piltz, Brigitte/Gerull, Susanne (Hrsg.): Soziale Arbeit im Gesundheitsbereich. Wissen, Expertise und Identität in multiprofessionellen Settings, Opladen 2009, S. 13–18.
Hanses, A. (2007): Soziale Arbeit und Gesundheit – ein schwieriges wie herausforderndes Verhältnis, in: Homfeldt, Hans Günter (Hrsg.): Soziale Arbeit im Aufschwung zu neuen Möglichkeiten oder Rückkehr zu alten Aufgaben? Baltmannsweiler 2007, S. 113–123.
Hölzer, D./Gökbuget, N./Ottmann, O. G. et al. (2002): Acute lymphoblastic leukaemia, in: Haematology – American Society of Hematology, Education Program 2002, S. 162–192.
Hörmann, G. (1997): Zur Funktion der Sozialen Arbeit im Gesundheitswesen. Von der Gesundheitsfürsorge zur Gesundheitsförderung, in: Homfeldt, Hans-Günther/Hünersdorf, Bettina (Hrsg.): Soziale Arbeit und Gesundheit, Neuwied 1997, S. 11–27.
Hünersdorf, B. (2002): Soziale Arbeit und Gesundheit, in: Homfeldt, Hans Günther/Laaser, Ulrich/ Prümel-Philippsen, Uwe/Robertz-Grossmann: Studienbuch Gesundheit. Soziale Differenz – Strategien – Wissenschaftliche Disziplinen, Neuwied 2002, S. 229–250.
Hurrelmann, K. (2000): Gesundheitssoziologie. Eine Einführung in sozialwissenschaftliche Theorien von Krankheitsprävention und Gesundheitsförderung, Weinheim 2000.
Lützenkirchen, A. (2005): Soziale Arbeit im Gesundheitswesen. Zielgruppen – Praxisfelder – Institutionen, Stuttgart 2005.
Margolin, J. F./Steuber, C. P./Poplack, D. G. (2005): Acute lymphoblastic leukaemia, in: Pizzo, Philip A./Poplack, David G. (Hrsg.): Principles and Practice of Pediatric Oncology, 5th ed., Baltimore 2005.
Mühlum, A. (2001): Sozialarbeit + Gesundheitsarbeit = Klinische Sozialarbeit?, in: Gesundheitswesen, 2001, H. 63, S. 130–133.
Mühlum, A. (2004): Soziale Arbeit und Gesundheit. Zwischen Binnendifferenzierung und Ganzheitsrhetorik, in: Archiv für Wissenschaft und Praxis der Sozialen Arbeit 2004, H. 4, S. 44–67.
Mühlum, A. (2006): Sozialarbeit im Gesundheitswesen oder Gesundheitsarbeit im Sozialwesen? Professionalisierung Sozialer Arbeit auf schwierigem Terrain, in: Pundt, Johanne (Hrsg.): Professionalisierung im Gesundheitswesen. Positionen – Potenziale – Perspektiven, Bern 2006, S. 93–105.
Müller, B. (2004): Handlungskompetenz in der Schulsozialarbeit. Methoden und Arbeitsprinzipien, in: Hartnuß, Birger/Maykus, Stephan (Hrsg.): Handbuch Kooperation von Jugendhilfe und Schule, Berlin 2004, S. 222–237.

Richter, M./Hurrelmann, K. (2009): Gesundheitliche Ungleichheit: Ausgangsfragen und Herausforderungen, in: Dies. (Hrsg.): Gesundheitliche Ungleichheit. Grundlagen, Probleme, Perspektiven, 2. Auflage, Wiesbaden 2009, S. 13–33.

Richter, P./Hanses, A. (2013): Biographische Konstruktionen von Brustkrebs – Auswertungen narrativer Interviews am Beispiel eines Forschungsprojekts, in: Darmann-Finck, Ingrid/Böhnke, Ulrike/Straß, Katharina (Hrsg.): Fallrekonstruktives Lernen, 2. Auflage, Frankfurt/M. 2013, S. 83–100.

Robert Koch Institut (2006): Gesundheit in Deutschland. Gesundheitsberichterstattung des Bundes, Berlin 2006.

Schaeffer, D./Dewe, B. (2008): Zur Interventionslogik von Beratung in Differenz zu Information, Aufklärung und Therapie, in: Schaeffer, Doris/Schmidt-Kaehler, Sebastian (Hrsg.): Lehrbuch Patientenberatung, Bern 2008, S. 127–152.

Schneider, S. (2006): Sozialpädagogische Beratung. Praxisrekonstruktionen und Theoriediskurse, Tübingen 2006.

Schneider, S. (2007): „Soziale Probleme" als Gegenstand der Sozialarbeitswissenschaft, Vortrag an der Berufsakademie Stuttgart, 26.10.2007.

Schneider, S. (2013): Sozialpädagogische Beratung im Kontext des Gesundheitswesens, in: Sozialmagazin, 38. Jg. 2013, H. 11/12, S. 70–77.

Sickendiek, U./Engel, F./Nestmann, F. (2008): Beratung. Eine Einführung in sozialpädagogische und psychosoziale Beratungsansätze, 3. Auflage, Weinheim 2008

Sting, S./Zurhorst, G. (Hrsg.) (2000a): Gesundheit und Soziale Arbeit. Gesundheit und Gesundheitsförderung in den Praxisfeldern Sozialer Arbeit, Weinheim 2000.

Sting, S./Zurhorst, G. (2000b): Einführung: Gesundheit – ein Kernthema Sozialer Arbeit? In: Dies. (Hrsg.): Gesundheit und Soziale Arbeit. Gesundheit und Gesundheitsförderung in den Praxisfeldern Sozialer Arbeit, Weinheim 2000, S. 7–11.

Sting, S. (2008): Gesundheit als Herausforderung für soziale Dienste. Zum Stellenwert der Sozialen Arbeit in der Gesundheitsförderung, in: Bals, Thomas/Hanses, Andreas/Melzer, Wolfgang (Hrsg.): Gesundheitsförderung in pädagogischen Settings. Ein Überblick über Präventionsansätze in zielgruppenorientierten Lebenswelten, Weinheim 2008, S. 215–229.

Thiersch, H. (2004a): Lebensweltorientierte Soziale Beratung, in: Nestmann, Frank/Engel, Frank/Sickendiek, Ursel (Hrsg.): Das Handbuch der Beratung, Band 2: Ansätze, Methoden und Felder, Tübingen 2004, S. 699–709.

Thiersch, H. (2004b): Sozialarbeit und Sozialpädagogik und Beratung, in: Nestmann, Frank/Engel, Frank/Sickendiek, Ursel (Hrsg.): Das Handbuch der Beratung, Band 1: Disziplinen und Zugänge, Tübingen 2004, S. 115–124.

Thole, W. (2011): Die Soziale Arbeit – Praxis, Theorie, Forschung und Ausbildung, in: Ders. (Hrsg.): Grundriss Soziale Arbeit. Ein einführendes Handbuch, 4. Auflage, Wiesbaden 2011, S. 19–70.

Weltgesundheitsorganisation WHO (2014): Ottawa-Charta zur Gesundheitsförderung: http://www.euro.who.int/__data/assets/pdf_file/0006/129534/Ottawa_Charter_G.pdf, Zugriff: 14.10.2014.

Verzeichnis der Autorinnen und Autoren

Blank, Beate Prof. Dr.,
Diplom-Pädagogin und Diplom-Sozialarbeiterin (FH), ist seit 2013 Professorin für Soziale Arbeit an der Dualen Hochschule Baden-Württemberg Villingen-Schwenningen. Ihre Schwerpunkte liegen in den Bereichen Sozialarbeitswissenschaft, Methodenlehre, Gemeinwesen- und Sozialraumarbeit sowie in der Forschung zu den Themengebieten Empowerment und Partizipation.

Brungs, Matthias Prof. Dr.,
Diplompsychologe, Diplompädagoge, Diplom in Themenzentrierter Interaktion (TZI) und Psychologischer Psychotherapeut, ist seit 1998 Hochschullehrer an der Fakultät Sozialwesen der Dualen Hochschule Baden-Württemberg Villingen-Schwenningen. Dort war er mehrere Jahre Dozent mit den Schwerpunkten Methodenlehre, Psychologie und Sozialarbeitswissenschaft. Seit 2004 leitet er den Studiengang Bildung und Beruf.

Demuth-Rösch, Elvira Dipl. Soz.päd. (BA)
ist seit 2010 wissenschaftliche Mitarbeiterin im Theorie-Praxis-Transfer an der Dualen Hochschule Baden-Württemberg Villingen-Schwenningen. Ihre Arbeitsschwerpunkte liegen im Bereich Theorie-Praxis-Transferleistungen, in Vorlesungen im Modul Propädeutik und in der Projektarbeit „Qualitätssicherung im Theorie-Praxis-Transfer".

Goebel, Simon M.A.
ist seit 2012 Lehrbeauftragter an der DHBW-VS. Er promoviert in Europäischer Ethnologie an der KU Eichstätt-Ingolstadt zu Wirklichkeitskonstruktionen von Flucht in politischen Talkshows und arbeitet bei Tür an Tür – Integrationsprojekte gGmbH in Augsburg als Referent für Asylrechtsfragen. Seine Forschungsschwerpunkte sind Kulturtheorie, kritische Migrationsforschung, Flucht und Asyl sowie Medienanalyse und Medienpädagogik.

Gögercin, Süleyman Prof. Dr.,
Diplompädagoge und Germanist (M. A.), ist seit 1993 Hochschullehrer an der Fakultät Sozialwesen der Dualen Hochschule Baden-Württemberg Villingen-Schwenningen. Er lehrte dort viele Jahre Sozialarbeitswissenschaft und Methodenlehre, hat den Studiengang Sozialwirtschaft konzipiert und mit aufgebaut. Seit 2011 leitet er den Studiengang Netzwerk- und Sozialraumarbeit, den er aufgebaut hat.

Gugel, Rahel Prof. Dr.
ist seit 2010 Professorin für Recht in der Sozialen Arbeit an der Dualen Hochschule Baden-Württemberg Villingen-Schwenningen. Ihre Schwerpunkte liegen im Bereich des Antidiskriminierungsrechts, des Kinder- und Jugendhilferechts und des Sozialrechts.

Hochenbleicher-Schwarz, Anton Prof. Dr.,
Diplompädagoge, ist seit 1993 Hochschullehrer und Leiter des Studiengangs Soziale Arbeit im Gesundheitswesen an der Dualen Hochschule Baden-Württemberg Villingen-Schwenningen. Er ist seit 1996 Studienbereichsleiter bzw. Dekan der Fakultät für Sozialwesen. Überregionale Verantwortung übernahm er von 1994 bis 2013 als Geschäftsführer und Vorsitzender der Fachkommission Sozialwesen.

Kemmer, Katharina Dr.,
promovierte Linguistin, ist seit 2013 als Referentin für Gleichstellungsfragen im Präsidium der DHBW tätig. Gemeinsam mit der Zentralen Gleichstellungsbeauftragten erarbeitete sie das Gleichstellungskonzept der DHBW. Derzeit liegt ihr Schwerpunkt auf der Koordination und Abwicklung des durch Bund und Land geförderten Professorinnen-Programms II für die Hochschule. Zudem leitete sie das Crossmentoring-Programm CroMe bis zu dessen Auslaufen Ende 2014.

Kizilhan, Jan Ilhan Prof. Dr. Dr.,
Dipl.-Psychologe, Orientalist, Psychologischer Psychotherapeut, Hypnosetherapeut, Traumatherapeut (DeGPT), Supervisor, Leiter des Studiengangs Psychisch Kranke und Suchtkranke der Dualen Hochschule Baden-Württemberg. Seine Forschungsschwerpunkte sind Klinische Psychologie und Psychotherapie, Psychotraumatologie, transkulturelle Psychiatrie und Psychotherapie, Migrations- und Sozialisationsforschung.

Klus, Sebastian Prof. Dr.,
Diplom-Sozialarbeiter/Sozialpädagoge (FH), ist seit 2014 Professor für Soziale Arbeit und Politik an der Fakultät Sozialwesen der Dualen Hochschule Baden-Württemberg Villingen-Schwenningen. Zuvor war er neun Jahre lang als Gemeinwesenarbeiter tätig. Seine Schwerpunkte in der Lehre liegen in den Bereichen Sozialarbeitswissenschaft, Sozialarbeitspolitik, Gemeinwesenarbeit sowie Inklusion und Exklusion.

Köhnlein-Welte, Angelika MBA,
Diplom Sozialpädagogin und Master in Business Administration, ist seit 2008 Mitarbeiterin für den Theorie-Praxis-Transfer an der Fakultät Sozialwesen der Dualen Hochschule Baden-Württemberg Villingen-Schwenningen. Sie betreut die Transferleistungen in den jeweiligen Modulen und entwickelte eine Transferleistung als Blended-Learning-Model über die E-Portfolio-Plattform Mahara.

Nolte, Christiana, Dipl.-Informatikerin,
ist seit 2008 im Zentrum für innovative Lehr- und Lernmethoden der Dualen Hochschule Baden-Württemberg Villingen-Schwenningen tätig. Sie ist für den Betrieb webbasierter Plattformen im Lehrbetrieb verantwortlich, unter anderem auch für die E-Portfolio-Plattform Mahara. Insbesondere interessiert sie sich für die Eigenschaften und das Potential neuer Plattformen und Werkzeuge und deren Anwendung in der Hochschullehre.

Polutta, Andreas Prof. Dr.
ist seit 2012 Professor an der Dualen Hochschule Baden-Württemberg Villingen-Schwenningen und Leiter des Studiengangs Soziale Arbeit: „Jugend-, Familien- und Sozialhilfe". Seine Arbeitsgebiete/Schwerpunkte liegen in der Jugendhilfeforschung, Wirkungsforschung und -evaluation sozialer Dienste sowie in den sozialwissenschaftlichen Grundlagen Sozialer Arbeit.

Reinbold, Brigitte Prof.
studierte Erziehungswissenschaft, Psychologie und Soziologie und ist seit 2000 Professorin an der Fakultät Sozialwesen der DHBW-VS. Sie ist seit 2000 Leiterin des Studiengangs „Jugend-, Familien- und Sozialhilfe", den sie konzipiert und aufgebaut hat. Seit 2000 nimmt sie die Funktion der örtlichen Gleichstellungsbeauftragten wahr und ist seit 2012 Zentrale Gleichstellungsbeauftragte der Dualen Hochschule Baden-Württemberg.

Reuter, Simon B. A.
ist Absolvent des Studiengangs Soziale Arbeit – Bildung und Beruf der DHBW Villingen-Schwenningen. Er arbeitet seit Anfang 2015 in der Mobilen Betreuung des Vereins für Kinderhauserziehung e. V. im Kreis Bergstraße als Sozialarbeiter.

Sauer, Karin E. Prof. Dr.,
Dipl.-Päd., M. A., DHBW VS, Studiengangsleitung Soziale Arbeit mit Menschen mit Behinderung. M. A. Kulturelle Diversität in der musikalischen Bildung (Universität Hildesheim).

Sauter, Andreas M. A.,
Dipl. Soz.Arb./Soz.Päd. (FH), ist seit 2012 wissenschaftlicher Mitarbeiter im Theorie-Praxis-Transfer an der Dualen Hochschule Baden-Württemberg Villingen-Schwenningen. Seine Arbeitsschwerpunkte liegen im Bereich Theorie-Praxis-Transferleistungen sowie Vorlesungen im Modul Propädeutik.

Schramkowski, Barbara Prof. Dr.,
Sozialpädagogin, Promotion in Erziehungswissenschaften zum Thema Migrationsgesellschaft und Alltagsrassismus, ist seit 2014 Hochschullehrerin an der Fakultät Sozialwesen der Dualen Hochschule Baden-Württemberg Villingen-Schwenningen. Vorher verantwortete sie in der Bundeszentrale der Caritas eine Initiative zur Schaffung von Voraussetzung für die Erhöhung des Frauenanteils in Führungspositionen.

Sommer, Bernd Prof. Dr. phil.,
Diplom-Pädagoge, ist seit 2004 Hochschullehrer an der Fakultät Sozialwesen der Dualen Hochschule Baden-Württemberg Villingen-Schwenningen. Er vertritt im Studiengang Sozialwirtschaft den Bereich Sozialpädagogik und ist Leiter der Vertiefungsrichtung Behindertenhilfe. Lehr-, Forschungs- und Veröffentlichungsschwerpunkte sind Wissenschaftliches Arbeiten als Handwerkszeug, Behinderung und Rehabilitation sowie Didaktik und Methodik (in) der Sozialen Arbeit.

Teubert, Anja Prof. Dr.
ist Studiengangsleiterin „Soziale Arbeit mit Menschen mit Behinderung", Geschäftsführerin der Fachkommission Sozialwesen der DHBW, wissenschaftliche Beraterin und Trainerin im Trainingszentrum für Sozialraumorientierung. Sie verfügt über 20-jährige Erfahrung in der Praxis der Sozialen Arbeit, als Sozialpädagogin und in leitender Funktion, ist Vorsitzende des Vereins Grauzone e. V. – Hilfe bei sexueller Gewalt, stellvertretendes Mitglied des Jugendhilfeausschusses des Schwarzwald-Baar-Kreises.

Wanner, Martina Prof. Dr.,
Diplompädagogin, ist seit 2012 Hochschullehrerin an der Fakultät Sozialwesen der Dualen Hochschule Baden-Württemberg Villingen-Schwenningen. Ihre Arbeitsschwerpunkte sind Grundlagen, Theorien und Methoden der Sozialen Arbeit sowie Soziale Arbeit im Gesundheitswesen.

Redaktion

Peter, Anita MBA
absolvierte 2003 ihren Abschluss als Diplom-Betriebswirtin (DH) Fachrichtung Bank in Kooperation mit der Commerzbank AG an der DHBW VS und war dort bis 2006 im Firmenkundenkreditgeschäft tätig. Darauf aufbauend folgte ein Vollzeit MBA in International Business Management. Seit 2008 ist sie als Akademische Mitarbeiterin der Fakultät Wirtschaft an der DHBW Villingen-Schwenningen tätig.